古墳時代の喪葬と祭祀

穂積 裕昌 著

雄山閣

口絵1 三重県城之越遺跡貼石祭儀場

口絵2 三重県城之越遺跡貼石祭儀場（公園整備後）

口絵3 三重県六大Ａ遺跡の井泉1

口絵4 群馬県中溝・深町遺跡の大型建物と井泉

口絵5 奈良県南紀寺遺跡の井泉

口絵 6　奈良県南郷大東遺跡の導水施設

口絵7　三重県宝塚1号墳出土の囲形埴輪（左：導水施設形、右：湧水施設形）

口絵8　大阪府狼塚古墳の囲形埴輪出土状況

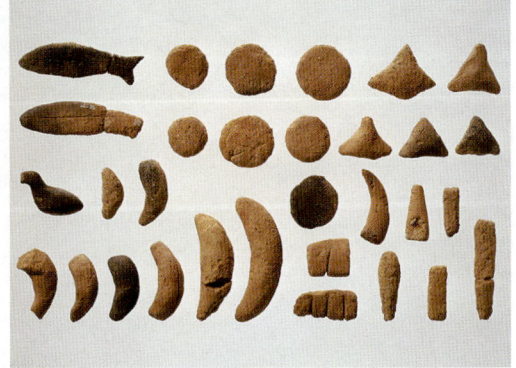

口絵9　兵庫県行者塚古墳西造出出土の食物を模した土製品

序

　僕は今「この国の歴史と形」を思いつくままに書き始めている。83歳の僕は人生最後の段階に到達したことは否めぬ事実であろう。この歳になると些細なことの研究より、自分が生をうけた日本について、短所や長所をも含め特色を描こうとして書きだしたのである。

　「この国の歴史と形」を書き始めて第一に取りあげたのが水の問題である。今の日本人は日頃水をさほど意識しない生活をしているが、海外を旅行すると日本の水の良さがしみじみと分かる。これほど良い水に恵まれた国土は少なそうである。

　考古学者や古代史家は日頃はあまり気付かないが、古代人が水に神秘さを感じ清らかな水で身を清めるなどの行為をした水に関係した遺跡があちこちにある。そのように古代人が水を大切にした遺跡の全貌を初めて明らかにしたのが、本書の著者の穂積裕昌君である。その遺跡が三重県の伊賀にある城之越遺跡である。

　城之越遺跡の発掘のあと、各地で水に関する遺構が次々に発掘され、導水遺構ともよばれるようになった。それらは農業で利用する灌漑施設ではなく、水の信仰あるいは祭祀行為に水を使ったとみられる遺構である。考古学に「水考古学」ともいうべき新しい分野が急浮上してきた観がある。いうまでもなくこの場合の水は淡水で、海の信仰とは別である。

　穂積君は三重県のなかでも伊賀に生れ、同志社大学で学んだあと、三重県で発掘や遺跡保護の仕事をするようになった。

　ところで伊賀は面積はさほど広くはないし海にも臨んでいない。それにくらべると伊勢の方がはるかに広く海に面している。それに天照大神を祠る伊勢神宮がある。ところが常識では理解しがたいことに、前方後円墳の規模で両地域を比較すると、何と3位までが伊賀にある。伊賀とは城之越遺跡のある土地である。

　穂積君は水の祭祀に関係するとみられていた遺跡についてさらに考えを発展させ、古墳時代の喪葬に関した遺跡ではないかとみるようになった。本書の最重要個所とみてよかろう。

　確かに水の祭祀遺構やそれを埴土を使ってミニチュア化した土製品（石製品もある）を古墳に埋置することは、各地の大規模な前方後円墳で発掘されるようになってきた。もちろん細かい祭祀行為の復原など今後の解明に待たれることはあるが、本書によって新しく開拓されつつある古墳時代の喪葬遺跡の問題点が明らかになった。

　穂積君にさらに期待することがある。それは天照大神を祠る神宮を建てる地になぜ伊勢が選ばれたか。泉・川・海の水との関係を含み、今後の穂積君の研究に僕は期待している。伊勢や伊賀が日本古代史解明の鍵を握っているからである。

2012年3月20日

同志社大学名誉教授

森　浩一

◎ 古墳時代の喪葬と祭祀／目次 ◎

序 ……………………………………………………………………… 森　浩一… i

序　章　問題の所在 …………………………………………………………… 1
1. 考古学の方法論と本書の立場 …………………………………………… 1
2. 本書の目的と「喪」「葬」「祭」に関わる現状認識 ………………………… 2
3. 祭祀に関わる基本的視座 ………………………………………………… 4
4. 古墳時代喪葬・祭祀研究と先行学説 …………………………………… 6
5. 検討をはじめるにあたって ……………………………………………… 6

第Ⅰ章　古墳時代首長と水の祭儀

第1節　首長祭祀遺跡の検討―三重県城之越遺跡を素材として― …………… 10
1. 城之越遺跡における祭祀の具体像 ……………………………………… 10
2. 首長祭祀の場としての城之越遺跡 ……………………………………… 17
3. 地域構造のなかの祭祀の位相 …………………………………………… 18
4. 城之越遺跡の提起する問題 ……………………………………………… 21

第2節　古墳時代の「湧水点祭祀」 …………………………………………… 25
1. 研究略史と本節の視点 …………………………………………………… 25
2. 湧水点祭祀の定義と範囲 ………………………………………………… 27
3. 発掘調査事例による井泉の分類 ………………………………………… 30
4. 井泉の存在形態と儀礼 …………………………………………………… 39
5. 水分祭祀と湧水点祭祀 …………………………………………………… 43
6. 湧水点祭祀を支える内在的観念 ………………………………………… 46
7. まとめ ……………………………………………………………………… 49

第3節　井泉と大型建物 ……………………………………………………… 54
1. 問題の所在 ………………………………………………………………… 54
2. 「セット関係」把握の前提 ………………………………………………… 54
3. 弥生時代の存在形態 ……………………………………………………… 55
4. 古墳時代の事例 …………………………………………………………… 60
5. 古代の事例 ………………………………………………………………… 69
6. 大型建物を介してみた首長との関係 …………………………………… 69
7. 古墳時代祭祀体系のなかの井泉 ………………………………………… 71
8. まとめ―井泉と大型建物の諸段階― …………………………………… 72

第4節　井泉と誓約儀礼―記紀誓約神話成立の背景― ……………………… 76
1. 問題の所在 ………………………………………………………………… 76

2. 井泉で行われる祭儀の二者··77
　　3. 井泉に対する奉祭事例··77
　　4. 誓約儀礼の場としての井泉··78
　　5. 匏と誓約··82
　　6. 誓約儀礼をめぐる研究略史··85
　　7. 古代におけるウケヒ儀礼とその意義··86
　　8. 民俗資料にみる誓約儀礼··87
　　9. まとめ··89

　第5節　井泉と導水施設···92
　　1. 井泉祭儀に関する総括··92
　　2. 導水施設の構成と特質··95
　　3. 遺物からみた井泉と導水施設··99
　　4. 井泉と導水施設の存在形態上の相違··101
　　5. 水に関わる祭儀研究の意義··102

第Ⅱ章　古墳時代儀礼空間の整備と祭祀遺物

　第1節　古墳時代祭祀遺跡の形成―カミ観念の変遷と祭祀遺跡の変貌―·······108
　　1. 「祭祀遺跡」の定義··108
　　2. 弥生時代の祭祀と祭祀場··109
　　3. 古墳時代初頭における儀礼空間の形成··111
　　4. 閉鎖系祭儀空間と開放系祭儀空間··111
　　5. いわゆる「纒向型祭祀」について··114
　　6. 文化推移論と考古学的事象の対応関係··116
　　7. 祭祀遺跡の形成と古墳時代中期におけるカミ観念の革新··························119
　　8. まとめ··123

　第2節　古墳時代祭儀空間とニワ―列島における庭の形成―·················127
　　1. 研究略史と本節の視点··127
　　2. 「庭」の本義と古代日本における儀礼空間の認識································130
　　3. 考古資料にみる儀礼空間の認識··132
　　4. 古墳における造形空間とその構成要素··135
　　5. 独立儀礼空間と古墳付設施設の共通意匠とその評価······························138
　　6. 「洲浜」状貼石の原モチーフ··139
　　7. まとめ―古墳時代庭状施設の評価―··140

　第3節　古墳時代木製祭祀具の再編···144
　　1. 問題の所在と本節の論点··144
　　2. 古墳時代祭祀に供せられる物品構成と木製遺物··································145
　　3. 古墳時代木製祭祀具の構成··147
　　4. 木製祭祀具の使用状況··155

5. 木製祭祀具（模造品）性格の変遷とその背景………………………157
         6. まとめ………………………………………………………………159

第Ⅲ章　喪葬から埋葬へ
 第1節　「導水施設」の性格について―殯所としての可能性の提起―………164
         1. 「導水施設」の考古学的検討……………………………………165
         2. 「導水施設＝殯所」説の提起……………………………………180
         3. まとめ………………………………………………………………194

 第2節　古墳時代の殯所に関する予察…………………………………………199
         1. 問題の視点…………………………………………………………199
         2. 大化前代の殯の実態………………………………………………200
         3. 古代天皇の喪葬期間………………………………………………204
         4. 考古資料から推定する喪の存在…………………………………204
         5. 殯所遺構の同定のための前提……………………………………206
         6. 考古学上の遺跡からみた殯所……………………………………209

 第3節　封じ込める力―辟邪発現の方向とその意味―………………………214
         1. 問題の所在…………………………………………………………214
         2. 墳頂部方形埴輪列における器財埴輪配列の変化………………215
         3. 副葬革盾埋置方向の再検討………………………………………217
         4. 門付扉板陽刻閉塞石と家形埴輪の扉……………………………220
         5. 埋葬所作と辟邪観念………………………………………………221
         6. まとめ………………………………………………………………223

 第4節　遊部伝承から読み解く埴輪の意義……………………………………227
         1. 問題の所在…………………………………………………………227
         2. 親王一品条と遊部起源伝承………………………………………228
         3. 殯所内での具体的所作とその意味………………………………229
         4. 死から喪、そして葬へ……………………………………………230
         5. 遊部所作と「烏丸伝」との対比…………………………………232
         6. 辟邪観念と埋葬諸儀礼……………………………………………233
         7. 埴輪樹立変遷の背景………………………………………………235
         8. まとめ………………………………………………………………238

第Ⅳ章　喪葬と祭祀の統一的把握
 第1節　古墳被葬者とカミ………………………………………………………244
         1. 学史と論点の整理…………………………………………………244
         2. 古墳時代祭祀遺跡の出現…………………………………………249
         3. 「葬と祭の分化」に関する前提……………………………………251

4. 古墳・祭祀遺跡における供献物品のあり方 ………………………… 253
　　　5. カミマツリの成立と古墳被葬者 ………………………………………… 258
　　　6. まとめ ……………………………………………………………………… 260

　第2節　「祭祀遺跡」像の転換 ……………………………………………………… 265
　　　1. 本節における祭祀遺跡分析の視点 …………………………………… 265
　　　2. 古代文献にみる創祀の認識 ……………………………………………… 266
　　　3. 封じ込めの場 ……………………………………………………………… 269
　　　4. カミを祀る場と、儀礼の場 ……………………………………………… 271
　　　5. 祭祀遺跡における大型掘立柱建物の性格 …………………………… 273
　　　6. まとめ ……………………………………………………………………… 277

　第3節　古墳時代「喪葬遺跡」という枠組み …………………………………… 280
　　　1. 問題の所在 ………………………………………………………………… 280
　　　2. 喪葬遺跡の範囲 …………………………………………………………… 280
　　　3. 殯関連施設とその存在形態 ……………………………………………… 281
　　　4. 古墳に対する祈念施設 …………………………………………………… 285
　　　5. 古墳造営集落 ……………………………………………………………… 291
　　　6. 火葬遺跡 …………………………………………………………………… 293
　　　7. 出土遺跡からの敷衍 ……………………………………………………… 294
　　　8. 殯所と葬所の論理 ………………………………………………………… 297
　　　9. まとめ ……………………………………………………………………… 298

終　章　まとめ—古墳時代における喪葬と祭祀の位相—
　　　1. 文献にみる喪葬・祭祀観念と考古資料の照応 ……………………… 303
　　　2. 古墳時代祭祀遺跡の再編 ………………………………………………… 304
　　　3. 喪葬観念と殯所遺構の提示 ……………………………………………… 306
　　　4. 古墳時代における喪葬・葬送・祭祀 ………………………………… 307
　　　5. おわりに …………………………………………………………………… 308

図版・写真・表出典一覧 …………………………………………………………………… 311

初出論文との対応 …………………………………………………………………………… 317

あとがき ……………………………………………………………………………………… 319

索　引 ………………………………………………………………………………………… 323

◎ 図版目次 ◎

図1　木津川上流小盆地群と弥生・古墳時代遺跡……………………………………11
図2　城之越遺跡A地区とB地区の立地……11
図3　城之越遺跡A地区の古墳時代遺構……13
図4　城之越遺跡の貼石祭儀場構成…………13
図5　高瀬遺跡出土初期須恵器………………19
図6　池上曽根遺跡の大型井戸………………31
図7　纒向遺跡辻土壙1…………………………31
図8　古轡通りB遺跡の井戸……………………31
図9　古轡通りB遺跡井戸出土の土器群……31
図10　藤江別所遺跡の井泉と出土遺物………33
図11　駒沢新町遺跡の土器集積…………………33
図12　三ツ寺I遺跡の井戸………………………33
図13　中溝・深町遺跡の井泉……………………33
図14　纒向遺跡第48次調査土坑1……………35
図15　本位田遺跡の集石遺構……………………35
図16　城之越遺跡の井泉と貼石祭儀場………35
図17　南紀寺遺跡の方形石組井泉……………35
図18　阪原阪戸遺跡の井泉と石組遺構………35
図19　三室間ノ谷遺跡の井泉と出土遺物……38
図20　上之宮遺跡の石組遺構……………………38
図21　古宮遺跡の井泉と遺構配置………………38
図22　山添遺跡の井泉……………………………38
図23　八王子遺跡の井泉と遺物出土状況……40
図24　六大A遺跡の大溝と井泉配置…………40
図25　三田谷I遺跡の遺構配置と井泉………40
図26　井泉の存在形態モデル……………………42
図27　三室間ノ谷遺跡……………………………42
図28　古轡通りB遺跡……………………………42
図29　南紀寺遺跡…………………………………42
図30　城之越遺跡…………………………………42
図31　天白磐座遺跡の立地………………………45
図32　天白磐座遺跡の磐座配置…………………45
図33　生活用水と井泉……………………………47
図34　池上曽根遺跡の大型井戸と大型掘立柱建物……………………………………………57
図35　雁屋遺跡の大型掘立柱建物………………57
図36　茶畑山道遺跡の遺構配置と配石土坑…57
図37　唐古・鍵遺跡第93次調査の遺構配置と大型井戸……………………………………57
図38　唐古・鍵遺跡第74次調査確認の大型建物……………………………………………57
図39　八王子遺跡の祭儀空間……………………61
図40　中溝・深町遺跡の遺構配置………………61

図41　井泉と大型建物の相関……………………61
図42　城之越遺跡B地区の大型建物…………64
図43　中溝・深町遺跡の大型建物………………64
図44　三ツ寺I遺跡の主屋建物…………………64
図45　中海道遺跡の大型建物……………………64
図46　南郷安田遺跡の大型建物…………………64
図47　極楽寺ヒビキ遺跡の大型建物……………66
図48　極楽寺ヒビキ遺跡大型建物の復元案…66
図49　極楽寺ヒビキ遺跡大型建物の復元イメージ図…………………………………………66
図50　青柳泰介による大型建物の形式分類…66
図51　上之宮遺跡の遺構配置……………………66
図52　六大A遺跡井泉1とその出土遺物……81
図53　六大A遺跡井泉7…………………………81
図54　城之越遺跡井泉1…………………………81
図55　芋くらべ祭りの祭場………………………88
図56　囲形埴輪の知見も敷衍した導水施設の分類……………………………………………98
図57　井泉・導水施設系遺跡における出土遺物の構成……………………………………101
図58　六大A遺跡出土遺物にみる首長関連遺物……………………………………………102
図59　八王子遺跡の集落域と祭祀域…………112
図60　長瀬高浜遺跡の囲繞施設…………………112
図61　長瀬高浜遺跡の祭儀用建物………………112
図62　長瀬高浜遺跡祭儀用建物付近出土の小形銅鏡……………………………………112
図63　櫟本高塚遺跡の遺構配置…………………113
図64　纒向遺跡辻土壙4の遺物出土状況……115
図65　纒向遺跡辻土壙4出土遺物……………115
図66　布留遺跡の構成と祭祀域の分布………117
図67　城之越遺跡貼石祭儀場第1突出部と立石の様相…………………………………119
図68　出作遺跡土器集積SX01における須恵器・陶質土器……………………………121
図69　六大A遺跡出土の初期須恵器………121
図70　茶畑山道遺跡の遺構配置と空閑地……134
図71　城之越遺跡の儀礼空間と貼石の構成要素……………………………………………134
図72　南紀寺遺跡の儀礼空間……………………134
図73　城之越遺跡大溝上層出土「庭」墨書須恵器……………………………………137
図74　石山古墳の段築構成と「基底基壇」・東方外区の関係…………………………137

図75	巣山古墳の出島状施設の構成	137
図76	赤土山古墳の「基底基壇」構成	137
図77	宝塚1号墳出島状施設の構成	137
図78	古墳時代木製祭祀具の分類1	150
図79	古墳時代木製祭祀具の分類2	152
図80	心合寺山古墳出土の囲形埴輪	167
図81	宝塚1号墳出土の囲形埴輪	167
図82	百舌鳥陵墓参考地出土の囲形埴輪	167
図83	車駕之古址古墳出土の囲形埴輪	167
図84	狼塚古墳の囲形埴輪出土状況	167
図85	南郷大東遺跡の導水施設	168
図86	纒向遺跡巻野内地区の導水施設	168
図87	服部遺跡の導水施設	168
図88	神並・西ノ辻遺跡の導水施設	168
図89	浅後谷南遺跡の導水施設	170
図90	畝田遺跡の導水施設	170
図91	大柳生宮ノ前遺跡の導水施設	170
図92	各地出土の木槽樋形土製品	170
図93	導水施設の特徴的な出土遺物	175
図94	囲形埴輪の出土位置	175
図95	三ツ寺I遺跡の遺構配置と「導水施設」	175
図96	纒向遺跡と纒向古墳群、渋谷向山古墳	177
図97	南郷大東遺跡と葛城の主要古墳	177
図98	大柳生宮ノ前遺跡・瓦谷遺跡と佐紀古墳群	177
図99	浅後谷南遺跡と浅茂川流域の古墳	179
図100	神並・西ノ辻遺跡と周辺の古墳群	179
図101	水衛遺跡と柘植川流域の古墳	179
図102	比自岐小盆地と石山古墳	187
図103	石山古墳墳丘実測図	187
図104	石山古墳墳頂部の埴輪配置図	187
図105	王塚古墳出土彩色人物埴輪	187
図106	今城塚古墳埴輪樹立区の埴輪配置	187
図107	石山古墳後円部の埋葬施設	188
図108	「室の中央にしつらえた溝」	208
図109	石棺底に彫られた排水溝	209
図110	極楽寺ヒビキ遺跡の遺構配置	210
図111	前方後円墳の出島状施設の例	210
図112	秋津遺跡の遺構配置	210
図113	墳頂部方形埴輪列の器財埴輪樹立方向	216
図114	東大寺山古墳粘土槨封入の副葬品	216
図115	和泉黄金塚古墳東槨の出土状況と中央槨側へ向けて立てられた盾	219
図116	和泉黄金塚古墳東槨出土の盾	219
図117	出雲地域の石棺式石室の門式扉板陽刻閉塞石	221
図118	メスリ山古墳後円部埋葬施設断面模式図	234
図119	寺戸大塚古墳方形区画と土器供献	234
図120	石山古墳方形区画と土器供献	234
図121	和泉黄金塚古墳東槨被葬者頭部の鏡出土状況	234
図122	島の山古墳前方部粘土槨の腕輪型石製品出土状況	234
図123	大阪府駒ヶ谷宮山古墳粘土槨の三角縁神獣鏡出土状況	236
図124	滋賀県狐塚5号墳の女性人物埴輪	236
図125	三重県稲葉古墳群の男性人物埴輪	236
図126	群馬県今井神社2号墳の軽装武人	236
図127	石神2号墳における石枕と石製模造品の出土状況	246
図128	久津川車塚古墳の石棺内遺物出土状況	247
図129	石川条里遺跡の遺構配置	249
図130	六大A遺跡武器形集中区	256
図131	六大A遺跡高坏集中区	256
図132	百舌鳥大塚山古墳出土の土製模造品	256
図133	奈良県ウワナベ古墳出土の土製模造品	256
図134	城之越遺跡の祭場構成	276
図135	城之越遺跡A地区の大型建物	276
図136	城之越遺跡石敷祭儀場	276
図137	宝塚1号墳出島状施設の埴輪配置	283
図138	赤土山古墳付設施設の埴輪配置	283
図139	石山古墳東方外区の埴輪配置	284
図140	極楽寺ヒビキ遺跡と南郷大東遺跡の位置関係	284
図141	象鼻山古墳群の「上円下方壇」	286
図142	玉手山古墳群と立柱遺構	286
図143	石見遺跡の埴輪・木製立物出土状況	287
図144	神郷亀塚古墳と竪穴住居との位置関係	289
図145	桜井茶臼山古墳と城島遺跡外山下田地区の位置関係	292
図146	城島遺跡外山下田地区出土の大形甕類	292
図147	森カシ谷遺跡の遺構配置	294
図148	平等坊・岩室遺跡の方形区画と埋納土坑	296
図149	谷尻遺跡の遺構配置図	296
図150	谷尻遺跡の巴形銅器出土の溝囲繞大型竪穴住居	296
図151	谷尻遺跡大型竪穴住居出土の巴形銅器	296

◎ 写真目次 ◎

写真1　わき塚1号墳出土甲冑 ……………… 19
写真2　近代古墳出土甲冑 ………………… 19
写真3　芋くらべ祭りの祭場 ……………… 88
写真4　祭場内部 ……………………… 88
写真5　芋くらべ祭りの祭式風景 ………… 88
写真6　石山古墳墳頂部出土の円弧文装飾切妻
　　　　家形埴輪 …………………… 118
写真7　行者塚古墳東造出出土の木槽樋形
　　　　土製品 ……………………… 170
写真8　石山古墳後円部出土の盾線刻の盾形
　　　　埴輪器台部 ………………… 216
写真9　御獅子塚古墳埋葬施設両脇の革盾 … 219
写真10　御獅子塚古墳埋葬施設東側の革盾 … 219
写真11・12　大阪府蕃上山古墳出土の女性
　　　　人物埴輪と男性人物埴輪 ……… 236
写真13　今城塚古墳出土の片流れタイプの
　　　　家形埴輪 …………………… 284

◎ 表目次 ◎

表1　伊賀郡木津川上流域の古墳時代
　　　主要遺跡 ……………………… 19
表2　伊賀地域における首長墳の編年 ……… 19
表3　祭祀関連物品群構成表 ……………… 146
表4　古代天皇喪葬期間一覧 ……………… 205
表5　素材別供献物品一覧 ………………… 258

序章　問題の所在

1. 考古学の方法論と本書の立場

　考古学は、遺跡・遺構・遺物という物質資料を対象とした学問である。
　物質資料である考古資料は、文字が記されるなどしたごく一部の資料を除き、それ自体モノを言わない。そのため、具体的な生活様式の復原や、モノとモノの関係など物質的な課題に対しては、考古学の基礎的な方法論である型式学や層位学、さらにそこから帰結される編年学などの方法論で多くが対処されることとなる。
　しかし、政治や経済、文化、思惟・信仰といったいわば形而上学の問題にまで立ち入ろうとする場合、考古学の方法論のみでは対処しきれず、明瞭な解答を引き出せない場合が多い。そうしたとき我々は、あくまで純粋の考古資料による立論のみを諒として、考古学の方法論では対処できない部分の追究を停止するか、あるいは考古資料の解釈において文献史学や民族・民俗学、文化人類学といった考古学以外の人文・社会科学の研究成果や理論を援用して解答を準備するのかの選択を行い、どちらかの態度で問題に対処することになる。もっとも、なかには自らの立場を前者であると信じてはいても、それまでの研究の過程で接した成果や理論に無意識的に影響され、先入観をもって臨んでいることもないとはいえない。こうした場合、本人にその認識はなくとも、既知の研究や方法論から一定の影響を受けることから免れることは難しい。河内や大和の巨大前方後円墳を連続する王陵として捉え、墳形や埴輪、副葬品の内容などからそこに何らかの系譜関係を見いだす研究はしばしば日本考古学の世界に誇るべき大きな成果として挙げられることがあるが、一見それが考古資料の積み上げによる立論であると謳っていても、その研究に着手した時点で、その背後には「記紀」や「延喜式」諸陵寮の記述、あるいはそれらを追究してきた江戸時代以来の先学による文献史学の成果が織り込まれていることを認めないわけにはいかない。もちろん純粋に考古資料の積み上げだけから立論した精緻な分析に成功している例があることも否定はしない。
　さて私は、考古資料の意味するところの解釈に、文献を援用しようとする場合、大きく分けてふたつの方法論的接近法があると認識している。ひとつは、文献に記載された内容を考古資料によって検証ないしは確認し、歴史的な事実を考古資料と文献資料との照応において検討を重ねる方法である。この方法は、例えば奈良県明日香村に所在する巨石横穴式石室墳である石舞台古墳を「日本書紀」記載の蘇我馬子の桃原墓と考え、文献に記された生前の馬子が保持した権勢の大きさを古墳の巨大さという考古学的事象からも検証しようとする方向性[1]などに代表される。これは、文献に記された内容を、考古学というフィルターを通して検証する方法[2]ともいえる。
　もうひとつは、文献の歴史的事実を問題として、文献記載を考古資料と直接対比するのではなく、文献はあくまでそれが記載された段階の古代人の思惟や認識を示すものとして捉え、その時点（「記紀」であれば8世紀初頭段階）での古代人の「認識」を敷衍するかたちでより古い時代の考

古資料の解釈へ向かうための手段として利用する方向性である。ここにおいては、文献とは古代人の保持していた物事に対する「内在的論理」を把握するための媒介として機能し、考古資料をどう解釈するのかの方向性を把握するための手段として活用することになる。神話学の神野志隆光は、「古代の現実があったことはいうまでもない。しかし、それを「古事記」「日本書紀」から見ることはできないというべきだ。ふたつのテキストから現実の古代に向かおうとする歴史研究は、たとえば、発掘された遺跡・遺構を「日本書紀」の記載に結び付けて見るというやりかたで、現在もなされている。ただ、遺跡と一致するように見えることがあったとして、それが「日本書紀」の本質なのではない。テキストの理解は、現実に帰されるべきものではなく、あくまでテキストの語る「古代」として見るべきものである。」と指摘しているが[3]、この言説はこの立場の方法論を説いているとみることができる。

　これらふたつの方法論的接近法は、どちらが優れているかといった二者選択ではなく、最終的に当該の研究が何を求めているかによって使い分けられることとなる。本書においても、考古資料が意味するところを文献記載から探ろうとする場合、上記のいずれかを内容によって選択することになる。そして、この方法論的立場は、「文献史学」を「民俗学」や「神話学」に置き換えても、基本的には適応できるものと考えている。

　つまり、本書は古墳時代における神や霊、魂、信仰といった問題に対して考古資料を主軸にして言説を組み立てていこうとするものであるが、その内在的意味の把握においては文献史学、民俗学、神話学などの他の研究成果も援用してこれに対処し、資料の性質や目的に応じて処方箋のあり方（文献等をどの方法論的アプローチで利用するのか）を吟味して研究戦略のなかでそれらを活用していく立場を選択する。誤解を恐れずにいえば、ここでは「考古学」そのものが目的（研究対象）ではない。考古学を基軸に据えて文献史学や民俗学などの助けを借りつつ、古代人の祭祀観やカミ観念を把握することこそが課題なのである。そこにおいては、資料の存在が目的を規定してしまうようなアプローチではなく、研究課題が必要とする資料を準備し、吟味していくアプローチによって問題に接近したいと考えている。

2. 本書の目的と「喪」「葬」「祭」に関わる現状認識

　本書の課題は、古墳時代の喪葬と祭祀、それに、それらを支えた観念について究明することにある。

　人の死から埋葬に至るまでの期間が「喪」である。古代日本において喪の期間に広く殯の風習が存在したことは、「古事記」・「日本書紀」・「万葉集」・「令集解」をはじめとした国内史料や「隋書倭国伝」などの外国史料からも確認できる。しかし、特に大化前代の殯の実態については不明な部分が大きく、体系的に論じられたものは極めて少ない。これは、考古学において「殯所」遺構の特定が困難なことにも起因するが、殯に関わる考古学的研究の少なさは「葬」に関わる研究に比べ「喪」への関心が概して低調だったこととも一因として挙げられよう。この背景には、古墳の埋葬に関わる問題は当時の死生観や斎忌観の問題だけでなく、副葬品や埴輪などを介して王権内部、あるいは王権と地域との政治的な関係を究明することへも繋がると認識されたのに対し、

殯など喪に関わる研究はそこから政治史的アプローチをするには不向きな対象と捉えられた経緯があるようにも思われる。いずれにせよ、本問題の進展は、喪葬行為の実質的な運用の場となる殯所の特定が不可欠であり、本書においてもその解明を主要目的のひとつとする。

「喪」が終われば次は「葬」の段階へ移る。古墳時代において最も明瞭な葬所が古墳である。したがって、葬に関する儀礼や観念にアプローチする場合、古墳を素材として問題に接近することになる。具体的には、古墳に込められた様々な仕掛け（墳丘構築や埋葬施設の構築、副葬品の埋納、埴輪樹立など）がどのような考えのもとになされたのかを読み解くことが課題となる。この問題に関しては、すでに先学による多くの指摘があり、関連する素材も多い。本書では、特に「喪」から「葬」へ移行する際の死生観に関心を抱きつつ、この問題に対処していきたい。

ここまでは、基本的に、死者に関しての問題ということになる。こうした「死者」に関わる様々な所作やそれを支えた観念とはしばしば対置的に位置づけられ、基本的には断絶関係があるように把握されることが多いのが「祭祀」（カミマツリ）である。ただし「喪葬」と「祭祀」をこういった対立ないしは明確に分離しうる二元論的把握で完全に整理できるかというと、問題はそう単純ではない。現在の古墳時代祭祀研究において、研究者間で最も問題や認識が複雑に錯綜しているもののひとつが、この「祭」と「葬」の関係を巡る問題といってもよい。これは、以下のようなふたつの論点がある。

論点1　死者への弔いも含めた祈りを伴う儀礼行為全般を「祭祀」とするか、祭祀をいわゆる「カミマツリ」に限定して適応させるかの問題

論点2　「祭」と「葬」をまったく次元の異なる別個のものとみるのか、あるいは相互に連関するものとみるのかの問題

論点1は、基本的には術語の使い方の問題である。「祭祀」とは岡田精司によると「神もしくは精霊に対し、祈願したり、慰めなだめたりするための、儀礼的な行為」[4]とされるが、この精霊に「死霊」や「祖霊」なども含めて考えると、古墳などに対する儀礼的行為も「祭祀」の用語で適応可能ということになる。目に見えない「モノ」に対しての祈りや儀礼的な働きかけ自体を「マツル」という動詞をもってまずはひと括りにするわけである。しかし、「祭」には、「カミマツリ」との意があることから、問題は論点2とも関わって複雑になる。

このことに関して岡田精司は、死者に捧げる儀礼は、「儀礼行為としては神祭りと共通する行為も部分的には認められるが、神祭りとは目的も性格もちがうものである」と説き[5]、葬送と祭祀は当初からまったく別個の枠組みにあるものとして捉えた。この脈絡でいえば、「祈る」という行為を祭祀で一括することの是非以前に、例えば古墳への「祭祀」（「古墳祭祀」）というのは用語として不適なものということになる。

一方、井上光貞は古墳副葬品と祭祀遺跡出土品の品目一致から「人を葬るべき古墳におさめるものと、神を祭る祭壇にたてまつるものが同じであることは、いちおう「葬祭未分化」の状態」にあるとし、葬祭が分化して葬儀と祭儀が成立するのは沖ノ島の分析（祭祀専用品の成立・祭りの場の形成・神と霊魂の分離）から6～7世紀にかけてのことと考えた[6]。この見解は、古墳と祭祀遺跡出土の滑石製模造品類の出土傾向から古墳時代中期段階における葬祭の分離を提起した小出義治[7]や椙山林継[8]らの視点と方法論的に共通するもので、この立場に立てば、葬と祭は当初

は分離せずに同じ枠組みにあって、その後、分化が進むものとして捉えられることになり、古墳や被葬者に対して「祭祀」の用語を使うこともさほど不適なものにはならない。

さらに、これらの見解とは別に、広瀬和雄[9]や車崎正彦[10]は、死者たる古墳被葬者が、古墳上の儀礼を通して共同体を護るカミ（広瀬）や祖霊（車崎）として再生するという考えを提出した。この見解に従えば、「カミ」を祀るものとして古墳と祭祀遺跡との境界は限りなく低くなり（古墳が祭祀遺跡に近づく）、古墳被葬者と「カミ」にある種の連続性が辿れることとなる。なお、この立場は、「古墳＝首長霊継承儀礼の場」とする先行見解とあわせ、先王の霊を新王に付着させる、あるいは「浮遊する」カミを遺骸に勧請し憑依させるといった行為は「鎮魂（タマフリ）」という行為の結果となるが、この考えはいずれも折口信夫が自身の大嘗祭論のなかで展開した「鎮魂（タマフリ）論」[11]に淵源がある。

このように、祈る対象の性格に関係なく、「祈る行為＝祭祀」とする立場と、祭祀をいわゆる「カミマツリ」に限定して適応する立場があり、後者の論点は葬送と祭祀との関係において、それらをまったく別個とみる岡田精司に代表される考え方と、両者をさほど離れた存在とはみない井上光貞に代表される考え方、それに古墳被葬者をカミとして捉える広瀬和雄らの考え方がある。こうした議論の応酬は、古墳時代の「カミ観念」を考えるうえで非常に重要な論点であり、研究者個々が古墳をどう捉えるかという「古墳観」の問題にも帰結し、当然そのことは祭祀遺跡やその前提としての古墳時代の「カミ」や「霊」、「タマ」、「モノ」などをどう考えるのかという問いに繋がる。論述の過程上、この問題を等閑視しては議論を錯綜させるので、最終的な結論とは別に、少なくとも研究や著述の過程では祭祀と葬送を分離して問題にアプローチするのが適当と考えており、本書もこれに従う。本書における術語の使い方に関しては、具体的には以下のように扱う。

1　祭祀は、いわゆる「カミマツリ」に限定して用い、アマテラスなど擬人化された特定神格をもつものを「神」、それ以前の段階の精霊等を「カミ」とする
2　古墳における死者に関わる儀礼は被葬者の性格の如何や「祈る」行為の有無に関わらず「葬送儀礼」として整理する
3　殯における儀礼的行為は「喪葬」として整理する

以上のように術語を整理したうえで、古墳時代における古墳被葬者や「カミ」がどのような認識の下にあったのかは別途検討する。そのうえで、「葬」と「祭」の関係を近年の新たな資料の位置づけを通して整理する。

3. 祭祀に関わる基本的視座

古墳時代を含む古代祭祀研究は、大場磐雄により体系化された神道考古学の枠組みがあり[12]、大場の門下を中心に多くの研究蓄積がある[13]。ここで体系化された枠組みは、山や川、海、島嶼、岩（磐座）、峠、集落、生産跡などというように、その祭祀対象別に個別の検討が加えられることに特徴がある。そのため、問題が個別に完結してしまい、相互の関係が統一的に把握しきれない傾向にあった。この枠組みは、多少の修正は加えつつもその後の研究にも継承され[14]、新たな

発掘資料もその枠組み（論者によって多少の変化はある）へそのまま落とし込もうとした感が否めず、研究に一種停滞をもたらしているように認識される。つまり、大場以降、既知の枠組みの継承による量的な「肥大化」は進んだが、新たな切り口は乏しく、研究としては停滞しているように見受けられる。

　さらに、いわゆる神社成立以前も「原始神道期」として「神道」の枠組みに含めたことは、後の時点で成立した概念を古い時代へも遡及させて適応させたことになり、このことは後の研究において思考の硬直化を招いたと認識している。このため、資料の蓄積は進み、例えば祭祀遺物である滑石製模造品の編年や流通の問題などかなり細かい部分まで追求されるようになったが[15]、「神道考古学」という標榜は一般考古学研究者から特殊な分野として受け止められ、祭祀研究の敬遠と「神道考古学」の孤立化を招いた。一方で、「訳のわからない」考古学的事象を「祭祀」の用語で片付けたり、逆に「祭祀」に踏み込まず専ら遺物の流通や編年のみを論じるなど、祭祀研究をめぐって研究者間で認識の乖離が進んだ。

　最近は、以上のような反省から「神道考古学」という用語を敬遠し、たんに「祭祀考古学」という呼び方も生まれ[16]、筆者もこれに従うが、要は論点を「祭祀」という枠内に閉じ込めるのではなく、古代社会全般のなかでその役割と構造をどう位置づけるのか、その解明が求められているのである。

　さて、「祭祀」とは前述のように「神もしくは精霊に対し、祈願したり、慰めなだめたりするための、儀礼的な行為」[17]であり、それが行われた遺跡が「祭祀遺跡」である。先の大場の定義では「純然たる祭祀の遺跡と認め得るもので、他の古墳或は住居趾、工作趾等と對立し得べき第一義的の独立遺跡」[18]であり、そのための三要件として祭祀遺物の存在、祭祀遺構の存在、祭られる対象物の存在が挙げられている。しかし、ここには問題がないわけではない。例えば、竪穴住居内の竈に対して石製模造品などを用いた祭祀遺物も伴って何らかの祀る行為が確認できた場合、上記の三要件は揃うことになる。しかし、これは竈に対する祭祀行為の確認[19]ではありえても、それをもって「祭祀遺跡」と呼ぶことには躊躇してしまう。集落の一画や個々の住居などでも祭祀は行われたであろうが、それのみでは祭祀遺跡とは言い難い。研究の射程とする範囲が、遺跡なのか、遺構なのかによる差は大きいと認識するからである。そこで本書では、「祭祀遺跡」という場合は、「祭祀の実修を主目的として形成された遺跡」として捉え、以下の検討に臨む。

　祭祀遺構や祭祀遺跡の認定は、磐座など一定の共通理解がある遺構を除けば、「祭祀遺物」の出土認定にはじまる。しかし、ここにも大きくふたつの問題がある。ひとつは「祭祀遺物」出土地が祭祀の場（祭祀遺構）そのものなのか、あるいは祭祀終了後の物品類（祭祀遺物）の廃棄場なのかという問題、もうひとつは祭祀施設があってそこに祭祀遺物が奉献されたとみるのか、祭祀遺物を奉献した場所を「結果として」現代の我々が祭祀施設ないしは祭祀遺跡として認定しているのかという問題である。特に後者は、榎村寛之による「祭祀遺物が（神社など）特定の空間で使われる、というより、祭祀遺物を使って一定の儀礼を行うことで、河を渡る所、用水の分岐点、峠の麓、邸宅の一角、大きな自然石の下、などの場所が祭の場となっていく」という指摘[20]に問題が収斂される。この問題はつまるところ、「いつから儀礼空間としての祭祀の場の形成が認められるのか」という問題に帰結する。

つまり、人間が何らかの「神霊」の存在を認めたとしても、その対象物が例えば浮遊している、あるいは移動を繰り返すと認識されていたら、祀る対象（カミや精霊、魂、モノなど）と祭祀者の関係には絶えず流動性があるが、「神霊」が一定場所に依り憑くとの認識が生まれると、祀る対象と祭祀者の関係が定立化され、両者の関係はより固定化したものとなる。これは、祀る対象が祭祀者によっていわばコントロールされた状態を示しはじめたことを示し、祭祀の場そのものの固定化をも推し進める。そして、この祭祀場固定化の動きを促した社会的あるいは精神的な要請を探ることこそ「カミ観念」の成立、発展の問題とも照応し、祭祀を介して王権や集落構造を分析する地平に導くものとなる。

4. 古墳時代喪葬・祭祀研究と先行学説

従来の古墳時代を含む古代祭祀研究においては、論者がどこまでそれを意識していたかに拘わらず、多かれ少なかれ折口信夫の大嘗祭論[21]や三品彰英の文化推移論[22]に影響を受けている部分がある。さらに、「祭祀遺跡」の基本認識に関しては、先述の大場磐雄の研究[23]が大きい。これらの学説は、いずれもその核心部分は戦前に提出されたものであるが、その影響力は今日も大きい。

特に折口の学説に関しては、古墳の墳丘上で行われた儀礼を考えるにあたってその大嘗祭論を敷衍するかたちで考察された経緯がある[24]など考古学界へも大きな影響を与えた。しかし、折口の大嘗祭論自体、ひとつの仮説（しかも、それは本来考古学とは関係のない民俗学や国文学上の仮説）ではあっても最近では否定する考えが有力で[25]、ひとり考古学の分野だけが最近の研究動向を無視あるいは影響を受けたまま論を展開する場合が多い[26]。以降の各々の節で研究史を述べる部分においては、現在の祭祀研究の理論的支柱となっている学説については、多少煩雑となるが、そのあたりは詳しく研究者の論説の形成過程を追い、現状における筆者の認識は示していきたい。

5. 検討をはじめるにあたって

考古学という物質資料を用いて、カミや霊、モノなどといった目に見えないものを対象とする研究に対しての、自身の基本的な立場と方法、「祭祀遺跡」に関わる問題点、それに先行学説に内在する研究史的な問題点について述べた。

問題点に共通する性格は、本来仮説として提出されたはずの見解に対し、後発研究者がそれらをひとつの確立された体系、あるいはそれを自明の前提として、自らの学説を打ち立てているということにある。いわば検証されないままの仮説が一人歩きして、その「核の傘」の中で安住して「研究」を進める姿である。学問研究の発展は、仮説の提出とその検証、さらにそれを乗り越える、より安定した仮説の提出の繰り返しの中に内在すると認識している。この意味からすれば、現在の状況はある意味研究の停滞状況ともいえるであろう。

祭祀遺跡研究は、個別の対象別の把握ではなく、「祭」と「喪」、「葬」の関係性の把握など、儀

礼自体の意味や目的といった観点から再編すべき段階にあると考えている。本書では、以上の問題認識に従って、古墳時代の喪葬と祭祀についての考察を加えていきたい。

註

(1) 喜田貞吉　1912「蘇我馬子桃原墓の推定」『歴史地理』第19巻第4号　1～15頁
(2) 森　浩一　1993『記紀の考古学』朝日新聞社
(3) 神野志隆光　2007『複数の「古代」』26～27頁　講談社現代新書
(4) 岡田精司　1992「神と神まつり」『古墳時代の研究』12　125頁　雄山閣出版
(5) 岡田精司　1999「古墳上の継承儀礼説について　祭祀研究の立場から」『国立歴史民俗博物館研究報告』第80集　235～259頁
(6) 井上光貞　1984「古代沖ノ島の祭祀」『日本古代の王権と祭祀』229頁　東京大学出版会
(7) 小出義治　1966「祭祀」『日本の考古学』V　276～314頁　河出書房
(8) 椙山林継　1972「葬と祭の分化―石製模造品を中心として―」『國學院大學日本文化研究所紀要』29　1～29頁
(9) 広瀬和雄　2003『前方後円墳国家』角川選書
(10) 車崎正彦　2000「古墳祭祀と祖霊観念」『考古学研究』47-2　29～48頁
(11) 折口信夫　1975「大嘗祭の本義」『折口信夫全集』第3巻　174頁～240頁　中央公論社（初出は1928『國學院雑誌』34-8・11）
(12) 大場磐雄　1943『神道考古学論攷』葦牙書房
(13) 大場の門下生を中心とした研究者らによりまとめられた下記文献がその後の到達点を示す。大場磐雄編　1973『神道考古学講座』全6巻
(14) 例えば、下記文献など。大平茂　2003「祭祀考古学の体系」『兵庫県埋蔵文化財研究紀要』第3号　117～136頁
(15) 2005年9月に開催された第54回埋蔵文化財研究集会「古墳時代の滑石製品」がこの問題に対する研究到達段階を示している。埋蔵文化財研究会・財団法人大阪市文化財協会　2005『古墳時代の滑石製品』
(16) 1994年に祭祀考古学会が設立され、情報誌『祭祀考古』が刊行された。また前掲註（14）文献でもその意義が示されている。
(17) 前掲註（4）文献
(18) 大場磐雄　1943「上代祭祀阯と其の遺物に就いて」44頁、前掲註（12）文献所収（初出は1930『考古学雑誌』20巻8号）
(19) 寺沢知子　1992「カマドへの祭祀的行為とカマド神の成立」『考古学と生活文化』（同志社大学考古学シリーズV）455頁～473　同志社大学考古学研究室
(20) 榎村寛之　2008『古代の都と神々』19～20頁　吉川弘文館
(21) 前掲註（12）文献
(22) 三品彰英　1978『古代祭政と穀霊信仰』平凡社、同　1976『建国神話の諸問題』平凡社
(23) 前掲註（12）文献、及び大場磐雄　1970『祭祀遺跡―神道考古学の基礎的研究』
(24) 近藤義郎が提起した前方後円墳上における首長霊継承儀礼説は折口説を敷衍した代表的なものといえる。近藤義郎　1985『前方後円墳の時代』岩波書店
(25) 岩田　勝　1990「鎮魂―折口信夫説批判―」『DOLMEN』第4号　80～107頁、岡田荘司2003「大嘗祭「寝座」秘儀説の現在」『國學院雑誌』第104巻第11号　19～32頁に代表される。
(26) 代表的な著作として、水野正好　1997「王権継承の考古学」『日本の信仰遺跡』107～128頁（奈良国立文化財研究所学報第57冊）など

第Ⅰ章　古墳時代首長と水の祭儀

第1節　首長祭祀遺跡の検討
―三重県城之越遺跡を素材として―

　古墳時代祭祀研究への接近は、磐座や井泉といった祭祀の対象別の考察とは別に、首長や共同体などといった祭祀執行者の主体者別に再構成して考察する方法がある。本節では、古墳時代祭祀の実態を具体的に把握する素材として、遺構の存在形態から首長層がその執行に関与したと推察される三重県伊賀市城之越遺跡をケース・スタディとして取り上げ、古墳時代祭祀を考えるための論点を整理する。

　城之越遺跡は、木津川右岸の河岸段丘上に立地する古墳時代遺跡である[1]。直線距離にして南西側2kmの台地上には国史跡の美旗古墳群、丘陵を挟んだ北側2.5kmには京都大学による発掘調査[2]によって豊富な副葬品や埴輪群が明らかとなった著名な石山古墳が所在している。城之越遺跡では、湧水点となる3基の井泉を中心として大規模な造成を加えた古墳時代前期後半の貼石施設が発掘されており、発掘調査によって湧水点で実修された大規模な祭祀の存在が明らかになった。しかもこの調査では焦点となる井泉を中心としたエリアの大半は調査範囲に含まれており、調査成果が当該問題を考えるためのひとつの定点の役割になりうるとともに、出土品も豊富であり、湧水点での祭祀を考えるための素材が多く揃っている。

　以下、最初に城之越遺跡の全体像を提示して祭場構成とその出土遺物についての要点を把握し、城之越遺跡が首長層に関わる祭祀遺跡であることを明らかにする。そのうえで、城之越遺跡の事例を通して古墳時代祭祀を考えていくためのいくつかの論点提示を行い、今後の議論への端緒としたい。

1. 城之越遺跡における祭祀の具体像

　最初に、城之越遺跡が置かれた歴史的な環境[3]と、そこで形成された祭祀遺構群の状況を項目別に把握する。

（1）地域像の把握と立地の特色

　城之越遺跡が所在する伊賀市比土の地は、上野盆地中央部からさらに内陸に入り込んだ木津川上流域に所在する。この木津川上流域には、本流に伴うものとして阿保、比土・古郡、上神戸の3小盆地が、支流の比自岐川に伴うものとして比自岐の小盆地があり、木津川はこれらを経て上野盆地中央部へ流れ出る。これら小盆地群は、地名として「比土」や「比自岐」、式内社として「比自岐神社」・「比地神社」（比土・古郡小盆地）・比々岐神社（阿保小盆地）など「比」を冠する地名が顕著に残り、丘陵で隔てられてはいても、本来は相互に密接な関連をもったひとつの地域単位であったと認識される（図1）。

　このうち阿保小盆地と比土・古郡小盆地からは突線鈕式銅鐸が発見されており[4]、弥生時代後

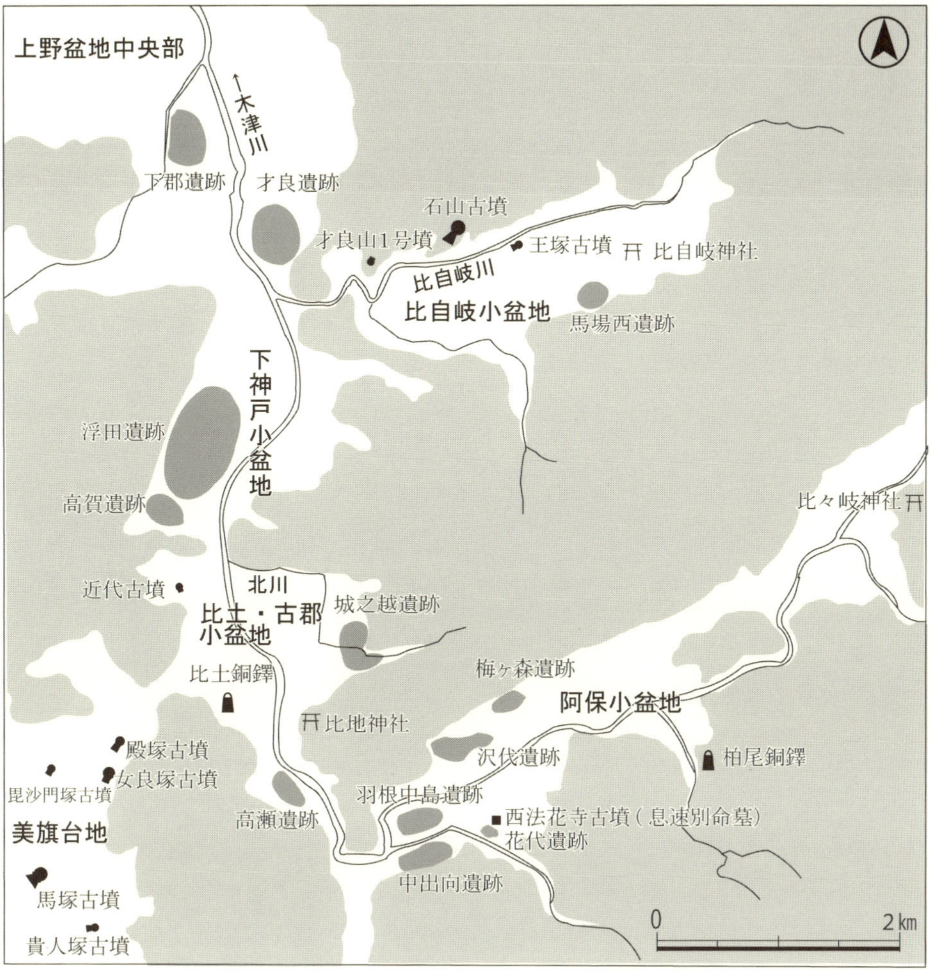

第1節 首長祭祀遺跡の検討 —三重県城之越遺跡を素材として—

図1 木津川上流小盆地群と弥生・古墳時代遺跡

図2 城之越遺跡A地区とB地区の立地

期にはそれぞれの小盆地が集団の結合単位となっていたことが窺える。そして、古墳時代に入ると比自岐小盆地の北部丘陵に石山古墳（全長120ｍの前方後円墳）が、比土・小盆地を見下ろす西南側台地上には美旗古墳群（最大の馬塚古墳が全長142ｍの帆立貝形前方後円墳）が築造されるとともに、比土・古郡小盆地内部には美旗古墳群本体から北へ分派したと思われる帆立貝形古墳、近代古墳も所在している。こうしたことから、本地域の首長墳と目される有力古墳は、城之越遺跡が所在する木津川上流の小盆地群と密接な関係を有していたと捉えられる。

　そして、城之越遺跡はこの４小盆地群のうちの比土・古郡小盆地の東側低丘陵麓に位置し、小盆地とそれを囲む低丘陵との変換点たる「山口」に立地する。城之越遺跡の南側には、比土・古郡小盆地の木津川右岸部への水田用水の供給元となる木津川へ注ぐ小河川、通称「北川」があり、城之越遺跡は小盆地東半分の水源となる「水分」を扼するように所在する。つまり、城之越遺跡は、立地として盆地と丘陵部の境界に所在するとともに、水田供給のための水分をも押さえる位置にあったことになる（図２）。

　さらに、北川の谷筋を遡るルートは、比自岐小盆地と阿保小盆地へ最短距離で抜けるルートであり、城之越遺跡の所在地は比土・古郡小盆地のみならず、四つの小盆地群の「扇の要」に相当する部分に位置することが理解される。

（２）遺跡の全体構成

　城之越遺跡は、大きく平地部にあって貼石祭場が形成されたＡ地区と、北川沿いの谷筋に所在するＢ地区に大別され、それぞれ東西に２棟並立した「回」形大型掘立柱建物（古代以降の所産であれば「四面庇付」掘立柱建物となるのであろうが、外周方形柱列を構造上庇とみるか縁あるいは柵とみるのかが不明なため、本節では平面プランの形状から「回」形掘立柱建物と仮称する）が伴う[5]。この大型建物四棟は、その平面プランや柱間構成に強い共通性を有しており、同時存在かどうかはともかく、城之越遺跡Ａ地区とＢ地区の一体的存在を緩やかに保証している（図２・３）。

　Ｂ地区は調査面積が狭く、２棟の大型建物を除くと方形土坑が確認された程度であるが、盆地部からはさらに奥まった狭隘な谷筋へ入った場所であるうえに、丘陵から派生した尾根の張り出しによって盆地部からの視界が遮られている。前述の北川が開析した谷筋の交通ルート上の重要性を認めたうえでもなお、「閉ざされた空間」としてのＢ地区の性格が際立ち、水分の地を直接望んで大型建物を擁したＢ地区の位置づけはそのまま城之越遺跡の性格を左右する存在といえる。

　一方、Ａ地区は、東側丘陵に接する小盆地の端部に位置し、東側の丘陵寄りに２棟の大型建物、そこから100ｍほど西寄りに貼石施設がある（図３）。この貼石施設は、湧水層まで掘り窪めて水を湧出させた３ヶ所の井泉を造り、そこから流れ出た湧水を貼石溝に通して要所に立石や突出部、流路へ下りるための石組み階段などを設けた一連の施設で、湧水を得やすくするため周辺部より一段低い場所を選んで形成されている。一般に古墳時代の遺跡で葺石や外護列石など古墳に伴う施設以外での石組みや貼石、石垣の使用例は極めて乏しく、貼石施設はまさに城之越遺跡の根幹部分をしめるといってもよい。この貼石施設が形成された時期には、周囲には明瞭な遺構は乏しく、大溝の環境調査からも貼石施設が形成された時期には、貼石施設の周囲は集落特有の環境痕

第1節　首長祭祀遺跡の検討 —三重県城之越遺跡を素材として—

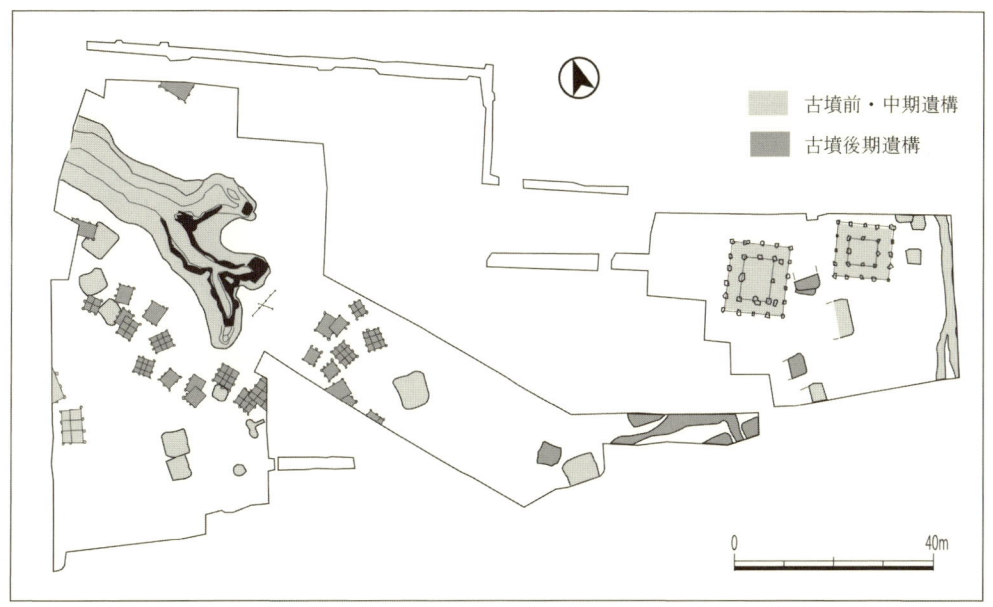

図3　城之越遺跡A地区の古墳時代遺構

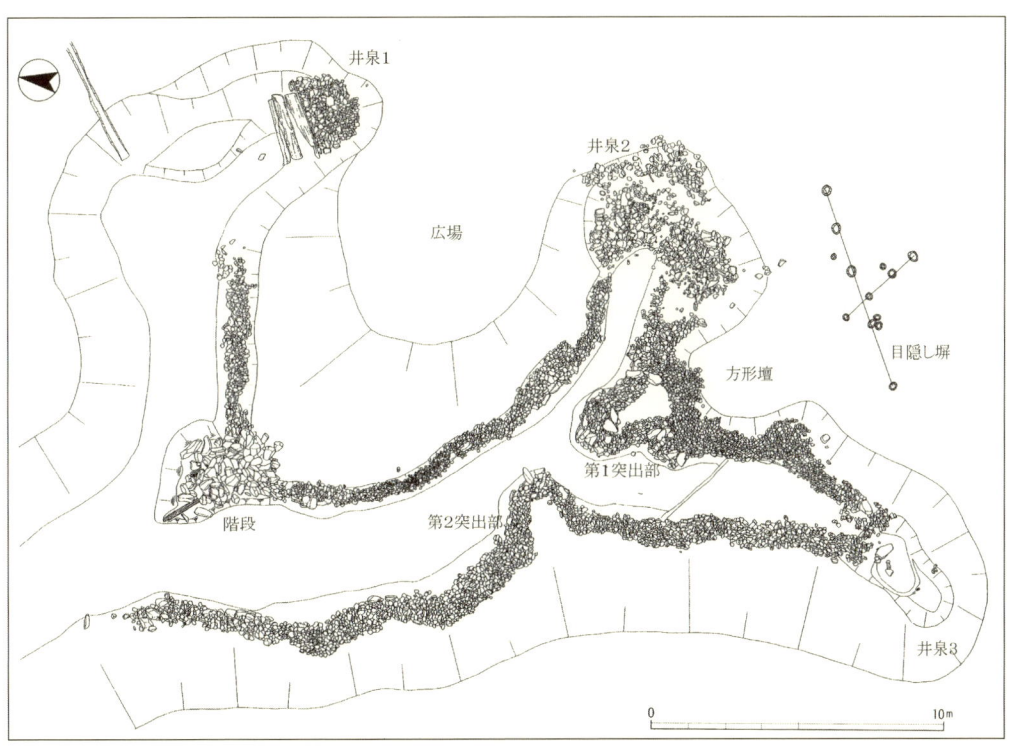

図4　城之越遺跡の貼石祭儀場構成

跡の乏しい清浄な場所であったことが示されている。

　さて、貼石施設には、水源となる3ヶ所の井泉や貼石の他、その曲線的な平面形や要所に設けられた突出部や立石の存在など複雑な内容を有しているが、特に貼石溝に囲まれた空閑地は「広場」や「方形壇」として把握でき、貼石溝と一体のものとして捉えられる。まさに、この部分が祭祀行為を行った中核的な部分であったと推定される。

　以下では、貼石溝とそれに囲まれた空間を「祭儀場」として把握し（図4）、その構成要素を抽出・検討し、その意味について考えていきたい。

（3）祭儀場構成

　a　井泉　溝の源流となる湧水部で、北側の井泉1・中央の井泉2、南側の井泉3と都合3基が存在し、うち井泉1と井泉2の2基が石組みである。いずれも地形的に湧水の湧き出し出口となる地形的に低い部分を選んで掘り窪めて水を湧き出させている。以下、個別にみていこう。

　井泉1　上面で長径2.7m・短形2mの半円形を呈し、残存深60cmを測る。擂鉢状に掘り窪められた側縁及び底面に拳大の礫が隙間なく貼られている。湧水出口には、粘質土を長方形状に固めて外側を横板で覆った堤防状の堰が組まれ、湧水が一旦井泉に溜まる仕掛けになっていた。出土遺物に土器等はほとんど含まないが、井泉底面から瓢箪が出土している。なお、井泉1に繋がる溝を「溝1」とする。

　井泉2　やや遺存状態は悪いが3基中最大の井泉で、上面で長径5m・短径3mの半円形を呈し、残存する高さは1mを測る。石組みはやや崩れているが、側縁及び底面に礫が貼られていたのは井泉1と同様で、規模の大きさや中央部に位置することを考えると貼石施設の井泉の中心的存在であったとみられる。ここも出土遺物は僅少であったが転落した石に挟まるかたちで木製案の天台部が出土している。なお、井泉2から流れ出て、途中井泉3から流れ出た溝（溝3）を合流させて流れる溝を「溝2」とする。

　井泉3　唯一石組みが施されていない素掘りの井泉である。上面で長径3.5m、短径2.5mの楕円形を呈し、残存深は40cmを測る。湧水出口に長さ60cm、幅40cmの大型礫が置かれていた。なお、井泉3に繋がり、溝2に合流する溝を「溝3」とする。

　b　第1突出部　溝2と溝3の合流部内側に設けられた二等辺三角形状（三角形に見立てれば底辺4.5m×高さ3.5m）の突出部で、各頂点には高さ50cm程の細長い石が意図的に建てられ、立石を形成している。突出部上面は礫のない2×1mのテラスとなっており、緩い礫敷斜面を介して方形壇と繋がっている。法面は礫を小口積みして形成され、溝の法面に比べて急角度に立ち上がっているが、これは本突出部が溝の貼石法面形成後に付加された別造りの施設であるためで、溝本来の法面は本突出部内側へ潜り込んでいることが確認されている。

　c　方形壇　溝2と溝3の合流部内側に設けられた長辺4m（短辺2m）×3.5mの台形状の造出で、貼石の斜面を介して第1突出部と繋がる。溝1・2及び第1突出部の貼石によって三方が貼石に覆われた状態となっているが、この部分の溝1・溝2の貼石は方形壇を際立たせるかのように方形壇に向かって法面幅を上下させており、多分に方形壇を意識した貼石の施工となっている。

　d　目隠し塀　方形壇の貼石のない南側の外側には、ほぼ方形壇の主軸に平行するかたちで4

間分の柱列があり、目隠し塀と思われる[6]。方形壇を部分的に遮ることが行われている。

　e　**第2突出部**　第1突出部の対岸となる溝3の左岸に存在する。本突出部は、第1突出部が溝法面形成後に付加されたのとは異なって溝の施工の一貫でその一部を内側へ突出させて形成されており、突出部の法面貼石は溝法面の貼石そのものである。突出部の頂部には、第1突出部の立石と同様の細長い礫が横たわっており、本来はこれも立石として建てられていた可能性がある。

　f　**広場**　井泉1及び溝1と、井泉2及び溝2によって囲まれた空間は、上面に柱穴等もまったく存在しない7m×7mの円形の平坦地となっており、「広場」として把握される。広場は若干の盛土によって形成されるとともに、外周は溝1と溝2の貼石に囲繞された状況を呈しており、「内」の空間として認識される。さらに、溝1と溝2の合流部では、広場から流路へ降りるための「階段」が付設されている。階段は、両側縁に堂木を据えたうえでその内側に長楕円形の石を横方向に順次充填したもので、形態的には石段として捉えられる。こうしたことから、広場は、大溝空間のなかでも祭儀行為を執行する場として中心的な位置を占めていたものと推察される。なお、井泉1と井泉2の間は陸橋として広場へ進入するための通路の役割も果たしており、この陸橋をそのまま南東側へ100m延長すると、軸線上に2棟の大型掘立柱建物が東西に並んで存在している。

　g　**大溝**　貼石の溝1〜3がすべて合流した部分より下流は、貼石のない幅10m程の素掘大溝となって、湧水を遺跡外へと排出させる。したがって、大溝は、貼石によって聖域区画された上流部に対して、下流部として認識できる。ただし、この部分からも大量の土器や木製品の出土があり、なかには部分的に流路法面に土器が正立状態でまとまって存在している部分もあって、土器による奉祭行為の存在も示唆される。このことは、大溝がたんに湧水の排出機能のみを負っただけでなく、大溝脇が井泉に対して祀る行為を行う場としても機能したことを示唆するものといえる。

（4）祭儀場からの出土遺物

　ほとんどが溝1〜3とそれらが合流して素掘りとなった大溝埋土からの出土である。埋土は、大きく下層・中層・上層に分けられ、下層が土師器のみの単純層、中層が土師器に須恵器と韓式系土器が加わり、埋没直前の上層では飛鳥〜奈良時代の土師器・須恵器も包含する。下層の埋土が堆積期は上記の貼石遺構群がすでに埋没を始める時期であり、中層が堆積する頃には立石などを除いて井泉や護岸の貼石はほぼ埋没した状態となる。出土遺物には、土器の他に木製品も多い。以下、具体的に概要とその特質を確認しておこう。

　土器　壺や甕、高坏など一通りの器種は出土しているが、土師器の高坏や小型丸底壺、小型壺の出土が目立つ。このうち高坏は坏部内側を赤彩したものや火化したものが、小型丸底壺や小型壺は胴部を穿孔した例を含む。生活に際して用いられた遺物も当然含まれるであろうが、そこに加えて「非日常」性を色濃く反映した土器群といえるであろう。なお、中層に含まれる韓式系土器は甕と把手付鍋で、ほぼ完形である。

　木製品　城之越遺跡出土の木製品は、刀形や剣形といった武器形や飾弓、案、掘立柱建物用を中心とした建築部材の出土が目立つ一方、耕作用農具類や槽がまったく出土していないことに

特徴がある。これは、古墳時代遺跡の木器組成としては極めて稀なケースで、例えば同じ木津川水系の古墳時代集落である伊賀市北堀池遺跡[7]では耕作用農具の比率が木器組成全体の23％を占めるのをはじめ（器種が判明している木器に限れば実に35％）、出土総数に占める比率は低率とはいえ首長居館の代表例として知られる群馬県三ツ寺Ⅰ遺跡においても耕作用農具の出土はある[8]。つまり、城之越遺跡における木製品は、他遺跡との組成比較によってその特異性がより顕在化しており、その性格は総じて祭祀的な色彩が強い遺物群ということができるであろう。

（5）大型建物

東西に2棟並んで存在する。このうち西側建物は、広場の陸橋部と軸線を一致させる建物で、外周5間×4間、身舎2間×2間の大型掘立柱建物、東側建物は一回り小さい外周4間×4間、身舎2間×2間の建物である。柱掘形の埋土には布留式併行期の土器細片が混じっており、貼石遺構群とほぼ同時期の所産と捉えられる。2棟は並立して存在しているものの、西側建物は南北主軸（大溝を向く）、東側建物は東西主軸という建物方位の差もあり、あるいは前後関係があった可能性もある。

（6）祭祀行為の全体像

このように、城之越遺跡では、井泉を人工的に掘削して形成し、貼石や立石を施すことによって全体を祭祀の場としている状況が明らかとなった。そこには、やや距離をおいて2棟もの大型掘立柱建物も伴う。湧水層まで掘り抜き、それで得た水は十分に清浄であるが、城之越遺跡では3基中の2基までが井泉に石組みを施して水のもつ清浄さを象徴化し、さらに湧水点全体を貼石などによって聖域化し、湧水を祀ることの意義をより高めていたと理解される。大量の土器は高坏など供膳具形態のものが中心であり、本来はこの上に食物の「神饌」を盛り、供されたと推定される。木製品の案も、こうした供膳の際に使用されたものであろう。

そして、この井泉（もしくはその背後に観念される水を湧き出させる精霊）を祀る、ないしは清浄な空間を象徴する存在としての井泉の辺で何らかの儀礼を行った中心的な部分が、貼石溝によって画された部分、すなわち広場と方形壇であったと推定される。このことは、方形壇の外側に目隠し塀が伴うことや、広場には流路へ下りるための階段が伴い、また広場の陸橋部の延長部に大型掘立柱建物が軸線を揃えて存在することからも是認しうる（大型建物の意義については第3節で詳述する）。

この儀礼空間は、湧水点を造り出した3ヶ所の井泉（三井）を取り込んだ場であることに意義をもつもので、広場や方形壇も井泉から湧き出た水の清浄さによって場の清浄さが保障され、儀礼空間としての意味を支えていたと推定される。そして、方形壇のみを部分的に遮る目隠し塀の存在は窺えるものの、現在までのところ、遺跡や祭場部分全体を囲繞する柵や溝・堀などの施設は確認されておらず、これら施設群は基本的に露天の開放空間として存在していたことがわかる。

2. 首長祭祀の場としての城之越遺跡

　城之越遺跡の事例は、古墳時代の水に関わる祭儀の重要性を発掘調査の成果によって提示するものとなった。
　これまで、祭祀遺跡における祭祀主体者（執行者）の同定は、出土遺物の質や量から感覚的に提示されることが多く、有力古墳の副葬品にも対比しうるような特別優秀な遺物群を伴う福岡県沖ノ島の事例[9]などを除き、土器奉祭など手掛かりとして問題に迫るにはやや論証過程に難があったことは否めない。しかし、城之越遺跡では、遺物以外の要素である遺構の存在形態のなかに、祭祀・祭儀の主体者を推定させる要素が多く含まれていた。ここでは、城之越遺跡が首長によって執行された祭祀の場であることを論証することを通して、首長層と祭祀との関わりについて検討する。
　城之越遺跡における祭祀の執行者は、いわゆる首長層であったと推定される。このことは、次の諸点から論証可能と考えている。
　　1　大規模な造成を伴う祭場形成
　　2　貼石遺構としての存在形態
　　3　大型掘立柱建物の存在形態
　　4　出土建築部材の構成
　このうち、祭場形成に関しては、城之越遺跡のような大規模な造成を伴う祭場形成を成し得るには相当大きな統率力と動員力をもつことが必要であり、その主体としては古墳時代では首長を想定するのが最も適切である。造成に伴う一定の仕事量を得るには集団性の存在が不可避となるが、この時代においてはその集団性は首長の統率によって担保されているとみられるからである。
　貼石遺構に注目すると、古墳時代では有力古墳の葺石・外護列石の類を除くと、城之越遺跡のような貼石をもつ遺構は非常に稀である。葺石など古墳に伴う施設以外で貼石や石垣の類が確認された遺構としては、いわゆる「首長居館」を含む方形区画遺構の堀（濠）がある。ただし、各地の方形区画遺構を囲む堀も多くは素掘りで、貼石の堀をもつ例となると群馬県三ツ寺Ⅰ遺跡[10]・北谷遺跡[11]・本宿郷土遺跡[12]、奈良県名柄遺跡[13]・極楽寺ヒビキ遺跡[14]それに城之越遺跡近傍の三重県伊賀市楪ヶ森遺跡[15]など極めて少数を数えるに過ぎない。
　これら方形区画の堀以外での貼石使用例は、長野県石川条里遺跡[16]、奈良県布留遺跡[17]・南紀寺遺跡[18]・脇本遺跡[19]・上之宮遺跡[20]、三重県六大Ａ遺跡[21]などに事例がある。このうち石川条里遺跡では、屈曲した溝に貼石をもつというてんで城之越遺跡大溝と共通するが、貼石が確認されている長野市教育委員会の調査担当区域は貼石遺構の性格として護岸に関わるものと指摘されている。脇本遺跡（5世紀後半）や上之宮遺跡（6世紀末）は方形区画遺構であるが、貼石使用は外周の区画施設ではなく、ともに方形区画内の溝で貼石が用いられている。布留遺跡については、貼石部周辺の状況がいまひとつ明らかとなっていないが、特殊な円筒埴輪や滑石製模造品の出土から貼石によって区画された祭場機能が推定され、そのてんで城之越遺跡の貼石機能と通じるものがある。一方、南紀寺遺跡と上之宮遺跡、六大Ａ遺跡については、石組みの湧水部に

連なる貼石溝があるてんで城之越遺跡との共通性が高い。とくに、南紀寺遺跡では、城之越遺跡同様、丁寧な貼石溝による意図的な祭場形成が認められ、城之越遺跡との性格の共通性がみてとれる。これらは後節にて検討を加えたい。

このように、古墳時代の溝で貼石をもつものは以上に示したように極めて稀であり、遺構の性格としては首長居館を含む方形区画遺構の堀やその内部にある溝、城之越遺跡同様の井泉関連の溝などに限られる。しかも、その場合、貼石遺構に関わった主体は、楳ヶ森遺跡が地域の中間層による遺跡形成と推定されること[22]を除いて、いずれも当時としてはその地の第一級の有力者に関わる遺跡と推定される。こうしたことから、城之越遺跡における貼石による祭場造成は、その主体者が地域の有力首長層であることを示すものといえよう（表1）。なお、城之越遺跡の場合、貼石の造営時期は4世紀に遡る当該遺構のなかで最も古いものである。

大型掘立柱建物についても、貼石遺構と同様に、その建築主体が首長層であることを窺わせる。B地区を含めると、城之越遺跡では計4棟もの大型建物が存在するが、これらはいずれもその平面形状が「回」形の柱筋配置をなすいわゆる「四面庇」形状であることに特徴がある。そして、これらは、柱間間隔などに差はあるとはいえ同じ「回」形を採用する群馬県三ツ寺Ⅰ遺跡の主屋建物とほぼ同大の規模を有する[23]。このことは、城之越遺跡の大型建物も、三ツ寺Ⅰ遺跡に拠った居館主と同等かどうかはともかく、相当有力な首長が造営に関与した建物であることを示すものといえるだろう。

そして、大溝埋土からは廃絶後遺棄されたとみられる建築部材が出土しているが、それらは2枚1組で機能する閂受付扉板をはじめとする掘立柱建物部材が主体をなす。古墳時代前期から中期の伊賀においては、一般集落における居住形態は竪穴住居が主体であったとみられることから、城之越遺跡における優秀な掘立柱建物部材の存在は相応の意味をもつ。このことを、扉板を介してもう少し具体的にみてみよう。扉板は、城之越遺跡の近傍では、発掘調査によって竪穴住居主体の一般集落であることが判明している北堀池遺跡でも出土している[24]。しかし、北堀池遺跡の扉板は法量も小さく、閂受の把手も付かない実用的な扉であり、城之越遺跡の扉板は規模や格式ともに北堀池遺跡のものを凌ぐものである。つまり、扉板ひとつをとっても、城之越遺跡と周辺の一般的な集落とは明確な格差を有していることが明らかであり、このことは城之越遺跡に拠った主体者が地域の上位層であることを出土遺物のうえからも裏づけるものといえる。

以上に示したように、各種遺構の存在形態や出土遺物を通した論証過程から、城之越遺跡の造営者は首長層であると帰結される。造営者が首長層である以上、その祭祀・祭儀の施行者も首長そのもの、ないしは代表者としての首長に率いられた地域共同体とみるのが適切であり、実態として城之越遺跡は首長執行の祭祀の場とみて問題なかろう。ここにおいて城之越遺跡は、首長祭祀における水の祭儀の重要性を発掘調査によって確認し、首長による祭祀の実態を考える際にもひとつの定点を提供するものとなった。

3. 地域構造のなかの祭祀の位相

前段において、城之越遺跡を地域首長によって井泉を祀る湧水点祭祀を執行した場であること

第1節　首長祭祀遺跡の検討 —三重県城之越遺跡を素材として—

表1　伊賀郡木津川上流域の古墳時代主要遺跡

	小盆地	所属時期（古墳時代）				区画施設	大型掘立	貼石	井泉	韓式系土器	初期須恵器	備考
		初頭	前期	中期	後期							
高瀬	比土・古郡					○				△	○	中間層
城之越	比土・古郡						○	○	○	○	△	首長層
高賀	下神戸						△				○	中間層
沢代	阿保						○	○	○			首長層
楳ケ森	阿保					○		○				小首長層
羽根中島	阿保									○	○	一般集落
中出向	阿保											一般集落
花代	阿保									△	○	一般集落
馬場西	比自岐											一般集落

表2　伊賀地域における首長墳の編年

			前　期	中　期	後　期
阿拝郡	柘植川水系		東山　山神寄建（●?）神社	鷲棚・外山1号・外山3号 御墓山（59）（64）（45） （188）鷲棚2・キラ土 （42）（50）	割尾山　宮山
伊賀郡	長田川（木津川本流）水系	北群		石山（120）	王塚（41）
		南群（美旗古墳群）		殿塚（120）女良塚　毘沙門塚　馬塚 わき塚1（100）（65）（142） （■）　近代 （60）	貴人塚（55）
山田郡	服部川水系			荒木車塚（93）寺垣内　寺音寺（60）	鳴塚（37）
名張郡	名張川水系				琴平山　鹿高神社　春日宮山（57）（42）（34）

※山田郡の荒木車塚古墳と寺垣内古墳は順序逆転の可能性あり
※※●：円墳　■：方墳　その他は帆立貝形を含む前方後円墳　（　）内の数字は墳丘長（m）

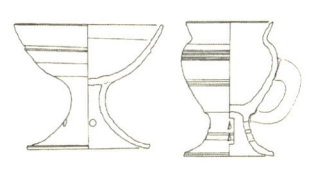

図5　高瀬遺跡出土初期須恵器

写真1　わき塚1号墳出土甲冑　　写真2　近代古墳出土甲冑

を示したが、祭祀の実修を首長が地域において展開する諸活動のひとつと捉えた場合、当該地域の首長を頂点とした集落構造がより明瞭に捉えられるようになる。このことを、城之越遺跡の所在する木津川上流域（旧伊賀国伊賀郡域）をモデルとして把握してみよう。

　前段の地域像の把握の部分でも述べたように、木津川上流域は4つの小盆地群の集合体として捉えることが可能で、さらにその下流部に生産域を中心とした上野盆地中央部が広がり、ここまでが旧伊賀郡の範囲となる。

　下流の上野盆地中央部には、古墳時代初頭の小区画水田や多数の鋤鍬類が出土した前述の北堀池遺跡をはじめ、伊賀市森寺遺跡[25]や神部遺跡[26]、森脇遺跡[27]など鋤鍬類の出土などから生産行為に基盤を置いたとみられる集落が展開している。これら盆地中央部では、森脇遺跡の脇に墳丘長36mの帆立貝形古墳、ぬか塚古墳[28]なども存在するものの、盆地の広大さに比して総じて古墳の築造は低調で、当地の主体が生産行為に基盤を置いた一般集落を中心に展開していたことを逆説的に示すものとなっている。

　一方、上流域では、比自岐小盆地に全長120mの規模を有する中期初頭の前方後円墳、石山古墳[29]が築造されたのを嚆矢として、下神戸小盆地を除く各小盆地に前方後円墳を中心とした首長墳の存在が認められる（表2）。具体的には、比自岐小盆地では石山古墳のほか、帆立貝形古墳である才良山1号墳[30]と全長41mの前方後円墳である王塚古墳[31]、比土・古郡小盆地では西南側の台地上に殿塚古墳（全長92m）-女良塚古墳（全長100m）-毘沙門塚古墳（全長65m）-馬塚古墳（全長142m）-貴人塚古墳（全長55m）と一世代一墳的に前方後円墳と大型帆立貝形古墳を築造した美旗古墳群[32]、阿保小盆地では前方後円墳の築造はみられないものの、埴輪を有する一辺30〜40m程度の方墳とみられる西法花寺古墳[33]（宮内庁所轄の息速別命墓）が築造される。さらに比土・古郡小盆地では、美旗古墳群からの分派墳とみられる全長30mの帆立貝形古墳、近代古墳[34]もある。調査された古墳は少ないが、殿塚古墳陪墳のわき塚1号墳や近代古墳からは鉄製甲冑も出土している（写真1・2）。

　そして、木津川上流域は、古墳を築造するための墓域としてのみ機能したわけではなく、階層や機能を異にした複数の集落が存在したことも注目できる。上流域の集落構造をみると、貼石井泉・貼石祭場・4棟の「回」形大型掘立柱建物を有する首長祭祀遺跡である城之越遺跡と、やや遺跡の性格に不明瞭な部分が残るが素掘り井泉や貼石施設、大型掘立柱建物のある沢代遺跡[35]（阿保小盆地）を首長層、貼石護岸の堀をもつ楳ヶ森遺跡[36]（阿保小盆地）を首長に続く階層、溝による区画施設をもつ高瀬遺跡[37]（比土・古郡小盆地）と掘立柱建物をもつ高賀遺跡[38]（比土・古郡小盆地）を中間層、花代遺跡[39]や中出向遺跡[40]（以上、阿保小盆地）、馬場西遺跡[41]（比自岐小盆地）などを一般層による集落として捉えることができる（表1）。特に、これら集落では、古墳時代中期には初期須恵器や韓式系土器をもつものが多く、それは城之越遺跡などの首長層に関わる遺跡だけでなく、竪穴住居だけで構成される一般層集落にまで及ぶことに特徴がある（図5）。このことは、木津川上流域の諸集落が、全体として首長層とそれを直接支える首長膝下集落によって構成されていたことを示すとともに、これら中間層以下の集落が渡来系集団も組み込んで手工業生産にも従事していた可能性を示す[42]。

　以上のように、これら地域内の集落構成を通観することによって、遺構や出土遺物の対比から

大規模な貼石施設の造成と複数の大型掘立柱建物を有する城之越遺跡が、これら集落群の階層構成の頂点に立っていたことが明らかとなった。このことは、古墳時代首長が関わる地域諸活動において、祭祀の占める位置が相対的に高かったことを如実に示すものである。さらにこのことは、地域において首長は、自らの職掌として、農耕や生活を営むうえで必要不可欠となる水を管理し、またその永続的な確保を祭祀行為によって担保しようとしたことを示すものといえ、祭祀行為を明確に首長諸活動の一環として把握することを可能とした。ここに至って古墳時代祭祀研究は、首長制論と交わることによって、王権構造を解明するための重要なテーマのひとつとして定立し、古墳時代全体を考えるうえでも必要不可欠な視点として位置づけが図られるものとなるのである。

4. 城之越遺跡の提起する問題

　前節までに、城之越遺跡は当地の有力首長が主宰した祭祀の場であることを明らかにしたが、このことから提起された論点を大きく3点に整理して把握し、古墳時代祭祀を考えるための端緒としたい。
　　論点1　古代祭祀における水の重要性と、そこにおける首長の役割に関する問題
　　論点2　祭場の固定化と祭場随伴建物からみた神殿・社・神社の起源に関する問題
　　論点3　古墳時代のカミ観念の問題
　論点1は、湧水点（水源）を祀ることの重要性が、地域首長が関与したとみられる具体的な遺跡の内容を通して示されたことである。
　これまで、古墳時代王権に関わる祭祀遺跡、あるいは地域首長により営まれた祭祀遺跡の存在形態は、大和三輪山での祭祀[43]や玄界灘に浮かぶ沖ノ島での祭祀[44]、あるいは静岡県天白磐座遺跡[45]、福島県建鉾山遺跡[46]などに代表される磐座形態が以前から知られていた。城之越遺跡は、こうした磐座形態だけでなく、湧水点である井泉を祀るという祭祀形態（以下、「湧水点祭祀」と呼称）も、古墳時代においては首長が主宰する重要な祭祀であったことを具体的な遺構・遺物に沿って明らかにした。特に城之越遺跡では、湧水点とそれを取り囲む場に貼石を伴う大規模な造成を施すことによって祭祀場としていたが、その祭祀場に伴う大型掘立柱建物の存在形態の対比を通して、それが首長に関わる祭祀であったことを具体的に示すことができた。これにより、祭祀が首長の重要な地域活動の一環であったことを改めて論証しえたものと考える。水に関わる祭祀の重要性は、大場磐雄以来つとに指摘され[47]、文献史学も含めて多くの研究の蓄積があるが、城之越遺跡は、文献から指摘されてきた「井水」を祀ることの重要性[48]を、考古資料を通して具体的に提起するものとなった。
　論点2は、祭場の固定化と大型掘立柱建物の問題について、具体的な検討指針が得られたことである。
　城之越遺跡では、広い面積を調査したにも拘わらず、貼石祭儀場や大型建物全体を囲繞するような区画施設は未確認であり、全体を覆う柵や堀といった区画施設は存在しなかったと判断される。これは、湧水点祭祀の形態とは異なる奉祭形態を採る磐座など、別タイプの祭祀遺跡につい

ても共通する存在形態である。さらに城之越遺跡では、比土・古郡小盆地東半部（木津川右岸域）を潤す小河川である北川が小盆地部へ流れ出ようとする谷の出口（水分）であるＢ地区に２棟、貼石祭場のあるＡ地区に２棟の合計４棟もの大型掘立柱建物が存在する。このうち、Ａ地区の２棟は、建物主軸の延長上に貼石祭儀場が位置しており、両者の密接な関係を有している。貼石祭儀場と大型掘立柱建物（Ａ地区）の全体を覆う囲繞施設は存在せず、いわゆる「首長居館」との差を窺わせている。一方で城之越遺跡と同形式の「四面庇付」掘立柱建物は、各地で井泉との密接な関係性が窺える事例が多く、これらをセットにする共通した意識の存在を指摘することができる（この詳細は第３節参照）。貼石祭儀場は、大規模な造成を伴って形成され、たんに自然の井泉を祀ったのとは異なり、そこに明確な祭場化の意識（＝祭場の固定化）を読み取ることができる。この場合、その性格は、「社」と極めて調和性のあるものとなるとともに、大型建物については神殿との関わり[49]が改めて論点として浮上する。この問題については、第Ⅳ章第２節で改めて検討したい。

　論点３は、井泉と立石の存在と古墳時代カミ観念との関係についてである。

　城之越遺跡は、３ヶ所の井泉から流れ出た湧水を貼石溝に通し、その貼石溝に囲まれた空間（さらに一部は目隠し塀で遮断）を広場や方形壇として儀礼空間としている様子が窺われた。ここでの第一義的な機能は祭祀であり、井泉は地中から絶え間なく湧き出る清冽な湧水を介して「地中」や「大地」との調和性が推察された。しかし、一方で城之越遺跡の貼石祭儀場には貼石溝の合流点に「立石」が建てられており、これを磐座と解してよければここに「カミ」の降臨を含意した施設との調和性が浮上する。こうしたカミ観念にかかる基本的な視座は「日本古代の文化推移論」として三品彰英によって提唱されたもので[50]、考古学においてこれをどう評価するのかが改めて問われている（本問題に関しては第Ⅱ章第１節参照）。つまり、城之越遺跡の貼石祭儀場における祭祀の具体相を追究することは古墳時代段階の「カミ観念」をどう捉えるかの問題に接続しており、このことに関するひとつのケース・スタディになりうると考えている。

　以上のように、城之越遺跡から提起される論点を大きく３つに収斂させて捉えた。これらの論点は、それぞれ相互に関連し、また別の論点とも重なりながら、そのまま古墳時代の祭祀を評価するうえでの重要な論点でもある。これらのことについては、これから次節以降で改めて検討していくこととする。

　本節では、三重県城之越遺跡を素材として、首長と祭祀の具体的な関係をケース・スタディとして提出した。

註
（１）城之越遺跡にかかる遺構・遺物データ等の知見は、下記文献による。穂積裕昌編　1992『三重県上野市比土　城之越遺跡』三重県埋蔵文化財センター、中浦基之編　1998『城之越遺跡（第２次）発掘調査報告』上野市教育委員会
（２）京都大学文学部考古学研究室　1993『紫金山古墳と石山古墳』京都大学文学部博物館
（３）以下、城之越遺跡をめぐる歴史的な環境の詳細は下記文献で触れた。穂積裕昌　1992「位置と環境」『三重県上野市比土　城之越遺跡』5〜10頁　三重県埋蔵文化財センター
（４）森川桜男　1982「伊賀路の古代史（中）」『伊賀郷土史研究』8　1〜23頁　伊賀郷土史研究会

(5) A地区の大型建物は市調査で前掲註（1）1998年文献、B地区の大型建物は県調査で前掲註（1）1992年文献に所収
(6) 目隠し塀は、報告書である前掲註（1）1992年文献では未記載であるが、その後の検討により下記文献以降、その存在を考えている。穂積裕昌　1996「城之越遺跡―首長層の湧水点祭祀」『水辺の祭祀』42〜49頁　考古学協会三重県実行委員会
(7) 谷本鋭次・駒田利治・吉水康夫・山田猛　1981『北堀池遺跡発掘調査報告　第1分冊』三重県教育委員会
(8) 下城正・女屋和志雄　1988『三ツ寺Ⅰ遺跡』群馬県教育委員会ほか
(9) 宗像神社復興期成会　1958『沖ノ島』、同　1961『続沖ノ島』、同　1979『宗像・沖ノ島』
(10) 前掲註（8）文献
(11) 田辺芳昭　2005『北谷遺跡』群馬町教育委員会
(12) 井上太ほか　1981『本宿・郷土遺跡』富岡市文化財保護協会
(13) 藤田和尊　1991「奈良県御所市名柄遺跡」『日本考古学年報』42　505〜508頁　日本考古学協会
(14) 北中恭裕ほか　2007『極楽寺ヒビキ遺跡』奈良県立橿原考古学研究所
(15) 境宏・前川正秀　1995『七ヶ城遺跡・七ヶ城古墳群・楳ヶ森遺跡調査報告書』青山町教育委員会
(16) （財）長野県埋蔵文化財センターと長野市教育委員会による発掘調査があるが、石組み遺構は長野市調査側にあり、千曲川の氾濫原に対する築堤的な施設の可能性が示されている。飯島哲也ほか　1992『石川条里遺跡（6）』長野市教育委員会
(17) 天理市教育委員会・天理参考館　1979『布留遺跡範囲確認調査報告書』
(18) 森下浩行　1998「奈良市の南紀寺遺跡」『日本の信仰遺跡』（奈良国立文化財研究所学報第57冊）27〜32頁
(19) 清水眞一　1989『磯城・磐余の時代―大和の古代邸宅―展』桜井市文化財協会
(20) 清水眞一　1989『奈良県桜井市　阿部丘陵遺跡群』桜井市教育委員
(21) 穂積裕昌編　2002『六大A遺跡発掘調査報告』三重県埋蔵文化財センター
(22) 寺沢　薫　1998「古墳時代の首長居館―階級と権力行使の場としての居館―」『古代学研究』141　1〜21頁　古代学研究会
(23) 城之越遺跡最大の建物はB地区SB2で13.7ｍ×12.5ｍ、三ツ寺Ⅰ遺跡の主屋建物は、13.7ｍ×11.8ｍ。前掲註（1）及び（8）文献参照。
(24) 前掲註（7）文献
(25) 森川桜男　1956「三重県上野市森寺発見の木鋤」『古代学研究』14　27〜28頁　古代学研究会
(26) 駒田利治　1981「上野市笠部　神部遺跡」『昭和55年度県営圃場整備事業地域埋蔵文化財発掘調査報告』174〜194頁　三重県教育委員会
(27) 森川常厚　2002『研究紀要　第12号　―森脇遺跡―』三重県埋蔵文化財センター
(28) 同上書
(29) 前掲註（2）文献
(30) 上野市教育委員会　1992『三重県上野市遺跡地図』に記載。ただし、筆者も現地確認を行ったが、いまひとつ実態不明瞭。
(31) 山田　猛　1979「上野市岡波　王塚古墳」『昭和53年度県営圃場整備事業地域埋蔵文化財発掘調査報告』三重県教育委員会
(32) 水口昌也　2005「美旗古墳群」『三重県史　資料編考古1』565〜567頁　三重県
(33) 吉村利男　2005「西法花寺古墳」『三重県史　資料編考古1』564頁　三重県
(34) 豊田祥三　2006『天堂山古墳群発掘調査報告―附編　近代古墳発掘調査報告―』三重県埋蔵文化財センター
(35) 福田典明　2006『沢代遺跡（2次）発掘調査報告』伊賀市教育委員会
(36) 前掲註（15）文献

(37) 穂積裕昌　2007「Ⅱ伊賀市比土　高瀬遺跡」『伊賀の考古資料1　研究紀要16-3』8～25頁　三重県埋蔵文化財センター
(38) 森川常厚・穂積裕昌ほか　1991「上野市神戸　浮田・高賀遺跡」『平成2年度農業基盤整備事業地域埋蔵文化財発掘調査報告—第3分冊—』1～70頁　三重県埋蔵文化財センター
(39) 境　宏　2000『花代遺跡発掘調査報告書（A地区・B地区）（遺物編）』青山町教育委員会
(40) 竹内英昭　2000『中出向遺跡（2次）発掘調査報告—本文編—』三重県埋蔵文化財センター
(41) 山田　猛　1978「上野市比自岐　馬場西遺跡」『昭和52年度県営圃場整備事業地域埋蔵文化財発掘調査報告』13～39頁　三重県教育委員会
(42) 穂積裕昌　2008「伊賀の首長系譜の特質とその背景」『季刊考古学・別冊16　東海の古墳風景』59～64頁　雄山閣
(43) 寺沢　薫　1988「三輪山の祭祀遺跡とそのマツリ」『大神と石上』37～64頁　筑摩書房
(44) 前掲註（9）文献
(45) 辰巳和弘編　1992『天白磐座遺跡』引佐町教育委員会
(46) 亀井正道　1966『建鉾山』吉川弘文館
(47) 大場磐雄　1970「水霊信仰の考古学的考察」『祭祀遺跡—神道考古学の基礎的研究』382～404頁　角川書店（初出は1950『本流』第1輯に所収）
(48) 岡田精司　1980「大王と井水の祭儀」『講座 日木の古代信仰』第3巻　194～214頁　学生社
(49) 広瀬和雄　1988「弥生時代の「神殿」」『日本古代史　都市と神殿の誕生』67～82頁　新人物往来社、岡田精司　1999「神社建築の源流—日本古代に神殿建築はあったか—」『考古学研究』第46号第2巻　36～51頁　考古学研究会
(50) 三品彰英　1976『建国神話の諸問題』平凡社

第2節　古墳時代の「湧水点祭祀」

　古墳時代における祭祀遺跡の認定は、まず祭祀に使用された物品（祭祀遺物）の出土及びその認定によって端緒が開かれ、次いでその祭祀目標となった祭祀対象（山や川、海、湖沼、特定の石・岩石、井泉など）の特定へと進むのが通例である。もちろん、磐座など研究史上から既に祭祀遺構と認定されている場合は、そこに古墳時代遺物が伴っていて共時性の裏づけさえ得られれば祭祀遺跡として是認されることもあり得る。

　前節においては、城之越遺跡の事例を通して、首長層と水をめぐる祭祀の実態を具体的に確認した。本稿では、さらに視点を全国へ広げるとともに、井戸など単独の湧水点、もしくは溝や河川の源流となる井泉との関わりが認められる事例を「湧水点祭祀」[1]として位置づけ、その諸相の把握からこの祭祀が古墳時代祭祀を代表する祭祀形態のひとつであることを明らかにしたい。そのうえで、祭祀観念の成立にいたる基層的な枠組みを提示する。

1. 研究略史と本節の視点

　水に関わる祭祀の重要性は、すでに大場磐雄[2]や椙山林継[3]、亀井正道[4]、向坂鋼二[5]らによる先駆的な研究がある。また、古代における井水の祭儀の重要性と王権・地域首長との関連は、「記紀」や「風土記」の分析を踏まえた文献史学の岡田精司による重要な提言[6]があった。本稿で扱う湧水点における祭祀が考古学的に本格的に議論の俎上に上ったのは、前節でみた三重県城之越遺跡や静岡県天白磐座遺跡[7]などの調査が行われた1990年代に入ってからのことである。こうした成果を受けて辰巳和弘は、広く考古・文献資料を猟渉して古代において水、とりわけ井（水源）を祭ることの重要性を王権や地域首長など世俗権力との関わりから包括的に論じ[8]、本問題にかかわる焦点を顕在化させて研究を牽引した。

　一方、井泉とは別に、1979年の滋賀県服部遺跡の調査[9]、1983年から1985年の大阪府西ノ辻遺跡[10]の調査で確認されていた木樋によって木槽に水を流し込む仕様をもつ遺構について、1991年に石野博信は水の祭祀に関わる「導水施設」として位置づけた[11]。その後、1994年の奈良県南郷大東遺跡の調査[12]や1998年の大阪府狼塚古墳の調査[13]を通して、導水施設と古墳上に樹立される形象埴輪の一種、囲形埴輪との関係が注目されるとともに[14]、導水施設が古墳時代の水の祭祀のなかでも、王権祭祀体系の重要な一翼を担うものとして評価されるに至った[15]。

　しかし、私は導水施設で想定される行為が古代祭祀の一般的なあり方としての「庭上祭祀」とはかなり異なったあり方を採ることなどから、これを「カミマツリ」のための祭祀施設とは考えず、第Ⅳ章で詳述するように、遺構の存在形態から「記紀」等の文献から断片的に知られる殯所との関わりを想定している[16]。したがって、ここでは井泉での祭祀行為に焦点を絞り、検討を加えていくこととする。

　さて、一般に「水辺の祭祀」とも呼称される水に関わる祭祀は、祭祀執行場所の違いから、以

下の二者に大別できる。
　a　自然の河川脇で行われたもの
　b　河川や溝の源流域や湧水点で行われたもの

　このうち、前者 (a) は、出原恵三によって紹介された具同・中山遺跡や古津賀遺跡をはじめとする高知県四万十川流域における諸遺跡での「水辺の祭祀」に代表される[17]。ここでは、四万十川脇に「坐」を設け、川に向かって須恵器等の土器類や滑石製模造品を奉祭している。こうした河川脇で行われた祭祀は、その後も洪水などによって祭場を移転しつつも最終的に河川脇の神社として「延喜式」に名前を残すものも多い。基本的にその成立は、洪水の厄災などから逃れるための治水や司水を祈念することにあったと推測される。つまり、河川脇の祭祀で期待されたものは、自然の霊威を圧伏したり、せめて和ませたりするための「鎮」に第一義的な意味があったと判断される。

　一方、後者 (b) は、そこが洪水発生など厄災発生の起点となるわけではないので、ここを祀りの対象とすることは、地域開発に際して日々の生活や農耕に不可欠な水への感謝や地霊との対話、地下から湧き上がる絶えることのない湧水に生命力や霊威を認めて神聖視したことなどが推測される。

　これら湧水点も含めた水源を対象とした祭祀を示す用語としては、筆者が用いる「湧水点祭祀」の他に、「水源祭祀」や「井泉祭祀」などの用語がある。「水源祭祀」や「井泉祭祀」の用語は、ともに辰巳和弘が用いたもので、1992年、氏自身が調査した静岡県天白磐座遺跡の調査成果を基にして、その報告書『天白磐座遺跡』[18]で「水源祭祀」として提起した。その後、1994年の『地域王権の古代学』[19]では「水源（井泉）祭祀」「井泉（水源）祭祀」として、「水源祭祀」とともに「井泉祭祀」の語も用いた。辰巳は、天白磐座遺跡に関して、河川が盆地へ流れ出る水分の地に立地していることから、同地を盆地からみた際の水源の地と見做し、城之越遺跡とは異なった型（この場合の「異なった型」とは天白磐座遺跡が祭祀形態としては磐座の形態を採っていること）の水源（井泉）祭祀の遺跡と位置づけた。

　つまり、辰巳のいう「水源祭祀」概念は、河川脇で実修された祭祀であっても、その立地が河川の源流部や山間から平野へと抜け出す「水分」の地である場合、その射程に含まれるものであり、たんに井泉や湧水点のみに対象を限定せず、地域との関わりにおいて「水源」として見做しうるもの全体を俯瞰したものである。かかる意味においては、辰巳の「水源祭祀」（井泉祭祀）は、水源とそれに対置される流域全体という相方向に考察の射程が及び、地域開発や農耕など実生活との関わりを問題とする場合により調和的な概念となる。辰巳自身も、水の祭儀を説明するなかで、とりわけ地域開発との関わりを重視し、古代王権が地域開発において水源祭祀を実修することの意義に言及している[20]。

　一方、筆者が提示する「湧水点祭祀」概念は、もちろん水源祭祀同様に河川源流域としての湧水部の意義も含意するものの、辰巳の説く水源（井泉）祭祀より射程範囲は狭く、水分であっても天白磐座遺跡などの河川脇のものは含めず、直接井泉などの湧水点を祀るタイプのみを射程としている。これは、「湧水点としての井泉」といういわば片方向だけに焦点を絞ることによって、「水霊」や「水の重要性」などといった一般化の方向へ議論を導くのではなく、古墳時代の井泉が

担っていた信仰上の意義をより明確にしようと考えたからである。端的にいえば、そこから「湧き出てくる」こと、その場所こそが重要であると認識するのである。かかる意味においては、検討の対象は井泉自身の存在形態の把握が第一義的な目的となり、実生活上の井泉の機能もさることながら、井泉が象徴する信仰的観念の抽出とその意義の解明を最終的な目標とする。

2. 湧水点祭祀の定義と範囲

（1）湧水点の種類と文献との照応

議論の前提として、本節で用いる湧水点の種類を提示しておこう。
　　泉　　自然に水が湧き出ているところ。自然湧出の場所
　　井泉　浅く掘り窪めた人工の浅い泉
　　井戸　垂直に掘って壁部を木材や石垣で補強する「掘り井戸」
ここでいう湧水点は、これら3種の総称として用い、問題の細かさに応じてそれぞれ泉や井泉、井戸などの細別名称を用いていくことにする。この場合、「井」の本義は「井桁をもつもの」、すなわち垂直に掘り込んで相応の深さをもち、そこに木材を組んだ枠状施設が伴うものを指すが[21]、弥生時代や古墳時代には井戸のような枠状施設が伴わず、擂鉢状に掘り込まれた比較的浅いものも多く、筆者はこれを「人工の泉」という含意で「井泉」と称している[22]。この場合、井戸は地下水位が相対的に低いことから湧水が地上にまで溢れずに井戸内に留まっていることが多いのに対し、泉や井泉は地下水位が浅いため地上に溢れ出し、その処理（排出）のための溝を伴うことが多くなる。このため、泉や井泉は、河川の源流となる場合もある。ただし、形態上は井戸に分類できる例でも、湧水量の多い場合は余分な湧水を排水処理するための小溝を取り付けたものも多く存在しており、井泉と井戸の区別には流動的な側面もある。したがって、本稿では、人工の湧水施設全般を指す場合は井泉を使うこととし、さらにそのうえで、必要に応じて狭義の井泉と井戸を使い分けて考えることとする。

「泉」や「井」なる名称は、すでに「記紀」や「風土記」の記述にも現れている。これら文献記載では、多分に流動的な側面はあるものの、基本的に人間が掘って湧き出させた施設を「井」、自然に湧出しているものを「泉」と呼称していることが多い。

このうち「常陸国風土記」には、地名の起源に関わって、井（井泉を含む）の開鑿ないしは泉の存在が地名由来となったことを語る記事が多く採録されている。これは、多くの論者が指摘するように[23]、地域開発における井・泉の重要性を示すもので、井で祭祀が実施されたことや、その開鑿地が卜占によって決定されたことを伝える記事も含まれている。自然湧出の泉を対象とした祭祀行為を、現代の発掘調査成果として遺跡のうえで把握することは難しいが、文献上ではいくつかその存在を示唆しているのである。ここでは、井と泉の差異に注意しながら、「常陸国風土記」のなかから関係箇所を抜粋し[24]、確認しておこう。

第Ⅰ章　古墳時代首長と水の祭儀

文献1　「常陸国風土記」

① 總記

　或るひといへらく、倭武の天皇、東の夷の國を巡狩はして、新治の縣を幸過ししに、國造比那良珠命を遣はして、新に井を掘らしむるに、流泉浄く澄み、尤好愛しかりき。時に、乗輿を停めて、水を甑で、み手を洗ひたまひしに、御衣の袖、泉に垂りて沾ぢぬ。便ち、袖を漬す義によりて、此の國の名と爲せり。風俗の諺に、筑波岳に黒雲挂り、衣袖漬の國といふは是なり。

② 新治郡条

　古老のいへらく、昔、美麻貴の天皇の馭宇しめししみ世、東の夷の荒ぶる賊俗、阿良夫流爾斯母乃といふを平討たむとして、新治の國造が祖、名は比奈良珠命といふものを遣はしき。此の人罷り到りて、即ち新しき井を穿るに今も新治の里にあり。随時祭を致す。其水浄く流れき。仍ち、井を治りしに因りて、郡の號に着けり。爾より今に至るまで、其の名を改めず。

③ 信太郡条

　郡の北十里に碓井あり。古老のいへらく、大足日子の天皇、浮島の帳の宮に幸ししに、水の供御なかりき。即ち、卜者をして占訪ひ穿らしめき。今も雄栗の村に在り。

④ 行方郡条

　郡の東に國つ社あり。此を縣の祇と號く。杜の中に寒泉あり。大井と謂ふ。郡に縁れる男女、會集ひて汲み飲めり。

⑤ 那賀郡条

　郡より東北のかた、粟河を挟みて驛家を置く。本、粟河を迺らして、河内の驛家と謂ひき。今も本の隨に名づく。其より南に當りて、泉、坂の中に出づ。多に流れて尤清く、曝井と謂ふ。泉に縁りて居める村落の婦女、夏の月に會集ひて布を浣ひ、曝し乾せり。

⑥ 那賀郡条

　謂はゆる高市、此より東北のかた二里に密築の里あり。村の中に浄泉あり。俗、大井と謂ふ。夏は冷かにして冬は温かなり。湧き流れて川と成れり。夏の暑きとき、遠邇の郷里より酒と肴とを齎賚て、男女會集ひて、休ひ遊び飲み樂しめり。

　このように、「常陸国風土記」では、人間が掘って水を湧出させた人工のものを「井」（①～③）と呼称していることは明らかであるが、問題は「泉」と呼称している④～⑥である。これらは、基本的には自然湧出のものを指すとみられ、寒泉や浄泉などと呼ばれているが、特定の泉を名指しする場合は「大井」（④・⑥）や「曝井」（⑤）のように「井」を付けた名称として用いられている。このことは、本来、人工のものを「井」、自然湧出のものを「泉」とする認識を基本としつつも、「風土記」筆録者が人工であると認識しているものを最初から「井」と記し、湧出部の形成が人工湧出か自然湧出かを問わず、古くから湧出していて既に「在る」ものとして存在している状態に対して「泉」の名称が付与されたと推定される。このうち⑥では、泉から湧き出た水が川となるほどであったといい、相当の湧出量であることが推察される。

　さて、②では、井に対して祭祀が行われていることが示され、杜のなかに泉があることが示さ

れている④も、泉との関係で神社が成立していることを示唆する。こうした湧水点における祭祀が元となって、それが神社に取り込まれたとみられる例が各地に散見する。例えば、三重県松阪市に所在する大（おおわ）神社は、延喜式内社大神神社の故地であると考えられているが[25]、この神社は通称「泉の森」と呼ばれる径10m以上にも及ぶ湧水源をその杜のなかにもつ。ここから出る湧水は、近年の圃場整備事業が実施されるまで近傍の水田に引水するほど豊かな水量を誇り、水質は清らかで飲用することも可能だったという[26]。神社は、この井泉を祀るように立地しており、神社の創祀もこの井泉の存在と密接な関係のあることが理解される。

井泉に関わる関係記事は、「常陸国風土記」以外にも、「播磨国風土記」（賀古郡条や揖保郡条など）や「記紀」などにもあり、生活や祭祀における井泉の重要性が示されている。このような文献に記された古代における井泉や泉に対する祭祀的行為の存在は、発掘調査の成果として導き出された湧水点における祭祀事例と照応し、相互補完する関係にあるといえよう。そして、ここから先の部分、すなわち古代の祭祀実態の具体相やその意味をより深く把握していくには、考古資料の細かい分析が有効な手段となる。

（2）湧水点祭祀の認定

さて、湧水点において何らかの祭祀的行為の痕跡が考古学的に見出しうる場合、湧水点の関わり方として下記のいずれかが該当する。

ア　湧水やそれを湧出させる泉や井（もしくはその背後に観念される「水神」などの霊的存在）が祀る対象とみなされ、直接それを対象とした祭祀が行われた場合

イ　湧水点の周辺で行われた何らかの祭祀に際して、湧水点で得た水を用いる場合

ウ　湧水点を含む「場」を聖なる空間として認識し、そこで何らかの祭事や儀礼的な行為を行っていた場合

このうち、直接的な祭祀の対象とされるのはアが事由である場合に限られる。しかし、イ・ウの場合においても、井や井水、湧水部は当該祭祀に関わる重要な舞台装置であるとともに、井泉の存在自体を祭祀・儀礼行為執行の前提としていたとみることができる。もちろん、湧水点を祀るとともに、その周囲が神聖な儀礼を行う場として複合的に機能していたことも当然予想しうる。

こうした湧水点における祭祀的行為の把握は、基本的に以下の3点を視点に認定しうる。

1　井泉などの湧水点もしくはその周辺からの奉祭品や祭儀で使用されたとみられる物品類の出土

2　当該の湧水点に実用目的だけでは説明しづらい仕様の付加

3　遺構群全体における湧水点の存在形態（特に湧水点以外の祭儀用と目される遺構との関連）

このうち、祭祀行為の存在を類推しうるものは1である。しかし、本来祭祀の場は清浄に維持されたためか発掘調査で井泉を検出してもほとんど出土遺物がない場合も多い。また、いわゆる祭祀関連遺物が出土した場合でも、それが湧水点での祭祀に関係したため残ったのか、たんに廃棄されたのかを判断することは難しい。しかも、湧水点における祭祀といっても、それが湧水点に対して通時的に行われた祭祀なのか、最終的にその湧水点（この場合は「井戸」の場合が多い）の使用を停止する段階で何らかのマツリや儀礼が行われ、遺物の埋納が行われたのかを見極める

必要がある。これらは、土層観察等によってその段階をある程度は類推されようが、状況証拠の積み上げに拠らねばならない部分も多く、確定することは難しい。このため、2や3の視点も加えて、遺構・遺物の存在形態の総体として、湧水点における祭祀事例をまずは個別に検討する。かかるうえで類型把握を行い、その意味を追究していくという手続きが求められる。

3. 発掘調査事例による井泉の分類

祭祀もしくは何らかの儀礼が実修された井泉には、その形態的特徴や接続する溝との関わり方によって、いくつかの分類が可能である。本稿では、特に溝との関わり方によってその差異を把握し、以下の3タイプに基本分類する。

 単独井泉 余剰分の湧水を排出する溝が伴うものも含めて考えるが、本義はあくまで単独の井泉として存在するもの。狭義の井戸が多い。代表的な遺跡として、弥生時代中期末の大阪府池上曽根遺跡[27]、弥生時代後期以降の兵庫県藤江別所遺跡[28]、古墳時代では奈良県纒向遺跡（辻土壙1などのいわゆる「纒向型祭祀」土坑）[29]、三重県古鬮通りB遺跡[30]、長野県駒沢新町遺跡[31]、大阪府八尾南遺跡[32]、群馬県中溝・深町遺跡[33]・三ツ寺I遺跡（主屋建物脇の大型井戸）[34]など

 源流型井泉 溝・流路の源流部（水源）を井泉が担っているもの。代表的な遺跡として、三重県城之越遺跡[35]、奈良市南紀寺遺跡[36]、奈良県阪原阪戸遺跡[37]・纒向遺跡（第6次調査SK1）[38]、兵庫県本位田遺跡[39]、群馬県三室間ノ谷遺跡[40]・熊野堂遺跡[41]、奈良県上宮遺跡[42]、時代は律令期に属するが奈良県古宮遺跡[43]、三重県山添遺跡[44]など

 流路付設型井泉 流路の内部（肩部よりも下）に取り付いて存在するもの。代表的な遺跡として、愛知県八王子遺跡[45]、三重県六大A遺跡[46]、時代は律令期に属するが島根県三田谷I遺跡[47]など

以下では、この基本分類に従って、代表的な遺跡を取り上げて湧水点で行われた祭祀の具体相を確認していくこととする。

（1）単独井泉型

大阪府池上曽根遺跡

近畿を代表する巨大環濠集落のひとつ、池上曽根遺跡のほぼ中央に位置し、棟持柱式大型掘立柱建物とセットで存在する大型井戸である（図6及び57頁図34参照）。大型井戸は、内径約2mのクスノキ製刳抜井戸で、地上部に覆屋を伴う。井戸内及びその周辺からは明確に井戸と関わっての祭祀の存在を示唆する遺物の出土はないが、集落を睥睨する位置にある象徴的な大型建物に伴う大型井戸として、何らかの儀礼に使用する水を供給した可能性が考えられる。井戸には排水用の小溝が伴うが、その小溝自体には排水目的以外の意味はないようであり、本類に含めた。

奈良県纒向遺跡（辻土壙1）

纒向遺跡は、奈良県桜井市に所在する初期ヤマト政権との関わりが想定される大遺跡である。

第2節　古墳時代の「湧水点祭祀」

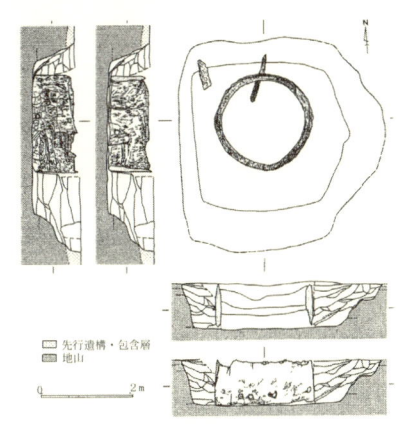

図6　池上曽根遺跡の大型井戸

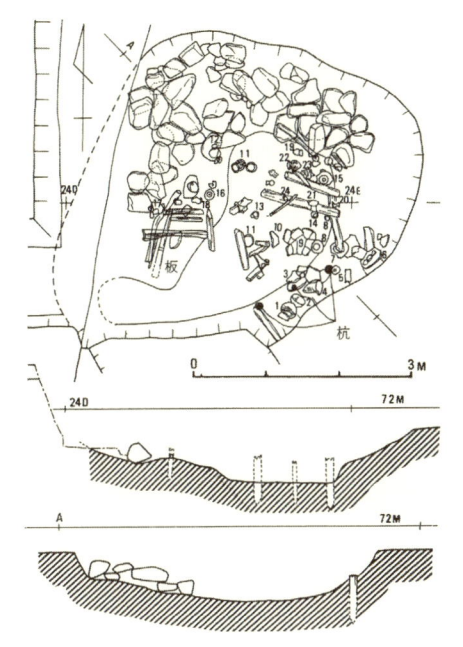

図7　纒向遺跡辻土壙1

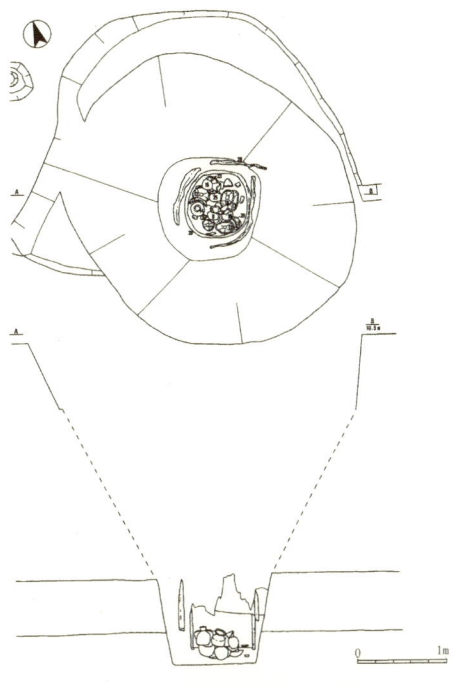

図8　古轡通りB遺跡の井戸

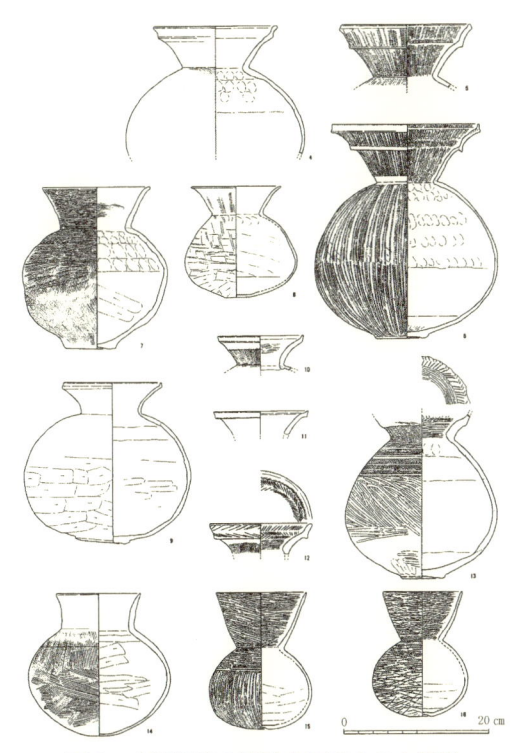

図9　古轡通りB遺跡井戸出土の土器群

31

湧水層まで掘り抜かれた多数の土坑が存在し、そこに土器・農具や機織具などの木製品・焼木、稲籾などが含まれる。これらは「まつり」の後、埋棄されたものとされ、その遺物から復元できる「まつり」の内容は、稲籾を脱穀し、炊飯し、盛りつけ、儀礼ののち共食し、祭事に際して布を織るといった行為として復元されている。この祭祀の起源は弥生時代に遡るとされ、さらに律令時代の新嘗祭等に用いられた品目との共通性が指摘されるとともに、こうした祭事形態は「纒向型祭祀」として把握されている[48]。

辻土壙1は、自然流水路の脇に存在して径5m×4.3m、深さ90㎝と纒向遺跡のなかでも規模の大きな土坑で（報告書では「土壙」が用いられているため、遺構名称をいう場合は「壙」を用いる）、底は砂層に達していて湧水がある（図7）。坑壁には石積みが遺存し、隣接する自然流路側には杭と板材の存在がみられた。土坑内からは、多量の土器の出土があり、また木製品・自然木も存在した。纒向型土坑の典型とされ、出土土器から古墳時代初頭のものとされるが、たんに祭祀に使用した用具を穴に埋棄するのであれば石積みは必要でなく、比較的「纒向型祭祀」を構成する木製品類も少ないとみられることから、また違った目的があったものと考えたい。その場合、石積みが存在するてんで城之越遺跡の井泉と共通している。

三重県古響通りB遺跡

「回」形大型掘立柱建物に近接して存在する深さ3.5mの刳抜井戸である（図8）。底から古墳時代前期の土器が一括出土し、井戸に対する儀礼の存在が窺える。土器には壺・甕・高坏があり、単一時期の一括投入品とみられる（図9）。井戸停止時の儀礼の可能性も考えられる。周辺には井戸と掘立柱建物以外、当該期の遺構はなく、その存在形態から生活目的ではない祭祀的な機能が考えられる。

兵庫県藤江別所遺跡

自然の湧水地帯に設けられた直径5m、深さ3.8mの単独の井泉である（図10）。上部は擂鉢状、下部は途中に段を有する2段の円筒状の断面形を呈する素掘りの井泉とされるが、円筒状を呈した下段は垂直に掘り込まれていることからから、あるいは形成当初には簡単な井戸壁保護施設があったのかもしれない。下層から中層にかけて土器のほかに合計9面もの小型銅鏡をはじめ、車輪石や銅鏃、勾玉などの奉祭品とみられる出土遺物があり、弥生時代後期に形成されて以降、古墳時代後期まで井泉の機能を保ち、長期間にわたって井戸に対する祭祀的行為が行われたことが復元されている。また、井泉の近傍には弥生時代後期から古墳時代初頭頃の土器群がみられ、この場で土器供献が行われたことも指摘されている。井泉に対する儀礼的行為の存在を窺わせるものといえよう。また、井泉内土壌の環境調査からは、集落内の井戸に特有の雑草は認められず、クロマツ・ヒノキ・ナラガシワ・フジ属等があって、井泉周辺は「鎮守の森」的な樹木相を呈していたことも指摘されている[49]。

長野県駒沢新町遺跡

部分的な調査のため詳細は不明であるが、滑石製模造品を含む5世紀代の土器集積遺構群と、湧水を伴う礫積み遺構、火床跡が発掘された（図11）。このうち、土器集積遺構群は、祭祀終了後にそれぞれ一括廃棄されたと推定されている。火床跡は、これら遺構群のほぼ中央に位置し、「本遺跡で挙行された祭祀行為のある種の痕跡」として祭祀行為の具体的内容が示唆されている。

第2節 古墳時代の「湧水点祭祀」

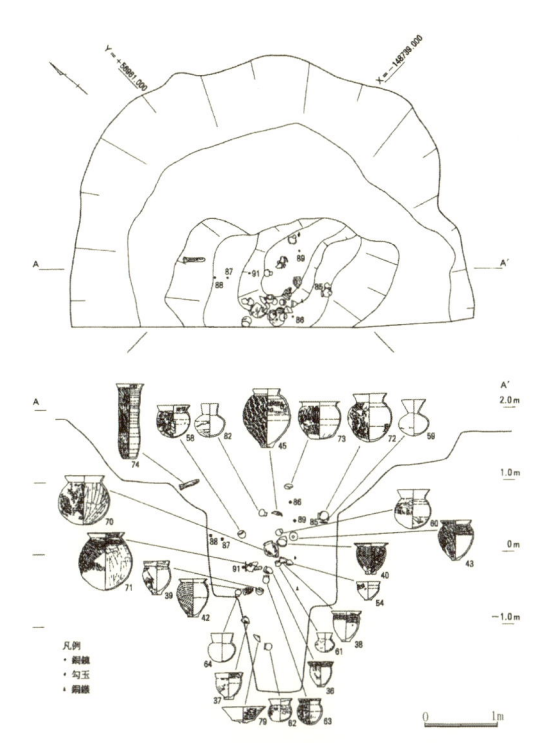

図10 藤江別所遺跡の井泉と出土遺物

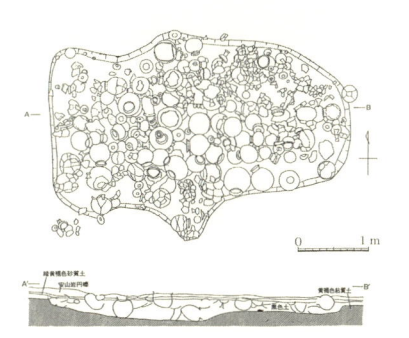

図11 駒沢新町遺跡の土器集積

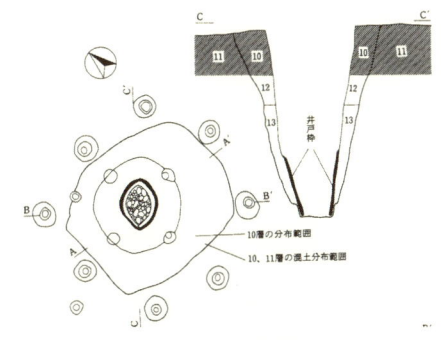

図12 三ツ寺Ⅰ遺跡の井戸

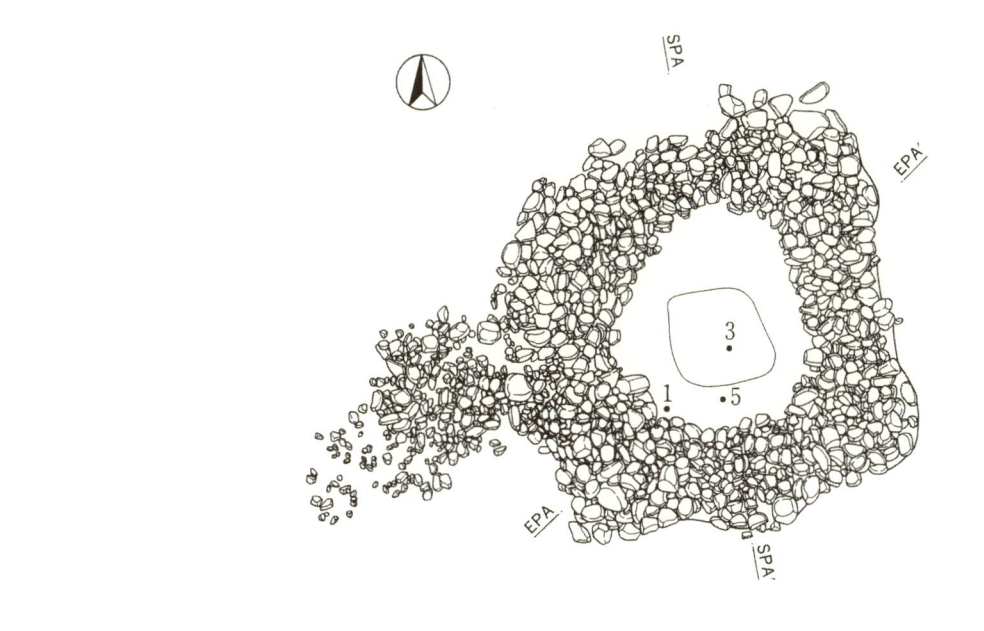

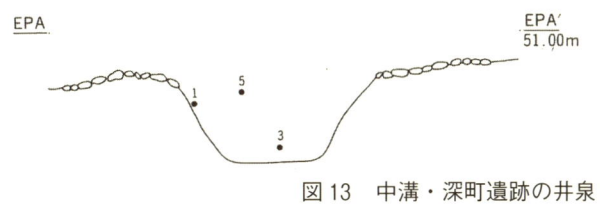

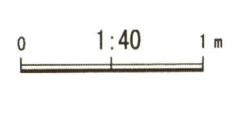

図13 中溝・深町遺跡の井泉

状況証拠からではあるが火も用いた湧水点（＝礫積み遺構）への祭祀行為の存在を認めてよかろう。

群馬県中溝・深町遺跡

「回」形大型掘立柱建物の西面に、2基の石組井泉（1号集石土坑・2号集石土坑）が存在する（図13）。ともに西側が突き出た方形柄鏡形状の平面形を呈して擂鉢状に掘り込まれ、1号集石土坑は深さ62㎝、2号集石土坑は深さ47㎝を測る。石組み井泉は、溢れ出た湧水を排出させるための小溝を伴うが、あくまで余剰分の排出用とみられ、単独井泉型に措定される。大型建物の東西中軸延長と2号集石土坑主軸が一致する。2基の井泉からは、胴部穿孔の小型壺を含む土器類も出土しているが、これらを用いた祭祀行為の存在は報告書では不明とされている。むしろ、大型建物との関係や貼石を伴う特殊な井泉であるという存在形態にこそ、本井泉が持ちえた特殊性が窺える。建物の形式は異なるが、建物と井泉でセットを構成する存在形態は、池上曽根遺跡以来、古轡通りB遺跡や城之越遺跡、後述の三ツ寺Ⅰ遺跡などと共通する。このことに関しては、第3節で論じたい。

群馬県三ツ寺Ⅰ遺跡

遺跡は貼石護岸をもつ堀に囲繞された「首長居館」で、当該の井泉は主屋たる「回」形大型掘立柱建物の西南脇に所在する覆屋を伴う大型井戸（2号井戸）である。湧水層を掘り抜いた深さ3.5mの井戸で、底面には礫が敷かれ、方形の井戸枠をもつ（図12）。覆屋は1間×1間の4本柱の上屋で、同じ地点で建物向きを45度換えて改築されている。井戸の上層には、井戸を埋める際に投入された滑石製模造品が20点ほど出土しており、井戸使用停止の際の儀礼が行われたとみられている。古墳時代の東国では最大クラスに属する主屋建物の脇にある排水施設を持たない覆屋付きの井戸で、停止の際の儀礼も行っていることから、生活的な井戸とは異なった特別の井戸と見られ、井水を利用しての祭祀行為の存在が想定されている。

（2）源流型井泉

纒向遺跡第48次調査（纒向小学校跡地区第6次）土坑1

湧水点に長径6m×短径5m、深さ1.5mの井泉を造り、そこを源流として溢れ出た湧水を幅3m、深さ80㎝の素掘り溝に引き込む遺構が発見されている（図14）。この土坑及び溝からは、多量の土器のほか、盤や杖、籠などの木製品も出土しており、近傍での祭祀行為、特に盤や籠の存在は飲食物供献儀礼の存在が示唆される。井泉の規模としては今回検討した井泉のなかでは最大の規模をもっている。

兵庫県本位田遺跡

兵庫県佐用町に所在する主に弥生時代後期から古墳時代の遺跡である。ここからは、径1.6m×1.8mを測る井戸状の石組集水遺構があり（石組みは2段程度遺存）、それを源流とする溝が長さ約22mにわたって検出された。この溝は、「人工溝であるにもかかわらず、規格性をもたず、自然地形に制約をうけて蛇行して」いて、石組集水遺構は「常時一定程度の水量を保てるようにプール状につくられて」いた（図15）。溝底に密着するかたちで布留式土器の出土があり、古墳時代前期には使用されていたようである。このほか、二次堆積中からの出土であるが、13個体の手捏ね土器が出土しており、うち1個の胴部には穿孔がある。これらは、溝に対する祭祀との

第2節 古墳時代の「湧水点祭祀」

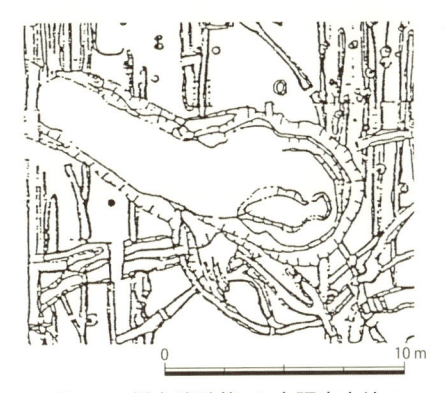

図14 纒向遺跡第48次調査土坑1

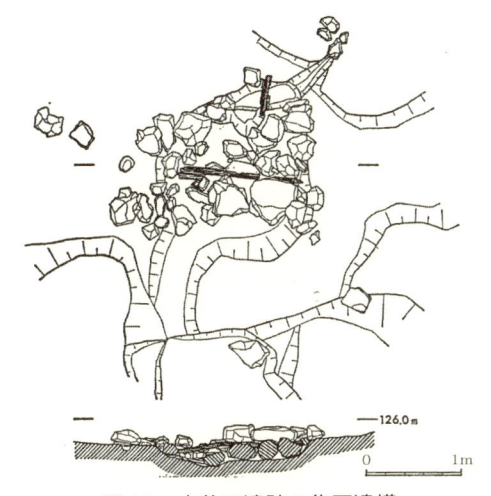

図15 本位田遺跡の集石遺構

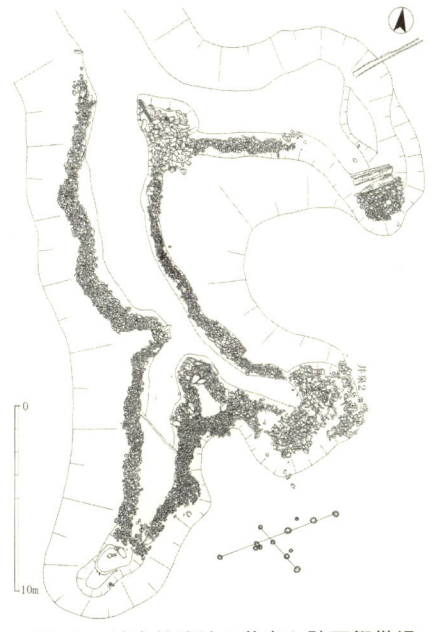

図16 城之越遺跡の井泉と貼石祭儀場

図17 南紀寺遺跡の方形石組井泉

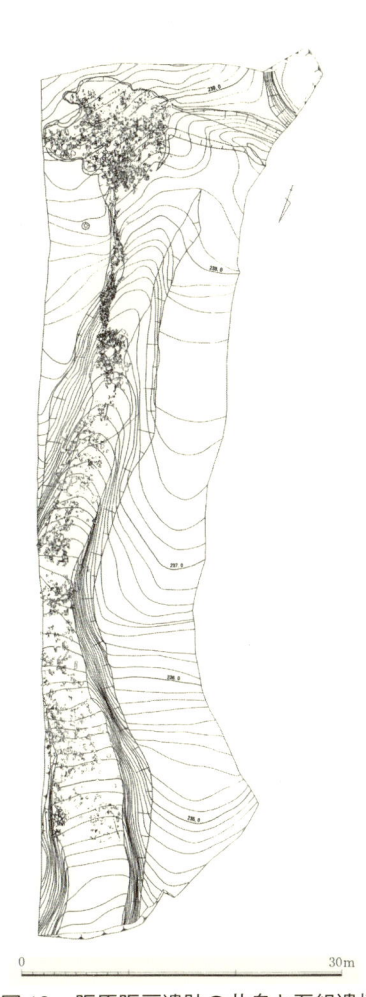

図18 阪原阪戸遺跡の井泉と石組遺構

35

関連で考えられている。

三重県城之越遺跡

　3ヶ所の井泉（うち2ヶ所が石組）から湧き出た湧水が貼石溝に導水され、立石を伴う方形壇や石組突出部、径7mの土俵状の円形広場などを通って合流し、最終的に1本の素掘り大溝となって排出される構造の施設で、100mの距離を隔てて「回」形大型掘立柱建物と相対する。貼石を多用した仕様や立石などは、日常性とは程遠い付加的要素であり、貼石溝で画された内側となる円形広場や方形壇、石組突出部は周囲を清浄な湧水が流れる水垣状の空間を形成している（図16）。全体を画する囲繞施設はないが、方形壇を外側から画する目隠し塀かと想定される柱列が伴う。貼石溝や大溝からは木製刀形や剣形、それに土師器の高坏や胴部穿孔を含む小型壺、小型丸底壺など祭祀に供せられたと推定される遺物の出土が顕著に認められ、本遺構群が祭祀空間として機能していたことを推測させる。このことに関連して、大溝の環境考古学的調査の結果、本遺構群が形成された当初には周辺に生活臭を示す遺構は存在せず、コナラ属アカガシ亜属を中心とした照葉樹林の森を切り開いた清浄な空間に本遺構群が形成されたことが示されている[50]。なお、本遺跡についての詳細は第1節を参照されたい。

奈良県南紀寺遺跡

　限られた調査のため、全体像の把握に困難が伴うが、水源となる一辺4.5mの方形石組井泉（図17）から湧出した水が導水部となる素掘り溝、さらに貼石溝を経て、護岸に貼石を施した幅広の池状部（報告で「濠1」「濠2」とされている部分）へ引き込まれ、最終的に幅12mの貼石溝に収斂して排出される貼石遺構群である。幅広の池状部に対して両側に幅狭の給排水部をもつという、いわば「巾着袋」様の全体形ということができる。池状部は全体で幅45m以上、長さ120mの規模を有する大規模なもので、未調査部分を挟んだ下流側では25m×15mの方形区画（島状施設）を取り込んだものになっている。だたし、削平を受けているとはいえ、深さは50㎝を測るのみで極めて浅い。確認された井泉は1基のみであるが、導水部とみられる素掘り溝は2本あり、調査区外にもう1基の井泉が存在したとみられている。さすれば、2基の井泉から出た湧水がそれぞれの素掘り溝に導水され、2本が合流した部分以降は貼石溝となる構造が復元される。なお、貼石溝の屈折部には、立石が置かれていた痕跡があり、城之越遺跡とも通じるものがある。出土遺物は極めて僅少で、5世紀代の土師器と須恵器がごく少量出土するに留まり、遺物を通して施設群の機能を窺い知ることはできない。しかし、貼石施設の大規模さは城之越遺跡を凌ぎ、現在までに調査されている古墳時代の貼石施設の中では最大の規模を有しており、井泉をはじめとする丁寧に施工された大規模な石組み群は、本遺構群が古墳時代中期の極めて特殊な役割をもった祭儀空間であることを窺わせている。

奈良県阪原阪戸遺跡

　奈良盆地から伊賀に向かう柳生盆地に位置する遺跡である。地山を掘り込んで湧水点を造り出し、そこに石組みを加えて石組み井泉を形成している。井泉から出た湧水は、余剰分を別途設けた排水溝によって排出しつつ、適量が溝と木樋を通して下方へ流れ、内部に砂と川原石による濾過機能をもった石組枡へと導かれる。そして、石組枡を経た水は、木樋を経てさらに溝下方へ流され、そこに3ヶ所の配石が構築されている（図18）。配石は、それぞれ土器や滑石製模造品類

による奉祭行為が認められた。石組み井泉から石組枡までを上流部、石組枡より下方を下流部とした場合、祭祀は専ら下流部で認められる。なお、配石に伴う土器は初期須恵器を含んでおり、5世紀中葉の年代が与えられている。

群馬県三室間ノ谷遺跡

群馬県みどり市に所在する遺跡である。台地上部に耕作用の水を確保するために掘られた井泉があり、そこから用水を引いた溝が延びる。井泉の出口付近には、城之越遺跡同様、杭と縦板による堰が設けられ、一定量の水がそこに溜められるようにされていた（図19）。井泉からは高坏が出土し、また用水からは6世紀代の土器とともに木製のキヌガサや瓢箪、桃種などが発見されており、井泉あるいはそこから引いた溝（用水）に対しての祭祀行為の存在が窺える。井泉や溝に貼石されているという状況はなく、溝の平面プランも直線的なもので、城之越遺跡と比べると非常に簡便なものであるが、高坏やキヌガサなどの出土は、井泉ないしは周辺部での祭祀の存在を示唆するものといえる。

奈良県上之宮遺跡

奈良県桜井市に所在する6世紀後半から7世紀初頭にかけての居館遺構である。柵及び溝でL字状に区画（方形区画になるかどうかは不明）された内側に四面庇付き大型掘立柱建物を含む掘立柱建物群があり、その西側に「園地遺構」と呼称された一連の石組み遺構がある（図20）。「園地遺構」は、方形石組み遺構（円形の石溝の内側に、横穴式石室様の平面プランをもつ長方形石組みと排水石溝を備え、周囲に葺石を貼ったもの）から石組み溝（SD1）が延び、途中、直角に分流し（SD2）、そこに石敷遺構が伴うもので、SD2は石敷遺構より下流は素掘り溝となる。報告者は、方形石組み遺構に対して別の給水施設（木樋）から給水が行われ、ここを源流として石組み溝へ流されたと推定されている。ただし、方形石組み遺構のある場所は、掘立柱建物群のあるレベルよりも0.5～1.5m低く、井泉のように方形石組み遺構自体から湧出していた可能性も考えられる。いずれにせよ、その如何を外して考えても、城之越遺跡と同様、石組み遺構から石組み（貼石）溝、さらに素掘り溝（SD2）へと続く構造上の共通点が認められる。なお、石敷遺構は、群馬県三ツ寺I遺跡同様、敷石遺構の中を溝が通るかたちを採っており、何らかの儀礼の場かと推定される。方形石組み遺構及びSD1からは、琴柱・横櫛・鳥形・杖形・刀形・糸巻き等の祭祀系木製品や土馬片も出土しており、祭祀的な機能があったと推定される。

奈良県古宮遺跡

南北2.4m、東西2.8mの不整円形を呈し、浅い擂鉢状に掘り込まれた石組み井泉で、湧き出た水は石積み護岸をもつ溝に導水される。井泉の北側には6間×3間の東西主軸の大型掘立柱建物があり、建物中央部の南北中軸線と軸線を一致するかたちでこの井泉が存在している（図21）。井泉や石組み溝からは飛鳥時代の土器が出土しており、飛鳥時代の所産である。明瞭に祭祀を行った痕跡はないが、石組み井泉から石組みの溝へ至る存在形態は本節でも例示している古墳時代の諸例と共通し、石組みの存在も合わせ、古墳時代の系譜を引いた祭祀的な性格をもっていた可能性がある。

三重県山添遺跡

奈良時代後半の所産であるが、古墳時代と古代との連続性を示すものとしてあげておきたい。

第Ⅰ章　古墳時代首長と水の祭儀

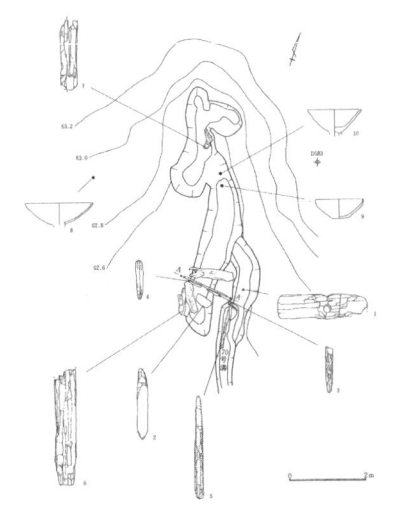

図19　三室間ノ谷遺跡の井泉と出土遺物

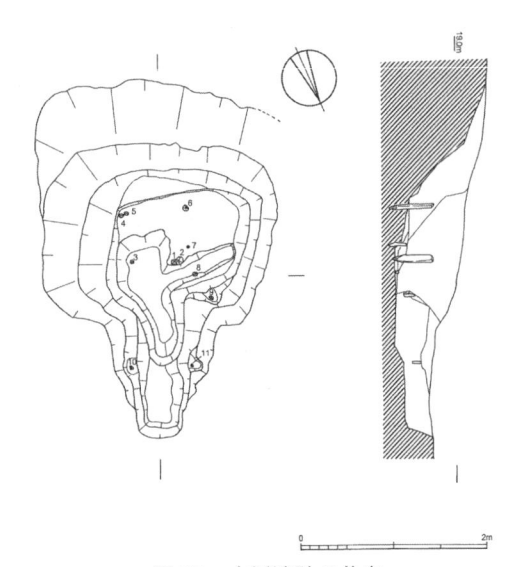

図22　山添遺跡の井泉

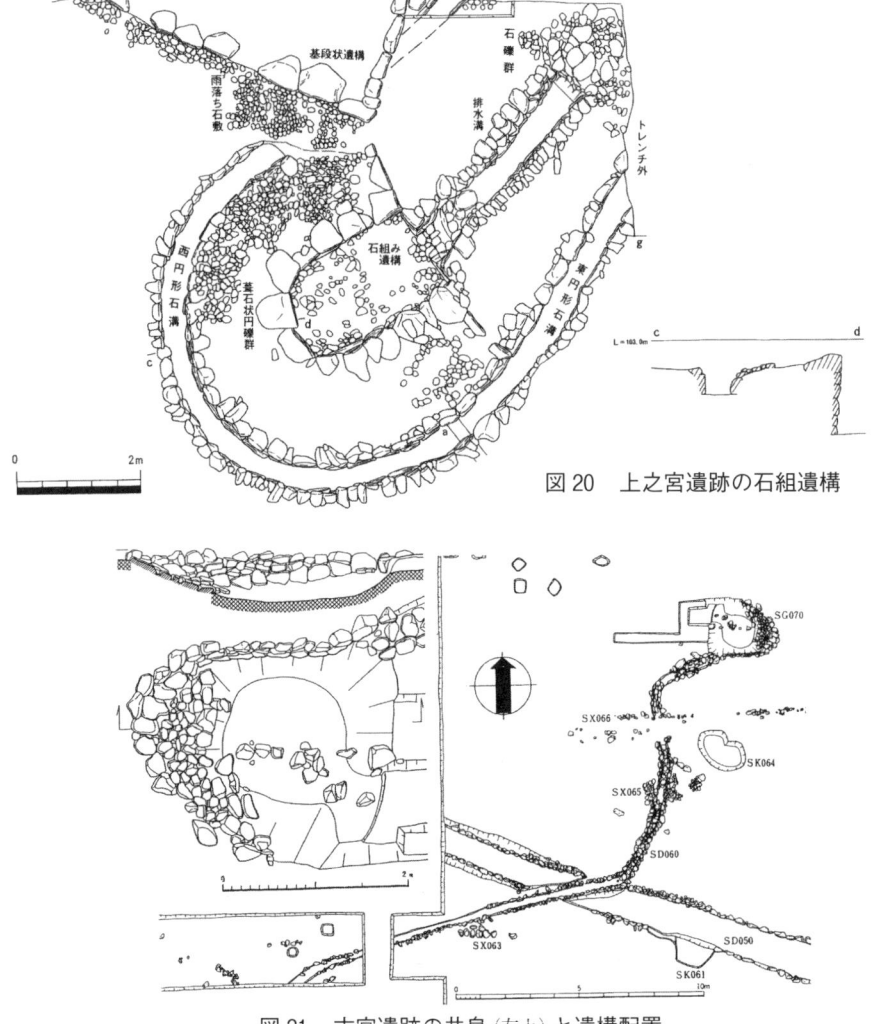

図20　上之宮遺跡の石組遺構

図21　古宮遺跡の井泉（左上）と遺構配置

井泉は、長辺3.8m、短辺2.2mの略円形を呈する素掘りの井泉で、深さ66cmを測る(図22)。井泉から湧き出た湧水は、導水部を経て谷へと導かれており、谷頭に構築された源流型の井泉とみられる。井泉からは、坏類を中心とした土器類等が出土しており、何らかの奉祭行為の存在を示唆する。周辺部での建物の存在等は未確認である。

(3) 流路付設型井泉

三重県六大A遺跡

　幅30m、長さ100mを測る大規模な大溝(開析谷)内の片側(左岸側)に、弥生時代後期から飛鳥時代にかけて合計12基もの井泉があり(図24)、このうち古墳時代中期以降の井泉は石組井泉となる。井泉とは反対側の右岸は、上下2層に渡って規則性には欠けるものの広範囲に礫が充填され、礫敷を構成している。すべての井泉が祭祀に関わっていたわけではないが、古墳時代中期の井泉1では底から滑石製勾玉と木製刀形が1個ずつ出土して儀礼行為の存在が窺える他、古墳時代後期の井泉7では須恵器杯類と臼玉が井泉内に奉祭された状況で出土している。また、大溝内からは、土器群や木製祭具類、滑石製模造品など祭祀に関わったとみられる遺物群も多数出土しており、近傍で実施された祭祀で使用された遺物群が一括投棄されたような状況を示している。特に、土師器の高坏と坏のみで構成された土器群や、土師器高坏に木製刀形と鑓形・滑石製臼玉が伴う土器群などは、その場で奉祭されたのか、別地で奉祭されたものが輾下して投棄されたのかはともかく、祭祀に供された遺物群とみて問題なかろう。また、初期須恵器や韓式系土器の出土も顕著であるが、初期須恵器は脚付連結環状四連壺や火炎透かしをもつ筒形器台、高坏形器台など非日常的な供献用器種が多いことも特徴としてあげられる。

愛知県八王子遺跡

　溝による二重の長方形区画のほぼ中央に四面庇タイプ(「回」形)かと推定される大型掘立柱建物があり、その建物のほぼ真南、区画外側の旧河道内に井泉が存在する。井泉は、一旦井泉内に湧水が溜まるよう湧水出口に枠板があてがわれている(図23)。井泉のすぐ外側の河道流路内からは、未使用と推定される精製の土師器ミニチュア土器が大量に出土しており、井泉に対して何らかの奉祭行為を行った可能性が考えられている。

島根県三田谷I遺跡

　暖斜面地に展開する奈良時代の掘立柱建物群の下方に幅5m前後の大溝があり、その上流部の一画に井泉が付設されている。井泉は、湧水出口側となる左岸側の岩盤を抜いて水を湧き出させ、大溝側に横板をダム状に配して湧水が一旦溜水する工夫がなされている(図25)。大溝からは、斎串や「麻奈井」と墨書された須恵器などが出土しており、この井泉が特別の名称(「麻奈井」の音は「マナイ」であり、各地の式内社や記紀神話に名称がでてくる「真名井」に通じる)をもつ信仰対象の井であったことが窺える。

4. 井泉の存在形態と儀礼

　前段においては、井泉の溝との関わり方に分類視点を定め、いわば遺跡全体から井泉という特

第Ⅰ章 古墳時代首長と水の祭儀

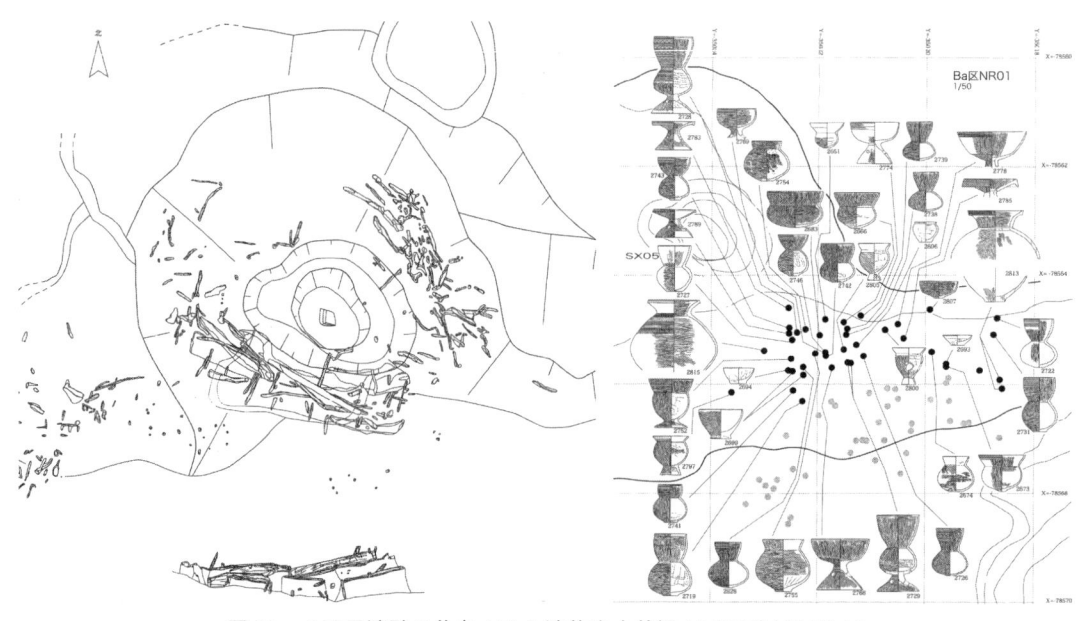

図23 八王子遺跡の井泉（左）と遺物出土状況（小型精製土器が集中）

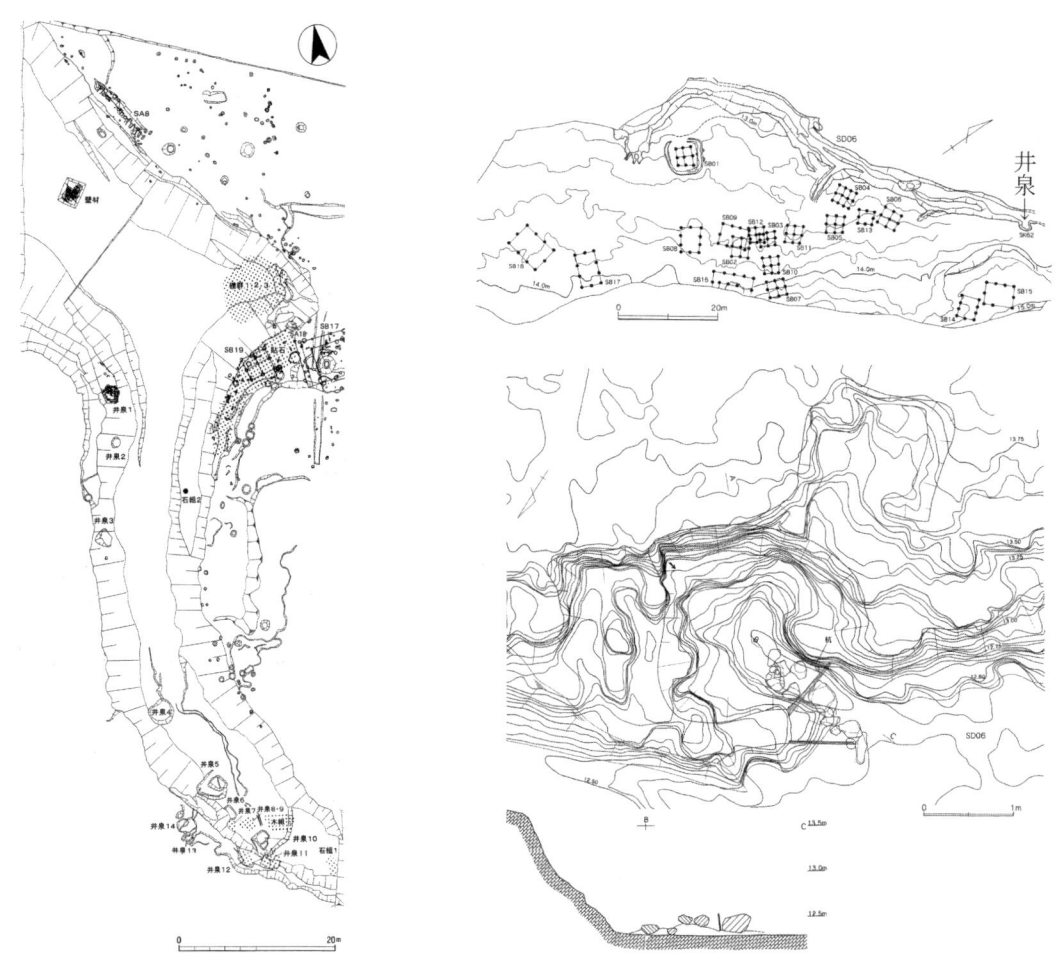

図24 六大A遺跡の大溝と井泉配置　　図25 三田谷Ⅰ遺跡の遺構配置（上）と井泉（下）

定遺構だけを切り取ったかたちで提示したが、当該遺跡における井泉の位相を知るには、それらを他の遺構との関わりの中で位置づけていく必要がある。それぞれの概要はひと通り記したので、以下ではそれを元に、井泉を包含している遺跡自体の性格について考察し、そこから当該の井泉の祭祀・儀礼に関わった階層性についても言及していきたい。

　発掘調査によって明らかになっている部分が遺跡の一部でしかない場合も多く、全体の性格がいまひとつ把握しきれない場合や、相互に関連するため一概にはいえない場合も残るものの、前段で提示した井泉は、それが属する立地場所を視点に分別すれば、大略、下記のような遺跡グループとして再構成が可能であろう。

　　Ａ　環濠集落・集落内に所在するもの
　　Ｂ　首長関連施設内に所在するもの
　　Ｂａ　首長居館内
　　Ｂｂ　首長居館以外の首長拠点
　　Ｃ　生産域に所在するもの

　さらに、その存在形態として、当該の井泉がそれのみで単独所在しているのか、別遺構とのセットで複合所在しているのかによって、以下のような視点を変えた分類が可能である（図26）。ただし、この場合、溝のみが取り付く場合や、構築物でない土器群などはセットには含めず、単独所在として扱う。

　　Ⅰ類　井泉のみの単独存在（図27）
　　Ⅱ類　井泉＋掘立柱建物として存在（図28）
　　Ⅲ類　井泉＋造成空間として存在（図29）
　　Ⅳ類　井泉＋造成空間＋掘立柱建物として存在（図30）

　まず、Ａグループには、池上曽根遺跡、八尾南遺跡、纒向遺跡（第6次調査SK1）、本位田遺跡、熊野堂遺跡、三田谷Ⅰ遺跡がある。存在形態としては、池上曽根遺跡のみがⅡ類、他がⅠ類であるが、三田谷Ⅰ遺跡はⅡ類である可能性もある。

　Ｂグループのうち、Ｂａ、つまり首長居館としては三ツ寺Ⅰ遺跡と中溝・深町遺跡という群馬県内の遺跡と、時期は下るが奈良県上之宮遺跡が該当し、存在形態としてはいずれもⅡ類である。なお、従来、首長居館たるには首長の居住や政治などのエリアが堀や柵によって囲繞された方形区画に固まって存在することが前提とされてきたが[51]、近年、その前提を外し、一定のエリア内にそれら諸機能が配置される場合も首長居館（もしくは「首長居館域」）として認めてよいとする意見が坂靖により提出されている[52]。筆者も、この提言には概ね賛意を表するものであり、これによって中溝・深町遺跡のＢａ（首長居館）への包含が可能となる。このことに関して若狭徹は、中溝・深町遺跡を4世紀における「公的性格すなわち首長の存在を示唆する空間の成立過程」[53]として評価し、首長居館成立期のあり方をこの遺跡に見い出しているが、非常に説得性の高い意見ということができる。なお、若狭は、三ツ寺Ⅰ遺跡についてもたんなる首長の居宅とは考えず、「井泉・導水祭祀の系譜を最高に高めた設計理念によって成立した」「水をキーワードに構想された施設」と指摘している[54]。

　一方、Ｂｂは、近傍に首長居館が所在する可能性はあるが、少なくとも調査された部分は首長

第Ⅰ章 古墳時代首長と水の祭儀

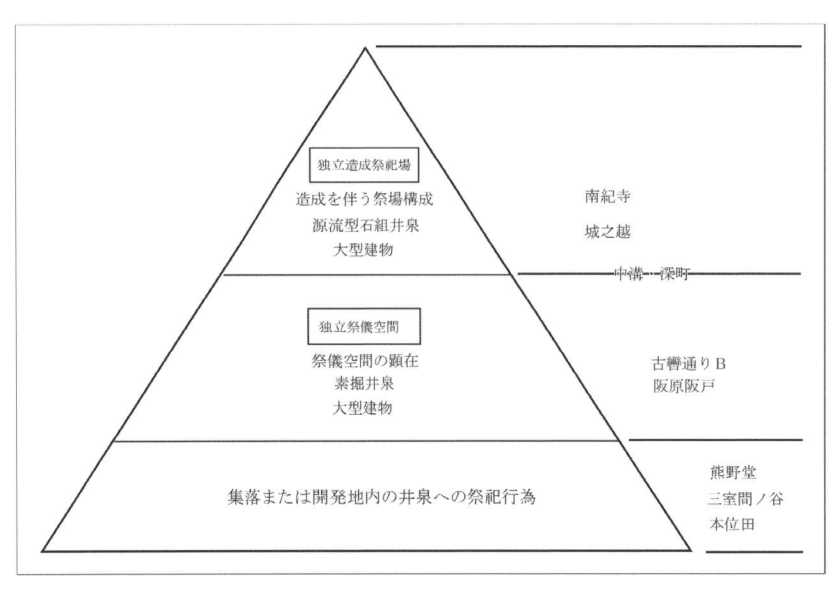

図26 井泉の存在形態モデル

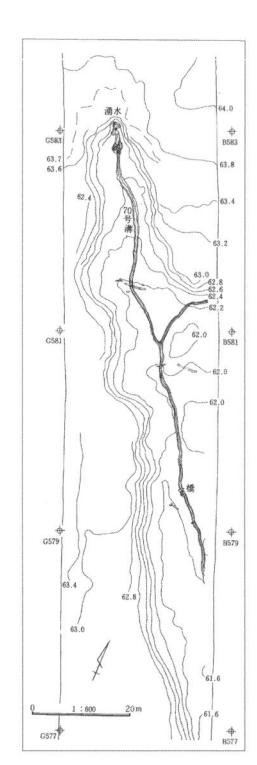

図27 三室間ノ谷遺跡
（Ⅰ類 井泉のみ単独存在）

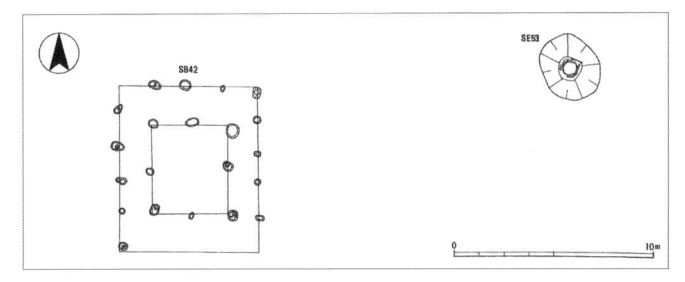

図28 古轡通りB遺跡（Ⅱ類 井泉＋掘立柱建物）

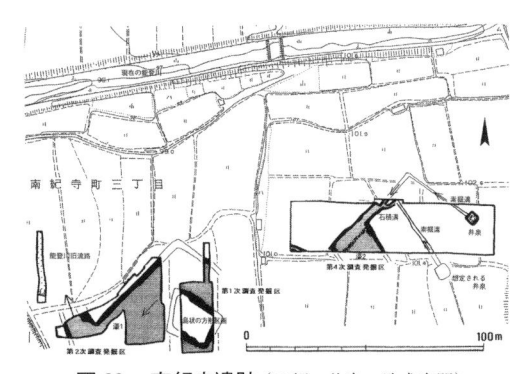

図29 南紀寺遺跡（Ⅲ類 井泉＋造成空間）

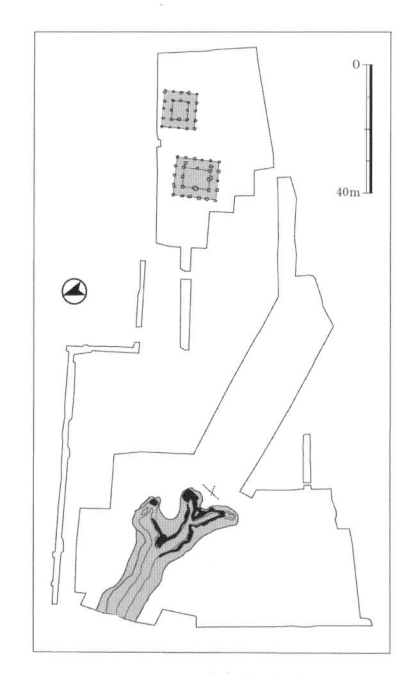

図30 城之越遺跡
（Ⅳ類 井泉＋造成空間＋掘立柱建物）

関連の施設ではあっても首長居館そのものではないという事例である。このグループには、城之越遺跡、六大Ａ遺跡、南紀寺遺跡、阪原阪戸遺跡、八王子遺跡、藤江別所遺跡、古宮遺跡があり、やや小規模ではあるが古轡通りＢ遺跡もここに包含されよう。存在形態としては、藤江別所遺跡がⅠ類、古宮遺跡と古轡通りＢ遺跡がⅡ類、南紀寺遺跡がⅢ類、八王子遺跡と城之越遺跡がⅣ類となる。六大Ａ遺跡もⅣ類であろうと思われるが、掘立柱建物の位置づけにやや不安を残す。このうち、藤江別所遺跡は、存在形態としては非常に単純なⅠ類であるが、出土遺物が小型銅鏡や車輪石を含んでおり、首長層による祭祀行為が窺えるため、本グループへ包含した。この類は、基本的には首長居館からは相対的に独立した首長層による独立祭場として捉えることが可能で、造成を伴う祭場構成や大型掘立柱建物との共存など、井泉だけではない付加的な要素が加わっていることを基本とするが、藤江別所遺跡のように井泉だけで存立することもありえた。そして、これら井泉のある独立祭祀場は、古墳時代段階の「社」（ヤシロ）と位置づけることが可能であり、のちに成立する神社の先駆的なあり方を示すものともいえよう。

　Ｃグループには、三室間ノ谷遺跡、山添遺跡があげられる。このうち、三室間ノ谷遺跡は、キヌガサ形木製品も出土しており、首長層が関与した可能性もあるが、それ以外の出土遺物がやや貧弱である。ともに存在形態はⅠ類である。

　このようにみると、首長層が介在したとみられる遺跡では、井泉は掘立柱建物や貼石など複数の構成要素を重ねるかたちで祭場構成を実現していることが明らかとなる。特に、居館とは独立した祭場での構成は、Ⅲ類さらにはⅣ類など大規模な造成を伴う事例が顕著で、首長にとって湧水点を祀ることの重要性が見て取れよう。ただし、複数の構成要素がなくても、藤江別所遺跡のように優秀な出土遺物の存在から首長層の介在が示唆される遺跡もあり、必ずしも明瞭な祭場構成を伴わなくても首長層による祭祀対象となった井泉は存在した。藤江別所遺跡の場合、近傍での他の施設の存在が明瞭でないだけに井泉自体への祭祀対象化はより明瞭であるといえる。この場合、井泉一般としての重要性以上に、特定の井泉に対する個別的な理由に基づいた神聖視であったということができよう。

　一方、井泉以外の構成要素が加わらない例（ＡグループもしくはＣグループのⅠ類）は、その祭祀主体者の多くが首長層というよりは集落成員や共同体などやや下位の集団であったと見られ、この場合、井泉を直接神聖視した祭祀が執行されたとみられる。最初から祭場があったのではなく、特定の井泉に対して祭祀遺物が奉げられた結果、それが出土遺物として残った事例と理解される。

　このように、湧水点祭祀においては、祭場まで整えた首長による祭祀が行われた一方、下位集団による祭祀の痕跡も顕著であり、祭祀執行者の重層性を窺い知ることが可能である。

5. 水分祭祀と湧水点祭祀

　遺跡のうえで把握しうる存在形態は以上の通りであるが、湧水点祭祀が実修された意味をより把握するため、湧水点祭祀同様に水に対して祈念した場である水分の地における祭祀と対比することによって、その特質を探ってみよう。

第Ⅰ章　古墳時代首長と水の祭儀

　水分の地の重要性は、吉野・宇陀・都祁・葛木のいわゆる大和の四所水分神の存在や、それら神社を含む社に対する律令国家の幣帛供献（「延喜式」臨時祭祈雨神祭条）などから国家的な重要祭儀として位置づけられたことからも了解される。こうした水分神の重要性は、辰巳和弘によって調査・提起された静岡県天白磐座遺跡など水分に占地した古墳時代祭祀遺跡の存在によって、古墳時代に遡って認めることが可能である[55]。

（1）天白磐座遺跡にみる水分祭祀

　天白磐座遺跡は、浜名湖に注ぐ都田川の支流、神宮寺川が山間部から井伊谷の盆地部へ抜け出ようとする水分の地に営まれた祭祀遺跡で（図31）、祭祀形態としては磐座形式を採る。天白磐座遺跡における祭祀行為は、神宮寺川を望む丘陵である薬師山の山頂に存在する自然の巨岩群のうち、最大の岩A（高さ5～5.6m、幅約8m）に向かって実修されたとみられ、岩Aの西壁面直下には造り出されたとみられる壇状の平坦面が認められた（図32）。この平坦面およびその周辺（多くが西壁下に限定）からは、滑石製勾玉1個の他、鉄鏃・鉄矛・鉄刀・鉇などの鉄製品、それに多量の手捏ね土器などが出土している。このことから、岩Aは「カミ」の依代となる磐座とみられ、西壁下の平坦面が磐座に対する祭壇とみられている。ただし、報告書ではこの祭祀の初現年代を手捏ね土器の年代観から古墳時代前期後半に描いているが、鉢類の底部は完全な平底を呈しており、古墳時代中期以降に下る可能性が高いと認識している。

　さて、天白磐座遺跡は辰巳が指摘したように、水分の地に占地して祭祀を実修していることに意味があり、その創祀は水分を祀ることにあると思われるが、川及び流れそのものに向かって奉祭行為を行うのではなく、川を背後において、その対面となる岩に対して奉祭行為を行っていることは注意を要する。このことは、水分を祀る祭祀であっても、水分や川などの物理的な対象物に直接的な働きかけを行うのではなく、その地に坐して水分の差配を司る「カミ」を祀るという認識が既に発生した状態であることを示している。

　つまり、モノや場所など可視的な対象物に対して直接的な働きかけを行う祭祀から、不可視な存在である「カミ」や「精霊」に対して働きかけを行おうとする祭祀への転換である。この転換は、具体的には磐座という祭祀形態の一般的成立と密接に連動したものと認識しているが、磐座などの相応の高さをもった場所や地点、物品にカミが坐すという観念自体、多分に天-地の上下関係に基づいたものと理解される。

　このような祭儀形態は、かつて三品彰英によって提唱されたいわゆる「天的宗儀」[56]に相当すると考えられるが、三品自身は銅鐸埋納に代表される祭儀観念を「地的宗儀」としたのに対して、銅鏡を用いた祭祀に代表される祭儀観念を「天的宗儀」とみなし、その転換期を弥生時代と古墳時代の境界に対応させた。しかし、中国では連弧文鏡と呼称される内向花文鏡が太陽信仰と関わった鏡との指摘はあるものの[57]、古墳時代の銅鏡が天に対する祭儀に用いられたという確証は未だ仮説段階にあると認識している。「天的宗儀」と称される天を意識した祭祀形態、あるいは「カミ」が天（高い場所）から降臨するという上下観をもった祭祀観念の成立は、磐座をカミの依代とみなすことが可能であるならば、その出現を古墳時代前期後半、さらに一般的成立は古墳時代中期に下るとみるのが妥当であろう[58]。天白磐座遺跡は、かかる意味において、いわゆ

第2節 古墳時代の「湧水点祭祀」

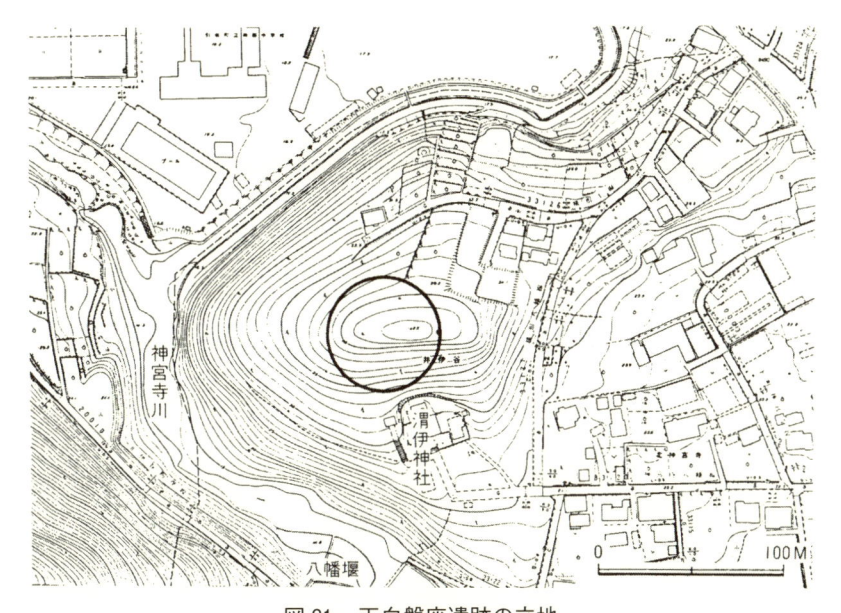

図31 天白磐座遺跡の立地
（神宮寺川が井伊谷へ抜ける出口を扼する）

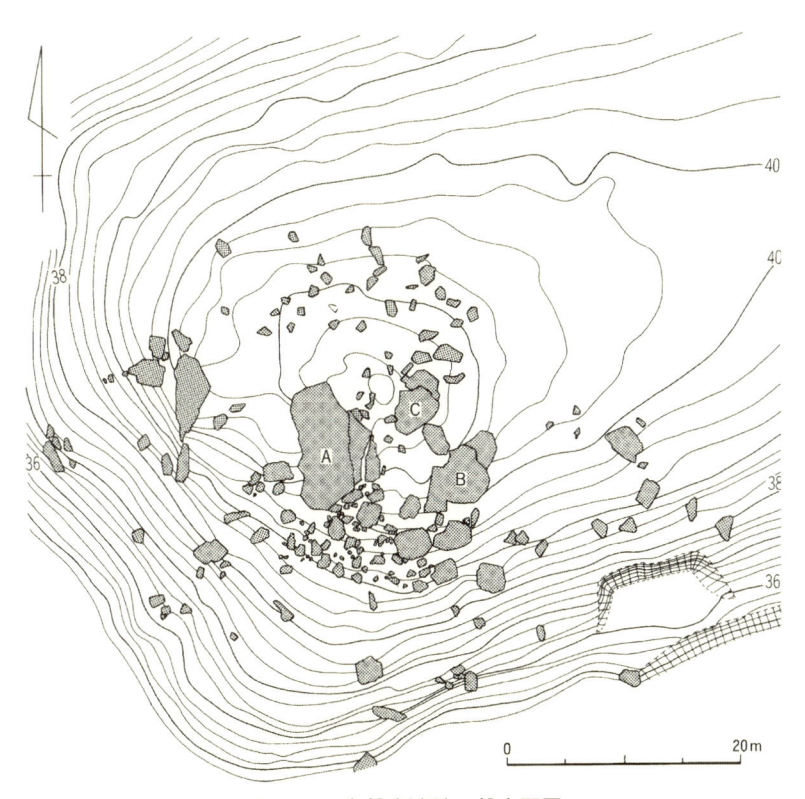

図32 天白磐座遺跡の磐座配置

る「擬人化された神」かどうかはともかく、後の律令時代における水分神社での祭祀形態と同様、不可視のカミ・精霊に対して実修された祭祀（実態としてはそこに依ると観念された岩を介した祈念）ということができよう。

（2）湧水点祭祀にみる祭祀の特質

一方、湧水点祭祀も、先に一瞥した各地の「風土記」における井戸や井泉の記事、各地の「井」関連の神社の存在、それに宮中における井泉神の奉祭などから律令期においても重要な祭祀として位置づけられていた。しかも、その祭祀は遡って古墳時代の全期間を通じて認められることから、基本的には古墳時代から律令期まで同様の観念が一定の継続性をもって存在していたこともまた是認しうる。しかし、城之越遺跡などでは磐座とも見做しうる立石の存在から降臨系カミ観念の意識もみられるものの、湧水点祭祀を構成する遺跡の多くは天白磐座遺跡でみられたような「降臨するカミ」を意識したような磐座形態を伴う例は希薄で、湧水点に対する直接的な土器奉祭行為などよりプリミティブな段階のカミ観念に拠っていたと推定される。この観念は、大地や地下などに内在する「地霊」意識に基づいた観念と言い換えることも可能であり、三品いうところの「地的宗儀」[59]と調和するものであろう。しかしながら、同じ水に関わる祭儀といっても、湧水点祭祀が古く、水分祭祀が新しいと一律にいえるものでもない。延喜式内社を含め、各地の神社には祭神そのものとしているものも含めて井戸や湧水点を祭祀対象としているものが非常に多く[60]、このことは天から降臨すると観念されるカミ以外にも、大地、あるいは地下に淵源をもつと観念されるカミも併行して存在したことを示唆する。つまり、湧水点祭祀は水分での祭祀に比べると確かに古くからある存在ではあるけれども、新しい時代にも継続された祭祀観念であったといえる。そういう意味では、極めて普遍性の高い祭祀であったと推定される。

6. 湧水点祭祀を支える内在的観念

こうした祭祀が実修された背景にはいくつかの理由が考えられるが、井泉がおかれている条件と密接な関係にあることはいうまでもない。大きく分けると、日常生活における水源確保や農耕など実用機能との関わりから井への畏敬を表したよりプリミティブな祭祀観念と、「井」自体に霊力の存在ないし霊力との接続性を認め、そこを象徴的に祀ることによる霊威の発動を願う祭祀観念である。

このうち前者は、当該の井泉から流れ出た井水が、下流部に存在する田畑に導水され、その用水として供されている場合には、井泉の水の絶えざること（永続的な井水の湧出）を祈念し、農耕に不可欠な水に感謝するとともに、洪水や旱魃など厄をもたらす天災から逃れようとする観念が発動していたとみられる。このことは、律令国家において、旱魃その他の天災に際して吉野・宇陀・都祁・葛木のいわゆる大和四所水分神をはじめ、狭井神社や丹生川上神社、飛鳥川上坐宇須多伎比賣命神社など大和の吉野川や飛鳥川の源流・上流域に位置する諸座に律令国家の重要な社が祀られたことからも逆説的に判断しうる。辰巳の説く水源祭祀により調和性が高いとみることができよう。

こうした地域開発において生活や農耕の根元となる水源確保の重要性は、文献からも窺える。先に示した「常陸国風土記」のうち①から③は、地名起源説話として井泉の開鑿や存在がその契機となったことを語る記事であるが、これらは多くの論者が指摘するように地域開発における井泉の重要性を示すものであり、当時の生活や農耕における井泉の密接な関係が示唆される。実際の遺跡においても、群馬県三室間ノ谷遺跡や熊野堂遺跡の事例などは、農耕に供する水の水源となった井を祀った例として捉えられよう。このうち熊野堂遺跡は、大小2ヶ所の湧水点から流れ出た溝が途中合流して集落を貫くように流れ、さらに下流部には水田等の生産域が存在することが想定される（図33）。小さい側の井泉には石敷が伴い、土器や滑石製の剣形が出土していることから井泉に対しての祭祀的行為の存在が窺える[61]。

一方、こうした生活や農耕に使用される実用的な井水へ祭祀を行うことと、換言すれば旱魃その他天災に対して霊威を発動すると観念されるものに対しての祭祀とは別に、人間に対しての生命力の鼓舞（いわゆるタマフリとしての「鎮魂」）などを目的として井泉や井水が一定の役割を担っている場合があり、その具体的なイメージは文献においても確認することができる。ここでは、ヤマトタケル東征伝承[62]と、いわゆる「養老改元」の詔[63]から当該箇所を抜粋して示してみよう。

文献2　「日本書紀」巻第七　景行天皇
［四十年是歳］胆吹山に至るに、山の神、大蛇に化りて道に当れり。爰に日本武尊、主神の蛇に化れるを知らずして謂はく、「是の大蛇は、必に荒ぶる神の使ならむ。既に主神を殺すこと得てば、其の使者は豈求むるに足らむや」とのたまふ。因りて、蛇を跨えて猶行でます。時に山の神、雲を興して氷を零らしむ。峯霧り谷曀くして、復行くべき路無し。乃ち捿遑ひて其の跋渉まむ所を知えず。然るに霧を凌ぎて強に行く。方に僅に出づること得つ。猶失意せること酔へるが如し。因りて山の下の泉の側に居して、乃ち其の水を飲して醒めぬ。故、其の泉を号けて、居醒泉と曰ふ。日本武尊、是に、始めて痛身有り。

文献3　「続日本紀」元正天皇養老元年十一月条
「朕今年九月を以て、美濃国不破行宮に到る。留連すること数日なり。因て当耆郡多度山の美泉を覧て、自ら手面を盥ひしに、皮膚滑らかなるが如し。亦、痛き処を洗ひしに、除き癒えずといふこと無し。朕が躬に在りては、甚だその験有りき。また、就きて飲み浴る者、或は白髪黒に反り、或は頽髪更に生ひ、或は闇き目明らかな

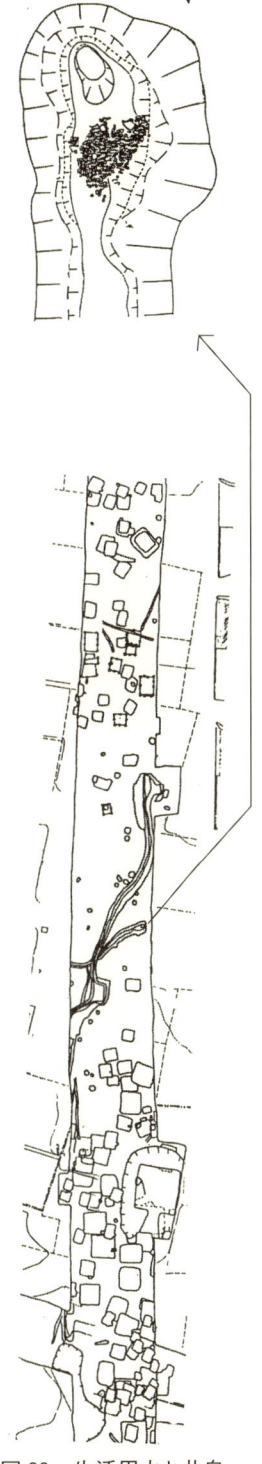

図33　生活用水と井泉
（群馬県熊野堂遺跡の場合：井泉内の石敷付近から滑石製勾玉が出土）

りが如し。自餘の痾疾、咸く皆平癒せり。昔聞かく、「後漢の光武の時に、醴泉出でたり。これを飲みし者は、痾病皆癒えたり」ときく。符瑞書に曰はく、「醴泉は美泉なり。以て老を養ふべし。蓋し水の精なり」といふ。寔に惟みるに、美泉は即ち大瑞に合へり。朕、庸虚なりと雖も、何ぞ天の貺に違はむ。天下に大赦して、霊亀三年を改めて、養老元年とすべし」とのたまふ。

　文献2は、東国から尾張に戻ったヤマトタケルが、伊吹山に荒ぶる神のあることを聞いて草薙剣をもたずに伊吹山へ向かったところ、伊吹の山の神である大蛇(「古事記」では白猪)の毒気によって正気を失い、居醒の泉(「古事記」では玉倉部の清泉を名づけて「居醒の清泉」)の水によって覚醒したことが語られている。ここにおける井水の効用は、たんに飲料水を得るといった生活上の目的や農耕のための水を得るといった実利的な目的とは意味合いが異なり、弱った生命力を鼓舞し、回復させるという人知を超えた力をもつものとして描かれている。こうした居醒の泉による生命力の鼓舞は、結果として祭儀における鎮魂(タマフリ)の儀礼[64]や呪術に通じるものであろう。ここに、湧水点祭祀のもつ、もうひとつの本質的意義を認めることができる。

　井泉に対する同様の観念は、有名な「養老改元詔」である文献3でも認められる。この詔は、霊亀3年9月、元正天皇による美濃行幸に際して当耆郡多度山の美泉の効能に触れたことを契機とし、この年を養老元年に改元することを宣言したものである。この詔で天皇は、自らこの美泉の水に触れて肌が滑らかになり、また痛いところを洗うと痛みが癒えたという自体験を語り、さらに「美泉」のもつ様々な効能を示す。そのうえで後漢の光武帝の醴泉に関わる故事[65]を踏まえ美泉の存在は「大いなる瑞」であることを示して、このことを以って「養老改元」とした経緯について語る。

　これら説話は、内容的には共通し、ある特定の井水が生命力の回復ないし強化に著しい験のあることを認めたものであるが、これら文献記事の存在は生命力強化に繋がる井水の効能が古代社会において広く受容されていた観念であったことを示唆している。そして、こうした観念を前提として、井泉を畏敬すべき、換言すれば讃え祀るべき存在としての認識に繋がっていたと推察される。こうした観念が成立する前提としては、井泉の所在する場が、地中から絶え間なく湧き出す湧水を通じて、大地や地霊のもつ生命力との繋がりを有する場所であるという認識が潜在的に存在したと推定される。これら井泉は、集落内にあることもあるが、多くは集落の外れ、つまりは異界の地として観念される山との接点や扇状地扇端に位置する。つまり、井泉の所在場所は、地上(人間界)と地下(異界)という垂直的な関係性だけでなく、同じ地平に属する水平的な関係においても、集落域(人間の住む空間)とその周縁域(カミの棲む空間との接点)という、カミ・霊の棲む場所としての異界との境界を構成する場であった。こうした観念が井泉に付与されることによって、その井泉が集落内に存在する場合であっても、「井泉」の存在そのものに「異界との接点の場」という意識が認識され[66]、結果として湧水による生命力の発露と合わせて祭祀の場に転化しうる内在的要因が形成されたとみてよかろう。

　なお、「養老改元」に関わる「醴泉」効能に関わる知識は、素朴ながらも神仙思想に由来する不老不死への憧憬と一体となるものであることから、本来的には古代中国に由来し、その観念が列

島へ流入したとも捉えられる。この観念は、不老不死への憧れを記す三角縁神獣鏡の銘文などとも調和性をもつものであり、その列島流入は古墳時代に遡るとみてよかろう。かかる意味においては、井泉を祀る場が定式化する古墳時代前期は、列島に内在した基層的な観念に中国由来の素朴な神仙思想が融合した時期としても捉えることが可能で、この結果、新たな祭式として湧水点祭祀が広く列島に広まっていく契機になったと推定される。

そして、井泉（冷泉）に対して抱いた上述の観念は、温湯（温泉）に対しても同様に発動したと推定される。「日本書紀」には舒明3年と10年の摂津有馬行幸、舒明11年の伊予温湯（道後温泉）行幸、斉明4年の白浜温泉と推定される紀伊温湯行幸などの温湯行幸が記され[67]、また「伊豫國風土記」逸文には景行や仲哀、神功皇后、聖徳太子等の行幸を記すとともに、伊予石湯と呼ばれた道後温泉の傍に聖徳太子が碑文を建て、そこで温泉を「神井」と呼んだことが記されている[68]。この「神井」の記載は、地下から絶え間なく湧き出る温泉に霊力を認め、その恩恵を受けることを褒め称えたものであるが、天皇の温湯行幸は支配者が地域の湯に浸かることによって、当該地域の支配の正当性を確認するものであり、いわゆる「国占め」や「食国」[69]などと同じ位相にあるものと捉えられる。かかる意味において、井泉や温湯の水は地霊力の発露であり、それを祀り、また褒める行為は、支配の正当性と霊力による生命力強化を含意したものであったと推定される。すでに大場磐雄は、祭祀遺跡の分類のなかに「湖沼・池泉等」を掲げ、そこに「治病その他特殊な霊験の示現」としての寒泉・温泉を含めて考えているが[70]、井泉や温泉に対する神聖視は実際の具体的な効能に由来する基層的な観念であるとともに、王が水を受けることによる「国占め」の意味が存在したと考えてよかろう。

7. まとめ

水に関わる祭祀とされるもののうち、井泉を中心とした湧水点での祭祀を「湧水点祭祀」として位置づけ、その祭祀事例を集成するとともに、井泉の存在形態を溝との関わり方と、集落や首長居館などとの関係性を視点に分類・整理した。

この作業によって、井泉に付加された仕様の差や、大型建物との関わり方などを通して湧水点における祭祀の存在形態がより明瞭となるとともに、首長居館から独立した首長関連施設としての祭祀場（Bb類としたもの）が湧水点を含んだ場に広く成立していたことを具体的に示した。そして、このことから、湧水点祭祀が首長層による地域支配の必要性から実修された王権祭祀として、重要かつ定式化した存在であったことを示した。それら祭祀場は、古墳時代段階における「社」（ヤシロ）として捉えられるものであろう[71]。しかし、一方で三室間ノ谷遺跡などの事例から示したように、生産域においてもこの祭祀が行われている事例があり、かかる意味においては首長層のみならず、古墳時代社会一般に広く受容された祭祀観念でもあることが明らかとなった。

そのうえで、同じ水に関わる祭祀である水分における祭祀とも対比しつつ、湧水点を祀ることの意義を文献史料の助けも借りながらより深い把握を試みた。その結果、ここにおけるその祭祀目的は、大きく分けると以下の二者に分けて考えるのが妥当との考えに達した。

すなわち、ひとつは、生活・農耕といったより日常的な要請に基づいたもの、もうひとつは湧

水の効能によって生命力の鼓舞（タマフリ）を期待するものである。このうち後者に関していえば、湧水点は地中から湧き出る水を通して大地・地霊に繋がり、生命力を鼓舞するいわば「地の力」を受容する場として存在して永遠の生命性の維持・強化を図るとともに、「国占め」による支配の正統性の担保を目的として祀られたとみられる。古墳時代の王権にとって、井泉を祀ることの内在的論理は、まさにこの部分にあったと推定されるのである。

　なお、この観念は、不老不死を含意した素朴な神仙思想とも調和性があることから、その思想が列島流入することにより、列島に以前からあった基層的な地霊観念と融合して形成されたと考えるが、流入の具体相などは今後の検討課題とする部分が大きい。

註

（1）穂積裕昌　1992「大溝空間の成立とその意義」『三重県上野市比土　城之越遺跡』197〜203頁　三重県埋蔵文化財センター、穂積裕昌　1994「古墳時代の湧水点祭祀について」『考古学と信仰』（同志社大学考古学シリーズⅥ）185〜200頁　同志社大学考古学研究室
（2）大場磐雄　1970「水霊信仰の考古学的考察」『祭祀遺跡―神道考古学の基礎的研究』382〜404頁　角川書店（初出は1950『本流』第一輯に所収）
（3）椙山林継　1976「古代祭場立地考」『國學院大學日本文化研究所紀要』37　263〜284頁
（4）亀井正道　1983「河神信仰の考古学的考察」坂本太郎博士頌寿記念　日本史学論集上巻』160〜196頁　國學院大學文学部史学科、同　1988「海と川の祭り」『古代を考える　沖ノ島と古代祭祀』130〜163頁　吉川弘文館
（5）向坂鋼二　1989「考古資料にみる水辺の祭り」『日本考古学論集』3　272頁〜290頁　吉川弘文館
（6）岡田精司　1980「大王と井水の祭儀」『講座日本の古代信仰』第3巻　194〜214頁　学生社
（7）辰巳和弘編　1992『天白磐座遺跡』引佐町教育委員会
（8）辰巳和弘　1988「古代地域王権と水の祭儀」『歴史と伝承』57〜80頁　日野昭博士還暦記念会編
（9）谷口徹ほか　1979『服部遺跡発掘調査概報』滋賀県教育委員会・守山市教育委員会・財団法人滋賀県文化財保護協会、大橋信弥　1997「滋賀・服部遺跡」『王権祭祀と水』50頁〜53頁　帝塚山考古学研究所
（10）松田順一郎　1997「東大阪市・神並・西ノ辻遺跡の古代水利遺構」『王権祭祀と水』46〜49頁　帝塚山考古学研究所、松田順一郎・中西克宏　2002『神並遺跡第四次、西ノ辻遺跡第10・16次発掘調査報告書（遺構編）』財団法人東大阪市文化財協会
（11）石野博信　1991「総論」『古墳時代の研究』3　3〜26頁　雄山閣。なお、「導水施設」の用語自体は、前掲註（9）の谷口ほか文献ですでに使用されている。
（12）青柳泰介ほか　2004『南郷大東遺跡Ⅲ』奈良県立橿原考古学研究所
（13）上田睦ほか　2007「土師の里遺跡HJ97-10区」『石川流域遺跡群発掘調査報告ⅩⅩⅡ』20〜79頁　藤井寺市教育委員会事務局
（14）上田　睦　1998「藤井寺市狼塚古墳（HJ97110）の調査」『大阪府埋蔵文化財研究会（第37回）資料』（財）大阪府文化財調査研究センター、青柳泰介　1999「囲形埴輪小考」『考古学に学ぶ』（同志社大学考古学シリーズⅦ）447〜466頁　同志社大学考古学研究室
（15）白石太一郎　2003『週刊朝日百科日本の歴史　原始古代⑧倭国誕生と大王の時代』朝日新聞社
（16）穂積裕昌　2004「いわゆる導水施設の性格について―殯所としての可能性の提起―」『古代学研究』166　1〜20頁　古代学研究会
（17）出原恵三　1990「祭祀発展の諸段階―古墳時代における水辺の祭祀―」『考古学研究』第26巻第4号　93〜110頁　考古学研究会
（18）前掲註（7）文献

(19) 辰巳和弘　1994「古代地域王権と水の祭儀」『地域王権の古代学』170〜248頁　白水社。なお、辰巳は、天白磐座遺跡を「水源（井泉）を対象とした水霊祭祀の場」（同書215頁6行目）とも書いており、水源への祭祀は最終的に「水霊祭祀」として収斂している。
(20) 辰巳和弘　1991「豪族の居館と祭祀」『季刊考古学』36　50〜53頁　雄山閣出版
(21) 白川　静　1995『字訓』平凡社
(22) 前掲註（1）1992年文献
(23) 井上辰雄　1989『常陸国風土記にみる古代』学生社、関和彦　2005「衣袖常陸・古代「水」文化考」『茨城県史研究』72　21〜29頁　茨城県立歴史館など
(24) 以下、「常陸国風土記」に係る引用テキストは下記による。秋本吉郎校注　1958『日本古典文学大系　風土記』岩波書店
(25) 小林裕八　1990「大神社」『式内社調査報告　第六巻東海道1』647〜651頁　皇學館大学出版部
(26) 石川隆郎（元三重県埋蔵文化財センター）の教示による。
(27) 史跡池上曽根遺跡整備委員会　1996『史跡池上曽根九五』。以下、池上曽根遺跡は同書による。
(28) 稲原昭嘉　1996『藤江別所遺跡』明石市教育委員会。以下、藤江別所遺跡は同書による。
(29) 石野博信・関川尚功編　1976『纒向』桜井市教育委員会。以下、纒向遺跡辻土壙1は同書による。
(30) 奥野　実　2000『古轡通りB遺跡・古轡通りB古墳群発掘調査報告』三重県埋蔵文化財センター。以下、古轡通りB遺跡は同書による。
(31) 米田敏幸ほか　1981『八尾南遺跡—大阪市高速電気軌道2号線建設に伴う発掘調査報告書—（本文編）』八尾南遺跡調査会。以下、八尾南遺跡は同書による。
(32) 大場磐雄　1966「長野市発見の古代農耕祭祀遺跡を中心として」『信濃』第18巻第8号　36〜50頁　信濃史学会、笹沢浩　1982「駒沢新町遺跡」『長野県史考古資料編主要遺跡（北・東信）』418〜425頁　長野県史刊行会。以下、駒沢新町遺跡は上記文献による。
(33) 福嶋正史　2000『新田東部遺跡群II〔第1分冊〕中溝・深町遺跡　中溝II遺跡』新田町教育委員会ほか。以下、中溝・深町遺跡は同書による。
(34) 下条正・女屋和志雄　1988『三ツ寺I遺跡』群馬県教育委員会ほか。以下、三ツ寺I遺跡は同書による。
(35) 穗積裕昌編　1992『三重県上野市比土　城之越遺跡』三重県埋蔵文化財センター、中浦基之　1998『城之越遺跡（2次）発掘調査報告』上野市教育委員会。以下、城之越遺跡は上記文献による。
(36) 森下浩行　1998「奈良市の南紀寺遺跡」『日本の信仰遺跡』（奈良国立文化財研究所学報第57冊）27〜32頁。以下、南紀寺遺跡は同書による。
(37) 木下　亘　1993「阪原阪戸遺跡（阪原遺跡群第2次）発掘調査概報」『奈良県遺跡調査概要1992年度』1〜7頁　奈良県立橿原考古学研究所。以下、阪原阪戸遺跡は同書による。
(38) 桜井市教育委員会　1987『纒向遺跡・纒向小学校地区第六次発掘調査資料』。以下、纒向遺跡第六次調査は同文献による。
(39) 井守徳男　1976「本位田遺跡」『中国縦貫自動車道建設に伴う埋蔵文化財調査報告（佐用編）』9〜82頁　兵庫県教育委員会。以下、本位田遺跡は同書による。
(40) 大木紳一郎　1991「三室間ノ谷遺跡の調査」『上淵名　裏神谷遺跡　三室間ノ谷遺跡　一般国道17号上武道路改築工事に伴う埋蔵文化財発掘調査報告書』121〜198頁　（財）群馬県埋蔵文化財調査事業団ほか。以下、三室間ノ谷遺跡は同書による。
(41) 飯塚卓二ほか　1984『熊野堂遺跡（1）』（財）群馬県埋蔵文化財調査事業団ほか。
(42) 木下正史編　1976『飛鳥・藤原宮発掘調査報告I—小墾田宮推定地・藤原宮の調査—』奈良国立文化財研究所。以下、古宮遺跡は同書による。
(43) 清水眞一　1989『奈良県桜井市　阿部丘陵遺跡群』桜井市教育委員。以下、上宮遺跡は同書による。
(44) 田中秀和　2000『山添遺跡発掘調査報告』安濃町遺跡調査会。
(45) 樋上昇ほか　2001『八王子遺跡』愛知県埋蔵文化財センター。以下、八王子遺跡は同書による。
(46) 穗積裕昌編　2002『六大A遺跡発掘調査報告』三重県埋蔵文化財センター。以下、六大A遺跡は

(47) 熱田貴保　2000『三田谷Ⅰ遺跡(vol.2)』島根県教育委員会他。以下、三田谷Ⅰ遺跡は同書による。
(48) 石野博信　1976「三輪山麓の祭祀の系譜―大型土壙と建物跡」前掲註(29)506～509頁
(49) 前掲註(28)文献内の「まとめ」で井泉内の植物化石の同定結果として示されている。
(50) 金原正明・粉川昭平・金原正子　1992「木製遺物の樹種および植生復元」前掲註(35)1992年文献　137～168頁
(51) このイメージは、首長居館(居宅)が議論される端緒となった前掲註(34)の群馬県三ツ寺Ⅰ遺跡の知見をもとに形成されたもので、以降、多くの研究者が方形区画の外郭が濠や柵で囲繞されていることを首長居館の属性(あるいは前提)のひとつとして重視するようになった。代表的な論考に以下の三文献を揚げる。橋本博文　1985「古墳時代首長層の居宅の構造とその性格」『古代探叢Ⅱ』271～298頁　早稲田大学出版会、都出比呂志　1993「古墳時代首長の政治拠点」『論苑考古学』461～485頁　天山舎、広瀬和雄　1995「古墳時代首長居館論」『展望考古学』139～147頁　考古学研究会
(52) 坂　靖　1998「近畿地方の「豪族居館」都市論の前提として」『古墳時代の豪族居館をめぐる諸問題』619～629頁　東日本埋蔵文化財研究会群馬県実行委員会ほか
(53) 若狭　徹　2007「首長居館と水の祭祀」『古墳時代の水利社会研究』196頁　学生社
(54) 同上書201頁
(55) 前掲註(7)
(56) 三品彰英　1973「銅鐸小考」『古代祭政と穀霊信仰』(三品彰英著作集第5集)10～28頁　平凡社(初出は1968『朝鮮学報』第49輯)
(57) 寺沢知子　1999「首長霊にかかわる内向花文鏡の特質」『考古学に学ぶ』(同志社大学考古学シリーズⅦ)107～121頁　同志社大学考古学研究室
(58) この認識は下記文献で示した。穂積裕昌　2008「古墳被葬者とカミ」『信濃』第60巻第4号　1～23頁　信濃史学会
(59) 前掲註(56)文献
(60) 菱沼　勇　1984「井泉神と式内社」『神道史論叢　瀧川政次郎先生米寿記念論文集』577～614頁　瀧川政次郎先生米寿記念論文集刊行会
(61) 田口一郎　1993「熊野堂遺跡」『古墳時代の祭祀　第Ⅱ分冊―東日本編Ⅱ1』262頁　東日本埋蔵文化財研究会。なお、本遺跡の発掘調査報告書は前掲註(41)文献
(62) 「日本書紀」テキストは下記文献を使用。坂本太郎ほか校注　1967『日本古典文学大系　日本書紀上』岩波書店
(63) 「続日本紀」テキストは下記文献を使用。青木和夫ほか校注　1989『新日本古典文学大系12　続日本紀1』岩波書店
(64) 折口信夫　1975「大嘗祭の本義」『折口信夫全集』第3巻　174～240頁　中央公論社(初出は1928『國學院雑誌』34-8・11)、同 1975「上代葬儀の精神」『折口信夫全集』第19巻　86～120頁　中央公論社(原論文は『神葬研究』第一輯　1934)。筆者は、折口が想定した殯における死者を蘇らせる行為としての鎮魂(タマフリ)儀礼に関しては非常に懐疑的であるが(第Ⅲ章参照)、井泉を媒介として地霊の生命力を身に受けるという意味で折口の唱えた「タマフリ」を井泉に適用することは歴史的な背景に合致したものとして考えている。
(65) 「後漢書」光武帝紀中元元年条の「是夏京師醴泉湧出。飲之者固疾皆癒云々」を指す。なお、この歴史的背景は下記文献を参照した。和田萃　1989「養老改元」『道教と東アジア』127～151頁　人文書院。
(66) 持統天皇がしばしば吉野へ行幸したことや、紀ノ湯や伊予の石湯(道後温泉)などへの天皇行幸記事が『日本書紀』や『風土記』に見えることも、同じ方向性の観念がベースにあったとみられる。
(67) 前掲註(62)に同じ
(68) 秋本吉郎校注　1958『日本古典文学大系　風土記』岩波書店

(69) 岡田精司　1970「大化前代の服属儀礼と新嘗―食国（ヲスクニ）の背景―」『古代王権の祭祀と神話』15～57頁　塙書房（初出は1962『日本史研究』60・61）
(70) 大場磐雄　1970『祭祀遺跡―神道考古学の基礎的研究―』51～57頁　角川書店
(71) 岡田精司　1992「神と神まつり」『古墳時代の研究』12　125～142頁　雄山閣出版

第3節　井泉と大型建物

1. 問題の所在

　近年、弥生時代から古墳時代にかけての大型建物の確認が各地で相次いでいるが、それら大型建物のなかには近傍に井泉が所在している例が少なくない。代表的な例として、大阪府池上曽根遺跡で発掘された大型独立棟持柱式掘立柱建物と、その中央前面に所在する大型刳抜井戸の例があげられる[(1)]。

　これら掘立柱建物と井泉のセット事例は、集落内部の特別の区画やいわゆる「首長居館」といったいわば囲繞された場に所在したり、他遺構とは隔絶された開放的な場に所在したりするなど存在形態としては幾分違いがみられる。一方、そうした存在形態の差異を超えて、通有の生活用とは言い難い「特別仕様」の井泉と地域を代表する規模の大型掘立柱建物によるセット関係が地域を越えて存在することも事実である。しかも、井泉とセットとなる大型掘立柱建物は、弥生時代では独立棟持柱式、古墳時代ではいわゆる「四面庇付」の建物形式であることが多く、建物形式をもその「仕様」として規定していた可能性がある。

　筆者は、三重県城之越遺跡の調査[(2)]を通して、湧水点を形成する井泉を中心に形成された貼石を伴う祭儀場（大溝祭祀遺構）が「四面庇付き」大型掘立柱建物と軸線を揃えてセットで存在する事例を確認し[(3)]、この存在形態に対する関心を抱いた。その後、愛知県八王子遺跡の大型建物と井泉の関係を考えるなかでこうした事例を集成して、それが地域を越えて普遍的に存在するセットであることを提示するとともに、それが古墳時代祭祀を考えるうえでも重要な論点になることを指摘した（以下、これを「前稿」[(4)]と称する）。

　現時点においても、基本的には前稿に大きな修正を加える必要はないと考えているが、本稿ではその後に管見に触れた事例も含めて改めて井泉と大型建物の相関関係について検討を加えるとともに、このセット関係が古墳時代祭祀のなかでどのような位置を占めるのかを考察する。

　前稿では、井泉と大型建物によるセット事例を抽出し、いわば遺跡から当該部分のみを切り取ったかたちで比較・検討したが、この検討には大型建物と井泉そのものを述べるだけでなく、それらが遺構群のなかでどのような位置を占めているのかに関する視点が不可欠となる。いわば、その遺跡における「大型掘立柱建物＋井戸」の存在形態の検証である。以下では、このことを念頭に置きつつ、弥生時代の事例も含めて検討を行う。そのうえで、弥生時代と古墳時代との存在形態の差異や、閉鎖空間／開放空間におけるあり方の差異などにも注視し、このセット関係の意味について検証を加えていきたい。

2.「セット関係」把握の前提

　たとえ、ひとつの集落、例えば環濠集落の環濠内側やいわゆる「首長居館」囲繞施設の内側に

井戸と大型建物が存在していたとしても、両者が有意の関係をもって存在したものでなければ、両者を「セット関係」として認定する意味はない。しかし、「有意の関係」を証明することははなはだ困難である。一方で、出土遺物から両者の共時性が一定担保されるのであれば、たとえそれらの距離が隔たっていても、また軸線の一致などといった立地上の関係性が希薄であるように一見みえても、それらがまったく無関係に存在したと確言するに足る合理的な理由を見つけることもまた難しい。そういう意味では、「セット関係」という問題設定自体、認定基準の曖昧さが残る不確かなものであり、その検討には認定の段階から一定の恣意性を免れない。

　しかしながら、何らかの計測を実施してその配置を決定したかのような大型建物と井泉の位置関係（レイアウト）が複数の遺跡で認められれば、「セット関係」という把握が一定の有効性をもつであろうこともまた相応の合理性がある。要は、複数の事例から一定の共通点を抽出して仮説を立て、それを繰り返し検証することによってより合理性のある結論を導いていくことが大切となる。

　かかる意味において、井泉と大型建物の「セット」を何らかの統一された「基準」に沿って、いわば定点観測的に検討することが重要となる。ここでは、以下の3つの条件を目安として考えていくこととする。

　　　条件1　大型建物の桁ないしは梁の中軸延長、あるいは側柱列の延長など、建物の軸線延長線上に井泉が存在するなど両者の配置関係に一定の「有意」さが認められる場合
　　　条件2　共時性をもつ大型建物と井泉が接しない程度の近接さで存在する場合。ただし、この場合の「近接」をどの程度まで認めるかについては恣意性を免れないが、ここではひとつの目安として、大型建物の長径（多くが桁行）の長さの範囲内に井泉が収まっていることを条件としておく
　　　条件3　井泉と大型建物が同エリアに共存する場合。この場合、他の通有の井泉（井戸）や掘立柱建物と当該遺構とが隔絶されているなど、遺構の存在形態のうえから両者をセットとして把握する相応の「状況証拠」が整うことが条件となる

　以上の条件のうち、条件1と条件2が揃った場合は、大型建物と井泉がセットで存在していたとみることに対して一応、相応の理由があるとみることができよう。一方、条件をひとつしか満たさないものは問題を検討するための材料としては足りるが、実際に有意の「セット関係」にあると決定するには曖昧さが残る。この場合は、さらに集落規模や全体的な遺構密度、他遺構との関係など問題を個別に検討していく必要がある。

　これら諸点を踏まえたうえで、弥生時代から順次、時系列でまずは井泉と大型建物のセット事例の確認作業を進めていこう。

3. 弥生時代の存在形態

　弥生時代における井泉と大型建物によるセット関係は、現時点での確認事例は少なく、しかも明瞭なかたちで認識可能な例は大阪府池上曽根遺跡に限られる。しかし、いくつかの遺跡で似通った状況があり、しかもそれらは「拠点集落」として把握される各地域を代表するような大型集

落とされる遺跡に限定される。以下、代表的な事例を確認しておきたい。

（1）事例提示

大阪府池上曽根遺跡

　旧和泉地域を代表する環濠集落である池上曽根遺跡の環濠内に、東西棟の大形建物1と、その中央部南側に存在する井戸1が所在しており、両者は条件1及び条件2を満たすセット関係として捉えられる。大型建物は、前身建物である大形建物Aが棟持柱式掘立柱建物、最終段階の大形建物1が近接棟持柱形式に近い棟持柱式掘立柱建物とされ、大形建物1は梁行1間（約7m）×桁行10間（約19.3m）の規模を有する。井戸1は、現状で列島最大規模となるクスノキ製の刳抜式井戸で、排水用の溝が伴っていたらしい。また、重複のため判然としないが、西側と南側には建物に併行する小さな溝が認められており、区画施設が存在したらしい。こうしたことから、池上曽根遺跡における大型建物と井戸は、環濠集落内の特定エリアにあって、他の竪穴住居などの居住施設とは画された状態で存在していたとみることができる。さらに、最古の大形建物Aから最も新しい大形建物1まで4回程度の建て替えが認められており、弥生時代中期後半の比較的長期にわたって同一地点で大型建物と井戸がセットで営まれていたとみられる（図34）。

大阪府雁屋遺跡[5]

　2間（7.4m）×3間（9.5m）以上の大型建物の東20mに同時期（中期後半）の刳抜式井戸が所在している。大型建物は遺構の重複が激しいものの独立棟持柱を持たない総柱式の建物とされ、側柱列の内側、棟通りにも柱穴をもち、しかもその柱が側柱列の梁方向に乗ってこない特徴がある（図35）。雁屋遺跡におけるこの大型建物と井泉（刳抜式井戸）の状況は条件3を満たすだけであり、池上曽根遺跡ほどの明瞭さに欠け、また方形区画の有無や他遺構との関係に不明な部分を残すが、後述の唐古・鍵遺跡も含めて刳貫式井戸の近傍に大型建物が所在する状況は是認してよい。

奈良県唐古・鍵遺跡

　集落の北西部に位置する第93次調査区[6]において、大型建物に近接して刳抜式ではないが長径4.4m以上（調査区端での確認のため全形不詳）の大型井戸SK2120が確認されている（図37）。大型建物は、梁行2間（約6m）×桁行6間（約13.2m）の規模を有し、前述の雁屋遺跡同様、独立棟持柱は持たないが棟通りに梁方向に乗らない柱列をもつ「総柱」構造の建物である。この建物と大型井戸は、報告書では時期的な併存が想定されているが、あまりに近接しすぎているため同時存在はやや想定し難い。この限りにおいては、「大型建物＋井泉」のセット関係は成立し難いが、第93次調査区と重複する第84次と第89次調査区で本建物とは別の建物を構成する3基の大型柱穴及び柱根があり、しかもその3基は位置関係からそれぞれ別棟に伴う可能性が指摘されている[7]。このことから、第93次調査区を含むエリアには、都合4棟もの大型建物が存在したこととなり、筆者は本建物以外のどれかが条件2をクリアする大型井戸とセット関係を構成していた蓋然性が高いのではないかと考えている。

鳥取県茶畑山道遺跡[8]

　本遺跡は、弥生時代後期の妻木晩田遺跡に先行し、弥生時代中期後葉における大山北麓に展開

第3節　井泉と大型建物

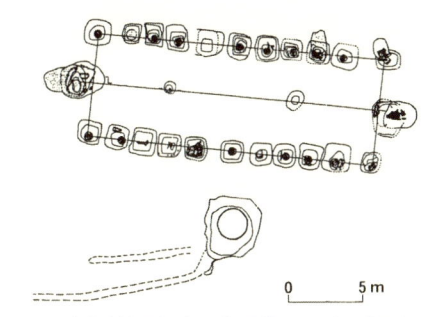

図34　池上曽根遺跡の大型井戸と大型掘立柱建物

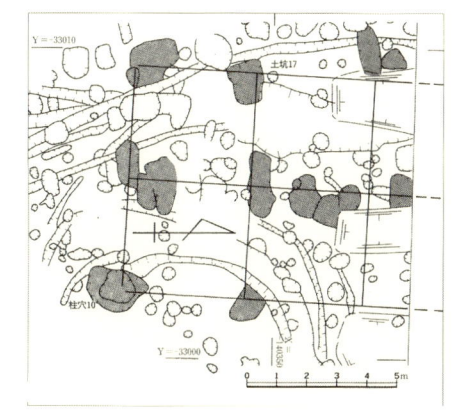

図35　雁屋遺跡の大型掘立柱建物

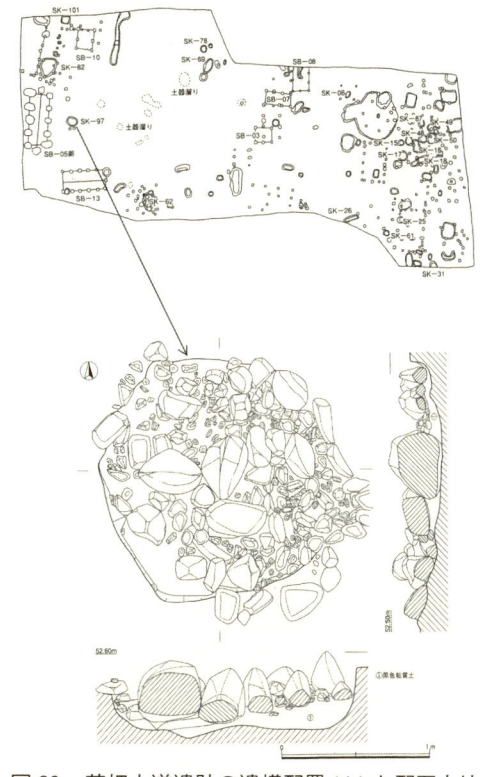

図36　茶畑山道遺跡の遺構配置（上）と配石土坑

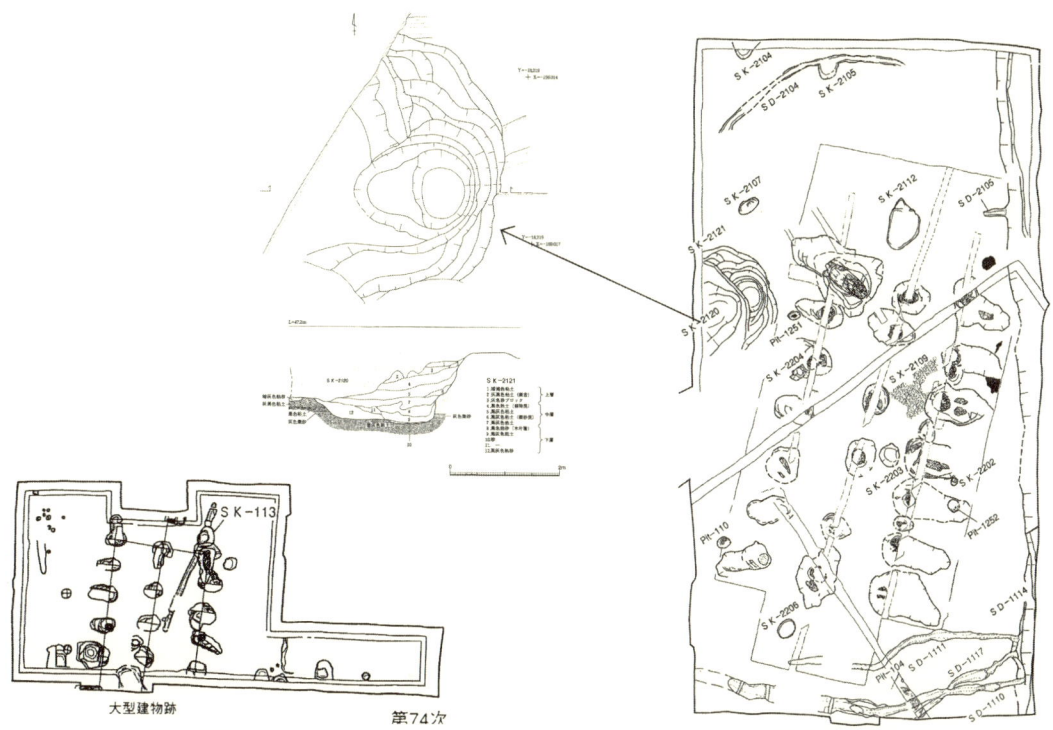

図38　唐古・鍵遺跡第74次調査確認の大型建物

図37　唐古・鍵遺跡遺跡第93次調査の遺構配置（右）と大型井戸（左）

57

する弥生集落の頂点に位置するとみられる集落[9]である。調査区西部に南北主軸の独立棟持柱式掘立柱建物SB5と東西主軸の平地式掘立柱建物SB13がL字状に配され、SB5の中央東面に位置する土坑SK97の東側には広大な空閑地が広がっている。弥生時代の主要遺構群は、この空閑地のさらに東側と南側に展開しており、SB5を中心とした遺構群は空閑地を挟んで区画された状態にある。土坑SK97と独立棟持柱式の大型建物であるSB5は、ちょうど大阪府池上曽根遺跡の大型刳貫式井戸と大型建物の関係と同一の位置関係にあり、条件1及び条件2を満たしている（図36）。問題は、扇状地の中央部に位置する本遺跡の土坑の性格として井泉機能が想定しうるかどうかに収斂するが、SK97は「底に石を敷き詰めた性格不明の遺構」とされ、埋め殺してしまう廃棄土坑であれば床の礫敷は不要である。床の礫の存在は、自噴湧出かどうかはともかく、ここに水を溜める機能を想定することも一案である。いずれにしても、SK97は大型建物との位置関係から特別の用途を想定することが可能であり、空閑地の存在とあわせ、調査者が想定するように「祭祀域」と考える十分な状況証拠を備えていると判断される。

（2）弥生時代大型建物の特質

以上の諸例のうち、池上曽根遺跡と茶畑山道遺跡は独立棟持柱式の建物形式、唐古・鍵遺跡では棟通りに梁方向が乗らない柱列をもつ大型建物がある。

唐古・鍵遺跡では、独立棟持柱も伴うてんで若干の差異はあるが同特徴の建物が第74次調査区[10]でも確認されている（図38）。こうした棟通りと梁間の柱筋が合わない建物形式は、棟通りの屋内柱を床束と考えていわゆる総柱形式とする見方[11]もあるが、筆者は棟通りの屋内柱穴が屋内棟持柱ではないかと考えている[11]。つまり、唐古・鍵遺跡第74次調査区で確認された建物は、屋外と屋内に棟持柱を配した建物という可能性である。同特徴の建物は、棟通りの屋内柱穴数こそ1個と少ないものの弥生時代後期の滋賀県伊勢遺跡[12]にある独立棟持柱式掘立柱建物も該当するほか、古墳時代前期の事例ではあるが首長居館と目される石川県千代・能美遺跡にも存在する[13]。もし以上の想定が妥当であれば、井泉ないしは特殊な土坑とセットとなる弥生時代の大型建物は、屋内か屋外かはともかく、棟持柱式の建物形式を基本としていたとみられる。

さて、この大型建物の性格については、池上曽根遺跡の大型建物の性格を考える議論のなかで「神殿とそれに伴う聖なる井戸」と捉える見方[14]がある一方、共同作業用の建物と多目的の大形井戸としての実用面を重視した見方[15]が提出されている。ただし、後者の説を採った場合でも、池上曽根遺跡の大型建物は南側に展開する小規模な掘立柱建物群の北端を画する遺構との評価[16]がなされており、祭祀に関わるかどうかはともかく、何らかの意味で象徴的機能を有していた蓋然性は高い。さらに、池上曽根遺跡では、大型建物の周囲からは多量のコメとコメ籾殻の炭化遺体や籾殻型プラント・オパールが確認されており、この場所で脱穀等の穀物処理活動が行われた可能性が指摘されている[17]。このことは、細谷葵によって、穀物の脱穀という日常活動への首長管理の介入（この場合の「首長管理」は、大型建物の存在などからその空間が首長によって管理された特別の空間とみなすことによる）と評価されている[18]。これは、基本的に従うべき見解であるが、そうした実用面での評価の方向性とは別に、脱穀等の行為を行う空間に所在する大形建物の性格として、一定の科学分析的所見も踏まえて穀倉（稲倉）の可能性が具体的に考えられる

ようになったこと（これ自体は細谷も評価する）は、「収穫」とも関わって、豊穣への祈念など農耕儀礼などの祭礼的な側面からも評価しうること[19]を指摘しておきたい。

　唐古・鍵遺跡においても、大型建物の所在する第74次調査区や第93次調査区が居住域の縁辺部にあって、溝も近接して存在する状況から、物資（収穫物）の管理に関わる共同体の倉庫であったとする可能性とともに、共同体の管理に関わるからこそ同地がマツリの場にもなったとの解釈が提起されている[20]。この視点は、池上曽根遺跡の大型建物の評価について筆者が前稿において指摘した内容と基本的に共通するものであり、基本的に支持しうる見解である。

（3）井泉の特徴と存在形態

　検討対象たる事例は少ないものの、先に示した事例から帰結できる弥生段階の大型建物に随伴する井泉の特徴は、大型であったり、刳抜式の井戸形式を採るなど、集落内の井戸のなかでは他と差別化が図れるものである。これらが集落内においてどのような位相を占めるのかを確認しておこう。

　池上曽根遺跡では、井戸形式として、刳抜式を含む木組井戸・素掘り井戸・土器井戸の3種がある[21]。このうち、明確に建物とセットになる井戸は、その規模においても現在列島最大の規模をもつ刳抜式の井戸1のみである。前述のように、大型建物と井戸1の周辺では、稲に関わる脱穀等が行われた可能性が想定されており[22]、本井戸を含む場が共同体に関わる儀礼空間として存在していたらしい。ただし、池上曽根遺跡では、もう1基存在する刳抜式井戸や、板材を方形に組む木組井戸もあるが、これらは明確に建物とセットになる状況は確認されていない。

　一方、唐古・鍵遺跡では、微高地を単位とした西地区・北地区・南地区という3つの居住区が存在したことが指摘されているが[23]、このうち大型建物は現状では西地区にのみ認められている。この西地区の大型建物と同時存在とみられる第93次調査SK2120は、刳抜式ではなく大型の素掘り井戸で、最下層から打製石戈が出土している。第93次調査区を含む西地区には、勾玉など玉類を内包した祭祀性の強い褐鉄鉱容器が出土した第80次調査区なども存在しており[24]、儀礼的な空間を含んでいるとみられる。ただし、唐古・鍵遺跡では、大型井戸（ここでいう「大型」とは、川上洋一の提言[25]に従い、検出面での掘形長径が3mを超えるもの）は各地区に存在しており、確かにそれら大型井戸から祭祀関係遺物の出土が多い傾向は認められるが、「大型」という属性のみでは祭祀性の認定は難しい。例えば、南地区の第61調査区及び第65次調査区を中心としたエリアは青銅器生産に関わる遺構・遺物が集中するエリアであるが[26]、ここに存在する井戸は大型のものを含めて堀大介が提起した「手工業生産に伴う井戸」[27]であった可能性が想定される。つまり、唐古・鍵遺跡では、大型井戸だからといって祭祀・儀礼用に特化していたわけではないが、大型建物に随伴して祭祀・儀礼に関係したとみられる井戸は大型であった。なお、唐古・鍵遺跡では、刳抜式井戸も唐古池東岸の第23次調査区（北地区）でSK113（Ⅲ期前半）とSK131（Ⅲ期後半）の2基が確認されているが[25]、調査区の幅が狭いうえに周辺部の調査も少なく、近傍での大型建物の有無は現段階では不明である。ただし、第23次調査SK113では最下層から鐸形土製品が出土しており、祭祀系遺物の出土として注意する必要はある。

　茶畑山道遺跡についても、大型建物と床面貼石土坑の周辺は集落のなかでも象徴空間として機

能していたと捉えられている。ここでは、大型建物と土坑の前面に空閑地が広がっており、そこから何らかの儀礼に用いられたと考えられる多量の土器類が出土している。

以上のことは、状況証拠の域を出ない程度のものであるが、池上曽根遺跡や雁屋遺跡、茶畑山道遺跡の事例などは、大型建物と井戸がセットとして象徴空間の中心に位置していた可能性を提起している。ただし、これらのセットは他遺構と多少区画されたものもあるとはいえ、基本的には集落内にあり、集落からの完全な独立化は達成されていなかったと推定される。また、大型建物に随伴する井戸形式には刳抜式ないしは素掘りでも大型のものが選択されたが、これらは形式として儀礼用に特化した存在ではなく、実用目的で利用されることもあった。実用目的と儀礼目的との分離が明確には達成されていない状況を推察させるものである。

4. 古墳時代の事例

古墳時代における井泉と大型建物によるセット関係は、古墳時代初頭に属する愛知県八王子遺跡の事例を嚆矢に、関東地域を含む広い範囲でみられるようになる。建物形式も、弥生時代に主流であった棟持柱式から「回」系掘立柱建物へと変化する。第2節で検討した諸例と重複する事例も多いが、大型建物と井泉との関係性の把握に主眼をおいてまずは代表的な事例を概観し、それを踏まえて建物形式の特徴と家形埴輪との対比を行い、井泉に伴う大型建物の特質を把握していきたい。

(1) 事例提示

愛知県一宮市八王子遺跡[29]（古墳初頭）

八王子遺跡は、濃尾平野を潤す大河、木曽川から分かれた分流水路である日光川の南岸に形成された遺跡である。このうち古墳時代初頭（廻間Ⅰ式初頭段階）の遺構群は、調査区ほぼ中央を東西に横断する大溝NR01を境として、南側に集落・居館域、北側に溝による二重長方形区画（外側区画＝東西推定長40m・南北約80m、内側区画＝東西推定25～30m・南北約55m）に分別される。北側の二重長方形区画は、内部に大型掘立柱建物のみが伴うとされ、遺跡を南北に画す大溝NR01の床面北側には井泉が形成されている。大形建物を囲んで二重に存在する方形区画のうち外側に存在する長方形区画溝は、真北に対して約20度西側に振れており、区画の東半部が未調査のため状況は不明であるが南側が開いていることが確認されている。この部分は、ちょうど大形建物西側柱列の南側への延長上にも相当し、ここをさらに南側へ延長した部分に井泉が存在する。大形建物西南隅柱穴から井泉までの距離は、ほぼ60mである。井泉が大溝の北側法面に接して位置することは、井泉へ下りるには大溝の北側からアプローチしたことを示しており、実際、井泉には梯子の断片が落ち込んでいた。このことから、大型建物と井泉は、大溝の中軸よりも北側のエリアに位置することから条件3を満たし、さらに大型建物西面延長上に井泉が位置することは条件1を満たす（図39）。

大型建物はほとんどが調査区外となるが、建物の南西隅に相当する4個の柱穴が確認されている。いずれも長径1m以上の大形の掘形をもち、うち3個の柱穴で柱痕跡が確認されている。こ

第3節 井泉と大型建物

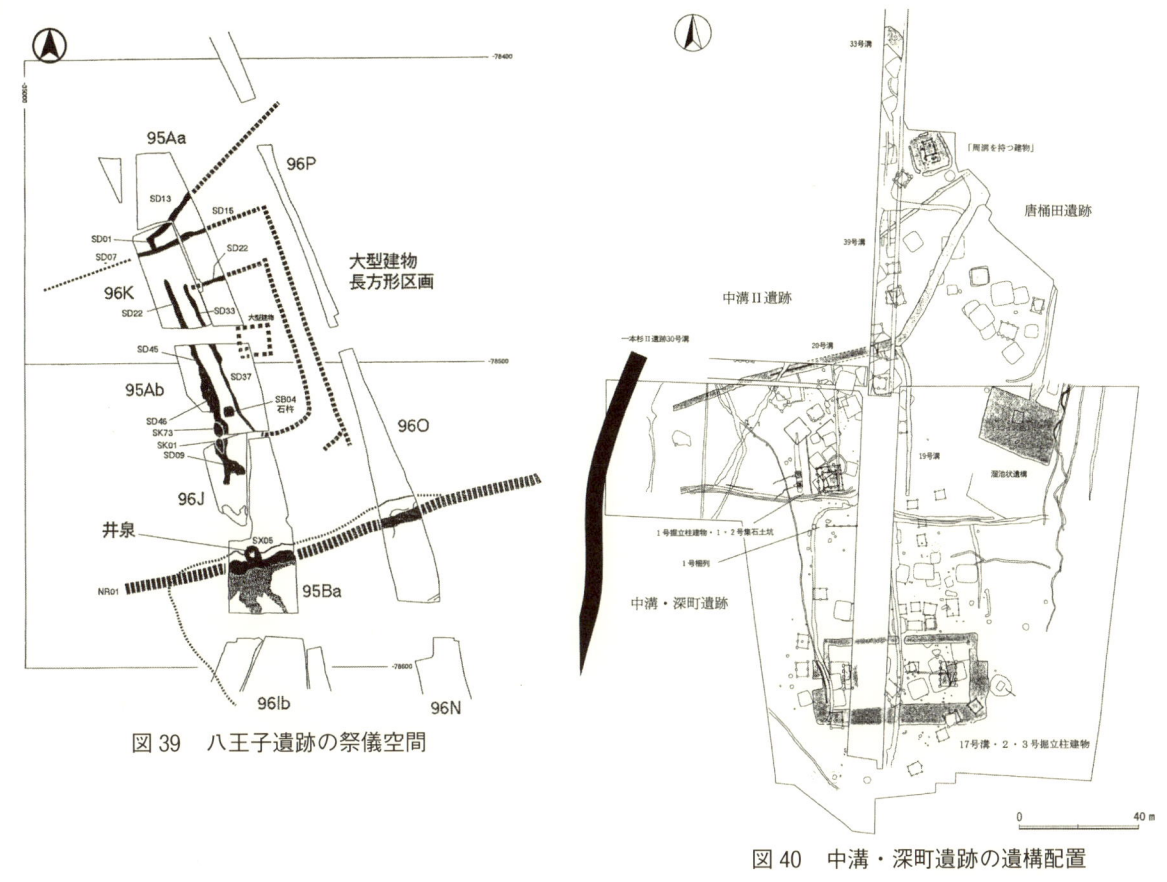

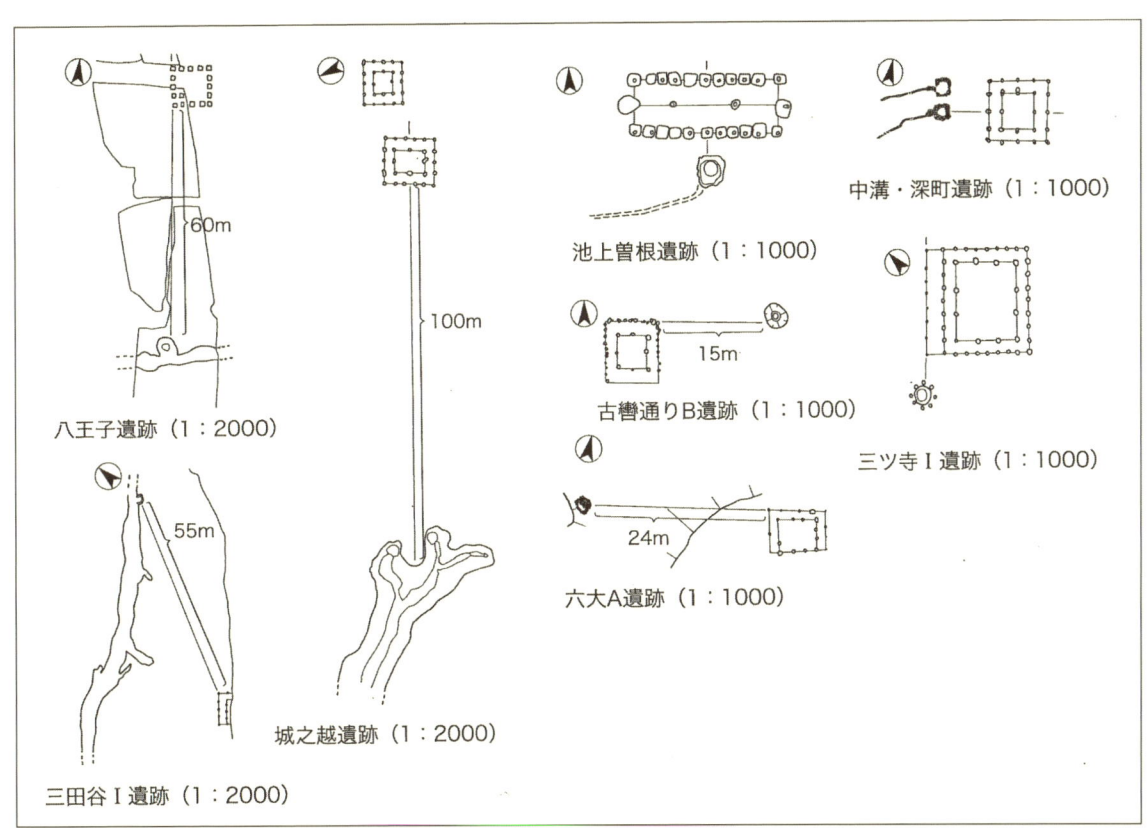

図39 八王子遺跡の祭儀空間

図40 中溝・深町遺跡の遺構配置

八王子遺跡（1：2000）
三田谷Ⅰ遺跡（1：2000）
城之越遺跡（1：2000）
池上曽根遺跡（1：1000）
古轡通りB遺跡（1：1000）
六大A遺跡（1：1000）
中溝・深町遺跡（1：1000）
三ツ寺Ⅰ遺跡（1：1000）

図41 井泉と大型建物の相関

の柱痕跡から復元される建物方位は、仮に東西棟とした場合、N6度Eで、方形区画とは主軸が異なったものになっている。建物形式は推定によるしかないが、入側柱も確認できることから総柱建物もしくはいわゆる「四面庇付き」掘立柱建物（以下、「回」系掘立柱建物）になる可能性があろう。

　さて、古墳時代初頭の時期に、方形区画に囲まれた大形掘立柱建物が井泉を伴って成立することは、八王子遺跡に大規模な祭儀空間が整備されたことを示すとともに、その規模の大きさから首長層による関与を予想させる。八王子遺跡を含む萩原遺跡群は尾張・海部郡地域でも最有力の遺跡群であり、八王子遺跡はその北端に位置する。この祭儀空間は、その八王子遺跡のなかでも最北に位置することを考えれば、この祭儀空間こそが萩原遺跡群全体を統括する首長によって用いられた蓋然性が高いと推察する。その場合、遺跡群北側を流れる日光川（木曽川からの分流路）が当地域の開発や農耕を押し進めた根源的な水源であったとすれば、八王子遺跡はちょうどその日光川の水分的位置を占めていたといってよい。つまり、ここから平野部への分水を推定すると、八王子遺跡はその最も上流に所在する拠点遺跡ということになる。かかる遺跡の立地上の特徴を踏まえると、水を祀る祭祀の場が首長の手によって設定されたとみることはあながち荒唐無稽なことではない。そこでは、地下から湧き出る湧水に農耕の繁栄を祈念するとともに、湧き出た水を用いての様々な儀礼が執り行われたと推察される。

　近畿地方では纒向遺跡の形成に象徴される大きな時代の画期ともいえるこの時期に、方形区画を伴う大規模な場が八王子遺跡で存在していたことは、八王子遺跡が、新たな時代の首長に率いられた当地域の中心的な場所であったことを如実に示すものである。そして、こうした八王子遺跡自体に由来する個別的な評価とは別に、生活臭のほとんどない清浄な地に大型建物を伴う方形区画と祭祀系の井泉が存在したことは、生活から明確に分離された「祭儀空間」がこの時期には成立していたことを示すものとして評価することができる。この祭儀空間は、長期間にわたって営まれたものではなかろうが、おそらくは司水という首長活動を体現する場として整備されたものであろう。この段階でいわゆる「カミ」がどこまで意識されていたかは不明だが、井泉と大形建物、そして方形区画内の広大な露天の地が、新たな時代の儀礼の場として、そのなかに祭祀的行為も組み込みつつ整備されたものと思われる。

三重県松阪市古嬉通りB遺跡[30]（古墳前期）

　櫛田川右岸の段丘上に立地する遺跡で、2間×2間の母屋の四周に小柱穴列を巡らせた掘立柱建物と、刳抜式井戸がある。外周の小柱穴列は、南側が後世の古墳周溝のため大部分が削平されているが、庇あるいは縁を形成する建物の一部なのか、建物を囲む柵なのか判断が難しい。こうした不確定要素は残るものの、井戸の位置は北側の外周小柱穴列を東側へ15m延長した位置にあり、条件1を満たす（図41）。井戸底からは、投棄されたとみられる完形の古墳時代前期の土器が良好に出土しており（27頁図9参照）、何らかの祭祀を行ったとみられている。報告書では、調査地は豪族居館の一角と推定されているが、周囲に柵などの区画施設を含む同時期の遺構はなく、開放空間に営まれた独立性の高い施設群であった可能性が高い。

群馬県太田市中溝・深町遺跡[31]（古墳前期）

　南北棟の「回」系掘立柱建物（8m×8m）の西側6mに、南北に並ぶ2基の石組井泉（報告書

では集石土坑）が存在しており、条件1及び条件2を満たす。井泉の石組みは方形を呈しており、この向きも建物方位が一致する。さらに、南側の井泉は、建物の中央軸線の延長線上とその主軸を一致させており、井泉と大型建物が密接な関係をもって占地されている。2基の井泉からは、ともに排水用と考えられる細い溝が西側（大形建物の反対側）へ延びており、必要量を超える湧水は外へ排出していた。なお、大形建物の南側約50mには溝による方形区画が存在し、内部に2棟の掘立柱建物が存在するほか、周辺には同時期の集落群も存在するが、大型建物と井泉のあるエリアは区画施設もなく、同時期の目立った遺構は存在しない（図40）。

三重県伊賀市城之越遺跡[32]（古墳前期～中期）

大型建物は「回」系掘立柱建物が4棟確認されており、このうち井泉と密接な関係が把握できるのは北西側（A地区）の2棟である。第1節で詳述したので詳細は省くが、城之越遺跡A地区には源流となる3基の井泉（うち二基が石組み）を中心として要所に突出部や立石を配した貼石祭儀場（大溝祭祀遺構）があり、このうち石組井泉2基から湧出した水を通す貼石溝に囲まれた空間は10m×15mの楕円形を呈する土俵状の「広場」となっている。広場を囲む溝は一部（井泉1と井泉2の間）が途切れ陸橋となっているが、2棟の大型建物のうち、西側建物の中軸線を西側へ100m延長すると、この陸橋を経て広場中央に至るラインと合致する（図41）。このことから、100mという距離を隔ててはいるものの、条件1を満たしており、大型建物と井泉（を含む貼石祭儀場）の密接な関係を確認することができる。

三重県津市六大A遺跡[33]（古墳中期）

詳細は第4節で触れるが、弥生後期から古代にかけて、幅30mの大溝SD1（開析谷）の右岸に12基もの井泉が形成される。このうち、井泉床面から滑石製勾玉と木製刀形が出土した井泉1の対岸に、平面形態上は「三面庇」となる正方形に近いプランの掘立柱建物が存在する（図41）。建物の時期は、柱穴の出土遺物などから古墳時代中期の所産と推定されるが、これは井泉1の時期とも矛盾しない。建物と井泉1は大溝を間に挟むとはいえ、この時期かなり大溝の埋没は進行していることから、実際の水量は極めて少量の流れ程度だったとみられ、掘立柱建物と井泉1は条件2を満たすセットとして捉えることが可能である。

群馬県高崎市三ツ寺Ⅰ遺跡[34]（古墳中期）

首長居館として著名な三ツ寺Ⅰ遺跡では、祭祀場とされる石敷の導水遺構の南側に、1間×1間の覆屋を伴う割り抜き・合わせ口式の井戸枠を伴う大型井戸が存在しており（図41）、この約6m北東側に3間×3間の身舎に8間×8間の庇を伴う主屋と想定される桁行13.7m、梁行11.8mの大型四面庇付掘立柱建物がある（図44）。大型井戸の覆屋は、1回の建て替えがあるが、第Ⅰ期の覆屋及び井戸枠は大型建物と向きを揃えているとされ、条件1及び条件2を満たしている。大型建物と井戸の所在するエリアは、周囲を柵などで区画されたなかに空閑地たる広場を備えて存在しており、日常の生活の場とは異なる儀礼的な空間として把握されている。

（2）古墳時代大型建物の建物形式

以上のように、古墳時代の井泉に伴う大型建物の建物形式は、八王子遺跡の事例を嚆矢として、いずれもいわゆる「回」系掘立柱建物か、それに類似した平面形態が正方形に近い建物形をもつ

第Ⅰ章　古墳時代首長と水の祭儀

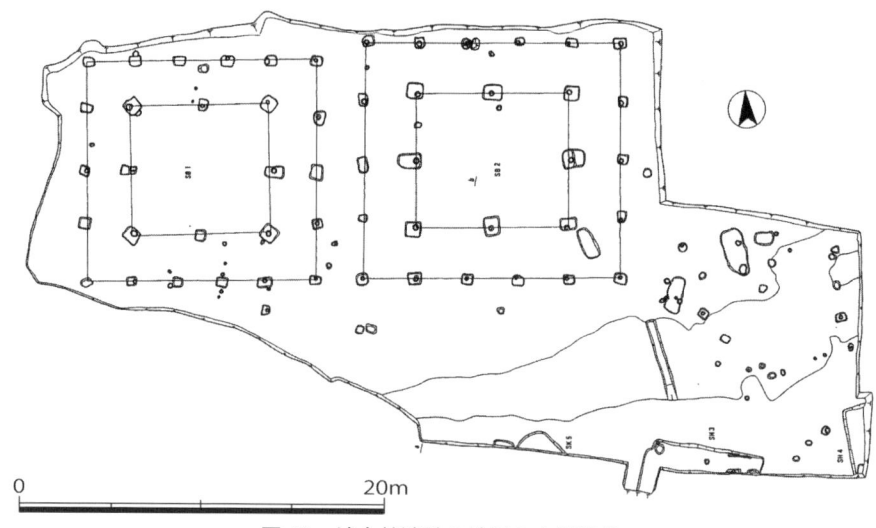

図42　城之越遺跡Ｂ地区の大型建物

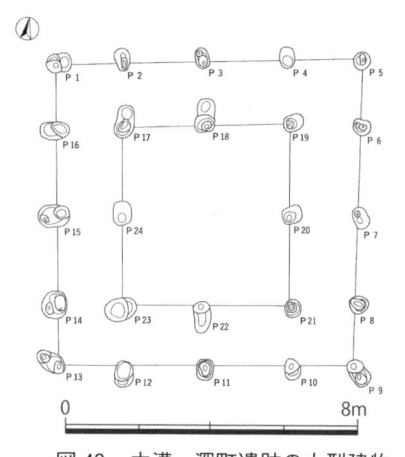

図43　中溝・深町遺跡の大型建物

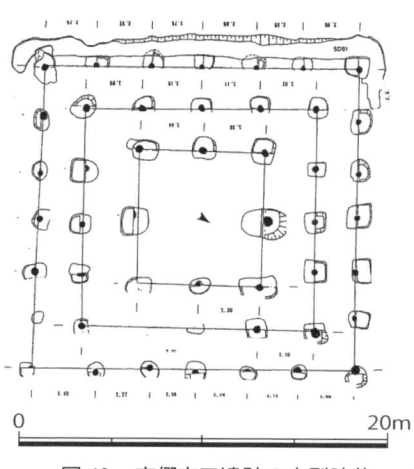

図44　三ツ寺Ⅰ遺跡の主屋建物

図46　南郷安田遺跡の大型建物

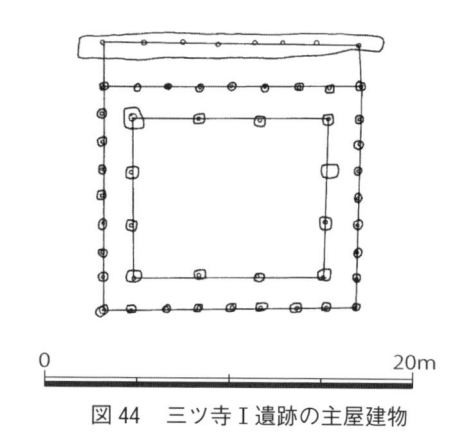

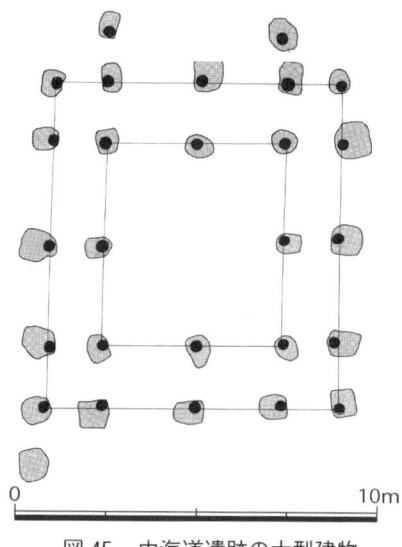

図45　中海道遺跡の大型建物

64

建物となる。これは、棟持柱式掘立柱建物を標準としていた弥生時代とは異なる特徴である。問題は、この建物形式をどう考えるかである。

筆者は、伊賀市城之越遺跡の報告書において、城之越遺跡の大型建物（図42）の特徴を抽出し、以下のように捉えた[35]（井泉とセットを形成するA地区のものではないが、B地区に所在する同タイプのものを対象に考察した）。

① いわゆる「四面庇付建物」であること
② 身舎及びこれに取り付く庇とも平面形が正方形に近いこと
③ 身舎と庇の柱筋が通らないこと
④ 庇の出が広く、目一杯に建物の床面積を広げていること
⑤ 身舎の隅柱と庇の隅柱とが45度の線上に一直線に並ぶこと
⑥ 身舎の妻中央の掘形が東西に長く、妻柱を外にずらした「近接棟持柱」の可能性が考えられること
⑦ SB1（西側建物）の身舎隅柱が建物に対して45度斜めに配置されていること

こうした特徴をもつ古墳時代の建物形式は調査当時あまり知られておらず、同特徴を有する建物形式を「城之越型」として把握し、注意を喚起した。

その後、京都府中海道遺跡を調査した梅本康広は、身舎が2間×2間で束柱をもたないこと、身舎から一定の間隔で廂状の柱列が4周に配列すること、建物の平面形態が正方形を指向すること、床面積が50㎡を超える大形建物であることの特徴をもって「中海道類型」の建物形式を設定し（図45）、さらに身舎と四周の柱筋が合致するものを中海道Ⅰ類、揃わないものを中海道Ⅱ類と細別した[36]。対象建物を50㎡以上として規模の指針を盛り込むなど新しい視点が導入された。ただし、「中海道Ⅱ類」は中海道遺跡には存在せず、先に筆者が「城之越型」として注意を喚起した特徴とほぼ一致する。中海道遺跡は、古墳時代初頭に属しており、その意味で「中海道類型」の名称は古墳時代における本形式成立の象徴としてそれなりの有効性をもつが、当該遺跡で確認されていない形式をその遺跡名を冠して類型化することは分類名として適切とは言い難い。研究の進展によって、「城之越型」や「中海道類型」といった特定遺跡名を冠した建物形式の形式名称は早晩改称される運命にある。

青柳泰介は、奈良県南郷安田遺跡（図46）や和爾遺跡における大型建物の調査を踏まえて床面積60㎡以上の建物を取り上げ、身舎の柱間の間数が各辺同数になるものをA類、同数にならないものをB類とし、さらに前者A類について、正方形プランの1類（A1類）、長方形プランの2類（A2類）に細分した[37]。この分類は、筆者が当初に指摘した諸特徴のうち、②の正方形に近いか否かを主要分別基準としたもので、建物の特徴を最も簡便に把握する視点としては最も適切なものといえ、従うべき分類である（図50）。

以上の報告・考察では、四周を巡る外周柱列の性格を「庇」として捉えられることが多かった。これらが「縁」ではなく「庇」とされた理由は、大きくは以下のような建築学上の観点による。

ひとつは、例えば城之越遺跡大型建物などのように外周の柱の出が大きい場合、「縁」とすると屋根をその広さまで支柱（庇を受ける柱）なしで出すと強度的に弱くなるため、どうしても濡れ縁を考えざるを得ないこと、もうひとつは外周柱穴の規模が「母屋」柱穴と同一とまではいかな

第Ⅰ章　古墳時代首長と水の祭儀

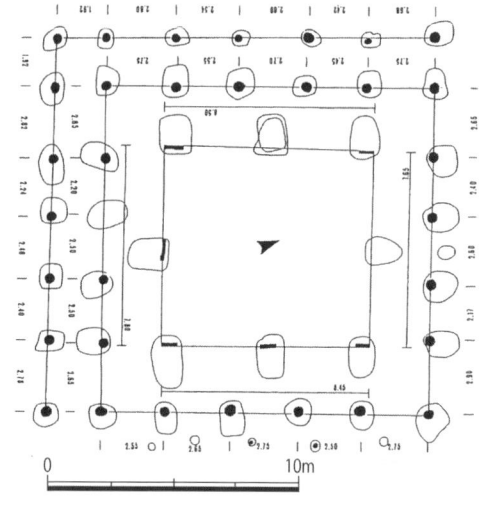

図47　極楽寺ヒビキ遺跡の大型建物

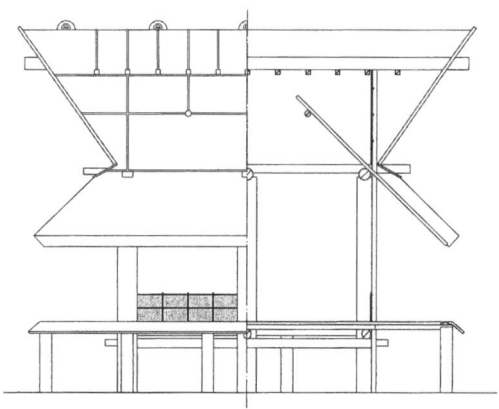

図48　極楽寺ヒビキ遺跡大型建物の復元案
（側柱列を縁として復元：黒田龍二案）

図49　極楽寺ヒビキ遺跡大型建物の復元イメージ図
（黒田龍二作成）

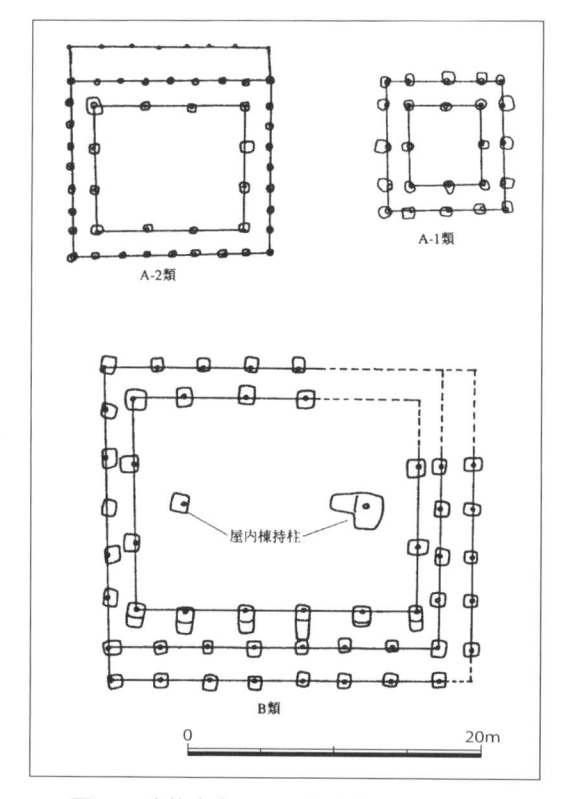

図50　青柳泰介による大型建物の形式分類
（左上：三ツ寺Ⅰ遺跡、右上：和邇遺跡、下：奈良県桜井市中山遺跡）

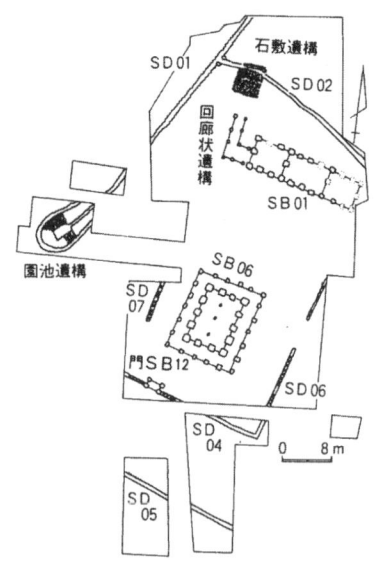

図51　上之宮遺跡の遺構配置

いものの、深さ・掘形平面形ともに「母屋」柱穴の規模に近く、上にかかる荷重を支える必要のない縁よりも相応の重さを支える庇の柱穴とみるのがより適当であると考えられたことによる。さらに、同建物の平面形が、古代以降の四面庇付掘立柱建物とさほどの違和感なく連続的につながると把握されたことも関わっていよう。

ところが、近年、奈良県極楽寺ヒビキ遺跡の建物[38]に基づいて、城之越遺跡の平面形と基本構造を同じくする建物において、外周柱列を縁と考える復原案が建築学の黒田龍二から提示された[39]。これにより、本形式の外周柱列を四面「庇」とするのか、四面「縁」とするのかの議論は振り出しに戻った感がある。さらに、これらふたつの考え方とは別に、外周柱列を建物に伴うものと考えず、大型建物を囲繞する柵・塀とみる考え方も可能である。

(3) 家形埴輪との対比

このことに関して、同時期の造形資料である家形埴輪のなかから、造形表現や線刻表現から柱間構造が把握できる事例を拾うと、以下の形式が柱間構造としては確認できる（桁行×梁行の順に表記）。

① 1間×1間
② 2間×1間
③ 2間×2間
④ 3間×2間
⑤ 2間ないし3間×〈1間＋近接棟持柱〉

の諸形式である（家形埴輪では、これらとは別に、柱表現を持たない形式も存在）。現時点で把握されている古墳時代大型建物の建物形式が「回」系掘立柱建物であることを考えると、家形埴輪もこの形式をモデルとしていたものが含まれるとみられるが、以上のことは家形埴輪がモデルとした家は大型建物のなかでも内側の「母屋」部分のみであったとみることに整合性をもつ。つまり、家形埴輪には「四面庇」を確実に表現した家形埴輪は見当たらず、その知見を敷衍する限り外周柱列は四面庇以外の機能を想定することが適当となる。

このことに関連して、外周柱列を縁と考えた場合、家形埴輪の下部を取り巻くいわゆる「裾廻突帯」の位置が縁の位置となる。通常、裾廻突帯はたんに外側へ粘土帯を直線的に突出させるだけだが、なかにはそれを拡張して逆L字状に下部方向へ屈折させた例もある。こうした逆L字状裾廻突帯は平屋形式の場合は基部のみに付くが、高床形式では基部のほか軸部（高床形式建物の高床部）に付く場合や、その双方に付く場合の三者がある。このうち、大阪府美園古墳[40]や奈良県室宮山古墳[40]（室大墓）から出土した家形埴輪では、裾廻突帯垂下部外面に直弧文の装飾があり、家形埴輪の裾廻突帯が埴輪製作時の補強といった造形技術上の必要性からだけでなく、家の装備を示すパーツとしても機能していることがわかる。このことから、裾廻突帯の形状や装飾が埴輪としての「格」を示すものであると同時に、多少のデフォルメはもちながらも実物の家の装備である縁を反映したものであるとの考え方が生まれ、極楽寺ヒビキ遺跡における縁の復元となったのである（図49）。しかし、その場合においても、実物の「回」系建物の外周柱（裾廻突帯を縁とみる場合は縁を支える柱）自体を埴輪のなかに造形したものがないことや、「回」系建物の平

面形ほど家形埴輪の裾廻突帯の出は広くないことは、縁と決定することにも躊躇を残す[42]。

　一方、外周柱列を柵と考える場合は、柵とその内部の家の位置関係は囲形埴輪とそれの内部に置かれた小形家と同じ位置関係となる。この場合、当該建物の「庇の出」が大きいものが多いことは、「外周柱列」を庇や縁とみるより、建物本体とは別の柵や塀と考えることに相応の整合性がある。従来、囲形埴輪が取り囲む家は、本節で検討しているような大形家とは異なって、いずれも導水施設に伴う覆屋のような小形家であり、大形家を囲繞する囲形埴輪の例は知られていなかった。このため、囲形埴輪が表現する外周施設の造形元の構造も、縦板を並べて横木で留めたものや、垣根のような簡素なものが想定されてきた[43]。その実物とされる奈良県南郷大東遺跡の導水施設では、小形家（導水部の覆屋）を囲む遮蔽施設は杭を連ねた間に網代様の垣根を当てていたことが発掘調査によって判明している[44]。しかし、近年調査された大阪府百舌鳥陵墓参考地出土の囲形埴輪は、平面形が方形プランではなく鉤形を呈するものであるが（167頁図82参照）、外周の遮蔽施設は太い柱を建ててその間を板で閉塞する堅固な仕様として表現されていた[45]。このように、囲形埴輪や導水施設の知見から復原される家を取り囲む垣は、小規模で簡素なものから、「回」系建物外周柱列に比するような立派なものまで存在したことがわかる。もっとも、百舌鳥陵墓参考地の囲形埴輪は、外周遮蔽施設の堅固さに比べて内側に置かれた家が簡素であり、ここで検討している建物とはかなりの乖離がある。この限りにおいては、大形家とそれを囲繞する「柵・塀」というセットを表現した家形埴輪は、現状では類品がない。しかし、外周柱列を「柵・塀」の類とみることは、庇や縁を想定することと同程度には蓋然性がある。

　このように、家形埴輪からの知見を加味しても、「回」系掘立柱建物の建物構造を把握することは容易ではない。もちろん、埴輪には造形時のデフォルメや表現の集約・単純化などそれをそのまま敷衍することも困難であり、家形埴輪の知見のみをもって四面庇の存在を否定するものではない。城之越遺跡のように身舎と「庇」の柱筋が通らない場合はともかく、通るタイプについていえば、外周柱列を「四面庇」としたうえで、母屋柱と庇柱を貫で通し、その上部に縁を架すことも可能かと考えており、建物としての強度や利便性を考えなければ四面庇・縁・柵塀のいずれもが工法として可能であろう。しかし、以上のように外周柱列に関する建築学的な評価が定まっていない現段階においては、前述（第1節）のように柱配置の平面形からかかる建物を「回」系建物として整理・把握し、外周柱列の建築学的な評価とは切り離して当該建物の性格についての検討を進めていくことが適切かと考えている。

（4）古墳時代大型建物に伴う井泉の特質

　弥生時代における大型建物に随伴する井泉は、構造の頑丈さや構築に係る労働力の投下量の高さから弥生期の井戸のなかで最も格式が高いと判断される刳抜式井戸が主であったが、古墳時代に入ると刳抜式井戸も引き続き用いられるものの、断面形が擂鉢状を呈した井泉の例が増加する。今回例示したものでは、古轡通りA遺跡例と三ツ寺I遺跡例が刳抜式井戸のタイプ、八王子遺跡例、中溝・深町遺跡例、城之越遺跡例、六大A遺跡例が井泉タイプを採用している。

　このうち、井泉タイプはいずれも大溝内に付設されたり、溝の源流部を構成するなど流路との関係が深く、単独に造営された刳抜式井戸とは著しい対照をなす。

そのうえで、大型建物と井泉の距離に着目すると、八王子遺跡で60m、城之越遺跡で100m というように両者の示す空間領域が広域化していることが特筆される（図41）。さらに、八王子遺跡では大型建物を二重に囲む溝による囲繞空間として、城之越遺跡では井泉とそこに連なる貼石溝による祭儀場として、ともに大規模な造成を伴う場として存在していることも注目される。これらのことは、古墳時代における井泉のある空間が、より儀礼の場としての機能を強め、象徴空間たる特別の場としての扱いをより強化しているものとして捉えられる。

さらに、城之越遺跡や中溝・深町遺跡、六大A遺跡などの井泉で示されるように、井泉に貼石が伴うことも古墳時代になってから出現した新たな要素である。現時点では周辺部で大型建物の存在は知られていないが、奈良県纒向遺跡辻土壙1[46]や同じく奈良県南紀寺遺跡[47]などでも石組井泉の存在が知られており、井泉自体がより象徴的な存在として扱われていることが窺える。

このように、古墳時代の井泉は、貼石が伴ったり、大規模な造成を伴う祭儀場のなかのセンター的な位置を占めるなど、より象徴性を強めた存在として定立してくるといえるだろう。

5. 古代の事例

大型建物と井泉がセットとして存在する事例は、古代に入ってもみられる。古墳時代との連続性を示すため、以下のふたつの事例によって代表させ、その内容のみ簡単に確認しておきたい。

奈良県桜井市上之宮遺跡[48]
調査区の制約で全体像は不明だが、6世紀末から7世紀初頭頃の遺構群が確認されている。L字状に屈折する小溝区画（溝中にピットもあることから柵である可能性もある）の内側に、身舎5間×4間、庇6間×5間の四面庇付大型掘立柱建物による主屋があり、目隠し塀を挟んだ西側に円形石組溝の伴う横穴式石室状の方形石組がある（図51）。この方形石組からは、石溝が派生しており、自噴の井泉か導水による池状施設かはともかく、本遺構が水を石溝に供給するための施設であったことが了解される。目隠し塀を挟んでいるとはいえ、主屋建物と方形石組遺構の主軸はほぼ平行関係にあり、条件Aを満たしている。

奈良県明日香村古宮遺跡[49]
古宮遺跡は古宮土壇の東方に位置する7世紀初頭から前半にかけての遺構群で、かつては小墾田宮推定地とされたが宮を想起させるような建物群は見当たらず、代わりに囲繞施設を伴わない大型建物と井泉が発見されている。大型建物は、6間×3間の東西棟の側柱式掘立柱建物SB085で、南側に湧水排出機能をもった溝SD060を伴う石組井泉SG070が位置する。SG070は、SB085の南北中軸の南側延長に位置しており、条件Aが成立する。両者は約22m隔たっているが、その間は空閑地となっており、大型建物と井泉との密接な関係が窺える。

6. 大型建物を介してみた首長との関係

以上の事例提示によって、湧水点祭祀に関わる井泉と大形建物がセットを構成していることがより明らかに提示できたと思う。

そこで採用されている建物形式は、弥生時代が屋内か屋外かはともかく棟持柱式掘立柱建物、古墳時代が「回」系掘立柱建物もしくはそれに類似したより正方形プランに近い建物形式となり、古代は側柱建物と四面庇付建物のいずれもが併存し、あまり建物形式に捉われない傾向を見て取ることができる。このうち、弥生時代と古墳時代においては、特定の建物形式が井泉とセットとして存在しており、「大型建物＋井泉」にひとつの共有観念、あるいは祭式といったものが地域を越えて存在していた可能性を示唆している。

このうち弥生時代では、井泉も刳抜式井戸が対応する場合が多く、本形式が井泉形式のなかで頂点にあったことと、それが祭祀を含む儀礼用として造られた可能性を示唆している。しかし、弥生時代においては、他の遺構群との関連においてこれらが多少区画されて特別な扱いは認められても、基本的に集落内にはとどまっており、集落の中から外へ飛び出して独立空間を形成することはなかった。ただし、この「大型建物＋井泉」のセット事例が確認できる弥生集落は、多くの場合、一般集落よりもより上位に属するとみられる大規模集落であったこと[50]は注目に値する。

古墳時代に入ると、「井泉＋大型建物」は、集落の枠から飛び出して、集落外に象徴空間を形成するようになる。古墳時代初頭段階においては、愛知県八王子遺跡のように集落部とは大溝を挟んだ対岸に位置するなど集落外とはいえその近傍に位置することもあるが、集落の外側という意味においてその独立性としては担保されている。そして、ここで実修された祭祀が古墳時代祭祀体系のなかでどのような存在であったのかは、随伴する大型建物の存在形態を介した祭祀執行者の性格から類推が可能となる。

具体的に述べると、井泉とセットになる古墳時代の大型建物は「回」系掘立柱建物を採用するが、これらはその建物規模において、地域を代表するような首長層によって採用された建物形式とまったく遜色ないものであった。例えば、本形式の建物は、奈良県南郷安田遺跡[51]や極楽寺ヒビキ遺跡[52]、和邇遺跡[53]、群馬県原之城遺跡[54]などでも認められるが、これらは井泉との直接的な関係が認めがたいものの、首長居館の主屋建物クラスであり、首長との関係性が強い施設群として採用されている。そして、ここに拠った「首長」は、葛城氏（南郷安田遺跡・極楽寺ヒビキ遺跡）や和邇氏（和邇遺跡）との関係が指摘される存在であったり、また規模の観点だけからみると三ツ寺Ⅰ遺跡をも凌ぐ首長居館（原之城遺跡）造営に携わった豪族であるなど、いずれも当該地域を代表する大首長層との関連が想定されるものである。これら大首長層に関わる建物と同等のものが湧水点祭祀に関係する建物として井泉に随伴して存在していた事実は、当該の祭祀の執行者もまた建物を介することによって首長層であったことが判明するのである。

つまり、「回」系大型建物を介した場合、井泉に随伴する大型建物は、「畿内」地域に盤居した大首長や、地域においてはその地を代表するような首長に関わった居館などの施設で採用された大型建物と同一のカテゴリーに属する。このことは、井泉における祭祀が、建物形式ならびにその規模の共通性を介して、首長が主導した祭祀であることを明確に示すものといえる。さらに、この建物形式が、多少の構造上の持ちながらも地域を越えて採用されている事実は、同じ祭祀意識を共有する観念が列島の幅広い首長層のなかで広汎に成立していたことを示すものとしても注意してよい。

このように、大型建物と井泉によるセット空間が古墳時代以降、明確な祭祀のための象徴空間

として認識されることは、湧水点と湧水、さらにおそらくはそれらの根源たる大地・「地霊」に対する祭祀的行為が数ある祭祀のなかでもとりわけ重要な位置にあったことを明確に示すものといえる。そして、建物建築と祭場造成にかかる労働力の集約を考えた場合、大型建物を伴う井泉の祭儀が、古墳時代祭祀のなかでも最上位に位置する重要な祭儀であったことが推測されるとともに、井泉への祭祀的行為が首長諸活動の一環として実修されたであろうことも容易に推察される。首長と祭祀の関係についてはこれまでも論じられてきたが、井泉と大型建物による祭儀は、遺構の存在形態を介して首長と祭祀の関係に接近しえたことに大きな意義が見い出せよう。

なお、ここにおける祭祀的行為とは、前節で詳述した井泉を祀る湧水点祭祀を中心としたものであったと思われるが、問題はこれに伴う大型建物の役割である。このことに関しては、かつて池上曽根遺跡の大型建物の評価に関わっての「神殿論争」[55]があったが、筆者は祭祀に際して祭祀者が身を潔斎する「斎殿」的機能を想定している[56]。このことについては、後の第Ⅳ章第2節で改めて検討を加える。

7. 古墳時代祭祀体系のなかの井泉

以上のように、湧水点祭祀のなかでも、井泉と大型建物がセットで存在している事例は、周囲に空閑地を伴うなどその部分が他と切り離された独立した祭儀空間を形成している。井泉と大型建物をともに囲繞する区画施設を伴うものは三ツ寺Ⅰ遺跡のみで、他には明瞭な区画施設をもたないが、他遺構とは切り離された祭祀空間としての独立性は保たれており、そこに古墳時代祭祀としての明確な祭場空間の「かたち」（祭祀場としての独立化）を見ることができる。

さて、問題は古墳時代の祭祀体系のなかにおける、井泉での祭祀的行為の位置づけである。第2節で検討したように、井泉に対する祭祀的行為は、地霊や大地といったいわば人格化されていないプリミティブなカミ観念に由来する信仰に基づいたものであり、一方、磐座や円錐形の山など高所に「カミ」が降臨すると考えるような観念は、天の観念や擬人化されたカミの形成とも関わる新しい「神」観念であると考えている[57]。これは、磐座の一般的成立や山を対象とした祭祀遺跡の一般的形成が5世紀以降になることと照応するものであり、この時期以降、祀られる「カミ」の多様化が進み、それに対応して祭祀方法や祭祀場の多様化も進行する。井泉に対する祭祀的行為（湧水点祭祀）は、いわば古いカミ観念に基づいた古墳時代前半期を代表する祭祀であり、首長が主導する祭祀においてもその中心を占めるものであったが、6世紀以降には大規模な事例としては確認できなくなる。

かかる「井泉＋大型建物」のセット事例が「首長居館」に取り込まれた形態を示す三ツ寺Ⅰ遺跡の事例は、三ツ寺Ⅰ遺跡がたんに首長層の「居宅」であっただけでなく、若狭徹が想定したように地域の「水の祭儀」におけるセンター機能を付与されて出現した遺跡であった[58]。しかし、一方で三ツ寺Ⅰ遺跡の事例は、井泉を祀ること自体が目的ではなく、主屋建物の前庭（大型建物南面及び東面の空閑地）で挙行されたであろう井水を用いての何らかの儀礼にこそ、その主目的があったと捉えることも可能である。つまり、三ツ寺Ⅰ遺跡に関しては、祭祀における多様性の発現と、井の存在に担保された清浄性をもった新たな儀礼空間を首長膝下に組み込んだことにこそ、

新しい時代の祭祀に対応した姿を読み取ることが可能である。

8. まとめ—井泉と大型建物の諸段階—

湧水点祭祀に関わって展開した井泉と大型建物のセット関係の意義を時系列でまとめ、本節での結論としたい。

弥生時代中期 大型建物と井戸をセットとした象徴空間が集落内に成立する段階。池上曽根遺跡の場合、これが祭祀的意味で用いられたかどうかは異論もあるが、掘立柱建物群北端に位置して南側を睥睨する集落の象徴的存在にはなっていたらしい。祭政未分化の状態における一定の祭礼的機能も含む象徴的機能は果たしていたと考えられる。

古墳時代初頭〜前期前半 大型建物と井泉をセットとした特別な祭儀空間が集落とは切り離された場に成立する段階。愛知県八王子遺跡、三重県古鬮通りB遺跡、群馬県中溝・深町遺跡などが典型。

古墳時代前期後半 大型建物と井泉を中心とした祭儀場が大規模な造成を伴って出現する段階。いわゆる天を意識したカミ観念が列島に成立し、次第に広がりをみせはじめるが、大型建物と井泉による祭祀は前代以来の地霊や大地などを基盤としたカミ観念に基づく。貼石を伴う大規模な祭祀場は三重県城之越遺跡が典型で、ここに祭場としての固定化（社の成立）を認めることが可能。

古墳時代中期 遺構の存在形態は前代と同じだが、三ツ寺Ⅰ遺跡などこの機能が囲繞された空間（いわゆる「首長居館」も含む）に取り込まれるものが出現する。これは、カミマツリが神社に収斂されていく過程での過渡期的あり方とも照応すると理解されるが、勿論、居館に取り込まれない屋外の祭場が主流ではある。一方で天を意識した祭祀施設である磐座も列島規模で一般化する段階で、祭祀の方法論としては多様な時代を迎える。

古墳時代後期 湧水点祭祀は依然各地で認められるが、必ずしも首長が主導する祭祀体系のなかでの主流を占めなくなる。前代までにみられたような大規模造成を伴う井泉と大型建物のセット関係は明瞭なかたちでは見いだせなくなる。

律令期 仏教寺院の影響で大形の常設社殿をもつ国家的な神社が成立してくる。前代以来の祭祀の場も、神社として国家の管理を受け、次第に神社としての形態を整えていく。一方、律令性的神祇形態に取り込まれず（つまり神社という形態をとらず）、前代以来の祭祀の場として存在する例も存在する。また、この段階でも井泉を祭祀対象として祀りが行われた例が、神社でも祭祀遺跡でも確認できる。

註
（1）史跡池上曽根遺跡整備委員会 1996『史跡池上曽根95』、及び秋山浩三 1999「池上曽根遺跡中枢部における大形建物・井戸の変遷（上）」『みずほ』28 39〜63頁、「同（下）」『みずほ』31 36〜63頁 大和弥生文化の会。以下、池上曽根遺跡は上記文献による。
（2）穂積裕昌編 1992『三重県上野市比土 城之越遺跡』三重県埋蔵文化財センター
（3）この見解は、下記文献により提起した。穂積裕昌 1996「城之越遺跡—首長層の湧水点祭祀—」

『水辺の祭祀』42～49頁　考古学協会三重県実行委員会
（4）穂積裕昌　2001「井泉と大形建物～八王子遺跡にみる井泉祭祀～」『八王子遺跡考察編』111～123頁　愛知県埋蔵文化財センター
（5）山田隆一　2002「大阪府雁屋遺跡の大型掘立柱建物」『究斑』Ⅱ　189～198頁　埋蔵文化財研究会
（6）豆谷和之ほか　2008「第Ⅳ章　西地区の調査」『唐古・鍵遺跡　遺構・主要遺物編』523～850頁　田原本町教育委員会。以下、唐古・鍵遺跡第93次調査は同書による。
（7）豆谷和之　2008「弥生集落の諸相⑥奈良盆地　唐古・鍵遺跡」『弥生時代の考古学8　集落からよむ弥生社会』208～223頁　同成社
（8）辻　信広　1999『茶畑山道遺跡』名和町教育委員会。以下、茶畑山道遺跡は同書による。
（9）辻　信広　1999「方形区画をもつ環濠集落について」『考古学に学ぶ』（同志社大学考古学シリーズⅦ）211～224頁　同志社大学考古学研究室
（10）豆谷和之　2000「唐古・鍵遺跡第七四次調査」『田原本町埋蔵文化財調査年報九　1999年度』6～9頁　田原本町教育委員会
（11）宮本長二郎は、棟持柱式の可能性にも配慮しつつ、総柱型の可能性をより強く想定している。宮本長二郎　2008「唐古・鍵遺跡大型建物SB-1201の建築」『唐古・鍵遺跡　特殊遺物・考察編』207～214頁　田原本町教育委員会
（12）伴野幸一　1999「伊勢遺跡」『滋賀考古』第21号　13～17頁　滋賀考古学研究会
（13）林　大智　2001「千代・能美遺跡」『石川県埋蔵文化財情報』第6号　38～41頁　財団法人石川県埋蔵文化財センター
（14）このことに関しては、調査関係者を含む複数の研究者による同趣旨の見解の表明があるが、代表的なものとして以下の文献をあげる。広瀬和雄　1998「クラから神殿へ」『先史日本の住居とその周辺』326～351頁　同成社
（15）岡田精司　1999「神社建築の源流―古代日本に神殿建築はあったか―」『考古学研究』第46巻第2号　36～51頁　考古学研究会、秋山浩三　1999「近畿における弥生「神殿」「都市」論の行方」『ヒストリア』163　1～28頁　大阪歴史学会
（16）前掲註（1）秋山文献
（17）外山秀一　1996「池上曽根遺跡のプラント・オパール分析Ⅱ」『史跡池上曽根95』33～39頁　史跡池上曽根遺跡整備委員会編
（18）細谷　葵　2000「「交流」の復元レシピ欧米風―欧米考古学における「交流」復元の方法論的比喩，及び植物考古学による交換／交易復元の可能性―」『交流の考古学』199～227頁　朝倉書店
（19）このことについては、前稿の前掲註（4）文献において指摘した。
（20）前掲註（7）文献
（21）秋山浩三　1999「池上曽根遺跡の弥生時代井戸諸態」『みずほ』第30号　37～56頁　大和弥生文化の会
（22）前掲註（17）文献
（23）藤田三郎　1990「唐古・鍵遺跡の構造とその変遷」『季刊考古学』第31号　49～56頁　雄山閣出版、同2008「唐古・鍵遺跡の集落構造と変遷」『唐古・鍵遺跡　特殊遺物・考察編』195～206頁　田原本町教育委員会
（24）前掲註（6）文献、藤田三郎　2008「第Ⅵ章　特殊遺物」『唐古・鍵遺跡―範囲確認調査・特殊遺物・考察編』1～96頁　田原本町教育委員会
（25）川上洋一　1999「大和の井戸とその周辺」『みずほ』第30号　24～36頁　大和弥生文化の会
（26）豆谷和之ほか　2008「第Ⅱ章　南地区の調査」『唐古・鍵遺跡　遺構・主要遺物編』59～302頁　田原本町教育委員会
（27）堀　大介　1999「手工業生産に伴う井戸について」『考古学に学ぶ』（同志社大学考古学シリーズⅦ）225～234頁　同志社大学考古学研究室
（28）藤田三郎　1988『唐古・鍵遺跡第21・23次発掘調査概報』田原本町教育委員会

第Ⅰ章　古墳時代首長と水の祭儀

(29) 樋上昇ほか　2001『八王子遺跡』愛知県埋蔵文化財センター。以下、八王子遺跡は同書による。
(30) 奥野実　2000『古轡通りB遺跡・古轡通りB古墳群発掘調査報告』三重県埋蔵文化財センター。以下、古轡通りB遺跡は同書による。
(31) 福嶋正史　2000『新田東部遺跡群Ⅱ〔第1分冊〕中溝・深町遺跡　中溝Ⅱ遺跡』新田町教育委員会ほか。以下、中溝・深町遺跡は同書による。
(32) 穂積裕昌編　1992『三重県上野市比土　城之越遺跡』三重県埋蔵文化財センター、中浦基之1998『城之越遺跡(2次)発掘調査報告』上野市教育委員会。以下、城之越遺跡は上記文献による。
(33) 穂積裕昌編　2002『六大A遺跡発掘調査報告』三重県埋蔵文化財センター。以下、六大A遺跡は同書による。
(34) 下条正・女屋和志雄　1988『三ツ寺Ⅰ遺跡』群馬県教育委員会ほか。以下、三ツ寺Ⅰ遺跡は同書による。
(35) 穂積裕昌　1992「B地区の大形掘立柱建物」前掲註(32)1992年文献193～194頁
(36) 梅本康広　1997「中海道遺跡―第32次発掘調査概要―」『向日市埋蔵文化財調査報告書』第44集115～185頁　財団法人向日市埋蔵文化財センターほか
(37) 青柳泰介　2003「大型四面庇付き掘立柱建物について」『考古学に学ぶⅡ』(同志社大学考古学シリーズⅧ)355～366頁　同志社大学考古学研究室
(38) 北中恭裕ほか　2007『極楽寺ヒビキ遺跡』奈良県立橿原考古学研究所
(39) 黒田龍二　2006「極楽寺ヒビキ遺跡大型掘立柱建物(建物1)の復元とその諸問題」『橿原考古学研究所紀要　考古學論攷』第29冊　97～110頁　奈良県立橿原考古学研究所
(40) 渡辺昌宏　1982「大阪府美園遺跡一号墳出土の埴輪」『考古学雑誌』第67巻第4号　79～93頁　日本考古学会
(41) 千賀久　1995『古代葛城の王』(奈良県立橿原考古学研究所附属博物館特別展図録第46冊)
(42) なお、縁であれば、極楽寺ヒビキ遺跡のような主柱が板状形態の場合はともかく、主屋の主柱穴に貫を穿ち、大引の類の出を外側へ出しておけばこと足り、太い柱で支える程でもないかと思われる
(43) 後藤守一　1932『上野國佐波郡赤堀村今井茶臼山古墳』帝室博物館
(44) 青柳泰介ほか　2004『南郷大東遺跡Ⅲ』奈良県立橿原考古学研究所
(45) 徳田誠志ほか　2009「百舌鳥陵墓参考地　墳丘裾護岸その他整備工事に伴う事前調査」『書陵部紀要』第61号　36～88頁
(46) 石野博信・関川尚功編　1976『纒向』桜井市教育委員会
(47) 森下浩之　1998「奈良市の南紀寺遺跡」『日本の信仰遺跡』27～32頁(奈良国立文化財研究所学報第57冊)
(48) 清水眞一　1989『奈良県桜井市　阿部丘陵遺跡群』桜井市教育委員。以下、上宮遺跡は同書による。
(49) 木下正史編　1976『飛鳥・藤原宮発掘調査報告Ⅰ―小墾田宮推定地・藤原宮の調査―』奈良国立文化財研究所。以下、古宮遺跡は同書による。
(50) 樋上昇　2004「集落・居館・都市的遺跡と生活道具―中部」『考古資料大観』10　283～298頁　小学館
(51) 青柳泰介　1996「井戸遺跡・南郷安田遺跡発掘調査概報」『奈良県遺跡調査概報(第2分冊)1995年度』1～22頁　奈良県立橿原考古学研究所
(52) 前掲註(31)文献
(53) 青柳泰介　2003「和邇遺跡第14・15次調査」『奈良県遺跡調査概報(第2分冊)2002年度』195～209頁　奈良県立橿原考古学研究所
(54) 中澤貞治　1988『原之城遺跡発掘調査報告書』伊勢崎市教育委員会
(55) 前掲註(14)及び(15)文献などを中心に展開された、大型建物の機能を「神殿」とみるか否かの論争。当然のことならが、弥生段階のカミ観念をどう捉えるかについての評価も分かれた。
(56) 穂積裕昌　2008「祭祀遺跡像の転換」『古代学研究』180　165～172頁　古代学研究会

(57) 穂積裕昌　2008「古墳被葬者とカミ」『信濃』第60巻第4号　1～23頁　信濃史学会。なお、カミ観念の変化を磐座の成立と連動させて考察することはすでに鈴木敏弘によって指摘されているが（鈴木敏弘　1991「集落内祭祀の諸問題」『赤羽台遺跡―八幡神社地区―2』66～100頁　東北新幹線赤羽地区遺跡調査団）、鈴木は纒向遺跡辻土壙1（石野博信ほか『纒向』桜井市教育委員会1976）の石組みを磐座と認めて論を展開し、そこに「天的宗儀」（三品彰英　1972「銅鐸小考」『古代祭政と穀霊信仰』平凡社）の成立を認める。しかし、筆者は纒向遺跡辻土壙1の石組みを磐座と見做す見解は採らず、磐座の成立はもう少し後出すると考えている。この問題については、第Ⅱ章第1節で改めて検討する。

(58) 若狭　徹　2007「首長居館と水の祭祀」『古墳時代の水利社会研究』175～216頁　学生社

第4節　井泉と誓約儀礼―記紀誓約神話成立の背景―

1. 問題の所在

　井泉が祭祀の対象となっていたことについては、大場磐雄の研究[1]を嚆矢として、これまで様々な考察が加えられてきた[2]。また、井泉が直接的な祭祀対象ではない場合においても、井泉のある場が大地から湧き出る湧水が流れる清浄な空間として把握され、しばしば祭祀・儀礼の場として用いられたことは、水に囲まれた場に設けられた祭祀遺跡の存在や多くの古社の立地からも類推されるところである。

　ところが、多くの場合、ここで実修された祭祀・儀礼の具体的な内容に関しては、井泉と他の遺構との関連性、言い換えれば井泉の存在形態を把握したうえで関連する出土遺物の構成などから考察されるものの、考古学は物質資料を対象とした実証史学たろうとする意識が強いことも影響してか、なかなか踏み込んだ議論まで行われないのが現状である。もちろん、学問的手続きの伴わない推定の類は慎まなくてはならないが[3]、学問である以上、一定の手続きを経た仮説を提出し、それを検証していくことも、学問の進展のためには必要不可欠な方法のひとつであると認識している。

　さて、「記紀」や「風土記」には井泉に関わっての説話がしばしばみられ、文献史学や国文学、あるいは神話学など多くの方面からその分析や意義の確認が行われてきた。このうち、文献史学の岡田精司は、これら文献資料をもとに古代における「井」や「井水」の祭儀の重要性を考察し、神話に基づいてその「失われた祭儀」を復原して新嘗をはじめとする宮廷儀礼との連続性を示した[4]。このなかで岡田は、「記紀」日向神話のなかで火遠理が海神宮を訪れた段と、同じく「記紀」天安河の天真名井の段で、ともに井水を口に含んで吐く行為を含むことから（海神宮物語でこの部分を含むのは「古事記」のみ）、「吐水儀礼」ともいえる祭儀が二つの神話が記される以前から宮廷で定期的に実修されたと推定し、その際に用いた道具として新沢126号墳や伝安閑天皇陵などから出土しているような瑠璃（ガラス）製容器を想定した。そのうえで、風土記説話を敷衍して、地方においても「地方的祭祀権を掌握する首長層がそれぞれの地域ごとに井泉のほとりで行っていた、さまざまな〝水の呪儀〟があり、大王が行う井水の祭儀はその頂点に立つもの」として、井泉での祭祀を大王から地方の首長層まで支配者によって重層的に行われたものとして統一的に把握した。

　ここで岡田が示した祭儀復原は、実際に宮廷で行われていた水に関わる儀礼を神話に基づいて大化前代に淵源のあることを示すとともに、井泉と井水の祭祀的な重要性を述べようとしたものであるが、まだ井泉に関する考古学的知見の蓄積が低い時期になされた仕事のため、考古資料としては単体の遺物が用いられただけであり、しかも具体的な出土状況に基づくものではなかった。しかし、当時の宮廷人がもっていた井泉とその祭祀・儀礼に関する内在的な意識を把握し、それを実際の出品に接続して大化以前の儀礼の復原を試みる方法は見習うべきものがある。

本節は、以上の問題意識に基づいて、井泉とその周辺ではどのような祭儀が行われていたのか
を遺構の存在形態と遺物出土状況、それに出土遺物の構成からまず整理し、具体的な祭儀復原に
関わる事例を抽出する。そのうえで、「記紀」記載の関連説話を提示して、そこに記された内在
的意味を検討し、それを敷衍することによって考古資料のもつ意味を改めて検討し、確認してい
こうとするものである。

2. 井泉で行われる祭儀の二者

　井泉及びその周辺で行われた祭儀は、大別すると以下のふたつに収斂される。
　　a類　井泉自体を対象とした祭祀的行為
　　b類　井泉のある場で行われた儀礼的行為
　このうちa類は、井泉自体を神聖視し、井泉もしくはその背後に観念される「カミ」に対して、
直接的な祭祀行為（この場合の「祭祀」とは、岡田精司が説くように、「神もしくは精霊」に対し、祈願
したり慰めなだめたりするための儀礼的な行為」[5]を指し、禊ぎ等は含まない）を行うもので、基本
的には古代以降には「井泉神」として定立するもの[6]に繋がるものであろう。
　一方、b類は、直接的な井泉に対する祭祀的行為ではなく、井泉から湧き出た湧水の流れる清
浄空間を前提として、そこで何らかの儀礼が行われた事例を一括する。勿論その場合、井泉の清
浄さを保障するもののひとつがそこに観念される「カミ」や「精霊」「地霊」の類であることは十
分に想定でき、その存在を前提とした「清浄空間」であるともいえる。かかる意味では、多くは
（a類＋b類）として捉えるべきものでもあろう。しかし、そうした重層的意味を確認するにも出
土状況として残されたものは基本的に1回限り（最終段階）であるため、その重層性を実際に示
すことは困難であり、まずは直接的な祭祀的行為（a類）とは別に、井泉周辺で展開された儀礼行
為をb類として把握しておきたい。これらふたつの類型の把握は、まずは出土遺物の構成がひ
とつの指針になろうが、その際には出土状況の吟味が前提条件となる。

3. 井泉に対する奉祭事例

　この検討では、出土状況の分析が前提となる。竪穴住居の出土状況を問題とする時に、竈、床
面上、埋土でその意味がそれぞれ異なるのと同様に、いくら興味深い遺物の出土があっても、そ
れが当該の井泉と共時性をもって、なおかつその遺物の存在が井泉と有意な関係になければ、こ
こでの検討対象たりえないからである。
　井泉と出土遺物の関係が出土状況によって保証される事例のうち、出土遺物の構成が極めて興
味深い事例を提出したのが三重県津市の六大A遺跡の事例[7]である。まずはこれを手掛りとし
て、儀礼の具体像にアプローチしていこう。
　六大A遺跡は、伊勢湾に注ぐ二級河川、志登茂川右岸の台地斜面に立地し、埋没しながら弥
生後期から古代まで続く幅15〜30m、長さ100mに及ぶ大溝が確認されている。大溝といって
もいわゆる開析谷であり、溝幅いっぱいに水流があったわけではなく、通常時の水流は大溝最

下層の上流側中央で確認された幅50cm程度の小溝と同等程度であったと推定される。大溝からは大量の出土遺物があり、古墳時代のものを中心に祭祀で用いられたと推定される物品類（木製形代類、琴、ミニチュア土器や手捏ね土器時の類、滑石製模造品類など）も多く含まれている。さて、大溝の左岸は岩質の地山から滲み出す湧水の出口に相当しており、そこに弥生時代後期から古代に至る12基もの井泉が付設されていた（遺構配置図は40頁図24参照）。

　このうち、弥生時代後期から古墳時代前期に属する井泉は基本的に素掘りで、木製農具の未製品なども含むことから必ずしも祭祀関連の井泉とは言い難いが、土器組成が壺と高坏、それにミニチュア土器で構成されている井泉もあって、何らかのかたちで祭祀行為に関係していた可能性はある。

　古墳時代中期になると、井泉は石組みで形成されるようになり、祭祀・儀礼の痕跡が顕在化する。井泉7は、長径3.4m×短径2.2mの石敷内に2枚の板材をL字状に組んで枠材とした径1.5mの井泉で、枠材内側の井泉内から6世紀前半頃の須恵器杯身3点と坏蓋1点、土師器坏3点、滑石製臼玉が出土した（図53）。このうち、須恵器の坏蓋1点と坏身1点は井泉床面から正立状態で出土し、杯蓋も内側を上面に向けて置かれていた。また、井泉枠材の外側となる石敷上からも土師器坏と滑石製臼玉が出土している。ここで用いられた土器類は、いずれも須恵器と土師器の坏類であり、井泉外側の石敷き出土のものも含めて調整等も酷似している。こうしたことから、井泉7では、井泉としての機能を保っている段階に須恵器の坏身と坏蓋を奉祭用容器とした祭祀が行われ、井泉としての機能停止後も同じ器を用いた同様な祭祀が一定期間存続していた可能性がある。ただし、その祭祀内容は、滑石製臼玉が用いられたらしいことは窺えるものの、それ以上の追求は難しい。

　しかも、こうした井泉に対する祭祀的行為は、第2節で詳細に示したように各地で確認することができるものの、前述のようにその痕跡がどの段階の祭祀を反映したものなのかを判断することは難しい。かつて水野正好によって紹介された「鎮井祭」のような井戸掘削時の儀礼[8]に伴うものなのか、あるいは井泉が機能している時に併行して行われた儀礼[9]なのか、井泉の機能を停止することに伴う意図的な儀礼[10]なのかといった問題である。つまり、井戸に対する祭祀的行為の存在とその内容に関しては出土遺物の構成などからある程度推測が可能だが、ある段階のものがいわば「切り取られた状態」で残るため、前後の状況との照応が課題となる。

4. 誓約儀礼の場としての井泉

　さて、六大A遺跡では、井泉に対する祭祀的行為とみられる井泉7とは別に、いわゆる「祭祀」かどうかの判断が難しい事例が井泉1にある。

　井泉1は、長径2.35m、短径2.25m、深さ40cmの石組井泉で、大溝の埋没が一定程度進んだ古墳大溝左岸に形成されている（図52）。石組みの外側には、扉板からの転用材を含む板材2枚をL字状に組んでダム状の枠板とし、滲み出た水を溜めるための工夫がなされていた。石組みは、人頭大から拳大の礫が用いられ、なかには地山の岩盤を砕いて石組みに使用した例もあり、まさに「磐井」ともいうべき井泉である。また、井泉から北側（下流側）には簡素ではあるが石列が延

びており、その部分が狭いテラス状を呈していた。井泉１へ進入するための導入路であったと推定される。

井泉１には土器供献はないが、井泉の床面から滑石製勾玉と木製刀形が１点ずつ出土した。このうち、滑石製勾玉は、断面が薄くなったいわゆる模造品タイプで、全体的に丸みも乏しく、かなり形骸化が進んでいる。一方、木製刀形は非常に丁寧に作られており、素材には刀形としては珍しいアカガシ亜属を用いている。把の表現はなく、中茎を表している可能性があり、こうした例は他に例を見ない。そして、これら２点が床面に接するかたちで出土したことは、どの段階かはともかく、これらが井泉１が機能している段階で投入された物品であることを示唆しており、何らかの儀礼に伴っていた可能性が提起される。

以上の考古学的な知見をまとめると、遺構の存在形態としては「大溝に付設された井泉」であり、出土品の組み合わせとしてはともに模造品、形代である「勾玉と刀のセット関係」ということになろう。この出土品構成は、もちろん井泉（ないしはその背後に観念されるカミ）に対して奉祭された物品群と解することも一案である。木製とはいえ、武器形である刀形を含むことは、武威による威力、例えば鎮めの役割などが含意されていた可能性もある。

さて、先に「祭祀かどうかの判断が難しい」としたのは、六大Ａ遺跡井泉１で顕現した遺構・遺物の内容が、「古事記」上つ巻の「天の安の河の誓約」段や「日本書紀」神代上第六段で語られている「天安河原」にある井戸「天真名井」を挟んで繰り広げられた、アマテラスとスサノヲによる誓約（ウケヒ）説話と構造上の共通点をもっていることである。以下、「日本書紀」の当該部全文を引用[11]したうえで、文献と考古資料を対比しつつ検討を加えてみよう。

文献１　「日本書紀」神代上第六段（本文）

　　始め素戔嗚尊、天に昇ります時に、溟渤以て鼓き盪ひ、山岳為に鳴り呴えき。此則ち、神性雄健きが然らしむるなり。天照大神、素より其の神の暴く悪しきことを知しめして、来詣る状を聞しめすに至りて、乃ち勃然に驚きたまひて曰はく、「吾が弟の来ることは、豈善き意を以てせむや。謂ふに、当に国を奪はむとする志有りてか。夫れ父母、既に諸の子に任させたまひて、各其の境を有たしむ。如何ぞ就くべき国を棄て置きて、敢へて此の処を窺窬ふや」とのたまひて、乃ち髪を結げて髻に為し、裳を縛きまつひて袴に為して、便ち八坂瓊の五百箇の御統御統、此をば美須磨屢と云ふ。を以て、其の髻鬘及び腕に纏け、又背に千箭の靫千箭、此をば伊都と云ふ。を著き、弓彇振り起て、剣柄急握りて、堅庭を踏みて股に陥き、沫雪の若くに蹴散し、蹴散、此をば倶穢簸邐邏箇須と云ふ。稜威の雄詰、雄詰、此をば嗚多稽眉と云ふ。奮はし、稜威の噴譲噴譲、此をば挙蘆毗と云ふ。を発して、陾に詰り問ひたまひき。

　　素戔嗚尊対へて曰はく、吾は元黒き心無し。但し父母已に厳しき勅有りて、永に根国に就りまむとす。如し姉と相見えずは、吾何ぞ能く敢へて去らむ。是を以て、雲霧を跋渉み、遠くより来参つ。意はず、阿姉翻りて起厳顔りたまはむといふことを」とのたまふ。時に天照大神、復問ひて曰はく、「若し然らば、将に何を以てか爾が赤き心を明さむ」とのたまふ。対へて曰はく、「請ふ、姉と共に誓はむ。夫れ誓約の中に、誓約之中、此をば宇気譬能美儺

箇と云ふ。必ず当に子を生むべし。如し吾が所生めらむ、是女ならば、濁き心有りと以為せ。若し是男ならば、清き心有りと以為せ」とのあまふ。是に天照大神、乃ひ素戔嗚尊の十握剣を索ひ取りて、打ち折りて三段に為して、天真名井に濯ぎて、齧然に咀嚼みて、齧然咀嚼、此をば佐我弥爾加武と云ふ。吹き棄つる気噴の狭霧吹棄気噴之狭霧、此をば浮枳于都攎伊浮岐能佐擬理と云ふ。に生まるる神を、号けて田心姫と曰す。次に湍津姫。次に市杵嶋姫。凡て三の女ます。

既にして素戔嗚尊、天照大神の髻鬘及び腕に纏かせる八坂瓊の五百箇の御統を乞ひ取りて、天真名井に濯ぎて、齧然に咀嚼みて、吹き棄つる気噴の狭霧に生まるる神を、号けまつりて正哉吾勝勝速日天忍穂耳尊と曰す。次に天穂日命。是出雲臣・土師連等が祖なり。次に天津彦根命。是凡川内直・山代直等が祖なり。次に活津彦根命。次に熊野櫲樟日命。凡て五の男ます。是の時に、天照大神、勅して曰はく、「其の物根を原ぬれば、八坂瓊の五百箇の御統は、是吾が物なり。故、彼の五の男神は、悉に是吾が児なり」とのたまひて、乃ち取りて子養したまふ。又勅して曰はく、「其の十握剣は、是素戔嗚尊の物なり。故、此の三の女神は、悉に是爾が児なり」とのたまひて、便ち素戔嗚尊に授けたまふ。此則ち、筑紫の胸肩君等が祭る神、是なり。

　この説話は、根の国へ赴こうとするスサノヲが姉アマテラスに別れを告げに高天原へ来た際、これに驚いたアマテラスが武装したうえでスサノヲと天ノ安ノ河の「天真名井」で相対し、互いの持ち物を取って、天真名井で擢ぎ噛んで息を吹き出すと、その中から神々が現れる、というもので、この誓約に際して用いられた物品がスサノヲのもつ「十握剣」（剣）と、アマテラスの着けていた「八坂瓊の五百箇の御統」（玉）である。

　誓約は、土橋寛による定義[12]に従うと「過去・現在・未来の知ることのできない「真実」（神意ではない）を知るための卜占の方法として、また誓約を「真実」なものにするための方法として実修される言語呪術」とされる。こうしたウケヒ行為は、「記紀」では数多く見られるが、ここで立てられた誓約を確認すると、以下のような条件と内容をもつものであった。

　　場所：<u>天安河原にある天真名井</u>
　　目的：スサノヲに邪悪な心がないこと（赤心であること）を証明すること
　　条件：スサノヲが生んだ子が女だったら汚い心、男だったら清い心とみなす
　　方法：スサノヲのもつ十握<u>剣</u>をアマテラスが、アマテラスのもつ八坂瓊の五百箇の<u>御統</u>をスサノヲがもち、それを<u>天真名井</u>で濯いで噛んで吹きだし、その細かい霧のなかから神を生み出す
　　結果：スサノヲの息からは天忍穂耳尊をはじめとする男神が、アマテラスの息からは田心姫以下の女神（いわゆる宗像三神）が出現し、スサノヲがウケヒに勝ったようにみえたがアマテラスはスサノヲが噛んだ八坂瓊の五百箇の御統は本来自分のモノ（物実）であるから、スサノヲが生んだ男神は自分の子供として引き取った

引用した「日本書紀」本文では誓約の結果、アマテラスは自分の勝ちとして判断しているが、異伝である一書では必ずしもそうなっておらず、一書（第一）や（第三）ではアマテラスがスサノ

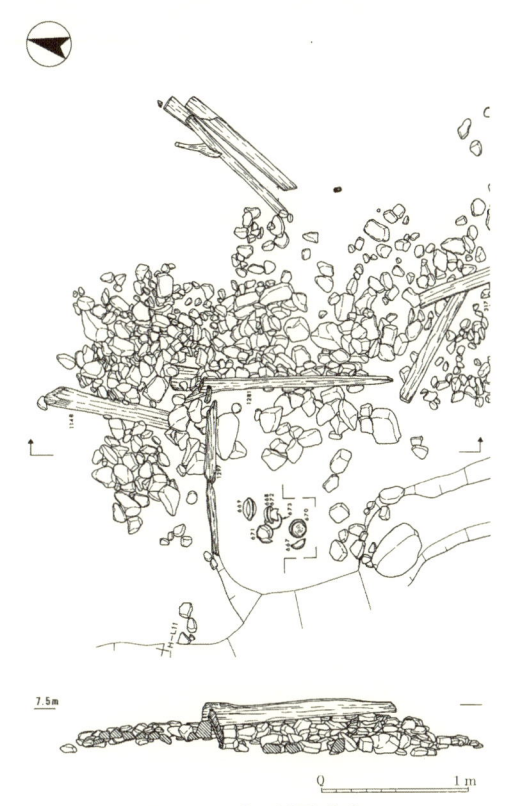

第4節　井泉と誓約儀礼 —記紀誓約神話成立の背景—

図53　六大A遺跡井泉7
（須恵器坏身・坏蓋、土師器坏、滑石製臼玉等）

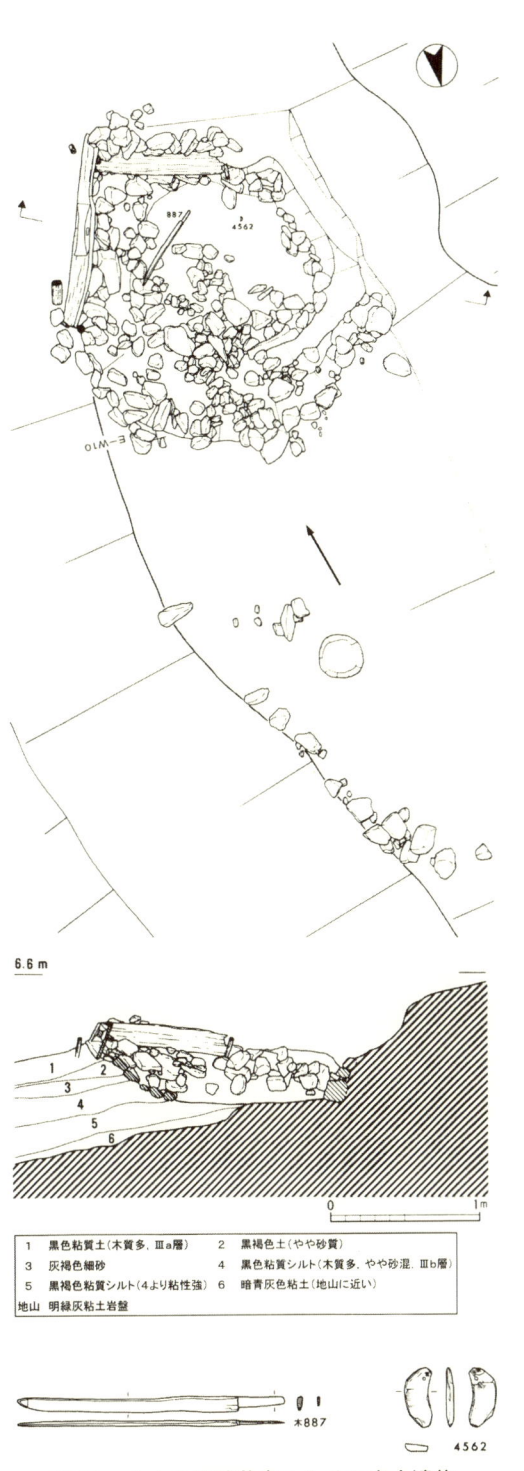

1	黒色粘質土（木質多，Ⅲa層）	2	黒褐色土（やや砂質）
3	灰褐色細砂	4	黒色粘質シルト（木質多、やや砂混、Ⅲb層）
5	黒褐色粘質シルト（4より粘性強）	6	暗青灰色粘土（地山に近い）
地山	明緑灰粘土岩盤		

図52　六大A遺跡井泉1とその出土遺物
（木製刀形と滑石製勾玉）

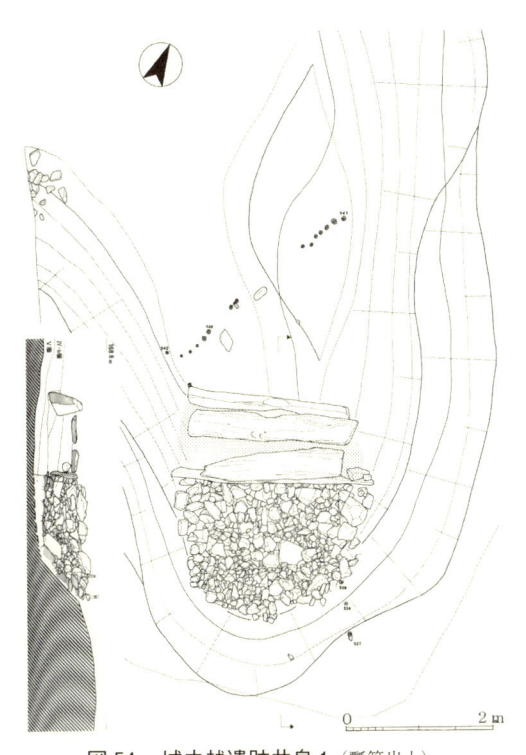

図54　城之越遺跡井泉1（瓢箪出土）

81

ヲの「赤い心」を認めたうえでスサノヲ出生の天忍穂耳尊以下の男神を自分が引き取る筋立てとなっている。

このように、誓約はあらかじめ取り決めておいた二者選択の条件設定（「A なら A'、B なら B'」）に対して、実際の行為として実修する（演じる）ことによって、ひとつを選択したり（「真実」を知るための卜占）、あらかじめ結果の分かっているものを追認することによって、それを真実たらしめるように働く。後者の場合は、既成の事実を追認することによって、ひとつの意図を「見せる場」として機能することになる。

記紀神話である天安河原で語られる誓約説話では、河（天安河原）・井戸（天真名井）・剣（十握剣）・玉（八坂瓊の五百箇の御統）が舞台装置として用いられている。そして、この構成が、六大A遺跡における大溝内の井泉と、その出土遺物としての刀形・勾玉と一定の対応関係を認めることができるのである。もし六大A遺跡井泉1の示す出土状況の意味が、「記紀」の誓約記事に示されるような誓約儀礼を反映したとすると、それ自体は誓約儀礼ではあっても厳密な意味での「祭祀」とはいわないであろう。

5. 匏と誓約

六大A遺跡井泉1での知見から、「記紀」で語られる「誓約」儀礼と、井泉における儀礼に一定の対応関係があると仮定したうえで、他の遺跡でのあり方や、「記紀」に記された他の誓約関係記事にも注視してみると、実に興味深い関係が確認できる。

三重県城之越遺跡では石組みのもの2基を含む3ヶ所の井泉があり（13頁図4参照）、そこから湧き出た湧水が貼石溝を経由して最終的に合流、一本の大溝となるが、貼石溝は立石を伴う方形壇や広場を取り囲むように流れ、祈りや儀礼の場を形成しているように見受けられる。3基の井泉のうち、2基の石組井泉からは出土遺物があり、北側にある井泉1からは匏（瓢箪）が、中央の井泉2からは木製の案（机）が出土した[13]。このうち、井泉2から出土した案は、供膳具であることから上に神饌など供献用の物品を載せて何らかの祀り（祭祀）に用いられ、最終的に大溝での祭祀が継続されなくなった際に投棄されたものとみられるが、注目されるのは井泉1（図54）からの匏の出土である。というのも、「誓約」を介して「記紀」の関係説話をみると、「日本書紀」仁徳天皇段において、河へ匏を投げ入れて、その浮沈によって真偽を判断したという記述が2ヵ所でみられるからである。

文献2　「日本書紀」巻第十一　仁徳天皇

　　　［十一年］冬十月に、宮の北の郊原を掘りて、南の水を引きて西の海に入る。因りて其の水を号けて堀江と曰ふ。又将に北の河の澇を防かむとして、茨田堤を築く。是の時に、両処の築かば乃ち壊れて塞ぎ難有り。時に天皇、夢みたまはく、神有しまして誨へて曰したまはく、「武蔵人強頸・河内人茨田連衫子、此をば莒呂母能古と云ふ。二人を以て河伯に祭らば、必ず塞ぐこと獲てむ」とのたまふ。則ち二人を覓ぎて得つ。因りて、河伯に禱る。爰に強頸、泣き悲びて、水に没りて死ぬ。乃ち其の堤成りぬ。唯し衫子のみは全匏両箇を取りて、

塞き難き水に臨む。乃ち両箇乃匏を取りて、水の中に投れて、請ひて曰はく、「河伯、祟りて、吾を以て幣とせり。是を以て、今吾、来れり。必ず我を得むと欲はば、是の匏を沈めてな泛せそ。則ち吾、真の神と知りて、親ら水の中に入らむ。若し匏を沈むること得ずは、自づからに偽の神と知らむ。何ぞ徒に吾が身を亡さむ」といふ。是に、飄風忽に起りて、匏を引きて水に沈む。匏、浪の上に転ひつつ沈まず。則ち、潝潝に汎りつつ遠く流る。是を以て、衫子、死なずと雖も、其の堤亦成りぬ。是、衫子の幹に因りて、其の身亡びざらくのみ。故、時人、其の両処を号けて、強頸断間・衫子断間と曰ふ。

（中略）

　［六十七年］是歳、吉備中国の川嶋河の派に、大虬有りて人を苦びしむ。時に路人、其の処に触れて行けば、必ず其の毒を被りて、多に死亡ぬ。是に、笠臣の祖県守、為人勇捍しくして強力し。派淵に臨みて、三の全匏を以て水に投れて曰はく、「汝屢毒を吐きて、路人を苦びしむ。余、汝虬を殺さむ。汝、是の匏を沈めば、余避らむ。沈むること能はずは、仍ち汝が身を斬さむ」といふ。時に水虬、鹿に化りて、匏を引き入る。匏沈まず。即ち剣を挙げて水に入りて虬を斬る。更に虬の党類を求む。乃ち諸の虬の族、淵の底の岫穴に満めり。悉に斬る。河の水血に変りぬ。故、其の水を号けて、県守淵と曰ふ。

　これら仁徳 11 年と 67 年のふたつの説話は、直接井泉に関わるものではないが、匏を介して、ウケヒ儀礼と考古資料との接点がみられる。井泉に関わった遺構から匏が出土した例は、城之越遺跡以外にも、群馬県三室間ノ谷遺跡[14]でも確認できる。

　ここで、瓢箪を出土した上述の遺構を具体的にみてみると、三重県城之越遺跡の井泉 1 では、溝の源流となる湧き出し口を板材でせき止めた石組みの井泉内から匏が出土している。一方、三室間ノ谷遺跡の井泉は、城之越遺跡や六大 A 遺跡の井泉のような石組みの井泉ではなく素掘りの井泉であるが、溝の源流となる井泉を掘って、その出口を板材でいったんせき止めているてんでは城之越遺跡の井泉 1 などと共通した遺構の存在形態をもつ（38 頁図 19 参照）。三室間ノ谷遺跡では、匏は井泉自体からの出土ではなく、当該の井泉を源流とした溝の下流部からの出土であるが、匏が水に浮く性格である以上、井泉から流れ出たとみることも想定可能であろう。

　これら井泉およびその周辺から出土した匏は、埋没の過程で混入したとの見方や、祭祀での祭料として供えられたものとの解釈も可能である。しかし、このような井泉は各地で発見されるようになったとはいえまだまだ類例が少なく、また井泉は通常清浄にされていることが多いため出土遺物は極めて僅少であるのに、複数の遺跡で共通した遺物の存在が確認できることは、やはりそれ相応の意義を積極的に評価していく必要があるかと思われる。したがって、六大 A 遺跡井泉 1 の事例も考え合わせると、これらを誓約儀礼と結び付けて考えることもあながち荒唐なことではなかろう。

　しかも、こうした「誓約を行なうための井泉」ということを具体的に示す記事が、先に示した「日本書紀」神代上第六段の本文とは別に、異伝として採録された第二の一書でみられることは注目に値する。

文献3 「日本書紀」神代上第六段

　　一書[第二]に曰はく、素戔嗚尊、天に昇りまさむとする時に、一の神有す。号は羽明玉。此の神、奉迎りて、瑞八坂瓊の曲玉を進る。故、素戔嗚尊、其の瓊玉を持ちて、天上に到づ。是の時に、天照大神、弟の悪しき心有らむと疑ひたまひて、兵を起して詰問ひたまふ。素戔嗚尊対へて曰はく、「吾来る所以は、実に姉と相見えむとなり。亦珍宝たる瑞八坂瓊の曲玉を献らむと欲くのみ。敢へて別に意有るにあらず」とのたまふ。時に天照大神、復問ひて曰はく、「汝が言の虚実、将に何を以てか験とせむ」とのたまふ。対へて曰はく、「請ふ、吾と姉と、共に誓約立てむ。誓約の間に、女を生さば、黒き心ありと為せ。男を生さば、赤き心ありと為せ」とのたまふ。乃ち天真名井三処を掘りて、相与に対ひて立つ。是の時に、天照大神、素戔嗚尊に謂りて曰はく、「吾が所帯せる剣を以て、今当に汝に奉らむ。汝は汝が持たる八坂瓊の曲玉を、予に授れよ」とのたまふ。如此約束りて、共に相換へて取りたまふ。已にして天照大神、則ち八坂瓊の曲玉を以て、天真名井に浮寄けて、瓊の端を囓ひ断ちて、吹き出つる気噴の中に化生せる神を、市杵嶋姫命と号く。是は遠瀛に居します者なり。又瓊の中を囓ひ断ちて、吹き出つる気噴の中に化生る神を、田心姫命と号く。是は中瀛に居します者なり。又瓊の尾を囓ひ断ちて、吹き出つる気噴の中に化生る神を、湍津姫命と号く。是は海浜に居します者なり。凡て三の女神ます。是に素戔嗚尊、持たる剣を以て天真名井に浮寄けて、剣の末を囓ひ断ちて、吹き出つる気噴の中に化生る神を、天穂日命と号く。次に正哉吾勝勝速日天忍骨尊。次に天津彦根命。次に活津彦根命・次に熊野櫲樟日命。凡て五の男神ますと、云爾。

　第六段本文や他の一書、あるいは「古事記」の当該部分では、天真名井がウケヒとは関係なく予め存在していたかのように唐突な感じで文中に出てくるのに対し、この第二の一書では誓約を立てるために「掘天真名井三処」、つまり天真名井を3ヶ所掘ったと記されている。つまり、第二の一書では、天真名井は誓約を行うために造られたと読み取ることが可能で、天真名井がこの条に書かれるに至った経緯を記しているのである。このことは、8世紀段階において、「日本書紀」編纂に携わる神話記述史官の正統的認識を示した本文とは別に、各家に存在した伝えの中に、天真名井とは誓約儀礼を執行するにあたって臨時に造成されるもの、あるいは誓約を行なう場所のひとつが天真名井であるという認識が含まれていたことを示すものであろう。つまり、第二の一書は、誓約当事者であるアマテラスとスサノヲの誓約による勝ち負けとは別に、「誓約という方法」そのものに対する大きな関心を有しているてんで、極めて重要な意味を含んだ記事ということができる。このことに関して山田宗睦は、「日本書紀」で誓約儀礼の語られる第六段本文、第一の一書、第二の一書、第三の一書のうち、第二の一書が最も原型に近いとしたうえで、この一書によって誓約儀礼に天真名井が出てくる所以も納得できる旨を指摘している[15]。

　なお、文中に「羽明玉」なる神が登場し、また誓約を立てるために天真名井3ヶ所を掘るということが記されている文献は、「紀」第二の一書の他に、「先代旧事本紀」巻第二神祇本紀[16]がある。神祇本紀の当該部分では「紀」本文に拠っている部分もみられることから、完全に「紀」第二の一書と同一ではないが、「先代旧事本紀」当該部分が「紀」第二の一書を主に参照して作られ

ているらしいことは認めてよかろう。「先代旧事本紀」が紀第二の一書の見解を採用していることは、この伝えが物部氏の家伝にあった可能性も含めて「誓約を立てるための井泉」という認識が、少なくとも8世紀以降にはかなり広く存在した認識であったことを示すものであろう。

さらに、「誓約を立てるための3ヵ所の真名井」ということで改めて想起されるものは、城之越遺跡大溝祭祀遺構に所在する井泉数も3ヵ所ということである。先に城之越遺跡の井泉1での匏の出土と誓約儀礼との関連を想定したが、このことも誓約儀礼との何らかの繋がりを想定しうる可能性がある。このことは、第二の一書いうところの「天真名井三処」は、誓約で生成した三男神、三女神に対応したものであろうが、城之越遺跡の井泉数を考えるうえでも非常に示唆に富むものである。

以上、「記紀」の誓約関係記事の一部と、井泉で確認される考古学的事象の一部に構造上の共通点が見い出せることを指摘したが、ここで改めて六大A遺跡、城之越遺跡、三室間ノ谷遺跡における当該の井泉構造を考古学的に確認しておくと、流路の源流（城之越遺跡・三室間ノ谷遺跡）か脇（六大A遺跡）かという形成場所の違いはあるが、三者の共通点として湧き出口を板材で止めて、井泉内にいったん水を溜めようとしていることが指摘できる。水を井泉内に溜めておくことの目的は、井泉の水を祭祀等で利用するにあたってより得やすくする（掬い易くする）ことが想定できるが、今回検討したような誓約儀礼を行うための舞台作りという側面も考えていかねばならないと思われる。

6. 誓約儀礼をめぐる研究略史

誓約については、前述の土橋寛による詳細な研究があるが、考古資料も用いて言及されたものに民俗学者の益田勝美の論[17]がある。益田は、福岡県沖ノ島の7号遺跡の遺物出土状況がスサノヲとアマテラスの高天原でのウケヒ神話と共通すると指摘し、沖ノ島において、「記紀」の成立以前に記紀の神話（ウケヒ儀礼）を演じた秘儀が祭りの装置として演出された、と論じた。益田の論は、「六世紀の大和朝廷が、神話づくり、特に出雲服属の神話づくりのために、沖ノ島での祭式を案出する」と、あくまで沖ノ島の考古学的事例と、記紀ウケヒ神話とを直裁的に関連させることに特徴がある。

また、坂本和俊は、首長居館である群馬県三ツ寺Ⅰ遺跡の濠および居館内の石敷遺構を中心とした遺構群とその出土遺物の分析から、石敷・遺構で「天の安の河の誓約」に類似した祭儀が行われ、神話構造の分析からそれがひいては服属儀礼と農耕儀礼を象徴し、かつその儀礼は豪族居館内での首長就任式に伴って行われた、という積極的な解釈を提出している[18]。

これらの説は、いずれも多くの示唆に富むものであり、考古資料と記紀神話とを積極的に接続し、考古資料のもつ意味を読み解こうとするてんは、本稿の趣旨とも大いに関連するところである。特に、坂本の説は、遺構及びその出土状況から誓約儀礼との対応がより捉えやすい六大A遺跡の調査が行われていない段階においての積極的な立論であり、高く評価することができ、本稿においても啓発されるところが大きかった。

ただし筆者は、六大A遺跡をはじめとする誓約儀礼を想起させるような考古学的資料の存在

は、もう少し別の側面から評価できるのではないかと考えている。

7. 古代におけるウケヒ儀礼とその意義

　神話で語られた内容が、直截的に、ある歴史的事実を反映していると考えることはできない。しかしながら、井泉やその周辺での考古学的事象を整理すると、それが記紀神話で語られた内容と構造的な対応関係にあるようにみえることもまた事実である。要は、これを偶然の所産とみるか、何らかの意義付けを行なうかである。筆者は、こうした誓約儀礼を想起させるような考古資料の存在は、後の宮廷説話で語られることになる誓約儀礼の原形が、古墳時代には形成されはじめていた可能性を、考古資料から逆に示す資料としてこそ評価できるものと考えている。

　つまり、「記紀」でも神話に記された部分であるからそれがまったく信頼できない虚構だと捨て去るのではなく、それが「記紀」に記された8世紀神話で語られる誓約儀礼の原形が8世紀の「記紀」記述段階以前から、具体的には古墳時代には存在していて、「記紀」の説話もこうした古い儀礼の伝統を踏まえたうえで記述されたのではないか、ということである。その場合、神話で記されたそれぞれの事象が歴史的事実を示すものではないことはいうまでもない。ここに、六大A遺跡をはじめとする考古資料が提起する最も大きな意義があるものと考えられる。

　したがって、記紀神話、特に「日本書紀」で多く語られる誓約儀礼説話は、益田の立論のように特定の歴史的事実と結び付けていく方向性とは別に、考古資料を媒介とすることによって、古代においては首長層を中心として誓約儀礼が広く行われていた可能性を考える資料としてこそ評価すべきであろう。

　そして、この誓約儀礼が、井泉や河川（「日本書紀」神武即位前紀では、丹生川上で諸神を祀り、また土器を丹生川に投げ込んで誓約を行なう場面が記されている）で語られることが多いのは、「祭祀の場」という極めて政治性の強い場に転化できる場で首長がこうした儀礼を自ら執行することによって、自らの意図の実現を期そうとしたり、占いによってカミの保証を得た施策（実態としては既成事実の追認・確認行為として誓約を利用）を人々の前に示すことが一般的に行われていたのではなかろうか。このことを具体的に示すのが、以下の記事である。

　　文献4　「日本書紀」巻第二十　敏達天皇
　　　十年の春閏二月に、蝦夷数千、辺境に寇ふ。是に由りて、其の魁師綾糟等を召して、魁師は、大毛人なり。詔して曰はく、「惟るに、儞蝦夷を、大足彦天皇の世に、殺すべき者は斬し、原すべき者は赦す。今朕、彼の前の例に遵ひて、元悪を誅さむとす」とのたまふ。是に綾糟等、懼然り恐懼みて、乃ち泊瀬の中流に下て、三諸岳に面ひて、水を歃りて盟して曰さく、「臣等蝦夷、今より以後子子孫孫、古語に生児八十綿連といふ。清き明き心を用て、天闕に事へ奉らむ。臣等、若し盟に違はば、天地の諸の神及び天皇の霊、臣が種を絶滅えむ」とまうす。

　ここでは、「誓約」ではなく「盟」の字句が用いられているが、綾糟等が泊瀬川に入って三諸岳、

すなわち三輪山に向かって天皇に対する忠誠の心を示して、これに違約した際は天地の諸神及び天皇霊によって自らの子孫が絶えると誓っている。これは、簡略型ではあるが「AならA、BならB」の言語呪術たる誓約形式そのものである。この説話に関して土橋寛は、「三諸山に向かって誓約しているのは、三諸山の神を保証人に立てている」とされ[19]、直接的に「神」に対して祈る行為（＝祭祀）とは異なるものの、その儀礼は「神」の存在を前提としたものといってよい。

　かかる意味において、井泉の前面において実修される誓約儀礼は、誓約を立てるという目的のためだけに井泉と井水が必要だっただけではなく、井泉の背後に観念される「神」の前で行う行為であったからこそ、その儀礼とその「結果」（そそに織り込み済みの結論があらかじめ決定されていたとしても）に対して「真実味」をもたせられるという観念が存在していたと推定される。

　つまり、誓約儀礼は「神」を直接祀るもの（祭祀行為）ではないものの、「神」の存在を前提としたものであったといえるであろう。

8. 民俗資料にみる誓約儀礼

　こうした「神前」で行われる誓約儀礼は、現在の神事においても、各地で最も一般的に行われている神事形態のひとつであるが、ここでは、少し視点を変えて、「誓約」そのものに関する存在形態を民俗儀礼の中で確認しておこう。

　例えば、春祭りで何らかの儀礼を行って、その結果でその年の農作物の出来具合を判断する、ということなどは立派な誓約儀礼ということができる。三重県内の事例でいえば、その淵源は遡っても中世頃とみられるが、急坂を馬が駆け登ることができるかどうかによってその年の豊作を占ういなべ市員弁神社や桑名市多度大社でみられるような上げ馬神事などはこの典型であろう。

　こうした民俗事例として、かつて坪井洋文によって詳細な報告[20]がなされた滋賀県日野町中山の芋くらべ祭りが挙げられる。これは、旧暦8月10日に行われたもので（現在は新暦9月1日に挙行）、中山の東谷区と西谷区の集落成員（若者）が両区の境界に位置する野神山で臨時の祭場を設営し、ここで西谷区と東谷区それぞれで育てられた芋をもち寄り、芋の長短を競う勝負を行って作物の豊作を占った。

　筆者は、2000年9月1日に挙行された芋くらべ祭りを実際に見学し、この神事をめぐる祭場設定をはじめとする祭儀の様々な所作が考古資料の意味を考えるうえでも非常に示唆に富むものであるとの認識をもつにいたった。祭りの全体像は坪井の報告に譲り、誓約儀礼との関わりを中心に芋くらべ神事を筆者の関心に従って論点を述べていこう。

　　祭場位置　東谷区と西谷区の境界にある野神山山頂
　　祭場設営　祭りに際して臨時に造成されるもので、8m×13.5m前後の楕円形を呈し、全体を礫敷にするとともに、外周に竹垣（竹矢来）を巡らせて結界とし、さらに竹による網代を立てる（図55、写真3）
　　神座形成　西端にある神木（ヒノキと榊）延長を軸線として礫敷の楕円形祭場を南北に区切り、北を東谷区成員、南を西谷区成員の領分としたうえで、東西両方とも、神木の前に縦50㎝、横1mの方形石組による神座を設え、神饌用の棚を設置する（写真4）

第Ⅰ章 古墳時代首長と水の祭儀

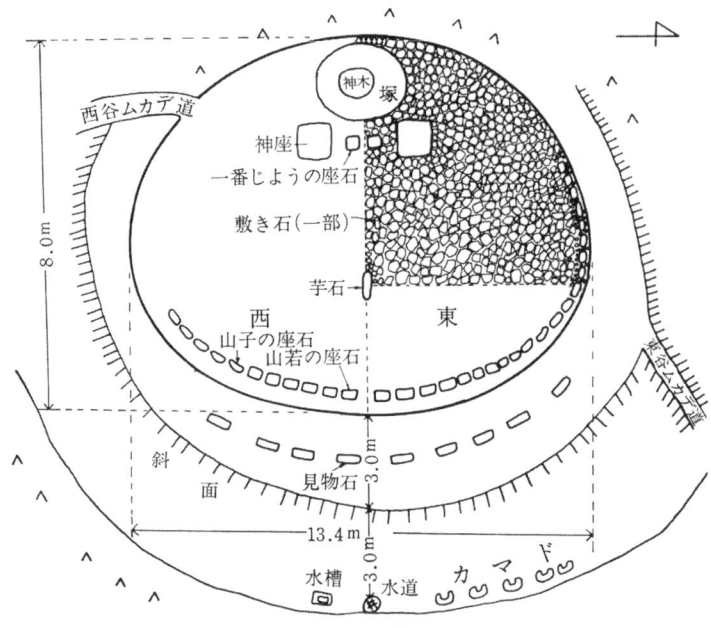

図55 芋くらべ祭りの祭場（坪井洋文報告原図）

写真3 芋くらべ祭りの祭場
（祭場外周に結界用の竹垣・竹網代を設置）

写真4 祭場内部
（礫敷として中央石列で東西に区画、奥に上座を設える）

写真5 芋くらべ祭りの祭式風景 ［写真3～5：筆者撮影］

儀　　礼　儀礼参加の東西成員は潔斎を行った後に東西別々に祭場へ向い、それぞれの領
　　　　　　　　分へ分かれた後、所定の所作に従ってそれぞれ持参した芋の長さを較べる「芋く
　　　　　　　　らべ」を実施する（写真5）
　　判定方法（勝ち負け）　東が勝てば雨が多く豊作、西が勝てば雨が少なく豊作（東区の芋は多雨
　　　　　　　　を必要とするが西区は湿地で水分が多いため少雨が望ましい→雨が多いと多雨が必要な
　　　　　　　　東区には都合がいいが、西区には不都合、逆に雨が少ないと元々が湿地の多い西区は
　　　　　　　　都合がいいが、東区には不都合）

　ここで行われる儀礼は、神座を設営することからも「神」の来訪を前提としたものである。祭場が芋くらべ祭りに際して臨時に造成されることから考えると、ここでの「神」はいわゆる「常在神」ではなく、祭りの度ごとに訪れる来訪神である。しかし、祭祀行為が伴うとしてもそれは二次的な存在であり、この儀礼の中心はあくまで芋くらべにある。かかる意味においては、神の存在（来訪）は芋くらべとそれによる結果を神前で受け入れ、真実化することに意義があった。つまり、この芋くらべ祭りは、厳密な意味での「祭祀」ではなく、神の隣席のもとで行う「儀礼」として存在したと認識できる。そして、その儀礼は、勝ち負けが「AならA、BならB」という条件を事前に設定したうえで行うことからいわゆる誓約儀礼とみることが可能であり、この神聖な儀礼を行う前提として、祭場に礫敷を施す必要があった。芋くらべ祭りで造成される祭場は、大略、城之越遺跡の貼石溝に囲まれた「広場」[21]に形状や規模が類似しており、礫が敷設されるてんでも共通性がある。実際の機能として同一視することはできないものの、祭儀・儀礼の本質的意味を考えるに際しては示唆されるところが大きい。

　さらに、祭場結界としての竹垣や竹網代などの設営は、儀礼実修中における悪霊等の退散を期したものと推察され、悪霊に影響されない祭場内の静謐さを担保する目的があったと推察される。この網代模様は、家形埴輪などにもしばしば採用される装飾であり、これがたんに通風の便などといった実用目的だけではない辟邪機能を象徴する装飾として用いられていることは注目してよい。

　このようにみると、「記紀」の時代と現代における祭儀の基本形が、あまり変化していない部分もあることが理解される。古代以降の神祇制度や近代の国家神道の影響によって、神祭りにも大きな変化があったことは疑い得ないが、個々の所作のレベルにおいては、あまり政治性にも左右されないまま残った要素も大きかったと思われる。考古資料をここに介在させることによって、それがさらに遡って存在していた可能性が提起される。

9. まとめ

　古墳時代において、井泉およびその周辺がカミ祀りの場としても成立していたことと、厳密な意味での「祭祀」ではないが、カミの存在を前提とする儀礼である誓約を行う場でもあった可能性を提起した。誓約に関わる考古資料が示す年代は、いずれも4世紀後半から6世紀を遡るものはなく、こうした観念の開始期の一端を示している。これは、渡来系文物の列島への流入とも関わる問題であり、城之越遺跡では韓式系土器、六大A遺跡でも半島系に極めて近似する初期須

恵器や多量の韓式系土器が出土する遺跡でもある。かかる意味においては、4世紀後半から6世紀にかけて、渡来系文物の流入と共に新たな祭儀観念も流入してきた可能性がある[22]。

　議論の対象とした「誓約儀礼」は、古代から現代にいたるまで基本的な約束事が維持されていたことが「記紀」に記載された関連記事や民俗資料からも窺うことができるものである。ここにおける文献史料や民俗資料の意義は、発掘調査の結果として得られる考古資料が多くの場合断片的な情報を伝えるに過ぎないものであるのに対して、ひとつの全体像を示すことによって、分断されていた考古資料が総体として本来もっていた意味を復原・類推させるための示唆を与えることにある。もちろん、そうした目論見は思い込みに終わることも多く、絶えず仮説提示とその検証が必要となる。

　誓約儀礼は、現在の神事においても、名称こそ「誓約（うけい）」とはいわないものの、各地で最も一般的に行われている神事形態のひとつである。つまり、これらの多くは神の御前で行うことに意義がある。人々に神の存在が意識されたとき、それを祀り祈ることともに、神を前にした神聖な場で、神意の所在を占って今後の行いの方向を決定するようなさまざまな儀礼もまた生まれたのであろう。

　今回、考古資料と記紀神話の記述の構造上の共通点に着目し、考古資料を介在させることによって「記紀」で語られた誓約儀礼が古墳時代に遡って存在していた可能性を逆に提起した。こうした古い儀礼は、岡田精司によって提起された「ニイナメ・ヲスクニ」儀礼[23]も含めて井泉や井水と密接に関わった儀礼が多く、このことは湧水にみる大地が生み出す生命力が当時の人々に広く意識されたことと無関係ではないように思われる。

註
（1）大場磐雄　1970「水霊信仰の考古学的考察」『祭祀遺跡―神道考古学の基礎的研究』382～404頁　角川書店（初出は1950『本流』第1輯）
（2）その後の研究の代表的なものとして、下記文献が総括的な成果として挙げられる。辰巳和弘　1988「古代地域王権と水の祭儀」『歴史と伝承』57～80頁　日野昭博士還暦記念会編
（3）特に祭祀の問題に関して、文献史料など他分野の研究成果を考古資料に援用する際の方法論的整理と問題点について触れものに下記文献がある。篠原祐一　2001「祭祀考古学の基礎的研究再論―古墳時代に於ける祭祀考古学研究の関連諸学援用について―」『研究紀要』第9号　201～224頁　（財）とちぎ生涯学習文化財団埋蔵文化財センター
（4）岡田精司　1980「大王と井水の祭儀」『講座日本の古代信仰』第3巻　194～214頁　学生社
（5）岡田精司　1992「神と神まつり」『古墳時代の研究』12　125頁　雄山閣出版
（6）菱沼　勇　1984「井泉神と式内社」『神道史論叢　瀧川政次郎先生米寿記念論文集』577～614頁　瀧川政次郎先生米寿記念論文集刊行会
（7）穂積裕昌編　2002『六大A遺跡発掘調査報告』三重県埋蔵文化財センター。以下、六大A遺跡の知見は同書による。
（8）水野正好　1981「鎮井祭の周辺」『奈良大学紀要』第10号　84～90頁
（9）例えば兵庫県明石市藤江別所遺跡の井戸では、銅鏡や腕輪形石製品が長期間にわたって投入された状況が明らかになっている。稲原昭嘉1996『藤江別所遺跡』明石市教育委員会。
（10）井戸に関わる廃棄時の儀礼として、井戸が埋められても井戸の神（井神）の息ができるように「息抜き筒」と呼ばれる節い抜いた竹が知られている。六大A遺跡では、13世紀後半から14世紀中葉頃に埋められたとみられる井戸でこの儀礼が認められた。前掲註（7）文献187頁参照。

(11) 岩波書店　1967『日本古典文学大系　日本書紀　上』(坂本太郎ほか校注)。以下、「日本書紀」は同書による。
(12) 土橋　寛　1989「ウケヒ考」『日本古代の呪禱と説話』54～77頁　塙書房(初出は上田正昭・南波浩編　1980『日本古代論集』笠間書院)
(13) 穂積裕昌編　1992『三重県上野市比土　城之越遺跡』三重県埋蔵文化財センター。以下、城之越遺跡の知見は同書による。
(14) 大木紳一郎　1991「三室間ノ谷遺跡の調査」『上淵名 裏神谷遺跡 三室間ノ谷遺跡　一般国道17号―上武道路改築工事に伴う埋蔵文化財発掘調査報告書』121～198頁　(財)群馬県埋蔵文化財調査事業団ほか
(15) 山田宗睦　1997『日本書紀史注』巻第1　風人社
(16) 鎌田純一校訂　1960『先代旧事本紀　校本の部』吉川弘文館
(17) 益田勝美　1976『秘儀の島―日本の神話的想像力』筑摩書房
(18) 坂本和俊　1991「三ツ寺Ⅰ遺跡の祭祀の復元―神話との関連から―」『群馬県考古学手帳』2　1～20頁　群馬県土器観会
(19) 前掲註(12)文献65頁
(20) 坪井洋文　1987「芋くらべ祭―滋賀県蒲生郡日野町中山―」『国立歴史民俗博物館研究報告』第15集　221～300頁
(21) 城之越遺跡の「広場」は直径約7ｍの円形を呈し、通路(陸橋)として掘り残された部分を除いて外周は礫敷き(石組井泉から湧出した湧水を通す貼石溝)となっている。
(22) 祭祀遺跡から渡来系遺物がしばしば出土することの意味は、前掲註(7)文献Ⅶ-第2節で「4 祭祀遺跡出土の渡来系遺物の意味」(405頁)として触れた。また、「播磨国風土記」揖保郡条の「佐比岡」の由来を記した部分では、旧来の祭祀(出雲の国人による鋤を用いての祭祀)では悪神の霊威を抑えられなかったが、河内の漢人が祀ったところ霊威が収まったことが記されており、渡来系の新たなカミの力で問題を解決する。渡来系のカミと旧来のカミの霊力(霊効力発揮)の対比・相克は、蘇我氏と物部氏・中臣氏による崇排仏論争なども同根の問題といえよう。
(23) 通常、ニヒナメ・ヲスクニ儀礼は服属儀礼としての食物供献を指すのが一般的であるが、「仁徳記」に淡路嶋の寒泉を汲んで朝夕の大御水として毎日天皇に献上されたことが記されているのをはじめ、「常陸国風土記」の倭武天皇や大足日子天皇による巡幸中にしばしば井を掘らせてその水を献上することが記されていることは、服属の験としての食物(御饌)には井水供献も含まれていたことを推測させる。なお、ニヒナメ・ヲスクニ儀礼については下記文献参照。岡田精司　1970「大化前代の服属儀礼と新嘗―食国(ヲスクニ)の背景―」『古代王権の祭祀と神話』13～57頁　塙書房(初出は1962『日本史研究』60・61　日本史研究会)

第5節　井泉と導水施設

　本節は、前節までに述べてきた井泉に関わる祭儀を総括し、古墳時代祭祀体系のなかでの位置づけを図るとともに、井泉とならぶ「水辺の祭祀」の典型として位置づけられることが多い導水施設と対比し、井泉との異同を明らかにすることを目的とする。

　水に関わる祭祀の重要性は、すでに大場磐雄[1]や椙山林継[2]による先駆的な研究があったが、本稿で扱う井泉や導水遺構が本格的に議論の俎上に上ったのは1990年代に入ってからのことである。最初に問題提起を行った石野博信は、滋賀県服部遺跡や大阪府神並・西ノ辻遺跡で出土していた、木樋から木槽部へ水を引く遺構を「導水施設」として水に関わる祭祀の場として位置づけた[3]。1991年には、三重県城之越遺跡の調査が行われ、湧水点の井泉を中心とした場を貼石の伴う大規模な造作によって造り出した、導水施設とは別の水に関わる祭儀施設の存在が明らかとなった[4]。

　これら遺構は、施設造作にかかる作業量や質、出土遺物の優秀さなどから充分に首長層の介在を予感させるものであった。そこでは、首長が自らの職掌として、農耕・生活において必要不可欠な水を管理し、またその永続的な確保を祭祀行為によって実現しようとしたとする観点が導入され、祭祀行為が明確に首長諸活動の一環として把握された。ここに古墳時代祭祀研究が、首長制論と交わることによって、王権研究の一翼を担う重要なテーマのひとつとして明確に意識される契機となった。

　さらに、これまで何を造形化したのかがいまひとつ不明であった形象埴輪の囲形埴輪に関して、その構造が導水施設の特徴と酷似するものが確認されるに及んで、囲形埴輪の一部が明らかに導水施設を原型としたものであることが判明した[5]。このことは、導水施設とその祭儀が囲形埴輪を介して首長墳の埴輪祭式に取り込まれていたことを明らかにし、王権祭儀の内容を考える上でも極めて重要な論点を提出するものとなった。

　このように、ますます研究上の意義を高めつつある井泉と導水施設であるが、ともに水辺に設けられた祭儀施設とするてんは議論の一致をみるが、両者の存在形態には根本的な相違も認められる。ここでは、両者の存在形態や出土遺物を整理して、それらがどのような全体構造のもとに位置づけられ、存在していたのかを具体的に考えていきたい。

1. 井泉祭儀に関する総括

　古代における井泉の祭儀の重要性や王権・地域首長との関連は、「記紀」や「風土記」の分析などから岡田精司[6]や辰巳和弘[7]によってつとに指摘されている。以下では、前節までに述べてきた井泉をめぐる祭儀事例を総括し、遺跡に占める井泉の存在形態や井泉自体の形態的特徴、建物との関連などをまとめ、井泉祭儀の全体像を概説する。

（1）井泉の定義

「記紀」や「風土記」の記述を見ると、多分に流動的な側面はあるものの、基本的に人間が掘って湧き出させた施設を「井」、自然に湧出しているものを「泉」と呼称していることが多い。

この場合、「井」の本義は「井桁をもつもの」、すなわち垂直に掘り込んで相応の深さをもち、そこに枠状施設が伴う井戸を指すが[8]、弥生時代や古墳時代には井戸のような枠状施設が伴わず、擂鉢状に掘り込まれた比較的浅いものが多い。筆者は、これを「人工の泉」という含意で「井泉」と称している[9]。ただし、形態上は井戸に分類できる例でも、井泉同様に余分な湧水を処理するため湧水排出用の溝を取り付けたものも存在しており、井泉と井戸の区別は流動的な側面もある。したがって、本稿全般を通して、井泉とは人工の湧水施設を指すこととし、そのなかに狭義の井泉と井戸を含めて考えている。

（2）井泉祭儀の認定

井泉における祭儀的行為の認定は、井泉もしくはその周辺からの奉祭品や祭儀で使用されたとみられる物品類の出土、当該の井泉に実用目的だけでは説明しづらい仕様の付加、それに遺構群全体における井泉の存在形態（特に井泉以外の祭儀用と目される遺構との関連）などによって決定される。ただし、井泉に対する祭祀的行為は、井泉の存続期間を通して通時的に何らかのマツリや儀礼が行われた場合と、最終的にその井泉の使用を停止する際に何らかのマツリや儀礼が行われた場合とを見極める必要がある。これらは、井泉自体に奉祭品が存在する場合には土層観察等によってその段階をある程度確認できるが、それ以外の場合ではいくつかの状況証拠の積み上げに拠らねばならない部分が大きく、確定することは難しい。

（3）井泉の存在形態

第2節で詳述したように、祭祀的行為がその場で行われているかどうかはともかく、井泉自体は、形態的特徴や接続する溝との関わり方によって、形態的な分類が可能である。

　　単独井泉　余剰分の湧水を排出する溝が伴うものも含めて考えるが、本義はあくまで単独の井泉として存在するもの。狭義の井戸が多い

　　源流型井泉　溝・流路の源流部（水源）を井泉が担っているもの

　　流路付設型井泉　溝や流路の内部（肩部よりも下）に取り付いて存在するもの

単独井泉型　弥生時代中期末の大阪府池上曽根遺跡[10]、古墳時代では三重県古轡通りB遺跡[11]、大阪府八尾南遺跡[12]、兵庫県藤江別所遺跡[13]、群馬県三ツ寺I遺跡首長居館内大型井戸[14]などがある。池上曽根遺跡の例は、棟持柱式大型掘立柱建物の前面に覆屋を伴う日本最大の刳り抜き井戸で、集落を睥睨する位置にある象徴的な建物に伴う井戸として何らかの儀礼に使用する水を供給した可能性が考えられる（57頁図34参照）。古轡通りB遺跡では、四面庇タイプの大型建物に近接して刳り抜き井戸があり、底から古墳時代前期の土器が一括出土した（31頁図8・9参照）。単一時期の一括投入品であり、井戸停止時の儀礼の可能性がある。一方、藤江別所遺跡の井泉は、小型仿製鏡や腕輪形石製品などの奉祭品と思われる出土遺物があり、かなり長期間にわたって井

戸に対する祭祀的行為が行われたことが復元されている（33頁図10参照）。

　源流型井泉　三重県城之越遺跡[15]、奈良市南紀寺遺跡[16]、奈良県阪原阪戸遺跡[17]、纒向遺跡第6次調査SK1[18]、兵庫県本位田遺跡[19]、群馬県中溝・深町遺跡[20]、三室間ノ谷遺跡[21]、熊野堂遺跡[22]などがある。このうち、城之越遺跡と南紀寺遺跡は、貼石された井泉や溝が伴う。城之越遺跡では3ヶ所の井泉から続く溝が合流する部分には立石や突出部があり、貼石溝に囲まれた部分は方形壇や円形広場が形成されるなど、井泉を中心とした儀礼空間の場が確認できる。阪原阪戸遺跡では、井泉から流れ出た水が濾過機能を担うと推定される集石枡を通したうえで下流に排出され、その流路脇に設けられた石組遺構で物品類が奉祭されていた（35頁図18参照）。中溝・深町遺跡では、四面庇タイプの大型掘立柱建物の前面に、2基の石組井泉が存在する（54頁図40参照）。建物の形式は異なるが、このあり方は池上曽根遺跡の井戸と極めて類似した状況を示す。三室間ノ谷遺跡（38頁図19参照）や熊野堂遺跡の井泉（47頁図33参照）は、いずれも素掘りで生活臭の強さが窺えるが、井泉及び連結する溝から祭祀用とみられる遺物も出土しており、生活の中で井泉に対する祭祀的行為が行われたことが推察される。

　流路付設型井泉　愛知県八王子遺跡[23]、三重県六大A遺跡[24]、時代は律令期に属するが島根県三田谷Ⅰ遺跡[25]などがある。このうち、八王子遺跡では、井泉前面に大量のミニチュア土器が出土しており、井泉に対しての奉祭行為の存在が窺える（40頁図23参照）。六大A遺跡では、大規模な流路内に複数の素掘り・石組井泉が付設され、井泉1では勾玉と木製刀形が、井泉7では正立状態の須恵器杯身が置かれた状態で出土するなど井泉で行われた儀礼内容を考えるうえで興味深い事例が確認された（81頁図52・53参照）。

（4）大型建物との関連

　もうひとつ、井泉の存在形態として注目できることは、祭祀に関わりがあるとみられる井泉と、大型建物がセットで存在する事例が目立つ事実である[26]。弥生段階では、池上曽根遺跡の他、井泉での祭儀状況は不明ながら、大阪府雁屋遺跡でも剖抜井戸が棟持柱式大型掘立柱建物に近接して存在したことが指摘されている[27]。

　古墳時代以降の例は、いずれも「四面庇」タイプないしはその系統に属する掘立柱建物とセット関係を構成する。例示すると、古罇通りB遺跡、三ツ寺Ⅰ遺跡、城之越遺跡、中溝・深町遺跡、八王子遺跡、六大A遺跡などである。大型建物と井泉が近接する例と城之越遺跡のように100m程離れている例[28]があるが、いずれの例も井泉が大型建物の主軸ないしは側柱列の延長線上と一致しており、両者にはセットとしての計画性が認められる（61頁図41参照）。このことは、井泉と大型建物がともに祭祀において一定の役割を担ったことが予想される。そして、三ツ寺Ⅰ遺跡の例は、いうまでもなく首長居館の事例であり、5世紀段階にはこのセット関係が有力首長居館内にも持ち込まれたことを示している。

（5）祭儀の重層構造

　井泉と四面庇付大型建物のセット事例の存在は、これら遺構が密接に関連しながら、祭式の一種として共通する目的の儀礼が行われた可能性を提起した。しかも、そのセットは近畿地方のみ

ならず、広く関東にまで存在しており、井泉祭儀が汎列島的な広がりをもった祭式として、首長層以上に受け入れられたことがわかる。一方で井泉には、熊野堂遺跡や三室間ノ谷遺跡など大型建物を伴わない事例もあり、これらは全体遺構の状況から、より一般層に近いあり方を示す。つまり、井泉をめぐる祭祀・祭儀行為は、相対的に上位集団のほうが大型建物も含めて井泉を中心とした儀礼空間としての場を整備したが、一方で一般集落の農耕や日常生活とも密接に結びついた極めて在地色の強い事例も広く存在し、祭儀執行者の性格が一般層から首長・大王クラスに至る重層構造が認められる。

(6) 儀礼空間としての場の形成

　城之越遺跡と南紀寺遺跡は、首長居館の三ツ寺Ⅰ遺跡を除き、井泉を中心とした祭儀場の形成というてんで、現在知られている遺跡のなかでは最も整備された状況を示す。南紀寺遺跡は、調査区の制約から全体像がいまひとつ不明ながら、方形石組井泉の石積みの規模や丁寧さ、浮島状の施設を伴う全体規模の壮大さなどから、現状では最も「格式」の高い井泉祭儀場ということができよう（42頁図29参照）。城之越遺跡の場合も、円形広場から流路に降りる階段や方形壇の整備など、祭儀場の完成度は極めて高い（13頁図4参照）。

　そして、城之越遺跡の貼石や立石、突出部のあり方は、奈良県巣山古墳で発見された出島状施設の状況（137頁図75参照）と極めて類似したあり方を示す[29]。葬送の場である古墳での造形と、カミマツリの場という状況の差はあるが、石を配した技術的基盤の共通性は、両者の造営主が同質の社会的基盤に立っていたことを示すと考えることは許されよう。

　こうした独立した祭儀場の形成は、祭祀・祭儀の場としての固定化を推し進め、常設祭場としての神社成立に至るプロセスを示すものとして評価することが可能であろう[30]。

　奈良県明日香村酒船石遺跡の石製鼈（亀）形槽を伴う「導水」施設も、湧水部から引水をした形態は井泉（湧水点）祭儀との連続性を示唆する部分が大きい[31]。鼈を造形化するという中国思想の架上が認められるものの、基層的な部分は古墳時代の井泉祭儀場のあり方を踏襲したものといえよう。

2. 導水施設の構成と特質

　水田への用水や生活上の飲料水の供給、それに金属器生産に必要な用水の確保には、井水のほか、多かれ少なかれ何らかの導水遺構を設置して、その供給に努めたであろうことは想像に難くない。これら施設では、必要性に応じて導水の形態が様々に選択され、目的地まで引水される。この場合、「導水」という行為は目的ではなく、プロセスである。

　これに対して、本書でいう「導水施設」とは、そうした目的地までの過程に生じた結果としての産物とは異なり、木樋に引き入れた水を木槽部に通すということ自体が施設構築において他に換置できない主たる目的があり、共通した一種の仕様として観念されていた施設である。奈良県南郷大東遺跡では、この部分を小屋（覆屋）で覆い、さらにそれを遮蔽施設で取り囲むという状況も明らかとなっており[32]、この種の遺構はこの部分で何らかの行為を行うことに施設構築の

目的があったと推定される。

（1）囲形埴輪からみた導水遺構の定義と範囲

　形象埴輪の一形式である囲形埴輪のなかに、導水施設を造形化した事例が存在したことは、埴輪研究のみならず、導水施設研究においても極めて重要な意味をもつ。導水施設は、囲形埴輪の示す知見を媒介とすることによって、その構造や意味がより一層明確になる。つまり、導水施設と囲形埴輪は、個別に対比するのではなく、まずは両者を統一的に把握して、相互補完していく視点が求められる。

　このことを踏まえると、囲形埴輪は、まずは導水施設と共通する仕様のものに限定して構造上の特徴を抽出し、その意味や範囲を明確にしていくことが適当であろう。その上で、導水施設からは外れるタイプについても、構造や存在形態の特徴を把握し、しかる後に導水タイプのものとの差異と共通性を明確にし、統一的な把握が可能かどうかを検討する手順が求められる。この場合、囲形埴輪には「導水」タイプだけでなく、井戸状の土製品を内包した「湧水」タイプのものが知られているが、この位置づけもまずは囲形埴輪と実際の遺構とが照応関係にある導水施設の存在形態と性格を明確化したうえで、改めて考える必要がある。

　以上を念頭に置くと、ここでいう「導水施設」とは、遮蔽施設内（囲形埴輪の外周囲み部）に木樋を通して流水を引き入れ、それを木槽部によって一定量溜めたのち、遮蔽施設外へ排出する機能をもった施設で、木樋・木槽部上に覆屋が伴うこともある、というように収斂が可能である[33]。ただし、発掘調査によって確認されている遮蔽施設や覆屋は簡素なものが多く、さらに簡素であった場合には発掘調査で必ずしも残存していない事例も予想される。このことは、囲形埴輪の知見を敷衍することによって一定は補完できるものと考えるが、何より発掘現場でより多くの情報を逃すことなく把握しておくことが求められる。

（2）導水施設の構成要素

　導水施設をもとに造形化したとみられる囲形埴輪の知見を、再び導水施設の把握のために引き戻すと、導水施設はその構成要素として、木樋と木槽部で構成される流水部、それを覆う覆屋、さらにその外周を囲む遮蔽施設が基本として存在することがわかる。

　実際の遺跡では、木樋部の上流に導水部に給水するための貯水施設が存在することもあるが、囲形埴輪ではこの部分は造形されておらず、導水施設に必須の施設というわけではない。実際、導水施設でも貯水池を伴わず、主流路から分流させた支流路上に木槽樋など導水施設の主要部を設ける例もあり、貯水池の存在が導水施設に必須の要件というわけではない。導水部への給水方法を貯水施設で確保するのか、主流路から一定量を導水施設部に引水するのかは遺跡の立地条件等に左右される部分が大きかったものと推定される。

　導水部は基本的に木樋と木槽部の組み合わせた木槽樋で行う。群馬県三ツ寺Ⅰ遺跡の「石敷祭祀場」も同性格のものとすると貼石護岸の例となるが、囲形埴輪を敷衍して改めてみてみると、三ツ寺Ⅰ遺跡例が本稿でいう「導水施設」と同等かは疑問も残る。

(3) 木樋・木槽部利用の意味

　導水部への給水に木樋などを用いた所以は、導水部に安定して一定量の給水を実現するには、崩落の可能性など堅牢性や管理の面で不安がある素掘溝よりも木樋などを用いたほうが安定的で、水質も維持できたためと推定される。このことは、導水施設が極めて短期ではなく、一定の使用期間が見込まれていたことを示していよう。そのうえで一定量の流水を保つには、上流部に水量の調整機能が必要で、貯水施設の場合はその上流部、自然流路利用の場合は主流路からの引水部で不必要分を排水するなど調整が図られたと思われる。

　木槽部に関しては、その部分を沈殿と濾過を行う浄水装置とする見解もあるが、濾過を実現するには流水の勢いに対して木槽部が広さ・深さともに不十分であり、実際の濾過機能というには程遠い。機能性よりも象徴性を重視するという考え方もできようが、その割には施設全体が貧弱である。ここはやはり、導水施設はある特定の目的をもった、その目的実現のための機能的な施設として考えるのが適切であろう。その場合、木槽樋、特に木槽部は導水施設の中央に位置する中心施設であり、ここで流水を一旦受けて、何らかの所作・作業を行ったことが予想される。流水と、それを一旦受けるものが一定スペースを伴った槽であることを重視すれば、最も適応する機能は洗浄ないしは水の採取ということになる。

(4) 導水施設の分類

　導水施設の分類は、まずは施設の中心となる遮蔽施設内の構造を問題とする必要がある。これを、囲形埴輪の知見を援用しつつ整理すると、まずは大きく2大別が可能である（図56）。

　A類　遮蔽施設＋覆屋＋導水部（囲形埴輪では三重県宝塚1号墳[34]・大阪府心合寺山古墳[35]・兵庫県行者塚古墳[36]）

　B類　遮蔽施設＋露天の導水部（囲形埴輪では大阪府狼塚古墳[37]）

　そのうえで、遮蔽施設は平面形が（長）方形ないしは隅丸（長）方形になる一群と、食い違い入口によって鉤形になる一群がある。これは、内部への進入が直線的か、折れをもたせた構造かの差である。後者は辰巳和弘が従前から指摘するように[38]、外界からの視界を遮断し、内部を見せないより閉鎖性の強い意図をもつもので、首長居館の入口とも共通する。

　この分類を実際の遺跡に当てはめると、A類には奈良県南郷大東遺跡、大阪府神並・西ノ辻遺跡[39]が、B類には滋賀県服部遺跡[40]、奈良県纒向遺跡巻野内地区[41]、大柳生宮ノ前遺跡[42]、京都府浅後谷南遺跡[43]、瓦谷遺跡[44]、三重県水衛遺跡[45]などが相当する。ただし、B類で実際に遮蔽施設の存在が窺われるのは現状では服部遺跡だけである。

　遮蔽施設は、いずれの例でも入口は1ヶ所だけで窓もない非常に閉鎖性の強い造りを特徴とする。南郷大東遺跡で網代を用いた垣根が実際に出土しているほか、大阪府心合寺山古墳の囲形埴輪からは柱に襷状に紐を緊縛した表現がみられ、遮蔽施設が紐状のものでも維持できる程度の簡便なものであったことがわかる。このことを敷衍すれば、実際の遺跡で遮蔽施設の存在が不明な例についても、布状のものを引き回すなど何らかの遮蔽施設が存在した可能性が高い。そういう意味では、かつて後藤守一が囲形埴輪を秘事の目隠しとしての帷帳・壁代と考えたことは[46]、

A類　遮蔽施設＋覆屋＋導水部（木槽樋）
（南郷大東遺跡）

B類　遮蔽施設＋露天の導水部
（狼塚古墳）

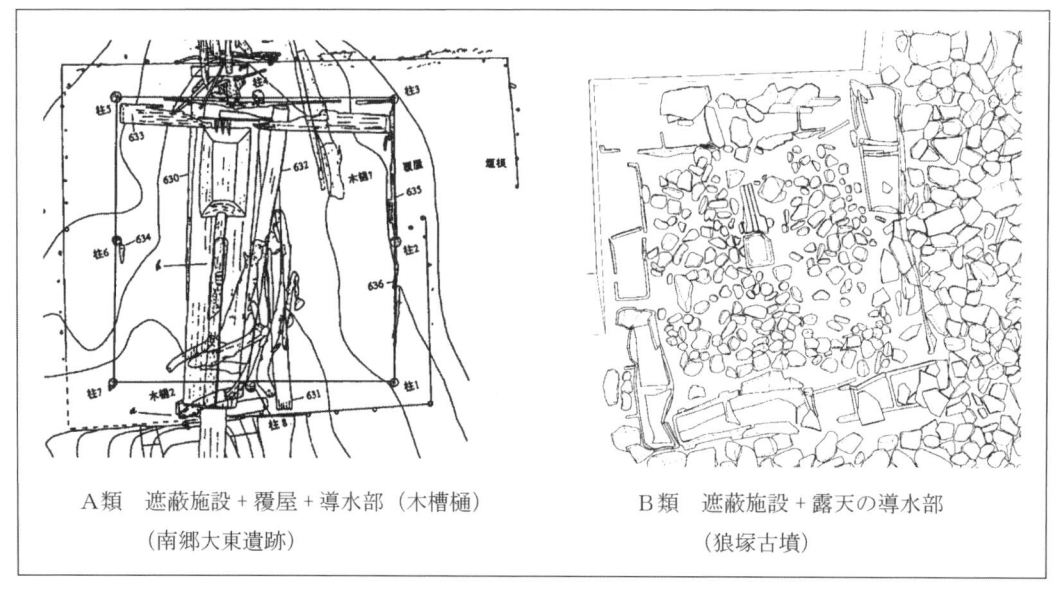

図56　囲形埴輪の知見も敷衍した導水施設の分類

非常に卓見であったといえる。

　覆屋は、南郷大東遺跡で2間×2間の正方形プランの建物が確認されているほか、神並・西ノ辻遺跡でも導水部を囲む小ピットの存在から簡素な建物の存在が想定されている。また、纒向遺跡では、導水部上ではなく、脇に小さな建物が存在している。囲形埴輪をみると、心合寺山古墳の例は入口が1ヶ所だけの閉鎖性の強い作りであるが、その他の例では開放性の高いものも見られ、外周の遮蔽施設ほどの閉鎖性はみられない。

　また、導水部への給水形態をみてみると、A類の2例と服部遺跡例が貯水施設を通して給水するのに対し、他の例では主流路から貯水施設を通さない直接の引き込みないしは小流路そのものを利用して給水している。

（5）導水施設の構造上の特色と所作内容

　このようにみてくると、導水施設の構造上の特徴は、外界から遮蔽施設によって隠された空間に、木樋・木槽部で流水を通すという点に収斂できる。このあり方は、多少の目隠し塀が伴うこともあるとはいえ、基本的に開放空間で行われた井泉の祭儀とは遺構の存在形態のうえで著しい相違をなす。

　蔽施設内もしくは覆屋内の流水脇では、何らかの儀式が行われたと推定され、南郷大東遺跡では覆屋内の流水左岸側（北側）により広い空間がある。しかし、囲形埴輪の状況も参照すると、いずれの遺跡でも遮蔽施設内あるいは覆屋内のスペースは極めて狭く、行為の内容が極めて限定された人数で行われた、いわば「秘儀」に相当するものであったことを示している。囲形埴輪では、開口部（入口）上や遮蔽施設上などにしばしば鋸歯状のモチーフが造形されたり、心合寺山古墳囲形埴輪覆屋の屋根上にも同モチーフが線刻されているが（167頁図80参照）、これは盾形埴輪の文様などとも共通し、邪気を払う意図が込められたモチーフとみることができるであろう。

つまり、導水施設は、遺構の構造やそこに伴う実際の造形など、極めて強い閉鎖性と辟邪意識を実現した遺構であったといえるであろう。このことは、庭上祭祀を基本とした古代祭祀のあり方とはかなりの乖離があるものであり、導水施設で行われた所作がいわゆる「カミマツリ」としての祭祀には適応しないことを示している。

(6) 湧水施設内包の囲形埴輪について

ここまで、囲形埴輪の知見は、いわゆる導水施設形のものに限定して統一的把握を図ってきたが、囲形埴輪にはこれとは別に、遮蔽施設内に湧水状施設を内包した「湧水施設形埴輪」も存在する[47]。三重県宝塚1号墳などでは両者が対になって出土している[48]。この湧水タイプは、井戸枠状の土製品を伴うことから、いわゆる井泉を造形したものと考えられ、これ自体は是認し得るものである。導水施設と井泉が、古墳時代の「水辺の祭祀」を構成する主要な祭祀形態として両者が統一的に把握されたのも[49]、囲形埴輪に導水と湧水が存在したことが大きい。

しかし、導水施設形の囲形埴輪が実際の導水施設と施設面で調和性をもつのに対して、湧水施設型囲形埴輪は三重県城之越遺跡や奈良県南紀寺遺跡に代表される井泉の存在形態とは極めて大きな隔たりがある。これは、湧水点祭祀に関わる井泉が基本的に遮蔽施設を伴わない開放空間に営まれた遺構であるのに対し、湧水施設形埴輪に表現された「湧水施設」は導水施設同様、極めて強固な閉鎖性を伴った仕様として表現されていることに集約される。導水施設とそれを原型とした囲形埴輪の関係を敷衍すれば、湧水施設形埴輪の原型となった施設も存在することが予想されるが、それは本章を通して検討を加えてきた井泉とは別種のものであり、導水施設を内包した囲形埴輪同様、遮蔽施設や覆屋などに囲まれた極めて強固な閉鎖性を伴う湧水施設として存在したことが予想される。

| 開放空間の井泉系祭儀施設 | ⇔ | 導水施設 +「湧水施設形埴輪」の原型となる湧水施設 |
　　　　　　　　　　　　　　　（別施設）

群馬県三ツ寺I遺跡の井戸[50]（33頁図12参照）は1間×1間の簡素な覆屋が伴うことから、「湧水施設形埴輪」の造形元に比されることもあるが[51]、あまりに狭すぎて雨除け以上の機能は期待できず、遮蔽性も乏しいことから「湧水施設形埴輪」の原型遺構とするには適切でなく、むしろ開放性の高い井戸として捉えられる。「湧水施設形埴輪」の原型遺構の同定については、もう少し資料の増加を待って、改めて検討を加える必要がある。

いずれにせよ、筆者の理解では、井泉（遮蔽施設を伴わず、囲形埴輪へ造形されなかった種類）と導水施設はその存在形態をまったく別にするものであり、統一的に把握すべき存在ではなく、それぞれ個別に検討を加えるべき存在と帰結される。

3. 遺物からみた井泉と導水施設

井泉や導水施設で実修された祭儀の内容を出土遺物から類推することは困難を伴う。これは、祭儀で用いられた物品類と、機能停止後の埋没過程での物品類との峻別が難しいことや、いわゆ

る祭祀遺物の出土があってもそれが井泉や導水施設の祭儀で使用されたかどうか決定できる要素が乏しいことなどによる。しかし、数少ない事例ではあるが、井泉の場合は、井泉に対して何らかの奉祭行為が行われた痕跡を捉えることができる。整理すると、以下のようになろう。

　A 類型　直接カミや精霊に対して奉祭したとみられる物品が残る類型
　　A1 類型　井泉内に、井泉に関わる祭儀行為の物品類（直接の奉祭品もしくは祭儀使用物品）が残るもの
　　A2 類型　井泉の脇ないしは前面に、井泉に関わる祭儀行為の物品類が残るもの
　B 類型　直接的な奉祭物品や祭儀行為の使用物品ではないが、祭場構成等に用いられたとみられる物品類が残されているもの

　奉祭品か祭儀使用物品かの峻別は難しいが、A1 類型には、井泉内から木製刀形と滑石製勾玉が出土した六大 A 遺跡井泉 1、須恵器・土師器の杯類が正立状態で置かれ滑石製模造品の出土もあった六大 A 遺跡井泉 7、瓢箪が出土した城之越遺跡井泉 1、鏡や腕輪形石製品など豊富な出土品が出土した藤江別所遺跡井泉、それに井泉とそこを源流とする溝から多量の土器や木製盤・杖・籠などが出土した纒向遺跡第 6 次調査 SK1 などがある。

　A2 類型には、井泉の前面に大量のミニチュア土器群が置かれていた八王子遺跡井泉、阪原阪戸遺跡 SK1〜3 の出土品などがある。A2 類型は、多少井泉から離れていても、井泉に続く溝などから出土する「祭祀遺物」のなかに、井泉でも祭儀との関連で使用された物品類が含まれていることは多いものと推定される。

　以上のうち、A1 類型の六大 A 遺跡井泉 1 の「大溝・井泉・刀・玉」という構成要素は、記紀神話のアマテラスとスサノヲの誓約段に出てくる「天安河原・天真名井・玉・剣」という内容と照応することは注目される。このことは、第 4 節で詳述したように、後に神話で語られるようになる誓約儀礼が、古墳時代には首長層間で行われていた可能性を、考古資料から逆に提起したものといえる[52]。なお、「日本書紀」仁徳段では誓約に関わる物品として瓢箪が出てくるが、これも前述したように、瓢箪は城之越遺跡の井泉 1 から出土しており、あわせて注目できる。

　また、纒向遺跡第 6 次調査 SK1 における出土遺物は、いわゆる「纒向型祭祀」を構成する物品類[53]と共通しており、単独土坑（井泉的ではある）に関わる祭儀と源流型井泉における祭儀とが密接な関係にあることと、出土品組成を介して「纒向型祭祀」で提起された祭祀内容の性格に関わる諸問題を包含して考えていく必要性を示している[54]。

　一方、導水施設の場合は、木樋・木槽部内は流水であるため、覆屋や遮蔽施設周辺からの出土遺物がどこまで祭儀内容を反映するか評価が難しいところがある。ただ、全体としては木製武器形や実物の刀剣の存在を示唆する刀剣装具・鞘類（護身ないしは辟邪的意義）、琴（招魂・招神的意義）、ミニチュアを含む土器類（食物供献）、5 世紀以降の例では滑石製模造品類など井泉における祭祀・祭儀で使用された物品類と共通性の高いものが多い（図 57）。特に、どの遺跡にも存在する出土品として土器があるが、当然その背後には土器による実際の食物供献が行われた可能性を考慮する必要があろう。

　そうしたなか、導水施設の出土品で目立つ遺物として盾や直弧文板がある。南郷大東遺跡や浅後谷南遺跡では盾の実物が、神並・西ノ辻遺跡では古墳以外の出土としては珍しい盾持人埴輪が、

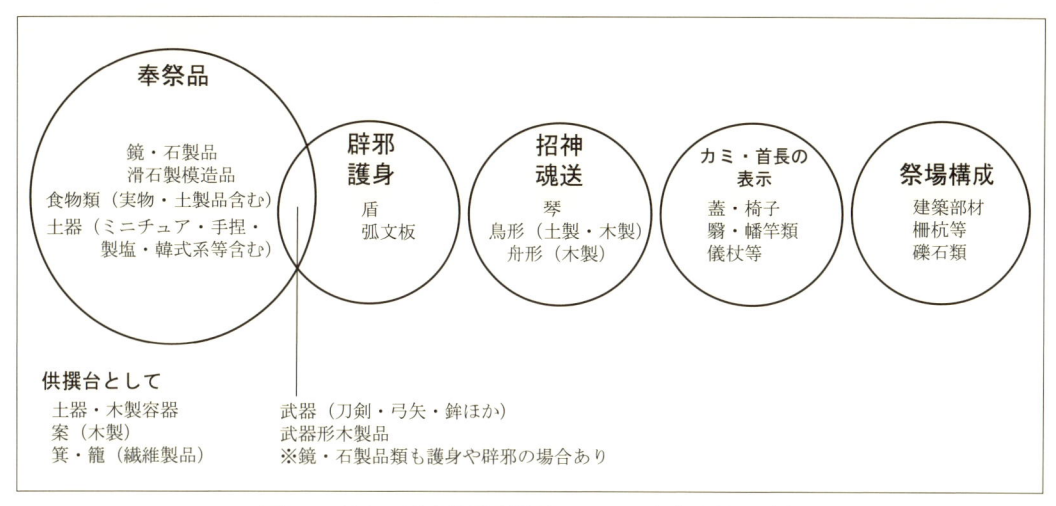

図57　井泉・導水施設系遺跡における出土遺物の構成

纒向遺跡巻野内地区や石川県畝田遺跡[55]では直弧文板が出土している。遮蔽施設内と外界とを結界し、遮蔽施設内への邪気の侵入を防ぐ辟邪機能が期待されていたものと推定され、遮蔽施設で囲まれた導水施設遺構の構造上の特徴と照応している。

4. 井泉と導水施設の存在形態上の相違

　出土遺物の内容に関しては、非常に類似したあり方を示す井泉と導水施設であるが、前述のように遺構の存在形態のうえでは両者はまったく異なったあり方を示す。
　すなわち、井泉の祭儀は、多少の目隠し的な柱列はあるとはいえ、基本的に開放空間で行われた、いわゆる庭上祭祀を基本とする。そこで行われた祭儀は、擬人化されるような神の成立以前は井泉自体や漠然とした精霊、成立以降は井泉に宿ると観念されたカミを対象とした祭祀そのものであったり、井泉や湧き出た井水を利用しての何らかの祭儀行為であったと推定した。筆者はこれを「湧水点祭祀」として位置づけ、古墳時代祭祀体系のなかでその意味を把握するとともに（第2節）、祭儀のひとつとして誓約儀礼が行われた可能性も提起した（第4節）。
　一方、導水施設内で行われた行為は、極めて閉鎖性の高い仕様のなされた遮蔽施設や邪気払いのモチーフ、さらに一部遺跡では閉鎖性の高い覆屋や盾を伴って、辟邪の意識の高い施設内で流水を用いて実践されたものである。ここに関わる出土遺物は、井泉祭儀での使用物品と共通するカミマツリ的な様相もあるが、古墳時代祭祀としての基本的なあり方である庭上祭祀の形態を採っていない。食物供献の存在とともに、施設の仕様や盾などの存在は内部で行われる行為を外部から付着しようとする悪霊から護ろうとする意識に基づいたものであったと推定されるが、この行為はカミマツリたる「祭祀」とは一線を画されたものであったと認識される。こうしたあり方は、ある意味、即位儀や大嘗祭の日に大伴や物部が祭儀場入口に大盾をもって立ったことや、性格はまったく異なるが凶癘魂の依り憑きを防ぐため垣を巡らせた殯所のあり方とも共通するものである。

つまり、このような辟邪性の強い施設内で流水を用いて行われた行為は、いわゆるカミマツリそのものというより、邪気や悪霊を払う何らかの儀礼を実践する場として存在していた可能性をより強く想起させるものである。導水施設が囲形埴輪として形象埴輪へ造形され、古墳に樹立されていることは、本施設が喪葬や葬送に関係した施設であったことを強く示唆する。行者塚古墳東側造出脇の谷部から出土している囲形埴輪覆屋の屋根上には鶏とされる鳥形が付されていたが、鳥が霊魂を運ぶという思想の反映と見なせば、このことに矛盾しない。

以上のように考えてよければ、井泉と導水施設は、水を利用した施設という共通項はあるものの、その内容には似て非なるものがあり、祭祀（井泉）と喪葬（導水施設）というまったく異なった性格をもつものであった可能性が高い。なお、導水施設の性格に関わる筆者の理解については第Ⅳ章でまとめ、いわゆる「カミマツリ」との共通性の意味については第Ⅳ章で考察を加えることとする。

5. 水に関わる祭儀研究の意義

水に関わる祭儀は、農耕に基盤を置いた社会にとっては極めて重要な意味をもつもので、古墳時代には直接その井泉を祭祀対象として執行された祭儀行為が各地でみられた。この場合、その祭祀は祭儀場の規模・仕様や出土遺物などから首長層以上によっても実修されていたことが重要で（図58）、このことは水の祭儀の執行が首長権行使の重要な職掌のひとつとして認識されるとともに、列島各地で同タイプの遺跡が確認できることは首長層による「祭祀的基盤の共通性」[56]が存在したことを示している。筆者の理解では、この首長権行使たる祭儀の舞台となった施設は湧水点祭祀を実修した井泉系祭儀施設であり、導水施設ではない。

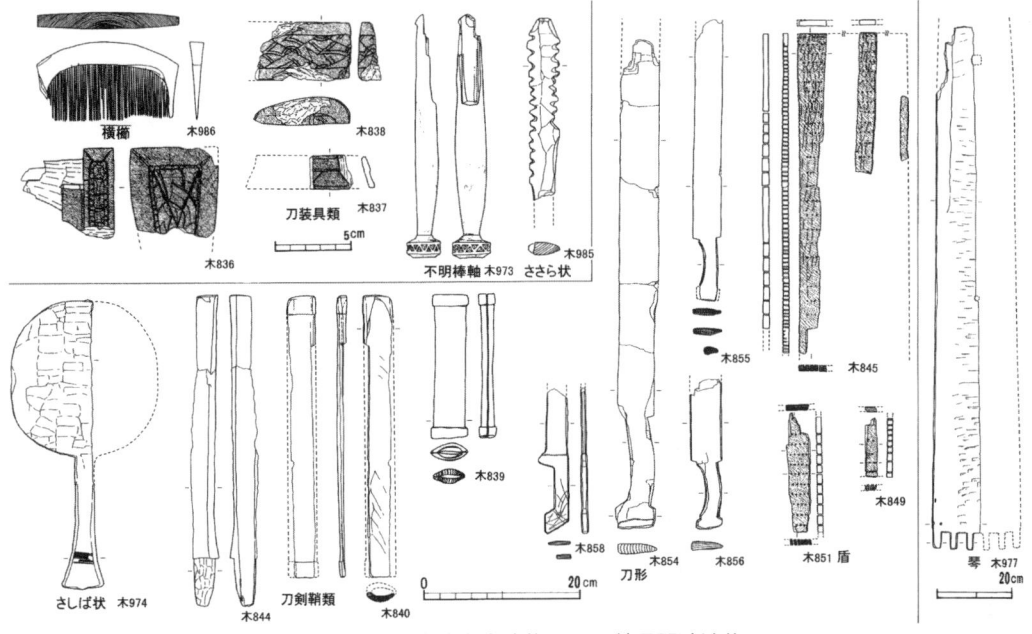

図58　六大Ａ遺跡出土遺物にみる首長関連遺物

水の祭儀の研究は、このように首長権の介在が確認できることによって、たんに古代祭祀の問題のみならず、首長権の内容や首長居館との関わり、囲形埴輪を介した古墳や埴輪の性格にいたる多様な問題の再検討を促すものになった。

　しかし、個々の遺構の位置づけに関しては、導水施設をめぐっての評価の違いに顕著なように、たんに「水に関わる祭儀」と一言で一般化できかねる内容を含んでいる。かかる意味では、「祭祀」の具体的内容に踏み込まずに「祭祀を行った」という一般化や「祭祀」であることを前提としての社会的な評価のみに終始すれば、肝心の行為が果たして「祭祀」であったかどうかすら判断することは難しい。残された手がかりは少ないかもしれないが、「祭祀」とするだけで議論を打ち切らず、乏しい手がかりであってもそこから「祭祀」内容に踏み込んで個別の評価・意味づけを行ったうえで、全体的な整合を図る必要を強く感じる次第である。

註
（1）大場磐雄　1970「水霊信仰の考古学的考察」『祭祀遺跡 - 神道考古学の基礎的研究』328～404頁　角川書店（初出は1950『本流』第1輯）
（2）椙山林継　1976「古代祭場立地考」『國學院大學日本文化研究所紀要』37　263～284頁
（3）石野博信　1991「総論」『古墳時代の研究』3　3～26頁　雄山閣出版。ただし、「導水施設」という用語自体は、既に1979年の滋賀県服部遺跡の調査概報で使用されている。谷口徹ほか　1979『服部遺跡発掘調査概報』滋賀県教育委員会・守山市教育委員会・財団法人滋賀県文化財保護協会
（4）穂積裕昌編　1992『三重県上野市比土　城之越遺跡』三重県埋蔵文化財センター
（5）青柳泰介　1999「囲形埴輪小考」『考古学に学ぶ』（同志社大学考古学シリーズⅦ）447～466頁　同志社大学考古学研究室、同　2003「導水施設考」『古代学研究』160　15～35頁　古代学研究会
（6）岡田精司　1980「大王と井水の祭儀」『講座日本の古代信仰』第3巻　194～214頁　学生社
（7）辰巳和弘　1990『高殿の古代学』白水社
（8）白川　静　1995『字訓』平凡社
（9）穂積裕昌　1992「大溝空間の性格とその意義」『三重県上野市比土　城之越遺跡』197～203頁　三重県埋蔵文化財センター
（10）史跡池上曽根遺跡整備委員会　1996『史跡池上曽根95』
（11）奥野　実　2000『古轡通りB遺跡・古轡通り古墳群発掘調査報告』三重県埋蔵文化財センター
（12）米田敏幸ほか　1981『八尾南遺跡―大阪市高速電気軌道2号線建設に伴う発掘調査報告書―』八尾南遺跡調査会
（13）稲原昭嘉　1996『藤江別所遺跡』明石市教育委員会
（14）下条正・女屋和志雄　1988『三ツ寺Ⅰ遺跡』群馬県教育委員会ほか
（15）前掲註（4）文献。以下、特に断らない限り、遺跡情報に関する文献は、引用の初出文献を参照。
（16）森下浩行　1995『奈良市埋蔵文化財発掘調査概要報告書平成6年度』奈良市教育委員会
（17）木下　亘　1993「阪原阪戸遺跡（阪原遺跡群第2次）発掘調査概報」『奈良県遺跡調査概報1992年度』1～7頁　奈良県立橿原考古学研究所
（18）桜井市教育委員会　1987『纒向遺跡・纒向小学校跡地区第6次発掘調査資料』
（19）井守徳男　1976『中国縦貫自動車道建設に伴う埋蔵文化財発掘調査報告（佐用編）』兵庫県教育委員会
（20）福嶋正史　2000『新田東部遺跡群Ⅱ〔第1分冊〕中溝・深町遺跡』新田町教育委員会他
（21）大木紳一郎　1991『上淵名　裏神谷遺跡　三室間ノ谷遺跡　一般国道17号（上武道路）改築工事に伴う埋蔵文化財発掘調査報告書』群馬県教育委員会他
（22）飯塚卓二　1984『熊野堂遺跡（1）』群馬県埋蔵文化財調査事業団他

(23) 樋上昇ほか　2001『八王子遺跡』愛知県埋蔵文化財センター
(24) 穂積裕昌編　2002『六大A遺跡発掘調査報告』三重県埋蔵文化財センター
(25) 熱田貴保　2000『三田谷Ⅰ遺跡（Vol.2）』島根県教育委員会他
(26) 穂積裕昌　2000「井泉と大形建物」『八王子遺跡』111～123頁　愛知県埋蔵文化財センター
(27) 山田隆一　2002「大阪府雁屋遺跡の大型掘立柱建物」『究班』Ⅱ　189～198頁
(28) 中浦基之　1998『城之越遺跡（2次）発掘調査報告』上野市教育委員会
(29) 広陵町　2003『特別史跡巣山古墳島状遺構』
(30) 穂積裕昌　1994「古墳時代の湧水点祭祀について」『考古学と信仰』（同志社大学考古学シリーズⅥ）185～200頁　同志社大学考古学研究室
(31) 明日香村教育委員会　2006『酒船石遺跡発掘調査報告書―付、飛鳥東垣内遺跡・飛鳥宮ノ下遺跡―』
(32) 青柳泰介ほか　2004『南郷遺跡群Ⅲ』奈良県立橿原考古学研究所
(33) この定義は、消斎が囲形埴輪の性格について述べた定義をほぼ踏襲するものである。消斎　2001「水の祭祀場を表した埴輪についての覚書」『史跡心合寺山古墳発掘調査概要報告書』94～110頁　八尾市教育委員会
(34) 福田哲也ほか　2005『三重県松阪市　史跡宝塚古墳』松阪市教育委員会
(35) 消斎・吉田野々ほか　2001『史跡心合寺山古墳発掘調査概要報告書』八尾市教育委員会
(36) 森下章司・高橋克壽ほか　1993『行者塚古墳発掘調査概報』加古川市教育委員会
(37) 上田　睦　1998「藤井寺市狼塚古墳（HJ96110）の調査」『大阪府埋蔵文化財研究会（第37回）資料』（財）大阪府文化財調査研究センター、上田睦ほか 2007「土師の里遺跡 HJ97110区」『石川流域遺跡群発掘調査報告 XXI』20～79頁　藤井寺市教育委員会事務局
(38) 辰巳和弘　1990『高殿の古代学』白水社
(39) 松田順一郎　1997「東大阪市・神並・西ノ辻遺跡の古墳時代水利遺構」『王権祭祀と水』46～49頁　帝塚山考古学研究所、松田順一郎・中西克宏　2002『神並遺跡第四次、西ノ辻遺跡第10・16次発掘調査報告書（遺構編）』財団法人東大阪市文化財協会
(40) 大橋信弥　1997「滋賀・服部遺跡」『王権祭祀と水』50～53頁　帝塚山考古学研究所
(41) 橋本輝彦・村上薫史　1998「纏向遺跡巻野内地区遺構群の特殊性と韓式系土器」『古代学研究』141　55～59頁　古代学研究会
(42) 林部均ほか　2001「奈良市大柳生遺跡群第12次（大柳生宮ノ前遺跡・大柳生コビロ遺跡）発掘調査概報」『奈良県遺跡調査概報（第1分冊）2000年度』1～14頁　奈良県立橿原考古学研究所
(43) 石崎義久・黒坪一樹ほか　2000「（1）浅後谷南遺跡」『京都府遺跡調査概報』第93冊 3～181頁　（財）京都府埋蔵文化財調査研究センター
(44) 伊賀高弘　1991「木津地区所在遺跡」『京都府遺跡調査概報』第46冊 51～81頁　（財）京都府埋蔵文化財調査研究センター
(45) 船越重伸　1997『水衛遺跡発掘調査報告』三重県埋蔵文化財センター
(46) 後藤守一　1932『上野國佐波郡赤堀村今井茶臼山古墳』帝室博物館
(47)「湧水施設形埴輪」の用語とその指示内容は下記文献による。今尾文昭編　2004『カミによる水のまつり』奈良県立橿原考古学研究所附属博物館
(48) 前掲註（34）文献
(49) 前掲註（5）青柳 2003文献など
(50) 下城正・女屋和志雄　1988『三ツ寺Ⅰ遺跡』群馬県教育委員会ほか
(51) 前掲註（5）青柳 2003文献や前掲註（33）消文献のほか、若狭徹も同様の考えを採る。若狭徹　2007「水のまつりと首長」『古墳時代の水利社会研究』197～201頁　学生社
(52) 穂積裕昌　1999「井泉と誓約儀礼」『考古学に学ぶ』（同志社大学考古学シリーズⅦ）487～498頁　同志社大学考古学研究室（本章第4節に内容改訂のうえ収録）
(53) 石野博信　1976「三輪山麓の祭祀の系譜―大型土壙と建物跡」『纏向』506～509頁　桜井市教育

委員会
(54) 石野博信　1985『古墳文化出現期の研究』学生社
(55) 伊藤雅文ほか　1991『畝田遺跡』石川県立埋蔵文化財センター
(56) 白石太一郎　2003『日本の歴史　原始古代⑧倭国誕生と大王の時代』週刊朝日百科38　朝日新聞社

第Ⅱ章　古墳時代儀礼空間の整備と祭祀遺物

第1節　古墳時代祭祀遺跡の形成
―カミ観念の変遷と祭祀遺跡の変貌―

1.「祭祀遺跡」の定義

　祭祀遺跡とは、神道考古学の提唱者である大場磐雄によって「純然たる祭祀の遺跡と認め得るもので、他の古墳或は住居阯、工作阯等と對立し得べき第一義的の独立遺跡」[1]として位置づけられ、その後の研究が重ねられてきた。大場による祭祀遺跡の分類は、基本的に対象物の差異によって行われ、具体的には自然を対象としたものとして山嶽（火山を含む名山大嶽と集落近傍の小山・丘陵の類に大別）・峠、巌石、湖沼・池泉等、島嶼・海洋（このうち峠は山嶽の一分野とされている）が、人工のものとしては古社の境内ならびに関係地所在遺跡、住居跡附属遺跡、古墳附属遺跡（封土中もしくは造出等の附属する施設）、単独の祭祀遺物発見地が祭祀遺跡として認定、分類された[2]。このうち、磐座は石崇拝の産物として「巌石」に包含され、また井泉や水分、河川等への信仰は水崇拝として湖沼・池泉等に包含されている。現代の視点からみれば、遺跡に相当するものと遺構に相当するものが混在したり、単独「祭祀遺物」発見地も祭祀遺跡として包含されるなど分類基準の不統一はあるが、「祭祀遺跡」という視点が提示されたことは特筆でき、この後、大筋でこの分類を踏まえつつ、分類された項目に沿って個々の内容深化が図られていく。
　こうした研究の流れはその後も祭祀遺跡研究の方向性を規定した。例えば、近年のこの分野における代表的成果である大平茂による祭祀遺跡分類[3]では、Ⅰ類　墳墓地域の祭祀、Ⅱ類　生活・居住域内の祭祀、Ⅲ類　生産地域の祭祀（水田・窯業・製塩・製鉄等）とされ、このうちⅡ類はさらに1.自然を対象とした祭祀（(1)山岳の祭祀、(2)河川・泉・井戸等の水系の祭祀、(3)磐座等の巌石地の祭祀、(4)島嶼や沿岸部の祭祀、(5)峠や辻の祭祀に細分）、2.住居周辺の祭祀（竈祭祀を含める）、3.律令的祭祀（まじないも含める）としてまとめられており、大場の分類を大筋で受容したものとなっている。
　一方、いわゆる遺跡に相当するものと遺構に相当するものが同じ分類内で並存している問題は、1980年代頃からようやく意識されはじめ、鈴木敏弘は集落内で行われた祭祀を「集落内祭祀」として位置づけ、祭祀専用遺跡たる祭祀遺跡との分別を図った[5]。桜井秀雄も同様に、祭祀遺物たる石製模造品の出土地（製作遺跡は除く）を分類するなかで、①古墳、②祭祀遺跡、③豪族居館、④一般集落域（竪穴住居とそれ以外に細別）、⑤生産関連域、と分けたうえで、②の祭祀遺跡を対象として、A　山に関するもの、B　水に関するもの、C　交通に関するもの、D　その他（長野県石川条里遺跡などを想定されている）に分類した[5]。大場の分類では同一分類内に並存していた異なる次元の項目が整理され、分類基準としては非常に分かり易いものとして編成されている。篠原祐一も、遺跡の構成要素である「住居跡」を遺跡として分類した大場の分類基準の不統一さを指摘するとともに、「祭祀遺跡を厳密に定義するのであれば、祭祀を執り行った痕跡が遺跡そのものである場合」[6]とする考えを提示した。先の鈴木の指摘や桜井の分類とも調和するも

のであり、従うべき見解である。
　「祭祀」という行為は、その段階を問わなければ日常のあらゆる部分に及んでおり、決して非日常的なものとして捉える必要はない。竈に対する祭祀的行為を含む個々の竪穴住居のレベルから、集落の一画を利用しての祭祀まで、生活は祭祀とともに存在しているといっても過言ではない。近年では、古墳時代の居宅・集落遺跡の捉え方が、居宅（居館）と一般集落という二元論的把握ではなく、中間層の屋敷なども想定するなどより多元的な捉え方がなされるようになった[7]。このことを敷衍すれば、祭祀主体者にも重層構造があり、それは営まれた祭場の規模や集落との関係性などをも規定する。かつて大場磐雄は、「山嶽」における祭祀に関して、火山を含む名山大嶽と集落近傍の小山・丘陵の類に大別したが[8]、これは祭祀の重層性が祭祀遺跡研究の当初より意識されていたと捉えることができよう。
　本書においては、序論で述べたように、祭祀遺跡を「祭祀の執行を主目的として形成された遺跡」として定義し、生活集落の一画に営まれた小規模な祭場は祭祀遺構として整理するが祭祀遺跡には含めない。ただし、逆に当該遺跡の主たる要素が生活ではなく祭祀にあると判断できるものについては、多少の建物等が伴っていてもそれだけをもって祭祀遺跡から切り離すことはせず、祭祀遺跡に伴う建物として整理する。
　そして、これら「祭祀遺跡」は、いわゆる「カミ観念」の形成と不可分の関係にある。「記紀」に記載されているような神々の多くは神名を有しており、それらはいわば「擬人化された神」的な扱いを受けている。しかし、こうした観念自体は古墳時代の当初には未成立と考えられ、「擬人化された神」成立以前のカミ観念がどういったものであったか自体、検討の対象となる。この問題への接近は、文献記載からだけでは限界があり、考古学的知見、特に祭祀遺跡に関する考古学的整理は古墳時代当時のカミ観念の形成を検討するうえで大きな役割を担うと考えられる。以下、古墳時代の祭祀を、祭祀遺跡の形成という観点から再整理してその歴史的な変遷を辿り、それぞれの段階におけるカミ観念との整合性や関連する事象の統一的な把握に努めていきたい。
　なお、「遺跡」の認識は、現代の我々が多分に行政的な要請から範囲認定したものも含んであり、認定基準は一定せずその恣意性は免れない。そこで、本書においては、行政的に同じ遺跡として扱われていても、「集落内の祭場」ではなく、一応集落から切り離された状態にあると判断できるものについては、祭祀遺跡としての扱いをするものがある。

2. 弥生時代の祭祀と祭祀場

　古墳時代の祭祀遺跡を考える前提として、最初に弥生時代の祭祀と祭祀遺跡の研究状況を確認しておきたい。
　弥生時代には、銅鐸や銅剣、銅矛などの青銅製品、木偶や鳥形木製品などの木製儀具、占いに関わる焼痕のある鹿肩甲骨の存在などが祭具や儀具の類として捉えられ、それらを介して祭祀の存在が知られる。また弥生土器には農耕儀礼に関わると想定されている「鳥装の司祭者」や特殊な掘立柱建物などが描かれている例があり、これらが当時の祭儀を示すと考えられている[9]。しかし、青銅器は埋納遺構としては発見されるものの、翻って青銅製祭具の埋納地が祭祀場か

第Ⅱ章　古墳時代儀礼空間の整備と祭祀遺物

と問われると、それを一般化するとなると判断が難しい。銅鐸などの埋置方法の共通性などから青銅器埋納に関する所作に地域を越えた共通性は認められても、埋納坑周辺が祭祀の場（この場合、精霊などに対しての「祈り」行為を行った場）であったとする確証が乏しいからである。勿論、埋納の前後で祈りが伴った可能性はあるであろうし、たとえ「祈り」が伴わずとも埋納自体に意味があり、この坑形成だけで祭祀遺跡の必要条件を満たすとする見解もあり得る。いずれにせよ、青銅器を用いての祭祀的行為に関して、埋納坑周辺が主たる祭祀の場なのか、埋納坑とは別に祭祀の場があったのかなどといった具体的な祭祀実修の場は不明ながら、弥生段階では、こうした青銅器埋納などから地霊や大地、或いは迫り来る邪霊に対して何らの働きかけを実修していたとみられる[10]ことは是認してよかよう。

さて、九州島か本州かはともかく、古墳時代初頭頃の列島を伝える「魏志倭人伝」では、朝鮮半島の諸地域などと比較して「祭」や「祀」といった用例がなく、少なくとも当時の中国人（魏）の目には大陸的な天や地を祀る「祭」で表現しうるものはなかった可能性が指摘されている[11]。「魏志倭人伝」が語る倭で存在するものは、卑弥呼が行う「鬼道」と、人が死んだときに実施する儀礼（モガリらしい様子が窺える）に関してである。卑弥呼の「鬼道」をどのように考えるのかなどの不確定要素は残るものの、弥生時代の祭祀は銅鐸や土器絵画などの資料が示唆する予祝儀礼を含む農耕儀礼を中心としたものと考えられており[12]、その場合の祭祀対象は人格神的な観念が未成立の「地霊」などの射程範囲の大きい霊であったとみられる[13]。

マツリの場という観点からみると、多くの場合、集落の中の一画に祭場が設けられ、青銅器埋納地を除けば集落の外に独立した祭祀場を設けることは一般化していなかったとみられる。この場合、集落内における遺構の空白域、もしくは遺構密度の薄い部分をもって、その場所を祭儀場として想定することが多い。例えば、鳥取県茶畑山道遺跡では、棟持柱式を含む弥生時代の掘立柱建物群を中心とした遺構群に囲まれるかたちで長径14m以上×短径14mの楕円形状で遺構が空白となる部分が確認されており（57頁図36参照）、祭祀区域として評価されている[14]。

また、佐賀県吉野ヶ里遺跡では、集落域（北内郭域）のほぼ中央に「祭殿」とされる大型掘立柱建物があり、そこから150m北側に位置する北墳丘墓、両者の間にある小型掘立柱建物、それに独立した一本柱である立柱が同じ軸線上に並ぶ状況がある。このうち小型掘立柱建物は、北墳丘墓のすぐ南側（10m）に位置することから葬儀に関する祭殿とされ[15]、前述の「魏志倭人伝」が語るところの喪葬儀礼に関わる可能性があるとされる。こうした例は九州島以外ではあまり例をみないが、大陸に近い九州島では本州島とは違った大陸的な信仰の一端が導入された可能性がある。ここでは、弥生時代の九州島では、死者を弔う喪葬において独立した建物が伴うと想定されていることを確認しておこう。

なお、最近では弥生土器に描かれた梯子を伴う高床の独立棟持柱式掘立柱建物を神殿ないし祭殿とみて、さらにこのことを敷衍させて大阪府池上曽根遺跡の独立棟持柱式大型掘立柱建物を神殿とみる意見がある。神殿という以上、祭りを行うための祭殿ではなく、あくまで「カミの籠もる屋」としての機能をもつものに限定されるべきであるが、広瀬和雄は「高床建物のなかにはおそらく木偶が置かれ、それにカミが寄りつく。その時点で木偶はカミに、クラは神殿に変成する」と予察され[16]、木偶（木製人形）を神殿に収められた「カミ」として捉えて、列島の弥生時代

中期段階に「人格神」的なカミの存在を予測した。しかし、木偶の存在をもって人格神の存在を認めた場合、古墳時代などとの乖離が大きく、さらに検討の余地があろう。なお、池上曽根遺跡など弥生時代の棟持柱式掘立柱建物の機能を神殿と解する考え方に対しては、岡田精司の厳しい批判[17]がある。

　ただ、広瀬の見解も含めて、いずれの考えを採るにしても、弥生時代の祭祀の主たる祭場は集落内と想定されており（共有の広場とみるのか、大型建物ないしはその近傍とみるかの見解の相違はある）、集落の外部への独立化は達成されてなかったと推定される。

3. 古墳時代初頭における儀礼空間の形成

　こうした状況に変化がみらえるのが古墳時代開始期である。古墳時代に入る頃には、集落の外側に儀礼空間と認識可能な場が形成されはじめる。古墳時代開始期におけるこの状況を、まずは愛知県八王子遺跡を素材として確認してみよう（図59）。

　八王子遺跡は、木曽川の分流路である日光川の南側に展開する萩原遺跡群の最北に位置する遺跡で[18]、遺跡中央を走る東西大溝によって南北に区画される。このうち、大溝南側は柵で囲まれた方形区画とクランク状の区画溝を中心にそれらを囲む竪穴住居、掘立柱建物群からなり、首長の居住空間と考えられている。一方、大溝北側は一棟の大型掘立柱建物とそれを囲む二重の長方形区画溝以外には明瞭な遺構が認められず、広いスペースを伴う儀礼空間として捉えられている。そして、この長方形区画溝は南側に開放部があり、延長すると大溝北岸に接して大規模な木組井泉が形成されている。井泉の前面（井泉に伴う木組の外側となる大溝下層）には、未使用かと推定される大量の小形精製土器群が集中出土しており（40頁図23参照）、同じく大溝出土の武器形木製品とともに井泉への祭祀行為が行われた可能性が指摘されている。ただし、井泉自体からの出土遺物は乏しく、井泉内は清浄に保たれていたと推定されている。

　これらのことから、大溝北側に展開する長方形区画内の大型建物と井泉はその位置関係から密接な関係にあることが窺われ、井泉への祭祀的行為の存在を介して大型建物も儀礼のなかでも祭儀に関係した建物であった可能性が浮上する。たんに井泉を祀るだけでなく、明瞭な儀礼空間を伴うてんに古墳時代としての新たなあり方がみてとれよう。

4. 閉鎖系祭儀空間と開放系祭儀空間

　古墳時代初頭において、こうした独立した儀礼空間が認識できる遺跡は、八王子遺跡にとどまらず、鳥取県長瀬高浜遺跡（図60）でも確認することができる[19]。

　長瀬高浜遺跡では、複数時期の遺構が多く重なり合って複雑な様相を呈するが、辰巳和弘はここから喰い違い入口をもつ一重ないし二重の方形柵に囲繞された空間内に、方形竪穴を床下に配した四本柱の大型掘立柱建物（SB40）を中心とした祭儀用建物群を抽出した[20]。中心建物であるSB40は、外周に柵を巡らせ、前面（入口側）には階段かと推定される突出部を伴っている（図61）。なお、この階段に相応の高さを想定して、SB40を同じ鳥取県稲吉角田遺跡から出土した弥

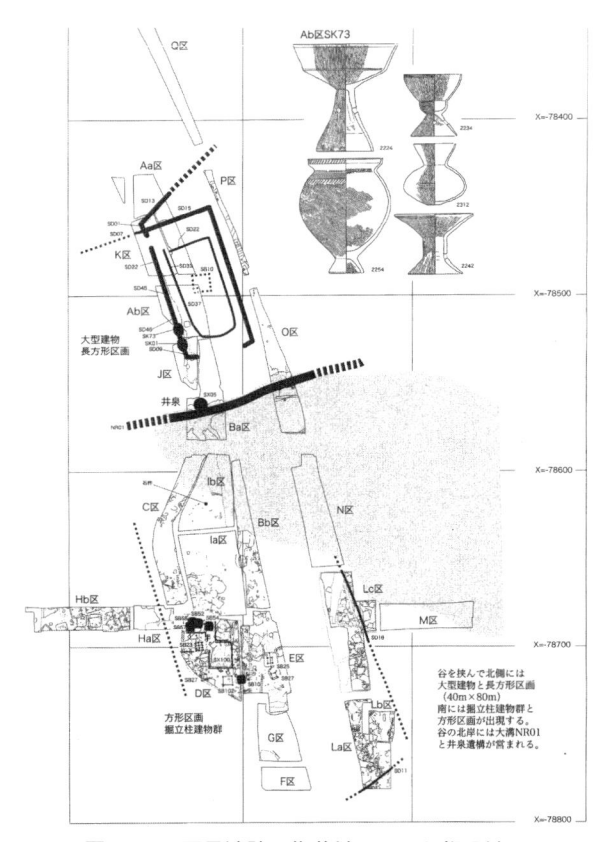

第Ⅱ章 古墳時代儀礼空間の整備と祭祀遺物

図59 八王子遺跡の集落域（南側）と祭祀域（北側）

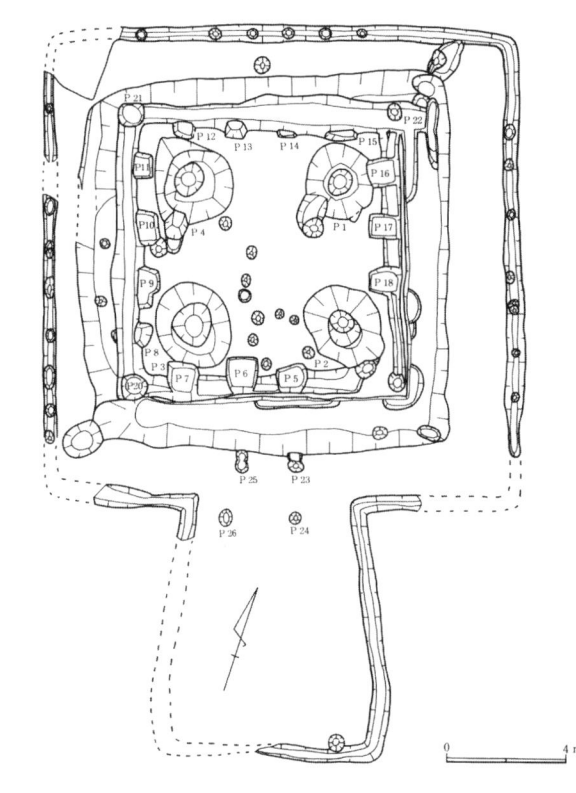

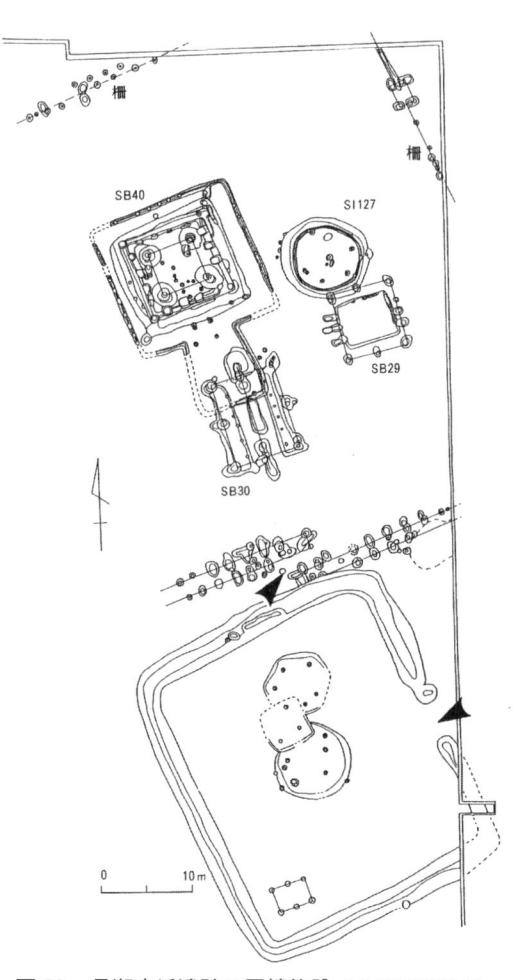

図60 長瀬高浜遺跡の囲繞施設（辰巳和弘復元案）

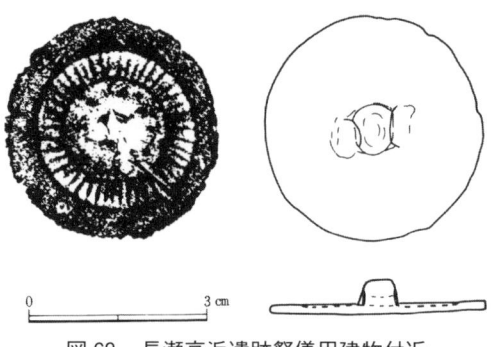

図62 長瀬高浜遺跡祭儀用建物付近出土の小形銅鏡

図61 長瀬高浜遺跡の祭儀用建物（SB40）

生壺に描かれた高層の高床建物に類似した建物（望楼）として復原する案も森浩一により提出されている[21]。SB40からは、小形銅鏡をはじめ、鉄製工具類や未成品を含む玉類が土器とともに出土している。鉄製工具や玉類が何らかの儀礼的行為に関係したかどうかは判断が難しいが、SB40周辺では銅鏃や素文鏡が多く出土しており（図62）、SB40の関連した遺物であった可能性が指摘されている[22]。SB40出土の小形銅鏡の存在と合わせ、特殊な大型建物と鏡との関係を具体的に示す数少ない事例であり、大きな意味をもつものといえよう。

八王子遺跡や長瀬高浜遺跡のような囲繞施設内に大型建物ないしは特殊な建物を配する事例は、他にもいくつかの例が知られてきている。代表的な例を示せば、古墳時代初頭では京都府中海道遺跡[23]、古墳時代中期では兵庫県松野遺跡[24]や奈良県極楽寺ヒビキ遺跡[25]、古墳時代後期では奈良県櫟本高塚遺跡[26]などである（図63）。このうち、柵と溝の双方による囲繞が松野遺跡と極楽寺ヒビキ遺跡（ただし、松野遺跡の溝はしっかりしたものではない）、主に柵による囲繞が長瀬高浜遺跡と櫟本高塚遺跡、主に溝による囲繞が八王子遺跡と中海道遺跡（建物への開口部の前面のみ目隠し塀が伴う）である。ただし、中海道遺跡に関しては、周辺部の様相が不明なため集落内の「特定区画」なのか集落の外側に独立した場として存在しているかどうかはいまひとつ明瞭ではない。また、中海道遺跡と櫟本高塚遺跡の事例は、建物のすぐ外側を囲繞しており、一定スペースを囲むというよりは建物自体を囲んでいる様相が強い。

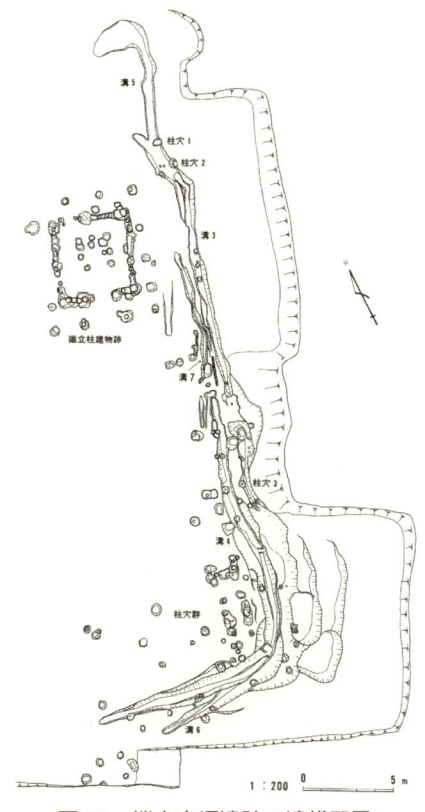

図63　櫟本高塚遺跡の遺構配置

いずれにせよ、これらがいずれも機能的に同じ目的に用いられたかどうかは不明ながら、少なくとも儀礼空間や特殊な建物を囲繞することによって、周囲との隔絶化を図っていることは認めてよい。ただし、同じ隔絶化といっても、溝による囲繞と柵による囲繞とでは、外部からの視界というてんで大きな違いがある。このことに関しては、「魏志倭人伝」[27]において、柵を用いることが「厳か」と表現されることが参考になる。

文献1　「魏志倭人伝」
　宮室・楼観・城柵、厳かに設け、常に人あり、兵を持して守衛す。

つまり、柵による囲繞は、当時の人の意識の上でも「厳」という字句が用いられるほど厳重な含意があり、かかる意味においては、囲繞された儀礼空間のなかでも視界の遮蔽を伴う柵でもって囲繞された事例は「閉鎖系祭儀空間」として把握するのが適当であろう。溝で区画するだけのタイプは「閉鎖系」とまではいえず、現時点では、「エリア顕在型」として把握しておこう。

一方、古墳時代には、こうした祭祀の場を囲繞する祭儀空間とは別に、スペースとしての独立化は認めらるが、柵や溝などによる囲繞を伴わない儀礼空間も存在する。これを「開放系儀礼空間」として位置づけておこう。このタイプには、三重県城之越遺跡[28]や群馬県中溝・深町遺跡[29]といった「湧水点祭祀」の形態を採る遺跡のほか、福岡県沖ノ島[30]や静岡県天白磐座遺跡[31]といった磐座形態を採る遺跡が含まれる。目隠し塀など多少の遮蔽施設を伴うものはあるが、基本的にそれらが全周することはない。また、山や峠、あるいは河川などが祀られる対象になったと推定される遺跡においても、祭る場そのものは基本的には開放空間であったと思われる。こうした開放空間で実修された祭祀は、祭祀対象が自然物（当然その背後にはカミや精霊、モノなどが観念されていると思われるが）として容易に推定できるものが多い。

さらに、「祭祀を主目的として形成された遺跡」という意味での「祭祀遺跡」ではないものの、集落内の祭祀遺構として捉えられている群馬県中筋遺跡における祭祀[32]も、開放的である。ここで祭祀遺構とされるものは、溝や柴垣などによる簡単な区画をもつものはあるが、多くは開放空間での土器集積や、配石・樹木根元への物品供献であり、基本的に閉鎖的な空間で実修された祭祀という状況からは程遠い。各地で祭祀遺構として認められることの多い廃絶後の竪穴住居覆土への物品集積においても、そこを囲繞して閉鎖空間としている例は聞かない。

このようにみると、古墳時代の祭祀は、開放系祭儀空間がより一般的な存在であり、閉鎖系祭儀空間はこれに比べると特殊なあり方を示すものとして存在していたとみられる。なお、閉鎖系を採用する遺跡のなかには、祭祀施設とするよりは喪葬施設たる殯所が含まれているのではないかと認識しているが、このことについては第Ⅳ章で改めて検討したい。

5. いわゆる「纒向型祭祀」について

さて、古墳時代初頭の祭祀を考えるうえで重要な問題を提起しているのが奈良県桜井市纒向遺跡の特異な大形土坑とその出土遺物の内容の検討から石野博信によって設定された「纒向型祭祀」[33]である。

当該の土坑は、纒向遺跡でもやや北寄りの辻地区と東田地区にあり、報告書作成段階に辻地区で29基、東田地区で5基が確認されている[34]。これらの土坑で共通する内容は、「大型であること、多量の土器、焼杭を含む木製品と湧水」とされ、方形建物が近傍に伴うものもある。このうち、特に内容豊富とされるのが辻土壙1・2・4の3基である（報告書では「壙」を用いているので、固有名をいう際はそれに従う）。3基の所見を簡単に記すと以下のようになる。

辻土壙1 5m×4.3mの不整形を呈し、深さ90cmで湧水を伴う。坑壁に30〜50cmの礫を積み上げ、石組みとしていることに特徴があり、また脇の自然流路側に杭と板材が伴う。土坑埋土からは多量の土器と木製品、自然木を含んでいる。

辻土壙2 4m×3.2mの不整円形を呈し、深さ80cmの皿状で湧水を伴う。下層から出土した胴部穿孔壺形土器を含めて埋土からは多量の土器と木製品（円頭棒状木製品、蔦皮、加工木等）が出土している。また、土坑の約5m西側に1間4方の建物跡が検出されている。

辻土壙4 3m×3mの不整円形を呈し、深さ150cmで湧水を伴う（図64）。埋土からは、大量

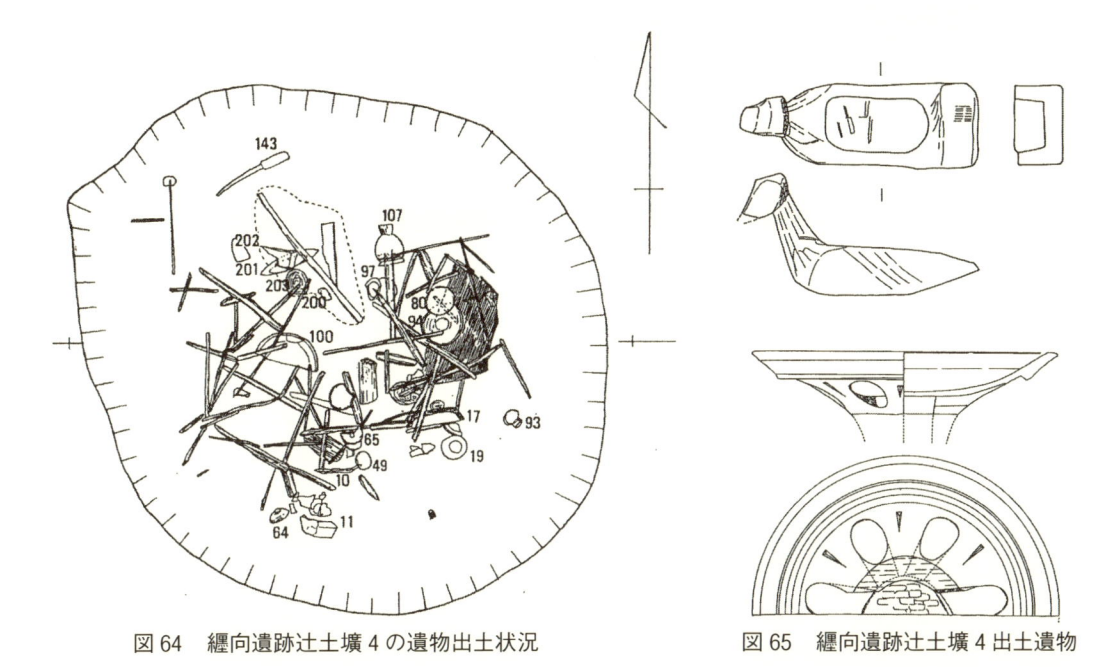

図64　纒向遺跡辻土壙4の遺物出土状況　　　　　　図65　纒向遺跡辻土壙4出土遺物

の土器の他に、箕・籠・装飾高杯・水鳥槽・槽・盤・竪杵・機織具・舟形・木庖丁・団扇形木製品・弧文円板などの木製品、焼木、稲籾などが出土しており（図65）、これらは「マツリ」の後、湧水層まで掘り抜いた穴に埋棄したとされる。なお、土壙の6m南東に一間四方の建物跡が検出されている。

　「纒向型祭祀」は、このなかでも最も豊富な出土遺物をもつ辻土壙4の内容を基に設定された。石野によって出土遺物から復元された「マツリ」の内容は、「稲籾を脱穀し、炊飯し、盛り付け、儀礼ののち共食する過程」に「祭事に際して布を織る」行為が伴うとされた。そして、これら遺物組成が「延喜式」の「大膳職式」や「新嘗祭」条に掲げられた用材品目に一致することや、「魏書」や「後漢書」にみえる高句麗の穀母神を祀る東盟祭の「大穴」に類似するとしたうえで、岡田精司が提唱した「ニイナメ・ヲスクニ」[35]に類似した儀礼が行われた可能性を指摘した。

　炊飯して食するという行為ということであれば農耕儀礼的な性格が濃厚であるが、岡田のいう「ニヒナメ・ヲスクニ」儀礼は、大王が地方から上がってきた特産物を食することにより、支配の正統性を確認する服属儀礼としての性格があるとされるものである。「纒向型祭祀」を構成する土器に東海や北陸などからの搬入土器が多く含まれ[36]、また辻土壙4出土の装飾高杯も北陸からの搬入品である可能性が高い[37]ことなどを考えると、この指摘はあながち荒唐無稽なものではない。石野は、辻土壙4の豊富な出土遺物から土坑と出土遺物の祭祀的性格を認めたが、筆者も纒向遺跡の土坑（特に辻土壙4）出土遺物に儀礼の反映を想定する石野の見解を支持する。ただし、儀礼の内容に関しては、この組成が古墳に供献される土製品や埴輪などとも一定の対応関係があることは注意され、喪葬や葬送との関係も無視できないと考えている。具体的には、舟形・鳥形、加飾高杯はそれぞれ形象埴輪に造形され、箕や籠、食品なども古墳墳頂や造出にしばしば供献される物品である。「纒向型祭祀」とされる土坑の確認位置は、ちょうど纒向古墳群の近傍に位置しており、これら土坑群は古墳での儀礼に関わって、その物品廃棄土坑として機能し

た可能性も考えられよう。土生田純之は、石上や大神などの古社近傍には古墳が築造されず、古社の存在が葬送に伴う穢れを忌避したと捉えたが[38]、纒向遺跡は纒向古墳群を域内に含んでおり、それに関わる儀礼も当然存在したとみてよかろう。

6. 文化推移論と考古学的事象の対応関係

　こうした纒向型祭祀を考えるうえでも、また古墳時代の祭祀遺跡全般を考えるうえでも、注意しておくべき重要な仮説がある。前述の三品彰英によって提起された文化推移論である。
　これは、日本では3世紀頃には銅鐸に代表される地霊観念を核心とした「地的宗儀」から、北方アジアから流入した天界の信仰を中核とした「天的宗儀」へ文化推移が行われたとするもので、三品はその担い手を「高天原系を自認するヤマト朝廷とその周辺の人々」[39]であったとする。そして、「天的宗儀」とは「銅鏡を神器とする日の神の神事儀礼にほかならない」[40]として、地霊宗儀の聖器としての銅鐸から日の神の聖器としての銅鏡への転換を見通す。これら一連の指摘はまことに聞くべき意見であるが、では翻って考古学上の遺跡や遺物との対応を考えると、問題はそう単純ではない。
　例えば、鈴木敏弘は、石野提唱の「纒向型祭祀」を支持したうえで、辻土壙1の壁面に施された石組みを磐座とみなし、「従来の地的宗儀的な土壙祭祀を基盤に、新しく天的宗儀として神の降臨を「磐座」か「依り代」に招く儀礼を開始した」[41]と評価した。ただし、石野が遺物群から推測した「纒向型祭祀」の内容についてはあまり触れることなく、専ら石野が触れなかった天的宗儀との関係から立論する。確かに、磐座そのものには、後述のように垂直降臨型のカミ観念の反映があるものも含まれるとは思うが、辻土壙1の石組みを磐座と見做せるかどうかには疑問が残る。これらはあくまで石組みであって、磐座のようなカミの降臨を想定した屹立した立物ではないからである。むしろ、三品が示したふたつの文化モデルを一定是認しうるものと捉えた場合でも、「纒向型祭祀」は地霊や水霊、大地を祀る「地的宗儀」と調和性があったとみられる。石野自身も、これを「地的宗儀」として捉えている[42]。
　同様のことは、奈良県石上禁足地（図66）の考古学的知見とも照応する。奈良県石上禁足地は、布留川左岸の段丘上にあり、土饅頭形に造成した盛土の下に石室を構築し、内部に素環頭大刀や琴柱方石製品、玉類などを納めていた[43]。遺物の組成は、前期古墳の副葬品と共通するものであるが、置田雅昭は金銅製品を含むことからその成立年代を古墳時代中期前半に求めた[44]。石室内に物品を埋納するというてんで古墳埋葬とも調和性を示すが、その「石室」内とは地下遺構であり、「地中埋納型」ともいうべきこの祭祀形態[45]は、少なくとも「天的宗儀」よりは「地的宗儀」との調和性が高いと認識される。
　つまり、銅鐸をはじめとする弥生系の青銅製祭具が弥生時代の終末に終焉を迎え、一斉に埋められたり破壊されたりしたとしても、それをもって「地的宗儀」という大地へ根ざした信仰も天への信仰に取って代わられたという性格ではなかった。実際、「地的宗儀」の根元たる大地の生成力は、水とともに太陽の生成力にも大きく依存していることを考えれば、両者を対立的に二分して考えるべきものでもない。このてんについては、三品自身、「地的宗儀」の具体例を奈良時代の

「豊後国風土記」逸文にみえる「餅の的」説話を具体例として示しているし[46]、前方後円墳の本質的理解も神霊の容器である壺を地中に埋めることにあると「地的宗儀」との調和性を強調している[47]。「地的宗儀」という基層のうえに、ある時期「天的宗儀」という外的信仰が覆い被さり、それが実際の信仰形態にも影響を及ぼしたとみる理解[48]が現実に即したものであろう。

さて、三品は前述のように、「日の神を招禱する神事において、神鏡が最も重要な聖具であった」[49]として、「天的宗儀」を象徴する中心的な祭器は銅鏡であると考えた。そして、その具体的な機能として、「記紀」天ノ岩戸隠れ説話に記されたような銅鏡を使用する神迎神事を想定した。そして、「地的宗儀」から「天的宗儀」への転換時期として、銅鐸などの弥生系青銅製祭具が一斉に姿を消す古墳時代開始期をあてた。これは、「鏡作部の出現が古墳時代にはじまるということを、この場合一つの指標としたい」[50]とされていることから考えると、古墳時代初頭には既に鏡作部が存在したという考えが背景にあっての時期比定と思われる。しかし、列島での銅鏡製作集団が古墳時代初頭には存在したことを銅鏡研究から是認したとしても、「記紀」神代の記載内容を古墳時代初頭にあてる自体、史料批判上の問題があり、そこから敷衍させた転換時期の設定は無理があったといわざるをえない。

さらに、銅鐸の終焉はともかく、三品が想定するような古墳時代開始期における銅鏡を用いた神迎神事を示す考古学的な痕跡は現在もなお確認されてはいない。僅かに、前述の鳥取県長瀬高浜遺跡SB40から小形銅鏡が出土している[51]ことは、周辺部から素文鏡が出土しているということとも考え合わせ、この見解を支持する微証といえなくもない。しかし、建物及びその近傍か

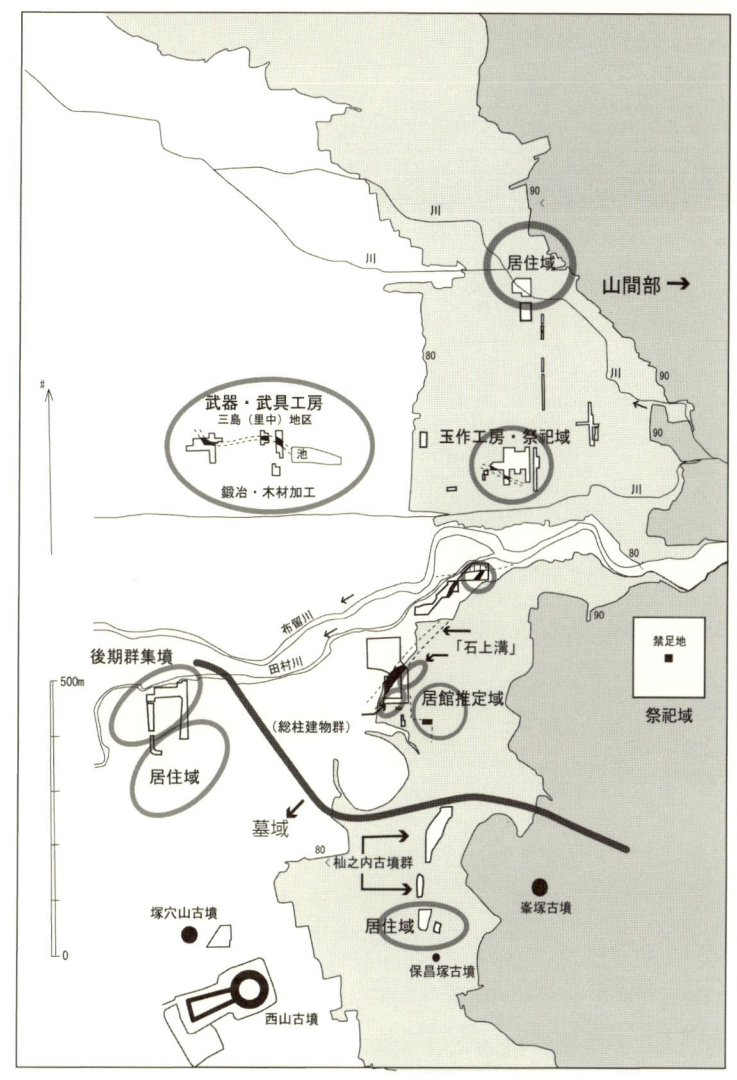

図66　布留遺跡の構成と祭祀域の分布

第Ⅱ章　古墳時代儀礼空間の整備と祭祀遺物

写真6　石山古墳墳頂部出土の円弧文装飾切妻家形埴輪

らの銅鏡の出土は、例えば奄美地域ではスイジ貝を魔除けとして家の入口や柱に掲げた風習があったように[52]、悪霊を払う呪具として建物に掲げられた可能性も考えられ、直ちに神迎神事に使用したと結論付けることはできない。このことについては、三重県石山古墳の後円部墳頂から鏡を想起させる二重円文を壁一面に線刻した切妻の家形埴輪が出土している[53]ことも参考になる（写真6）。

　古墳時代開始期における銅鏡の使用は、「カミ（神）マツリ」の場ではなく、専ら古墳の副葬品として用いられることこそ重視すべき事象である。古墳時代を代表する鏡式であり、かつその使用開始がほぼ古墳時代の開始期と重なる三角縁神獣鏡について森浩一は、道教思想と関連する葬具であることを指摘したのをはじめ[54]、河上邦彦は古墳副葬品における鏡の配置状況から鏡が辟邪を目的とした呪的機能のために用いられたことを説いた[55]。こうしたことを考慮すると、古墳時代に鏡使用の風習がいっせいに広がるのは、祭具としてよりも葬具として鏡が希求されたためであり、その背景にはカミ観念の変化というより、死忌観や死霊観念、あるいは喪葬観念といった死者に対する認識の変遷ないしは転換に伴うものであった可能性が高い。このようにみると、「地的宗儀」から「天的宗儀」への文化推移説は、大きな流れとしては是認しうるものであろうが、その転換時期が古墳時代開始期であるということに関しては、一部の先進的な集団には受容されたかもしれないが、少なくとも一般化は達成されてなかったとみるほうが現在の資料状況と合致したものであろう。

　天を祀る、あるいは太陽信仰としての天的宗儀を実際の遺跡のうえ、つまり考古学の資料から認めるとなると、福岡県沖ノ島[56]における岩上祭祀成立の段階である4世紀後半頃を待たねばなるまい。沖ノ島での祭祀形態が、岩上祭祀から岩陰祭祀、さらに半岩陰・半露天祭祀を経て露天祭祀へと変遷することを考えると、成立時の岩上祭祀こそ天を意識した祭祀施設として認めることが可能となる。鈴木敏弘は、三重県城之越遺跡の貼石祭儀場に付設された立石（図67）に関して、それを磐座とみなす見解を披瀝し[57]、これについては筆者も同意したが[58]、この時期もほぼ沖ノ島祭祀の開始期と照応する。奈良県三輪山における祭祀も大神神社周辺の出土遺物を介すれば[59]、その成立は4世紀代に遡るであろう。

　以上の諸点を勘案すると、「銅鏡を用いての神迎神事」としての「天的宗儀」という評価については留保するものの、カミの棲む場所のひとつとして天が意識され、太陽への信仰も生成しだすことを「天的宗儀」と置き換えてよければ、その成立は一部上位集団では4世紀後半ごろ、一般化するのは5世紀に入ってからとみるのが妥当であろう。そして、このように考えてよければ、

図67　城之越遺跡貼石祭儀場第1突出部と立石の様相

　その成立年代は祭祀形態としての磐座が出現して、さらにそれが全国（特に東国）へ波及していく時期とほぼ照応した関係になるのである[60]。

7. 祭祀遺跡の形成と古墳時代中期におけるカミ観念の革新

　このようにみると、磐座の成立や山に神が坐すとする観念の形成は、いわゆる「天的宗儀」の成立と一定照応すると思われるが、すべてを「天的宗儀」に関連付けられるわけではなさそうである。カミが山に棲まうとする観念は、カミの降臨を含意しなくとも、「記紀」や「風土記」の記述からも一般的にみられる思想と判断されるからである。
　このことは、具体的には第Ⅳ章第2節でさらに詳述したいが、いわゆる「交通妨害説話」[61]も含め、古代においては人間の住む地平と、カミや精霊の棲み給う「ヤマ」とは領域が異なるものであり、その境界は平地と山との接点、すなわち「山口」にあったという認識があったと思われる。「常陸国風土記」行方郡条にみえる夜刀神の説話は、「天空から降臨する神」ではなく、山へ

と追いやられていく神（この場合、祟り神）の姿を活写する。

つまり、山（大場のいう「山嶽」）や峠、磐座、樹木といった高い場所にカミが降臨する、あるいは坐すとする観念は、大きくふたつの基層的な観念に基づいていると判断される。ひとつは三品のいう「天的宗儀」、すなわち日神や天に対する信仰とカミの降臨観念の発生、もうひとつは人の住む空間とカミの棲む空間を分けたうえで、カミは山に棲まうとする観念である。このことは、夜刀神の説話だけでなく、ヤマトタケル説話における「伊吹のカミ」など古代においてはごく一般的な認識であったと推定される。

このうち、後者の信仰観念は列島在来にあった観念であったと思われるが、「天的宗儀」に関しては、三品も指摘するように基本的には外来の信仰であったと思われる。こうした信仰が、4世紀後半から5世紀頃にかけて列島に流入し、祭祀観念の変化をも推し進めた原動力になったと推定されるが、これは当然倭と大陸との各種交渉と往来、具体的には渡来系集団の列島流入とも一定の照応関係にあると思われる。古代朝鮮半島の始祖神話には三品の指摘があるように降臨神話を伴うものがあり[62]、この観念の列島流入は古墳時代開始期よりも5世紀前後の時期こそ相応しい。

このことに関連して、古墳時代中期の祭祀遺跡から渡来系や半島由来で製作が開始された初期の須恵器類がしばしば出土することは注目できる。愛媛県出作遺跡は、西部瀬戸内を代表する祭祀遺跡であるが、その祭祀形態は露天の祭祀場に滑石製模造品や鉄器を含む大量の土器集積である[63]。ここに供えられた土器には大陸由来の陶質土器を含み（図68）、また鉄器にも鉄製農具の他、大陸由来の鉄鋌を含んでいる。こうした在来の伝統のみに拠らない祭祀遺物の出現は、大陸から新たに波及したカミ観念と照応したものであり、大陸由来のいわば「新来の呪的用具」と呪法をもって祭祀を実修することにより、従来備わっていなかった新しい力を得、それによって課題の問題解決を図ろうとしたものであったと推定される。大和三輪山を臨む磐座で石製や土製の各種模造品や子持ち勾玉、鏡などが祭料として用いられたいわゆる三輪山祭祀において、須恵器が多く使用されていたとされることも[64]、このことに照応していよう。この他にも、三重県六大A遺跡[65]や奈良県阪原阪戸遺跡[66]などの湧水点祭祀の形態をとる遺跡においても、5世紀以降のものについては初期須恵器や韓式系土器などとの調和性の高い遺跡が多いことは注目してよく（図69）、前述の三重県城之越遺跡からも完形品2点を含む韓式系土器が出土している[67]。

以上のことに関して、非常に興味深い説話が「播磨国風土記」揖保郡条にみられる。これは「佐比岡」という場所に関わる地名起源説話の類であるが、古代のカミ観念を知る上でも非常に興味深い内容を含んでいる。以下、該当の箇所を示しながら、確認していきたい。

文献2「播磨国風土記」揖保郡条[68]

佐比岡　①佐比と名づくる所以は、出雲の大神、神尾山に在しき。此の神、出雲の國人の此處を經過する者は、十人の中、五人を留め、五人の中、三人を留めき。②故、出雲の國人等、佐比を作りて、此の岡に祭るに、遂に和ひ受けまさざりき。然る所以は、比古神先に來まし、比賣神後より來ましつ。ここに、男神、鎮まりえずして行き去りましぬ。この所以に女神怨み怒りますなり。③然る後に、河内の國茨田の郡の枚方の里の漢人、來たりて、此の山の邊

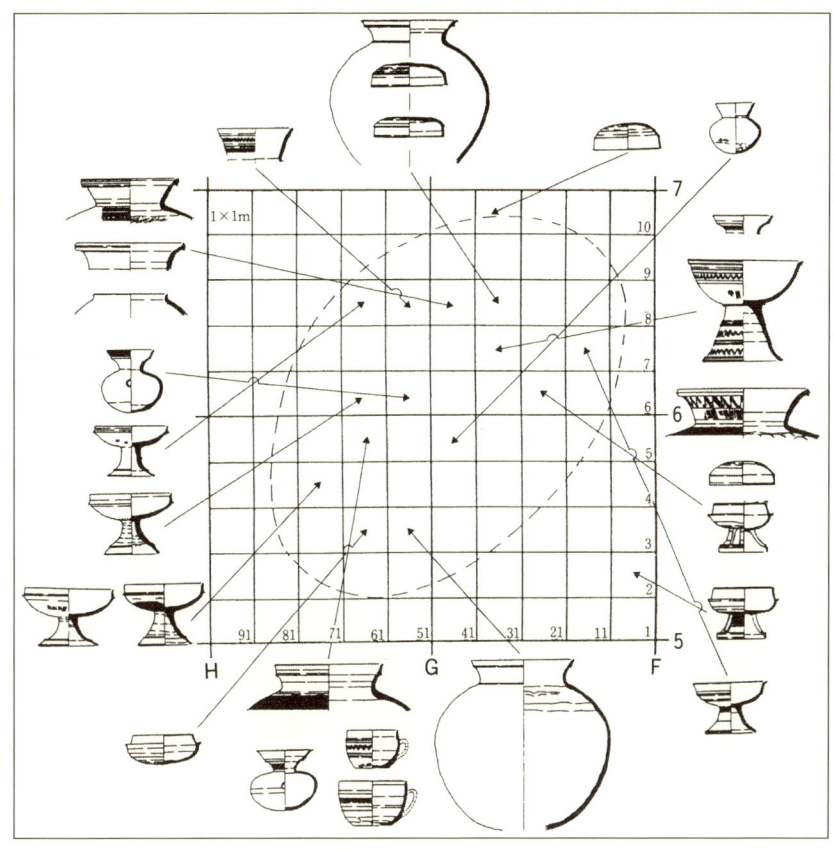

第1節　古墳時代祭祀遺跡の形成―カミ観念の変遷と祭祀遺跡の変貌―

図68　出作遺跡土器集積SX01における須恵器・陶質土器

図69　六大A遺跡出土の初期須恵器

に居りて、敬ひ祭りて、僅に和し鎮むることを得たりき。此の神の在ししに因りて、名を神尾山といふ。又、佐比を作りて祭りし處を、即ち佐比岡と號く。（文中の数字は筆者）

ここで語られた内容は、以下のように整理できよう。
① 神尾山というところに「出雲の大神」がいて、出雲国人がここを通る時に約半数を通さず、通行の妨害をしたこと
② 出雲国人が佐比（鋤）を作ってこの神を祀ったが、効果がなかったこと（そのあとに神が鎮まらなかった理由が示される）
③ 河内国茨田郡枚方の里の漢人が祭って、やっと神の怒りが鎮まったこと

　神尾山に拠った出雲大神は「悪神」として描かれ、いわゆる交通妨害説話とされる類型[69]を示すが、里人が祀っても鎮まることがなかった神が、河内の「漢人」が祀ることによって鎮まる筋書きは、旧来の祭祀よりも漢人による新来の祭祀（大陸由来の祭祀）により大きな効能を認めていることになる。この祭祀に際して用いられた物品である佐比とは農具の鋤で、土地の開墾占居神として祭ったと考えられている[70]。このことに関連して瀬川芳則は、この説話にも出てくる河内国茨田郡枚方里の故地でもある大阪府枚方市の楠葉東遺跡から、平安時代の事例ではあるが「木炭を敷いて清め、鋤先を立て貨幣10枚を収めた水瓶を立てた祭事」を示す出土事例があったことを紹介している[71]。古墳時代では、実際の鋤を立てた祭祀事例は未確認であるが、いわゆる木製形代（木製祭祀具）中にミニチュアの木製鍬鋤身が形代として存在しており、鍬鋤類が祭祀遺物としても扱われたことを示す事例として注目できる[72]。

　「祭祀」という字句から受けるイメージは、伝統や所作を重視し、旧来の方法を保持するものを想起させるが、この説話からは祭祀とは一種の「方法論」であり、結果として神が鎮まる手法であれば、その新古や伝統の有無はあまり問題とされなかった事情が読み取れる。つまり、伝統に則るかどうかは問題ではなく、そこに効果があるかどうかが重要だったのである。かかる意味においては、祭祀は伝統ではなく、日々改良を加えるべき対象であり、大陸由来の手法を駆使して行われる新来の祭祀法や観念が受け入れられる余地もこのてんにあった。これは、祭祀が現実の問題解決の方法として生きていた時代において、祭祀が最新の「技術体系」として認識されていたことを示すものであり、古墳時代中期以降の祭祀遺跡で渡来系の文物がしばしば認められる理由も、まさにこのてんにあったとみてよかろう。つまり、祭祀遺跡出土の渡来系文物は、たんに当時の最新の物を祭料として奉祭に供したというだけではなく、「大陸由来」という来歴自体に霊力の強さが存在すると観念するとともに、その祭祀法（呪法）自体、大陸由来として尊ぶ意識が発動していた事情を示すものであろう。

　「風土記」の編集は8世紀段階の仕事であり、そこで語られた観念を古墳時代にまで遡及させてよいかどうかには問題も残るが、当該記事の存在は「祭祀遺跡」における創祀観念を考えるうえで非常に大きな価値があると評価したい。現実の祭祀遺跡の実態と連動させて考えると、そこに記された説話内容が現実性をもちはじめるのは古墳時代中期（5世紀）以降のこととして照応する。

　つまり、以上を整合的に考えれば、この時期を境とする頃に大陸由来の新たな祭祀観念が列島

に流入し、問題解決の方法としてより強い新たな霊力を求めることが行われた。これに連動して祭祀観念における「天」が意識されはじめ、磐座や三輪山型の山嶽などカミの降臨を含意した祭祀遺跡の広汎な成立を促した。三品が提唱した「天的宗儀」は、まさにこの時期のカミ観念の変化にこそ、その成立を考えることが相応しいものとして捉えられる。

8. まとめ

　古墳時代中期は、金工技術や須恵器に代表される新たな窯業生産、乗馬の風習などが大陸から渡来し、いわば技術革新の時代であったと捉えられている[73]。しかし、渡来してきたものは技術や集団だけではない。前期後半頃から中期にかけて新たなカミ観念も渡来した。これが三品の提起した「天的宗儀」の広汎な成立を促し、この信仰革新が磐座タイプの祭祀遺跡をも成立せしめた。各地で新タイプの祭祀遺跡が成立し、また祭祀遺跡への供献物品に新来技術による装飾豊かな須恵器や鉄が本格的に加わったことをみても、これらの背景にはたんに観念が伝来したというより、積極的にその観念を採用し、受容しようとする列島人側の意識があったと推定される。その背景に半島における倭勢力の後退があったのか、大陸文化への憧憬があったのか、あるいは列島における各種問題に対する閉塞感が蔓延していたのでは定かではないが、新たな「カミ」を希求するという意味においては、体系的な教義は伴わないまでも、それから百数十年後に伝来する仏教の先駆けをなすものであった。

　古墳時代における祭祀遺跡の形成は、以上述べてきたようなカミ観念の変遷と不可分のものであり、現代学問上の時代区分である「古墳時代」の開始期に合わせてこれら諸観念が一斉に始まったという性格のものではない。銅鐸などの弥生系祭具の出土地が集落から離れた山間の地や山麓・磐麓から出土することをもって、その観念が既に弥生時代に存在していたとみる考え方も想定としては可能だが、そうした観念が成立していたとみるにはそれを裏づける論拠が乏しく、埋納の一種の「目印」にはなり得ても、積極的に「高所」を祀るためにその地へ埋納したと評価することはできない。弥生段階では天を祀るという意識は未だ未成熟であり、古墳時代へ入っても少なくともその開始段階には祭祀遺跡の存在形態や、「天を祀るための祭具としての鏡」という仮説[74]が遺跡レベルで検証できないことから、現時点では否定的にならざるを得ない。こうした観念に変化が生じるのは、早くても古墳時代前期後半以降、一般化する段階は中期に入ってからとみるのが現時点の祭祀遺跡の存在形態と整合性のあるものであろう。

　古墳時代前期後半から中期にかけて徐々に形成されるカミ観念の革新は、従来から存在した湧水点祭祀に代表される大地や井泉といったいわば「地霊」として一括しうるものへ対しての祭祀に加えて、天を意識した降臨系のカミ観念が成立し、一般化していく過程として整理することができるであろう。これに連動する動きが磐座の成立に代表される新たな祭祀遺跡の形成であり、この背景には大陸から伝わった祭祀観念が影響を与えた可能性がある。現段階では、列島と半島の神話の対比研究[75]に比べて朝鮮半島における祭祀遺跡の知見は不明な部分が多く、考古学からの比較研究を妨げているが、以上の見通しを提示したうえで、今後の調査の進展を注視したい。

第Ⅱ章　古墳時代儀礼空間の整備と祭祀遺物

註

（1）大場磐雄　1943「上代祭祀阯と其の遺物に就いて」『神道考古学論攷』44頁　葦牙書店（初出は1930『考古学雑誌』20巻8号）
（2）大場磐雄　1970『祭祀遺跡―神道考古学の基礎的研究―』角川書店
（3）大平　茂　2003「祭祀考古学の体系」『兵庫県埋蔵文化財研究紀要』第3号　117～136頁　兵庫県教育委員会
（4）鈴木敏弘　1991「集落内祭祀の諸問題」『赤羽台遺跡―八幡神社地区―2』66～100頁　東北新幹線赤羽地区遺跡調査団
（5）桜井秀雄　1990「古墳時代の祭祀をめぐる一考察」『信濃』第42巻第12号　32頁～49頁　信濃史学会
（6）篠原祐一　2001「祭祀考古学の基礎的研究再論―古墳時代に於ける祭祀考古学研究の関連諸学援用について―」『研究紀要』第9号　201頁（財）とちぎ生涯学習文化財団埋蔵文化財センター
（7）坂　靖　1998「古墳時代の階層別にみた居宅―「豪族居館」の再検討―」『古代学研究』141　22～35頁　古代学研究会
（8）前掲註（2）文献 17頁
（9）辰巳和弘　1992『埴輪と絵画の古代学』10～18頁　白水社
（10）銅鐸埋納の意味を論じたものは数多いが、研究史的に重要なものとして下記文献を挙げておく。三品彰英　1973「銅鐸小考」『古代祭政と穀霊信仰』11～36頁　平凡社（初出は1968『朝鮮学報』第49輯）
（11）森　浩一　2001「倭人伝と「祭」の字」『関東学をひらく』223～226頁　朝日新聞社（初出はアサヒグラフ1999年10月29日号）
（12）多くの研究があるが、絵画資料から弥生期の農耕祭祀を論じたものとして下記文献を代表として挙げておきたい。春成秀爾　1991「絵画から記号へ―弥生時代における農耕祭祀の盛衰―」『国立歴史民俗博物館研究報告』第35集　3～63頁
（13）前掲註（10）文献
（14）辻　信広　1999「方形区画をもつ環濠集落について」『考古学に学ぶ』（同志社大学考古学シリーズⅦ）211～224頁　同志社大学考古学研究室
（15）七田忠昭ほか　1997『吉野ヶ里遺跡―平成2年度～7年度の発掘調査の概要』、同　2003『吉野ヶ里遺跡―平成8年度～10年度の概要』佐賀県教育委員会
（16）広瀬和雄　1988「弥生時代の「神殿」」『日本古代史　都市と神殿の誕生』72頁　新人物往来社
（17）岡田精司　1999「神社建築の源流―古代日本に神殿建築はあったか―」『考古学研究』第46巻第2号　36～51頁　考古学研究会
（18）樋上昇ほか　2002『八王子遺跡』愛知県埋蔵文化財センター
（19）財団法人鳥取県教育文化財団　1983『長瀬高浜遺跡発掘調査報告書』Ⅴ・Ⅵ
（20）辰巳和弘　1990『高殿の古代学』白水社、同　1988「古墳時代首長祭儀の空間について」『古代学研究』141　36～46頁　古代学研究会
（21）森　浩一　1986『日本の古代4　縄文・弥生の生活』398～400頁　中央公論社
（22）前掲註（19）文献
（23）梅本康広　1997「中海道遺跡―第32次発掘調査概要―」『向日市埋蔵文化財調査報告書』第44集　115～185頁　財団法人向日市埋蔵文化財センター
（24）千種浩ほか　1983『松野遺跡発掘調査概報』神戸市教育委員会
（25）北中恭裕ほか　2007『極楽寺ヒビキ遺跡』奈良県立橿原考古学研究所
（26）池田保信　1989『櫟本高塚遺跡発掘調査報告』櫟本高塚遺跡発掘調査団
（27）石原道博編訳　1951『新訂魏志倭人伝他3篇』岩波書店
（28）穂積裕昌編　1992『三重県上野市比土　城之越遺跡』三重県埋蔵文化財センター
（29）福嶋正史　2000『新田東部遺跡群Ⅱ〔第1分冊〕中溝・深町遺跡　中溝遺跡Ⅱ』新田町教育委員会

(30) 宗像神社復興期成会　1958『沖ノ島』、同　1961『続沖ノ島』、同　1979『宗像沖ノ島』いずれも吉川弘文館
(31) 辰巳和弘編　1992『天白磐座遺跡』引佐町教育委員会
(32) 大塚昌彦　1988『中筋遺跡　第2次発掘調査概要報告』群馬県渋川市教育委員会
(33) 石野博信　1976「三輪山麓の祭祀の系譜―大形土壙と建物跡」『纒向』506～509頁　桜井市教育委員会
(34) 石野博信編　1976『纒向』桜井市教育委員会
(35) 岡田精司　1970「大化前代の服属儀礼と新嘗」『古代王権の祭祀と神話』13～57頁　塙書房（初出は1962『日本史研究』60・61　日本史研究会）
(36) 前掲註（34）文献
(37) 久田正弘・石川ゆずは　2005「白江梯川遺跡の木製高杯について―資料提示と問題提起―」『石川県埋蔵文化財情報』14　39～46頁　財団法人石川県埋蔵文化財センター
(38) 土生田純之　1998『黄泉国の成立』学生社
(39) 三品彰英　1976「天ノ岩戸がくれの物語」『建国神話の諸問題』161～221頁　平凡社（初出は1954『神道史研究』第2巻113号）
(40) 同上書201頁
(41) 鈴木敏弘　1994『和考研究　創刊号』
(42) 石野博信　1990「祭祀と王権」『古墳時代史』（考古学選書31）48頁　雄山閣出版
(43) 菅　政友　1907『菅政友全集』国書刊行会
(44) 置田雅昭　1988「禁足地の成立」『大神と石上』77～106頁　筑摩書房
(45) 穂積裕昌　2008「古墳被葬者とカミ」『信濃』6014　1～23頁（本書第4章第1節に一部改変のうえ収録）
(46) 前掲註（10）文献
(47) 三品彰英　1973「前方後円墳」『古代祭政と穀霊信仰』583～614頁　平凡社
(48) こうした理解は、溝口睦子が提唱する王権神話の二元構造とも一定照応する。溝口睦子　2000『王権神話の二元構造―タカミムスヒとアマテラス―』吉川弘文館
(49) 前掲註（39）文献184～185頁
(50) 前掲註（39）文献201頁
(51) 財団法人鳥取県教育文化財団　1983『長瀬高浜遺跡発掘調査報告書』V
(52) 酒井卯作　1984「南島における貝の呪力と抱石葬」『南島研究』25号　56～71頁　南島研究会
(53) 京都大学文学部考古学研究室　1993『紫金山古墳と石山古墳』京都大学文学部博物館
(54) 森　浩一　1978「日本の遺跡と銅鏡―遺跡での共伴関係を中心に―」『日本古代文化の探究　鏡』53～95頁　社会思想社
(55) 河上邦彦　1997「石製腕飾類と鏡の配置から見た呪術性」『古代の日本と渡来の文化』339～365頁　学生社
(56) 前掲註（30）文献
(57) 鈴木敏弘　1997「神がみの世界と考古学」『季刊考古学』59　33～36頁　雄山閣
(58) 穂積裕昌　1999「井泉と誓約儀礼」『考古学に学ぶ―遺構と遺物―』（同志社大学考古学シリーズⅦ）487頁～498頁　同志社大学考古学研究室
(59) 寺沢　薫　1988「三輪山の祭祀遺跡とそのマツリ」『大神と石上』37～65頁　筑摩書房
(60) 前掲註（45）文献
(61) 金井清一　1968「風土記の交通妨害説話について」『日本文学』31　1～11頁　東京女子大学
(62) 三品彰英　1973『古代祭政と穀霊信仰』475～582頁　平凡社（初出は1936「古代朝鮮における王者出現の神話と儀礼について」『史林』第18巻第3号）
(63) 相田則美ほか　1993『出作遺跡』松前町教育委員会

（64）佐々木幹雄　1979「三輪山出土の須恵器」『古代』第66号　29～58頁　早稲田大学考古学会
（65）穂積裕昌編　2002『六大A遺跡発掘調査報告』三重県埋蔵文化財センター
（66）木下　亘　1998「阪原阪戸遺跡（阪原遺跡群第2次）発掘調査概報」『奈良県遺跡調査概報1992年度』1～7頁　奈良県立橿原考古学研究所
（67）前掲註（28）文献
（68）秋本吉郎校注　1958『日本古典文学大系　風土記』岩波書店
（69）前掲註（61）文献
（70）前掲註（68）文献295頁の頭註による。
（71）瀬川芳則　1985「スキを立てるまつり」『考古学と移住・移動』（同志社大学考古学シリーズⅡ）433～439頁　同志社大学考古学研究室
（72）本章第3節参照。なお、鍬身形の原資料は、岐阜県大垣市荒尾南遺跡出土例を参照。鈴木元　2008『荒尾南遺跡Ⅲ』大垣市教育委員会
（73）窯業生産や乗馬の風習、金工技術の各方面で多くの研究があるが、ここでは近年の総括的な紹介で代表させる。京都大学総合博物館　1997『王者の武装―五世紀の金工技術―』
（74）前掲註（39）文献など
（75）前掲註（62）文献など

第2節　古墳時代祭儀空間とニワ―列島における庭の形成―

　日本庭園の起源を巡る問題は、これまで多くの研究史があるが、巨視的にみれば飛鳥時代に伝来する朝鮮半島系の方形池を中心とした苑池から奈良時代に唐風の屈曲のある流れを重視した庭園へと変化していく方向で捉えられてきた。とりわけ、奈良時代の庭園は、曲水の宴が行われて詩歌が詠まれた場所としてそれ以降の日本庭園史上でも重要な位置が付与され、なかでも平城京左京三条二坊六坪のいわゆる宮跡庭園[1]はこれを具体的に示す好例として国の特別史跡に指定されている。
　一方、三重県伊賀市城之越遺跡では、平成3年度の発掘調査によって、庭園の洲浜や景石を思わせるような貼石や立石をもつ特異な貼石遺構が確認された[2]。この遺構は、一見奈良時代の庭園遺構を髣髴とさせる平面形を呈しており、奈良時代庭園遺構との連続性をどのように評価するのか関心を呼んだ。その後、奈良県天理市赤土山古墳[3]や広陵町巣山古墳[4]など前方後円墳の付設施設のなかに同様の手法を取り入れた施設が確認されるに及び、改めてこのような古墳時代の「庭状遺構」をどのように評価すべきかの検討の時期を迎えている。
　本節では、これら古墳時代の類「庭園」遺構がどのような機能をもった遺構であるかを確認し、そのうえで本遺構が日本の庭園史のなかでも位置づけが可能か、また可能とすればどのような評価がなしえるのかを考えていきたい。

1. 研究略史と本節の視点

（1）問題の所在

　これまで、古墳時代研究者と造園史を中心とした一部の庭園研究者では、問題に対するアプローチの方法が異なり、議論が噛み合ってこなかった観がある。これは、従来積み上げられてきた古代庭園史が、奈良時代以降のいわゆる曲水宴を催すための施設を中心に組まれてきたことと無関係ではない。このため、奈良時代庭園と平面プランが類似した城之越遺跡貼石遺構も、「曲水宴」自体がいつから始まったのかという議論を含めて、こうした奈良時代以降に定型化する庭園の起源が、機能的あるいは造営技術的な側面がどこまで遡るのかという脈絡のなかで評価された。換言すれば、それまで知られていた「奈良時代（あるいは平安時代も含めて）の庭園」という存在がまずあり、そこを定点として、それがどこまで、あるいはどの要素が遡りうるのかという視点である。
　一方、庭園史自体を主たる研究テーマとしてこなかった古墳時代研究者は、奈良・平安時代の庭園に起点を置いた問題へのアプローチに違和感をもち、いったん庭園史を巡る議論の枠組みから当該遺構を切り離し、まずは発掘された遺構自体の評価を目的とした。その方向における議論のひとつの帰結が、城之越遺跡や奈良市南紀寺遺跡[5]を「水に関わる祭祀の場」として存在していたのではないかと考える仮説の提出であった[6]。

近年の庭園研究は、古墳時代の「庭状遺構」を含め、飛鳥京の飛鳥苑池や平城京内の庭園、平安時代の浄土庭園など、いわゆる「発掘庭園」の調査例が増加したことと無関係ではない。このなかで現在問題となっているひとつの議論は、庭園系譜に関わる問題で、以下の諸点をどのように評価するかに収斂される。

① 宮跡庭園をはじめとする奈良時代庭園が円形プランを指向するのに対して、飛鳥苑池が方形池を中心とした方形プランを指向しているとみられること

② このうち、方形プランの飛鳥苑池は朝鮮半島へ、曲線プランの奈良時代庭園は唐へその淵源を求める意見があること

③ 一方、城之越遺跡に代表される古墳時代の「庭状遺構」が飛鳥苑池ではなく、時代の新しい奈良時代の庭園と平面プラン上での共通点を有すること

細かい議論の差異は多々あるが、以上を評価する考え方は以下の３つに帰結する。

A 外来要素の流入は認めつつ、古墳時代庭状遺構から奈良庭園までに何らかの系譜関係を認めようとする意見

B 古墳時代を切り離したうえで、飛鳥庭園は朝鮮半島から、奈良庭園は唐からという系譜関係をより大きく認め、「飛鳥→奈良」の直接的な系譜をより小さくみる意見

C 古墳時代を切り離したうえで、飛鳥庭園にも方形だけでなく曲線構造を有する点を積極的に評価し、外来的要素の流入は認めつつ、奈良時代庭園が飛鳥時代苑池を基盤として成立しているとみる意見

　A説は、宮跡庭園などの調査に携わった牛川嘉幸に代表される意見で、城之越遺跡の井泉から曲線的な貼石溝へ至る造形の系譜は、基本的には奈良時代の庭園遺構へ繋がっていく立場を鮮明にした[7]。また、同じA説でも辰巳和弘は、城之越遺跡貼石祭儀場の平面形や立石等の意匠が、不老不死の神仙界の霊山や霊川を具現したものと考え、造形の背景に古墳時代段階での中国思想の流入を認める[8]。

　B説は、小野健吉に代表される意見で、氏は702年に送られた粟田真人による遣唐使によって唐の庭園技術・思想が持ち帰られたとし、造形の系譜としては飛鳥時代の苑池遺構と奈良時代の庭園遺構にヒアタスを認めた[9]。

　一方、C説は飛鳥苑池や平城京松林苑の調査に関わった河上邦彦に代表され、奈良時代庭園の母胎は飛鳥苑池にあるとした[10]。私自身も、技術的な系譜や、そうした造形に帰結した直接的な関係性自体は、古墳時代の「庭状遺構」と、飛鳥時代以降の苑池以降とは切り離して判断するのが妥当と考えている。そういう意味では、「系譜」という側面に限定すれば、一端古墳時代を切り離したうえで飛鳥苑池から奈良庭園の流れを統一的に考える河上の考えは妥当であろうし、飛鳥苑池と奈良庭園はともに外来系であるがその担い手が異なるとする小野の見解も内外の諸例に精通した氏の見解として重視されるものである。

　しかし、古墳時代の「庭状遺構」を列島の「庭園史」のなかで評価するには、系列的な系譜関係や発展段階を設定するというものとは異なった、まったく別の視点からのアプローチが必要であると考えている。

（2）本節の視点

　現在の庭園史研究は、曲水宴などの後世的な遊宴的要素を大きく評価し、それに引きずられた面が多々あると認識する。例えば、庭園概念に関連して高瀬要一は、庭園とは「鑑賞・宴遊を主目的として造られた外部空間」として定義する[11]。しかし、この定義は、庭が本来もつ多様な機能のうち、鑑賞と宴遊に特化して、その基準で前後も捉えようとする指向性があり、その背景には『作庭記』にみえる庭像をひとつの原型（あるいは理想像）に措定し、和歌・漢詩などの文献資料とも照応可能な奈良時代の庭園の機能をまず敷衍させる従来型の考えがあることは否めない。しかし、庭園という用語が一般化するのは小沢圭次郎による大正5年の『明治庭園記』で用いて以来とされており[12]、古代にまで遡れる用語ではない。さすれば、「庭園史」といっても実際には「庭」の歴史を問題としているわけであり、「庭園」がもつ鑑賞や宴遊といったイメージからは一旦離れ、「庭」が時代毎にどのような変化過程や系譜上の繋がりを有したかなどを考察し、最終的にそれらがどのような変遷を経て「庭園」として帰結したのかを問題としなくてはならない。高瀬自身は、城之越遺跡などの古墳時代の諸例も含め、大きく日本の庭園史の中で広く捉えようとされており、筆者もそれに多くを学んだが、さすればその前提となる庭の概念自体は、最初から決定されたものである必要はない。むしろ、「庭」という場が、時代によってどのように変転していくのかをこそ、問題とすべきであろう。

　これまでの研究史をみても、前方後円墳に代表される古墳の葺石にすら日本の庭園史の中で大きく評価しようとする立場が存在した[13]ことは無視できない。近年の巣山古墳島状施設や城之越遺跡の確認などによって、これらを日本の庭園史の中でどう評価できるのかという視点が改めて問われている。奈良文化財研究所が主催する庭園研究会における尼崎博正の発言「日常を非日常化していこうとする意識」[14]は、まさにこの立場を明快に主張されたものと考えられる。

　本稿では、「曲水宴」や「遊園」といったものにのみ立脚した「庭園概念」を定点にしてその変遷・変容過程、あるいは前代との繋がりを問題とするのではなく、そうした「庭園」概念から一端距離をおいて、「庭」なるものが本来どのような場面を示す語句として成立したかを確認する。そのうえで「庭」が、古代日本の古典（「記紀」）ではどのような場面を指していたのかを確認し、その遺構としてはどういったものを射程に入れて考えればいいのかを考究する。これら作業を経たうえで、城之越遺跡貼石祭儀場とこれに類似した形態を示す諸例、近年発見の古墳時代中期前方後円墳に付設された島状施設等の意義を、造形面的側面から観察しようとするものである。

　つまり、本節においては、ある時期に顕在化する特定の要素や思想のみを切り取って基準を定め、それによって全時代を規定するという方向性は指向しない。ここでいう「庭園史」とは、「最終的に現代にまで続く庭園に帰結する、そこに至るまでの過程全般」を指す。本節では、こうした庭園概念の転換を行ったうえで、このうちの列島における古墳時代を中心とした時期の資料に焦点を据えて論じる。

2.「庭」の本義と古代日本における儀礼空間の認識

「庭」という漢字は日本で生成された国字ではなく、古代中国に存在する字である。このことに関して、いくつかの辞書・字書類を確認したうえで、考古資料（主に遺構）を評価していくための留意点を述べて問題点の顕在化を図ろう。

まず、古代中国の甲骨文字から漢字の成立を考察する白川静によれば、「庭」は公宮の儀礼を行うところである「廷」に屋廡（ひさし）の形である「广」を加えた文字で、「廷は土主を祀り、灌鬯して儀礼をおこなうところをいう」とする[15]。さらに日本においては、「神を迎えて祀るひろい場所」で、「祭式儀礼を行うところである」ことから「齋庭」あるいは「沙庭」のようにいう、とされている[16]。

さらに、松村明の編になる『大辞林』においても、庭は「かつては公事・神事を行う場所」であるとされていて、基本的な見解として白川説と一致をみる[17]。

ちなみに白川は、庭と同様、「「場」も「にわ」とよみ、やはり祭式の場を意味する字である」とされ、「場」の篇である「昜」は「玉光が下方に向かって放射する形で、魂振り儀礼を意味する字」であり、古代中国における「場」の祭事的用例を挙げたうえで、「庭・場はともに祭祀の場で、わが国の「には」の古義によくかなう字」であると明快に述べる[18]。

次に、「記紀」に用いられた「ニワ」の代表的用例を確認しておく[19]。

文献1 「日本書紀」神代下第九段（天孫降臨段）一書ノ三の「齋庭」（ゆにわ・いつきのにわ）
又勅して曰はく、「吾が高天原に所御す齋庭の穂を以て、亦吾が児に御せまつるべし」とのたまふ。

文献2 「日本書紀」巻第三　神武天皇四年春二月条の「靈畤」（れいじ・まつりのにわ）
四年の春二月の壬戌の朔甲申に、詔して曰はく、「我が皇祖の靈、天より降り鑒て、朕が躬を光し助けたまへり。今諸の虜已に平けて、海内事無し。以て天神を郊祀りて、用て大孝を申べたまふべし」とのたまふ。乃ち靈畤を鳥見山の中に立てて、其地を號けて、上小野の榛原・下小野の榛原と曰う。用て皇祖天神を祭りたまふ。

文献3 「古事記」仲哀天皇段の「沙庭」（さにわ）
天皇筑紫の訶志比宮に坐しまして、熊曾國を撃たむとしたまひし時、天皇御琴を控かして、建内宿禰大臣沙庭に居て、神の命を請ひき。（中略）亦建内宿禰沙庭に居て、神の命を請ひき（以下、略）

文献1は、天孫降臨において、アマテラスが「神に捧げる神聖な、触れてはならない田」の稲穂をニニギノミコトに預ける異伝で、齋庭は高天原にある聖なる稲田のこととされる。

文献2は、神武天皇が橿原宮で即位した後、皇祖天神を祭るために鳥見山の中に設けられた場として、「靈畤」が用いられる。ここでは、「庭」の字は使用されていないが、「靈畤」を「まつりのにわ」と読み、『古典文学大系』本の頭注では説文を引きつつ畤は「天地の神霊を祭るために築

いた処」と解説されている。

　文献3は、仲哀天皇が熊襲国を攻めるにあたって筑紫の香椎宮で神の神託を求めた有名な部分で、仲哀が琴を弾くなか仲哀の大后である息長帯日賣命（神功皇后）が神懸りをして神を呼び寄せ、沙庭に控える建内宿禰が神への問い掛けを行う場面である。文中で沙庭は建内宿禰にかかるのみであるが、文章全体を通すと、沙庭が神の神託を聞く場であり、そこに神を呼び寄せるための琴を弾く仲哀が神と対峙し、建内宿禰が神（実際には神懸りした息長帯日賣命）に神託を聞く、という筋立てになっている。なお、中略部分以降にも、沙庭で建内宿禰が神の神託を聞く場面がある。

　このようにみると、古代日本の文献においても、「ニワ」は、神を祀ったり、神の神託を聞く場そのものという含意をもって認識されていたことが容易に理解される。

　ちなみに文献3と同じ場面を記した「書紀」の神功紀では、「サニワ」は「審神者」として記され、「古事記」のような場所を示す言葉ではなく、「皇后の神託を請い聞き、意味を解く人」の意で使用されている。当該部分を掲げよう。

文献4　「日本書紀」巻第九　神功皇后摂政前紀
　　三月の壬申の朔に、皇后、吉日を選びて、斎宮に入りて、自ら神主と為りたまふ。則ち、武内宿禰に命して琴撫かしむ。中臣烏賊津使主を喚して、審神者にす。

　ここでは、神を寄り付かせるための琴を奏じるのが武内宿禰、神懸りして神の神託を発するのが神功皇后、そして神（神懸りした神功皇后）に問い掛け、その言葉を解するのが審神者としての中臣烏賊津使主ということになる。「記」の構成とは若干の差異をみせるが、井上光貞は「サニワ」の「サ」は本来神に供する神聖な稲の意を表す語の可能性を指摘し、そのうえで「サニハは、その神稲を積み重ねる場で、そこに神が降臨する所から、神託を請い、意味を解する場所、及びその人の意と転じたものではないか」とされる[20]。井上によると、「記」の「沙庭」が本来のかたちで、それが転じて人を示す「審神者」に転じたということになる。いずれにせよ、「ニワ」という語のなかに、神の神託を聞く場という含意が古代において存在したことは認めてよかろう。

　ところで、直接的に「庭」や「時」といった文字は使用されていないが、「神の神託を聞く」という意味で「ニワ」と同様の祭儀空間とみられる例が「日本書紀」崇神7年に2ヶ所みられる。

文献5　a「日本書紀」巻第五　崇神天皇
　　［七年春二月丁丑の朔辛卯］是に天皇、乃ち神淺茅原に幸して、八十萬の神を曾へて、卜問ふ。是の時に、神明倭迹迹日百襲姫命に憑りて曰はく、「天皇、何ぞ國の治らざることを憂ふる。若し能く我を敬い祭らば、必ず當に自平ぎなむ」とのたまふ。天皇問ひて曰はく、「如此教ふは誰の神ぞ」とのたまふ。答えて曰はく、「我は是倭国の域の内に所居る神、名を大物主神と為ふ」とのたまふ。
　　　b　同［秋八月の癸卯の朔己酉］
　　天皇、即ち親ら神淺茅原に臨して、諸王卿及び八十諸部を会へて、大田田根子に問ひて曰は

く、「汝は其れ誰が子ぞ」とのたまふ。対へて曰さく、「父をば大物主大神と曰す。母をば活玉依媛と曰す。陶津耳の女なり」とまうす。

　aは、崇神が自身の世に災い（前段までに疫病流行や百姓流離、背叛の存在と、天照大神・倭大国魂を祭ったことが語られている）の多いことを憂えて、その災い元を知るための卜いを「神淺茅原」で行ったところ、大物主神が倭迹迹日百襲姫命に神懸りして災い元が自らであることを名乗った部分、bはaを受けて夢の辞により大物主神を祭る主が大田田根子と指定された後、「神淺茅原」で崇神が大田田根子と対面する部分である。ともに、「神淺茅原」が神の神託を聞いたり、卜いを行う儀礼の場として登場する。あえてそこに「幸して」（a）・「臨して」（b）という表現をしているところから、住まい（居宅）から離れた場所にある、独立した儀式や祭祀、神託の場であることを想起させる。この「神淺茅原」の性格も、前述の1～3を敷衍すれば、一種の「ニワ」ということになろう。

　以上にあげた沙庭、霊時、あるいは神淺茅原は、いずれも文脈の構成からは屋敷地内のある場所を指し示すのではなく、独立した儀礼場に赴くという構成を示している。建物の有無は明らかでないが、少なくとも祭儀行為の中心は建物ではなく、そうした「ニワ」として認識される空間にあることは是認してよかろう。こうした「ニワ」での行為のすべてを祭祀目的に特化させることはできないが、古代における祭祀行為の基本形は、建物内で行うのではなく、露天の祭祀場で行う「庭上祭祀」[21]にあることを考えれば、まさに祭祀行為の中心地たる「庭」の存在形態のあり方は、古代祭祀研究、ひいては「庭園史」においても極めて重要な論点となりうると認識できる。

3. 考古資料にみる儀礼空間の認識

　奈良時代以降に顕在化する曲水宴や宴遊目的に造られた観賞用の貼石の庭や、朝堂院など宮内の主要建物の前面に配された「庭」とは別に、儀礼や祭祀行為を行う場所自体が「庭」として認識されていたとすると、発掘調査を経て認識される遺構レベルにおいては、「庭」の把握は極めて難しいものとなる。宮のように明確な区画や囲繞施設によって特定の場所が認識できるわけではなく、かつここにその存在を顕在化させる区画や囲繞施設が伴っていたかどうかが不明であり、「何もない場」（空閑地）であること自体が存立要件であったタイプの「遺構」であった蓋然性も高いと認識されるからである。しかも、発掘調査において、複数の時期が同一面で把握される場合には、遺構の重複等も影響して、そこが空閑地であったかどうかの確認すら困難な場合も多い。

　しかし、何らかの祭儀的機能を認められる遺構（特別の大型建物や井泉など）が特定できれば、その周辺での空閑地と認識できる部分の存否や、遺物の出土状況などを手懸りとして、儀礼・祭祀の場を特定することも可能となる。

　例えば、弥生時代中期後半の鳥取県大山町茶畑山道遺跡[22]では、棟持柱式掘立柱建物を中心に、大型建物や土坑、竪穴住居などが存在するが、棟持柱式掘立柱建物SB5の東面は径16m程の略円形で遺構のない空閑地が存在しており、建物群に囲まれた広場として把握されている（図70）。

また、古墳時代中期以降に顕在化する磐座は、カミが降臨すると観念される大岩・大石に対して拝む形態を採るが、ここでの例を敷衍すると、磐座の岩上に祭祀遺物を奉祭する沖ノ島の岩上祭祀の段階[23]を除いて、磐座に対する供物を置く側は「祭祀」という「カミや精霊に対し、祈り、慰める」ための儀礼執行[24]の場そのものとなる。ただし、磐座の下に供物を奉祭するといっても多くの場合そこに明瞭な囲繞施設や区画が存在するわけではないので、祭儀空間の広がりをどこまで捉えるかは把握が難しい。特に祭祀の対象物（カミが坐すと観念されているもの）が山など自然のものと推定される場合、祭祀遺物の集積からそのモノに対しての奉祭の痕跡は把握しうるが、そこが祭祀の場そのものであったかどうかは判断が難しい。

一方、貼石溝に囲まれた空間や造成された土壇状の施設などから、何らかの儀礼行為を行った場として捉えられる遺構もある。その造形のあり様から、奈良時代の苑池遺構との類似性が発掘当初より話題となった三重県伊賀市城之越遺跡や奈良市南紀寺遺跡などである。

このうち城之越遺跡[25]については、第Ⅰ章第1節でも詳述したが、3ヶ所の井泉（うち2ヶ所が石組み）から流れ出た湧水を通す3本の貼石溝と、貼石溝に囲まれた土壇状施設、それに合流点に形成された方形壇状施設とそれらに取り付く階段や立石、突出部などで構成された儀礼空間として把握される（図71）。特に、北側貼石溝と中央貼石溝に囲まれた部分は、一方向のみ開放された8m×7mの円形土壇（報告書のいう「広場」）で、若干の盛土によって造成された、上面にピット等の遺構が一切ない空閑地で、実際の儀礼行為が執行された場ではないかとみられる。また、中央貼石溝と南側貼石溝に囲まれた部分は、合流点に石張突出部とそれに続く方形壇を造り出し、それらの両脇に立石を伴う。この立石は、たんに造形上の意匠というより磐座的なカミの降臨を意識した依代としての機能が観念されていたと考えられるが[26]、辰巳和弘は古代中国思想の神仙界を具現化したものとして捉えられる[27]。これら貼石施設群を囲繞する施設は存在せず、僅かに方形壇の外側に簡単な目隠し塀と推定される柱列が伴うのみである[28]。

溝の法面に施された貼石は、一見すると奈良時代苑池の洲浜を想起させるが、この遺構形成の本義自体は儀礼を執行する場である方形壇を顕在化させるためにその前面及び側面に貼石を施した結果として、こうした意匠になったと思われる。しかし、それを貼石によって顕在化しようとする意識自体や、複雑な構成を実現した造成プラン（メンタリティ）は、後の「庭園」要素とも共通する列島人の意識として評価することが可能である。

一方、南紀寺遺跡は、遺跡の全体形は不明だが、以下の三つの構成要素からなる一連の施設群である[29]。

  源流部 給水源（源流）となる一辺4.5mの方形石組井泉と、導水部となる素掘溝とそれに続く貼石溝
  池状部 護岸に貼石を施した幅広の池状部（報告で「濠1」「濠2」とされている部分）と、そこに取り込まれた方形区画（島状施設）
  排水部 幅12mの貼石溝（この後、近くを流れる能登川排出されたとみられる）

源流部の素掘溝は2本あることから井泉はもうひとつ存在したと想定され（その部分は調査区外）、2本の素掘溝が合流して幅5m弱の貼石溝となり、池状部（報告書の「濠1」「濠2」）へ続く。合流部には、突出部的な造形と本来は立石であったかとも推定される大型の石を配し、城之越遺

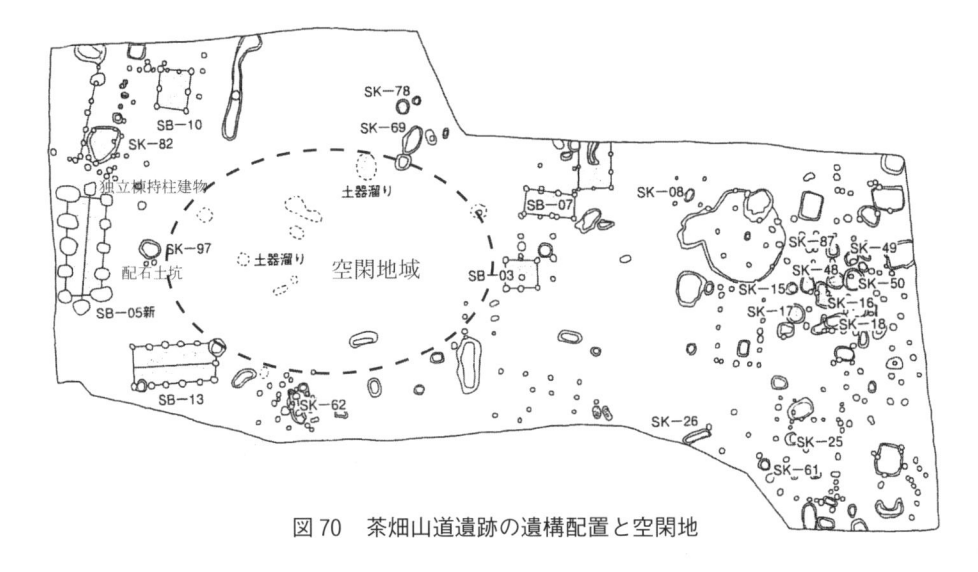

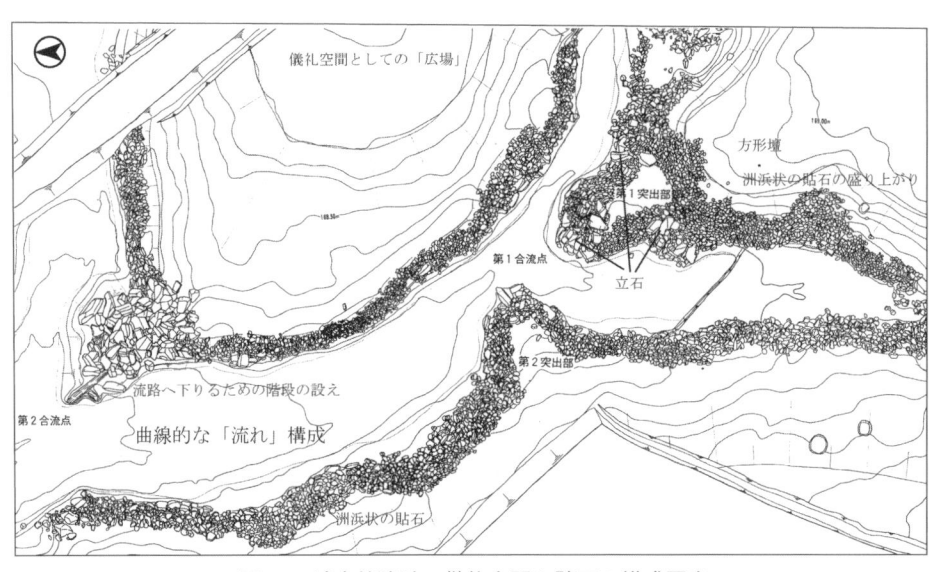

第Ⅱ章　古墳時代儀礼空間の整備と祭祀遺物

図70　茶畑山道遺跡の遺構配置と空閑地

図71　城之越遺跡の儀礼空間と貼石の構成要素

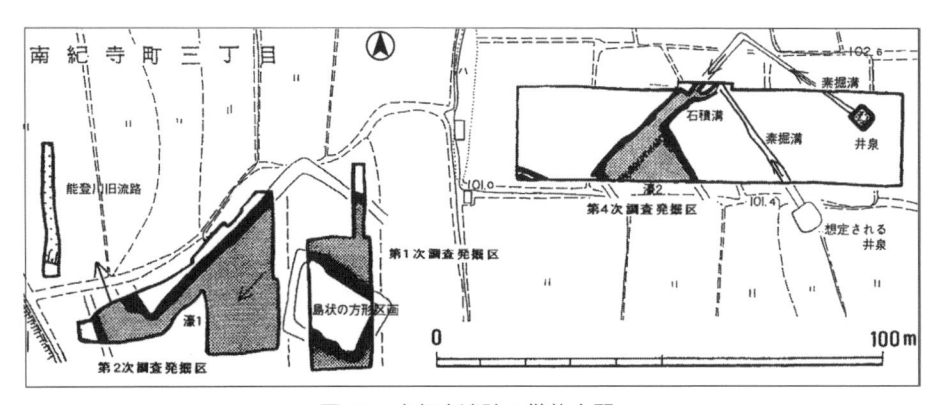

図72　南紀寺遺跡の儀礼空間

跡の意匠とも共通する部分が認められる。池状部は、幅45m以上の規模をもつが、対面は調査区外となるため全体幅は不明で、未調査部分を挟んだ下流側で25m×15mの方形区画（島状施設）を取り込みつつ、直線距離で約120mの長さをもつが、深さは最大で50cmと比較的浅い。城之越遺跡貼石祭儀場のような曲線多用のプランと異なり、直線的で屈折を多用したプランに特徴がある（図74）。

つまり、南紀寺遺跡の全体構成は、幅広の池状部に対して幅狭の給排水部という「巾着袋」のような形状をとる。丁寧な貼石の方形井泉や島状施設も取り込んだ広大な池状部などは他にみられない特徴で、源流部の井泉も古墳時代の石組井泉としては最大の規模を有しており、その造営に関わった主体がかなりの有力者であることを示唆している。出土遺物は乏しく、具体的な儀礼行為の復元はできないが、平面形態は異なるものの井泉を起点とする全体的な構成が城之越遺跡と共通することから、水に関わる祭祀が行われたか、あるいは「井泉から湧き出た水に囲まれた清浄な場」を前提としての儀礼執行の場であったとみられる。その場合、周囲を浅い流れに囲まれた方形区画（島状施設）の部分が、儀礼行為の中心地として城之越遺跡でいう円形土壇に相当した可能性がある。また、北側にはすぐ能登川の旧流路が迫っていることから、これら貼石施設群全体を取り囲むような柵や堀などの囲繞施設は存在せず、基本的には城之越遺跡同様、開放空間の独立施設として造成されている可能性が高い。

このように、城之越遺跡や南紀寺遺跡では、たんに遺構群内の空閑地として儀礼空間の存在が把握されるのではなく、貼石溝などに取り込まれることによって施設群の全体構成の中でより顕在化したかたちで把握できる。これは、儀礼空間としてより独立性が確保されたものであり、また占地の固定化が図られたものとして評価することが可能である。井泉から流れ出た湧水が巡る貼石水路は、いわば「水垣」であり、この水垣で囲まれた空閑地は清浄な地となり、祭儀行為執行の場、すなわち「庭」としての認識が可能な遺構と判断される。

なお、城之越遺跡では、貼石祭儀場の廃絶後の奈良時代に、「庭」と一文字のみ墨書された須恵器坏身が投棄されている（図72）。前代の聖地としての意識の残存か、何らかの祭祀が継続していた可能性が残るとともに、遺構の性格と連動して「庭」の本義を考えるうえでも非常に重要な意味をもつ遺物と認識される[30]。

4. 古墳における造形空間とその構成要素

これら城之越遺跡や南紀寺遺跡などは、その規模の大きさや貼石造成を伴う投下労力、全体意匠のあり方などから首長層によって造営された露天の儀礼執行施設と推定され、独立儀礼空間としての評価が可能である。そして、これら首長膝下の儀礼施設に用いられたものと類似した意匠が、古墳に付設する施設に取り込んで用いられていたことが判明しつつある。

これらが付設される古墳の多くは前方後円墳であり、後円部や前方部といったいわば「主墳丘」から外側に出た部分で認められる。筆者は、かつてこれら施設を「主墳丘付設施設」として把握したが[31]、これらは主墳丘から陸橋によって取り付いたり、主墳丘のさらに下部に付く低い段（墳丘全体を覆うことなく、墳丘片側だけなどに付加されたもので、主墳丘の段築からは切り離して考え

たほうがよい「基底基壇」ともいうべきもの）に連続して存在する（図75）。また、直接主墳丘とは接続しないが、周濠内に独立した島（島状施設）も存在する。これらを具体的な事例に即して言えば、以下のように類別可能である。

　　A　「基底基壇」の一角に埴輪による方形区画や造成を伴う埴輪樹立区として設けられた施設（奈良県赤土山古墳[32]・三重県石山古墳[33]など）
　　B　出島状施設（奈良県巣山古墳[34]・三重県宝塚1号墳[35]）
　　C　島状施設（兵庫県五色塚古墳[36]・大阪府津堂城山古墳[37]・群馬県保渡田八幡塚古墳[38]）
　　※愛知県正法寺古墳[39]や福井県向山1号墳[40]はBもしくはCの例

　このうち、奈良県巣山古墳は、両側くびれ部に設けられた造出とは別に、前方部から北側に陸橋で連結された出島状施設が設けられる（図73）。この施設は、上面で11.5m×7m、下面で16m×12mの長方形状を呈し、外側となる北東側コーナーと北西側コーナーはあたかも四隅突出墳のような突出部が突き出したもので、陸橋及び出島状施設法面は貼石され、特に堤側の辺（施設北面）は小礫による洲浜状の緩やかな石敷斜面を形成する。突出部に大型の石を配するあり様は城之越遺跡貼石祭儀場の突出部を連想させる。施設上面および周辺からは3対の水鳥形埴輪をはじめ、家・囲・柵・盾・蓋といった形象埴輪が配され、一種の埴輪配置区としても機能している。また、出島状施設の外側には、独立した瓢箪型の島状施設が伴い、こちらも貼石護岸なされている。これら出島状施設や陸橋部、瓢箪型島状施設に用いられた貼石は、主墳丘に用いられた葺石とでは、石材の大きさや積み方（葺き方）に差異が認められ、丁寧さにおいて葺石部分が優越する印象を受ける。

　同様の施設例は、陸橋によって主墳丘と連結しない島状施設としての形態をとるものの津堂城山古墳にもあり、施設の四隅に大形石を配し、堤側の辺中は窪ませて小礫を敷き詰めて洲浜状とし、その上面に水鳥形埴輪3体が置かれていた。洲浜状とした意匠、周濠前方部に付設された位置関係、さらに樹立された水鳥形埴輪の数（3体）など巣山古墳との共通性が大きく、古市に築かれた津堂城山古墳と葛城に築かれた巣山古墳であるが、両者の築造に密接な関係があることも指摘されている[41]。

　また、赤土山古墳では、後円部南東側の基底基壇を拡張して埴輪配置区とし、外側に入り江状の彎曲や突出部を造成して法面を貼石護岸している（図76）。配置される埴輪は家形埴輪を中心として、入り江部分に囲形埴輪を置き、さらに北端（「後円部造出」の脇）に鳥形埴輪を配置する。ここでは、島状施設や出島状施設といった方形を基調とした簡素な構成を採らず、主墳丘に付設した部分で入り組んだ曲線を多用した突出部の形成や洲浜状の貼石が認められ、埴輪樹立区造成にあたって複雑な造形を施していることがわかる。

　これらの施設では、いずれも埴輪が用いられており、すべてで共通する形象は鳥（巣山・津堂城山は水鳥、赤土山は鶏）形埴輪、ついで家形埴輪（巣山・赤土山）と囲形埴輪（巣山・赤土山）となる。ここでの埴輪群樹立の意味は諸説あるが、上記埴輪の共通性の評価が重要な論点のひとつになろう。

　これら施設群はいずれも主墳丘からみれば一段と低い高さしか有しておらず、コーナー部流出のため突出部こそ未確認だが巣山古墳同様の出島状施設をもつ宝塚1号墳では、ここを取り囲

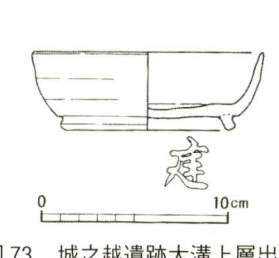

第 2 節　古墳時代祭儀空間とニワ ―列島における庭の形成―

図 73　城之越遺跡大溝上層出土「庭」墨書須恵器

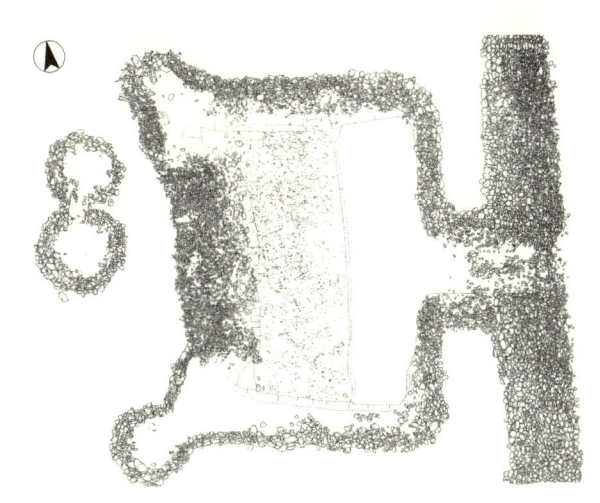

図 75　巣山古墳の出島状施設の構成

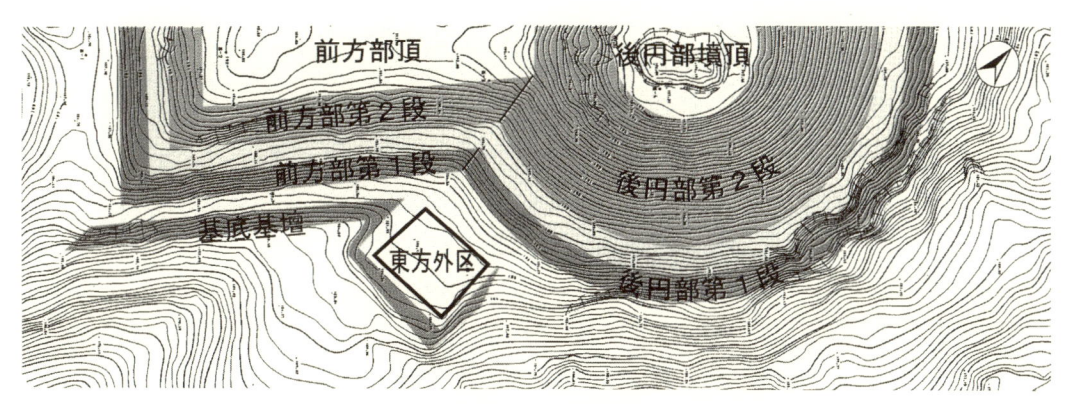

図 74　石山古墳の段築構成と「基底基壇」・東方外区の関係

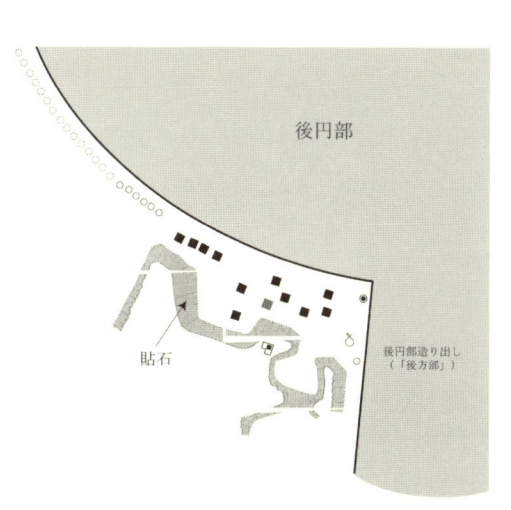

図 76　赤土山古墳の「基底基壇」構成

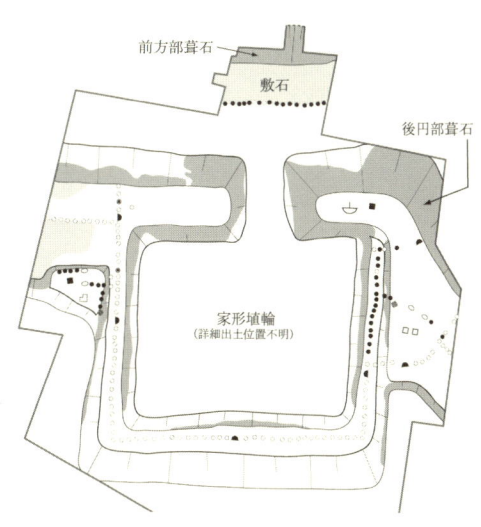

図 77　宝塚 1 号墳出島状施設の構成

第Ⅱ章　古墳時代儀礼空間の整備と祭祀遺物

む円筒埴輪列は主墳丘囲繞のものに比べて器高の低いものも相当数混じっている（図77）。こうしたことは、墳丘での位置が高くて見えないうえに、円筒や鰭付きの埴輪列によって外界からさらなる遮蔽が意図された後円部上などと異なり、これら施設群が基本的には外界からの視認をオープンにしたうえで、儀礼演出の場として機能していたことが判明する[42]。つまり、島状施設をはじめとする主墳丘付設施設群は、当該部分の埴輪樹立に込められた意味をオープンに知らしめる「舞台」装置としての機能が付与されていたことを示すものとみてよかろう。

5. 独立儀礼空間と古墳付設施設の共通意匠とその評価

　以上のように、首長が執行した儀礼空間の場としての独立祭儀場と、古墳（多くが大型の前方後円墳）に付設された島状施設等の主墳丘付設施設の造成における手法・意匠には、共通したものが認められた。箇条書きで示そう。
・島状施設ないしは出島状施設自体の造営（南紀寺遺跡と津堂城山古墳・巣山古墳・宝塚1号墳など）
・祭儀空間の突出部付設とそのプランニング（城之越遺跡・南紀寺遺跡と巣山古墳・津堂城山古墳）
・貼石護岸であることと立石等の大型石材の要所配置（各遺跡・古墳共通するが、特に城之越遺跡と巣山古墳に典型的に表出）
・曲線かつ入り組みを多用した平面形（城之越遺跡と赤土山古墳）
・水場の意識

　このうち、（出）島状施設など古墳に設けられた儀礼空間の評価に関しては、そこに置かれた囲形埴輪の機能評価と関連して、首長の社会的活動において水の管理が主要な政治・経済・祭祀のテーマとなる[43]ことを前提に、造出（島状施設含）は実際の首長居館をモデルとし、実際の遺跡（首長居館等）で行われた「水のまつり」を表現したものとする理解が有力である[44]。ただし、この理解は南郷大東遺跡で確認された導水施設[45]が水をまつる祭祀施設と考え、それが囲形埴輪として造形されたとする考えに基づいている。この考えによると、宝塚1号墳で出土した囲形埴輪のうち、遮蔽施設内の切妻家形埴輪に内包された井戸状の施設を湧水点型の祭儀場の反映とみ、導水施設と湧水施設がともに埴輪として古墳の場に表現されていると考えるのである[46]。

　一方、この考えに対して筆者は、導水施設及びそれを造形したとみられる囲形埴輪は、被葬者の霊魂の永続的な鎮まり（鎮魂）を意図した喪葬施設と考えており、この認識には立たない[47]。湧水点における祭祀形態の基本は遮蔽施設の伴わない「庭上祭祀」にあると考えられるのに対し、埴輪に造形された「湧水施設」及び「導水施設」は遮蔽施設が伴ういわば「閉ざされた空間」を表現しているとみられ、古代祭祀の一般的なあり方にはそぐわないと考えるからである。同様に、石山古墳東方外区埴輪の観察から高橋克壽も、少なくとも石山古墳においてはこれら施設（東方外区）に「水のまつり」の要素はなく、「喪葬や葬送」を示したものとの認識を示している[48]。このことに関する筆者の認識は、第Ⅲ章第1節及び第2節で詳述する。

　しかしながら、上記のように囲形埴輪や（出）島状施設、造出の性格に関する考えに諸説あっても、それらが何らかの目的で行われた儀礼や施設を反映し、それを「舞台」として表示しようとした機能を有するというてんでは諸説は共通する。そういう意味では、独立祭儀場と古墳上の

施設のあいだでそれぞれが表出させる意味（機能）が異なっていたとしても、そこに共通した造形表現があることは相反するものではない。個々の構成要素だけを切り取って対比しても、それらが単独で全体を規定するわけではないからである。

　つまり、筆者の理解では、突出部や立石、洲浜状の意匠は、首長層が造営した何らかの儀礼執行の場を演出するいわば舞台装置のひとつであり、行われる儀礼の目的そのものを規定しなかったということに収斂する。ただし、施設自体の機能は違っても、そこに示された「洲浜」なり「彎曲形状」のモチーフ自体は、共通した造形元をもっていた可能性がある。このように考えてよければ、古墳という葬送施設と祭祀施設という異なった場面において、共通した表現手法・意匠のものが用いられた理由も説明可能となる。問題は、それら造形表現が示そうとしたモチーフ自体にある。

6.「洲浜」状貼石の原モチーフ

　洲浜をはじめとする庭園の構成要素としての造形は、本来は荒磯などの海浜部や龍などといった具体的な具象の造形から出発していることに関しては、以前より指摘がある[49]。同様に、古墳の島状施設も、首長居館を具現化したものとみるよりは、古墳の周濠を海に見立てて、そこに浮かぶ港をモチーフとした可能性が提起されたり[50]、また辰巳和弘は海の彼方の神仙世界の島―常世―を示すものとの解釈を示している[51]。神仙思想がどの時期にどこまで流入していたのかという評価とは別に、「記紀」、特に景行記の倭健命段からも、古代の喪葬や葬送に伴う儀礼が、海をモチーフとした場で具現化した可能性が提起できる。

　以下、当該部分を示す（一部略）。

文献6　「古事記」景行段
　　是に倭に坐す后等及び御子等、諸下り到りて、御陵を作り、即ち其地の那豆岐田に匍匐ひ廻りて、哭為して歌曰ひたまわしく、
　　　なづきの田の　稲幹に　稲幹に　匍ひ廻ろふ　野老蔓
　　とうたひたまひき。是に八尋白智鳥に化りて、天に翔りて濱に向きて飛び行でましき。（中略）
　　　淺小竹原　腰なづむ　空は行かず　足よ行くな　（中略）
　　　海處行けば　腰なづむ　大河原の　植ゑ草　海處はいさよふ　（中略）
　　　濱つ千鳥　濱よは行かず　磯傳ふ
　　とうたひたまひき。是の四歌は、皆其の御葬に歌ひき。故、今に至るまで其の歌は、天皇の大御葬に謡ふなり。

　伊勢の能煩野（能褒野）で倭健命が亡くなった後、彼の后や子が伊勢に下向し、御陵の脇で行われた儀礼と謡われた歌を記したもので、この4首はこれ以降、今（「古事記」筆録時）に至るまで天皇の大葬歌として謡われていることが記されている。ここで確認できる儀礼は、殯所（「記紀」のアメノワカヒコ葬儀部分）や、柿本人麻呂の高市皇子殯宮挽歌（「万葉集」巻二、通番一九九）

などに記された内容と儀礼や登場者（具体的には「鳥」）などと一定の共通性を有し、喪葬や葬送の情景の一端を示す。具体的にいうと、ここに示されたモチーフは海浜であり、そこで匍匐・哭為して死者を慰め、霊魂の象徴としての鳥が登場している。ちなみに「古事記」では、この箇所の後に白鳥となった倭健命が河内国志幾へ飛び翔り、一旦ここに築かれた御陵に鎮まった後、さらに天へ向かって翔け飛んでいった筋書きへと続く。これら説話は、天皇の大葬歌が、倭健命の葬礼に起源しているという認識を示す目的があったと思われるが、説話の筋書きとしては御陵造営後にこれら儀礼を行っていることも注目できる。

　ここで、改めて島状施設等の部分で最も普遍的な形象埴輪のひとつが鳥形埴輪（特に水鳥）であることの意味が改めて想起される。先に筆者は、主墳丘から外側の付設施設で行われる儀礼に関して、囲形埴輪の機能と連動して被葬者の霊魂の永続的な鎮まり（鎮魂）を意図した施設との理解を示したが、上記はこのことと照応する内容をもつ。このことに関して小浜成は、「霊魂の現世と来世との往来を担う水鳥を主役とした（出）島状施設は、現世か来世の場か断定はできないが、そこから墳頂にある依り代へ霊魂を運ぶ、あるいは墳頂から造出へ霊魂を運ぶための中継の儀礼の場を表現」したとの見解を表明している[52]。

　このように、（出）島状施設が示すものが、喪葬や葬送などの場を示したものとすると、それら施設における貼石護岸にみる州浜状の表現は、文字通り海浜部をモチーフしたという可能性が提起される。大阪府津堂城山古墳島状施設に置かれた白鳥を表現したとみられる水鳥形埴輪は、周濠に水が湛えられた場合、ちょうど水面に浮かんだ状態になるとされる[53]。出島状施設や島状施設の周囲を覆う貼石は、主墳丘を覆う葺石より小型の石が用いられていることが多く、葺石とは異なって具体的な造形をイメージしているとみられることも、このことを支持していよう。

7. まとめ―古墳時代庭状施設の評価―

　島状施設など古墳における付設施設の「庭状表現」も含め、古墳時代の儀礼空間のなかでも一定の造成を伴う「庭状施設」は、ある特定のものをモチーフとしつつ、その具現化として造形された可能性がより明らかとなった。このことを日本語的な表現でいうと、「見立て」という字句として整理できるであろう。（出）島状施設の場合、それが首長居館に起源するのか、喪葬の場に起源するのかは評価が分かれるが、この問題は囲形埴輪の意味も含め、「（出）島状施設施」という場そのものの機能（役割）として何が意図されたのかという命題と絶えず不可分の関係にある。筆者自身は、（出）島状施設は喪葬を表出させた場として捉え、その原モチーフとして海浜部の情景を含意した可能性があると考えている。しかし、いずれの説を採っても、それがある特定の「モノ」をモチーフとして造形がなされたと考えることは是認してよかろう。

　以上のように考えた場合、そこに造形感覚を含めて人間の思考活動の発現が加わっていることは是認してよい。ここにおいて、古墳時代の「庭状施設」が、尼崎のいう「日常を非日常化していこうとする意識」[54]の発現した場であることが明瞭となる。さらに、古墳における施設も含めて、「儀礼の場」を演出したこれらの場が、「庭」の本義が本来「祭祀や儀礼」を行う場という部分に内在していたことを敷衍すると、古墳時代の「庭状施設」も、やはり広い意味での「庭園史」の

なかに取り込んで評価すべき対象であることを如実に示している。

　そして、「庭園史」を語る場合、「庭」生成時の性格から離れて、途中に付与されていった「鑑賞」や「宴遊」という後出的な機能にのみ視点を置いて、それを判断基準として個々を評価していくことの方法論的な問題も明らかである。列島における「庭園史」には、祭祀や儀礼の場としての「ニワ」(祭祀と儀礼を分けたのは、「祭祀」が本来「神マツリ」を意味する語であることから、神まつり以外の可能性がある古墳上の葬送儀礼なども包含することを含意している)を出発点として、その意味を示す漢字として「庭」が選択され、さらに時代と共にその性格も変転していくという基本ラインを押さえる必要がある。「祭祀」や「儀礼」空間としての庭を正しく位置づけた場合、古社における庭の系譜も、改めて整理できる余地が広がる。以上の視点は、個々の庭の位置づけに際して、その造形手法の系譜がどこからもたらされたのかを考える技術系譜の問題以上に、本源的な問題を孕んでいるように思われる。

　つまり、列島の庭園史を考える場合、古墳時代の独立祭儀場や古墳付設施設における「庭状施設」表現は、まさに列島庭園史のなかで、庭が「祭祀」や「儀礼」執行の場を起源としたうえで、「そこに発現した意図的な造形」の存在を認めてこれを射程に入れ、列島における「庭」の起源として統一的に議論していく必要性を示している。ここに至って庭園史も、古代史研究や古墳研究などとも照応して、日本史のダイナミズムのなかにより整合的に評価することが可能となるであろう。

註
（1）奈良国立文化財研究所編　1986『平城京左京三条二坊六坪発掘調査報告』
（2）穂積裕昌編　1992『三重県上野市比土　城之越遺跡』三重県埋蔵文化財センター、中浦基之 1998『城之越遺跡（2次）発掘調査報告』上野市教育委員会
（3）松本洋明　2003『史跡赤土山古墳第4次～第8次発掘調査概要報告書』天理市教育委員会
（4）井上義光ほか　2005『巣山古墳調査概要』広陵町教育委員会
（5）森下浩行　1991『奈良市埋蔵文化財調査概要報告書平成2年度』、1995『奈良市埋蔵文化財調査概要報告書平成6年度』、ともに奈良市教育委員会
（6）穂積裕昌　1992「大溝空間の性格とその意義」『三重県上野市比土　城之越遺跡』197～203頁　三重県埋蔵文化財センター、森下浩行　1998「奈良市の南紀寺遺跡」『日本の信仰遺跡』27～32頁（奈良国立文化財研究所学報第57冊）など
（7）牛川嘉幸　1994「日本庭園における流れの遺構」『史跡大覚寺御所跡発掘調査報告』198～209頁　大覚寺
（8）辰巳和弘　2001『古墳の思想』白水社
（9）小野健吉　2003「飛鳥・奈良時代の庭園遺構と東院庭園」『平城宮発掘調査報告ⅩⅤ』175～184頁　奈良文化財研究所
（10）奈良文化財研究所　2004『「古代庭園に関する調査研究」（平成15年度）報告書―奈良時代庭園遺構の検討―』94頁
（11）奈良文化財研究所　2002『「古代庭園に関する調査研究」（平成13年度）報告書―古墳時代以前の泉・流れ遺構の検討―』40頁
（12）今江秀史　2005『庭園の系譜』（京都市文化財ブックス第19集）京都市文化市民局文化部文化財保護課。なお、小沢圭次郎には他に「庭園源流考」1～8『建築工芸雑誌』（明治45年～大正元年）がある。また　田中哲雄によると、「庭園」という用語自体は貞享元年（1684）の黒川道祐による

第Ⅱ章　古墳時代儀礼空間の整備と祭祀遺物

　　『擁州府誌』まで遡るとされる。田中哲雄　2002『日本の美術　第429号　発掘された庭園』18頁　至文堂
(13) 堀口捨身　1977『庭と空間構成の伝統』鹿島出版
(14) 前掲註(11)文献47頁
(15) 白川　静　1994『字統』平凡社
(16) 白川　静　1995『字訓』平凡社
(17) 松村　明　1988『大辞林』三省堂
(18) 前掲註(16)文献
(19) 以下、文献引用は下記文献による。倉野憲司校注　1958『日本古典文学大系　古事記　祝詞』、坂本太郎ほか校注　1967『日本古典文学大系　日本書紀上』、ともに岩波書店
(20) 井上光貞　1967「解説」(前掲註19　610頁)岩波書店　1967文献所収)
(21) 岡田精司　1992「神と神まつり」『古墳時代の研究』12　125〜142頁　雄山閣出版
(22) 辻　信広　1999『茶畑山道遺跡』名和町教育委員会
(23) 前掲註(21)文献
(24) 鏡山　猛ほか　1958『沖ノ島』宗像神社復興期成会
(25) 前掲註(2)文献
(26) 鈴木敏弘　1999「神々の世界と考古学」『季刊考古学』59　33〜36頁　雄山閣出版、穂積裕昌　1999「井泉と誓約儀礼―記紀誓約神話成立の背景―」『考古学に学ぶ―遺構と遺物―』(同志社大学考古学シリーズⅦ)487〜496頁　同志社大学考古学研究室
(27) 前掲註(8)文献
(28) 穂積裕昌　1997「三重・城之越遺跡と六大A遺跡」『王権祭祀と水』30〜45頁　帝塚山考古学研究所
(29) 前掲註(5)文献
(30) 穂積裕昌　1993「城之越遺跡出土の墨書土器」『三重県埋文センター　通信みえ』№11　8頁　三重県埋蔵文化財センター。なお、報告書である前掲註(2)文献では当該土器を「建」と報告したが、井上満郎の教示により「庭」と訂正し、以降の文献ではこれに従っている。
(31) 穂積裕昌　2005「墳頂部方形区画と東方外区」『石山古墳』72〜78頁　三重県埋蔵文化財センター
(32) 前掲註(3)文献
(33) 京都大学文学部考古学研究室　1993『紫金山古墳と石山古墳』京都大学文学部博物館図録第6冊
(34) 前掲註(4)文献
(35) 福田哲也ほか　2005『三重県松阪市　史跡宝塚古墳』松阪市教育委員会
(36) 丸山潔編　2006『史跡五色塚古墳　小壺古墳発掘調査・復元整備報告書』神戸市教育委員会
(37) 藤井利章　1982「津堂城山古墳の研究」『藤井寺市史紀要』第3集　1〜63頁　藤井寺市教育委員会
(38) 若狭　徹　2000『史跡保渡田古墳群保渡田八幡塚古墳　調査編』群馬町教育委員会
(39) 三田敦司　2005『史跡正法寺古墳範囲確認調査報告書』吉良町教育委員会
(40) 上中町教育委員会　1992『向山1号墳』
(41) 上田　睦　2005「狼塚古墳と導水施設形埴輪」『水と祭祀の考古学』65〜86頁　奈良県立橿原考古学研究所附属博物館編
(42) 前掲註(20)文献
(43) 白石太一郎　2003「首長の水のまつり」『日本の歴史』週間朝日百科38　朝日新聞社
(44) 渚　斎　2001「水の祭祀場を表した埴輪についての覚書」『史跡心合寺山古墳発掘調査概要報告書』94〜110頁　八尾市教育委員会、若狭徹　2003「造り出しの埴輪配列と人物埴輪」『関東の埴輪と宝塚古墳』39〜50頁　松阪市・松阪市教育委員会
(45) 青柳泰介ほか　2004『南郷遺跡群Ⅲ』奈良県立橿原考古学研究所

(46) 今尾文昭編　2003『カミによる水のまつり』奈良県立橿原考古学研究所附属博物館
(47) 穂積裕昌　2004「いわゆる導水施設の性格について―殯所としての可能性の提起―」『古代学研究』166　1〜20頁　古代学研究会
(48) 髙橋克壽　2005「東方外区の埴輪」『石山古墳』68〜71頁　三重県埋蔵文化財センター
(49) 下記文献では、飛鳥庭園や平城京庭園の図形イメージに関わる従来の説が手際よくまとめられている。小野健吉　2009『日本庭園―空間の美の歴史』岩波書店
(50) 坂　　靖　2000「埴輪祭祀の変容」『古代学研究』150　127〜134頁　古代学研究会
(51) 前掲註（8）文献
(52) 小浜　成　2005「埴輪による儀礼の場の変遷過程と王権」『王権と儀礼』124〜135頁　大阪府立近つ飛鳥博物館
(53) 髙橋克壽　2002「島状遺構にて」『津堂城山古墳』藤井寺の遺跡ガイドブックNo.12　148〜154頁　藤井寺市教育委員会
(54) 前掲註（11）文献

第3節　古墳時代木製祭祀具の再編

1. 問題の所在と本節の論点

　古墳時代における木製祭祀具の研究は、石製模造品や土製模造品、土器などと比べてあまり系統だった整理がなされてこなかった分野である。これは、素材が有機質であるという性格上、残存条件・残存場所の制約が大きいこと、とりわけ溝などからの断片的な出土が多く、セット関係を有するなどのまとまった出土例がほとんど確認できなかったことにも起因している。そのため、発掘調査報告書で個別に報告されることはあっても、全体的な総括研究は乏しく、木器研究、祭祀研究双方から追及されることは少なかった。

　こうしたなか、1993年に奈良国立文化財研究所から刊行された『木器集成図録　近畿原始篇』[1]（以下『木器集成』と略）は、当時知られていた古墳時代以前の木製品を大規模に集成して解説を加えた画期的なもので、それ以降、現在に至るまで木製品の整理・研究の指針となっている。その『木器集成』において「祭祀具」は、

　　1　武器形・笠形
　　2　農工具形
　　3　動物形ほか
　　4　舟形・修羅形
　　5　装飾板・弧文円板
　　6　斎串

の6類として分類・整理されている。このうち、1〜4は「非実用的にみえる雛形（模造品）・形代」とされ、実物を別素材（この場合は木材）に置き換えたものとして捉えられているが、このうち1の笠形は古墳に樹立されるいわゆる「木製立物」[2]であり、通有の木製祭祀具とはやや枠組みを異にする。『木器集成』の刊行から既に15年が経過し、その後、新たな木製祭祀具も確認されてきている。木製品は「不明品」とされるものが多く、物品の特定から出発する必要があり、まずは認知のためにも物品類の系統だった整理と当該実測図の提示が課題でもある。

　ただし、祭祀という場において用いられる道具立ては、カミへの捧げものである奉祭品だけでなく、それを盛る容器類や祭場を構成する建築・土木材なども含めた多くの物品で構成される。このうち、奉祭品には木製遺物以外にも石製遺物や金属製遺物、土器を含む土製遺物があり、また容器にも土製遺物が含まれるが、奉祭品以外の構成物品の多くは木製である。しかも、奉祭品は模造品類などの祭祀用専用物品だけでなく、実用品が供されることも多く、「祭祀遺跡」から出土するからといってその出土品をすべからく祭祀遺物として一括すると、議論が粗いものになってしまうことは否めない。

　そこで、本稿では、以下のような課題を立てて問題に臨みたい。
　　①　祭祀の場に供せられた物品類構成の全体像を確認し、そのなかにおける木製遺物のあり

方を検討する。
② 現時点で把握できる古墳時代の木製祭祀具を提示し、その細別と特徴について述べる。
③ いくつかの出土事例に基づいて、木製祭祀具の使用形態とそこから派生する問題について考える。
④ 祭祀用の専用物品として成立した木製祭祀具の特質を、同じ模造品というあり方を採る石製模造品・土製模造品・鉄製模造品や、古墳副葬品、埴輪などとも対比して、祭祀具・葬具などといった儀礼関係遺物全体のなかからみた木製祭祀具（模造品）の位相を確認する。

　なお、祭祀とは本来「神もしくは精霊に対し、祈願したり、慰めなだめたりするための、儀礼的行為」[3]をいい、死者に対する弔いなどは厳密にはこれに含めない。が、一方で「墓前祭祀」というように祈りを伴う行為全般を「祭祀」で一括する場合もある。考古資料、あるいはその出土状態が示す状況を「祭祀」と呼びうるかどうかは考察の結果判断されるのであって、最初から前提的に言い得るものではない。また、物品類自体に視点を置いた場合、石製模造品など祭祀と葬送の両場面で共通して用いられる物品があるなど両者は簡単に峻別できない。

　こうしたことから、本節では日常の生活で用いられる実用品とは異なる非日常性を認めうる遺物全般を「祭祀」の枠（本来は「儀具」として一括するが適切）で括り、葬送に用いられたとみられる物品類も含めて考察の対象とする。

2. 古墳時代祭祀に供せられる物品構成と木製遺物

　前述のように、祭祀に用いられた遺物をすべて「祭祀遺物」と呼びうることは難しい。というのも、祭祀で用いられた物品類には、例えば祭場を構成する柵なども含まれ、これを「祭祀遺物」とは呼び難いからである。そこで、本稿では、「祭祀遺物」という場合には、やはりそれ自身がカミや霊などへの働きかけを含意した物品群に限定して用いることにする。そのように整理したうえで、木製遺物との関係にも注意を払いつつ、祭祀で供せられる物品類を、その性格からAからFの6群に分類・整理し、その内在的意味をより明瞭にしたい（表3）。

A群　奉祭品
カミや精霊などへの捧げ物（供献用物品）と、カミの持ち物として共進される物品類を一括する。かつて別稿で示したように[4]、本来の用途（実用品）との関係性や素材から、以下の3類に分類可能である。

　a類　武器や農工具、神饌としての食物などの「実用品」グループ
　b類　当初から儀具として製作されたグループ（硬質素材の玉類、腕輪形などの各種石製品類、儀杖などの木製・鹿角製品、特別な装飾を施した祭儀用土器など。なお、鏡は実用品でもあるが一方で呪的意味の強さも含意しており、祭儀における意味としてはこちらに含めるのが適当であろう）
　c類　a類もしくはb類をミニチュア化したり、別素材に置き換えるなどして供献用の専用物品としたグループ（「形代」とも形容される石製・木製・土製・鉄製の各種模造品類）。

第Ⅱ章 古墳時代儀礼空間の整備と祭祀遺物

```
                    ┌──────────────┐
                    │ 祭祀で供せられる │
                    │  物品群        │
                    └──────┬───────┘
        ┌──────┬──────┼──────┬──────┬──────┐
    ┌───┴──┐┌──┴──┐┌──┴──┐┌──┴──┐┌──┴──┐┌──┴──┐
    │奉祭品 ││供献用具││祭 具 ││神座・表示││辟 邪 ││祭場構成│
    │      ││      ││      ││の用具  ││      ││      │
    └──────┘└──────┘└──────┘└──────┘└──────┘└──────┘
```

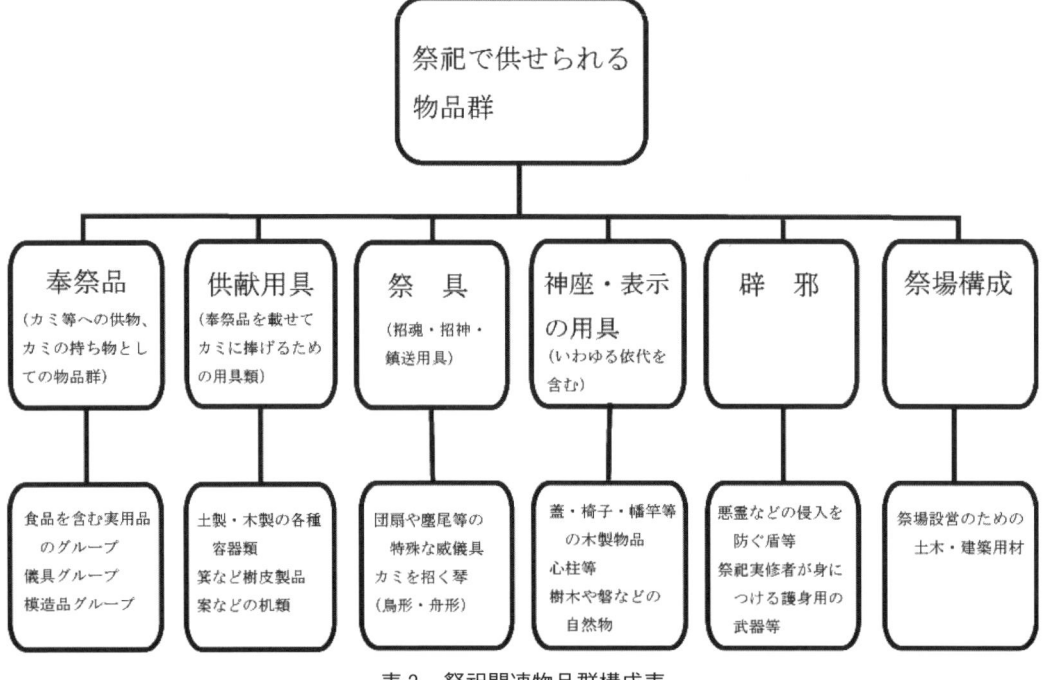

奉祭品	供献用具	祭具	神座・表示の用具	辟邪	祭場構成
(カミ等への供物、カミの持ち物としての物品群)	(奉祭品を載せてカミに捧げるための用具類)	(招魂・招神・鎮送用具)	(いわゆる依代を含む)		
食品を含む実用品のグループ 儀具グループ 模造品グループ	土製・木製の各種容器類 箕など樹皮製品 案などの机類	団扇や塵尾等の特殊な威儀具 カミを招く琴 (鳥形・舟形)	蓋・椅子・幡竿等の木製物品 心柱等 樹木や磐などの自然物	悪霊などの侵入を防ぐ盾等 祭祀実修者が身につける護身用の武器等	祭場設営のための土木・建築用材

表3　祭祀関連物品群構成表

いわゆる祭祀遺物は、これに相当する。

B群　供献用具

奉祭品を載せてカミに捧げるための入れ物として用いられたもので、木製品と土器を含む土製の容器類、それに樹皮製品としての箕や籠がある。木製品では、各種木製容器類（槽・盤・皿・装飾高坏を含む高坏類など）、神饌やそれの入った容器を載せる台（案などの机類）がこれに相当する。

C群　祭具（招魂・招神・鎮送用具）

祭祀において、祭祀者が使用する物品類を一括する。そこで含意された主たる機能は、カミや霊などを迎え、あるいは送ったりするものであったと推定される。基本的に木製素材である。近年鈴木裕明よって整理された団扇や塵尾などの特殊な威儀具[5]、実用機能としては楽器であるが祭祀の際に神を寄り付かせることが「記紀」で示されている琴などは祭祀の場では祭具として機能していると考えられ、ここに含めてよかろう。また、出土品としての証明は難しいが、祭祀者が揮う榊の枝などもここに含まれよう。なお、本稿では他の形代類との一連性を重視してA群c類で扱っているが、木製の舟形や鳥形も霊や魂を載せる機能が説かれたりする[6]ことから本質的には本類に含めて考えることも可能である。

D群　神座・表示用具

カミや霊の存在、あるいは祭祀者が貴人であるなど祭祀において一定の存在表示を含意する物品類を一括する。具体的には、貴人の表示とされる蓋をはじめ、翳、椅子、幡竿類などの木製素材のものが相当する。人工物ではないが、磐座の磐や大きな樹木などの自然物もカミ降臨（この場合は垂直降臨タイプの神観念成立以降で、概ね磐座の成立と調和）のための依代と考えられており、

神座ということがいえよう。同様に、現実の遺構のうえで特定することは難しいが、長野県諏訪大社の御柱や伊勢神宮の心御柱などの独立して立てられる柱も、ここに含めることができる。

E群　辟邪のための用具

祭場へ侵入しようとする悪霊に対して防御機能の発動が含意された用具類を一括する。防御機能の発動が含意された対象の差によって、以下の2類に分類・整理できる。

　　a類　祭場自体への悪霊の侵入を防ぐことが目的で用いられた物品類。木製盾の樹立に代表されるが、辟邪機能が含意されたと思われる特殊な装飾版（弧帯板・直弧文板・三角板など）もここに含めてよかろう。

　　b類　祭祀実修者自身が悪霊に取り憑かれるのを防ぐための物品類。祭祀実修者が身に付ける刀剣類、弓・矢などの武器類が相当しよう。

F群　祭場構成部材群

祭祀を実修する前提として祭場設営が必要となるが、ここで使用される土木・建築用のグループを一括する。柵材や、祭祀に際して用いられた仮屋構成材などの建築部材がある。古墳時代の祭祀の場においても、祭儀用の井泉とセット関係を構成する建物の存在が地域を越えて認められるなど建物が伴う例があり[7]、また、いわゆる「導水施設」に伴う施用材なども、その性格を祭祀施設と考えるのか[8]、筆者のように喪葬施設（殯所）と考えるのか[9]など意見の相違はあるものの、儀礼に関わる広義の祭場構成部材としてみてよかろう。

祭祀で用いられる物品群を以上のように整理して考えると、「祭祀遺跡」とされる場所から出土する遺物群の意味もより明瞭になると思われる。また、上記のA群やC群、E群などには、外部から侵入しようとする悪霊だけでなく、祭祀対象たるカミや精霊（もしくはそれが死者である場合死霊）に対して鎮めの発動を期待した「呪具」も含まれていることも予想されるが、これらは遺構や出土状況、構成遺物のセット関係などから個別に追及する課題であり、ここでは深く立ち入らない。

3. 古墳時代木製祭祀具の構成

ここでは、前節で示した「祭祀に供せられる物品類」のうち、A群c類として分類したうちの木製祭祀具（木製模造品）について検討する。

すでに述べたように、『木器集成』ではこの分野は1武器形・笠形、2農工具形、3動物形ほか、4舟形・修羅形、6斎串（5は装飾版などのため除外）に充てられているが、その後、三重県六大A遺跡[10]や長野県石川条里遺跡[11]、岐阜県荒尾南遺跡[12]などをはじめとする良質の資料群が確認されてきている。ここでは、『木器集成』以降に確認されたこれら資料群を加味して検討を加え、古墳時代の木製祭祀具を武器形、農工具形、紡織具形、漁具形、舟形、鳥形、陽物形に大別・再編する。そのうえで、細別として各群を構成する個々の種類を示し、全体的な古墳時代木製祭祀具体系の全体像を素描したい。なお、笠形を含む古墳樹立用の木製立物は、鳥形など流動的な物品もあるがいわゆる木製祭祀具とは分離して考えるのが適当であろう。

以下、『木器集成』に導かれつつ、木製祭祀具の大別と細別を簡単に述べていこう（図78・79）。

A　武器形

『木器集成』では弥生時代には戈形・戟形・槍形・剣形・刀形、古墳時代には盾形・剣形・刀形が挙げられているが、このうちの盾形は笠形同様、いわゆる古墳樹立用の木製立物である。したがって、木製模造品としての武器形は、盾形を除いて考えることとする。代表的なものは、以下の4種である。

刀形　古墳時代の武器形としては最も一般的で、古墳時代木製祭祀具全体をみても模造品を代表する存在である。基本的には抜身状態を表現する。薄板材の片側を斜めに切り落として切先を形成し、反対側に抉りを入れて把を形成するが、少数ながら薄い楕円形のやや厚手の断面形状をもつものもある。これは、前者の多くが杉材、後者が広葉樹などを利用した利用樹種の差による部分も大きい。把の作出方法により、基本分類ができる[13]。以下、刀の刃のある側を刃方、棟の側を棟方として記述する。

- a類　把頭と把縁を突起状にして、把頭装具と把縁装具を表現するもの。後述のb〜d類は刀身部幅がほぼ幅の上限となるが、本類では鍔ないしは把頭の部分が最大幅となる（1）
- b類　把の刃方と棟方の両側から抉りを入れ、把と把頭を明瞭にしたうえで、把間を弓状の曲線表現としたもの（2〜3）。いずれも基本的に刃方の抉りのほうが大きい。
- c類　把の刃方と棟方の両側から抉りを入れるてんはb類と同じだが、把間が直線的に仕上げられるもの。刀身根元に切り込みを入れるなどして把縁を明瞭化したc1類（4）と、把縁表現のないc2類（5）に分類上は分かれるが、量的にはc2類が圧倒的に多い。棟方の作出には強弱があり、把縁棟方は刀身棟方と一連として把頭のみに抉りを入れる例もある。
- d類　刃方だけに抉りを入れて把頭を表現し、棟方は刀身と把を一連で表現して境界のないもの（6）
- e類　把の表現はせずに茎を表現としたもの（7）

上記のうち、e類のみは本来の刀でいうと刀身と茎、すなわち鉄製部のみを表現する。また、b〜e類は、幅に関してはほぼ刃幅に相当する材を準備すれば刀形の製作が可能だが、a類は刃幅を超える幅をもった材を準備する必要がある。

剣形　弥生時代の剣形は把頭装具と把縁装具を表現したりするなど装飾性の高いものもみられるが、古墳時代のものは基本的に細長い薄板材を素材とした簡素な作りで、形状のバリエーションは乏しい。多くが細長い薄板の片側端部を山形に切り落として切先とし、反対側端部を両側から抉りを入れることによって幅狭くしてそこを把間として把を表現するが、その作出方法によって若干の形態差が生じる。刀形に倣い、分類は主に把部の作出方法による。

- a類　把縁装具ないしは鍔の明瞭な表現はないが、抉りを入れることによって把間を表現したうえに、剣身根元に両側から切り込みを入れて簡単な鍔もしくは把縁としてのアクセントを付けたもの（8）
- b類　抉りを入れることによって把間を表現したもののうち、把頭部を方形あるいは逆三角状

に削り出して把間との区別をより明瞭にしたもの（9）
　c類　抉りを入れて把間を表現することはa・b類と同じだが、把間から把頭の移行が不明瞭で、明瞭に把頭を作り出さないもの（10）
　d類　把は表現せずに剣身と茎のみを表現したもの（11）
　なお、以上の形態分類とは別に、剣身には中央に鎬を表現するもの（剣身断面が菱形）とその過程を省略したもの（剣身断面が細楕円形ないしは長方形）がある。また、剣の大きさに着目すると、概ね30cmを境にして、長いものと短いものが分けられそうである。この長さによる差は、実際の鉄剣の実態も踏まえ、さらに検討の余地はある。

ヤリ形　『木器集成』では弥生時代のヤリ形が大阪府亀井遺跡の例を引いて示されており、非常に精巧な作りである。古墳時代のヤリ形は矢鏃との分別や、ヤリ身のみが出土すると短剣との区別が不明瞭であるが、三重県六大A遺跡や橋垣内遺跡[14]で出土した扁平な紡錘形状の身部に細長い柄が一連で表現されたものは、ヤリ形とみてよかろう。これらは、ヤリ身部から断面多角形の細長い柄部に緩やかに移行する形状を呈し、ヤリ身中央に鎬表現をするものもあるが多くはその過程を省略している。ほぼスギ材を素材としている。一方で、三重県城之越遺跡出土例[15]は、ヤリ身のみを表現した例と思われる。以上から、ここでは以下の2類に分類する。
　a類　ヤリ身と柄を表現したもの（12）
　b類　ヤリ身のみを表現したもの（13）

矢鏃形　鏃身から矢柄を断面円形に立体的に削り出した精巧な作りの木鏃（実用品か非実用品かの区別が不分明であり、ここでは祭祀具としての扱いを留保しておく）とは別に、細長い薄板を利用した鏃形がある。いずれも平根タイプの鏃を造形したもので、実用品としては用を足さない。鏃身のみを造形したものと矢鏃全体を表現したものがある。以下、類型として示しておこう。
　a類　鏃身のみを表現したもの（14～15）
　b類　矢鏃全体を表現したもの（16）

B　農工具形

『木器集成』では、農具形として鋤形・横槌形・杵形が、工具形として刀子形・斧柄形が挙げられているが、その適応に対しては他の可能性も提示されるなど慎重に扱われている。このうち、鋤形については『木器集成』本文でも指摘されているように杓子形木製品との区別が難しく、示された個体も鋤形とみないほうが妥当であろう。ただし、鋤はしばしば祭祀や儀礼に用いられる品目であり、また一方で、『木器集成』作成段階では未確認であったが、その後に確認された項目もあり、改めて確認しておきたい。

鍬形　『木器集成』段階では未確認だったが、岐阜県荒尾南遺跡において、肩部の抉り表現からナスビ形曲柄平鍬を模造化したことが窺える鍬形（17）が確認され、鍬形の存在が明らかとなった。荒尾南遺跡では、これとは別に、鍬形の可能性のある羽子板状の薄板も出土している。当地の実用品としての鍬は通常アカガシ亜属から作られるが、本例はともにヒノキで、模造化は模造元本体の素材とは関係なくなされていることがわかる。また、同じ岐阜県の柿田遺跡出土の「杓子形木製品」に分類されている報告書No.6459のヒノキ材[16]なども非常に薄手で実用品であることが疑われ、あるいは鍬形の可能性もある。なお、現時点で確認できる鍬形及びその可能性

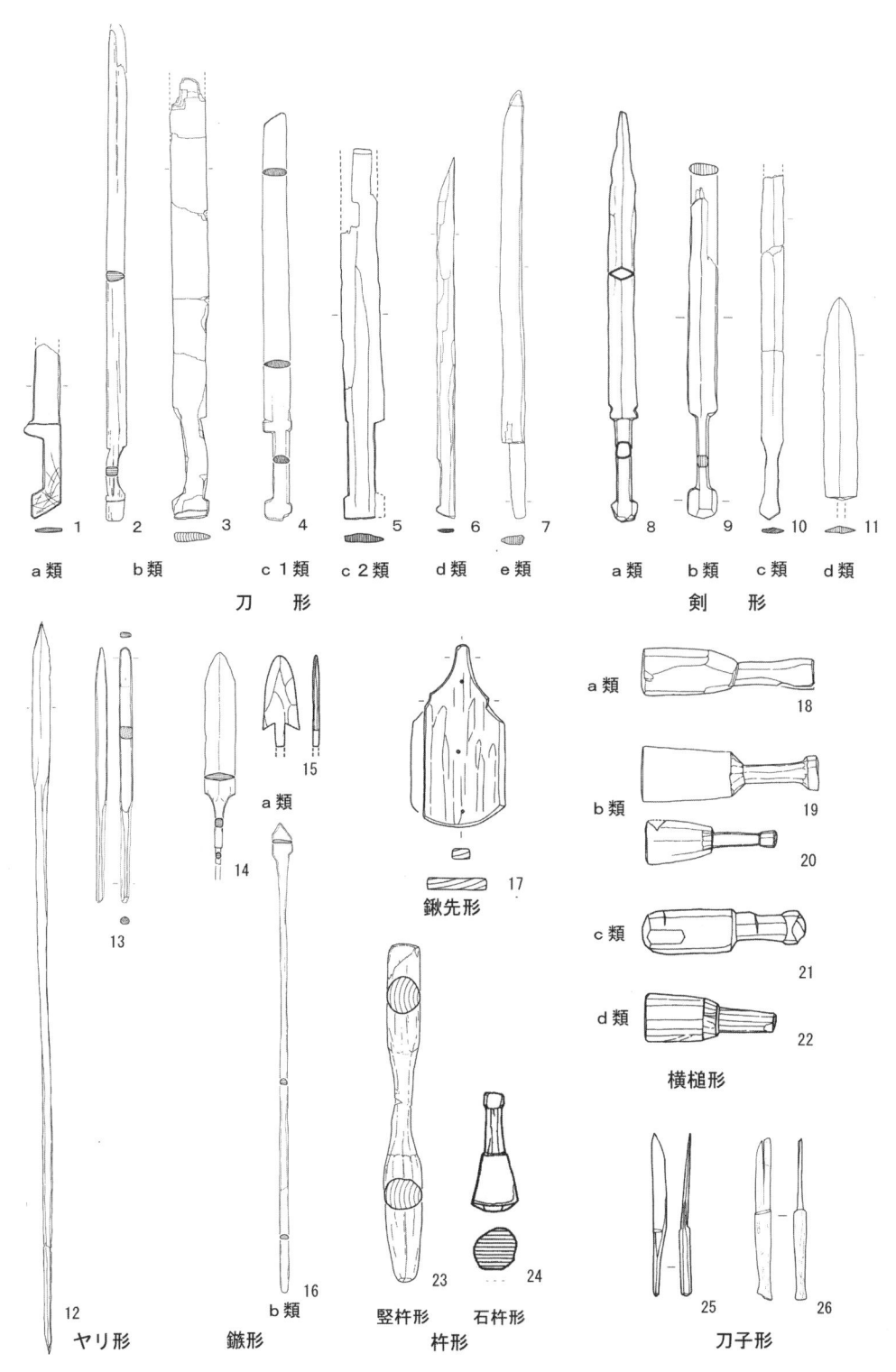

第Ⅱ章　古墳時代儀礼空間の整備と祭祀遺物

a類	b類	c1類	c2類	d類	e類	a類	b類	c類	d類

刀　形　　　　　　　　　　　　剣　形

　　　　　　　　　　　　　　　a類
　　　　　a類
　　　　　　　　　　　　　　　b類
　　　　　　　　　　鍬先形
　　　　　　　　　　　　　　　c類

　　　　　　　　　　　　　　　d類

　　　　　　　　　　　　　　　横槌形

ヤリ形　　鏃形　　　　杵形
　　　　　　　　竪杵形　石杵形　　　刀子形

1・3・5〜7・10〜12・19；三重県六大Ａ遺跡、2・14・16・25；奈良県谷遺跡、4；滋賀県入江内湖遺跡
8；岐阜県宇田遺跡、9・13；三重県城之越遺跡、15；静岡県山ノ花遺跡、17〜18；岐阜県荒尾南遺跡
21；岐阜県顔戸南遺跡、20・24；滋賀県下長遺跡、22；岐阜県米野遺跡、26；三重県北堀池遺跡

図78　古墳時代木製祭祀具の分類1（縮尺不同）

のあるものは、いずれも曲柄鍬の鍬身である。

　横槌形　既に『木器集成』の段階で和歌山県鳴神Ⅴ遺跡などの資料から横槌形の存在が示されている。ここで示された横槌形は、いずれも通有の横槌を小型にした形状で、小型の実用品に含まれる可能性もないではない。これとは別に、三重県六大Ａ遺跡や長野県石川条里遺跡から出土した精巧な一群がある。これらはいずれも未使用状態と観察されており、祭祀用の専用物品の可能性が高い。以下、これらをもとに、現状での簡単な分類を示すが、後述の杵形の部分でも記すように、石製模造品と対比すると横槌と杵（粉砕用の石杵に由来するもの）の差は流動的である。

　　ａ類　通有の横槌を小型にしたタイプ（18）。『木器集成』PL164 の 16413〜16415 なども同類例

　　ｂ類　身部は基部から先端に向かって円錐状に緩やかに広がり、身部と柄部の間には明瞭な肩部（段）を形成して、柄端部にグリップ・エンドを形成する小型の精巧品。図示した六大Ａ遺跡（19）や岐阜県顔戸南遺跡[17]（20）、滋賀県滋賀県下長遺跡[18]（21）のほか、長野県石川条里遺跡など各地に類例があり、未使用状態と観察されるものも多い。群馬県高崎天神山古墳出土の石製模造品の「杵形」[19]に形状が類似する

　　ｃ類　ｂ類に類似するが、身部断面形は円柱形を呈するもの（21）

　　ｄ類　ｂ類に類似するが、握端部のグリップ・エンド形成がないもの（22）

　杵形　古墳時代の竪杵と形状が異なることから疑問を呈されつつも、『木器集成』では一応竪杵形状の２点が示されている。これらが本当に杵（竪杵）形に帰属するかどうかは判断がつかないが、奈良県谷遺跡[20]から出土している全長36.4cmの竪杵は少なくとも米搗き用としては小さすぎ、竪杵形といえるかもしれない。

　一方、滋賀県下長遺跡から出土した（24）は、横槌形ｂ類に形状が似るが、身部は先端に向かって円錐状に開く裾広がりの形状で、先端を丸くして搗部形成が認められる。この特徴は、岐阜県瑞龍寺山第２古墳群１号墳から出土した石杵[21]や、山城国乙訓郡大原野村出土の石製模造品の杵[22]と同じであり、本例も杵形（石杵形）とみるのが妥当であろう。瑞龍寺山第２古墳群１号墳の石杵や大原野村出土の石製模造品杵は、ともに石皿や石製模造品石皿とセットとなっており、本例も水銀朱粉砕用の石杵に由来するとみられる。なお、前述の横槌形ｂ類〜ｄ類も本例と類似する部分があることから、横槌形だけでなく杵（石杵）形としての可能性も考慮する必要があり、杵形については横槌形とあわせてもう少し検討の必要がある。

　刀子形　把が刀身部分よりも厚く、そこから刀身部分を薄く削り出した抜き身状態を示しており、袋に入った状態の石製刀子とは対照的である。概ね20cm未満。明瞭な例はまだ乏しいが、奈良県谷遺跡例や三重県北堀池遺跡例[23]などが古墳時代における刀子形の存在を示す例といえよう。

Ｃ　機織具形

　岐阜県荒尾南遺跡の調査で、原始機部材の模造品とみられるものが出土している。まず、細い端部から中央に向かってやや太くなる棒状具（27〜28）は、太くなった中央部に僅かにアリ状を呈する溝を平行に彫っており、地機を構成する緯打具のひとつである管大杼をミニチュア化したものと推定される。造形元となった管大杼の実用品は、静岡県伊場遺跡[24]や三重県岡田向遺

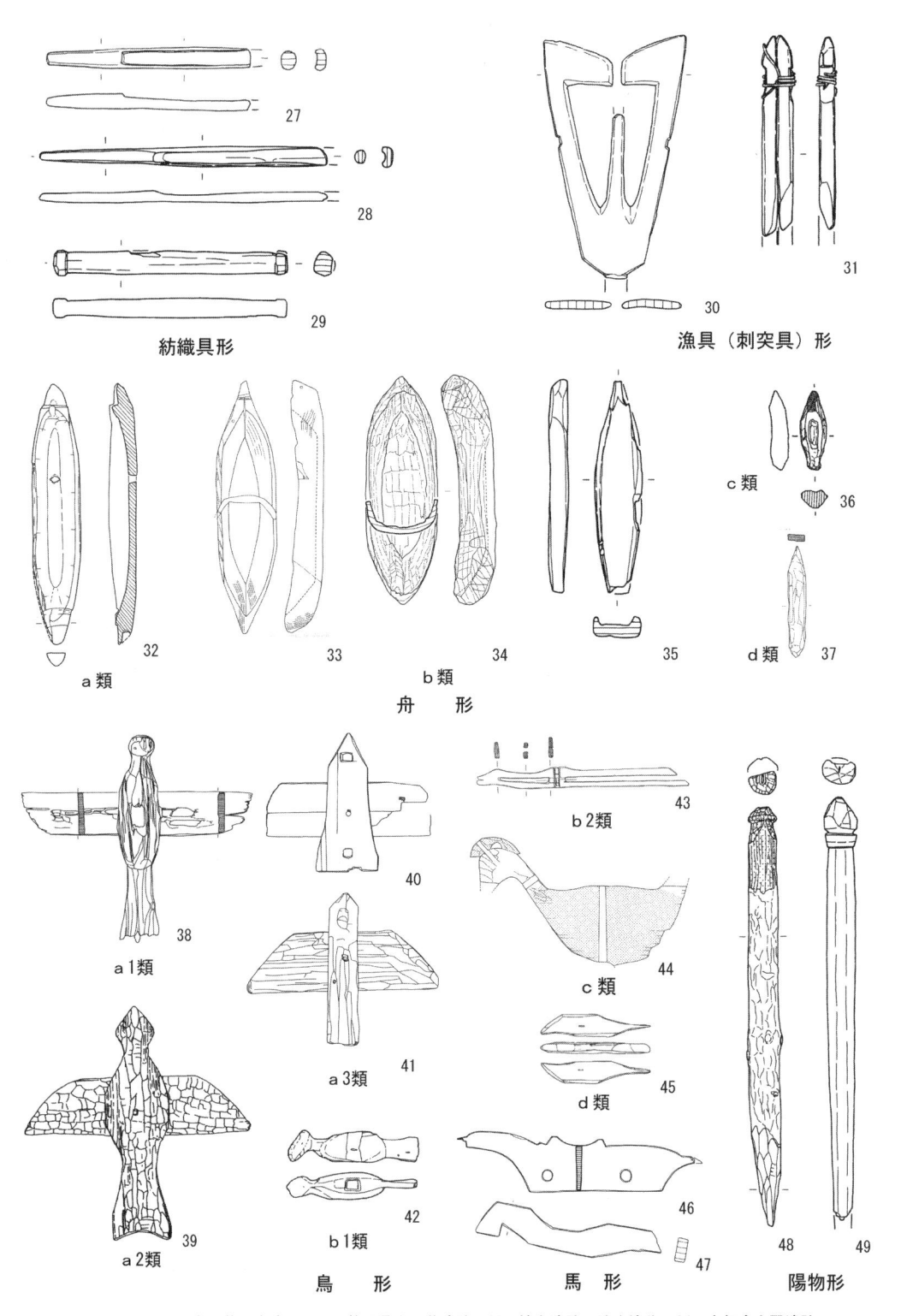

第Ⅱ章 古墳時代儀礼空間の整備と祭祀遺物

紡織具形　　　　　　　　　　　漁具（刺突具）形

舟　形

鳥　形　　　　馬　形　　　陽物形

27～31・35・47・49；岐阜県荒尾南遺跡、32；静岡県山ノ花遺跡、33；纒向遺跡（辻土壙4）、34；京都府古殿遺跡
36；滋賀県下長遺跡、37・45・48；三重県六大A遺跡、38；四条9号墳、39；静岡県雌鹿塚遺跡、40～41；長野県石川条里遺跡
42；奈良県四条古墳、43；奈良県水晶塚古墳、44；奈良県纒向石塚、46；奈良県布留遺跡

図79　古墳時代木製祭祀具の分類2（縮尺不同）

跡[25]などで出土例があり、また土製模造品では静岡県明ヶ島五号墳下層[26]に類例がある。本品の確認によって、木製と土製の機織具形に地機の同じ部材を模造化しているものがあることが明らかとなった（明ヶ島5号墳下層出土の機織具形土製模造品は他の部材や紡績具も模造している）。一方、群馬県上細井稲荷山古墳出土の機織具の石製模造品の造形元は、かつては地機が想定されていたが[27]、東村純子はこれを原始機（氏のいう輪状式原始機）の部材であることを明らかにされた[28]。以上の資料を時系列に沿って示すと、荒尾南遺跡が4世紀、明ヶ島5号墳下層と上細井稲荷山古墳が5世紀、岡田向遺跡が6世紀、伊場遺跡が古代ということになり、現況では実物の確認よりも模造品の確認のほうが先行している。なお、荒尾南遺跡では、これ以外に両端に有頭部を作り出した断面円形の棒状具（29）も出土しており、これも機織に関わる模造品の可能性がある。ただし、これは原始機の模造品としても矛盾はない。

D　漁具形

本類も『木器集成』では未確認だったが、荒尾南遺跡の調査で「刺突具形」ともいうべきものが出土している。30は、組み合わせ式の銛をデフォルメしたと推定されているもので、京都府恵解山古墳で出土したような3本の刺突具を組み合わせた複式刺突具[29]が原形となり、両端部のみられる内側（中央側）へ向いた大きな鉤形は内側へ向いた片逆刺をデフォルメしたものであろう。荒尾南遺跡では、これとは別に、先端を尖らせて片棘を付けた棒状具2本を蔓で緊縛したものも出土しており（31）、これも刺突具形の可能性がある。これらの造形元となった鉄製刺突具は、しばしば前方後円墳など大型古墳に副葬されることが知られており、刺突具以外では釣針も副葬されることがある。現在、釣針模造品は未確認だが、将来的には釣針を木製模造した釣針形の確認も待たれる。

E　舟形

刀形とならんで古墳時代を代表する木製形代である。造形元となった舟の形式や模造化した際のデフォルメの強弱などから、以下の分類が可能である。

　　a類　準構造船を造形したとみられる精巧な舟形木製品（32）
　　b類　丸木舟を造形したとみられる精巧な舟形木製品（33～35）
　　c類　紡錘形ないしは楕円形に粗く加工した材の内部に抉りを入れることによって舟であることを示した全長20cm以下の小形模造品（36）
　　d類　平面形は舟に似た紡錘形を示すが抉りすら施さず板状に仕上げた全長20cm以下の小形模造品（37）

このうちa類とb類は、法量的なまとまりに乏しく、形代というより舟形の容器として用いられたものも含まれている可能性がある。出土状況や出土時のセット関係などを整理して性格や用途を考えていく必要があろう。なお、例えば岐阜県飛騨市宮川町西忍では、地蔵を祀る小祠堂に舟形供物台として最近まで使用されていた例があり[30]、舟が霊や魂の入れ物でもあった事情を示唆している。

F　動物形

古墳時代の動物形として、『木器集成』同様、鳥形と馬形をあげておく。

鳥形　弥生時代には、水鳥を思わせるような頸部の長い鳥形が存在したが、中期後半から後期

にかけて頸部の短い鳥形が主流となり、古墳時代も基本的にこの延長線上にある。『木器集成』をはじめ、鳥形についてはいくつかの分類案があるが、古墳時代に関しては最新の古墳出土資料を駆使した坂靖による分類案が簡潔で、的を得たものである[31]。坂によると、鳥形は翼と胴体で構成される大型品の1類、鳥の側面観を示す2類に大別され、2類はさらに丸彫りのa類と、板状の表現のb類に細分されている。このうち1類は、胴部と翼を十文字に組み合わせて柄で留めたもので、かつて山田康弘によって「平面観重視」の鳥形とされたものとほぼ重なる[32]。2b類には胴部に細長いスリットが穿たれており、ここに翼を差し込んで使用されたとされる。坂は、古墳時代の鳥形は、大空を滑空する鷹がそのモデルとなっている可能性を説かれているが、確かに尖った頭部にずんぐりとした紡錘形の体部をもち、尾が緩やかに開く形状は鷹などの猛禽類を想起させるもので、古墳時代鳥形の本質に関わる重要な指摘であるといえよう。

さて、古墳時代の鳥形は、坂分類の1類及び2a類が古墳以外の遺跡からも出土し、葬送と祭祀で物品の共通性がみられるが、坂も説くように古墳出土のほうが概して大きく、より精巧である。しかも、古墳出土の鳥形がほぼコウヤマキ製で占められるのに対して、古墳以外から出土するものはヒノキやサワラなどコウヤマキ以外の素材で作られる[33]。このことは、同じような形態であっても製作集団は基本的には別であったことを示すとみられる。つまり鳥形は、形態的な基本構造としては古墳出土とそれ以外のものは同じ体系に属するが、製作者及び使用者は同一ではなかったとみられる。

以下、坂の分類に従いつつ、祭祀遺跡など古墳時代以外の場所から出土する鳥形の知見も入れて、鳥形の分類をしておきたい。

 a類 翼と体部を十文字に組み合わせ、栓ないしは柄でとめるもの。坂分類の1類で、いわゆる上面観重視の鳥形となるが、立体表現を採るものと板状具を組み合わせるものがある

  a1類 体部が頭部・胴部・尾部が明瞭に区別され、大型かつ精巧なもの。古墳から出土するものはコウヤマキ製（38）

  a2類 頭部・胴部・尾部の区別が板状具への切り込みによって表現されたもの（39）

  a3類 頭部から尾部までが明瞭な区分なく一連の板材で作られたデフォルメ化が進んでいるもの。コウヤマキ以外の素材を用い、古墳からは出土していない（40～41）

 b類 鳥の側面観を示すもの

  b1類 丸彫りの鳥形。坂分類の2a類に相当する（42）

  b2類 板作りの鳥形。坂分類の2b類に相当する（43）

 c類 造形元が、鶏のもの（44）

 d類 平面ないしは側面観の特徴などから鳥であることは是認できるが、造形元の鳥の種類が不明瞭で、造形した鳥の情報が判断できないほどデフォルメ化が進んだもの（45）

馬形 馬形が大量に増加するのは古代以降であるが、古墳時代にもいくつか類例がある。布留遺跡出土例（46）は前輪・後輪の表現がみられ、容易に馬と判断できる[34]。一方、荒尾南遺跡出土の47は、鳥形の可能性もあるが、全体的な形状は馬形とすべきであろう。

G 陽物形

人間に関わる模造品のうち、古墳時代にその存在が確認できるものは陽物形である。『木器集成』で紹介されている弥生時代の陽物形が実物の成人陽物と形状比率をほぼ等しくする非常にリアルなものであるのに対し、古墳時代のものは茎部を長い棒状とし、先端部のみを写実的に表現し、端部に切り込みを入れることによって陽物であることを知らしめている（48～49）。

4. 木製祭祀具の使用状況

　古代以降の律令期木製祭祀具、とりわけ人形の用途については、そのひとつに罪穢を人形に託して流した祓えの役割があるとされ[35]、それが中国の道教に由来することも説かれている。律令期の木製祭祀具は、7世紀後半の天武・持統朝に出現の画期があるとして、この時期以降の新種の出現をもって木製模造品の成立とされてきた経緯がある[36]。確かに、7世紀後半は、主体となる木製祭祀具が人形や馬形が大量に組成化するなど構成形式の組成に変化があり、この時期以降に出現する器種もあって木製祭祀具の変遷のうえで画期となることは確かであろう。しかし、前節で確認したように、刀形はじめ多くの器種が古墳時代（一部はさらに弥生時代に遡る）から引き継いできた器種であり、律令期の木製祭祀具の多くが古墳時代にその淵源があって、それらを受け継いでいることもまた明らかである。このことを敷衍すれば、古墳時代の木製祭祀具も、律令期のものと同様の使用形態、すなわち溝や河川自体で用いられることが主要な性格のひとつとして存在していたと予測することも当然想定しうる。

　木製祭祀具は農具や建築部材などの祭祀具以外の木製品や自然木などと一緒に雑多なまとまりとして出土することが多く、木製祭祀具単独の出土なのか、あるいは他のものとセットだったのかなどの基本的な状況すら見えにくい状態にある。しかし、溝や旧河道、土坑や井泉など特定の遺構から出土するもののなかには、ある程度の一括性（廃棄の同時性→使用時のセット関係）を示唆するものもある。以下では、三重県六大A遺跡の事例[37]（井泉1・「土器群53武器形集中区」・「土器群54」）と、奈良県纒向遺跡（辻土壙4）の事例[38]を素材として、出土状況から木製祭祀具の使用方法を探ってみよう。

　六大A遺跡井泉1　六大A遺跡では、弥生時代後期から古代まで埋没しながら続く幅15～30mの大溝（開析谷）があり、大溝内や付設された井泉からは祭祀で使用されたとみられる物品類が出土している。このうち、井泉1は扉板からの転用材を含む板材2枚をL字状に組んでダム状の枠板とした古墳時代中期の石組井泉で、井泉床面から滑石製勾玉と木製刀形（e類）が出土した（81頁図52参照）。この出土状況の意味については、第I章第4節において、「誓約」に関わっての儀礼である可能性を提起した。

　六大A遺跡土器群53武器形集中区　刀形23本・ヤリ形16本・剣形（ヤリ形の可能性を残す）5本、土師器高坏4・坏1・甕1、それに滑石製の勾玉1・双孔円板1・臼玉53、ガラス小玉2が狭い範囲（幅3m×2.4m）から集中して出土したもので、正立状態の高坏を中心に木製祭祀具が取り囲む出土状況を示している（256頁図130参照）。出土地点が祭祀執行の場そのものであったかどうかはともかく、高坏が正立状態で残っていることは供献されたものがそのまま遺棄された可能性も考えられる。この場合、刀形やヤリ形は高坏（その上に神饌が載せられていたかもしれな

い）を中心としてそれを護持するかのように出土しており、武器形は本来カミに捧げるべき高坏に盛られた神饌類を悪霊などから護るためその周囲に置かれたものであったかもしれない。その場合は、一種の「座」を形成していたといえるかもしれない。

六大Ａ遺跡土器群54　土師器高坏20個体以上、坏3・甑1が1.7m×1.1mの範囲に集中して存在する古墳時代中期の土器群で、ここに横櫛と横槌形（b類）、それに滑石製臼玉6個が伴って出土している（256頁図131参照）。櫛は「崇神紀」のヤマトトトヒモモソ姫の神婚譚で、夫・オオモノヌシが櫛笥（櫛を入れる箱）に入っていたとする説話を敷衍すれば、ヒトの霊力を内包しうる依代としての含意がかつては存在していたのかもしれない。

纒向遺跡辻土壙4　纒向遺跡には、出土遺物の内容から石野博信によって提唱された「纒向型祭祀」に関わる特異な大形土坑群があり、このうち辻土壙4（報告書に従い、固有名称としては「壙」の文字を用いる）は木製品を含む豊富な遺物群が出土し、祭祀に使用された用具類が埋められたと考えられている[39]。土坑は、3m×3mの不整円形を呈し、深さ1.5mを測る大型のもので、大量の土器のほか籾殻などとともに多数の木製品と加工木、自然木が出土している（115頁図64参照）。木製品は、出土層序の差から大きく2群ないし3群として把握されているが、品目としては大形装飾高杯・舟形・鳥形槽・槽・盤・把手付鉢・木庖丁・儀杖・竪杵・弓・紡織具・腰掛・竪櫛・建築部材・弧文円板などがあり、古墳時代木製品で最も一般的に出土する耕作用農具類を含まない。木製祭祀具に分類されるものは舟形だけであるが、北陸地域に淵源をもつと思われる装飾高杯[40]をはじめ、鳥形槽、儀杖など日常の生活用具とはいえない物品を多く含み、全体として祭祀色が強い組成ということが可能である（115頁図65参照）。この遺物組成が何らかのマツリに使用した用具類を埋めたものとする報告者の石野の指摘は、十分に説得力のあるものといえ、筆者もこの見解を支持している[41]。

以上に示した事例のうち、纒向遺跡辻土壙4のあり方は、我々に古墳時代初頭の祭祀を考えるうえでの多くの示唆を与えてくれる。

まず、出土木製品の品目を改めて確認すると、大形装飾高杯、鳥形槽、槽、盤、把手付鉢など木器組成に占める容器の割合が高いことが注目される。報告書でも指摘されているが、舟形も刳り貫いた体部に供物を入れる容器として用いられたとみる。さらに、土坑からは木製品ではないが箕や籠といった樹皮製の「入れ物」も出土しており、大量の土器の存在も含めて、供献的機能が色濃く見いだせる。つまり、辻土壙4の遺物は、「共食」行為が伴うかどうかはともかく、「供献」行為が第一義的に考えられる遺物組成といえそうである。大量の籾殻や炭化物の存在は、そこに供せられた物品の中心が食物であり、いわゆる「神饌」であったことを推測させる。

次に、出土した木製品を「模造化」という視点でみてみよう。すでに模造品として存在しているものは舟形のみであるが、その舟も含め、鳥形槽のモチーフの造形元と目される水鳥や装飾高杯、腰掛（椅子）は後に形象埴輪として造形される品目である。また、紡織具や竪杵は、出土数こそ少ないものの滑石製模造品として古墳の副葬に供されるものがあるし、紡織具は滑石製のみならず木製及び土製模造品、さらには沖ノ島や神島八代神社所蔵品などではカミに捧げる金属性ミニチュア品としても造形されている[42]。儀杖や弓、竪櫛などは古墳の副葬品として供される品目であり、竪櫛はその出土状況から呪的意味の強さが指摘できる。さらに、儀杖は、石や金属

器、鹿角でも造形され、古墳への副葬（石製・金属製・鹿角製）と祭祀（木）に供される。

　つまり、これらを敷衍すると、纒向遺跡辻土壙４の遺物群は、時代が下れば埴輪や各素材の模造品としてカミマツリや葬送（古墳副葬品）に供されていくものが多く含まれており、この遺物群が祭祀ないしは喪葬に供せられた物品群である可能性を逆接的に示しているといえるだろう。舟形や鳥形のように早くから模造化が達成された品はともかく、各種模造品が一般的に成立する以前の、実用品を供して祀ることが行われていた時期を反映したマツリの道具立てとみることができよう。ただし、供献を行った主体が「カミ」なのか、あるいは近傍の纒向古墳群をはじめとする古墳ないしは古墳被葬者（死者）へ向けられたのかは現時点では確定することは難しい。

　纒向遺跡辻土壙４は、「湧水点まで掘り抜いた穴」に祭祀遺物を捧げるというのであれば「地霊」に対する地中埋納の形態を示すということになろうが、そう決定しうる根拠に乏しい。現時点では、埋納行為自体を祭祀とみるより、マツリ終了後の遺物が土坑に一括廃棄された状態で残ったとみることを出発点とすべきであろう。一方、六大Ａ遺跡土器群53武器形集中区は、高坏が正立状態でまとまっていたことを考えると、流路脇に供献されたままの状態で遺棄された可能性は残る。これら纒向辻土壙や六大Ａ遺跡の諸事例では、いずれも木製祭祀具が単独で用いられておらず、常に土器や滑石製模造品など他の祭祀関連の物品とセットで用いられていた。これが古墳時代の木製祭祀具の使用形態の一般的あり方といえるかどうかは今後の資料増加によって判断する必要があろうが、木製祭祀具の具体的なセット関係や使用状況が分かる事例として、ひとつのあり方を示していると思われる。

　なお、鈴木裕明の集成でも明らかなように[43]、木製祭祀具（模造品）が古墳から出土する場合、基本的に周濠などでの供献行為に限られており、埋葬主体部での副葬品として用いられた例は知られていない。このてんで、本来が古墳副葬品として鉄製品などの実物を別素材ないしは雛形に置き換えることから出発した滑石製模造品や鉄製模造品のあり方とは異なるが、祭祀の場においては、木製祭祀具と滑石製模造品の調和性はよい。一方、木製祭祀具と土製模造品は、人形（土製模造品）を除くと基本的な品目で共通性は大きいが、使用の場では基本的に共伴することはなく、両者は異なった局面で用いられていることがわかる。

5. 木製祭祀具（模造品）性格の変遷とその背景

　弥生時代には、どのように使用したかは諸説あるものの祭器として銅鐸をはじめとする青銅製祭器があり、また人形や舟形、鳥形、それに剣形をはじめとする武器形の木製品もある。弥生時代の木製祭祀具は、特に武器形で顕著であるが本物に見間違えるほど実物をリアルに模したものが多い。漆なども利用して赤彩ないしは黒彩されたものも多く、単体を丁寧に作っていることに特徴がある。このことは、弥生時代の木製祭祀具が、それ自体が祭祀者の使用する「祭具」としての役割もあったことを示唆している。鳥形については、魂を他界へ運ぶ機能があるとする意見[44]がある一方、境界の表示としての役割を重視する有力意見がある[45]。

　古墳時代に入ると、銅鏃など金属製の儀具は存在するものの、これらは主に古墳の副葬用に用いられ、祭祀の場での使用は明瞭ではない。銅鏡についても、使用の場は専ら古墳副葬品とし

ての役割に限られ、祭祀の場での使用は古墳時代前期後半以降の沖ノ島祭祀を待たねばならない。纒向遺跡辻土壙4の例を祭祀に使用した用具類を埋納廃棄した土坑とすると、古墳時代前期の「マツリ」は、弥生時代以来の舟形など祭祀用の専用物品も用いられたが、まだ祭祀専用物品が一般的に成立する時期には至っておらず、専ら実用品や「神饌」としての食物等をマツリ用に新調した特別の容器類に入れて供することが基本であったと推定される。こうした例は、纒向遺跡以外でも確認可能である。古墳時代前期後半に属する長野県石川条里遺跡では、大溝で囲まれた方形区画内に多数の土坑があり、土坑内には炭化物や土器が多量に含まれていた[46]。このあり方は、纒向遺跡の土坑群と類似する部分が大きく、炭化物が食物や布などの植物質に由来したとすると、ここでも食物を含む実用品が供されていたとみられる。

　木製祭祀具は、古墳時代に入っても引き続き用いられるが、最も活発に用いられるのは滑石製模造品なども盛行期を迎える中期にあるとみられる。古墳時代の木製祭祀具で最も一般的に出土するのは刀形で、刀形は集落における祭祀を代表する木製祭祀具ともいえる。刀に代表される武器が象徴する意味とは武威であり、悪霊などに対する威嚇や防御、それをもつことに拠る護身などが含意されるとみられる。

　一方、まだ数少ない事例ではあるが、紡織具や漁具、農具（掘削具）などの模造品も確認されている。これらは、品目としては古墳副葬品にも存在しており、死者（古墳被葬者）に奉られる物品と祭祀の場でカミに捧げられる構成品目が一定の照応関係にあることがわかる。織機や漁具などの木製模造品は、物品特定がなされてからまだ日が浅く、広い認知には至っておらず、既掘不明品からの同定も含め今後の類例の増加が待たれるが、刀形ほど普及していた形跡はない。このことは、土製祭祀具の性格で説かれているように[47]、祀る対象の「カミ」の性格がより具体的に意識され始め、それに応じた奉祭品が形成されている過程の一端を示しているように思われる。このように、木製の漁具形や紡織具形などの存在は、古墳時代木製祭祀具と「カミ」との関係を考えるうえで極めて重要な位置にあり、その本質的理解に迫れる材料ということができよう。

　古墳時代における木製祭祀具は、弥生時代における「祭具」としての位置づけよりも、「カミ」や「霊」、あるいは「モノ」を祀るための捧げ物（奉祭品）としての意味が大きかったように思われる。ただし、鳥形や舟形など可動性のあるものは、霊や魂を運んだり、カミへの捧げ物を「カミの棲む」場所へ送る役目も含意していた可能性が考えられる。さらに、鳥形については、集落を画する環濠や流路、墓の周溝・周濠から出土することが多いことから、前述のように坂靖は霊の送迎よりは境界の外れでその表示をする性格を復原している[48]。

　そして、実用品ではない「形代」をもってカミを祀るという考えは古代以降にも継承される。鉄製の模造品の例であるが、神宮関係の各種行事や仕様を記した「皇大神宮儀式帳」では、山の神に供える祀りの物として、「金の人形・鏡・鉾」（さらにここに木綿や麻なども加わる）を供することが記されている[49]。これは、素材こそ異なるが、古代の模造品（形代）が溝などの流路における祓の際に使用される祓具だけではなく、直接カミを祀る奉祭品としての役割もあったことを示しており、これらの性格の淵源は古墳時代に求めることができる。

　木製祭祀具の例では、「古語拾遺」御歳神段に記された男茎形（陽物形）に関わる説話が参考になる。ここでは、御歳神（田の神）を祀るには溝の口に牛宍（牛肉）に加えて男茎形を供すること

が記されているが、こうしたことが説話化される背景として、男茎に象徴される生命力が農作物の育成を促すとする考えが存在していたことを示している[50]。そして、男茎形（陽物形）は弥生時代や古墳時代にも存在しており、木で男茎を作り、それをもって地霊を奮い立たせようとする含意が「古語拾遺」の書かれる以前に遡ることを窺わせている。

　このようにみると、確かに律令期における祓具としての木製祭祀具の位置づけは大きいが、律令期へ入っても祓の機能とは別に、カミへの捧げ物として各種模造品類も用いられたことが確認できる。かかる意味においては、古墳時代と古代で模造品の性格をあまりにも断絶的に捉えることはあまり適切ではない。むしろ、古墳時代（さらに一部は弥生時代）以来の模造品利用の伝統があって、古代はそれが中国思想の影響も受けて新たな性格をもって出発するものが出現する、とみるのが実態に即していよう。そのうえで古代は、「神への捧げ物」たる奉祭品における呪的意味が増大して、辟邪を示す物品群の性格へ近接し、いわゆる模造品類が「呪具」として機能するようになることに古代的な意味が発現するようになる。このことは、直接的には「祭祀遺物」の射程範囲が「カミを祀る場」から「悪霊」や「死霊」、「モノ」など「大いなる霊威を発動するモノ」を跳ね返し、鎮圧・圧服する場へも拡大したことを示すものではあるが、「カミ」のなかには元よりこれら「モノ」的性格が含まれていた。かかる意味では、古墳時代段階はまだ不分明であった「カミ」が、いわゆる「人格神」的な「神」の形成も含めてその性格がより分化し[51]、独立した「神霊」をもつに至った事情とも関連するものであろう。

　つまり、古墳時代から律令期にかけて、「大いなる霊威」として認識されていた漠然としたカミ観念から、「個別の性格をもった神」や悪霊・死霊・「モノ」が独立して把握されるようになり、それに連動して祭祀遺物にも新たな意味が付与されるようになったとみられる。

6. まとめ

　古墳時代の祭祀を考えるための前提として、祭祀の場における出土品を物品構成という視点から整理し、そのなかにおける「カミへの捧げ物」の占める位置を明確化した。

　これら祭祀に供される物品は、局面によってはカミへの捧げ物である品目が、別の局面では祭祀者の用いる祭具や祓具として用いられたりするため、相互に重複する性格をもつことがある。このため、当該遺物が祭祀遺跡のなかで担った機能・役割は、当該遺跡の存在形態やその出土状況などから個別にその異同を検討していかねばならない。かかる意味においては、局面ごとで物品類に多少の意味合いの違いは出てくるが、今回の作業によって、これまであまり問題にもされなかった「祭祀遺跡」出土の遺物群が、どのような意味を付与されてそこに存在しているのかをより具体的に提示することができたものと考えている。「祭祀遺跡出土遺物＝祭祀遺物」という等式ではなく、祭祀遺物を「カミ」への捧げ物としてより限定的に捉え、あわせて祭祀遺跡で出土する物品群の全体的な構成の体系を示すことにより、それぞれの位相を明確化した。

　そのうえで、古墳時代祭祀遺物のなかから木製祭祀具を取り上げてそれを7群に再編・整理し、現時点で確認できるそれぞれの細別構成を示した。この結果、古墳時代の木製祭祀具の構成が、他素材の祭祀具や埴輪などと相互に密接に関連していることと、律令期の木製祭祀具の多くが弥

生・古墳時代に淵源をもつことがより明瞭になったと思われる。

そして、以上を踏まえたうえで木製祭祀具の使用状況を検討し、古墳時代木製祭祀具の性格が律令期の祓の具としての性格よりも、カミへの奉祭的性格の強いことを指摘した。ただし、それをもって律令期との断絶をことさら強調することは適切ではない。木製祭祀具の全体的な変遷のなかで古代の木製祭祀具をみてみると、古代の祭祀遺物もその組成は古墳時代以来の木製祭祀具体系の延長線上にあることは明らかである。古代の木製祭祀具は、古墳時代の木製祭祀具の体系から出発し、そこに「律令制祭具」としばしば呼称される「祓」としての機能が新たに加わって再編されることにこそ、古代の祭祀具としての意味を見い出すことができる。

註
（1）上原真人編　1993『木器集成図録　近畿原始篇』奈良国立文化財研究所
（2）古墳に樹立された木製品の呼び名としては、「木製立物」の他に、「木製樹物」「木製埴輪」「木の埴輪」などがあるが、本稿では坂靖の提言（坂 2006）に従い、「木製立物」の用語を用いた。「木製立物」の用語は、若松良一が最初に用い、その後、橋爪朝子、坂靖らが用いている。若松良一編　1988『はにわ人の世界』（88さいたま博覧会特別展図録）埼玉県立さきたま資料館、橋爪朝子　2004「木製立物の基礎的研究」『古事　天理大学考古学・民俗学研究室紀要』第8冊　1～23頁　天理大学考古学・民俗学研究室、坂靖　2006「木製立物の性格」『八条遺跡』403～414頁　奈良県立橿原考古学研究所（その後、同名で内容を補訂のうえ『古墳時代の遺跡学—ヤマト王権の支配構造と埴輪文化—』2009　雄山閣に所収）
（3）岡田精司　1992「神と神まつり」『古墳時代の研究』12　125頁　雄山閣出版
（4）穂積裕昌　2008「古墳被葬者とカミ」『信濃』第60巻第4号　1～23頁　信濃史学会
（5）鈴木裕明　2000「古墳時代の翳」『博古研究』第21号　11～23頁　博古研究会、同　2003「古墳時代前期の団扇形木製品の展開とその背景」『初期古墳と大和の考古学』361～371頁　学生社、同　2005「石見型木製品について」『古代文化』第57巻7号　1～22頁　古代學協会
（6）金関恕　1982「神を招く鳥」『考古学論考　小林行雄博士記念古希記念論文集』281～303頁　平凡社、春成秀爾　1987「銅鐸のまつり」『国立歴史民俗博物館研究報告』12　1～37頁　国立歴史民俗博物館
（7）穂積裕昌　2000「井泉と大形建物」『八王子遺跡考察編』111～123頁　愛知県埋蔵文化財センター
（8）渚斎　2001「「水の祭祀場を表した埴輪」についての覚書」『史跡心合寺古墳発掘調査概要報告書』94～110頁　八尾市教育委員会。なお、個別の出土遺物に関する引用註は、煩雑になるため引用の初出となる部分に振り、後のものは省略した。以下、同じ。
（9）穂積裕昌　2004「いわゆる導水施設の性格について—殯所としての可能性の提起—」『古代学研究』166　1～20頁　古代学研究会
（10）穂積裕昌　2000『六大A遺跡発掘調査報告（木製品編）』三重県埋蔵文化財センター
（11）臼居直之編　1997『中央自動車道長野線埋蔵文化財発掘調査報告書15　石川条里遺跡第3分冊』財団法人長野県埋蔵文化財センターほか
（12）鈴木元　2008『荒尾南遺跡Ⅲ』大垣市教育委員会
（13）穂積裕昌　2000「7　祭祀具」『六大A遺跡発掘調査報告（木製品編）』三重県埋蔵文化財センター。なお、刀形を扱った専論として、下記のものがある。佐藤達雄　1993「刀形木製品—その形態と変遷—」『考古論集』471～486頁　（潮見浩先生退官記念論文集）
（14）穂積裕昌　2009「県道B地区（桜垣内地区）の調査」『橋垣内遺跡（A～C地区）発掘調査報告　研究紀要第18-3号』7～25頁　三重県埋蔵文化財センター

(15) 穂積裕昌編　1992『三重県上野市比土　城之越遺跡』三重県埋蔵文化財センター
(16) 小野木学　2005『柿田遺跡（第 2 分冊　本文編 2）』財団法人岐阜県教育文化財団
(17) 小野木学　2000『顔戸南遺跡』財団法人岐阜県文化財保護センター
(18) 岩崎　茂　2001『下長遺跡発掘調査報告書Ⅷ』守山市教育委員会
(19) 外山和夫　1976「石製模造品を出土した高崎市天神山古墳をめぐって」『考古学雑誌』第 62 巻 2 号　31～53 頁　日本考古学会
(20) 福田さよ子ほか　2000『大和木器資料Ⅰ』奈良県立橿原考古学研究所
(21) 岐阜市　1979『岐阜市史　史料編　考古・文化財』
(22) 高橋健自　1972『古墳発見石製模造器具の研究』『日本考古学選集 10　高橋健自集　下』74～117 頁　築地書館（初出は同名にて 1919『帝室博物館学報』第 1 冊に所収）
(23) 谷本鋭次・駒田利治・吉水康夫・山田猛　1981『北堀池遺跡発掘調査報告　第 1 分冊』三重県教育委員会
(24) 鈴木敏則　1999「遠江における原始・古代の紡織具」『浜松市博物館報』第 12 号　23～46 頁　浜松市立博物館
(25) 中川　明　2007『岡田向遺跡・本田氏館跡発掘調査報告』三重県埋蔵文化財センター
(26) 竹内直文　2003『東部土地区画整理事業地内埋蔵文化財発掘調査報告書（中巻）』磐田市教育委員会
(27) 向坂鋼二　1985「古代における貢納織布生産の一形態」『論集日本原史』775～794 頁　吉川弘文館
(28) 東村純子　2008「輪状式原始機の研究」『古代文化』第 60 巻第 1 号　1～21 頁
(29) 長岡京市教育委員会　1981『恵解山古墳第三次発掘調査概要』
(30) 穂積裕昌　2001「宮川村西忍の小祠堂に見られる舟形供物台実測調査報告」『人類誌集報 2001』東京都立大学考古学報告 6　60～67 頁
(31) 坂　靖　2003「鳥形木製品と古墳―古墳に樹立された木製品の性格をめぐって―」『考古学に学ぶⅡ』（同志社大学考古学シリーズⅧ）　281～292 頁
(32) 山田康弘　1996「鳥形木製品の再検討」『信濃』第 48 巻第 4 号　1～27 頁　信濃史学会
(33) 前掲註（1）橋爪論文、及び鈴木裕明　2007「古墳周濠から出土する木製品」『日中交流の考古学』110～127 頁　同成社
(34) 山内紀嗣編　1995『布留遺跡三島（里中）地区発掘調査報告書』埋蔵文化財天理教調査団
(35) 金子裕之　1989「日本における人形の起源」福永光司編『道教と東アジア―中国・朝鮮・日本』37～53 頁　人文書院
(36) 金子裕之　1980「古代の木製模造品」『研究論集Ⅵ』5～28 頁　奈良国立文化財研究所
(37) 前掲註（10）文献、及び穂積裕昌編　2002『六大 A 遺跡発掘調査報告』三重県埋蔵文化財センター
(38) 石野博信・関川尚功　1976『纒向』桜井市教育委員会
(39) 石野博信　1976「三輪山麓の祭祀の系譜―大型土壙と建物跡―」『纒向』506～509 頁　桜井市教育委員会
(40) 久田正弘・石川ゆずは　2005「白江梯川遺跡の木製高杯について―資料提示と問題提起―」『石川県埋蔵文化財情報』14　39～46 頁　財団法人石川県埋蔵文化財センター
(41) 前掲註（4）文献
(42) 宗像神社復興期成会　1958『沖ノ島』　吉川弘文館
(43) 前掲註（33）鈴木文献
(44) 立平　進　1979「死者の鳥」『考古学ジャーナル』166　4～7 頁
(45) 前掲註（31）文献
(46) 前掲註（11）文献
(47) 亀井正道　1985「浜松市坂上遺跡の土製模造品」『国立歴史民俗学博物館研究報告』7　135～164 頁

(48) 前掲註（31）文献
(49) 小島瓔禮　1999『太陽と稲の神殿』白水社
(50) この説話については、古代祭祀や祭祀考古学の観点からこれまでも多くの考察があるが、ここでは以下の文献を代表として挙げておく。森田悌　1996『田の神まつりの歴史と民俗』吉川弘文館
(51) この事情については、前掲註（47）亀井文献参照

〈上記以外の参考文献・図版典拠文献〉
青柳泰介　2003「導水施設考」『古代学研究』160号　15～35頁　古代学研究会
石井香代子　2001「四条遺跡第27次発掘調査概要」『奈良県遺跡調査概報（第3分冊）2000年度』1～14頁　奈良県立橿原考古学研究所（四条9号墳）
大垣市教育委員会　2007『米野遺跡』
財団法人京都府埋蔵文化財調査研究センター　1988『京都府遺跡調査報告書　第9冊　古殿遺跡』
財団法人浜松市文化協会　1998『山ノ花遺跡遺物図版編』
西藤清秀　1992「木製樹物」『古墳時代の研究』9　151～164頁　雄山閣（四条古墳）
奈良県立橿原考古学研究所　2006『八条遺跡』（水晶塚古墳）

第Ⅲ章　喪葬から埋葬へ

第1節 「導水施設」の性格について
―殯所としての可能性の提起―

　「カミ」や「霊」、「観念」といったいわば形而上学の問題は、同じ考古資料から出発していても、研究者個人の歴史把握の枠組みと関わる部分が大きく、容易に意見の一致をみない。しかし、その評価の前提となった考古資料（あるいは関連する文献資料）から、どのような考察がなされ、当該の結論に帰結されたのかという論証の過程は、こうした問題にこそ絶えず明瞭にしておく必要がある。

　今回問題とする導水施設は、1978年に滋賀県服部遺跡[1]ではじめて検出されたのを嚆矢に、大阪府神並・西ノ辻遺跡[2]や奈良県纒向遺跡（巻野内地区）[3]で類例が発見され、1991年にそれらを受けた石野博信によって、祭祀のための「導水施設」としてまとめられた遺構である[4]。

　その後、奈良県南郷大東遺跡の発掘調査で導水施設を覆う小屋（小型掘立柱建物）とさらにその外周に矩形の囲部（垣根状遺構）が確認され[5]、これまで性格をめぐって意見が分かれていた囲形埴輪との関連がにわかに注目されることとなった。続いで大阪府狼塚古墳の調査では、囲部の中から木樋状土製品が出土し[6]、両者は実物とそれを埴輪化した関係にあるという可能性が強まるとともに、兵庫県行者塚古墳でも囲形埴輪内から木樋状土製品が出土した[7]。そして、大阪府心合寺山古墳[8]や三重県松阪市宝塚1号墳[9]で南郷大東遺跡の導水施設の構造と酷似した「囲形埴輪」（外周を覆う「囲部」の中に小型の家形埴輪が置かれ、さらにその内部に木樋形土製品が置かれたもの）が発見されるに及んで、囲形埴輪の原形モデル（原型）のひとつとして導水施設があることがほぼ確実となった。

　一方、松阪市宝塚1号墳では、導水施設を模した囲形埴輪とは別に、井戸かと推定された枠状土製品が小型の家形埴輪に入った状態で出土した囲形埴輪があり、ここに同じ水辺の施設である導水施設と井泉が囲形埴輪を通して対になると評価されるに至った。

　もちろん囲形埴輪には、上述のような「井戸」状施設を原型としたものや、囲形内部に何らの施設も内包しないものも存在することから（むしろ研究史的にはこれを「囲形埴輪」と呼称するのが一般的な用例）、すべてが導水施設などを元に造形されているわけではない。しかし、両者の調和性も明瞭である以上、導水施設をめぐる機能や用途の追究に関しては、実際の遺構として確認できる導水施設とともに、囲形埴輪によって知り得る情報も統一的に把握することが必要となる。

　以下の所論では、前段で導水施設及びそれを模して造形化された囲形埴輪に関する考古学的事実を整理し、重要と思われる論点を自分なりにまとめて問題点の顕在化を図る（1）。それを受けた後段部分では、導水施設の性格は殯施設（殯所）ではなかろうかとする仮説を提示し、前段で検討した考古学事実に対比して文献史学や民俗学等の関連分野の研究成果を照応させてその検証を図るという手続きを採る（2）。そして、最終的な検討結果をまとめとして提示する（3）。

1.「導水施設」の考古学的検討

(1) 研究略史と論点

　導水施設遺構の性格をめぐっては、渚斎と青柳泰介が重要な指摘をしている。

　まず、心合寺山古墳の調査を担当した渚斎は、全国の囲形埴輪と実際の遺跡で出てくる導水施設の類例を集成のうえ両者を比較検討してそれぞれの分布や立地、構造、形態的特徴、変遷の方向性、共伴遺物、存続時期幅といった考古学的事実を整理した[10]。このなかで渚は、囲形埴輪の性格を最新の出土例を踏まえて「囲み形埴輪は4世紀初頭から5世紀末にかけて畿内を中心として行われていた水に関連する祭祀儀礼を執り行う場を囲繞していた柵または塀を象ったものであり、内部には祭祀を象徴化した浄水装置(木樋形土製品)や他の水の祭祀に関する象徴物(井戸形土製品等)、そしてそれらを覆う祭殿を置くことがある」[11]と定義づけた。そして、導水施設の性格に関しては、首長とその統率下にある共同体が、共働で行う河川治水事業を導水施設という「浄らかな水＝治水」を象徴する縮小版を用いて互いの紐帯を確認し合う祭祀、共同体内の紐帯確認行為であると考えた。渚の論理構成は極めて説得性のあるものであり、導水施設の性格について触れた部分を除いて、基本的に賛同すべき指摘である。

　一方、現在発掘されているなかで最も全体像が把握された導水施設である南郷大東遺跡の調査を担当した青柳泰介は、導水施設を南郷大東遺跡に代表される上流部に貯水池を伴って木樋で水を引くタイプを導水施設A、三重県城之越遺跡に代表される上流に湧水点があってそこに「導水遺構」を伴うタイプを導水施設Bに分類した。そして、B類が弥生時代以来の伝統的な儀礼であるのに対し、A類は古墳時代、特に中期に重視された儀礼ではないかと推察した。さらに、いわゆる導水施設遺構であるA類について、出土遺物の詳細な検討から祭祀が夜に行われた可能性や韓式系土器の出土などから祭祀に渡来人も関与した可能性を提起したうえで、有力者と渡来人の統率者などのごく限られた人々によって、連帯(紐帯)意識を高めるための儀礼を土地開発の象徴ともいえる貯水池とその水を汲むための槽付きの木樋を構築して行ったと推察した[12]。城之越遺跡など湧水点タイプの遺構を「導水施設B類」に位置づけて「導水」の枠組みで一括することに関しては私見とは異なるが、「導水」と「湧水」を統一的に把握しようとする意欲的な試みである。

　両者の論議は、導水施設の存続時期が4世紀初頭から5世紀末、囲形埴輪が4世紀末から5世紀末までにあり、ともに存続期間が極めて限定できることを指摘されるなど基本的な考古学事実の把握やその評価の部分はいずれも説得性があり、賛意を表すべき部分が大きい。しかし、その性格を考える結論の部分に関しては、それ以前の論旨との断絶もしくは飛躍も感じられ、にわかに賛同できない。渚は、導水施設の性格を結局は農業共同体における水の重要性とそれを管理した古墳被葬者層(首長層)の水の祭祀執行者というという一般論に還元させ、古墳における囲形埴輪の存在と連動させるが、ではなぜそれが導水施設でなければならないのかという部分は明らかでない。開発の象徴としての水の祭祀遺跡というてんでは、むしろ水源を神聖視する湧水点祭祀[13]のほうが相応しいとも思える。青柳も、渚がいう共同体が渡来人に置き換わっただけで、

その言説の流れは基本的に同じである。

　筆者は、導水施設の性格は、むしろ農耕祭祀という枠から一端切り離し、両氏が指摘されてきた導水施設の構造上の特徴自体から考えを再出発させる必要性があると考えている。以下、具体的に述べていきたい。

（2）「囲形埴輪」を媒介としてみた導水施設

分類への視点

　これまで囲形埴輪の分類は、専ら囲み部である外周の遮蔽施設の形態に基づいた分類がなされてきた。囲形埴輪が家形埴輪とは異なって、屋根を持たない帷帳や塀、柵などを造形化したものとして捉えられてきたことを考えれば、当然の帰結である。しかし、古く愛知県経ヶ峰古墳の調査[14]で注意され、心合寺山古墳や行者塚古墳、宝塚1号墳などで確認されたように、囲部の内部に小型の家形埴輪を納める例があり、浪や青柳が説くように、それらが南郷大東遺跡で確認された導水施設を囲む覆屋に由来していることが明らかとなった。従って、囲形埴輪の分類も、埴輪として造形化される以前の実物の施設形態に引き戻す、いわば本来の姿に復元したうえでそれを分類していく必要がある。つまり、外周の遮蔽施設たる囲み部の形態のみを分類するのではなく、内部に納められる覆屋や木樋状土製品なども含めて分類しようとする視点である。

　このように内と外をセットで捉えようとする場合、外周の囲い部を指して命名された「囲形埴輪」という名称自体が適当かどうか議論の分かれるところであり、浪が心合寺山古墳出土例（図80）を「水の祭祀場を表した埴輪」と命名したのをはじめ、今尾文昭は導水施設を内包する囲形埴輪を導水施設形埴輪、井戸状施設を内包した埴輪を湧水施設形埴輪と呼称している[15]。筆者も両氏の指摘をいずれも聞くべき意見として賛意を表するが、本稿では研究史の経緯も尊重して、「囲形埴輪」を外周の囲い部だけでなく、内包される家屋や土製品なども含み込んだ施設を表現する用語として使用する。以下、この囲形埴輪が示す知見を媒介として、導水施設の大別を行う。

導水施設の分類

　最初に、導水施設・囲形埴輪を構成する施設群の名称に関して、その原形となった南郷大東遺跡での名称も参照しつつ、以下のように整理しておきたい。

- 従来の囲形埴輪の枠組みそのものであった外周囲い部は、「遮蔽施設」とする。
- 遮蔽施設の内側に納められることのある小型の家を、「覆屋」とする。
- 覆屋内もしくは遮蔽施設に置かれる木樋と槽が合体したものを「木槽樋」とし、囲形埴輪内に置かれた同土製品を「木槽樋形土製品」とする。
- 囲形埴輪には、導水施設とは別に、井筒もしくは井戸状土製品を内包するものがあり、これを「井戸状土製品」とする。

　このうち井戸状土製品については、三重県城之越遺跡[16]のような大規模な露天の井泉を表現したものではない。若狭徹は井戸の周囲に四本の柱が伴う三ツ寺Ⅰ遺跡の井戸（33頁図12参照）のようなものをその原形として想定する[17]。確かに、若狭の想定には一定の理があり、説得性をもつが、三ツ寺Ⅰ遺跡の井戸が囲形埴輪として造形されたものと同類と見做してよいかどうか

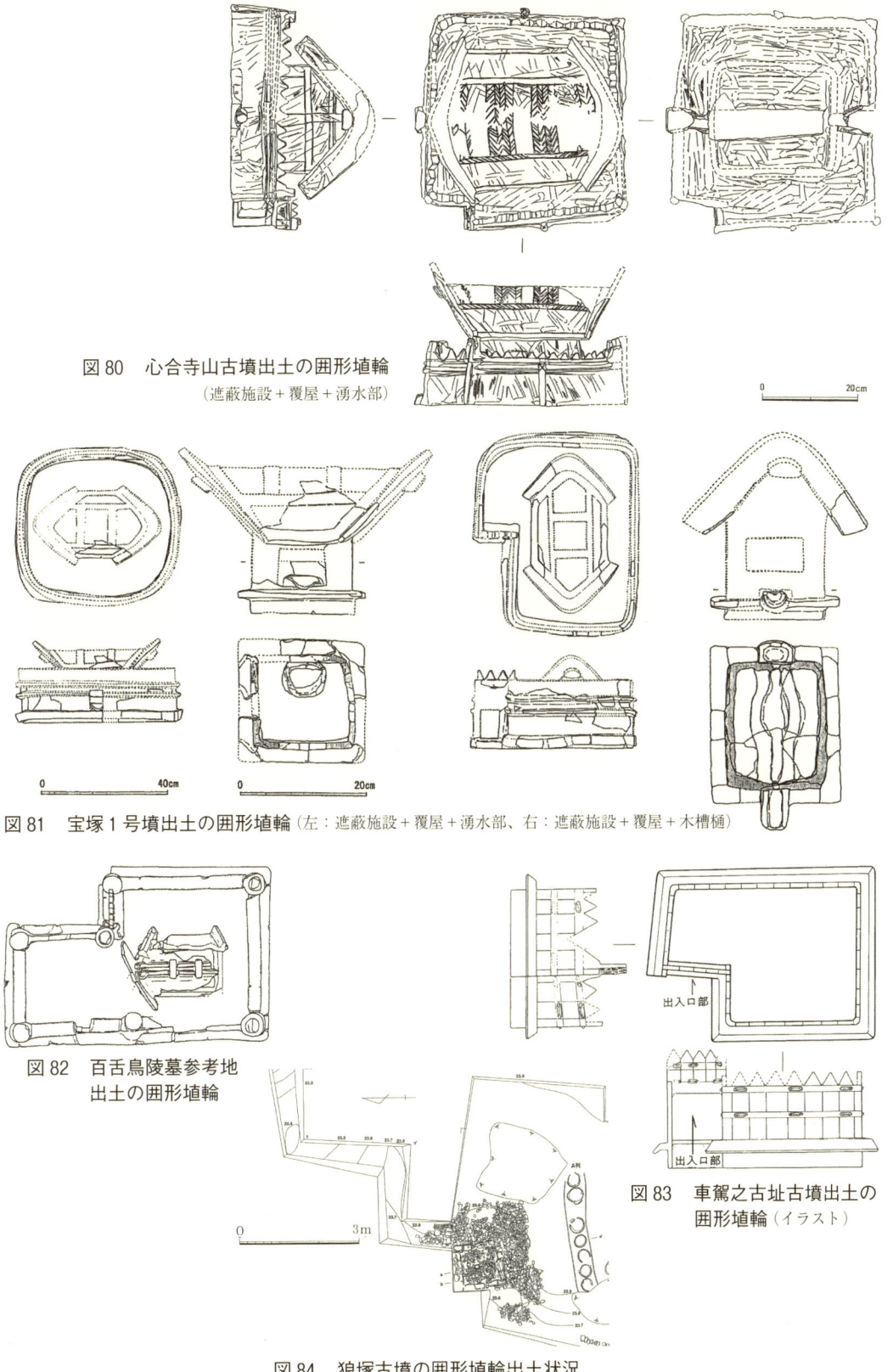

第1節 「導水施設」の性格について —殯所としての可能性の提起—

図80 心合寺山古墳出土の囲形埴輪
（遮蔽施設＋覆屋＋湧水部）

図81 宝塚1号墳出土の囲形埴輪（左：遮蔽施設＋覆屋＋湧水部、右：遮蔽施設＋覆屋＋木槽樋）

図82 百舌鳥陵墓参考地
出土の囲形埴輪

図83 車駕之古址古墳出土の
囲形埴輪（イラスト）

図84 狼塚古墳の囲形埴輪出土状況
（遮蔽施設＋木槽樋）

167

第Ⅲ章　喪葬から埋葬へ

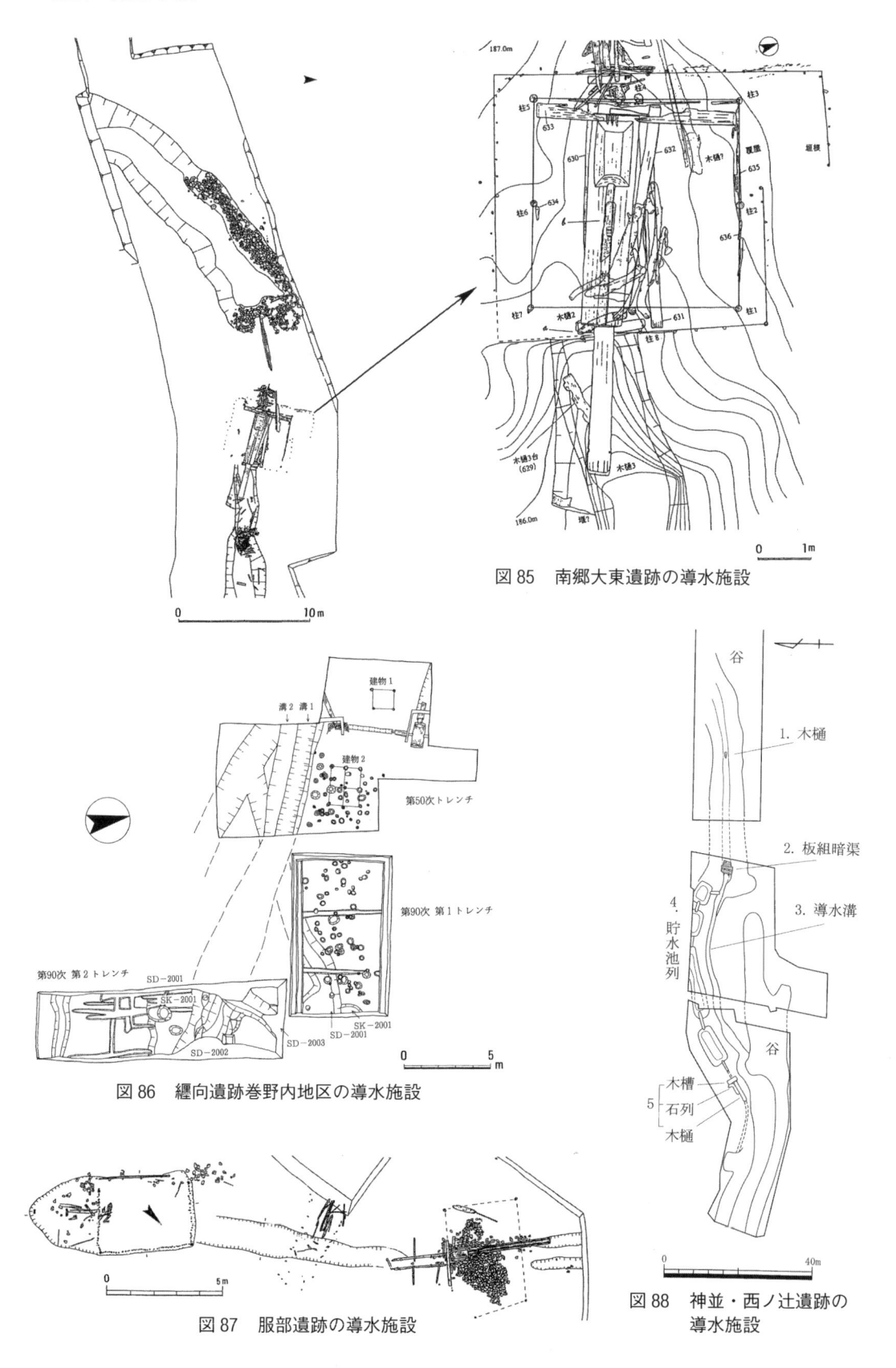

図85　南郷大東遺跡の導水施設

図86　纒向遺跡巻野内地区の導水施設

図87　服部遺跡の導水施設

図88　神並・西ノ辻遺跡の導水施設

はもう少し慎重に検討する必要があると考えており、筆者の結論は留保する。この位置づけは、囲形埴輪と照応関係にある導水施設の存在形態や性格を見極めたうえで検討する必要がある。したがって、ここでは、囲形埴輪内の井戸状土製品が、水が湧き出る施設を模したという確認にとどめておく。

　さて、導水施設を内包するタイプの囲形埴輪は、遮蔽施設の形態のみを重視すれば、この部分を単体で表現したのか、狼塚古墳のように複数の「柵形埴輪」を連結させて遮蔽施設とした複体型に分かれる。実際の遺跡における施設のあり方を重視すれば、木槽樋部を覆う覆屋の有無を重視すべきであろう。つまり、埴輪としての形態でみれば単体型か複体型かは重要であるが、この差異はあくまで埴輪としての造形表現上の問題であり、埴輪に造形化される元となった施設のあり方を分類するのであれば、覆屋の有無がまず重要と考える。以上のことを念頭に置くと、導水施設は、まずは以下のように２大別が可能である。

　A類　遮蔽施設＋覆屋＋導水部（木樋＋木槽部ないしは木槽樋）
　B類　遮蔽施設＋露天の導水部

　A類はこの大別を基本として、辻や青柳が指摘する遮蔽施設の平面形が（長）方形ないしは隅丸（長）方形になる一群 A1類と、鉤形（食い違い入口）になる一群 A2類に分かれる。これは、導水施設への進入が直線的か、折れ（食い違い構造）を持たせたものかの差である。折れをもたせた構造は、辰巳和弘が指摘するように[18]外界からの視界を遮断して内部を見せないようにするより閉鎖性の強い意図が込められた形態で、首長居館の出入口とも共通する。

　B類は、埴輪として用いる場合、単体で用いた B類単体型と、複数を方形に並べてその内部に木樋状土製品を置いた B類複体型に区分できるが、この区分はあくまで埴輪表現上の問題ということになる。

　いずれの場合でも、囲形埴輪を設置する場には敷石を伴う場合があり、特に B類複体型では敷石を含めた全体で流水のある空間を演出しようとした意識が強い。以上を実際の導水施設の遺跡に当てはめれば、A類には南郷大東遺跡（図85）、大阪府神並・西ノ辻遺跡（図88）、B類には滋賀県服部遺跡（図87）、京都府浅後谷南遺跡（図89）[19]、京都府瓦谷遺跡[20]、奈良県大柳生宮ノ前遺跡（図91）[21]、纒向遺跡巻野内地区（図86）などが適応するであろう。

導水施設の構成

　ここで、導水施設の主要構成要素である遮蔽施設と覆屋の実例を確認しておこう。

　遮蔽施設は、囲形埴輪の例を敷衍すると、開口部（入口）以外には一切の窓も持たない極めて閉鎖性の強い造りである。ただし、遮蔽施設の構造自体は、南郷大東遺跡で網代を用いた垣根が構成材として用いられるなど極めて簡素である。このことは、囲形埴輪を見ても是認できる。囲形埴輪で最も精緻な細部表現をもつ心合寺山古墳の例では、柱に欅状の緊縛表現がみられ、遮蔽施設が紐状のものでも維持できる程度の非常に簡便なものであったことを示している。ちなみに、囲形埴輪を最初に認識した後藤守一は、文献の事例も引きながら布製のものも射程に入れた[22]。したがって、削平や水辺立地による洪水等の影響もあって遮蔽施設が確認できない場合でも、囲形埴輪の例を敷衍すると、導水施設には極めて簡素なものでも何らかの遮蔽施設が伴っていたとみるのが妥当であろう。なお、青柳は、和歌山県車駕之古址古墳出土の囲形埴輪（図83）[23]か

第Ⅲ章　喪葬から埋葬へ

図89　浅後谷南遺跡の導水施設

図90　畩田遺跡の導水施設

図91　大柳生宮ノ前遺跡の導水施設

狼塚古墳出土

野中宮山古墳出土

野毛大塚古墳出土（石製）

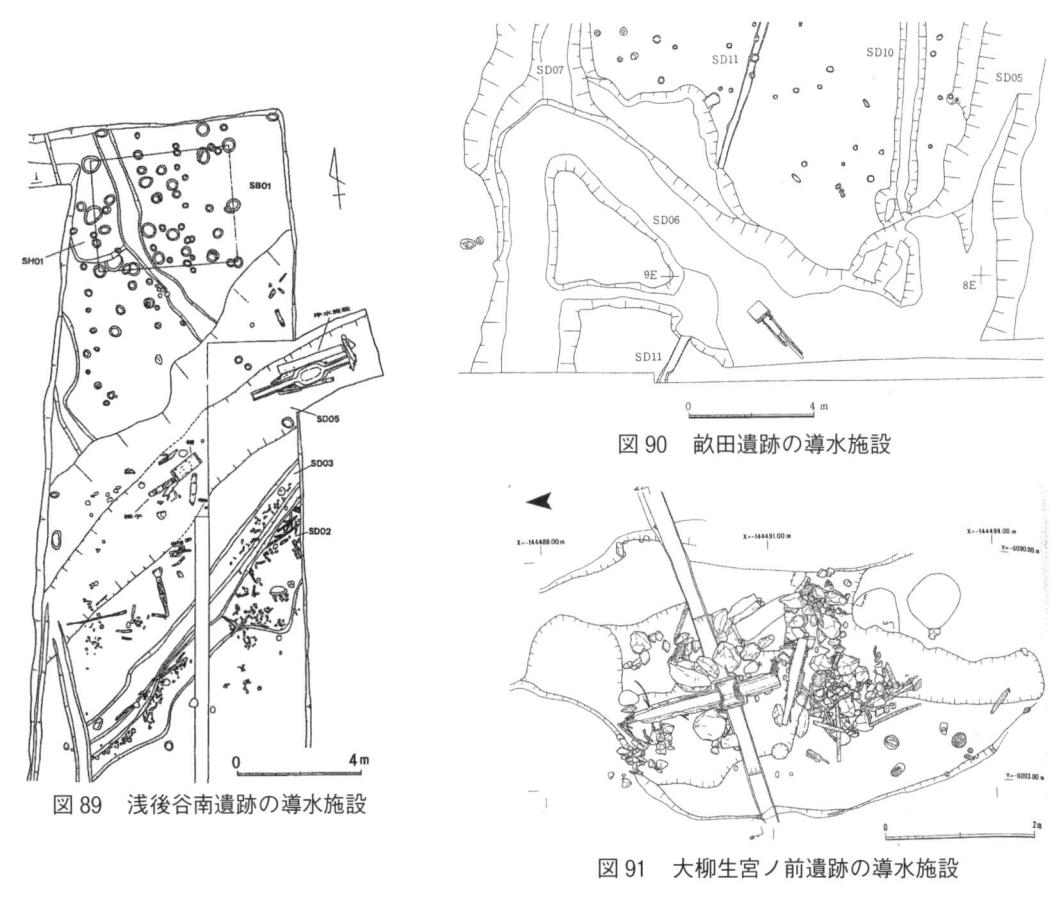

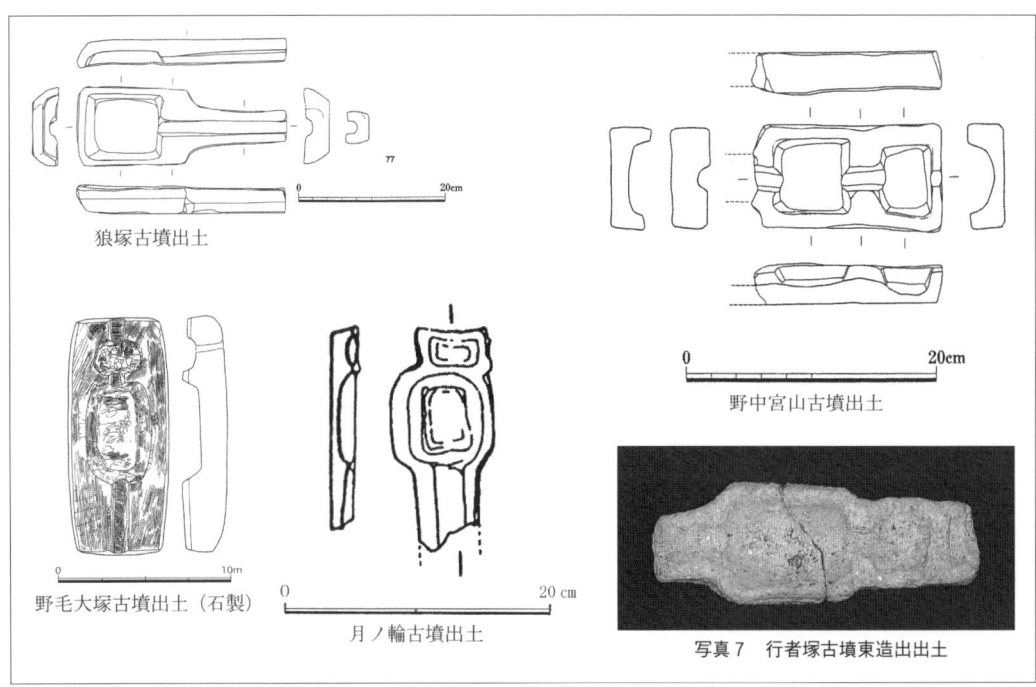

月ノ輪古墳出土

写真7　行者塚古墳東造出出土

図92　各地出土の木槽樋形土製品（野毛大塚古墳例は石製）

ら縦板壁による遮蔽施設の存在も推定する[24]。

　覆屋は、南郷大東遺跡で近接棟持柱となる2間×2間の正方形プランの小建築が実際に確認されている。ここでは、壁は柱に剖り貫いた縦溝に横壁板を落とし込み、屋根は枝を払っただけの簡素な材を用いる。

　服部遺跡（図87）や神並・西ノ辻遺跡（図88）などでも、導水部周囲の小ピットから簡素な建物の存在が推定されているが、服部遺跡については建物とするよりも遮蔽施設の一部とするのが妥当かと思われる。また、纒向遺跡巻野内地区では、導水施設上ではなく、その脇に簡素な建物が伴っている。

　覆屋の構造に関しても囲形埴輪の知見を敷衍すると、心合寺山古墳の囲形埴輪（図80）のように入口以外には一切の窓も存在しない極めて閉鎖性の高い覆屋と、宝塚1号墳（図81）や行者塚古墳、天理市赤土山古墳の囲形埴輪[25]のようにかなり開放的な覆屋が存在した。

　なお、遮蔽施設の伴わない「小型の家形埴輪」であっても、入口が1ヶ所のみで窓も伴わない場合では極めて強い閉鎖性が確保され、内部で行われる行為を隠すというてんでは囲形埴輪と機能的な共通性をもつ。従って、遮蔽施設を伴わない「小型の家形埴輪」でも囲形埴輪と同様の機能が実現していた可能性はある。今後、囲形埴輪の出土がない古墳でも、複数の家形埴輪が出土している場合にはその法量や形態（この場合は小型かつ「倉」とされることの多い閉鎖性の高いタイプが要注意）、出土位置（造出・島状施設・くびれ部等）、出土状況（石敷き等による舞台演出）や出土遺物（導水を示す物品類）などに注意して、囲形埴輪と同等の機能が付与されていなかったかどうかを検証する必要がある。なお、このことについては、次節及び第Ⅳ章第3節でも検討を加える。

（3）導水施設の構造上の本義

　このようにみてくると、導水施設存立の必須要件は、外界からの遮蔽施設と、その内部に流水を通すという2点に収斂できるのではないかと考えられる。

　つまり、現状の導水施設と囲形埴輪をセットで考えた場合、上記のA・B類とも遮蔽施設の存在が存立の前提要件であるのに対し、木槽部を囲む覆屋の存在は必ずしも必須要件ではなかったものと思われる。前述の外周遮蔽施設たる囲部を伴わずに覆屋のみで同等の機能を実現していた可能性については、類例の確認を待ちたい。

　青柳は、導水施設を考えるにあたって貯水池の存在を重視し、自身のいう「導水施設A」（先に筆者が提示した分類とは別）の指標として重視するが[26]、導水施設を造形化した囲形埴輪ではこの部分（貯水池）は造形化されておらず、現状の資料による限り導水施設の必須要件とは思われない。導水源を貯水池で確保するのか、自然の流路で確保するかは遺跡の立地条件や導水施設造営者の意図・実力による部分が大きく、構成の必須要件というよりは選択可能要件ともいいうるものであろう。ちなみに現在知られている代表的な導水施設の引水形態を確認すると、下記のように整理できる。

　　主流路→引込溝→貯水池→導水施設A類：神並・西ノ辻遺跡（5世紀後半）
　　主流路→貯水池→導水施設A類：南郷大東遺跡（5世紀）
　　（導水もしくは自噴）→貯水池→導水施設B類：服部遺跡（4世紀）

主流路→引込溝→導水施設B類：纒向遺跡巻野内地区（4世紀）・大柳生宮ノ前遺跡（5世紀後半～）
　　　主流路→導水施設B類：浅後谷南遺跡・瓦谷遺跡（ともに4世紀）
　つまり、ここからも明らかなように、貯水池の有無は引水条件の差による部分が大きいことがわかる。
　さて、渚は、覆屋内の木槽部（氏のいう「浄水部」）の機能について、「沈殿と濾過を繰り返す」ことによって「最終的に槽で浄水を得ることを目的とする」[27]と述べるが、遮蔽施設内もしくは覆屋内の木槽部は、小規模な流れといえども実際流れのなかでの濾過機能を木槽で実現しているとは考えられず、濾過機能もさることながら、流水の中で一旦水を溜めるための機能をこそ重視すべきであろう。
　そして、たんなる素掘りの溝で導水するのではなく、わざわざ木樋と木槽をしつらえたのは、ある程度の期間導水することを必要としたため、水の安定供給と一定期間水を通しても導水部の肩が崩れないようにする堅牢性を簡便に実現するためであったと推定される。
　そのように考えてよければ、貯水池の存在も浄水にするための濾過機能というよりは、木樋への給水が一定に行えるよう水量を調整する目的が第一義であったのではなかろうか。導水施設の立地の多くが、谷部や谷部から引き込むかたちでその脇に営まれたのは、導水部への給水を一定化させるため、余剰の出水があった時にその水を谷部へ落として排出することが意図されていたためと思われる。このことに関しては、青柳も南郷大東遺跡では調査区外となる貯水池の上流側で何らかの水量調節が行われた可能性を言及している[28]。纒向遺跡の導水施設などで交叉する溝が確認されているのも、余剰の水を排出し、一定量の水を安定して確保するための仕事と評価できよう。
　導水施設が遮蔽空間であり、存在そのものも外部（他の集落機能）から隔絶した空間にあることは、渚、青柳の両氏ともに指摘される基本的な導水施設の構成要件である。それとともに、施設内に一定の流水を通すこともこれまでの導水施設の実例が示している。つまり、導水施設は、遮蔽空間が存在し、そこに流水を通すことにこそ、その本義がある。そして、木樋は流水を引き、木槽はそれを一定量溜めるために存在するのであり、「導水施設」とはそうした遺構構造上の特質を示す用語とすべきである。一方、遮蔽施設内ないしは覆屋内で行われる行為自体に焦点を合わせると、その内容がいわゆる祭祀行為そのものかどうかはともかく、坂靖が指摘する「流水祭祀」という流水に重きを置いた用語[29]が、この施設の本質をより明瞭に示していると判断される。つまり、「流してしまう」ことにこそ意味があると理解されるのである。

（4）導水施設と湧水祭祀遺構との相違

　ここで、少し視点を変え、同じ水辺に施設を構える井泉系の祭儀施設と導水施設とを対比し、両者の共通点と相違点を顕在化させてみたい。

遺構の存在形態上の対比
　まずは、遺構のあり方から、井泉系の遺構と、導水施設では何が共通し、異なるのかを考古学的事実に沿って検討していきたい。以下、箇条書きで示す。

共通点
・いわゆる水辺に設けられる遺構であること
・集落からやや離れた清浄な地に営まれること（ただし小規模な井泉遺構のなかには集落内に営まれる例もある）
・出土遺物に、いわゆる「祭祀的」な遺物を含むこと

相違点
・井泉系祭儀施設は、基本的に周囲に遮蔽施設のない開放空間にあるのに対し、導水施設は厳かな遮蔽施設・覆屋を伴って内部での行為を外界から遮断していること
・井泉系祭儀施設には、セットで大型建物（古墳時代は四面庇タイプが多い）が存在する例が多い[30]のに対し、導水施設では少なくとも隣接部には大型建物が存在せず、基本的に導水施設部で完結していること

　以上のうち、遺構に対する意識の上で最大の相違点は、井泉系祭儀施設が基本的に開放空間であるのに対し、導水施設のほうは遮蔽施設、さらには場合によってはそれに加えて覆屋まで伴って、外界からの視界を完全に遮断する閉ざされた内部空間を演出することにある。このことは、導水施設においては、その内部で限られた人数による厳かな「秘儀」に類する儀礼が行われたことを示すものと思われる。ちなみに南郷大東遺跡では、木樋・木槽部を挟んだ覆屋内部が非対称になっており、開口部のある北側（左岸側）のほうが幅広である。そこには、板材が敷かれており、儀礼執行スペースとして意味があったことを示唆している。そして、その際、流水が利用されたのである。

出土遺物における対比

　井泉や導水施設で行われた儀礼の内容を、残された出土遺物から復元・再構成しようとすることは、非常に難しい。これは、井泉内や導水施設内からの出土遺物自体の僅少性や、儀礼での使用物品と施設の機能停止後の埋没段階での混入品との峻別が難しいことによる。このことは、一方では祭祀・祭儀などの何らかの儀礼実修段階では、それら諸施設が清浄な状態におかれていたことを逆に示すものではある。従って、出土遺物からの儀礼の復元は、施設周辺部（基本的にはその下流部）での遺物を対象とすることとなる。もちろんこの場合でも、通常こうした遺構が存在する谷や大溝遺構自体が各種遺物の投棄場とされることが多いため、明らかな「祭祀遺物」以外では祭祀に使用された物品類を特定することは難しい。たとえいわゆる「祭祀遺物」であっても、それが井泉や導水施設における祭祀・儀礼に伴うものか、それとは別地点で行われた祭祀に使用されたものがそれら施設の近傍に投棄されたかの峻別は難しいからである。

　しかし、数少ない事例ではあるが、井泉に対する祭祀的行為においては、井泉そのものからの出土遺物や、井泉前面での出土状態などから、おそらく井泉を目的にして何らかの奉祭行為が行われたと思われる遺物群を認定できる場合がある。例えば、愛知県八王子遺跡井泉SX05の前面に配された多量のミニチュア土器群の存在[31]、奈良県阪原阪戸遺跡での磐座を彷彿とさせる石組みとその奉祭遺物[32]、三重県六大A遺跡井泉1内から出土した木製刀形と滑石製勾玉などである[33]。

　一方、導水施設の場合は、井泉の場合と異なって、覆屋あるいはその外周の遮蔽施設から遺物

が出土することはほとんどなく（纒向遺跡の導水部出土の土器類は廃絶後の可能性が大きいとされている）、遮蔽施設の外側から出土した遺物が考察の対象となる。この場合、導水施設自体をカミの籠もる屋と考えて一種の祭祀対象とみなすのか、カミマツリの場自体は別の場所と考えて導水施設自体は別の目的・性格を考えるのかが争点となる。いずれにせよ、導水施設の外部空間ではあっても、その周辺からの出土遺物は、導水施設の性格を考える上で重要な視点であることは問題なかろう。

　以上のような視点から改めて井泉と導水施設の出土遺物を比べると、食物供献儀礼の存在を示唆する各種土器類や木製武器形など共通する要素も大きいが、比較的目立つ相違として、導水施設の遺跡では辟邪の役割を象徴的に示す盾や弧文板が出土する例が目立つのに対し、井泉ではそれが少ないことがあげられよう。井泉系の遺跡でも、六大A遺跡など盾が出土している遺跡もあるが、導水施設が伴う遺跡での出土例に比べて明らかに事例が少なく、しかも六大A遺跡については城之越遺跡などと異なって祭祀に特化した遺跡ではないため、それが祭祀等の儀礼行為に供されたかどうか確定しきれない部分も残る。それを考慮すると、導水施設系遺跡での盾・弧文板の出土は井泉系と比べてさらに目立ったものとなる（図93）。

　導水施設における盾や弧文板の出土は、基本的には導水施設ないしはその入口部分などに配されて、邪気の侵入を防ぐ目的が期待されていたものとみられる。

　さらに、同様の意図の実現が期待されたらしい遺物として、大阪府神並・西ノ辻遺跡では導水施設周辺から盾持ち人埴輪が出土している[34]。これまで、カミマツリのための祭祀遺物とされる滑石製模造品の古墳からの出土をもって、古墳被葬者の司祭者的性格が説かれてはきたが、埴輪が古墳や製作遺跡以外から出土することは極めて稀で、そういう意味では葬送と祭祀は明確に分離されていると評価されてきた。埴輪の出土は今のところ神並・西ノ辻遺跡に限られるが、全体として盾や直弧文板の出土の頻出さを勘案すると、導水施設が有していた辟邪的性格をより明瞭に示していると思われる。さらに、葬祭の分離という原則を念頭に置けば、一例とはいえ埴輪が出土した導水施設は、「祭」よりもむしろ「葬」との関わりを検討すべきことを提起するものとして評価することができよう。

　以上の視点を囲形埴輪に当てはめると、和歌山県車駕之古址古墳出土の囲形埴輪の例から青柳によって板壁を示す可能性があるとされた[35]山形（「三角形」もしくは「剣先状」と表現されることもある）突起の評価であるが、当例が縦板壁を示すことは是認したうえで、さらに踏み込んだ評価を与えることが可能となろう。すなわち、囲形埴輪でしばしばみられる山形突起（遮蔽施設を全周するものと入口上部のみに配される例がある）は、遮蔽施設全体の材質が板に拠っているのか、その部分だけを板で造形化したかにかかわらず、文様モチーフ自体は盾形埴輪などの装飾文様などに用いられる鋸歯文と同モチーフであり、基本的には盾同様、外界からの邪気・悪霊の侵入を払うための辟邪の意味が込められた極めて呪的意味の強いものとして造形されていた可能性が考えられる[36]。そして、囲形埴輪にその造形が存在していたことは、それが実物としての導水施設の構成材自体にも用いられたことを示していると推定される。

　導水施設周辺部から出土した「不明木製品」の再検討や今後の確認が待たれる。

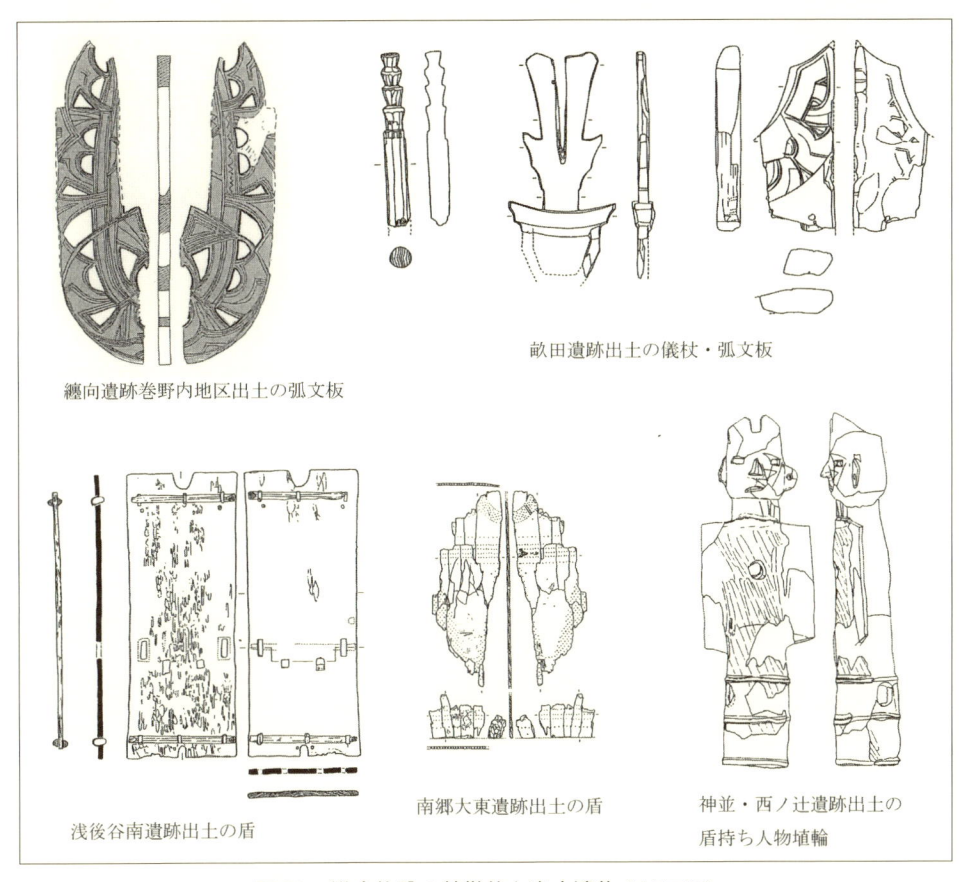

第1節 「導水施設」の性格について —殯所としての可能性の提起—

図93　導水施設の特徴的な出土遺物（縮尺不明）

纏向遺跡巻野内地区出土の弧文板

畝田遺跡出土の儀杖・弧文板

浅後谷南遺跡出土の盾

南郷大東遺跡出土の盾

神並・西ノ辻遺跡出土の盾持ち人物埴輪

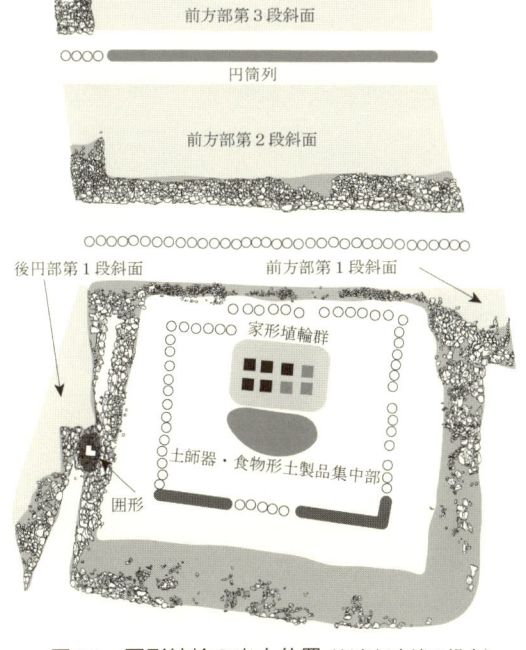

図94　囲形埴輪の出土位置（行者塚古墳の場合）

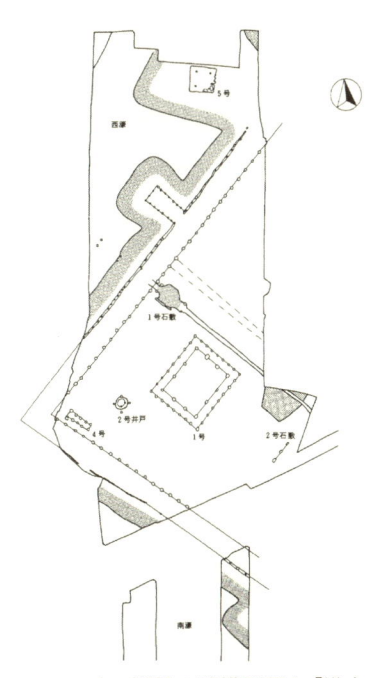

図95　三ツ寺Ⅰ遺跡の遺構配置と「導水施設」

175

第Ⅲ章　喪葬から埋葬へ

（5）囲形埴輪の出土位置の意味

　さて、上記以外で導水施設をめぐる論点として重要な項目は、導水施設の立地と、導水施設を模した囲形埴輪の古墳墳丘における出土位置の問題である。

　これに関しては、すでに渚より詳細な検討がなされており[37]、導水施設については集落域とは離れた谷地形や扇状地の尾根斜面、囲形埴輪については造出や墳丘谷部から出土する例が多いと指摘されている。しかも、囲形埴輪の出土地点は礫による区画や玉石による充塡がなされている場合があり、渚はこれを「纒向遺跡や服部遺跡、神並・西ノ辻遺跡、三ツ寺Ⅰ遺跡で浄水装置の回りに石敷がされている状態を再現」したものと捉えた。つまり、実際の導水施設での情景を、囲形埴輪に取り入れたというわけで、この指摘も至極的を得たものである。

　囲形埴輪が墳頂部から出土することもないではないが、基本的な出土位置が造出や「島状施設」、造出（ないしは島状施設）と後円部の間の谷部に限定できることは、導水施設の性格に関わる何らかの重要な意味を内包している（図94）。問題は、何ゆえ囲形埴輪の多くが墳頂部での埴輪祭儀に使用されず、造出周辺という厳密な用い方をされたのであろうか。

　渚はこの点に関しても、実物である導水施設の立地が反映されているからと説く。この指摘自体も基本的に賛意を表すべき見解であるが、筆者はこれに加えて、墳頂部の埴輪がもつ意義が埋葬後を睨んだ意味をもつのに対して、墳頂部へ至る場所である造出周辺での埴輪配置の意味が、いうならば埋葬に至る以前の何らかの行為を反映・象徴しているためではないかと考えている。

（6）導水施設と古墳の立地関係

　もうひとつ、導水施設が立地する場所の特質をみてみよう。すでに集落との関係性については渚によって言及があるが[38]、本稿ではこれまであまり注意されなかった古墳との位置関係について確認しておこう。ここでは、前述した纒向遺跡巻野内地区、南郷大東遺跡、大柳生宮ノ前遺跡、瓦谷遺跡、浅後谷南遺跡、神並・西ノ辻遺跡の導水施設と、三重県伊賀市に所在する水衛遺跡の事例[39]から、このことを確認していきたい。

　纒向遺跡　いうまでもなく、纒向遺跡は初期ヤマト王権の王都とも目される古墳時代前期の列島を代表する大遺跡である。遺跡内に箸墓をはじめとする纒向古墳群を含む。また、導水施設が所在する地区は纒向遺跡でも北側のエリアであり、北方に現崇神陵である行燈山古墳を望む。行燈山古墳後円部とちょうど1km、箸墓を含む纒向古墳群とは概ね2kmである（図96）。

　南郷大東遺跡　南郷遺跡群は葛城地域の首長膝下の集落群と評価され、大東遺跡は遺跡群の最南部に位置する。南郷遺跡群自体、埋没古墳を含んでいるほか、谷筋の対面には巨勢山古墳群が所在する。また、北東2kmには南葛城最大の室宮山古墳が所在するほか、葛城地域の首長系譜に連なる古墳との関連が注意される。坂靖は、時期的な検討も踏まえ、南郷遺跡群と室宮山古墳被葬者の関係の深さを指摘している（図97）。

　大柳生宮ノ前遺跡　大古墳が所在する奈良盆地内からは谷筋を遡ったやや奥まった部分にあり、近傍には有力古墳・集落は未確認であるが、谷を直線距離で西側へ10km下るとウワナベ古墳やコナベ古墳などが所在する佐紀古墳群東群へ出ることは注目できる（図98）。

第1節「導水施設」の性格について ―殯所としての可能性の提起―

[導水施設と古墳との位置関係Ⅰ]

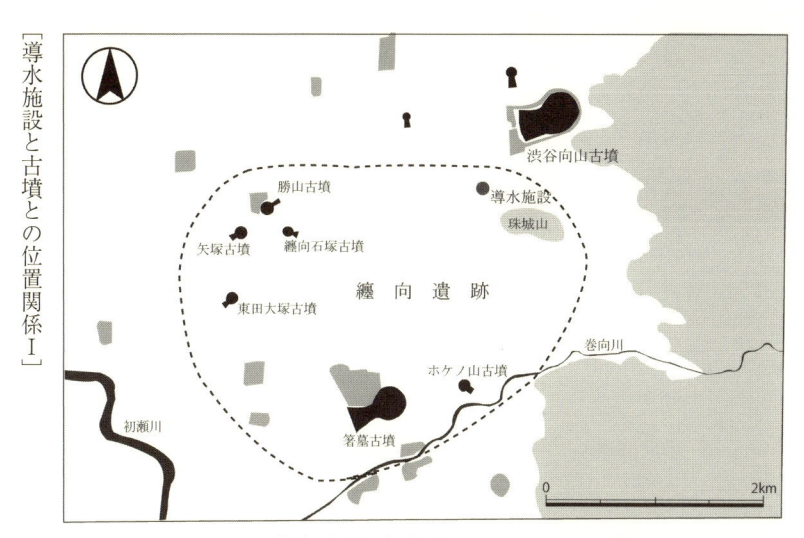

図96 纒向遺跡と纒向古墳群、渋谷向山古墳

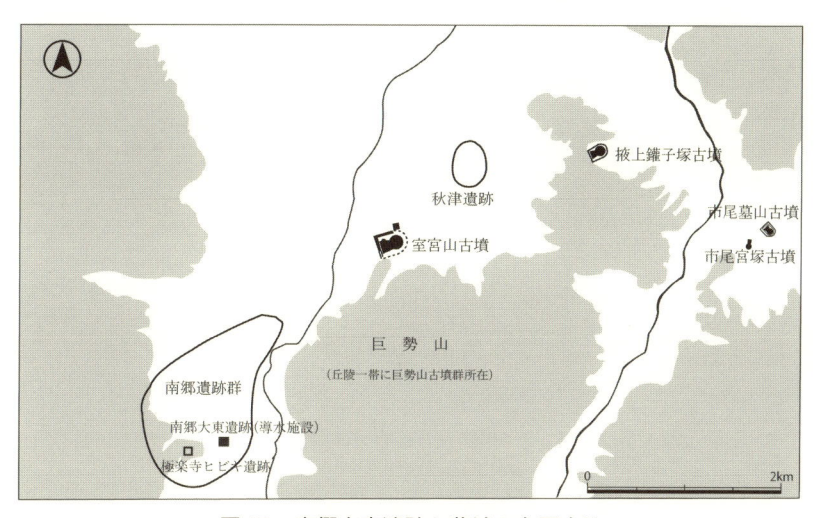

図97 南郷大東遺跡と葛城の主要古墳

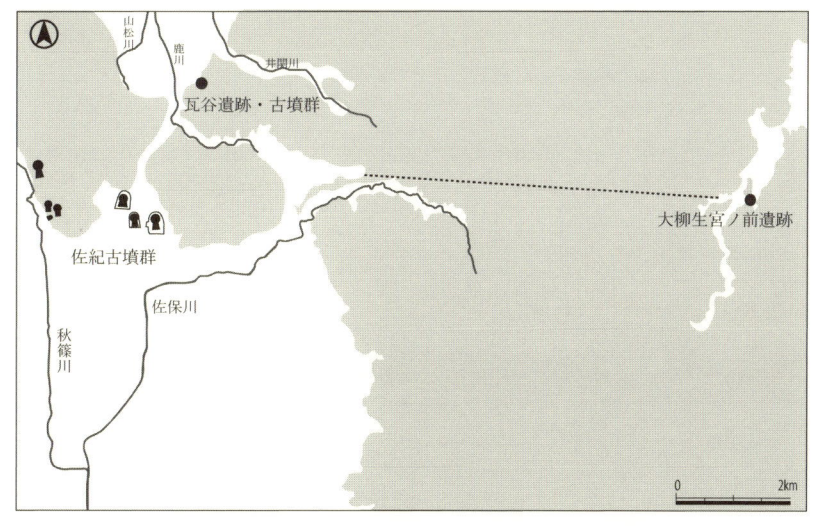

図98 大柳生宮ノ前遺跡・瓦谷古墳と佐紀古墳群

瓦谷遺跡　佐紀古墳群の東北側2.5kmに位置するほか、隣接して瓦谷古墳群が所在する（図98）。

浅後谷南遺跡　古墳時代にも機能していたとみられる潟港、網野潟から3kmほど浅茂川を遡った谷筋に立地する。浅後谷南遺跡から約2km浅茂川を下ると、日本海側最大の前方後円墳、網野銚子山古墳が所在する丘陵端部へ至る。また、浅後谷南遺跡の導水施設から直線距離で約500mの南側丘陵には時期不明の前方後円墳、公庄小谷古墳が所在する（図99）。

神並・西ノ辻遺跡　扇状地の緩斜面の開析谷に立地する遺跡である。近傍に巨大古墳はないが、中小の古墳は多数所在している（図100）。

水衛遺跡　古墳時代中期後半の谷筋に設置された導水施設である。裏山に木炭槨を内包した大型円墳とみられる天長山古墳が所在する他、柘植川を下ると約3km強で三重県最大の前方後円墳である御墓山古墳や、その後継と目される外山・鷺棚古墳群の所在する丘陵に至る（図101）。

　このようにみると、導水施設は、有力集落の縁辺部ないしは集落群とは離れた位置にあって、近傍に有力な古墳が控えている場合が多いことが確認できる。

　これまで、導水施設は集落との関係で語られることが多く、古墳との関連となると、どこまでが「周辺」「近傍」に相当するかなど評価が難しい部分があり、また本遺構がカミマツリの場としての祭祀遺跡として捉えられてきた経緯もあって、あまり問題にされてこなかった。しかし、有力古墳が所在する領域のエリア内ということであれば、上記の導水施設の多くはそれに相当しよう。なかには上述の例とは別に、滋賀県服部遺跡のように古墳時代前期の100基以上の竪穴住居で構成される集落縁辺部の旧河道脇に所在する例もあるが、これにしても野洲川を少し遡れば、古富波古墳などの前期古墳がある。

　つまり、導水施設の立地には、いくつかの例からそれぞれの地域を代表する首長墳の所在地から谷筋を遡った斜面地という立地パターンを指摘することが可能で、導水施設がこれら古墳被葬者と何らかのかたちで密接に関連していたことを示唆している。

　さらに、囲形埴輪のなかに導水施設を模したものがあることは、この問題に対してもう少し積極的な評価を与える余地を可能とする。すなわち、葬送の場である古墳に置かれることになった囲形埴輪を介することによって、導水施設自体も葬送とも密接な関連があったのではないかという視点が浮上することである。

（7）導水施設に関する考古学上の認識のまとめ

　囲形埴輪からの知見も得て、以上のように導水施設の基本構造を確認してくると、導水施設とは、水辺に設けられた他遺構と隔絶性の高い単独施設で、邪気を払う辟邪の物品を装備して極めて閉鎖性が高く、内部の狭い空間で流水を利用した「秘儀」を実践した遺構、というように総括できるであろう。そして、出土品としてはいわゆるカミマツリに使用された物品類などと共通する部分もあるものの、井泉祭儀系の遺跡と比べて邪気を払う目的が付与されたとみられる遺物の出土傾向が強く、遺構が示す閉鎖性と極めて照応性が高い。これらは、井泉に対して行われる祭祀行為が基本的に開放空間で行われ、祭祀対象としての井戸や井泉が明瞭なこととはかなり異質である。

　同様に、前後の時期との連絡という意味でも、導水施設と井泉は対照的である。すなわち、導

第1節 「導水施設」の性格について —殯所としての可能性の提起—

[導水施設と古墳との位置関係Ⅱ]

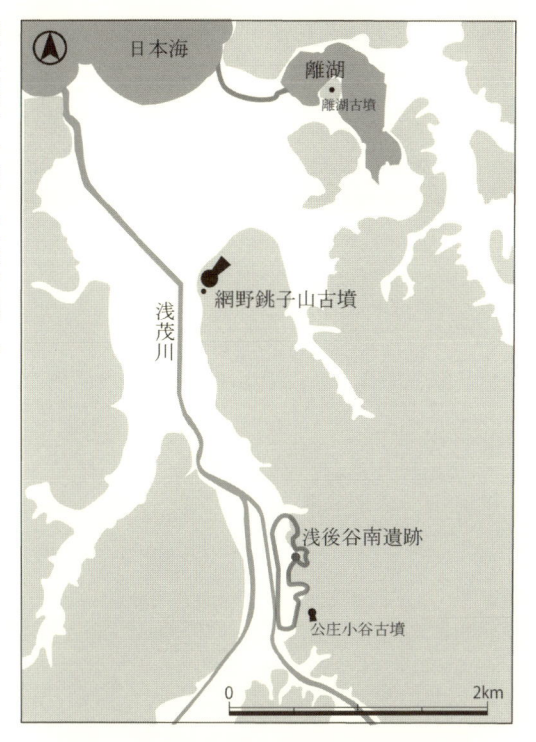

図99 浅後谷南遺跡と浅茂川流域の古墳

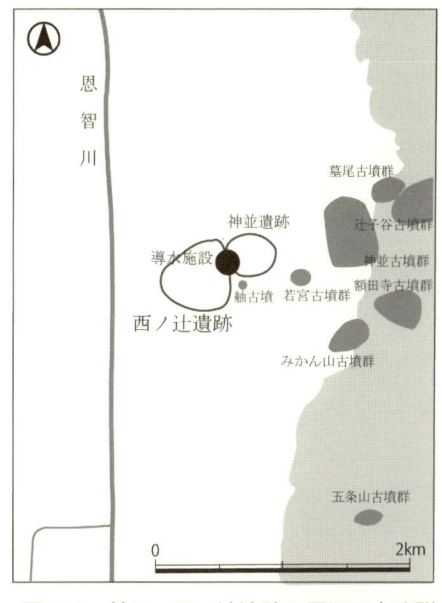

図100 神並・西ノ辻遺跡と周辺の古墳群

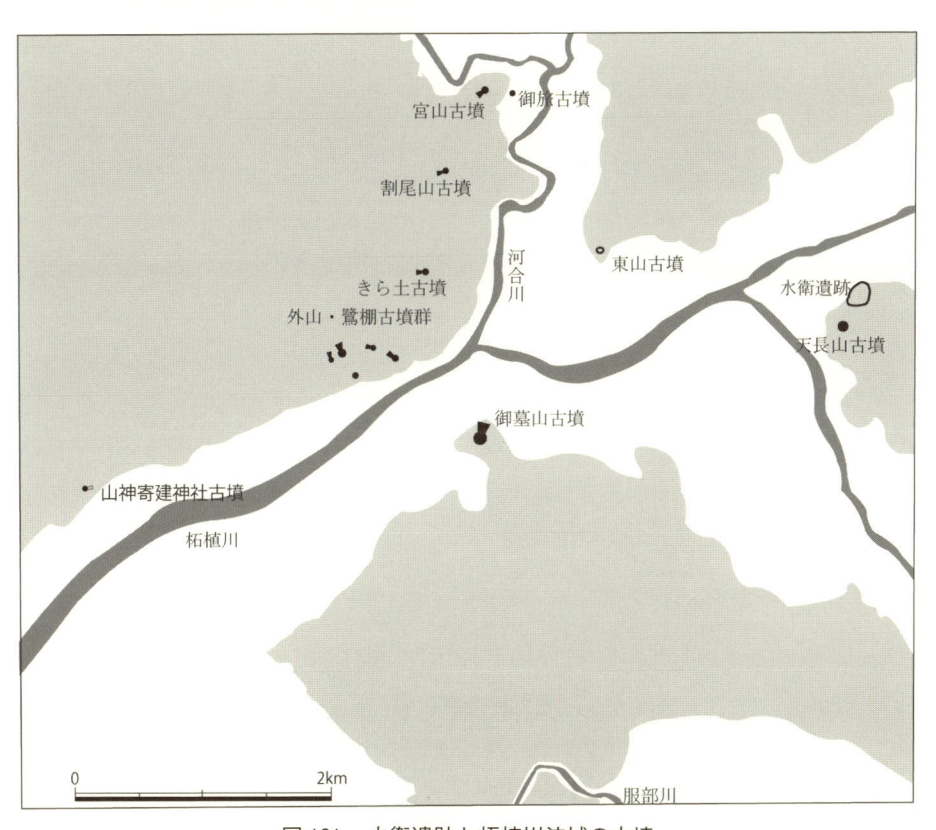

図101 水衛遺跡と柘植川流域の古墳

179

水施設は、古墳時代のはじまりから古墳時代中期に頂点を迎え、5世紀末頃には衰退することが菏・青柳から指摘されており、導水施設を模したとみられる囲形埴輪もほぼ同時に衰退する。一方、祭祀形態や遺跡の存在形態には多少の変化はあるものの、井泉での祭祀的行為は第Ⅰ章第2節でも詳述したように、基本的に弥生時代の井戸から古墳時代の貼石を伴う大規模な祭祀場造営を経て、律令時代に至っても宮中祭祀としての鎮井祭や、各地の御井神社など井戸を祭祀対象とした式内社の存在などから、通時的な系譜として繋がりを認めることができる。

筆者はかつて、まだ導水施設と井泉という区別すらあまり意識されずに「水辺の祭祀」として一括されることが多かった段階に両者の存在形態における差異を認め、直接湧水もしくはそれが涌き出る井泉に対して行われた祭祀を「城之越型」、流水を通した石敷遺構で行われた行為を「三ツ寺型」と仮称した。そのうえで、前者は井泉や湧水の湧き出る地そのものを祭祀対象とした「湧水点祭祀」とも呼びうるものであるのに対し、後者はそれ自体が祭祀対象として存在するのではなく、禊や祓い等の儀礼を執行する場として存在していた可能性を提起した[40]。今となっては三ツ寺Ⅰ遺跡の「石敷祭祀場」（図95）を南郷大東遺跡などと同質の「導水施設」に包含することについては留保するが、資料が飛躍的に増加し、囲形埴輪との関連も明らかになった現在も、導水施設を存在形態のうえから直接的な祭祀施設（水に関わる祭祀場）と考えることに対しての違和感は変わらない。

つまり、導水施設を井泉における湧水点祭祀とは別形態の「カミマツリ」そのものと捉えることに、根本的な誤解が生じている可能性がある。これまで、先学の成果の導きを得ながら、自分なりに導水施設の構造やそれを巡る諸問題の整理に努め、導水施設の構造上の本義を本節の最初に要約したが、導水施設の機能・性格に関する認識は、先学と大きく異なりそうである。

2.「導水施設＝殯所」説の提起

結論を先に述べれば、これまで検討してきた導水施設—悪霊や邪気から護る仕掛けが組み込まれた水辺の単独施設—は、カミマツリとしての祭祀施設ではなく、喪葬に繋がる殯施設、具体的には遮蔽施設内の覆屋は死者を安置して処置する喪屋ないしはその関連施設と考えられるのではなかろうか。このように考えることによって、これまで具体的な様相が明らかでなかった大化前代の殯の実態や、古墳における囲形埴輪の位置づけに、新たな統一的解釈が開ける地平が広がる。以下、導水施設が殯所である可能性を検証するため、これまでの殯研究の成果から殯所に必要な機能と要件を確認し、導水施設との対比を図っていきたい。

(1) これまでの殯所研究の整理

古代日本に広く殯の風習が存在したことは、「記紀」「続日本紀」「万葉集」「令集解」などの国内史料や「隋書倭国伝」などで確認でき、さらに「魏志倭人伝」にも死後の「停喪十余日」など殯を示すとみられる習俗の存在がある[41]。なかでも「隋書倭国伝」の記述（「貴人三年殯置於外。庶人墨卜日而瘞」）と「日本書紀」大化二年三月のいわゆる大化薄葬令の記事[42]（「凡王以下及至庶民不得営殯」）は、大化前代においても殯の風習が一般にもかなり浸透していたことを逆説的に示す史料

としても注目される。なお、特に文献上に記された殯関連記事の評価については、次節でより詳しく検討を加えたい。

こうした古代の殯は、大化薄葬令による禁止以降も庶民レベルにも続いていたようで、平安初期とされる「日本霊異記」にも殯を行ったことを示す説話が収録されている[43]。しかし、殯が行われたことと、殯所で行われた所作に関してはいくつかの記述があるものの、特に大化前代の殯所に関しては史料も少なく、殯所がどのような構造でどこに設けられたのかなど不明な部分が多い。

これまでの古代殯に関する体系的な研究は、和田萃による「殯の基礎的研究」[44]を基礎として進展してきたといっても過言ではない。和田によれば、殯とは「人の死後、埋葬するまでの間、遺体を小屋内に安置したり、さらには仮埋葬しておき、その期間中、遺族や近親者が小屋に籠って諸儀礼を尽くして奉仕する、わが国古代において普遍的に行われた葬制」とされ、その小屋を「記紀」の記述から「喪屋」と呼称したとされる。和田は、和風諡号の分析によって、こうした殯が殯宮儀礼として確立するのは安閑朝末年から宣化朝にかけての頃と推定しているが、すでに「魏志倭人伝」の文中に殯の諸儀礼との共通する部分があるとして、邪馬台国の喪葬習俗に殯の萌芽形態が存在することを指摘する。そして、弥生時代や古墳時代における改葬・再葬を示す複次葬の存在と殯とが関連する可能性を説き、さらに屍を喪屋に安置した後、洗骨を施した可能性を南島の習俗から示唆する。

これら国内の民俗例は殯の本質的な性格を考えるうえで注意すべきものが多い。殯のような死者の本埋葬に至るまでの間に死者を喪屋に安置しておく習俗は、近年まで類似の習俗を行っていた沖縄をはじめとする南西諸島地域だけでなく、本州島にもそれを示すいくつかの痕跡がある。例えば、中田太造は、近年まで習俗として存在していた「モガリ」について、

・青森県津軽地方では、葬送前に棺を置く室のこと
・茨城県では、小児を葬る時に四九本の青竹を割って周囲に柵を結い、これをモガリと称したこと
・奈良盆地周辺では、埋葬墓の覆いまたは垣として、「モガリ」または「モンガリ」とう言葉が使われていること

という例を提示し、モガリとは本来「カキ（垣）」であって、死屍は「かき」をもってしなければならない恐ろしい存在であり、他の魔性のものの侵入をさけねばならぬ存在であったと説く。そして、死霊におかされた人間の霊魂は「凶癘魂」であり、哭泣や誄などの鎮魂の儀礼を経なければならないものと考えた[45]。

一方、殯所に関する考古学的研究は、「殯遺構」として報道されたものは多いが、衆目が一致して実際の殯所と認定した定説はまだ存在しない。これは、文献からみた殯所である程度具体像がわかるのも、殯所が宮に設置された天武天皇の殯宮や敏達天皇の殯宮など天皇・王族クラスに限定されているため、首長クラスの殯所の実態が文献上は見えてこないことと無関係ではない。そのため、どのような遺構をもって殯所と認定するのかの目安がない。古墳上で殯が実修されたとみるか、古墳とは別の場所で実修されたとみるかですら意見の一致をみていないのが現状である[46]。

ただし、形象埴輪の研究では、埴輪配列が殯の場を表現しているとの考え方はひとつの有力意見として根強くあり[47]、最近では森田克行によって、真の継体陵と目される大阪府高槻市今城塚古墳内堤張出部の埴輪配列（図106）が殯宮を写したものとの説[48]が提起されている。

（2）殯所の構造

　古墳時代の殯所について、具体的にその構造を語る史料は存在しない。そのため、古墳時代の殯所を考えていくには、時期は下るが王族クラス以上で起こされた殯宮からその構造上の特質を押さえ、そこから遡って類推していくアプローチがまず選択される。

　敏達天皇崩御後の用明元年紀では、穴穂部皇子が故敏達の殯宮に籠っていた炊屋姫（推古）を犯そうと殯宮に侵入しようとした時、敏達の寵臣であった三輪君逆に宮門を固められて殯宮内へ侵入できなかったことが記されており、殯宮への立ち入りには門を経る必要があったことがわかる。つまり、閉鎖性が極めて強い施設であったわけである。

　この用明元年紀と持統元年〜二年に行われた天武の葬礼記事などから、和田萃は殯宮の構造は誄などの公的儀礼が行われた殯庭とその内部の殯宮という二重構造であったと指摘している[49]。上記の宮門は、和田説では殯庭と殯宮の間に存在することになる。

　一方、今城塚古墳内堤埴輪群を殯宮の表示とみる森田克行は、内堤の埴輪群には柵形埴輪に画された5つの区画があり、区画毎の埴輪の組み合わせや柵形埴輪の出入口構造の有無などから、各区画が殯宮の構造に対応しているとする。そして、宮に設置された基本構造としての殯庭と殯宮という組み合わせは変えないものの、宮門で閉ざされた殯宮内を、公的儀礼の行われる公的空間としての殯宮と、そこからさらに柵で区画された内側の私的空間たる喪屋に区分した[50]。

　いずれにせよ、殯宮儀礼として定式化されていく殯儀礼では、公的儀礼空間としての殯庭もしくは殯宮内でも喪屋エリアの外側という公的空間と、公的空間とは明瞭に画された遺体を安置する私的喪屋エリアの二重構造が備わっていたことは是認しえよう。

　これらの儀礼が宮廷儀礼として定式化されるのは、中国の殯（ヒン）の影響を受ける六世紀以降とされ、和田は前述のようにこれを安閑朝頃、森田は今城塚古墳の築造を契機とする。

　このように、宮廷儀礼としての殯宮の成立は、大規模な公的儀礼空間の整備を伴うものであったが、逆にいうと、喪屋エリアよりも外側の儀礼空間が整備されるのは早くても6世紀に入ってからで、それ以前は基本的に喪屋外での公的儀礼は定式化していなかった段階と捉えることができる。つまり、殯宮が成立する以前の殯所は、基本的には遺体安置所としての喪屋を中心とした構造であったと捉えられる。このことは、例えば「日本書紀」神代下第九段（巻二）で天稚彦が死んだ折、「喪屋を造りて殯す」と記されていることからも、喪屋が殯における最もプリミティブな構成要件であったことが理解される。このようにみると、殯宮における喪屋入出時の宮門を経る厳重な構造も、殯宮成立前の殯所がもつ辟邪重視の性格を受け継いだものとして理解できそうである。

　そして、現在知られている考古資料のなかで、最も上記の特質に合致するものが囲形埴輪である。囲形埴輪が殯所を表すものと考えた場合、4世紀末〜5世紀の古墳における囲形埴輪出土位置と今城塚古墳の内堤埴輪群が示す殯宮は、極めて密接な関連性があり、共に埋葬以前に行う行

為である「喪」を示すものとして、埋葬施設である後円部墳頂ではなく、主墳丘より外側の島状施設や造出、内堤などで埴輪群の表示が行われたものと解釈できる。

（3）殯所のおかれた場所

「日本書紀」が記す天武天皇の殯宮記事が極めて具体性を帯びているため、殯宮は宮殿に付属して置かれたとの印象を抱きやすい（天武の場合は飛鳥浄御原宮の南庭）。しかし、和田萃は殯宮史料中に見える殯所の位置に注目し、河原で殯に付された欽明・敏達・舒明・斉明の例と、内裏内の大殿の南庭に殯宮を起こした推古・孝徳・天武・［持統］の例に大別したうえで、河原における殯宮事例が、仮埋葬をして骨化を待ち、その上で埋葬を行った日本固有の副次葬の形態を留めていることを指摘している[51]。この指摘は非常に重要で、なかでも年代的に古い天皇の例で殯宮が河原で起こされたとされる例が多いことは注目できる。

つまり、これら史料によれば、殯所の起こされた場所は、天皇クラスの殯宮がある時期より中国の殯思想も受けて宮の一角で挙行されるようになったことを除き、基本的には河原で起こされることが通例であったことを示すものではなかろうか。天皇・皇族クラスでさえそうである以上、「隋書倭国伝」等に載る「庶人」クラスもその可能性が高い。

このように考えると、「日本書紀」神代下で、天稚彦の死に際して喪屋を造って殯をした際、川雁が持傾頭者として奉仕したと鳥のなかで真っ先に出てくるのも、殯所が川原の辺であったことを示唆するものとして評価できる。同様に、味耜高彦根神がその喪屋を切り倒したところ下界に落ちて山となったのが美濃国藍見川の川上の喪山であったという記述（「日本書紀」神代下第九段本文）も、殯所が本来河原（水辺）であったことを下敷きとして考える必要があろう。

（4）殯所における儀礼と専門職能集団

殯所で行われた具体的な儀礼の内容を知ることは、殯所の存在形態を考えるうえでも極めて重要である。これを知るうえで極めて興味深い史料として、「令集解」養老喪葬令親王一品条と、そこに引かれた「古記」をはじめとする遊部に関する注釈がある。

殯所に奉仕した集団である遊部に関しては、これまでも多くの研究がある[52]。全体的な内容や論点はこれら先行研究を参照願うとして、ここでは本稿の関心に沿う項目を中心に、検討を加える。

まずは「令集解」養老喪葬令親王一品条の本文とその遊部部分に関する注釈である遊部事を提示しよう[53]。

文献1　「令集解」巻四十養老喪葬令親王一品条
　A　本文
　　凡親王一品。方相轜車各一具。鼓一百面。大角五十口。小角一百口。幡四百竿。金鉦鐃鼓各二面。楯七枚。發喪三日。二品。鼓八十面。大角四十口。小角八十口。幡三百五十竿。三品四品。鼓六十面。大角卅口。小角六十口。幡三百竿。其轜車鐃鼓楯鉦。及發喪日。並准一品。諸臣一位及左右大臣。皆准二品。二位及大納言。准三品。唯除楯車。三位。轜・一具。鼓

四十面。大角廿口。小角四十口。幡二百竿。金鉦鐃鼓各一面。發喪一日。太政大臣。方相轜車各一具。鼓一百四十面。大角七十口。小角一百四十口。幡五百竿。金鉦鐃鼓各四面。楯九枚。發喪５日。以外葬具及遊部。並從別式。五位以上及親王。並借轜具及帷帳。若欲私備者聽。女亦准此。

B　遊部事
謂。葬具者。帷帳之屬也。遊部者。終身勿事。故云遊部也。釋云。以外葬具。帷帳之屬皆是。遊部。隔幽顯境。鎮凶癘魂之氏也。終身勿事。故云遊部。古記云。遊部者。在大倭國高市郡。生目天皇之苗裔成。所以負遊部者。生目天皇之。圓目王娶伊賀比自支和気女為妻也。凡天皇崩時者。比自支和気等到殯所。而供奉其事。仍取其氏人。名稱禰義余比也。禰義者。負刀併持戈。余比者。持酒食併負刀。並入内供奉也。唯禰義等申辭者。輒不使人也。後及於長谷天皇崩時。而依廢比自支和気。七日七夜不奉御食。依之阿良備多麻比岐。爾時諸國求其氏人。或人曰。圓目王娶比自支和気女。為妻。是王可問云。仍召問。答云。然也。召其妻問。答云。我氏死絶。妾一人在耳。即指負其事。女申云。女者不便負兵供奉。仍以其事移其夫圓目王。即其夫代其妻而供奉其事。依此和平給也。爾時詔自今日以後。手足毛成八束毛遊詔也。故名遊部君是也。但此狀遊部。謂野中古市歌垣之類也。古記云。注。以外葬具。謂上条注云。殯瞼之事是。一云。葬具。謂相從威儀細之物。衣垣火爐等之類是成。問。遊部何人。答云。見釋。穴云。遊部並從別式。謂給不之狀。遊部。謂令釋云。隔幽顯境之氏。謂佰姓之中有人。鎮凶癘魂。是人云氏也。事細在古私記也。又其人好為鎮凶癘故。終身无事。免課役。任意遊行。故云遊部。終身課役无差料。故謂之終身勿事。

　Aは、親王以下に支給すべき葬送具の物品名と支給量を述べた養老喪葬令本文の規定である。方相は「中国の古い神に扮して疫を追うもの。４個の黄金の目のある、面を被り、戈と盾をもって車を先導する」人、轜車は喪屋を車に載せた葬車[54]であり、ここに太鼓、笛、鉦といった各種楽器と、幡（旗）・盾が伴う。
　注目できるのは、この一連の行為中に盾が必要とされることで、これは死者に寄り付く邪気・悪霊を防ぐ目的が期待されたものと思われる。同様に各種の楽器もその音声で悪霊の退散を期待したものと思われ、疫を祓う方相の存在とも合わせて、厳重に悪霊から死者を護ろうとする意識が高いものと認識できる。また、ここで語られる物品のうち、鼓・笛・旗は、「日本書紀」神代上国生み段の一書その五に記載された内容、火の神カグツチを生んで亡くなったイザナミを紀伊国の熊野の有馬村に葬った時に土地の人が歌舞した祭りの品目と共通し、喪葬の際の基本的な物品類ということができるであろう。そして、遊部は、「以外葬具及遊部。並從別式」と記されているように、扱いとしては葬具類と同一に置かれている。養老令成立頃には、遊部の役割が相対的に低下し、地位も低くなっていた事情を示すものであろう。
　この「以外葬具及遊部」について、その由来と性格について記したのがBである。
　これまでの論者も強調されるように、「令集解」が成立した平安時代中期段階では遊部の本来の職能や意義は忘れられ、遊部の名義が「終身勿事。故云遊部也」という解釈が示されたり、遊部の職能に関して「但此狀遊部。歌垣之謂野中古市歌垣之類也。」と歌垣として命脈を保ってい

第1節 「導水施設」の性格について —殯所としての可能性の提起—

た状況が記されている[55]。しかし、ここには「古記」(大宝令)に引く遊部の起源伝承が記載され、古い時代の喪葬を考えるうえで極めて示唆に富む文言が残されている。この伝承に関しては、垂仁の庶子である円目王が「長谷天皇」とみなされることが多い雄略崩御まで生存していたかにみえることから起源を説明するための史実ではない虚構の伝承と見做す意見もあるが[56]、全体としては何らかの伝承を伝えるものとして評価されている。

「古記」引用部分(B史料中の「古記云」から「故名遊部君是也」まで)の大意は以下の通り。

> 遊部は(「古記」が記述された天平年間)大和国高市郡にいて、生目天皇(垂仁)の苗裔である。遊部を負う所以は、生目天皇の庶子、円目王が伊賀比自支和気の女(娘)を娶って妻としていた。およそ天皇が崩御した時には、伊賀比自支和気等は殯所に到って殯所での仕事に供奉したが、その際、比自支和気の氏人から二名をとって「禰義」「余比」と称した。禰義は刀を負って戈をもち、余比は酒食をもって刀を負い、共に殯所内へ入って供奉した。ただ、禰義らが申す辞(言葉)は人に知らせるものではなかった(秘密にしていた)。後に長谷天皇(雄略)が崩御した際、比自支和気が散じていたため、7日7夜、御食を奉らなかったところ、このために(天皇の魂は)荒びたまわれた。それで諸国に比自支和気の氏人を求めたところ、ある人がいうには、「円目王が比自支和気の娘を娶って妻としている、王に問うべき」と。それで王を召して問うた。(王は)答えた「然りなり」と。(そこで)その妻を召して問うた。(妻が)答えていうには、「わが氏(比自支和気氏)は死絶し、妾(である自分)ひとりが残るのみです」と。それでそのこと(殯所での供奉行為)をなすよう指示すると、妻が申していうには、「女(の身で)は武器を負って供奉することは出来ない」と。それで、そのこと(殯所での供奉)を夫である円目王に移した。それでその夫(円目王)がその妻に代わって殯所での行為に供奉した。すると(天皇の魂は)和ぎ平らたもうた。その時、詔して「今日より以降、手足毛成八束毛」と。それで遊部君を名乗るのはこれ(以上の内容)に拠っている。

この記事では、「遊部」という名は、雄略の死後に殯所供奉を担当した円目王に由来すること、その円目王が殯所供奉をするようになった所以は本来殯所供奉を担っていた比自支(岐)和気一党が円目王の妻を除いて死絶していたため、その系譜に連なる女人を妻としていた円目王に白羽の矢が立ったことによる。つまり、殯所で供奉する職能は専ら比自支和気とその氏人が担う専権事項であり、その死絶以降もまったく別の一族・集団に殯所供奉を担当させるのではなく、何とかその関係者を探し出してきたという伝承は、いわば「比自支和気」という一党には死後の魂を荒びたまうことなく鎮めることができる特別な能力が備わっていたと関係者間で観念されていたことを示している。いわば、異能者集団としての比自支和気とその氏人という意識である。

そして、殯所に奉仕するメンバーは比自支和気を含む集団であるが、実際に殯所内へ入って供奉し、特殊な所作を処したのはその氏人から選抜された禰義・余比という2名である。禰義の刀を負い、戈をもつという有様は悪霊を祓う武人的な所作、余比の酒食を持ち、刀を負うという有様は刀の霊力で身を護りながら食膳奉仕を行う所作を行ったことが示唆され、さらに他人には知らしめなかった「辞」があるということは、特殊な呪文などの言語呪術が施されたことが窺

第Ⅲ章 喪葬から埋葬へ

える。また、極めて限定された人数であることは、殯所内部のスペースの狭隘さも示唆される。

この禰義・余比に関して、岩田勝は中国地方に残る民俗例「取神離し」との構造上の共通性から禰義を男性、余比を女性とみて、禰義が死霊を呼び寄せ、余比に依り憑かせてこれに問いかけ、余比が死霊の「辞」を申した所作を行った可能性を指摘した。そして、喪葬令の「殯斂之事」における注釈「斂於戸内、殯於客位是」の古記云「衣即斂衣、衾被也。挙屍内之棺槨也」から、遊部の死屍に接して衣を周らし（着せ替え）、棺にも衣を周す行為を行ったことや、遊部事の「古記」引用部分の前段に記されている「隔幽顕境、鎮凶癘魂」とは、凶癘魂（モノ）を追って、あの世（幽顕境）に送り出す行為であると明快に論じた[57]。

この岩田の一連の論拠は、戦後の歴史・民俗・考古学界へ大きな影響を与えた折口信夫の鎮魂（タマフリ）論[58]の否定に立ったうえで、これまでの遊部の職能や性格に関して論じられた所論のなかで最も体系的かつ詳細なもので、「古記」の解釈とその背景に関しては現時点の研究の到達点といえるものであろう。そして、岩田の述べる遊部の性格への論究は、そのまま悪霊の依り憑きを排除しようとするこれまでみてきた殯所の構造的な特質とも共通する。

(5)「伊賀比自支和気」をめぐる問題

伊賀比自支和気伝承の素材

遊部の系譜伝承が、生目天皇（垂仁）に付託されたのは、神宮の起源や野見宿禰による埴輪起源説話など、「記紀」における葬礼や祭祀の起源説話が垂仁天皇の部分に集中して置かれたことと関連するものであろう。

ところで、天皇殯所に奉仕した伊賀比自支和気が本拠とした場所は、伊賀国伊賀郡比自岐郷に式内比自岐神社が所在することなどから、現在の三重県伊賀市比自岐の地に比定されている[59]。木津川本流へと注ぐ支流、比自岐川によって開かれた東西3km、南北1km弱の極めて安定性の高い小盆地である（図102及び11頁図1参照）。一連の遊部伝承では、「大和国高市郡」や歌垣のある「野中古市」の歴史的な背景が遊部との関連で考察されることは多かったが、比自岐に関しては、これまであまり論及されてきたことが少なかった[60]。論及しようにも、他の関連文献のまったく存在しない状態で比自岐の地が唐突に出てきても、考察を加えるべき手段すら持ち得なかった、というところであろうか。

しかし、地籍上は伊賀市才良となるため関連が見過ごされがちであるが、まさにこの比自岐小盆地を囲む低丘陵上に築造された前方後円墳の被葬者が、この比自支和気伝承の素材となった主体そのものであった可能性がある。その古墳とは、石山古墳である（図102）。

石山古墳とその出土遺物

石山古墳は、比自岐小盆地を北から見下ろす丘陵上に築造された全長120mの前方後円墳で[61]、これまで前方後円墳の築造がなかった伊賀の地に、大量の円筒・形象埴輪を装備して最初に出現した（図103）。そして、石山古墳の出土遺物・埴輪は、これまで紹介してきた遊部の性格を具現化したような内容のものが多い。

後円部上には、3棺同時埋葬の粘土槨による埋葬主体（東棺と中央棺は割竹形木棺、西棺は箱式木棺）があり、東棺には玉類・石製模造品・剣・長方板皮綴短甲・草摺・弓・鉄鏃群・赤黒直弧文

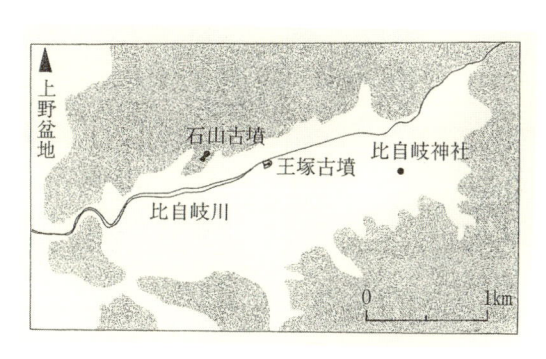

第1節 「導水施設」の性格について —殯所としての可能性の提起—

図102　比自岐小盆地と石山古墳

図103　石山古墳墳丘実測図

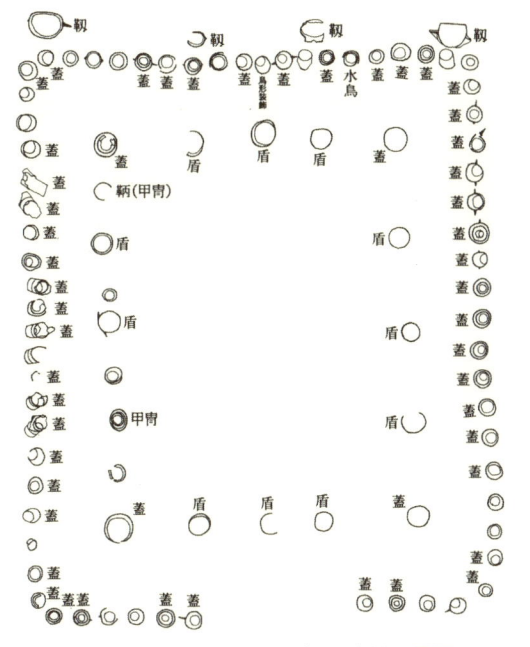

図104　石山古墳墳頂部の埴輪配置図

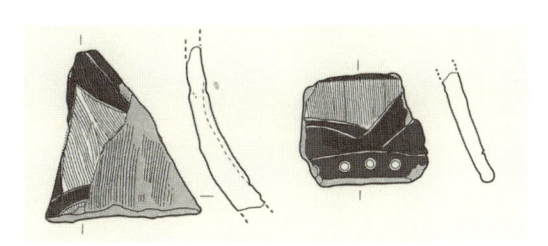

図105　王塚古墳出土彩色人物埴輪

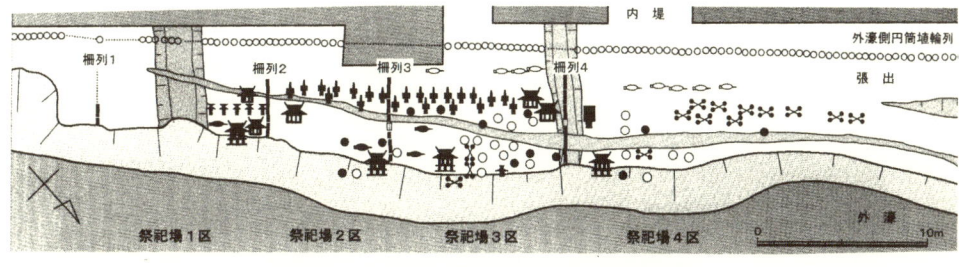

図106　今城塚古墳埴輪樹立区の埴輪配置

第Ⅲ章　喪葬から埋葬へ

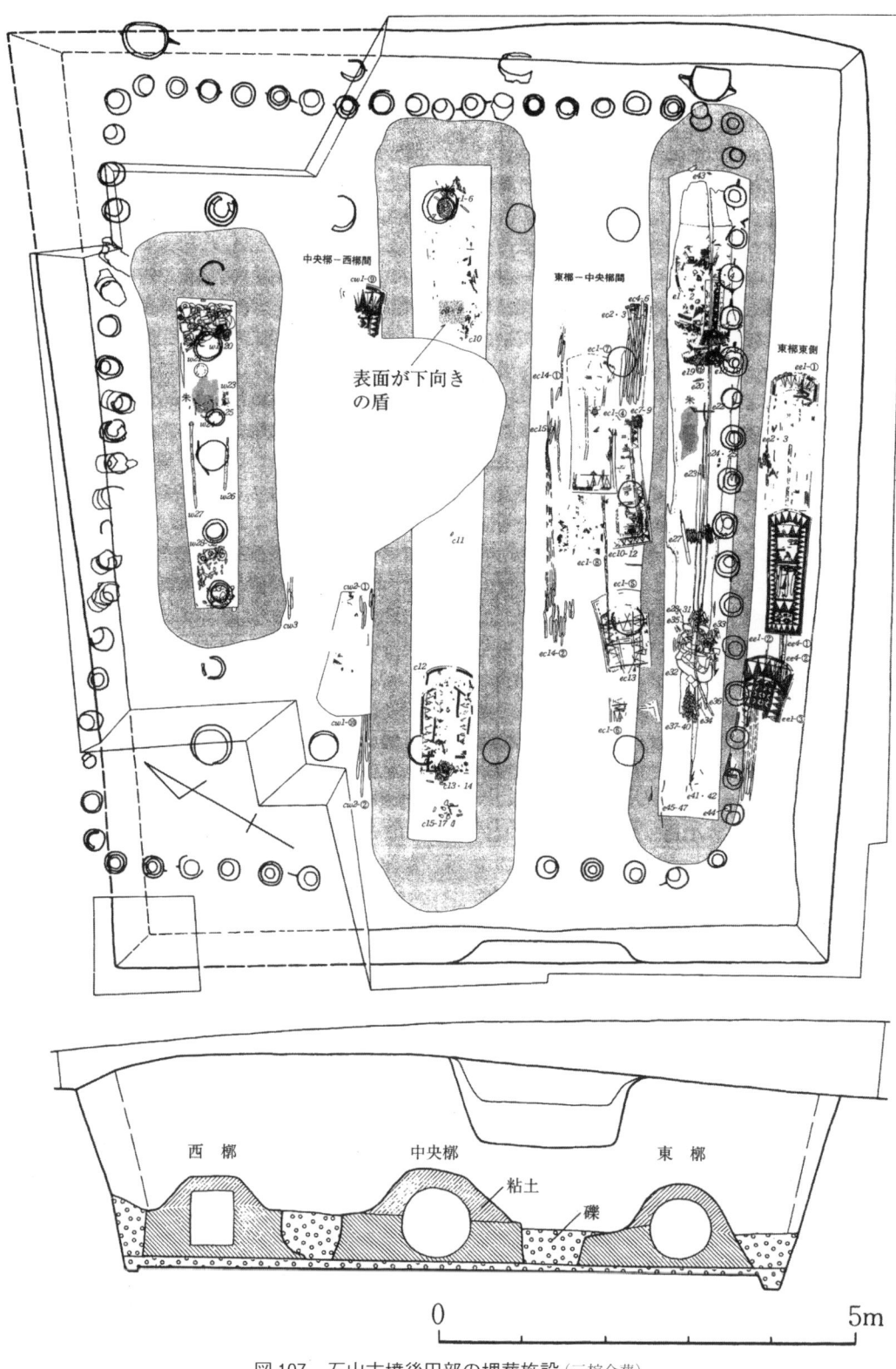

図107　石山古墳後円部の埋葬施設（三棺合葬）

188

様の靫・櫛・内行花文鏡が、盗掘があった中央棺には小札皮綴冑・農工具が、西棺には多量の腕輪形石製品・石製模造品・玉杖形石製品・琴柱形石製品・玉類・農工具・仿製鏡・剣・素環頭大刀などが副葬され、さらに東槨と中央槨の脇には武器・武具類などが配されていた（図107）。このうち、西棺被葬者は腕輪形石製品の大量埋納と刀剣はもつものの武具類を含まない構成から女性被葬者と推定される。

　埋葬主体の上部には、これらを覆うように総計13面もの盾（巴形銅器付き有）が伏されていた。盾は、基本的に表面を上に向けていたと推定されたが、中央棺の被葬者頭部直上と推定される位置にあった巴形銅器付きの盾のみは巴形銅器が裏返った状態で出土したことから、盾の表面を下、つまり被葬者側に向けて伏せられていたことが観察されており、特筆される。

　後円部上には、埋葬施設を取り囲むように二重の方形埴輪列（外側が上部に蓋を載せた鰭付円筒や水鳥一などで構成、内側が蓋・盾・甲冑で構成）が巡り、さらにその北外側には表面を外側に向けた靫が4個列状に並ぶ（図104）。

　注目されるのは、東方外区と呼ばれる東側くびれ部の外側にあった長方形区画で、主墳丘との通路施設（陸橋）は存在しないが、松阪市宝塚1号墳などの出島状施設と構造上の共通点をもつ。この東方外区は各辺に沿って朝顔形埴輪を含む円筒埴輪列があり、さらに北側の一隅（後円部との境）から集中して家形埴輪（11個以上）と囲形埴輪（4個以上）で構成される形象埴輪群が配されていた。家形埴輪は、高床の寄棟家や高床の入母屋家といった立派なものも含むが、「小型のものを多く含み、その大半が倉」[62]とされている。

　この「倉」は、入口以外に窓がない家に対して呼称されたようであるが、心合寺山古墳の閉鎖性の強い囲形埴輪の覆屋を敷衍すれば、これらの多くが囲形埴輪とセットになる覆屋や、遮蔽施設は伴わないが同様の機能を有した建物であった可能性が強く想起される。

　東方外区からは、珍しい片流れの家も出土している。片流れの家は、行者塚古墳や今城塚古墳などでも出土しているが全国的には極めて希で、森田克行はこのタイプが今城塚古墳では死者を安置する殯宮内の喪屋とされていた可能性を指摘している[63]。

石山古墳被葬者についての仮説

　以上のような埴輪構成・副葬品の内容は、前期末から中期初頭の典型的な組成をもつ前方後円墳の例として、特段強調するほど特別なものではないのかもしれない。しかし、大和に接する伊賀とはいえ、前代に特別有力な集落群や墳墓群が形成されるわけでもないこの地に、120mの規模とこれだけ優秀な埴輪・副葬品を具備した前方後円墳が唐突に出現したことは、それなりの背景を考えなければならない。

　その際、やはり問題となるのは垂仁の頃として伝えられた比自支和気の伝承である。3棺同時埋葬の被葬者は、当然埋葬に至る時間差を考慮すると殯期間などで調整のうえ同時埋葬に持ち込まれたと考えるのが自然で、しかもその埋葬行為は先の遊部伝承を彷彿とさせるような厳重な悪霊・凶癘魂排除の思想が貫徹されている。換言すれば、「教科書的」なほど典型化されているとみるのは穿ち過ぎであろうか。

　具体的には、埋葬主体を護る後円部上二重方形埴輪列と北側の靫形埴輪列、主体部を覆う多量の盾とその構成（外部からの「凶癘魂」の依り憑きを防ぐため外側に向けられた一群と被葬者の魂が

第Ⅲ章　喪葬から埋葬へ

悪霊化しないために内に向けられた中央槨上の盾の存在)、遊部の余比にも対応すべき女性と推定される西棺被葬者の存在、それに現状では一古墳出土数としては最多の5個以上の囲形埴輪の存在、覆屋と推定される家がより本来的なあり方と推定される窓を含まない構成であること、特殊なタイプである片流れ家の存在などである。

前述のように、比自支和気伝承が垂仁に付託されているのは、本質的には「記紀」が垂仁の時代に祭祀・葬送上の重要事項を集中させた構成に照応したものであろうが、塚口義信がつとに指摘するように[64]、大枠としての天皇順序と大和東南部-佐紀古墳群-河内古市・百舌鳥と移動していく陵墓存在地の対応関係を大略認めるのであれば、遊部伝承はまさに佐紀古墳群形成最盛期に対応する伝承として矛盾するものでもない。このように考えてよければ、石山古墳の存在とその埴輪・副葬品構成の細目は、まさに「伊賀比自支和気」に象徴される大王家喪葬にあたった専門職能集団がこの地に拠ったという伝承とリンクして考えるべきであるとともに、この伝承の総体的な古さをも窺い知れるものと評価することができる。

円目王伝承と王塚古墳

遊部伝承では、「長谷天皇」の時代には散じて死絶していたとされる比自支和気一党に1人残った女系を介して相続し、以降「遊部」という喪葬部民集団の始祖としての円目王が登場する。円目王に関しては、比自支和気とは異なって比自岐との関係は明瞭でないが、比自岐小盆地には時期的には一応照応する前方後円墳が所在する。王塚古墳である。

石山古墳以降、比自岐小盆地およびその周辺には帆立貝形古墳を含むいくつかの古墳が築造されるが、有力なものは少ない。その中にあって、人物埴輪の存在から5世紀後半以降の築造と考えられている王塚古墳は、盆地中央の平野部に築かれた全長50m程の前方後円墳である。半壊のため詳細は不明だが、当地域においては極めて珍しい赤・緑(青)・白の三色が塗布された女性人物埴輪が出土しており(図105)、注目に値する[65]。「続日本紀」神護景雲4(宝亀元)年3月28日条に河内国由義宮に行幸した称徳天皇の前で、葛井・船・文・武生・蔵の渡来系六氏の男女230人が歌垣に供奉した記事が存在する。この記事は、遊部が歌垣の類となっていたとする遊部事の「歌垣之謂野中古市歌垣之類也」に照応して注目されている[66]記事であるが、ここにはこの時の彼らの服装が記載されており、青摺の細布衣に紅の長紐を垂らせたもの、つまり青と赤の服であったという。

称徳天皇へ奉仕した歌垣の集団が遊部の系譜を有する集団だとすると(これら集団の本貫地は野中古市の隣接地)、ここであえて服装彩色の記述が存在するとこは、彼らの伝統的な職能と何らかの関連を有する可能性も浮上する。時代は異なる王塚古墳人物埴輪との直接的な比較はできないが、儀式における服装(祭服)に一定の保守性が存在したとすると、王塚古墳が当地域としては極めて稀な彩色人物埴輪(換言すると「特殊な祭服を着た人物埴輪」)をもつことの意味も、あるいはこうした遊部伝承のような特殊な職掌を有した集団の伝統性のなかで理解すべきものかもしれない。

伊賀比自支和気伝承と遊部

以上のように、石山古墳の存在は、殯所に供奉したとされる比自支和気や、その氏族の職能を女系を介して継承した円目王率いる遊部の伝承を考える上でも無視できない。古墳の各所で極め

て典型的なかたちで繰り返された辟邪の観念がみられる様々な処置は、前期末から中期初頭というこれら観念がピークを迎える時期との符合を考慮しても、必要以上に強調されているといえなくもない。あるいは、「古記」の伝承が示す「凶癘魂」への畏怖と、実際それに対して「秘儀」をもって対処した集団の存在は、5世紀前後というこの時代の観念も含めた伝承が反映している可能性がある。そういう意味では、これを垂仁の頃のこととして記述したのも、あながち荒唐無稽でまったく根拠がないものともいえないであろう。

つまり、「令集解」引用の遊部に関する「古記」所引伝承は、比自支和気とその故地における考古学的状況を勘案すれば、何らかの実態ある所伝に基づいた可能性が提起されるのではなかろうか。

本節で提示した導水施設・囲形埴輪が殯所を示すとの仮説は、石山古墳東方外区出土の囲形埴輪や「倉」状の小型家・片流れタイプの家形埴輪も、殯所供奉の職掌を担った集団の奥津城に象徴的に配された埴輪群として、一定の照応関係を有するものといえよう。

(6) 殯所としてみた導水施設

これまでみてきたように、導水施設とそれを造形化した囲形埴輪は、その強固な閉鎖性、遮蔽施設と覆屋（喪屋）という二重構造、辟邪としての盾や鋸歯状突起（囲形埴輪）の存在、集落や古墳群所在地と関連しつつも保たれている一定の独立性、水辺での存在形態など、文献や民俗資料などから類推される殯所の構造や性格と強い共通性を有しており、これら施設を殯所とみるに十分な状況証拠を提出している。

残る問題は、では導水施設を殯所としてみた場合、木樋と木槽部（木槽樋）によって水を遮蔽施設内に引き入れることは必要要件であったのかという問いである。殯所に水を引き入れ行われた所作は、民俗例からは直接は見えてこない[67]。僅かに、古い時代の殯所が水辺に設けられたらしいということが、文献例の存在から何とかわかる程度である。ただし、明確なかたちではないものの、「令集解」養老喪葬令でも遊部事とは別の部分、すなわち「京官三位條殯斂之事」に記された「古記」の注釈などに遺体を「浴」する行為が記されていることは注目される。このことについては、次節で改めて検討を加えたい。

しかし、具体的な殯の様子が記された「日本書紀」や「古事記」には明確なかたちで導水施設を示す記載はない。このことは、殯や殯宮が文献に記された年代と、導水施設が実際に用いられていた時代との年代差に起因している部分が大きいように思われる。いうまでもなく、その間に起こった喪葬上の変革は、横穴式石室の採用と、それに遅れて入ってきた火葬である。

つまり、文献上で殯所における水（導水施設）を用いての行為が明瞭に見出せないのは、死に対する意識自体はさほど変化なくとも、当該の行為・儀礼が文献として記載されるまでの期間に横穴式石室の導入と火葬の開始という喪葬・墓制上の大変革が介在したため、有力者層の遺体処置に何らかの変化があり、その断絶が影響して文献記載に反映されなかったのではと推定されるのである。具体的には、前期古墳や中期古墳の時代は、竪穴系の埋葬施設を採るため、複数の被葬者を同じところへ埋葬するには最後の被葬者が死ぬまで他の遺体を埋葬せずに維持しておく必要があった。ちなみに石山古墳や心合寺山古墳、行者塚古墳では、後円部の埋葬はいずれも三棺同時埋葬であった。

第Ⅲ章　喪葬から埋葬へ

　これに対して、横穴式石室の導入は、たとえ殯があったにしても、遺体を単体ずつ横穴式石室に収めていくことが可能で、遺体を長期間維持しておくことは基本的には必要でなくなった（ただし天武葬礼のように約2年2ヶ月に渡って遺体を維持した事例も存在する）。水との関わりが強い導水施設が殯所を示すものとした場合、これらが5世紀末頃に急速に衰退するのは、共同体と王が共同で行う水のカミマツリの必要性がなくなった社会的要因としての変化[68]ではなく、横穴式石室導入に伴う埋葬形態と遺体処理、それに対応した意識の変化に対応したものであったと推測されるのである。かかる意味で、今城塚古墳で大王墓として初めて横穴式石室が採用されたという事実[69]は、導水施設たる殯所から、導水の要素を取り去った殯宮に転換する方向[70]と見事に照応したものといえよう。

　では、導水施設を殯所とした場合、遮蔽施設内の覆屋と木樋及び木槽部（木槽樋）の用途にはどのようなものが想定できるのだろうか。

　ここでまず着目されることは、木樋により引き込まれた流水と木槽によるスペースが確保されていることである。スペースといっても、人間1人がかろうじて収まるか収まらないか程度の狭い幅であるが、覆屋内の中心に位置することは注意してよい。流水である以上、そこで考えうる最も整合性の高い機能は洗浄・浄化である。つまり、導水施設の中心施設である遮蔽施設内の覆屋（覆屋がないタイプは遮蔽施設内の空間）は、遺体を一定期間保管し、必要に応じて遺体を洗浄したり、場合によっては前代以来の洗骨も行うなど、遺体が潰えてその魂が悪霊化したり、外部からのモノ（凶癘魂）を防ぐための場、つまり喪屋であったと考えると、多くの事象が整合的に理解される。悪霊の侵入を許す入口は一つに限定してその部分に辟邪としての鋸歯状の装飾を配し、窓も作らない厳重な遮蔽施設の内部で、死者の魂を「和ませる」様々な儀礼を行いつつ、遺体を維持もしくは骨化を待つ、そのような施設であった可能性が考えられるのである。

　この場合、南郷大東遺跡のように遮蔽施設・覆屋・木槽樋が1個ずつで対応する事例は基本的に1人用、木槽部に相当する部分が「貯水池列」として実物の溝とそれに連結した土坑列で連続する神並・西ノ辻遺跡のような場合は集団共用の遺体処理施設として機能した可能性を考えたい。ちなみに行者塚古墳の囲形埴輪覆屋の屋根上には鳥形が造形されていたが、鳥が死者の霊魂を運ぶと観念されていた[71]とすると、導水施設が遺体処理に関わった施設と考えることは一定の照応性がある。

　なお、囲形埴輪には導水を示す木槽樋形土製品だけではなく、湧水施設を示すとみられる井戸状土製品が置かれる事例があるが、これら囲形埴輪に造形される遮蔽施設内に置かれた「井戸」は、基本的に開放空間にある湧水点祭祀における井泉を具現化したものではなく、導水とは別タイプの喪屋の可能性を考えている。このことについても、次節で改めて検討を加える。

　さて、遺体が潰えて腐敗していくことに対する畏怖は、古墳時代から古代を通して一貫したものであったことが文献や古墳における埋葬時の諸儀礼・所作から推察される（次節参照）。それが文献上に反映されるのは、文献記載年代とさほど隔たりがない横穴式石室の導入以降くらいと想定するのが適切であろう。ちなみに「日本書紀」神代上第五段一書の第九では、死せるイザナミのいる場所を「殯斂の処」とし、イザナミの遺体が腐敗している状態を恐ろしいものとして認識している。このことを敷衍すれば、遺体に集まる蛆なども洗浄して祓い清め、悪霊払いも実現す

る施設として、導水施設が機能していたと考えられるのである。

　しばしば言及した古墳時代における洗骨の問題に関しては、民俗例では近年まで見られた他、考古学上の側面からは久保哲三による研究があり、氏はいくつかの例を提示しながら古墳時代に洗骨の風習が一般的に存在していたことを説いた[72]。また、古墳への埋葬に明らかに改葬されたとみられる人骨がしばしばみられることも洗骨習俗の存在を支持している。このことに関して示唆的なものは、導水施設内部に置かれた木槽樋の形状である。木槽樋は、導水施設から出土した実物例のほか、囲形埴輪の覆屋に置かれた土製品等として造形されている例がある。これらの木槽樋には、狼塚古墳の土製品例のように槽と樋は連結するものの引水された状況を示さず、むしろ湧水系との調和性を思わせるものもあるが、注目できることは樋部から続く槽部が大小２槽で構成された事例が目立つことである（167頁図81の宝塚１号墳導水施設形囲形埴輪における覆屋内の木槽樋形土製品の形状や170頁図92参照）。これは、実際の導水施設木槽樋形式の一端を一定程度反映すると思われるが、導水施設内での遺体洗浄や洗骨を想定すると、木槽樋における槽部の大小二連構造も、遺体を洗浄する際の遺体部位などによる使い分け（頭部と胴部、あるいは大人用と子供用）など具体的な使用形態の差異による必要性があって、それらに適応した形態が反映されている可能性を提起したい。

　さらに、「令集解」遊部事が引く遊部の職掌のひとつに殯所へ入って死者に御食を奉る役割があったことを敷衍すると、殯所内の導水施設で凶癘魂を防ぎながら死者に御食を奉る行為も具体的に行われたことが想起される。この行為は、比自支和気らの記載では、死亡後すぐに行われる必要があった。こうした殯所における御食供献行為の具体的なあり方は、囲形埴輪の古墳における出土状況に示唆がある。すなわち、行者塚古墳や心合寺山古墳、宝塚１号墳などでは囲形埴輪は造出と墳丘本体の間の谷部から出土しているが、このうち造出上の状況が最も判明している行者塚古墳西造出では、円筒埴輪によって鈎形（開口部食い違い構造）に囲繞された内部に高杯など供膳形態の土器とともに魚やアケビなどの食物を模した土製品が出土しており、造出上で食物供献（の所作）が行われたことを窺わせている。行者塚古墳西造出の円筒埴輪列の配置自体、鈎形の食い違い入口構造の平面形を呈して鈎形平面の囲形埴輪と共通する閉鎖性の高いもので、出土位置の近接性も含めて囲形埴輪との関係性が強い。

　つまり、行者塚古墳西造出が示す状況は、一段低い谷部に置かれた囲形埴輪（喪屋、死亡後すぐの処置を講ずべき場）と造出上面（死者に対する永続的な食物供献を演出する場）とが一体となって、殯所において遊部が行った御食供献儀礼と一定の対応関係をなすものといえよう。この場合、古墳の造出及び囲形埴輪で期待された機能は、殯所で行われていた被葬者に対する鎮魂の所作が、葬所たる古墳においても埴輪を含む土製品に仮託して永続的に行われていることを示すことにあったものと推定される。

（７）殯所の性格と考古資料の意味

　養老令親王一品条及びその文言を解釈した令集解が引く遊部事の内容は、殯所に奉仕した具体的集団とその所作、そこから浮かび上がる古代人の死生観や魂に対する意識を知る重要資料と考えられ、古墳時代の喪葬行為に関わる考古資料の意味を探るうえでも重要な手懸りが含まれてい

るようにみえる。

　そこで語られる死者に対する意識は、適切な処置（遊部による供奉や御食の供献、辞など）を怠ると悪霊化する「荒びたもうた魂」や凶癘魂に対する強烈な恐懼である。これらの観念は、前節までに考察したように、多少のかたちは異なっていても、古墳の埋葬施設や埴輪のあり方から、古墳時代前期まで遡る可能性が高い。

　広瀬和雄が指摘する前期古墳における「遺骸主義」ともいえる埋葬諸儀礼[73]は、被葬者がカミに転化して共同体を護る守護神として崇められるために存在したというよりも、こうした強固な封じ込めを行うことによって、遺体が悪霊化したり、また遺体に邪悪な凶癘魂が依り憑くことを防ぐことに目的があったものと思われる。棺を収めた施設の脇に、大量の武器を配したり、棺上も含めてそれら全体を盾で覆い―この盾も外部の凶癘魂に向けられた外向きの盾と、遺体が悪霊化するのを防ぐ目的があったとみられる内向き（遺体向き）の盾がある―、さらに埋葬施設の上部には辟邪として厳かな盾や靫、甲冑などを配置する。辟邪としての器財埴輪の意義はこれまでもつとに指摘されているが、「遊部事」の伝承を踏まえると、その目的とされたものが凶癘魂の依り憑きに対抗する措置として、より顕在化したかたちで見えてくる。

　本節で示してきた導水施設を殯所と考える仮説は、文献資料によって示される殯所の本質的な性格とも基本的に矛盾なく整合し、さらに古墳における埋葬諸儀礼や埴輪樹立がどのような観念のもとに行われたかについてまで理解が及ぶものとなる。かかる意味においては、文献の示す内容と、考古資料のもつ意味とが無理なく対応し、整合性のある解釈が可能となる仮説と考える。なお、埴輪樹立や埋葬諸儀礼にこめられた本質的な意味については、さらに第3節及び第4節でも考察を加えたい。

　ここで2部としての結論を述べれば、殯所とは、以上のような死者や悪霊、凶癘魂を防ぐ装備を具備した上で、様々な処置が講じられた施設ということに帰結し、導水施設は現在知られている古墳時代遺構のなかで、その性格に最も適した遺構と評価することができる。

3. まとめ

　本節では、前段として、先学の研究に導かれつつ導水施設と囲形埴輪に関する考古学上の事実を整理し、それら施設の性格の顕在化に努めた。そして、それらが極めて強い辟邪の意識が貫かれた性格をもつことと、カミマツリよりもむしろ、喪葬との関連が強いであろうことを指摘した。

　それを受けた後段では、導水施設が殯所（遮蔽施設内の覆屋は喪屋）ではないかという仮説を提出したうえで、文献や民俗資料との対比を通してその考えの検証を試みた。そして、導水施設は、強固な辟邪の意識の込められた物品を装備して、内部の空間で鎮魂の儀礼を行いつつ、悪霊や凶癘魂から死者の魂を護ることが意図された施設、すなわち殯所であると考えた。ここにおける導水部の機能は、流水によって遺体の潰えを洗浄したり、沈骨するなど死亡後に行われるべき様々な処置を実施することにあった。つまり、殯所は、埋葬までの遺体保管も含めて多面的な意義があったと思われるが、導水施設ではそのうちの「遺体処理」とそれに伴う死者に対する儀礼・所作を担ったという仮説を本稿の結論として、改めて提起したい。

導水施設の終焉は、横穴式石室の導入によって遺体処理の方法に変化が生じた時期と機を一にしている。導水施設を殯所の一施設とみる仮説は、導水施設が古墳時代中期末頃を境として急速に衰退することに対しても、一定の説明が可能となる仮説であると考えている。

　現在、導水施設に関しては、それを祭祀施設と考える意見が主流[74]である。これに対して筆者の仮説は、「導水施設＝水辺の祭祀施設」としてきた従来の古墳時代祭祀観にも変更を促すものである。この祭祀施設説に立って、導水施設を古墳時代王権祭祀の代表的な存在としている論も多いが、「祭祀」とするには矛盾点が多いことは以上に述べてきた通りである。

　まだまだ実証レベルで飛躍や不十分な部分が多々存在することは否めないが、導水施設の本質がどこにあったのかをより顕在化させ、古墳時代における喪葬を考えていくための試論として、少しでも議論活性化のきっかけとなれば幸いである。

註
（1）以下、服部遺跡については、下記文献を参照。大橋信弥　1997「滋賀・服部遺跡」『王権祭祀と水』50～53頁　帝塚山考古学研究所。なお、「導水施設」という名称自体は、本遺構を最初に報告した調査概報で既に提示されている。谷口徹ほか　1979『服部遺跡発掘調査概報』滋賀県教育委員会・守山市教育委員会・財団法人滋賀県文化財保護協会
（2）以下、神並・西ノ辻遺跡は下記文献を参照。松田順一郎　1997「東大阪市・神並・西ノ辻遺跡の古墳時代水利遺構」『王権祭祀と水』46～49頁　帝塚山考古学研究所、松田順一郎・中西克宏　2002『神並遺跡第四次、西ノ辻遺跡第10・16次発掘調査報告書（遺構編）』財団法人東大阪市文化財協会
（3）以下、纒向遺跡巻野内地区の導水施設は下記文献を参照。萩原儀征　1987『纒向遺跡発掘調査概報』桜井市教育委員会、橋本輝彦・村上薫史　1998「纒向遺跡巻野内地区遺構群の特殊性と韓式系土器」『古代学研究』141　55～59頁
（4）石野博信　1991「総論」『古墳時代の研究』3　3～26頁　雄山閣出版
（5）以下、南郷大東遺跡は下記文献を参照。青柳泰介ほか　2004『南郷遺跡群Ⅲ』奈良県立橿原考古学研究所
（6）以下、狼塚古墳は下記文献を参照。上田睦　1998「藤井寺市狼塚古墳（HJ97110）の調査」『大阪府埋蔵文化財研究会（第37回）資料』(財)大阪府文化財調査研究センター、上田睦ほか　2007「土師の里遺跡 HJ97110区」『石川流域遺跡群発掘調査報告 XXI』藤井寺市教育委員会事務局
（7）以下、行者塚古墳は下記文献を参照。森下章司・高橋克壽ほか　1993『行者塚古墳発掘調査概報』加古川市教育委員会
（8）以下、心合寺山古墳は下記文献を参照。洎斎ほか　2001『史跡心合寺山古墳発掘調査概要報告書』八尾市教育委員会
（9）以下、宝塚1号墳は下記文献を参照。福田哲也他　2005『三重県松阪市　史跡宝塚古墳』松阪市教育委員会
（10）洎　斎　2001「「水の祭祀場を表した埴輪」についての覚書」前掲註（8）文献94～110頁所収
（11）同上書 107頁 9～12行目
（12）青柳泰介　1999「囲形埴輪小考」『考古学に学ぶ』（同志社大学考古学シリーズⅦ）447～166頁　同志社大学考古学研究室、同　2003「導水施設考」『古代学研究』160　15～35頁　古代学研究会
（13）穂積裕昌　1994「古墳時代の湧水点祭祀について」『考古学と信仰』（同志社大学考古学シリーズⅥ）185～200頁　同志社大学考古学研究室
（14）斉藤嘉彦　1981『経ヶ峰一号墳』岡崎市教育委員会
（15）今尾文昭編　2004『カミによる水のまつり』奈良県立橿原考古学研究所附属博物館

第Ⅲ章　喪葬から埋葬へ

(16) 以下、城之越遺跡については下記文献を参照。穂積裕昌編　1992『三重県上野市比土城之越遺跡』三重県埋蔵文化財センター
(17) 若狭　徹　2004『古墳時代の地域社会復元　三ツ寺Ⅰ遺跡』新泉社
(18) 辰巳和弘　1990『高殿の古代学』白水社、同　1998「古墳時代首長祭儀の空間について」『古代学研究』141　36～46頁　古代学研究会
(19) 以下、浅後谷南遺跡は下記文献を参照。石崎義久・黒坪一樹ほか　2000「浅後谷南遺跡」『京都府遺跡調査概報』第93冊　（財）京都府埋蔵文化財調査研究センター
(20) 以下、瓦谷遺跡は下記文献を参照。伊賀高弘　1991「瓦谷遺跡」『京都府遺跡調査概報』第46冊（財）京都府埋蔵文化財調査研究センター
(21) 以下、大柳生宮ノ前遺跡は下記文献を参照。林部均ほか　2001「大柳生遺跡群第12次（大柳生宮ノ前・大柳生コビロ遺跡）発掘調査概報」『奈良県遺跡調査概報（2000年度）』奈良県立橿原考古学研究所
(22) 後藤守一　1932『上野國佐波郡赤堀村今井茶臼山古墳』帝室博物館
(23) 前田敬彦　1993『車駕之古址古墳発掘調査概報』和歌山市教育委員会
(24) 前掲註（12）1999年文献
(25) 前掲註（15）文献に写真掲載。なお、赤土山古墳に関する基本情報は下記文献による。松本洋明　2003『史跡赤土山古墳第4次～第8次発掘調査概要報告書』天理市教育委員会
(26) 前掲註（12）2003年文献
(27) 前掲註（10）文献105頁18～19行目
(28) 前掲註（12）1999年文献
(29) 坂　靖　1996「古墳時代の導水施設と祭祀―南郷大東遺跡の流水祭祀―」『考古学ジャーナル』№398　16～20頁　ニュー・サイエンス社
(30) 穂積裕昌　2001「井泉と大形建物」『八王子遺跡考察編』111～123頁　愛知県埋蔵文化財センター
(31) 樋上昇ほか　2001『八王子遺跡』愛知県埋蔵文化財センター
(32) 木下　亘　1993「阪原阪戸遺跡」『奈良県遺跡調査概報（1992年度）』奈良県立橿原考古学研究所
(33) 穂積裕昌編　2002『六大A遺跡発掘調査報告』三重県埋蔵文化財センター
(34) 前掲註（15）文献に写真が紹介されている。
(35) 前掲註（12）1999年文献
(36) 囲形埴輪における山形（三角形）モチーフを聖域区画とする見解は、すでに和田萃による指摘がある。和田萃　2004「古代史から見た水辺の祭祀」前掲註（5）文献325～336頁
(37) 前掲註（10）文献参照
(38) 同上書
(39) 船越重伸　1997『水衛遺跡発掘調査報告』三重県埋蔵文化財センター
(40) 穂積裕昌　1992「「大溝」空間の性格とその意義」『三重県上野市比土城之越遺跡』197～203頁　三重県埋蔵文化財センター
(41) 魏志倭人伝、隋書倭国伝ともに下記文献を参照。石原道博編訳　1951『新訂魏志倭人伝他3篇』岩波書店
(42) 以下、日本書紀は下記文献に拠る。坂本太郎ほか校注　1967『日本古典文学大系　日本書紀』上　岩波書店
(43) 日本霊異記の下巻第22・23など。多田一臣校注　1998『日本霊異記』下（ちくま学芸文庫）
(44) 和田　萃　1995「殯の基礎的考察」『日本古代の儀礼と祭祀・信仰上』7～83頁。（初出は1969『史林』第52巻第5号）
(45) 中田太造　1971「「殯」・もがりにおける民俗学的考察」『近畿民俗』54号2～14頁
(46) 河野一隆　2004「弥生時代からみた古墳祭祀」『季刊考古学』第86号　77～82頁　雄山閣出版
(47) 和歌森太郎　1968「モガリと埴輪」『国民の歴史2　倭の五王』337～340頁　文英堂、若松良一

1992「再生の祀りと人物埴輪―埴輪群像は殯を再現している―」『東アジアの古代文化』72号 139～158頁 大和書房
(48) 森田克行 2003「今城塚古墳と埴輪祭祀」『東アジアの古代文化』117号 57～82頁
(49) 前掲註(44)文献
(50) 前掲註(48)文献
(51) 和田 萃 1995「殯宮儀礼の再分析―服属と儀礼―」『日本古代の儀礼と祭祀・信仰上』131～161頁 塙書房(原論文は1980「服属と儀礼―殯宮儀礼の再分析―」『講座日本の古代信仰』第3巻 学生社)
(52) 新井喜久夫 1962「遊部考」『続日本紀研究』第9巻第9号 1～11頁、新谷尚紀 1986「殯儀礼と遊部・土師氏」『生と死の民俗史』127～143頁 木耳社など
(53) 以下、令集解本文は井上光貞ほか校注 1976『日本思想大系 律令』岩波書店、遊部事は黒板勝美編 1966『新訂増補国史大系第二四巻 令集解後篇』吉川弘文館による
(54) 前掲註(53)の岩波思想体系本律令の注解(関晃執筆分)
(55) この部分は通例「古記」の引用とみられることが多いが、「古記」の引用とは考えずに「令集解」成立時の延暦期の認識と見做す石井輝義の見解がある。石井輝義 1993「喪葬令親王一品条にみえる「遊部」について」『古代史研究』12 39～46頁
(56) 例えば、及川智早 1987「都夫良意富美と目弱王攷―遊部伝承との関連も含めて―」『古代研究』19 23～32頁など。なお及川も含め、「長谷天皇」を雄略(大長谷幼武)とみることが多いが、「長谷」を含む天皇は他に武烈(小長谷若雀)と崇峻(長谷部若雀)がおり、横田健一はこの中で唯一即日葬られ、従って遊部が酒食を献ずることがなかった崇峻こそが長谷天皇でなければならないとする。横田健一 2012「七日七夜荒ぶる天皇霊―崇峻天皇」『呪術と怨霊の天皇史』160～171頁 新人物往来社
(57) 岩田 勝 1992「取神離しと鎮凶癘魂」『神楽新考』71～148頁 名著出版
(58) 折口によると、古代においては、人間は死んですぐは仮死状態であり、死とともに死屍から遊離しようとする魂(外来魂)を、再び屍体に付着させると生き返ると認識されていたとし、そのため、魂を甦らせようとする儀礼、鎮魂(タマフリ)が殯で実習されていたとする。折口信夫 1975「上代葬儀の精神」『折口信夫全集 19』中央公論社 86～120頁(原論文は『神葬研究』第1輯 1934)。しかし、この折口鎮魂論に対して岩田勝は折口説を全面的に否定し、折口鎮魂論は根本的に誤解に基づく産物であり、古代人も死は死として正しく認識しており、生き返らせようとするような鎮魂(タマフリ)行為は存在しなかったと指摘する(前掲註57文献)。筆者は、折口説のうち、生命力が弱ったものに対して生命力の鼓舞として行われる「タマフリ」は是と考えるが、それを死者に対しても適合させて死者を生き返らせようとするものではなかったと理解しており、岩田の見解を支持したい。なお、特に古墳時代研究では、考古資料の解釈にあたって、折口鎮魂論を下敷きに展開された論説がしばしばみられるが、今後、その前提の再検討が求められる。
(59) 式内比自岐神社の比定や比自岐郷をめぐる歴史的背景は、下記文献に詳しい。早瀬保太郎 1973『伊賀史概説上』日光印刷株式会社、清水潔 1990「比自岐神社」『式内社調査報告 第6巻 東海道1』90～95頁 式内社研究会
(60) 数少ない比自岐和気を対象とした分析は、拙論とは異なる視点ではあるが、舘邦典による所論がある。舘邦典 2001「遊部と伊賀比自支和気」『考古学論集』第5集173～187頁 考古学を学ぶ会
(61) 以下、石山古墳に関しては下記文献に拠る。京都大学考古学研究室編 1993『紫金山古墳と石山古墳』京都大学文学部博物館
(62) 高橋克壽 1993「石山古墳の埴輪配置」前掲註(61)文献129頁11～12行目。なお、東方外区の埴輪の詳細は、高橋克壽 2005「東方外区の埴輪」『石山古墳』68～71頁 三重県埋蔵文化財センターでより詳細に紹介された。
(63) 前掲註(48)文献

(64) 塚口義信　1985「四世紀後半における王権の所在」『末永先生米壽記念獻呈論文集　坤』1167～1195頁　末永先生米寿記念会編
(65) 山田　猛　1979「上野市岡波　王塚古墳」『昭和53三年度県営圃場整備事業地域埋蔵文化財発掘調査報告』三重県教育委員会
(66) 例えば、前掲註（52）新井論文など
(67) 「古事記」には、天岩戸に籠ったアマテラスを戸外に連れ出す際、アメノウズメが槽を伏せて鉾で衝くという所作をする部分がある。この天岩戸は、前後の文脈からスサノヲに狼藉を受けて死んだアマテラスの殯所に相当し、この「衝く」行為に何らかの鎮魂的意義を見出そうとする意見はある（五来重　1963「遊部考」『仏教文学研究』第1集33～50頁、谷川健一　1975「遊部の系譜―生と死の交錯する風景―」『国分直一博士古稀記念論集　歴史・民族篇7』73～94頁）。導水施設を殯所との関連で考えた場合、この説話が殯所内にかつては木樋や木槽が存在したことの何らかの反映であるとみられないこともない。
(68) 前掲註（10）文献
(69) 前掲註（48）文献
(70) このことに関して、今城塚古墳出土の片流れの家形埴輪の平面プランは囲形埴輪に多い鉤形を呈している。このことは、囲形埴輪と片流れ家の密接な関係を窺い知らすもので、本稿の流れでいうと殯所としての導水施設という視点を考えるうえでも極めて興味深い。なお、すでに森田克行は、本埴輪と囲形埴輪の系譜的関連の深さを言及され（古代学研究会2004年2月例会の森田の発表）、筆者も2004年3月28日に高槻市立しろあと歴史館の特別展において本埴輪を実見し、森田の言及を確認した。本資料は、下記文献に写真で紹介されている。高槻市立しろあと歴史館2004『発掘された埴輪群と今城塚古墳』
(71) 立平　進　1979「死者の鳥」『考古学ジャーナル』166　4～7頁
(72) 久保哲三　1967「古代前期における二重葬制について」『史観』第75冊　13～28頁
(73) 広瀬和雄　2002「前方後円墳と大和政権」『日本古代王権の成立』1～31頁　青木書店
(74) 青柳泰介、洧斎、上田睦、坂靖、今尾文昭、若狭徹ら導水施設に言及する多くの研究者が「導水施設＝水の祭祀場」説の立場で自論を展開している。前掲註（12）青柳文献、前掲註（10）洧文献、上田　睦　2007「狼塚古墳と導水施設型埴輪」前掲註（6）上田2007年文献71～77頁、坂靖2009「埴輪文化の変容と画期」『古墳時代の遺跡学』223～256頁　雄山閣、前掲註（14）今尾文献、前掲註（17）若狭文献及び若狭徹　2007「首長居館と水の祭祀」『古墳時代の水利社会研究』175～216頁　学生社

第2節　古墳時代の殯所に関する予察

1. 問題の視点

　人の死から埋葬に至るまでの期間が「喪」である。古代日本においては、この喪の期間に広く殯の風習が存在したことが「古事記」・「日本書紀」・「万葉集」・「令集解」をはじめとした国内史料や、「隋書倭国伝」などの外国史料によって確認できる。
　しかるに、特に大化前代の古墳時代に関して、考古資料に即して殯やそれが挙行された殯所について体系的に論じられたものは管見に及ばない。これは、文献から窺い知ることができる殯所の構造や営まれた場所に関する情報が特に大化前代は断片的なため、考古学上の情報と対比する方法論が確立しておらず、結果として「殯所」遺構の特定が困難であったことによる。
　一方、文献史学や民俗学、国文学などの分野では、第1節でいくつか文献を示したように殯に関する研究は一定の研究蓄積がある。とりわけ大化以降の殯宮については、「万葉集」のいわゆる「殯宮挽歌」の研究[1]や、「日本書紀」に詳細に記された天武天皇の死に際して飛鳥浄御原宮南庭で営まれた二年三ヶ月にも及ぶ天武殯宮とその葬礼に対する研究[2]などによって、殯儀礼の構造や目的・意味についてはかなり明確にされている。しかし、それを踏まえてもなお、戦後の歴史・民俗・考古学界へ大きな影響を与え続けた折口信夫による「モガリ観」[3]の影響もあって、古代人の「死」や「殯」の目的に関する認識は研究者間で齟齬がある。また、比較的資料の多い大化以降の殯宮についても実際の殯宮が特定された例はなく、史料が豊富な天武殯宮ですら殯宮が置かれた「飛鳥浄御原宮南庭」をどの遺構に想定するのかも議論の一致を見ないのが現状である[4]。
　以上のような現状においては、これまで個別に展開されてきた殯に関わる議論を一度整理し、統一的な視点から再構築していく必要を感じる。特に、大化前代の殯については、ヒトの死から喪（殯所）を経て、葬所（最も明確な葬所が古墳）に至る一連の流れのなかでその位置づけを図らねばならない。古墳時代の殯所についての大方の共通認識が抱かれていない現状においては、まずは殯所に関する文献情報を整理して、その構造や性格を要点化していく手続きが不可欠である。しかる後に、殯所として整理された情報を基に、どういった遺跡・遺構が殯所に適合するのかを検証し、それを仮説として提出する手続きが必要となる。具体的には、以下の手続きである。

1　殯の実態を文献資料からできる限り検証する
2　文献資料や大化以降の殯宮に関する情報などから殯の目的や意味を再確認し、そこから帰結される「殯所」像を明確にする
3　しかる後に、現下で知られている遺構・遺跡のなかでそれに適応する性格のものが該当するかどうかを検討する
4　その結果、それに合致するものがあれば、仮説として提出する
5　提出した仮説の検証を図りつつ、それが適切と考えうるなら同条件、類似条件を追加抽

出し、さらに比較・検討を進めていく

　私はすでに大化前代の殯所に関して、遺構のうえでは「導水施設」と呼ばれる一群の遺構群が殯に関わるであろうとする仮説を提出し[5]、前節において改めて検討した。

　本稿では、特に上記1及び2に関わる情報の整理を行うとともに、前節での仮説を別方向から検討して検証を加える。このような手続きを経て、古墳時代の殯を考えていくための前提としていきたい。

2. 大化前代の殯の実態

　大化前代においても殯が行われたであろうことを窺い知ることができる文献史料は、一部外国文献を除き、記述年代が奈良時代以降のものである。しかも、これらの記述は断片的であったり、神話的要素の強いものであったりするなど、実態としての殯をどこまで反映しているのかは不明な部分が多い。従って、これらをもとに大化前代の殯所について言及することは一定の制約がある。しかし、それら制約を踏まえたうえで文献から抽出しうる情報を整理していくことは今後の検討、とりわけ考古資料との対比を行ううえでも不可欠である。

　一方、考古資料では、これまで古墳時代の殯所の可能性が指摘された遺跡や遺構はあるが[6]、現時点ではそれらは仮説の段階に止まっているのが現状である。これは、それらの多くが個別の遺跡を対象として殯所の可能性に言及した個別論に拠っていることと無関係ではない。

　大化前代の殯所について考察する前提として、大化前代の古墳時代においても、殯という行為が喪葬のなかで実際に行われていたかを検証することが必要となる。ここでは、最初に大化前代においも殯が習俗として存在していたであろうことを文献資料と考古資料から確認することから始めたい。

（1）文献にみる大化前代の殯存在の検証

　大化前代における殯存在の基本資料は以下の史料がまず挙げられる。

文献1　「三国志」魏書の烏丸鮮卑東夷伝倭人条[7]
　　a　其その死には棺あるも槨なく、土を封じて冢を作る。始め死するや停喪十余日、時に当りて肉を食わず、喪主哭泣し、他人就いて歌舞飲酒す。已に葬れば、挙家水中に詣りて澡浴し、以て練沐の如くす。
　　b　卑弥呼以て死す。大いに冢を作る。径百餘歩、徇葬する者、奴婢百餘人。

文献2　「隋書倭国伝」[8]
　　死者は歛むるに棺槨を以てし、親賓、屍について歌舞し、妻子兄弟は白布を以て服を製す。貴人は三年外に殯し、庶人は日を卜して瘞む。葬に及んで屍を船上に置き、陸地これを牽くに、あるいは小轝を以てす。

　文献1a及びbは、ともに3世紀の列島の様子を記した、いわゆる「魏志倭人伝」の記述であ

る。このうちaでは、倭人が死亡すると10日余り喪を停止し、その間肉食をせず、喪主は哭泣し、参列者たる他人は歌舞飲酒することが語られる。この場合の「停喪」は、続く部分に肉食をしない忌避事項や哭泣・歌舞飲酒といった行為が記され、その後に埋葬のことが触れられていることから、死亡後すぐには埋葬行為を行わないことを意味しているとみられており、実際にはこの期間が「喪」期間に相当するとみてよかろう。

　文献2は6世紀末から7世紀初頭の列島の様子を伝えた「隋書倭国伝」の記述で、ここでは貴人は3年外で殯し、庶人は日を卜して埋葬された。さらに葬る際に屍を船に載せて陸地を牽くという記述からは、殯所と葬所とが一定の距離をもって離れていたらしいことを窺わせる。

　文献2による貴人の殯期間3年は文献1aの「停喪十余日」とかなり隔たりがあるが、文献1aは倭人の一般的な習俗を記した部分であり、これは文献2では日を卜して埋葬したとする「庶人」に対応させることができよう。これに対して文献1bでは、女王卑弥呼の死後に大いに冢が作られたことを記しており、これは卑弥呼の葬所が生前から造られた墓、すなわち寿陵ではないことを示唆する。つまり、卑弥呼の場合、死亡後、冢が出来上がるまでの間、すなわち同じ文献1のaに記された「十餘日」よりも長い期間、遺体が埋葬されないまま維持されていたとみられる。3年間かどうかはともかく、文献2における貴人の例に対比することができよう。

　以上のように考えると、3世紀の状況を記した文献1と7世紀前後の状況を記した文献2とを一定照応させることが可能で、中国文献に記された記述から、大化前代の列島における風習として、死亡後すぐには埋葬せずに、一定期間遺体を維持し、遺体に対する種々の儀礼の存在を窺い知ることができる。文献2では、これを「殯」の字句で表したことになる。

（2）殯における期間の長短

　さて、具体的に「殯」の字句が用いられた文献2と、「喪」儀礼の存在だけが示された文献1aとでは、ともに死者に対する儀礼が行われたことは是認しうるが、文献1aの記事を「殯」といえるかどうかに若干の躊躇を抱く。しかし、文献1aに記された喪の日数である「十餘日」と、喪主が哭泣し、他人が歌舞飲酒するという状況は、日本側史料の喪葬関係記事と一定の照応関係にあることは注目できる。

文献3　「日本書紀」神代下第九段本文[9]
　天稚彦が妻下照姫、哭き泣ち悲哀びて、声天に達ゆ。是の時に、天国玉、其の哭ぶ声を聞きて、則ち夫の天稚彦の已に死れたることを知りて、乃ち疾風を遣して、尸を挙げて天に致さしむ。便ち喪屋を造りて殯す。即ち川雁を以て、持傾頭者及び持帚者とし、一に云はく、鶏を以て持傾頭者とし、川雁を以て持帚者とすといふ。又雀を以て舂女とす。一に云はく、乃ち川雁を以て持傾頭者とし、亦持帚者とす。鴗を以て尸者とす。雀を以て舂女とす。鷦鷯を以て哭女とす。鵠を以て造綿者とす。烏を以て宍人者とす。凡て衆の鳥を以て任事す。而して八日八夜、啼び哭き悲し歌ふ。

文献4　「古事記」上つ巻[10]
　故、天若日子の妻、下照比賣の哭く聲、風の與響きて天に到りき。ここに天なる天若日子の

第Ⅲ章　喪葬から埋葬へ

父、天津國玉神またその妻子聞きて、降り来て哭き悲しみて、すなわち其處に喪屋を作りて、河雁を岐佐理持とし、鷺を掃持とし、翠鳥を御食人とし、雀を碓女とし、雉を哭女とし、かく行なひ定めて、日八日夜八夜を遊びき。

文献5　「日本書紀」巻第十三　允恭天皇

四十二年の春正月の乙亥の朔戊子に、天皇崩りましぬ。時に年若干。是に、新羅の王、天皇既に崩りましぬと聞きて、驚き愁へて、調の船八十艘、及び種種の楽人八十を貢上る。是、対馬に泊りて、大きに哭る。筑紫に到りて、亦大きに哭る。難波津に泊りて、則ち皆、素服きる。悉に御調を捧げて、且種種の楽器を張へて、難波より京に至るまでに、或いは哭き泣ち、或いは儛ひ歌ふ。遂に殯宮に参会ふ。

文献6　「日本書紀」巻第二十五　孝徳天皇

［大化二年三月条］凡そ王より以下、庶民に至るまでに、殯営ること得ざれ。

文献7　「令集解」親王一品条遊部事[(11)]

凡天皇崩時者。比自支和気至到殯所。而供奉其事。仍取其氏人。名禰義余比也。禰義者。負刀併持戈。余比者。持酒食併負刀。並入内供奉也。唯禰義等申辞者。輙不使人也。後及於長谷天皇崩時。而依廃比自支和気。七日七夜不奉御食。依之阿良備多麻比岐。

　文献3・4は、神代の「出雲神話」に包含されるアメノワカヒコ説話の一部について記された「日本書紀」と「古事記」の同場面である。アメノワカヒコの遺体を天に上げて殯を営んだのか（「紀」）、父と妻が降って死んだ場所に喪屋を建てたのか（「記」）といった差異はあるが、ともに喪主たる父（「記」ではさらに妻も）が哭き、各種の鳥が喪における役割を分担し、8日8夜にわたって哭悲等の喪葬儀礼が存在したことを記す。文献4の最後に出てくる「遊」は、文献1aの「歌舞飲酒」、文献3の「啼哭悲歌」、さらに文献6の「遊部」の「遊」に対応し、喪葬において泣き悲しみ、また歌舞等の儀礼を実修した様を「遊」で表現している。

　文献5は、允恭天皇の崩御に対して新羅王が派遣した弔問使が対馬で最初の「大哭」（儀礼）を行ったことを皮切りに、筑紫から難波津を経て殯宮へ着くまでに「哭泣」や楽器を用いた「儛歌」（歌舞）を実修したことを記す。その後の記事では允恭の河内長野陵への埋葬は冬十月のこととされ、新羅の弔問使は殯宮に到るまでの経路において、文献1・3・4などに記された喪葬儀礼と同等のことを各地で繰り広げていた。このことは、儀礼実修の時と場所こそ異なるものの、殯における所作・儀礼が一定程度定式化していた事情の一端を示すものといえる。

　文献6は、いわゆる「大化薄葬令」に関わる記事の一部である。しばしば説かれるように[(12)]、王以下、庶民に至るまでの殯の造営を禁ずるとの布告は、それまでは王や庶民に至るまで殯造営の風習が存在したことを逆説的に示したものとなっている。

　一方、文献7は、「養老令」の注釈書で平安時代中期に成立した「令集解」に「古記」（大宝令の注釈）説として載せられた遊部に関わる注釈部分で、文献1～4ではみられなかった殯所に入って死者に奉仕する比自支和気とその一党という喪葬専門集団（後の遊部は比自支和気に由来）に関する非常に興味深い記事が登場する。この文献については、第1節及び第4節でも検討しているが、ここでは死亡してすぐの死者に御食を奉らなかった際に（魂が）荒びるまでに要した日数が

「七日七夜」であったことを確認しておこう。

　以上のことから、3世紀の習俗を伝える外国史料である文献1から、奈良時代に成立した国内文献に至るまで、列島のモガリにおける喪葬関連記事はいずれも「哭」など所作の共通性が認められ、喪にあたっての習俗的な約束事が一定程度列島に浸透していた事情を示すものと思われる。さらに、死亡後7日7夜（「令集解」）から10餘日（「倭人伝」）という短期間に行われる儀礼がある一方、具体的な儀礼内容は不明ながら数ヶ月から3年の長期にわたって維持される遺体の存在が窺えることから、殯の運用にあたっては期間の異なる下記のふたつの行為が存在したらしいことが判明する。

　短期措置　　死亡直後の短期間に実修する儀礼
　長期措置　　遺体維持の措置として行われる各種の行為

　もちろん、長期の遺体維持まで含めて必要だった長期措置は文献2でいう「貴人」に相当する階層であり、「庶人」は基本的には短期措置の終了をもって埋葬に移されたとみられる。

　このように、喪には短期措置と長期措置の2者があり、短期措置後そのまま埋葬へ移行する場合と、短期措置から引き続き長期措置（遺体維持）を経て埋葬に至るふたつのプロセスが存在した可能性を文献資料から提示した。もちろん、長期措置の期間中、哭泣などの儀礼が行われなかったわけでは当然なく、7世紀後半の例ではあるが2年3ヶ月に及ぶ天武天皇の葬礼においては、天武殯宮で繰り広げられた各種殯宮儀礼が詳細に語られている。しかし、これはむしろ特殊な事例の可能性もあり、以下に示す文献では長期措置とみられる期間中に天武葬礼ほどの大規模な殯宮儀礼の存在は窺えない。

文献8　「日本書紀」巻第十三　允恭天皇
　五年の秋七月の丙子の朔己丑に、地震る。是より先に、葛城襲津彦の孫玉田宿禰に命せて、瑞歯別天皇の殯を主らしむ。則ち地震る夕に当りて、尾張連吾襲を遣して、殯宮の消息を察しむ。時に諸人、悉に聚りて闕けたること無し。唯玉田宿禰のみ無し。吾襲、奏して言さく、「殯宮大夫玉田宿禰、殯の所に見らず」とまうす。則ち亦吾襲を葛城に遣して、玉田宿禰を視しむ。是の日に、玉田宿禰、方に男女を集へて、酒宴す。

　ここでは、允恭天皇の治世中、前王の瑞歯別天皇（反正）の殯宮が地震に遭った際、天皇が殯宮の様子を見に行かせたが殯宮を管理する殯宮太夫の玉田宿禰は殯所に不在で、探らせたところ玉田宿禰は男女を集めて酒宴を開いていたことが語られている。殯宮太夫が酒宴を行うほど緊張感に乏しく、地震という非常事態がなければ発覚することすらなかったとする認識を前提とした書きぶりで、天武葬礼のような日々とは程遠い。ここに記されたような状況は、必要な儀礼や措置は行われているのであろうが、むしろ埋葬までの遺体維持に主たる目的があったことを窺わせる内容である。また、確認のためしかるべき人物（この場合は尾張連吾襲）を派遣し、その「消息」を探らせているところからは、殯宮の場所が王宮からは離れた日常の生活圏外にあったことも示唆している。

3. 古代天皇の喪葬期間

　上記で確認したものは、歴史的な実態をどこまで反映したのかはともかく「殯」や「喪」について直接的に触れた資料群ということができる。一方、こうした直接的な記述とは別に、死亡者が死亡後すぐに埋葬されず、遺体が一定期間維持されていたとみられることを示す資料も、間接的ながら一定の期間、喪があったことを示す資料ということができる。

　表4は、「記紀」と「続日本紀」[13]の記述から、神武など実在が確認できない天皇も含めて古代天皇の崩日から埋葬日までの喪葬期間の記載例をみたものである。実際の殯が起こされたことが記載された例は少数であるが、記録類の信憑性がある程度見込まれる継体から文武（葬日不明の天智と重祚の皇極を除く）で平均値を出すと、2年2ヶ月となる。ちなみにこの長さは、偶然の結果ではあるが「日本書紀」に詳細な殯記録の残る天武の事例とほぼ同じである。このようにみると、古代天皇においては、1～2年程度の喪葬期間はさほど珍しいものではなかったといえよう。ただし、天皇でない皇族では、確認できる例は多くが概ね1ヶ月以内となる。このことは、先に文献2「隋書倭国伝」の「貴人三年殯置於外。庶人卜日而瘞」とも照応し、階層による殯期間の長短の存在が文献からは窺えることとなる。もちろん、身分や職制の上下によって殯の規模や期間に差があったことは、「令集解」記載の養老喪葬令やいわゆる大化薄葬令の規定も厳格な身分による喪葬管理の理念があるので、奈良時代成立の文献にそれらの理念が入り込んで記述に影響を与えている恐れは考慮しなければならない。

　しかしながら、古代天皇の崩御から埋葬に至る期間にはかなりの期間が見込まれていたこと自体は是認してもよく、崩御から埋葬までの期間がある程度長くなる場合、その遺体を何らかの方法で維持しておく措置が必要となる。

4. 考古資料から推定する喪の存在

　考古資料から本問題について接近する場合、いくつかのアプローチが可能である。こうした試みのひとつは改葬に関わる問題整理であるが、もうひとつ古墳埋葬時の同棺複数埋葬や同一墓壙複数棺（埋葬主体）への着目も挙げられる。

　例えば、中期古墳では、三重県石山古墳[14]、大阪府心合寺山古墳[15]、兵庫県行者塚古墳[16]、岐阜県昼飯大塚古墳[17]などはいずれも同一墓壙3棺埋葬であるし、石棺や木棺に複数の遺体を納める例もしばしばみられる[18]。また、後期の木棺直葬墳でも個々の木棺を別々に埋葬した多葬事例とは別に、同一墓壙複数埋葬の例も珍しくない。これら同一棺・同一墓壙に対して複数埋葬がある場合、殉葬など特別な理由での同時死亡の場合を除いて死亡日時は異時とみることが許されれば、先死者はこの時点で入棺されていたかどうかはともかく、土中への埋葬は行われずに遺体自体は維持されていたとみることが許されるであろう。

　このように考えると、同棺ないしは同一墓壙複数埋葬（合葬）も、そこから社会構成や血縁原理を追及する研究方向[19]とは別に、一定期間の遺体維持という観点から、喪葬に関連した事例

表4　古代天皇喪葬期間一覧

天皇他	崩日	殯起日	殯了日	殯期間	葬日	喪葬期間	備考
神武	76年春3月11日				翌秋9月12日	1年6ヶ月	
綏靖	33年夏5月				翌冬10月11日	1年5ヶ月	
安寧	38年冬12月6日				翌秋8月11日	8ヶ月	
懿徳	34年秋9月8日				翌冬10月13日	1年1ヶ月	
孝昭	83年秋8月5日				孝安38年秋8月14日	38年	
孝安	102年春1月9日				同年秋9月13日	9ヶ月	
孝霊	76年春2月8日				孝元6年秋9月6日	7年9ヶ月	
孝元	57年秋9月2日				開化5年春2月6日	5年5ヶ月	
開化	60年夏4月9日				同年冬10月3日	5ヶ月	
崇神	68年冬12月5日				翌秋8月11日	8ヶ月	
崇神別伝	68年冬12月				垂仁元年冬10月11日	10ヶ月	垂仁紀
垂仁	99年秋7月1日				同年冬12月10日	5ヶ月	
景行	60年冬11月7日				成務2年冬11月10日	2年	
成務	60年夏6月11日				翌秋9月6日	1年3ヶ月	
仲哀	9年春2月6日	同月			神功2年冬11月8日	2年2ヶ月	豊浦宮で仮埋葬
神功皇后	69年夏4月17日				同年冬10月15日	6ヶ月	
応神	41年春2月15日						
仁徳	87年春1月16日				同年冬10月7日	9ヶ月	
履中	6年春3月15日				同年冬10月4日	約7ヶ月	
反正	5年春1月23日				允恭5年冬11月11日	5年11ヶ月	殯あり（期日不明）
允恭	42年春1月14日				同年冬10月10日	9ヶ月	
安康	3年秋8月9日					3年	3年後「祀」と記載
雄略	23年秋8月7日				翌冬10月9日	1年2ヶ月	
清寧	5年春1月23日				同年冬11月9日	10ヶ月	
顕宗	3年夏4月25日				翌冬10月3日	1年5ヶ月	
仁賢	11年秋8月8日				同年冬11月5日	3ヶ月	
武烈	8年冬12月8日				継体2年冬10月3日	1年11ヶ月	
継体	25年春2月7日				同年冬12月5日	10ヶ月	
安閑	2年冬12月17日				同月	0ヶ月	
宣化	4年春2月10日				同年冬11月17日	9ヶ月	
欽明	32年夏4月	同年5月		4ヶ月	同年9月	5ヶ月	殯期間は葬日から逆算
敏達	14年秋8月15日	同日		(5年8ヶ月)	崇峻4年夏4月13日	5年8ヶ月	殯期間は葬日から逆算
用明	2年夏4月9日				同年秋7月21日	3ヶ月	推古元年9月改葬
崇峻	5年冬11月3日				同日	0ヶ月	
推古	36年春3月7日	(同日か)	9月	6ヶ月	同年秋9月24日	6ヶ月強	後に改葬
舒明	13年冬10月9日	同月18日	翌冬12月13日	1年2ヶ月	翌冬12月21日	1年2ヶ月	皇極2年9月改葬
孝徳	5年冬10月10日	同月			同年冬12月8日	2ヶ月	
斉明	7年秋7月24日	同年冬11月7日		(5年3ヶ月)	天智6年春2月27日	5年7ヶ月	殯期間は葬日から逆算
天智	10年冬12月3日	同月11日					
天武	15年秋9月9日	同月11日	持統2年冬11月11日	2年2ヶ月	持統2年冬11月11日	2年2ヶ月	
持統	大宝2年12月22日	同月29日	大宝3年12月17日	1年	大宝3年12月26日	1年	殯了日に火葬
文武	慶雲4年6月15日	同月16日	同年11月12日	ヶ月弱	同年11月20日	5ヶ月	殯了日に火葬
倭彦命	垂仁28年冬10月5日				同年冬11月2日	1ヶ月	垂仁弟
磐之媛命	仁徳35年夏6月				37年冬11月12日	2年5ヶ月	仁徳皇后
黒媛	履中5年秋9月19日				同年冬10月7日	1ヶ月弱	履中妃
聖徳太子	推古29年春2月5日				同年同月	1ヶ月弱	用明皇子、推古皇太子
吉備島皇祖母命	皇極2年秋9月11日		同月17日 喪葬の儀		同年同月19日	8日	皇極母
十市皇女	天武7年夏4月7日				同年同月14日	7日	天武皇女、大友皇子室
氷上夫人	天武11年春1月18日				同年同月27日	9日	天武夫人

として扱うことが可能となる[20]。

　以上のことから、文献資料だけからでなく考古資料においても、首長墳だけでなく、一般の群集墳クラスの古墳に至るまで、複数遺体を同一墓壙に埋葬した事例では一定の「喪」の期間を考古学の資料を用いて一定程度は検証することが可能である。

5. 殯所遺構の同定のための前提

　前節までに、長短はあっても古墳時代には死亡から埋葬までの間、一定期間の遺体維持期間があることを文献と考古資料から再確認した。残る問題は、具体的な殯所遺構の特定である。従来、殯所として古墳上に営まれた建物遺構や、古墳に隣接ないしは近接した同時期の建物遺構が注意されてきた[21]。しかし、殯所が凶癘魂の寄り付きを排除し、死者の魂が悪霊化することを防いで和むための所作を施す施設であったとすると、それに適応した仕様をもつ遺構群であることが予想される。参考となるのが敏達天皇の殯宮に関する以下の描写である。

　文献9　「日本書紀」巻第二十一　用明天皇即位前紀
　　［元年］夏五月に、穴穂部皇子、炊屋姫皇后を奸さむとして、自ら強ひて殯宮に入る。寵臣三輪君逆、乃ち兵衛を喚して、宮門を重璅めて、拒きて入れず。

　ここでは、殯宮内へ侵入しようとした穴穂部皇子が唯一の出入口である宮門を封鎖されて内部へ侵入できない様子が記され、殯宮が遮蔽施設により囲繞されていたらしいことが窺える。この記事にはすでに和田萃や森田克行による考察[22]があり、柵で外部と遮断された殯宮の構造上の特徴が述べられている。これとは別に和田萃は、「日本書紀」記載の殯宮記事から、殯宮には宮に近接して営まれる例と川原に営まれた例があり、古い時期は川原に多いことを指摘された[23]。この指摘は、殯には遺体を入れる喪屋が伴うことを示した文献3・4で殯に奉仕した鳥が川雁など川を想起させること、文献3の後に続く部分で喪屋の位置が「美濃國藍見川之上喪山」とされることとも照応する。殯宮として定式化する以前の殯所本来の姿を示唆するものとも捉えられる。

　これらを敷衍すると、大化前代の殯所は、以下のような特徴として捉えられる。
　・周囲を柵で囲繞するなど遮蔽性が高く、外部とは隔絶された内部空間をもつこと
　・遺体を入れる喪屋が伴うこと
　・川原など川（流路）との調和性があること

　大化前代の殯所の特徴を以上のように捉えた場合、現在知られている考古学上の遺構で、上記条件として最も適合する存在が、いわゆる「導水施設」遺構となる。導水施設は水に関わる祭祀施設（＝カミマツリの施設）との考えが多いが、庭上祭祀を基本とする古代において遮蔽性の高い施設内での祭祀行為は考えがたい。覆屋内の木槽樋の機能も、上流部の貯水池と共に流水の不純物を濾過・沈澱させて浄水を得るためとされるが[24]、ダムが流水を淀ませて水質を悪化させるように、導水施設での浄化機能はほとんど期待できず、清らかさでは井泉からの湧水こそ相応しい。前節でも指摘したが、木槽樋の機能は「浄水化」ではなく「流水」にこそ意味があり[25]、木

槽部分で何らかの作業や所作を行う実用的な目的があったとみるべきであろう。導水施設を殯所と考える筆者は、覆屋内の木槽樋の機能について、第一義的には死後直後の遺体を洗浄するなどの機能を前節で想定したが、これは文献的にも一応の裏づけがある。

文献10　「令集解」巻四十喪葬令　京官三位條殯斂之事
　謂。斂於戸内殯於客位是。釋云。殯斂之事。孝經。始死於牖下。浴於中霤。飯於牖下。斂於戸内。殯於客位。祖‐奠於庭。又云。禮爲死制梆。□周於棺。々周於衣。々周於身。衣即斂衣。衾被也。古記云。殯斂之事。謂棺梆衣衾事是。孝經。浴於中霤。飯於牖下。斂於戸内。殯於客位。又云。禮爲死制梆。□周於棺。々周於衣。々周於身。衣即斂衣。衾被也。擧屍内之棺梆也。（以下、略）

先に示した文献7では、比自支和気氏人（後、遊部）による酒食供献と「申辞」という言語呪能が記されているが、本条では殯所での具体的な行為として、屍体を衣衾で包んで棺に納め、その棺にも衣を周して包み込むことの他、「浴於中霤」として屍体を水で洗うことが示される。本条は文中にも示されているように、古代中国の「孝經」を引いたものであるが、現在一般的に流布している「孝經」には当該部分となる喪親章本文[26]に「浴於中霤」の文言はなく、この文言は「古文孝経」喪親章第二十二に付された孔安國による注[27]のなかにある。和田萃は、「孝經」には「今文孝經」と「古文孝經」があり、「令集解」の釋説及び「古記」引用の「孝經」はいずれも「古文孝經」喪親章第二十二の孔安國による註に拠っており、釋説及び「古記」はこの註を「殯斂之事」の註としたことを指摘している[28]。なお、「浴於中霤」の文言は、「礼記」坊記篇[29]にもみられる。

文献11　「孝経」喪親章本文
　爲之棺梆衣衾以擧之、陳其簠簋、而哀慼之、哭泣擗踊、哀以送之、卜其宅兆、而安‐措之、爲之宗廟、以鬼享之、春秋祭祀、以時思之。生事愛敬、死事哀慼。生民之本盡矣。死生之誼備矣。孝子之事終矣。

文献12　「古文孝経」（喪親章本文「哭泣擗踊哀以送之」に付された孔安國による註）
　搥心曰擗。跳曰踊。所以泄哀也。男踊女擗。哀以送之。送之、送墓。始死牖下。浴於中霤。飯於牖下。斂於戸内。殯於客位。祖奠於庭。送葬於墓。彌以即遠也。（以下、略）

文献13　「礼記」坊記篇
　子云、賓禮毎進以讓、喪禮毎加以遠。浴於中霤、飯於牖下、小斂於戸内、斂於阼、殯於客位、祖於庭、葬於墓、所以示遠成。（以下、略）

和田萃は、「令集解」の釋説及び「古記」は、中国文献（「古文孝經」喪親章第二十二の孔安國による注）を「殯斂之事」の注としたのであり、わが国の殯とは関係がなかったとされている[30]。確かに、同じ喪葬令でも独自伝承を載せる遊部事とは異なって、「殯斂之事」は独自の解釈を加えることなく「孝經」など中国文献の引用で終始している。その限りにおいては、「殯斂之事」が列島の殯の伝統（しかも「養老令」作成段階で殯の風習はかなり退化していたと推定される）とは無関係

第Ⅲ章　喪葬から埋葬へ

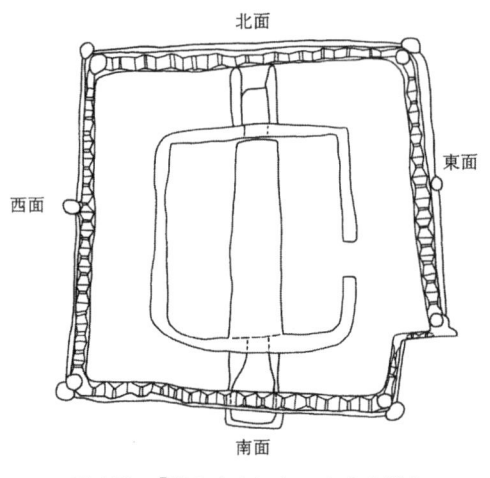

図108　「室の中央にしつらえた溝」
（心合寺山古墳囲形埴輪）

に記され、列島の殯を反映していないとみるのも相応の理由がある。しかし、葬礼に関する数多い中国文献の中から文言を集めてこの部分を成したことは、「古記」や釋説の作成者にこれを選択させた何らかの基準や理由があり、それが列島古代の現実に敷衍できたためとみることも可能である。列島の殯の内容とも一定の照応性があったからこそ、独自記載をせずに中国文献の引用のみで事足りたとする可能性である。

かかる視点で改めて「殯斂之事」の内容を検討すると、殯斂の場で遺体を「浴」していることは注目される。死後の遺体を水で拭くことは現代まで残る「湯灌」にも通じ、死後に行う所作として列島と大陸、あるいは古今に通じた風習である。喪葬令で「浴」を行った場所として記された「中霤」の語は「礼記」では坊記篇のほか檀弓上篇にもあり、室の中央を示す語とされるが[31]、白川静は「霤」の本義は「しずく」であり、屋水の流れおちる檐、あまだれ受けの承霤の意になるとされる[32]。これらのことから、殯所では中霤（室内の中央）で屍体を洗い、斂衣すなわち葬儀用の衣装を着せて入棺し、その棺を衣で包む行為までが伴っていたことが窺える。「令集解」の喪葬令京官三位條殯斂之事に記された内容は、勿論古墳時代の事情を直接示すものではないが、殯所での行為に遺体洗浄も含まれるという認識が示されていることは注目してよい。導水施設の木槽樋は、まさに室の中央にあって、流水を通して屍体を浴するに適合する施設といえよう（図108）。さらに、「礼記」檀弓上篇では、「掘中霤而浴」とあることから、中霤（＝室の中央）を掘って亡骸を水浴させることが記されている[33]。ここでの「浴」は、文脈から遺体を拭くというよりは遺体を洗うとも解され、遺体洗浄のため水に浸ける施設を室内に設けたことを示すものであろう。

一方、「礼記」喪大記篇では遺体を浴する水には井水を用いるとする[34]。これらから想起されることは、導水施設の形象埴輪への造形先である囲形埴輪には、「導水施設型」と「湧水施設型」[35]があることで、これは殯所における「浴」機能にも導水と湧水の両タイプが併存していた状況と調和性をもつ。つまり、殯儀礼において水を用いることは文献的、あるいは民俗的にも一定の裏づけがあり、遮蔽施設を伴う導水施設と井泉施設は、ともにカミマツリではなく、喪葬たる殯において死者に対して用いられることに適合性を示す施設として考えられる。

そして、この屍体を浴する行為は、「殯斂」でのこととされる「日本書紀」神代上第五段一書の九のイザナギ黄泉国訪問譚で、死した妻イザナミの遺体が腐敗して「脹満太高」となり、そこに「八色雷公」が取り憑いていること（「古事記」の同場面は「蛆たかれころろきて」という描写となる）への恐懼として示される古代人の死への認識に通じる。

文献14　「日本書紀」神代上第五段一書の九

時に闇し。伊奘諾尊、乃ち一片之火を挙して視す。時に伊奘冉尊、脹満太高へり。上に八色

の雷公有り。伊奘諾尊、驚きて走げ還りたまふ。

文献15　「古事記」上つ巻
一つ火燭して入り見たまひし時、蛆たかれころろきて、頭には大雷居り、胸には火雷居り、腹には黒雷居り、陰には折雷居り、左の手には若雷居り、右の手には土雷居り、左の足には鳴雷居り、右の足には伏雷居り、并せて八はしらの雷神成り居りき。

さらに、同様の認識は、「記紀」などの歴史書だけでなく、797年に空海により著された仏教書である「三教指帰」[36]にも人間は死んだら腐敗液(「涓涓たる臭液」)を出すと記されていることから、列島の古代において広く存在した認識であることがわかる。

文献16　「三教指帰」巻下
千金の瑤の質、尺波に先だつて黄扉に沈み、萬乗の寶の姿、寸烟に伴にして玄微に屬る。(中略) 峨峨たる漆き髪は縦横として藪の上の流芥となり、繊繊たる素き手は沈淪として草中の腐敗となる。馥馥たる蘭氣は八風に隨つて飛び去りぬ。涓涓たる臭液は九竅に從って沸き擧る

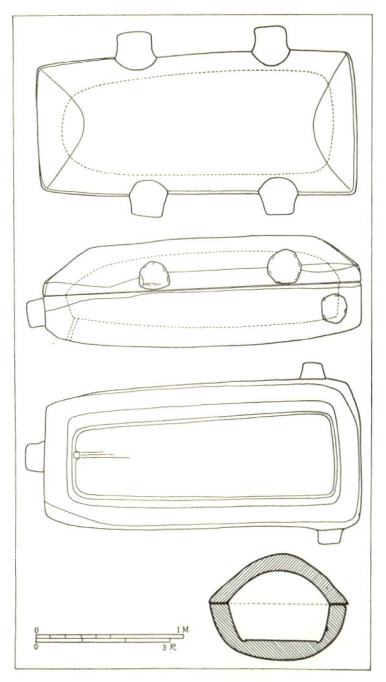

図109　石棺底に彫られた排水溝
(福井県宝石山古墳)

近時、田中良之は古墳内の人骨に伴った人糞と蠅卵の分析から、この黄泉国訪問譚を窺わせる状況(具体的には、遺体が腐敗により膨張し、腸や人糞が脱出する状況)が殯にあったと指摘したが[37]、導水施設からの出土がしばしば問題となる寄生虫卵も導水施設の機能を以上のように理解すれば矛盾は生じない[38]。岡林孝作は、古墳時代の石棺底に彫られた排水溝(図109)が遺体からの腐敗液の処理に関わることを指摘しているが[39]、これも上記認識と照応した措置であろう。なお、このことは、防水や防湿により墓室内を安寧、清浄に保とうとした竪穴式石槨や横穴式石室における排水溝の意味[40]とも通ずるものであろう。

以上のことから敷衍すると、屍体腐敗による悪霊(=凶癘魂)の憑りつきに対抗する意識が、遺体洗浄、棺槨衣衾、施朱、排水溝を伴う石槨・粘土槨構築、方形壇による覆い、武具系器財埴輪の囲繞などの喪葬から埋葬へ至る一連の所作・仕様を推し進めたと考えてよかろう[41]。

6. 考古学上の遺跡からみた殯所

先の田中の研究によれば、遺体が腐敗し、腹が膨張して人糞をも突出させる期間はせいぜい死後2週間と見込まれ、これは先に示した短期措置に照応する。遮蔽施設を伴う覆屋内の導水・湧水施設は、まさにこの期間に行うべき措置を実施する喪屋として存在したと推定するが、この措

第Ⅲ章　喪葬から埋葬へ

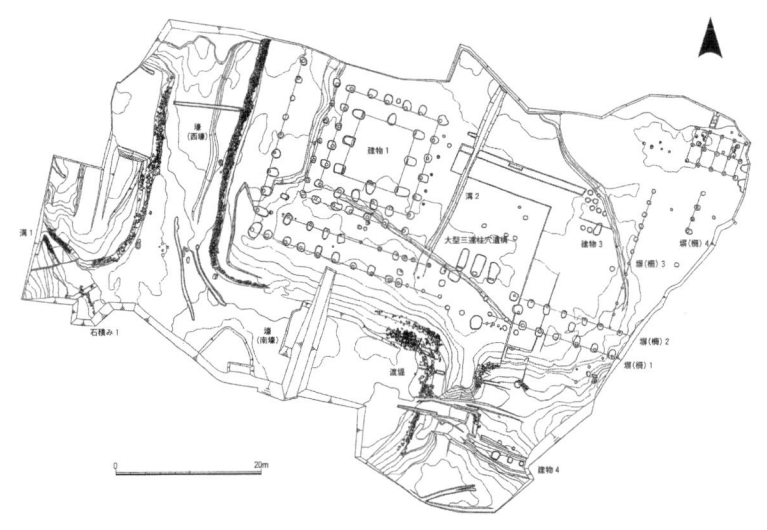

図110　極楽寺ヒビキ遺跡の遺構配置

図111　前方後円墳の出島状施設の例（宝塚1号墳）

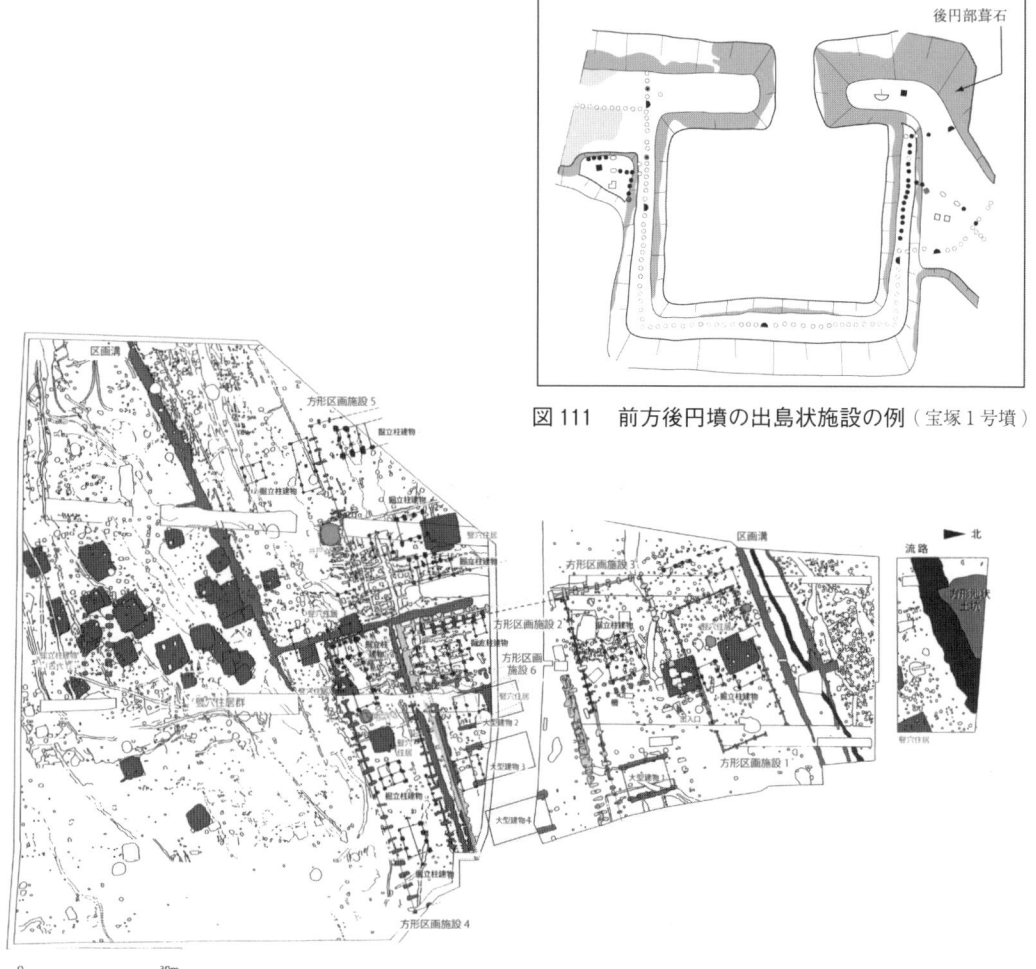

図112　秋津遺跡の遺構配置（囲繞された区画が連続する）

置を終えてすぐ埋葬に移る屍体とは別に、さらに維持を必要とした屍体は湿気の多い川原を離れ（改葬が予定された屍体以外はこの段階では斂衣に包まれていたであろう）、別の場所に移されたとみられる。このことに関して、参考になるのが導水施設を形象埴輪に造形したとみられる囲形埴輪及びその出土位置に関する情報と、実際の遺跡における照応関係である。

　囲形埴輪は、前方後円墳の場合、造出と後円部の間の谷部からの出土例が多く、実際の遺跡の存在形態が反映したものとして捉えられているが[42]、筆者もこれに同意している。

　奈良県南郷大東遺跡[43]は導水施設の典型ともされる遺跡であるが、この上方約350mの尾根上に所在するのが極楽寺ヒビキ遺跡[44]である（図110）。本遺跡は、すでに高橋克壽の指摘[45]があるように前方後円墳の付設施設、特に奈良県巣山古墳[46]や三重県宝塚1号墳[47]にみられる出島状施設との類似性が窺われ（図111）、その造形元となった施設とみられる。やや距離はあるが、この両遺跡は同じ支谷の尾根上と谷筋に相当する。両遺跡を一連で捉えると[48]、この関係は家形埴輪が置かれる前方後円墳の島状施設や造出と、導水施設を造形した囲形埴輪が置かれる谷部の関係に置き換えることが可能となる[49]。この場合、南郷大東遺跡は遺体への短期措置を行う喪屋、極楽寺ヒビキ遺跡は遺体を維持し、埋葬まで魂が荒ぶるのを防いで和みを維持する長期措置における霊屋的な施設として位置づけできるのではなかろうか。囲形埴輪の存在形態の差は、喪屋単独の遺跡、喪屋と霊屋がセット存在する遺跡、喪屋と霊屋が別地点となる例などの存在を予測させる。階層差や豪族の性格差、遺体維持期間の差（古墳完成時期とも関係）などが、遺構の組み合わせや規模に反映したと思われる。この考えをさらに敷衍させると、地域的な特徴や階層差、豪族としての性格差、遺体維持期間の差（古墳完成時期とも関係するか）などにより、遺構の組み合わせや規模にもかなりの偏差があることが予想される。

　覆屋内の導水・湧水施設を殯所と考え、囲形埴輪はそれが形象埴輪として造形化されたものと捉えると、これまで位置づけが不明瞭であった遺構や、柵で囲繞されていることから「首長居館」とされてきた遺構の一部に関しても再検討や統一的な解釈を生みだす地平が広がる。囲形埴輪と家形埴輪のセットが、後の殯宮的な施設群を表示している可能性である。高橋克壽は、5世紀初頭前後の三重県石山古墳東方外区外側の家形埴輪と囲形埴輪による列状配置と6世紀前葉の大阪府今城塚古墳の埴輪配置区との系譜関係を指摘したが[50]、近時、これらの構成に類似した遺構が奈良県御所市秋津遺跡[51]で調査されている（図112）。現時点では最終的な報告が示されていないことから結論は留保するが、こうした遺構の位置づけを考えるうえでも喪葬関連の施設はその候補のひとつと筆者は理解している。

註
（1）身崎　壽　1978「殯宮挽歌論序説（その一）―殯宮の設営地をめぐって―」2～13頁、渡瀬昌忠2006「天皇・皇子の葬送の道―天智・高市の殯宮挽歌を中心に―」『高岡市万葉歴史館論集9　道の万葉集』201～238頁　高岡市万葉歴史館編など
（2）安井良三　1964「天武天皇の葬礼考―『日本書紀』記載の仏教関係記事―」『日本書紀研究』第1冊　199～216頁　塙書房
（3）折口信夫　1975「上代葬儀の精神」『折口信夫全集19』　86～120頁　中央公論社（原論文は1934『神葬研究』第1輯）

第Ⅲ章　喪葬から埋葬へ

（4）飛鳥古京エビノコ大殿を殯宮と考えるのかどうかの議論がある。河上邦彦　2009「飛鳥古京に於ける大型建物の性格」『飛鳥古京Ⅲ』229〜238頁　奈良県立橿原考古学研究所
（5）穂積裕昌　2004「いわゆる導水施設の性格について―殯所としての可能性の提起―」『古代学研究』166　古代学研究会　1〜20頁
（6）例えば、長野県千曲市の石川条里遺跡などが殯所の可能性のある遺跡として報告されている。市川隆之　1997「第三節　遺跡の性格」『中央自動車道長野線埋蔵文化財発掘調査報告書15　石川条里遺跡第2分冊』375〜384頁　財団法人長野県埋蔵文化財センターほか
（7）石原道博編訳　1951『新訂魏志倭人伝他三篇―中国正史日本伝（一）―』岩波書店
（8）同上書
（9）坂本太郎ほか　1967『日本古典文学大系　日本書紀』上・下　岩波書店。以下、「日本書紀」の引用は同書による。
（10）倉野憲司校注　1958『日本古典文学大系　古事記・祝詞』岩波書店。以下、「古事記」の引用は同書による。
（11）吉川弘文館　1966『新訂増補国史大系第24巻　令集解後篇』による。以下、「令集解」の引用は同書による
（12）例えば、塚口義信　2004「いわゆる大化の薄葬令の再検討」『古代史の研究』11　25〜38頁
（13）青木和夫他校注　1989『新日本古典文学大系　続日本紀一』岩波書店
（14）京都大学考古学研究室編　1993『紫金山古墳と石山古墳』京都大学文学部博物館
（15）渻斎ほか　2001『史跡心合寺山古墳発掘調査概要報告書』八尾市教育委員会
（16）森下章司・高橋克壽ほか　1993『行者塚古墳発掘調査概報』加古川市教育委員会
（17）中井正幸ほか　2003『史跡昼飯大塚古墳』大垣市教育委員会
（18）辻村純代　1983「東中国地方における箱式石棺の同棺複数埋葬―その地域性と社会的意義について―」『季刊人類学』1412　52〜83頁　京都大学人類学研究会、間壁葭子　1992「古墳における男性二人合葬」『神女大史学』19〜41頁　神戸女子大学史学会など
（19）この方面の研究は多いが、下記の研究を代表として挙げておく。三木弘　2006「墳頂部多葬について―研究略史と今後の研究方向―」『大阪文化財研究』30　25〜41頁　財団法人大阪府文化財センター、清家章　2010『古墳時代の埋葬原理と親族構造』大阪大学出版会
（20）同様の問題意識は、中井正幸によっても示されている。中井正幸　2008「昼飯大塚古墳にみる墓制と葬送」『季刊考古学・別冊16　東海の古墳風景』65〜68頁　雄山閣
（21）泉森皎　1983「古墳と周辺施設―古墳の墓域と喪屋遺構について―」『関西大学考古学研究室開設参拾周年記念考古学論叢』関西大学考古学研究室
（22）和田萃　1995「殯の基礎的考察」『日本古代の儀礼と祭祀・信仰上』7〜83頁（初出は1969『史林』第52巻第5号）、森田克行　2003「今城塚古墳と埴輪祭祀」『東アジアの古代文化』117号　57〜82頁
（23）和田萃　1995「殯宮儀礼の再分析―服属と儀礼―」『日本古代の儀礼と祭祀・信仰』上　131〜161頁　塙書房（原論文である「服属と儀礼―殯宮儀礼の再分析」は『講座日本の古代信仰』第3巻　学生社　1980に所収）
（24）渻斎　2001「「水の祭祀場を表した埴輪」についての覚書」『史跡心合山古墳発掘調査概要報告書』94〜110頁　八尾市教育委員会
（25）「導水施設＝祭祀場」説を採る論者の中でも、その本質を浄水でなく流水にあることを強調する論として、坂靖の説がある。坂靖　1996「古墳時代導水施設と祭祀」『月刊考古学ジャーナル』389　16〜20頁　ニュー・サイエンス社
（26）栗原圭介　1986『新釈漢文大系　孝経』明治書院。以下、本文引用は同書に拠る。なお、同書の本文は、「古文孝経」に拠っている。
（27）中華書局　1991『古文孝経』【叢書集成初編　古文孝経（及其他三種）】。文中、「飯於牖下……彌以即遠也」の部分の典拠は「礼記」檀弓篇にある。孔安國（孔子の子孫）による註が付されたとさ

れる「古文孝経」は、本家の中国では失われたが隋代に劉炫が偽作したとされるテキストが日本に伝存したとされ、それを江戸時代に太宰春台が足利学校蔵本に基づき復刻した。中国ではその存在を疑う学者が多いものの、加治伸行は伝存品でよかろうとする。加治伸行　2007『孝経〈全訳註〉』(講談社学術文庫)。「令集解」が「孝経」を引くとして孔安國による「古文孝経」の註の文言を載せていることは、「古文孝経」が遅くとも「令集解」の編集時には列島内で流布していたことを示している。なお、「古文孝経」については、中華書局版の複写も含め、田阪仁より多大の教示と援助を受けた。

(28) 前掲註 (22) 和田文献 68 ～ 69 頁
(29) 竹内照夫　1979『新釈漢文大系　礼記』下　明治書院
(30) 前掲註 (28) に同じ
(31) 竹内照夫　1971『新釈漢文大系　礼記』上　明治書院の 111 頁掲載の語釈部分
(32) 白川　静　1994『字統』平凡社
(33) 竹内照夫　1971『新釈漢文大系　礼記』上　明治書院
(34) 実際には「井」や「井水」といった直接的な表現はないが、「管人汲、不説繘屈之、盡階不升堂、授御者」に水を釣瓶で汲み上げるという含意があり、竹内照夫はこの水を「井水」とする。竹内照夫　1977『新釈漢文大系　礼記』中　明治書院
(35) 用語は下記文献による。今尾文昭編　2004『カミによる水のまつり』奈良県立橿原考古学研究所附属博物館
(36) 渡邊照宏・宮坂宥勝校注　1965『日本古典文学大系 71　三教指帰　性靈集』岩波書店
(37) 田中良之　2004「殯再考」『福岡大学考古学論集―小田富士雄先生退職記念―』661 ～ 677 頁　小田富士雄先生退職記念事業会
(38) 南郷大東遺跡の導水施設からの寄生虫卵出土に関しては、調査担当者の青柳泰介は寄生虫卵の出土は上層からであり、導水遺構は無関係とする見解を示している。青柳泰介　2004『南郷遺跡群Ⅲ』347 ～ 348 頁　奈良県立橿原考古学研究所
(39) 岡林孝作　2003「前・中期古墳における納棺と棺の運搬」『初期古墳と大和の考古学』449 ～ 459 頁　学生社
(40) 川西宏幸　2008「霊威と斎忌」『倭の比較考古学』199 ～ 216 頁　同成社
(41) 穂積裕昌　2007「封じ込める力」『考古学に学ぶⅢ』(同志社大学考古学シリーズⅨ) 335 ～ 348 頁　同志社大学考古学研究室、及び 2008「遊部伝承から読み解く埴輪の意義」『王権と武器と信仰』891 ～ 900 頁　同成社。なお、第 3 節び第 4 節で再説している。
(42) 上田　睦　1998「藤井寺市狼塚古墳 (HJ97110) の調査」『大阪府埋蔵文化財研究会 (第 37 回) 資料』(財) 大阪府文化財調査研究センターなど
(43) 前掲註 (38) 文献
(44) 北中恭裕ほか　2007「極楽寺ヒビキ遺跡」奈良県立橿原考古学研究所
(45) 高橋克壽　2006「埴輪―場から群像に迫る」『列島の古代史 5　専門技能と技術』278 ～ 305 頁　岩波書店
(46) 井上義光ほか　2005『巣山古墳調査概要』広陵町教育委員会
(47) 福田哲也ほか　2005『三重県松阪市　史跡宝塚古墳』松阪市教育委員会
(48) 米田敏幸　2007「古墳時代の葬送儀礼について―棺の運搬を中心として―」『郵政考古学紀要』40　36 ～ 43 頁　大阪・郵政考古学会
(49) 穂積裕昌　2008「祭祀遺跡研究の現状と課題」『季刊考古学』第 106 号　87 頁　雄山閣
(50) 高橋克壽　2005「東方外区の埴輪」『石山古墳』68 ～ 71 頁　三重県埋蔵文化財センター
(51) 奈良県立橿原考古学研究所　2010『京奈和自動車道御所道路池之内・條地区　秋津遺跡―古墳時代前期の方形区画施設の調査―』(現地説明会資料)

第3節　封じ込める力―辟邪発現の方向とその意味―

1. 問題の所在

　古墳時代を特徴づける代表的な遺物のひとつである埴輪のうち、盾・靫・甲冑といった武具系の器財埴輪は、邪悪な悪霊・死霊の類から遺体を護るため、古墳の埋葬施設上に樹立されたといわれている。そのため、盾や靫など器財自体に表裏があるものは、通常、表面を外側に向けて樹立され、外部から依り憑く悪霊を謝絶して、悪霊が埋葬施設内へ侵入することを防ぎ、被葬者を護持する役割が意図されていたと推定されている。まさに、辟邪（破邪）としての機能である。
　さらに、器財埴輪の樹立以外にも、古墳へ被葬者を埋葬するにあたっては、埋葬施設造営から棺や副葬品の配置などの様々な段階で死者に対する儀礼・所作が行われたことが多くの論者によって説かれている。例えば佐野大和は、前期古墳の副葬品として用いられる物品類の多くが、被葬者の死霊を鎮魂するための呪術的意義をもつ呪具としての役割があったことを指摘した[1]。高橋克壽も、埋葬段階での様々な儀礼・所作が「遺体の護持」という呪的意味合いで括られるものとしている[2]。
　また河上邦彦は、被葬者の頭部を取り囲むように置かれた銅鏡の意味に関して、古代中国の一部で行われた面罩との共通性を指摘し、列島の埋葬儀礼にみる古代中国の影響を示唆した[3]。さらに河上は、竪穴式石槨や粘土槨などの埋葬施設における銅鏡や腕輪形石製品などの埋置位置や表裏の違いなどから、それらが辟邪を目的とした呪的意図で用いられたと考察している[4]。つまり、墳丘上で行われる儀礼の多くは、死者や悪霊に対して強固な辟邪意識の込められた物品を装備して鎮魂の儀礼を行いつつ、悪霊や凶癘魂から死者の魂を護ることが意図されたと捉えるのである。
　ところが、5世紀後半と考えられる大阪府黒姫山古墳の墳頂部方形埴輪列では、通例とは異なって武具系器財埴輪が埋葬部に向いて樹立されていたことが調査者の森浩一によって観察されている[5]。武具系器財埴輪の樹立方向が、外部より侵入しようとする悪霊に対してその呪的効力を発揮することが期待されたとすると、この樹立方向ではその意図は実現しえないこととなる。このように、何らかの呪的意味をもって物品類を埋置する場合、それがどこに対して向けられているのかという呪力発現の方向が問題となる。
　古墳に対する副葬品の配置・埋置における様々な共通所作の存在に関しては、いわゆる「中央政権」による儀礼創出[6]や、中央と地域との政治的遠近性の把握[7]などを目的とする方向性とは別に、その所作が本源的にどのような意図に基づいていたのかを考える必要がある。
　本稿では、佐野大和をはじめとする先学の研究に導かれつつ、埴輪や副葬品などの古墳に関わる物品類がどのように配置ないしは埋置されたかを改めて検証する。具体的には、古墳におけるそれら物品類の配置・埋置に関して「表／裏」「上／下」「内／外」「開放／閉鎖」など一定の方向に力の発現が意図されたとみられるいくつかの事例を提示する。そのうえで、その「ベクトル」

2. 墳頂部方形埴輪列における器財埴輪配列の変化

　器財埴輪は、いうまでもなく威儀具に淵源をもつ蓋や、武具である盾や靫・甲冑、供膳具である高坏などで構成される。このうち武具系の器財埴輪は、いずれも正面と背面をもつ。これら武具系器財埴輪は、墳頂部方形区画（方形埴輪列）が成立して以来、外向きに樹立されるのが基本である。例えば、中期初頭の三重県石山古墳では、後円部の方形壇上に盾・蓋・甲冑で構成された器財埴輪列（内側列）、方形壇の外周に沿って蓋を積載した鰭付円筒列（外側列）、さらに北側（実際には北東側）のみは最外列に4個の靫で構成された3列目の器財埴輪列（外北列）が存在する（図113左）。ここで用いられた器財埴輪群は、内側列、外北列ともにいずれも表面を外側に向けて樹立されていたとされる[8]。これら武具系器財埴輪が、埋葬部側を守護するように外に対して正面を向ける意図があったことは明白である。

　ところが、5世紀後半の黒姫山古墳では、前述のように後円部の方形埴輪列を構成する器財埴輪が埋葬部側、つまり内向きに配置されていることが注意された。黒姫山古墳では、後円部に二重の方形埴輪列があったが、内側列は盗掘による攪乱で不明な部分が多いものの一部に家・蓋・盾を含む形象埴輪列、外側列は東側に短甲列（さらにその外側に不明動物）、北側と西側に盾・靫・蓋の器財列（南側は不明）が確認されている。ここで用いられた器財埴輪（盾・靫・短甲）は、表裏が確認されたものはすべて内側、すなわち埋葬主体部に対して向けられていた。さらに、墳頂部方形埴輪列とは別に、墳頂部の前方部側に後円部と前方部とを区切るように1列の盾形埴輪列があるが、ここに用いられた盾の表面も後円部側、すなわち埋葬部を向いて樹立されていた（図113右）。このように、黒姫山古墳では、主被葬者が葬られたとみられる後円部埋葬部に対して、武具系器財埴輪の表面（正面）が向けられていたのである。

　黒姫山古墳の暦年代は大略5世紀中葉から後葉に比定されることが多いが[9]、この年代は次代の横穴式石室の導入を控えて竪穴系の埋葬施設が衰退していく時期に相当する。現時点では、こうした樹立例が墳頂部の竪穴系埋葬施設の衰退と連動して器財埴輪がもってきた外来悪霊の辟邪機能の弛緩を反映するのか、あるいは墳頂部方形区画に樹立された器財埴輪に込められた意図が変質したのかこの事例のみでは判断しがたい。加えて、これが黒姫山古墳にのみ適応された特殊事例なのか、同時期の他の古墳においてもある程度一般化しうるのかも判然としない。

　しかし、黒姫山古墳は、百舌鳥古墳群と古市古墳群のほぼ中間に位置し、現状では1古墳からの甲冑出土量としては最多の24領もの甲冑を前方部に埋納した河内の有力古墳のひとつである。そういう意味においては、当時の王権と深く関わった古墳であり、これをたんなる例外的な存在として無視できない。黒姫山古墳の事例は、該期に一般化していたかどうかまでは分からないものの、少なくとも一定程度該期の埴輪樹立の所作を反映したものとみてよいのではなろうか。そのように考えてよければ、本例のような事例も、然るべき理由に基づいた結果であったとみてよい。現時点においては、他の類例が不明であることから、時代の変遷に伴う樹立方向の外向きから内向きへの変化という一般論に還元するよりも、黒姫山古墳の被葬者に関わる個別的な問題と

第Ⅲ章　喪葬から埋葬へ

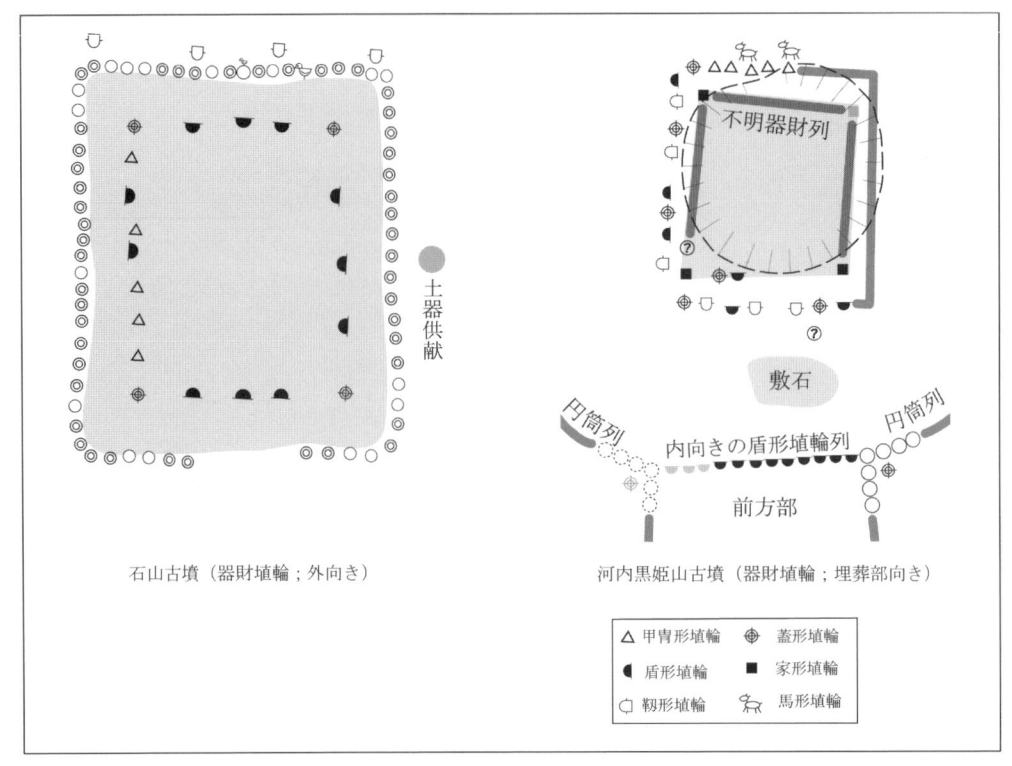

石山古墳（器財埴輪；外向き)　　河内黒姫山古墳（器財埴輪；埋葬部向き)

△ 甲冑形埴輪　　⊕ 蓋形埴輪
◐ 盾形埴輪　　■ 家形埴輪
⏃ 靫形埴輪　　🐴 馬形埴輪

図113　墳頂部方形埴輪列の器財埴輪樹立方向

写真8　石山古墳後円部出土の盾線刻の
　　　　盾形埴輪器台部（盾面の裏側）

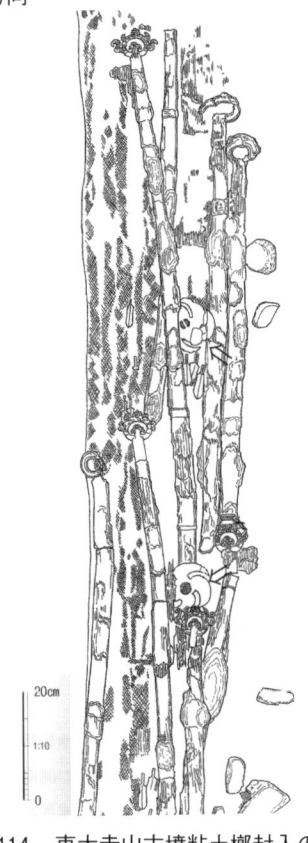

図114　東大寺山古墳粘土槨封入の
　　　　副葬品（← 裏向きの巴形銅器）

216

して理解すべき問題かと思われる。具体的には、黒姫山古墳被葬者が不名誉な死に方をしたなど遺体が悪霊化する恐れがあると認識されていた可能性である。甲冑の多量埋納もたんに王権との関係だけでなく、悪霊化防止との関わりで理解する余地があるのではなかろうか。

つまり、器財埴輪の樹立方向は、悪霊や死者に対する意識の変化、あるいは何が悪霊化すると認識されたのかという問いに連動したものであったと推察されるのである。

なお、前述のように石山古墳墳頂部の器財埴輪列は、器財の表面を外側に向けて樹立されていたが、盾形埴輪のひとつは盾表面を他と同様外側に向けたうえで、盾を支える円筒基部の盾背面、つまり埋葬施設側に向く部分に盾を線刻した個体（写真8）がある[10]。外部から依り来る悪霊に対してだけでなく、内部への抑えも含意した可能性のある例として注目できる。

3. 副葬革盾埋置方向の再検討

器財埴輪の成立と前後する頃、粘土槨や木棺直葬を埋葬主体とした古墳の槨上や槨外斜面、あるいは棺脇に盾を配することがしばしば行われるようになる。この場合の盾は小林行雄が復原した革盾[11]で、橋本達也による簡潔な定義[12]に従うと「木材を組み合わせた木枠に革を張り本体を作り、革に刺し縫いで文様を表現し、漆塗りした盾」である。非実用面とみられる革盾を埋葬施設上に配することは、死者である被葬者を防御の思想を体現する盾の武威によって護ろうとする多分に精神的な意味が重視されたとみられる。そういう意味では、革盾は古墳埋葬用に創出された盾ということができる。

さて、この革盾が埋葬施設上から出土する場合、無前提に表面を上に向けて置かれていると思われがちだが、発掘調査で腐食して出土するとその表裏の判断が非常に難しいものとなる。例えば、粘土槨上面を覆う11枚もの革盾が検出された大阪府盾塚古墳では、表裏のどちらを上にして置かれたかが確実に確認できる例は皆無であったとされている[13]。そうしたなか、数少ない事例ではあるが、革盾の伏せ方が判明している事例がある。以下、簡単に確認しておく。

三重県石山古墳では、ひとつの墓坑に3棺が存在したが、このうち中央槨と東槨から革盾が合計13枚出土しているが、このうち東槨北部で検出された巴形銅器が六個付く革盾は、巴形銅器の表面が上向きで出土していることから、盾の表面を上にして置かれたことがわかる。一方、中央槨北部、ちょうど被葬者の頭部付近と推定される位置で検出された革盾は、巴形銅器が1個付いた状態で出土したが、その巴形銅器は表面が裏向きで出土したことから、盾表面を下（遺体側）に向けて置かれていたことが明らかとなった（188頁図107参照）。また、東槨東側では3枚の革盾が置かれていたが、このうち最南部のものには革盾の裏側を構成する木枠横桟の痕跡が認められた。一見すると横桟のある裏面を上にして置かれていたようにも見える[14]が、横桟が朽ちて空洞化した部分に盾表面が落ち込んだとすると表面を上にしていたことになり、なお検討を要する。いずれにせよ、少なくとも被葬者に直接被せたような位置となる中央槨の1枚については、確実に表面を下にして置かれていたことが確認できる例であり、注目できる。

大阪府和泉黄金塚古墳では、3基の粘土槨があり、このうち東槨から表面に巴形銅器が付けられた革盾が出土している（図116）。革盾は、東槨の西側壁面に立てかけるかたちで表面を外側

(中央槨側)に向けた状態(図115)で検出されている[15]。このことに関して東槨調査を担当した森浩一は、東槨壁際に立てられた盾は、中央槨被葬者からみれば内向きに置かれていることを指摘し、中央槨被葬者との関係、つまり、先に埋葬が行われたとみられる中央槨被葬者に対しての何らかの呪的意味をもって置かれた可能性を指摘している[16]。

奈良県東大寺山古墳では、南北主軸の粘土槨内に割竹形木棺を据え、その両脇に武器・武具類を中心とした多数の副葬品類が封入されていたが、このうちの東側武器列中から複数の巴形銅器が出土し、革盾もしくは木盾に装着されていたと観察されている[17]。このうち、東武器列の北側の3個（1号・2号・4号）の巴形銅器は裏面を上にして出土しており、他の武器類との重なり状況からそれぞれ別の盾に装着され、表面を下にして置かれたと推定される（図114）。

以上の3古墳は、巴形銅器が付属することによって、明らかに革盾埋置時における表裏が判明した事例であるが、巴形銅器などの付属品はないものの、他にも出土状況の観察から革盾の表裏が窺える事例がある。

大阪府高塚山古墳では、墓壙範囲が不明だが、粘土槨の外側に革盾が表面を下にして置かれていたことが観察されている[18]。槨側に置かれた武器類よりもさらに離れた位置に単独で出土していることから、あるいは革盾の下部に未発見の直葬木棺など簡単な埋葬施設が存在した可能性も考えられるが、ここでは革盾が表面を下にして出土したことのみを確認しておく。

大阪府御獅子塚古墳では、墳頂部に営まれた2基の埋葬施設のうち、新しい時期の木棺に伴う墓壙内の粘土槨外の東西両脇から1枚ずつ革盾が検出されている[19]。このうち西側の革盾は木枠痕跡のみの確認だったが、東側革盾は発掘調査概要の写真[20]を見る限り、盾の裏面となる木枠の横桟痕跡が盾文様の上部に載って検出されているように見え、盾表面を下にして埋置されたものと思われる（写真9・10）。

静岡県五ヶ山B2号墳では、木棺直葬を内部主体とした墓壙内の木棺脇と棺内（もしくは棺上）に計3面の革盾が配されており、このうち棺両脇の2枚が表面を上にして置かれたと観察されている[21]。

以上のように、古墳で用いられた革盾は、必ずしも水平に置かれただけでなく、和泉黄金塚古墳のように横に立てて置かれた場合もあったが、基本的な置き方としては埋葬施設の上面ないしは脇に水平に置かれた。その場合、盾表面を上に置く場合と、下に置く場合とがあったが、確実に表裏が発掘調査によって確認されている事例は少なく、あまり論拠なく表面を上にしていたと推定されている場合も多い。そういう意味では、石山古墳中央槨や東大寺山古墳、高塚山古墳など革盾表面を下にして置かれたことが確認できる事例は貴重な存在である。

さて、埋葬施設において革盾が表面を上にして出土した場合は、器財埴輪列をも突破して埋葬施設内に侵入してきた悪霊に対して向けられた、被葬者を護る防御ラインとしての意味が含意されたとみられる。一方、表面を下ないしは横（和泉黄金塚古墳東槨など）にして置かれた例では、直接当該被葬者に対して向けられたとみられる事例（石山古墳中央槨）と、先行被葬者に対して向けられたとみられる事例（和泉黄金塚古墳東槨）とがあり、武威の観念を有した盾によって被葬者自身を鎮魂し、永遠に被葬者の霊を墓壙内に封印することを含意していたものと思われる。特に石山古墳中央槨の事例は、槨脇の副葬品列に混じった状態ではな

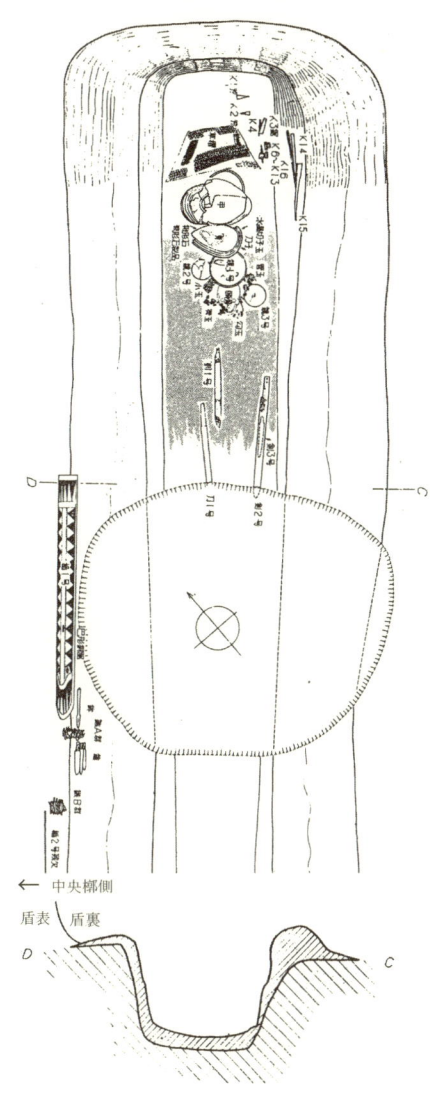

第3節 封じ込める力 ―辟邪発現の方向とその意味―

図115 和泉黄金塚古墳東槨の出土状況と中央槨側へ向けて立てられた盾

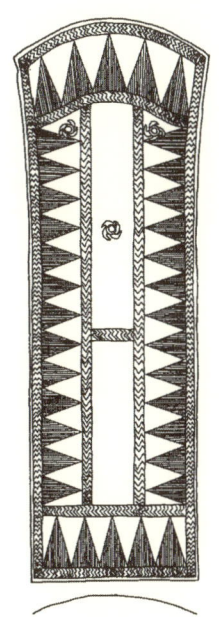

図116 和泉黄金塚古墳東槨出土の盾

写真9 御獅子塚古墳埋葬施設両脇の革盾

写真10 御獅子塚古墳埋葬施設東側の革盾
（横桟の痕跡が確認できる）

く、被葬者自身を覆う位置へ伏せられており、直接被葬者に対して向けられていたことも考えられ、非常に興味深い事例である。

　なお、静岡県八幡ヶ谷古墳では、巴形銅器が革盾や鞆に付属せず、単独で出土している事例がある[22]。報告書の出土状況図や記述では出土時の表裏に関する明確な情報はないが、出土状況の写真をみると表面を下向きもしくは立てかけて棺の外側に向けて埋置されている状況が観察できる。本古墳に関しては、盗掘等による2次移動の可能性がないことから、この出土状況は埋葬当初を反映したものと判断される。巴形銅器は水字貝ないしはゴホウラに由来する呪的意味をもった物品と考えられており[23]、単独で用いられたものも革盾と同様、外部から依り来る悪霊や被葬者に対する呪的意味をもって置かれたと考えられる。

4. 閂付扉板陽刻閉塞石と家形埴輪の扉

　古墳時代後期の出雲地域では、横穴墓や切石造りの横穴式石室である石棺式石室の閉塞石として、上下両端を撥形ないしは長方形とした把手中央を穿孔し、閂を差し込んだ扉板（以下、閂付扉板）を陽刻した例がしばしば存在している[24]。この閂付扉板は、扉板2枚1組で扉口を構成し、実用品としては古墳時代初頭から類例が確認できる。例えば、三重県伊賀市高賀遺跡では庄内式併行期から奈良時代の土器類までが出土する大溝の最下層から閂付扉板が出土しており、古墳時代初頭の事例と考えられる[25]。

　一般に内開き式片扉の場合、扉開閉の主体は内外どちらからでも可能であり、居住用に用いることも可能である。一方、閂が外側に付属する閂式扉板の場合、開閉の主体は常に扉の外側にいる者に限定される。外側から閂を掛ければ、内側から開けることは不可能となるからである（同様に、閂が内側にあれば、その開閉主体は内側にいる者が中心となる）。石棺式石室の例のようにこれが墳墓の閉塞石の外側に陽刻されている場合、その墓室が死者の住まうべき家として認識されていたことに加えて、陽刻自体は装飾のため実際の開閉機能にはまったく関係しないことから、何らかの呪的意味をもって施されたと判断される。そして、この呪的意味とは、扉が開いて内部に納めたものが決して外へ出ることのないように外側から「封印」する意図が込められていたものと理解できる。この場合、扉は建物（墓室）の象徴として存在していただけでなく、まさに閂の存在によって閉塞を象徴していると捉えてよかろう（図117）。閂という「封印の象徴空間」としての墓室である。

　以上のことを敷衍して考えれば、2枚1組の木製閂付扉板を使用する建物の性格についても、日常的に開閉が行われた建物ではなく、古墳の閉塞に用いられた事例と同様、本来的には神殿のように内部に霊や魂、あるいはそれらの依代を入れておく（封じ込めておく）ための建物として考えるのがより調和的である。

　さて、このことに関連して問題となるのが家形埴輪の扉表現についてである。

　家形埴輪の戸口は、多くの場合、開口表現として示され、明確な扉表現をもつこと自体が乏しいが、少数ながら扉表現が施された例も存在する。ここに表現された扉表現は、いずれも内開きの片扉式であり[26]、2枚1組の閂付扉板をもつ建物は現時点では確認できない。問題は、閂付扉板形式をもつ家形埴輪が存在しないことが、たんに現時点における資料上の制約、ないしは埴輪として造形化されるにあたっての表現上の問題と考えるのか、あるいはこの形式の扉板を伴う建物自体が家形埴輪のモデルにはならなかったと考えるのかである。

　このことについては、家形埴輪の細部意匠には細かい表現を行う個体もあることから、表現上の省略とみるよりは、この閂付きの扉をもつ建物自体が家形埴輪として造形されなかった可能性を考えている。もっとも、古墳から出土する家形埴輪に呪的な意義をもつ建物が含まれていなかったのかというと必ずしもそうではない。例えば、三重県石山古墳後円部墳頂に樹立された家形埴輪には、屋根と壁に多数の円文の装飾が施された平地式の切妻家がある[27]。ここに描かれた円文は、高橋克壽が指摘するように[28]、鏡を表現したと考えるのが妥当であろう（118頁写真6

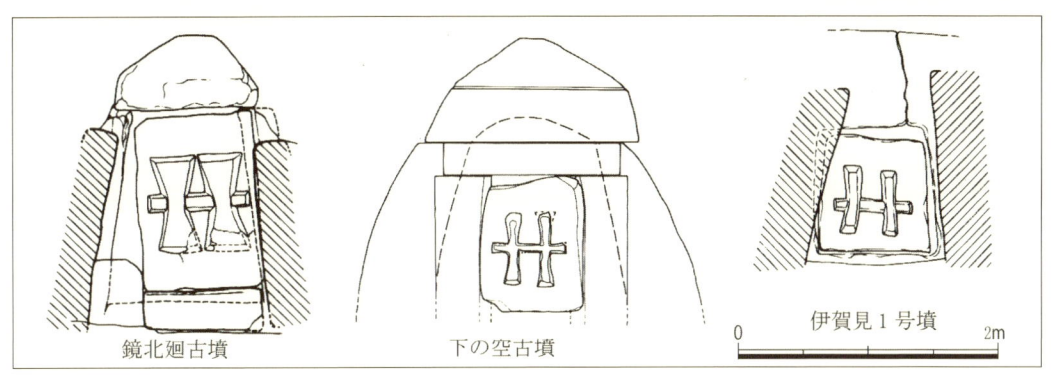

図117　出雲地域の石棺式石室の閂式扉板陽刻閉塞石

参照)。同様に、大阪府美園古墳出土の高床入母屋家には外壁に盾を線刻している[29]ほか、奈良県室宮山古墳出土の床付きの入母屋家には外壁に直弧文を装飾したものがある[30]。このことに関連して興味深いことは、沖縄及び先島諸島では屋内へ依り憑く悪霊である「モン」の侵入を排するため、建物入口や門柱、屋根などに魔除けとして呪的機能を含意したスイジ貝を吊るす民俗事例が知られることである[31]。

　以上のことを敷衍して考えれば、家形埴輪の壁面や屋根にしばしばみられる円文や盾、直弧文などによる装飾も、悪霊の依り憑きを排して、内部を保全する意図のもとに施された仕様と推定される。ただし、ここで注意すべきことは、家形埴輪に関するこれらの辟邪や魔除けを象徴する仕様の埋め込みは家形埴輪の表面(外壁)にあり、基本的には外部から依り来るものに対して向けられ、内に対して向けられたものではないことは注意を要しよう。しかも、ここに例示した石山古墳円文線刻切妻家や室宮山古墳直弧文装飾入母屋家、美園古墳出土盾線刻入母屋家はいずれも開口部の多い開放的な家形埴輪であり、内部の封印を象徴する閂付扉板をもつ建物とは基本的な性格を異にすると判断される。

　つまり、古墳墳頂部の埋葬施設上に置かれた家形埴輪は、その下部に被葬者が鎮まっていることを表示するものではあっても、封じ込める対象そのものではなく、封じ込めるべき対象はあくまで「墳丘内部＝地中」であったと考えられる。閂付扉板によって内部の封印を象徴化した建物は、埴輪として古墳に樹立された家とは別種であり、葬送の場とは異なる別の場面で用いられたと考えられる。ただし、古墳時代後期でも後半になると、閂付扉板陽刻閉塞石や扉板型の閉塞施設が用いられた横穴や横穴式石室がみられることから、竪穴系の埋葬施設のように実際の構築物(粘土や石、封土など)によって墓室自体を封印するのではなく、封印の思想を表象する閉塞石を用いることによって、墓室の封印を象徴化することが特定地域においては行われたと推定されるのである。

5. 埋葬所作と辟邪観念

　つまり、辟邪機能が期待される物品は、それが何に向けられたのかを把握することが当時の呪的観念を知るうえで重要である。このことは、埋葬施設における副葬品の扱われ方にも当然関連

しよう。これに関しては、特に埋葬施設における銅鏡の扱われ方において長い研究史があり、最近ではそれを腕輪形石製品や武器類の配置においても適応させる方向に進んでいる研究もある。

岩本崇は三角縁神獣鏡の配置に関して、棺内で遺体頭部に立てかける場合と棺外で小口部に立てかける場合は鏡面を内側（遺体側）にすることが多く、棺外棺側ないし棺外包囲の場合は鏡面方向が内外の両方（内側は奈良県黒塚古墳等・外側は京都府椿井大塚山古墳等）が存在するという重要な指摘を行っている[32]。岩本の研究は、その配置に内在する呪的意味の解明よりも、その配置方法を共有した勢力間の政治的関係の把握を目指したものであるが、銅鏡の鏡面方向を棺や槨の内外、部位などに分別して示した意義は大きい。

一方、菱田哲郎は、甲冑が棺の小口から出土する場合、棺の小口の隙間を塞ぐ意図があり、死者を護る意識が働いていたことを指摘している[33]。小山田宏一も、遺骸と副葬品の配置にも目配せし、前期前方後円墳の副葬品は弥生時代からの遺骸保護の呪的観念を受け継いだうえでその種類と量が急増し、さらにその観念が武器・武具を含む鉄製品にも広がっていることを指摘している[34]。この武器に関しては、宇垣匡雅が埋葬施設内における刀剣類の配置法とその呪的意味について言及している[35]ほか、寺沢知子も奈良県黒塚古墳における武器類の出土状況が棺外両側への三角縁神獣鏡の囲繞納置と同様であったことから、三角縁神獣鏡が辟邪としての目的があるなら武器類も同様な意味をもっていた可能性があるとして、埋葬施設内において鏡と武器の配置を統一的に把握する方向性を提示している[36]。

これまで古墳副葬品は、その配置意図とは無関係に、「ヤマト王権」・「畿内政権」・「中央政権」などといった政治的関係を個別に取り出して比較・研究されることが多かったが、小山田や寺沢らが提起したように、「辟邪」という括りで武器・武具も含む副葬品体系全般を再構成し、そのうえで個別物品個々の配置法とその目的を把握する方向性が求められる。

そして、これら儀礼・所作がどのような意図のもので行われたかについては、基本的に川西宏幸が提示した方向性、つまり遺骸を安寧に保護し、厳重に封じて現世との関与を絶つという理解[37]に従う。被葬者を地中に密封することを目的としたとする考え方は、福永伸哉[38]、高橋克壽[39]など多くの論者もそれぞれのアプローチから提示している。そのうえで、本節において確認したいことは、そうした呪的な物品類や行為が、基本的にどこに対して向けられていたのかという問題と、ではなぜそうした儀礼や所作が行われるに至ったのかという問いである。

本節の視点に沿ってこの問題について述べると、築造から埋葬諸儀礼、個々の副葬品の配置、埴輪樹立に至るまで、「古墳」を貫徹した内在的論理は、外部から侵入しようとする悪霊から遺体を護持するという「辟邪」という括りで把握可能な観念とともに、内なる被葬者（死者）が何がしかの理由で悪霊化することを防御する様々な所作もまた埋め込まれていたのではないかという視点である。この被葬者悪霊化への防御を「鎮魂」（チンコン）という言葉で置き換えてもよい。

本稿で述べた内向きの器財埴輪列や、遺体を覆うように表面を下にして置かれた革盾の存在は、古墳時代当時の観念として遺体（死体）自体が悪霊化することもありえたことを含意し、それを防ぐための所作も合わせて行われていたことを如実に示すものと思われる。このことに関して、『抱朴子』登渉篇では、直径9寸以上の鏡を背中にぶら下げて山に入ると老魅（魑魅魍魎）も人に近づかないとして、9寸以上の鏡の照射が辟邪に連なることを記し、森浩一はこの記載から

9寸以上の大型鏡である三角縁神獣鏡はこの道教思想と関連する葬具であることを指摘した[40]。埋葬施設における鏡の鏡面方向把握の重要性は、ここにおいてより発揮される。すなわち、鏡面を遺体に向けて置かれた鏡は被葬者自身の悪霊化を鎮め、そして石槨壁面に鏡面を外側にして立てかけられた鏡は外部から侵入しようとする悪霊に対する辟邪として機能することを期待されたと推定される。そういう脈絡でみると、京都府久津川車塚古墳の長持形石棺においては、遺体全体を覆う鏡面を下向きにした鏡と、石棺内一面に撒かれるように配された滑石製模造品、それに遺体の四周を囲むように出土した刀剣の存在が把握されているが[41]、こうした副葬品の配置は石棺内での遺体悪霊化を防いで死者の霊が安寧に鎮まることを象徴的に示したものといえよう（247頁図128参照）。

6. まとめ

　このようにみてくると、古墳の築造から埋葬施設の構築、副葬品の搬入と納置、埴輪の樹立等がすべて一貫した意図の下に行われたことがよく理解される。その意図とは、外部に対しての辟邪と、内なるモノ（遺体）悪霊化の防御（鎮魂）である。石山古墳中央槨における被葬者に被せられたとみられる巴形銅器付き革盾や、黒姫山古墳における埋葬部に向けられた器財埴輪群の存在は、被葬者に対しての封じ込め、鎮魂の意図を読み取ることが可能となる。ここにおいては、被葬者（死者）の再生や復活を願うという意図はまったく見出せず、思考の方向性としてはそのまったく逆、つまり永久に遺体を封印し、現世との関係を絶つという方向にこそ発動しているとみるのがより整合的である。問題は、この観念が一部の古墳・古墳被葬者に対する特殊な事例に属するのか、一般的にあり得た状況として存在するのかである。このことについて、死者の霊が「荒びたまう」場合がありえたと観念されていたことは、「令集解」所収の養老喪葬令親王一品条が引く「古記」所収の遊部事に示されていることは注意してよい[42]。大宝令の注釈である「古記」の成立は8世紀とされるが[43]、そこに示された観念自体が古墳時代以来の意識を受け継いでいることは、以上に述べてきた遺体「封印」に関わる諸儀礼・所作からも整合的に捉えることが可能であり、こうした観念が特殊な事例ではないことを示している。

　古墳時代成立期には、内なる悪霊化と外部からの悪霊侵入に対する備えは併存し、それに伴う諸儀礼や所作が活発に行われたが、次第に内なる悪霊化に対する恐れがより意識されるようになる。こうした「悪霊化」に対しての鎮魂所作・儀礼は、たんに遺骸を物理的に防御（例えば重い天井石や厚い粘土被膜）するだけでなく、武威の発動たる盾（革盾や器財埴輪）や照射による辟邪が期待された銅鏡の配置などから精神的な側面にも及んだことが窺える。そういう意味では、「礼記」郊特牲篇にいう「魂気帰于天、形魄帰于地」という精神（魂）と身体（魄）の二元性をもった観念は、かなり早くに列島に流入していた可能性が高く、しかも列島の場合はその再生を期待しない。遺骸保護は、再生への準備ではなく、正しい処置をしないことによって生じる悪霊化への恐懼によってもたらされたと理解したい。内側に向けて樹立された武具系の器財埴輪、表面を下（被葬者側）に向けて置かれた革盾、閂付扉板陽刻閉塞石の成立などは、この流れにおいてこそより整合的に理解されるであろう。

第Ⅲ章　喪葬から埋葬へ

　そして、こうした問題こそ、どの現象も同一の理由から生じたと考えて、その要因を同じように一般化して理解するのではなく、被葬者の死因など古墳毎の個別的な理由によって起因している可能性をこそ考慮すべきかと思われる。このように理解してはじめて、黒姫山古墳における後円部方形区画の盾や靫、甲冑などの武具系器財形埴輪の表面が、「通例」とは異なって埋葬部側に向けられていた理由も、正当な評価が与えられるものとなる。すなわち、本来埋葬施設を取り囲む器財埴輪は寄り来る悪霊に対抗して外側へ向けられることを基本としていたものが、成立から時間が経過した黒姫山古墳の築造の頃には忘れられたり規範が弛緩したために「本来」の方式とは異なる樹立方法になったと消極的な理由で説明するのではなく、外からの悪霊に加えて内からの悪霊化に対しても効力を発揮すると考えられるに至ったため、そのような配置がなされたと理解することが可能となる。ただし、この観念がその意図が後円部方形埴輪列の成立当初からあったかどうかに関しては、なお黒姫山古墳に至るまでの間の後円部方形区画の樹立方向に関する知見の増加を待って判断する必要がある。しかし、少なくとも黒姫山古墳の築造時期である5世紀中葉から後葉頃には、後円部方形埴輪列における器財埴輪を外に向けるのか、内に向けるのかという選択が、古墳個々の個別的な事由（被葬者の死亡理由などにより生じた畏怖意識など）に応じて古墳個々（具体的にはそれぞれの古墳の築造主体）に委ねられていたと考えたい。

　以上、雑駁な議論となったが、器財埴輪の樹立方向の変化や、盾の出土状況などといった古墳への埋葬行為に係る考古学的状況は、古墳や古墳被葬者に対して抱かれていた当時の観念を考えるうえで重要な情報であり、当時の死生観の実態に即応したものであったと考えられる。そして、その観念とは、外部から依り憑く悪霊に対抗するための「辟邪」だけでなく、被葬者（死者）自身の悪霊化に対しても向けられたものであった。この観念は、基本的には人物埴輪の成立などをも推し進めた観念とも連動したものと考えることができる。次節では、本節を敷衍したうえで、埴輪樹立に関する本質的な意義について論じていくこととする。

註
（1）佐野大和　1956「古式古墳における副葬品の呪術的意義」『國學院雑誌』第57巻第4号　14～22頁
（2）高橋克壽　1998「墓域の護り」『日本の信仰遺跡』（奈良国立文化財研究所学報第57冊）　137～156頁
（3）河上邦彦　1991「中国漢代墓の一つの墓制―面罩」『古代の日本と東アジア』286～311頁　小学館
（4）河上邦彦　1997「石製腕飾類と鏡の配置から見た呪術性」『古代の日本と渡来の文化』339～365頁　学生社
（5）森　浩一　1953『河内黒姫山古墳の研究』大阪府文化財調査報告書第1輯　大阪府教育委員会。以下、黒姫山古墳の事実内容記載は同書に拠る。
（6）福永伸哉　1999「古墳の出現と中央政権の儀礼管理」『考古学研究』第46巻第2号　53～72頁　考古学研究会
（7）岩本　崇　2004「副葬配置からみた三角縁神獣鏡と前期古墳」『古代』第116号　87～112頁　早稲田大学考古学会
（8）京都大学文学部考古学研究室　1993『紫金山古墳と石山古墳』京都大学文学部博物館図録第6冊。以下、石山古墳の事実内容記載は同書に拠る。
（9）例えば、広瀬和雄　1992「前方後円墳の畿内編年」『前方後円墳集成』近畿編　24～26頁　山川出版社

(10) 三重県埋蔵文化財センター　2005『石山古墳』44頁92図（写真）
(11) 小林行雄　1962『古代の技術』塙選書24　塙書房
(12) 橋本達也　1999「盾の系譜」『国家形成期の考古学』471〜486頁（大阪大学考古学研究室十周年記念論集）
(13) 末永雅雄編　1991『盾塚　鞍塚　珠金塚』由良大和古文化研究協会
(14) 前掲註（8）文献所収の158図（写真）
(15) 末永雅雄・島田暁・森浩一　1954『和泉黄金塚古墳』日本考古学協会
(16) 森　浩一　1971『黄金塚古墳』中央公論美術出版
(17) 金関恕編　2010『東大寺山古墳の研究―初期ヤマト王権の対外交渉と地域間交流の考古学的研究―』東大寺山古墳研究会・天理大学・天理大学附属天理参考館
(18) 前掲註（13）文献に概要が所収されている。
(19) 豊中市教育委員会　1990『御獅子塚古墳』、豊中市史編さん委員会　2005『新修豊中市史』第4巻　考古
(20) 前掲註（19）豊中市教育委員会1990年文献掲載の写真に拠る。
(21) 鈴木一有編　1999『五ヶ山B2号墳』浅羽町教育委員会
(22) 財団法人静岡県埋蔵文化財調査研究所　2009『菊川市下平川の遺跡群』
(23) スイジ貝起源説は宇佐晋一・西谷正　1959「巴形銅器と双脚輪状文の起源について」『古代学研究』20　1〜9頁　古代学研究会、ゴホウラ起源説は橋口達也　2004『護宝螺と直弧文・巴文』学生社
(24) 出雲考古学研究会　1987『石棺式石室の研究』（古代の出雲を考える6）
(25) 穂積裕昌　1991「高賀遺跡」『平成2年度農業基盤整備事業地域埋蔵文化財発掘調査報告』第3分冊29〜70頁　三重県埋蔵文化財センター
(26) 宮本長二郎　1995「弥生・古墳時代の扉構え」『日本の美術　第348号　家形はにわ』76〜77頁　至文堂
(27) 前掲註（8）文献56頁72図（写真）。なお、より大きい写真が前掲註（10）文献34頁55図（写真）。
(28) 高橋克壽　2005「石山古墳の発掘と古墳時代研究」12頁34〜37行目、前掲註（10）文献所収
(29) 渡辺昌宏　1982「大阪府美園遺跡1号墳出土の埴輪」『考古学雑誌』第67巻第4号　79〜93頁　日本考古学会
(30) 千賀　久　1995『古代葛城の王』17頁掲載写真（奈良県立橿原考古学研究所附属博物館特別展図録第46冊）
(31) 酒井卯作　1984「南島における貝の呪力と抱石葬」『南島研究』25号　56〜71頁　南島研究会
(32) 前掲註（7）文献
(33) 菱田哲朗　1993「短甲小論」前掲註（8）文献114〜115頁
(34) 小山田宏一　1995「副葬品」『季刊考古学』第52号　前期古墳とその時代　48〜51頁　雄山閣出版
(35) 宇垣匡雅　1997「前期古墳における刀剣副葬の地域性」『考古学研究』第44巻第1号72〜92頁　考古学研究会
(36) 寺沢知子　2006「副葬品出土状況の類型」『大和の古墳Ⅱ』67〜79頁　人文書院
(37) 川西宏幸　1991「仿製鏡再考」『古文化談叢』第24集　93〜109頁　九州古文化研究会
(38) 福永伸哉　1995「三角縁神獣鏡の副葬配置とその意義」『日本古代の葬制と社会関係の基礎的研究』25〜43頁　大阪大学文学部
(39) 前掲註（2）文献
(40) 森　浩一　1978「日本の遺跡と銅鏡―遺跡での共存関係を中心に―」『日本古代文化の探求　鏡』53〜95頁　社会思想社
(41) 梅原末治　1920『久津川古墳研究』水木十五堂
(42) 考古資料解釈における遊部伝承の重要性の一端は、穂積裕昌　2004「いわゆる導水施設の性格に

ついて—殯所としての可能性の提起—」『古代学研究』166　1～20 頁　古代学研究会　で提起し、本章第 1 節で一部補訂のうえ再説した。

(43) 例えば井上光貞は、「古記」の成立年代を天平 10 年頃の成立という見解を表明している。井上光貞　1976「日本律令の成立とその注釈書」『日本思想体系　律令』743～810 頁　岩波書店

第4節　遊部伝承から読み解く埴輪の意義

1. 問題の所在

　古墳は、古墳時代における最も明瞭な葬所である。

　巨大な前方後円墳から直径10mに満たない円墳・方墳までを同一に把握しうるのかは大きな問題であるが、封土のない土坑墓や風葬とは明らかな質的な差異があり、何より後者はその認定にすら問題を残す。そういう意味では、古墳時代における「死」や「死者」に対する意識を探るには、まずは古墳を素材として問題に接近することは相応の必然性がある。しかしながら、個々の事実認定のレベルから、最終的な解釈に至る過程は研究者間での乖離が大きいのが現状である。

　さて、古墳上への埴輪の樹立も含め、ヒトの死から喪の期間を経て埋葬に至るまで行われた各種喪葬・葬送儀礼は、本来は一貫した意図の下、様々な儀礼や所作が行われたものと推定される。個々の儀礼、所作の解釈は、研究の個別化によって、多くの場合それぞれの個別事象に即して行われることが多いが、各種事象を統合し、統一的な解釈を試みることもまた重要である。そこにおいては、個々の儀礼・所作がどのような動機によって行われたのかまで遡って検討する必要がある。

　本節で検討する遊部伝承は、平安時代中期に成立した「令集解」所収の養老喪葬令親王一品条に「古記」（大宝令の注釈書）引用として引かれた伝承を中心としている。この伝承は、「古記」引用のかたちをとることからその成立は養老令の一般的な条文よりも遡り、しかも古代の死生観を知るに極めて興味深い内容を含んでいる。筆者はかつて古墳時代の殯所を考えるに当たって遊部伝承を検討し、殯所のもつ本質的意味を遊部伝承から把握したうえで考古資料と照応させる試みを行い[1]、本章第1節で再検討のうえ、若干の改稿を行って提示した。

　この伝承は、古代の死生観とも密接に関わることから古墳の築造から埴輪樹立に至る葬送の場面を考えるに際しても一定の有効性をもつと思われ、これまでも亀井正道[2]、高橋克壽[3]らによって特に人物埴輪の意味を考えるにあたってしばしば参照・言及されている。

　ここでは、遊部伝承を人物埴輪の解釈だけに限定するのではなく、より踏み込んで古墳における埋葬諸儀礼から埴輪樹立に至るプロセス全体がもつ意味を検討し、そのうえで埴輪樹立の意義を考えてみたい。具体的には、遊部伝承を手がかりとして、「死」や「モノ」などに対してもっていた古代人の内在的意識を把握し、それをもとに埴輪を中心とした実際の考古資料との対応を行うという方向性である。この過程においては、近年大きく研究が進展した民俗学の成果に学びつつ検討を加えることとする。

　なお、ここで扱う遊部伝承は、「令集解」所収のものを基本としているが、「記紀」のイザナギによる黄泉国訪問譚とアメノワカヒコの葬礼に関する部分も遊部伝承と照応する内容があり、黄泉国訪問譚についても適宜参照したい。

2. 親王一品条と遊部起源伝承

　本節で検討するのは養老喪葬令親王一品条本文[4]と、そこに記された遊部について、「令集解」に所収された「古記」引用部分を含む注釈部分（遊部事）[5]についてである。この条文自体は、いずれもその全文を既に本章第1節（183・184頁）に掲げたので重複を避け、ここでは喪葬令本文（親王一品条）と遊部事に分けて、その内容を要約して論点を整理し、後の考察につなげる。

【親王一品条本文】

　最初に葬儀に際して親王一品に支給する葬具の内訳と発喪（棺側で死者のため哭声を放つ礼）の期間について規定し、以下、順に二品、三品四品、准一品・諸臣一位及左右大臣、二位及大納言・准三品、三位、太政大臣と葬具・発喪に関して位職に応じた内訳を規定していく。辟邪を担った異相の中国の神である方相にはじまり、喪屋を車に乗せた輴車、鼓（太鼓）、大角・小角（笛）、幡（旗）、金鉦（かね）、盾などが伴う[6]。異相の神の役割を担った人物、打ち鳴らすことによって悪霊退散を期待したと思われる各種楽器類、それに盾などは、埴輪にも同様のものがあることは注目してよい。

　本条の最後に近い部分に「以外葬具及遊部。並従別式。」とある部分が遊部の初出部分である。ここで遊部はその他の葬具と一括して扱われており、しかも本文ではなく「別式に従え」という一段低い位置づけがなされている。なお、この別式は残っておらず、内容はわからない。養老令成立の時点で、喪における遊部の関与は確認できるものの、遊部が行う具体的な仕儀が記されておらず、その位置づけが相当低くなっていた事情を図らずも示している。

【遊部事】

　最初に、養老令の注釈書である「令集解」に載せられた諸説のうち、「令釈」[7]にある注釈が紹介される。ここでは、遊部とは「幽顕の境を隔てて、凶癘魂を鎮める氏である」とする注目すべき一文（遊部。隔幽顕境。鎮凶癘魂之氏也。）が載せられている。

　それに続く部分が大宝令の注釈書である「古記」の引用部分である。ここでは、遊部の起源伝承とともに、殯所内で行われた遊部（当初は比自支和気とその氏人である禰義・余比）による具体的な所作内容が語られる。以下、内容をa～iに要約して示す。

　　a　現在、遊部は大和国高市郡にいて、生目天皇（垂仁）の苗裔であり、遊部を負うようになった所以は生目天皇の庶子、円目王が伊賀比自支和気の娘を妻としたことにある
　　b　天皇崩御の際、比自支和気らは殯所に到って供奉した
　　c　比自支和気はその氏人から2名を選んで禰義・余比とし（禰義は刀を負って戈をもち、余比は酒食をもって刀を負う）、共に殯所内に入って供奉した
　　d　そこで禰義らは特殊な辞（呪文）を用いたが、それを決して他人には漏らさなかったこと
　　e　長谷天皇（雄略）が崩御した際、比自支和気が散じていたため7日7夜にわたって御食を奉ることができず、天皇の魂が荒びてしまった
　　f　そこで諸国に比自支和気の氏人を求めたところ、円目王が比自支和気の女（娘）を妻と

していたことが判明し、円目王にそのことを確認すると事実だった
　g　円目王の妻に問うと、比自支和気の氏は途絶え、自分1人が残るだけであると答えた
　h　比自支和気の氏人である円目王の妻に殯所での奉仕を依頼したところ、女性1人では武器をもって供奉することができないというので、夫である円目王にその役を務めさせたところ、(天皇の)魂が和んだ
　i　これ以降、(円目王の子孫が)遊部と呼ばれた

　以上のうち、aでは、「古記」が記載された段階での遊部の居住地と、遊部の由来が示される。ただし、この部分のみでは遊部の由来が完全には理解できず、b以下、iに至るまでの全体を通すことによって、ようやくその由来が判明する。
　b(「凡天皇崩時者」からはじまる)からe(「依之阿良備多麻比岐」で終わる)は、遊部伝承の根幹部分で、古代の死生観や当時の喪葬を考えるうえで非常に示唆に富む内容を含む。すなわち、天皇崩御の際、比自支和気らは殯所に赴いて死した天皇に供奉し、御食を奉るとともに、殯所内での供奉の役割を担うため選抜された禰義と余比は特殊な言語(「禰義らが申す辞」、呪文)を介して天皇の魂を荒ぶらせずに和ませることに努めたことが示さる。しかも、fで死んだ天皇に7日7夜、御食を奉らなかったところ、天皇(の魂)が荒びたことは、殯所における正しい処置を怠ると、恐ろしい事態が生じることに対しての恐懼が滲み出ている。

　最終的に、後段部(f〜i)において、比自支和気の系統で1人残っていた女系を介して相続した円目王にその役を務めさせ、天皇の魂は「和平んだ」状態へと戻って事なきを得たが、この一連の記述から天皇の死に際して処置せねばならなかった所作と、その処置が天皇の魂が荒ぶることに対する恐懼に起因することが判明する。そして、こうした意識は、天皇だけでなく、当時の首長層などの死に対しても、意識の共有性が敷衍できるのではないかと考える。

3. 殯所内での具体的所作とその意味

　後段部において、長谷天皇(雄略)の魂が荒びたのは、比自支和気が散じていたので、死んだ天皇に7日7夜、御食を奉らなかったためと記されている。このことは、死者に対しての御食供献が魂の荒ぶることを防ぐ重要な所作と認識されていたことを示し、具体的には前段で比自支和気の氏人、禰義・余比のうち、余比は酒食をもって奉仕したことが記されている。しかし、前段部分も通してみてみると、荒ぶるのを防ぐには、御食供献だけでなく他の所作もあわせて行われたことが示されている。つまり、後段部の長谷天皇のくだりは、殯所で繰り広げられた魂の荒ぶることを防ぐ所作全般を御食供献をもって代表させたもの、とみられる。

　では、荒ぶるのを防ぎ、死者を正しく鎮送するためには、食物(御食)供献以外にどのような儀礼・所作が行われたのであろうか。遊部伝承全般と、「殯斂」処との記述もみられる「日本書紀」神代上第五段[8]及び「古事記」[9]のイザナギによる黄泉国訪問譚も参照しながら考えてみたい。

　まず、殯所に至った比自支和気は、自らの氏人からふたりを選抜して禰義・余比としたが、

禰義は刀と戈を、酒食をもった余比は刀を負っていたという。つまり、禰義・余比は武装人物でもあった。殯所内で武装する意味は、「古記」の記述（a～i）だけでは理解が難しいが、釈説の「隔幽顕境。鎮凶癘魂之氏也」を介在させると、その意味するところがより明らかとなる。すなわち、「凶癘魂」を鎮めるための武装である。

　凶癘魂に関しては、五来重が「死して間もない祟りの多い死霊」として、凶癘魂とは死者自身からすさび出た恐るべき霊魂と考えた[10]のに対し、田中久夫[11]、岩田勝[12]は、凶癘魂は外部から寄りつくものとし、本章第2節で文献11として示したように、「日本書紀」神代上第五段一書第九（「古事記」も同内容）において黄泉国を訪れたイザナギが殯斂処（殯所）で死せるイザナミの上にみた八色雷公（一書第六では泉津醜女）はまさに凶癘魂を表現したものと考えた。

　さらに岩田は、凶癘魂を死者の死霊に寄りつこうとする邪霊の類で、凶癘魂（邪霊）に取り付かれると死霊も邪霊と化し、生者に対して祟る可能性が生じたことを指摘している[13]。凶癘魂に対する考え方は、五来よりも田中、岩田両氏に従うべきであろう。そして、死者の死霊が凶癘魂に取り付かれて「荒ぶる」状態と化すことを事前に防ぎ、また「荒ぶる」状態に陥ったと認めた時には何とかそれを押さえ込もうと様々な処置が施されたのであるが、このことに関して田中は、殯所内で奉げられた食物も、死者に取り付いている凶癘魂を供応してその活動を抑止するためであったとし、食物供献の対象を死霊ではなく凶癘魂とする[14]。

　もうひとつ、凶癘魂を抑えて荒ぶる状態を防いだのは、禰義と余比による秘密の辞（言葉）による呪儀である。これに関して岩田は、禰義が死霊を余比に託かせて語らせた可能性を考え、禰義を男性司霊者、余比を女性巫者とみて、禰義が死霊を呼び寄せ、余比に依り憑かせてこれに問いかけ、余比に死霊の辞を語らせて凶癘化した死霊を和平ませたと指摘した[15]。

　このようにみると、殯所内で死者の魂の荒ぶることを防ぐ所作には、以下の3つの目的があったことが判明する。

① 　武器による威嚇・祓
② 　食物供献（この場合、供献が凶癘魂を供応し、死霊から凶癘魂を離す意図があったことも含意）
③ 　言語呪儀

である。なお、これ以外に岩田は、死者の死屍や棺を衣で包み覆って、槨に納め、凶癘魂の来着を防ぐ呪物の類を配置するのも遊部の行儀であったとされる[16]。このことについては、既に本章第2節で検討を加えた。

4. 死から喪、そして葬へ

　以上のように、「令集解」所収の遊部伝承は、「日本書紀」神代や「古事記」に記された内容とも極めて整合的に照応し、古代の死生観を知る上で重要な示唆を我々に与えてくれる。ここで示された殯の内容は、折口信夫がつとに説いた内容、すなわち「人は死んですぐは本当の生死を判別できず、遊離した魂を再び体内へ戻すべく鎮魂を行い、生き返らせようとした」場が殯であるとする理解[17]（この場合の鎮魂は、「タマフリ」）とはまったく相容れない。近年の民俗学は、折口による殯観を採る研究者は少なく、凶癘魂の解釈に差異はあっても基本的には殯を「タマフリ」

第4節　遊部伝承から読み解く埴輪の意義

の場とは考えない論者が大勢を占めているように見受けられる。そして、岩田が明確に指摘したように[18]、殯とは、凶癘魂から死霊を護りつつ、死して間もない死者の霊を生者の世界から死者の世界へ正しく鎮送する場として理解するのが最も史料に対して適合したものであろう。このことは、喪葬から葬送に関わる考古資料を理解するうえでも極めて重要である。

　つまり、古墳における埋葬諸儀礼を考えた場合、従前から「辟邪」を示すといわれてきた内容が、より具体的には「凶癘魂」に対しての備えとして捉えることが可能となる。岩田らをはじめとする昨今の民俗学の成果を踏まえると、この凶癘魂とは、外部から寄り付く邪霊の類で、死者に取り付くと死者の死霊自体も邪霊化すると観念され、これをどう払うかが残された生者が死者に対して行う処置において課題とされた。以下、喪葬から古墳への埋葬に到る場面に即して具体的に示しておこう。

　まず、埋葬を待つ間は、辟邪の仕掛けを厳重に施した殯所において、比自支和気（とそれを継いだ遊部）らによって、死んで間もない死霊を正しく死者の世界へと導く様々な所作が行われた。まさにモガリとは遊部伝承のうちの釈説の部分、幽（死者の世界）と顕（生者の世界）の境を隔てて、凶癘魂を鎮するための場であり、期間であった。凶癘魂は、イザナギによる黄泉国訪問譚において、イザナギが泉津醜女に追われて黄泉国から逃げ帰る際、イザナミが投げた黒蔓や湯津爪櫛から生成した蒲陶（葡萄）や筍を食む供応体質[19]も併せ持ち、またイザナギは背後に迫る凶癘魂に対して剣を抜いて揮いつつ退避した。ここにおいて、禰義・余比らの負う武器類が凶癘魂からの護身とともに、直接凶癘魂を抜除するための意味があったことが明らかとなる。

　その後、一応の安定をみて、埋葬に移されることになるが、ここでも正しい処置を怠れば、再び凶癘魂が取り憑こうとする不安定な世界に戻ることが畏怖されたと思われる。特に、生前において一身に権力を集中し、より強大な力を発揮したと観念された首長ほど、死して後の霊威発現の恐れも大きくなり[20]、その分、葬所（古墳）での埋葬諸儀礼や埴輪樹立に込められた辟邪の処置もより厚く処置されることになった。この場合の霊威発現とは、ここまでの議論を踏まえると、正しい処置を怠ったり、不十分であったため、凶癘魂の埋葬施設内への侵入を許して被葬者死霊へ取り憑かれ、被葬者死霊が悪霊（邪霊）化して、その結果としてその災いが生者の世界へ及ぶことに尽きる。

　この観念は、仏教伝来以降、埋葬観念や埋葬儀礼が大きく変質したなかにあっても根強く維持されたとみられ、「続日本後紀」[21]が承和10（843）年のこととして伝える盾列陵で異変があったのは神功皇后陵と成務天皇陵を取り違えて祀っていたためとする記事なども、正しい処置が行われていないと死してもなお生者の世界に祟ることがありうるという古代人の含意（観念）を下敷きにしたものとして評価しうるであろう。また、仏教導入で支配者層において火葬が一気に取り入れられたのも、仏教思想の影響だけでなく、遺体を残すとその屍に対して凶癘魂が取り付く（この具体的な様を記したのが「記紀」のイザナミによる黄泉国訪問譚）という古墳時代以来の死生観とも合致して、その前提となる遺体そのものを滅失させてしまうことを意図したため[22]と思われる。もっとも、これにより殯や遊部に代表される喪葬者集団の衰退はより決定的になったとみられる。

　そして、第2節でも検討を加えたように、「魏志倭人伝」や「隋書倭国伝」といった外国史料[23]

にも列島での殯について記したとみられる記事がみられ、しかもその内容は殯所における具体的な様を記した「記紀」のアメノワカヒコ伝承[24]などとも照応し、それら外国史料が一定程度、列島における殯の実態を捉えているものと評価できる。つまり、列島においての殯儀礼は、プリミティブなかたちとしては「魏志倭人伝」を介して古墳時代初頭には遡及させて考えることが可能となろう。

そして、この観念の広汎な成立こそが、巨大な前方後円墳を築造させ、「古墳時代」たらしめた基層的な要因といえるであろう。

5. 遊部所作と「烏丸伝」との対比

養老喪葬令親王一品条遊部事に記された比自支和気氏人の禰義・余比により殯所内で行われた死者の荒ぶることを防ぐ様々な所作及びそれを支えた観念は、列島だけに存在したわけではない。ここで注目されるのは、「三国志」魏書烏丸鮮卑東夷伝中の「烏丸伝」の記事[25]である。

文献2　「三国志」魏書第三十烏丸鮮卑東夷傳（烏丸伝）
　（中略）貴兵死、斂屍有棺、始死則哭、葬則歌舞相送。肥養犬、以采繩嬰牽、并取亡者乘馬、衣物、生時服飾、皆燒以送之。特屬累犬、使護死者神靈歸乎赤山。赤山在遼東西北數千里、如中國人以死之魂神歸泰山也。至葬日、夜聚親舊員坐、牽犬馬歷位、或歌哭者、擲肉輿之。<u>使二人口頌呪文、使死者魂神徑至、歷險阻、勿令橫鬼遮護、達其赤山、然後殺犬馬衣物燒之。</u>
　（以下略、下線部は筆者）

「烏丸伝」によると、烏丸では死亡者が出ると当初に哭泣し、葬儀に際して歌舞をして死者を送り出すなど「倭人伝」による倭人の習俗にも類似したあり方を示す。注目されるのは、埋葬の日に行われることとされる「二人の者に呪文をとなえさせ、死者の魂が険阻な場所をまっすぐ通りぬけ、悪い精霊たちにじゃまをされず、無事に赤山に行きつけるように教え戒めさせる」[26]という所伝（下線部分）の存在である。

こうした観念は、基本的にこれまで考察してきた遊部による悪霊を祓って死者の霊を和ませる処置と基本的な方向を同じくし、また具体的な所作としても2名が呪文（辞）をもって対応するなど類似する部分が多い。

つまり、列島において古墳の築造を迎えようとする時期、大陸においても死者に対して同様の観念が抱かれていた地域が確認できることは重要である。烏丸と列島では、朝鮮半島などを間に挟むなど距離的には離れているので直接的な対比は困難であるが、中国正史に採録された短い記事に当該地域の習俗すべてを網羅したとは考えがたいことから、「烏丸伝」における当該記事の存在は他にも同様の観念が東アジア地域に存在していたことを示唆する。列島における古墳時代の喪葬観念が、列島内だけの要因で形成されたとみるよりも、こうした大陸の一部地域において醸成されていた死者に対する観念の流入と関わる部分もあるのではないかと考えられる。

6. 辟邪観念と埋葬諸儀礼

　古墳時代において、死者に対して抱かれていた観念（死生観）を以上のように考えてよければ、その観念を敷衍させることによって、古墳築造から埋葬施設構築、棺選択と棺に対する様々な仕掛け、施朱、副葬品の埋置、埴輪樹立などが極めて整合性をもって理解できるものとなるであろう。このことは、古墳時代の前期から中期、さらに後期に至る過程で、埋葬手法に変化はあっても、凶癘魂を鎮め、被葬者の悪霊化を防ぐという根底に流れる観念としては、基本的に維持されたとみられる。こうした古墳における「防御の思想」については、すでに佐野大和[27]や川西宏幸[28]、高橋克壽[29]による優れた分析があり、以下、これら先学に導かれながら、その内在的意味を本稿の趣旨に沿って確認しながら具体的にみていこう。

　先に示した民俗学の成果からは、被葬者の死霊を悪霊化させる主体は外部から寄り付く凶癘魂であり、それを防ぐ処置が第一義的に行われねばならない所作・儀礼ということになるが、埋葬における様々な所作を確認すると、埋葬の場においては、凶癘魂を防ぐ辟邪の備えとともに、死者の魂自体が荒ぶることに対しての備えもまた合わせて講じられたように見受けられる。

　まず、古墳時代成立期において、埋葬の場となる前方後円墳の後円部をみてみよう。遺体は割竹形木棺に入棺されたのち竪穴式石槨に納められ、その上を粘土で覆うなど極めて厳重に遺体の護持が図られている。墓壙も深く、埋葬部上に方形壇がしばしば載せられていることは、より厳重に遺体を外部と遮断させることを意図したものとみられる（図118）。このことに関して、前期の割竹形木棺が長大なことから、死した先帝と後継の新帝が木棺内で同衾し、その首長（天皇）霊を受霊したと考えたり[30]、後円部上を舞台とした首長霊（権）継承儀礼を説く考え[31]も提出されているが、岡田精司の周到な批判[32]があるように、遊部伝承などを敷衍して古代の死生観を前節のように理解した場合、凶癘魂が跋扈し、それに対しての処置を厳重に施した葬所たる古墳上において、そうした儀礼が行われることはあり得ないものと認識される。岡田も指摘するように、「後継者が葬送儀礼を営むことによって、死去した王者から権力・富を継承したことを示威する」[33]ことはありえてもそれは結果としてであり、それを古墳築造の本義と考えるのは結果論の目的論化といわざるを得ない。

　なお、古代中国では、大地に坑を掘って棺槨を納めた後にその上に封土を築造したが[34]、辟邪というてんではこちらのほうが一見厳重な措置とみられる。しかし、中国の場合は、地下に死後の世界（他界）観が古くから成立し、死後生活を意識した葬送観があったが、列島ではそうした観念は少なくとも古墳時代前中期までには成立しなかったとみられている[35]。むしろ死者を古墳に封印して死者と生者の関係を絶つとともに、死者の悪霊化を防ぎつつ、正しく処置されて和平んだ魂自体は、多分に「山」たる葬所に眠ると観念されたとみられる[36]。

　墳頂部における辟邪の仕様は、「垣」として捉えられる円筒埴輪[37]による方形区画の成立を受けて、前期後半から中期にかけてのより辟邪観念を直接的に示した武具系器財埴輪の樹立によって頂点に達する。ここにおいては、メスリ山古墳の円筒埴輪類[38]に代表されるように、使用された円筒・朝顔形埴輪も長大である。しかも、高い後円部を方形壇によってさらに一段かさ上げ

第Ⅲ章　喪葬から埋葬へ

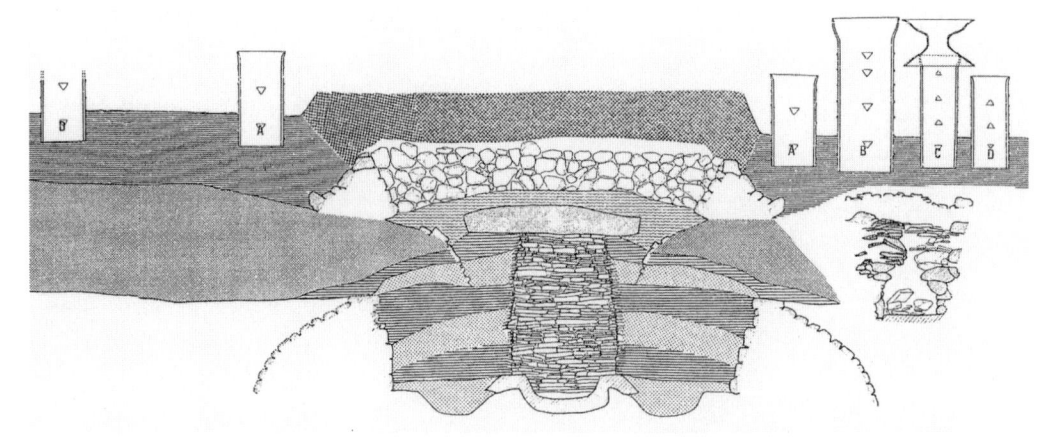

図118　メスリ山古墳後円部埋葬施設断面模式図（横断面）

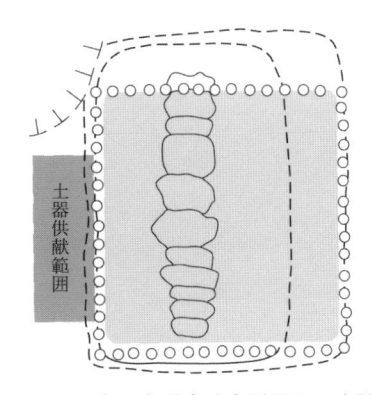

図119　寺戸大塚古墳方形区画と土器供献

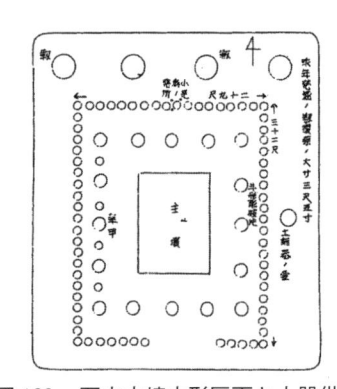

図120　石山古墳方形区画と土器供献

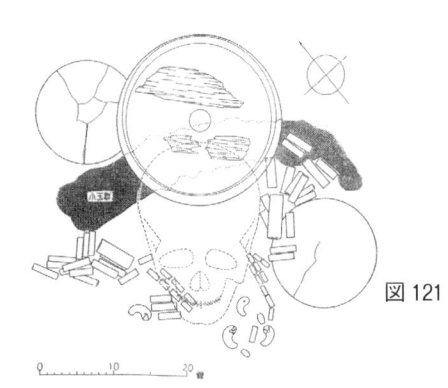

図121　和泉黄金塚古墳東槨被葬者頭部の鏡出土状況

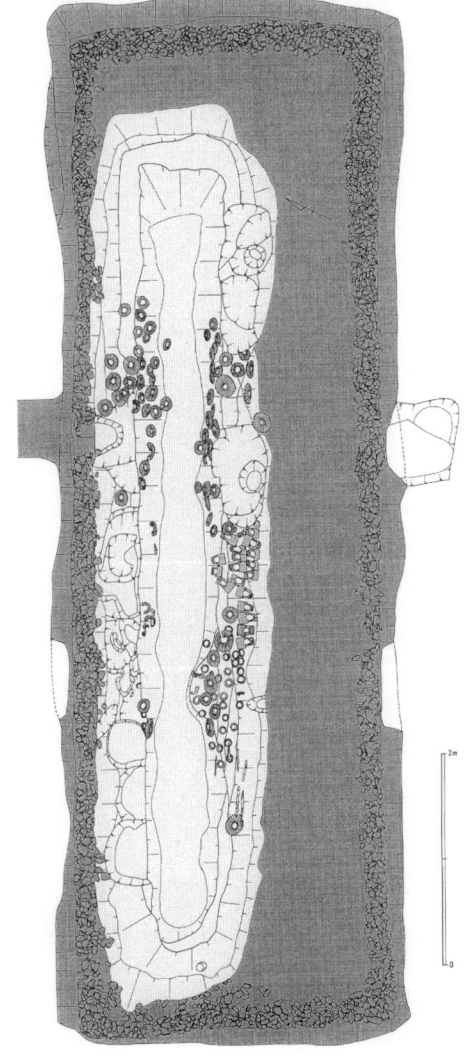

図122　島の山古墳前方部粘土槨の腕輪型石製品出土状況

したところに背の高い埴輪が樹立されるので、これは埋葬部を外部から隠すことも意図されたものとみられる（図118）。そして、食物供献を象徴する壺形や高坏形、器台形埴輪の樹立や土器類の配置は、土器配置が寺戸大塚古墳（図119）や石山古墳（図120）の例にみるごとく方形区画の外側に配されるのが基本であったとみられることから[39]、死者と埋葬参加者の共食儀礼を示すものではあり得ず、遊部による食物供献が凶癘魂に対しての措置も含意したとみられることとも照応して、外部から寄り付く悪霊を退散させる役割が第一義的に意図されたと見られる。

以上のことに関しては、水野正好が「播磨国風土記」託賀郡法太里の甕坂の由来譚を敷衍して、依り来る外者（外霊）に供膳し、内に至らしめることなく追い帰そうとする境界の論理の発動を説いており[40]、聞くべき意見であろう。

次に埋葬施設内の副葬品配置をみてみよう。まず、鏡（特に三角縁神獣鏡）、腕輪形石製品、刀剣類が、被葬者の周囲を取り囲んだり、上部を覆うように出土する例のあることは注目される（図121・122）。このことに関して河上邦彦は、鏡と腕輪形石製品が出土状況の共通性を介してともに辟邪として用いられた性格のあることを指摘し[41]、さらに寺沢知子も鏡・腕輪形石製品と同じように遺体を囲んで配された刀剣類も鏡や腕輪形石製品と同じ辟邪として理解可能なことを指摘した[42]。この場合、特に三角縁神獣鏡に関しては、鏡面の方向が内（被葬者）側もしくは外側のどちらかに統一されていることが多く、白石太一郎が統一的に把握したように[43]、内側を向くものは被葬者の魂が荒ぶることへの防御、外側を向くものは凶癘魂への対応とひとまず考えることができる。さらに、前期後半の粘土槨には、三角縁神獣鏡を粘土槨側面の被覆粘土内に埋め込んで置かれることがあり（図123）[44]、これなども河上の説くように呪的な観念を下敷きになされた所作であろう。また、腕輪形石製品は南海産の貝製呪具に由来する[45]てんからもそれ自体を呪具とみなすのが第一義であり、滑石製模造品や玉類についても同様[46]である。

つまり、古墳に埋納された副葬品の多くは基本的には埋葬の場で機能する呪具として捉えるのが第一義であり、「宝器」や「威信財」としてみることはあくまで「結果論」としてみるべきである。前期後半から中期古墳の埋葬施設の上部ないしは脇に配される革盾に関しても、その埋置方向から被葬者自体の悪霊化や凶癘魂（外部からより来る悪霊）に対しての備えとして配されたとみられるが、これについては前節に記したので参照されたい。

7. 埴輪樹立変遷の背景

以上みてきたように、前期及び中期（特に中葉あたりまで）の埴輪配置や副葬品配置を含む埋葬諸儀礼は、基本的には遊部伝承によって示されている死者に取り憑こうとする凶癘魂と、凶癘魂に取り憑かれることによって生じる被葬者死霊の悪霊への転化（この状態が「荒ぶる」）への畏怖によって生じたとみられる。こうした観念は、凶癘魂と対峙するかのように外側を向いて樹立された武具系器財埴輪や、あたかもスクラムを組むかのような墳頂部の方形埴輪列によってより顕在化しているが、一方で中期以降、墳頂部の方形区画とは別に、造出や島状施設、中堤、造出と主墳丘との谷部などにおいて、家形埴輪と食物供献を示す土器や食物形土製品、鳥形埴輪、それに囲形埴輪などによって構成される埴輪群の樹立が顕在化していく。以下、これら埴輪群の樹立場

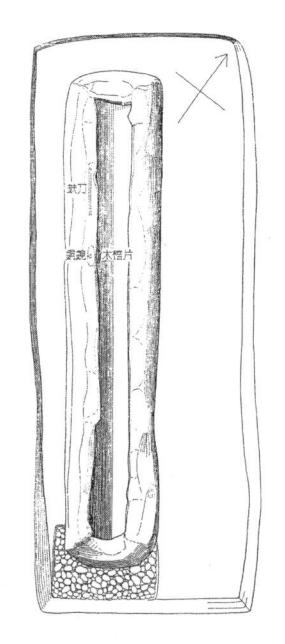

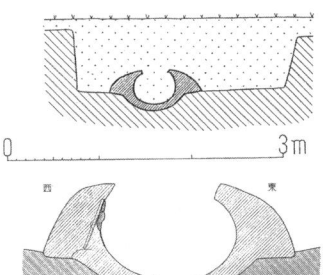

第Ⅲ章 喪葬から埋葬へ

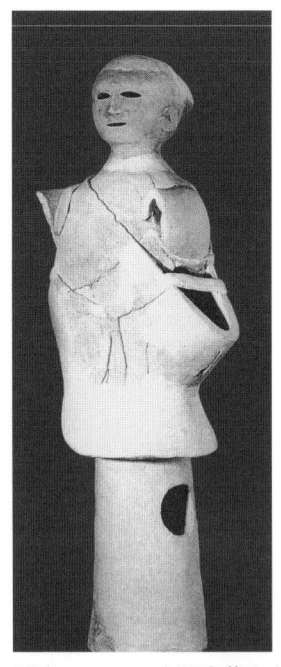

写真11・12 大阪府蕃上山古墳出土の女性人物埴輪(左)と男性人物埴輪(右)

図123 大阪府駒ヶ谷宮山古墳粘土槨の三角縁神獣鏡出土状況

図124 滋賀県狐塚5号墳の女性人物埴輪

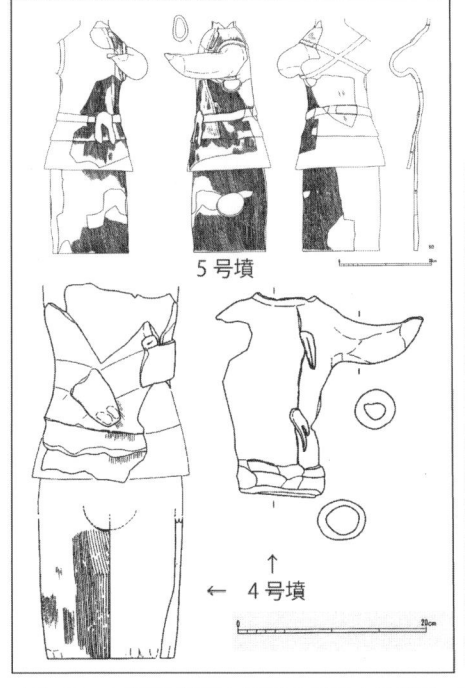

図125 三重県稲葉古墳群の男性人物埴輪

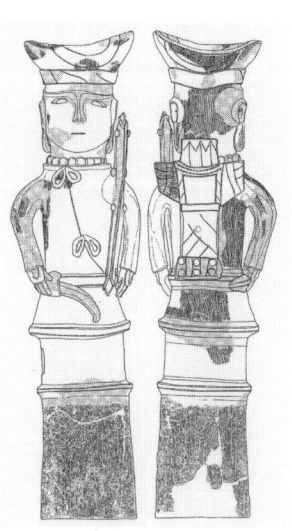

図126 群馬県今井神社2号墳の軽装武人

236

所に関して、墳頂部などの主墳丘とは区別する意味で「付設施設」の名称を与えておく[47]。

　付設施設での埴輪樹立は、もちろん造出島状施設、谷部などのエリア別にそれぞれ一様でなく、またそのエリア自体も周濠の有無によって存在自体が規定されてしまうため、一概には総括できない。しかし、人物埴輪の多くも基本的にはこの部分に樹立されることから、「場」の性格自体は人物埴輪の出現前と後でも基本的な枠組みに共通性があったものとみられる[48]。そして、5世紀のある時期までは墳頂部の方形区画での埴輪樹立と、付設施設での埴輪樹立は共存関係にあるが、墳頂部の方形埴輪列の衰退とともに形象埴輪の樹立は付設施設に収斂されていき、埋葬施設が竪穴系から横穴式石室に変化するのと連動して完全に付設施設に集約化される。

　この付設施設の埴輪樹立は、埴輪の置かれた位置が墳裾ないしはそれと同レベルの低い位置にあることが多く、これまでも多くの論者の言及があるとおり、多分に外部から見られることを意識した「見せるための舞台」としての役割が備わっていたとみられる。このことに関して、三重県松阪市宝塚1号墳の出島状施設（報告書では「造り出し」）では、外周に壺形埴輪と円筒埴輪によって構成された埴輪列が囲繞するが、ここに用いられた円筒埴輪は主墳丘（後円部及び前方部本体）を巡る円筒埴輪よりも器高が低く、外部から容易に内部を見通せる構造になっていた[49]。このことは、後円部墳頂部で用いられる円筒埴輪や朝顔形埴輪、それに器財埴輪による方形区画が、埋葬部を取り囲んで内部への視界を遮っている状況と比べると対照的であり、造出や島状施設がもつ顕在性を如実に示すものといえよう。なお、後期前方後円墳の造出の中には、墳丘中段くらいの高い位置のものもあるが、これとて墳頂部と比べるとその樹立位置の低さは前代とは比べるべくもない。

　さて、この付設施設で展開された埴輪群の性格についての結論を先に示せば、基本的には前代の墳頂部方形埴輪列で認められた外部から依り憑く凶癘魂を払除し、古墳に眠る被葬者の死霊を守護するという機能を、「見せる舞台」たる付設施設において象徴的に示したものといえるであろう。その場合、前期から中期にかけては、それを実際の防御の思想を体現した厳重な方形埴輪列と武具系器財埴輪を介した「場」として担ったのに対して、人物埴輪出現以降は武具系器財埴輪のもった辟邪機能は武装人物埴輪が引き継いで担うとともに、最も中心となるべき魂を和平せる所作は殯所における遊部の機能を体現した男女の人物埴輪の「行為」によって示したとみられる。具体的には、「軽武装の人物」とも呼称される男性人物埴輪（図126）と、食物供献を体現した「巫女」や「男覡」とされる男女の人物埴輪である（写真13・14、図124・126）。このことに関して、遊部伝承の後段部分、長谷天皇以降の部分で、比自支和気の氏人として残された比自支和気女が、女性では武器をもって供奉できないという理由で殯所での供奉を夫である円目王に移管したが、このことは殯所内での供奉が男性に限られたことを意味するのでなく、女性では殯所内での供奉全般を差配した喪葬統率者としての比自支和気の職掌を継ぐことはできないと主張したものとみたい。ちなみに岩田勝は、殯所内で奉仕した禰義・余比に関して、中国地方に残る民俗例「取神離し」との構造上の共通性から、禰義を男性、余比を女性とみている[50]。殯所が殯宮儀礼として定式化する6世紀以降は人物埴輪のセットは複雑化するが、人物埴輪出現初期にはこの男性人物と女性人物のセットが組成として最もプリミティブであり[51]、ここに人物埴輪樹立の本質が出ているとみてよかろう。

なお、これら埴輪群像の示す意味を殯の場とすることに対して、死が確定した埋葬の場である古墳に殯は疑問とする考えがあり[52]、高橋克壽はこれを「そもそも論」と呼称した[53]。しかし、この説を採る論者の多くは、殯の理解を生き返らすためのタマフリを行った後に最終的な生死の確定をする場という折口説に基づく理解を示されているため、その時点において筆者の立場とは問題の把握の方向性に差異が生じている。ただし、だからといって筆者は殯が葬所たる古墳で挙行されたと考えているのではない。喪から葬へと辟邪・悪霊化防止の観念が同等に貫徹されていることを凶癘魂に知らしめ、辟邪の意図を実現させる便法として、殯所で行われた措置・所作と同内容を埴輪として造形させたのである。

8. まとめ

　遊部伝承を手がかりに、古墳における埋葬諸儀礼や埴輪樹立の意味を再検討した。
　人物埴輪を含む埴輪群は、殯によって実現させた死霊・悪霊の封じ込めを、古墳という葬所においても永続的に実現するため、生身の人間や実際の器物・食物ではない埴輪と土製品という永久物に仮託したものとして捉えられる。埴輪の表現の問題として、外部から寄り来る凶癘魂を撥ね返す辟邪観念を前面に押し出した盾や靫、甲冑などといった器財埴輪で固めた前中期と、同じ観念の実践を職掌として示す各種の人物埴輪で示す中期中葉以降では一見すると意識の変化のように見えるが、前中期古墳においても前節で検討を加えたように被葬者側に対して向けられた盾や器財埴輪などから被葬者が「荒ぶる」ことを抑え込もうとする観念は存在しており、その背後には一貫して凶癘魂の排除と悪霊封印の思想が貫かれていたとみられる。表現手法に変化はあっても、根底に流れる思想は不変であったとみることができるであろう。
　人物埴輪出現以前、墳頂部方形埴輪列と共存する時期に付設施設に樹立された埴輪群は、家形埴輪と食物関連の土器・土製品による食物供献と谷部を中心とした囲形埴輪の樹立（それに白鳥等の鳥形埴輪の樹立）を基本としている[54]。このことに関して筆者は、囲形埴輪が殯所（喪屋）を示す形象埴輪ではないかとする説を提出している[55]。殯所にて行う儀礼・所作の意義は、「仮死」した人間の生き返りを図るための鎮魂（タマフリ）を行ったり、それでも生き返らないことに対して最終的な死の判断を下す（死を確認する）こと[56]にあったのではなく、死者が凶癘魂に取り付かれることなく、死者霊が和んだ状態で正しく鎮送されることにあった[57]。そのために行われた具体的な所作には、死者への酒食の供献や言語呪術（以上、「喪葬令親王一品条遊部事」）、遺体洗浄や遺体・棺への施衣（以上、「喪葬令京官三位条」）などがあり、この行為を実修する施設としての殯所の埴輪化は人間の「死」に対する同様の観念・意識が葬所たる古墳上でも同様に貫かれていたことを象徴的に示したものと考えられる。「古墳」という葬所の存在自体が、凶癘魂の依り憑きを排して被葬者の魂が荒びさせずに葬所に永久に鎮まることにあるとすると、埋葬部を護るように配置された方形埴輪列から付設施設及びその周辺での囲形埴輪や家形埴輪などの樹立、それに時期が下っての付設施設における人物埴輪の樹立に至るまでは、表現手法の違いはあってもその観念的な背景として一貫的なものとして捉えられることとなる。
　そして、この観念は、埴輪樹立だけでなく、前節でも触れたような葬所たる古墳において実践

された様々な所作・儀礼においても一貫して貫かれていた。もちろん儀礼に込められた意味は多様であり、これだけをもってすべてを律するわけではなく、また古墳に込められた政治性の意味を排除するわけではない。しかし、葬所たる古墳の意味を再確認し、巨大な墳丘を築いて、多大の労力を注入した古墳時代の膨大なエネルギーを支える基層的な観念を考えるには、死から埋葬にいたる間には凶癘魂と死者霊という存在が観念上は存在し、両者の相克のなかに多くの喪葬・埋葬の諸儀礼・所作が規定されていたのではないかと判断されるのである。今回の検討により、「古墳」という存在がもっていたその本質的意義が、より明瞭に把握できたのではないかと考えている。

　従来古墳時代の喪葬については、専ら古墳における埋葬諸儀礼やせいぜい埴輪樹立までが対象であったが、今後は人間の死に始まる一連の行為全般を対象とした検討が必要となる。そのことを通して、列島各地で巨大古墳が連綿と築造され続けた「古墳時代」という時代区分上の特質も、改めて問い直されるものとなるであろう。

註

（1）穂積裕昌　2004「いわゆる導水施設の性格について―殯所としての可能性の提起―」『古代学研究』166　1～20頁　古代学研究会
（2）亀井正道　1995『日本の美術346　人物・動物埴輪』至文堂
（3）高橋克壽　2006「埴輪―場から群像に迫る」『列島の古代史　ひと・もの・こと　5　専門技能と技術』287～305頁　岩波書店
（4）以下、引用は下記文献による。岩波書店　1976『日本思想体系　律令』
（5）以下、引用は下記文献による。吉川弘文館　1966『新訂増補国史大系第24巻　令集解後篇』
（6）方相や轜車などの解釈は、前掲註（4）文献の注解（関晃執筆分）に拠る
（7）平安時代中期成立とされる養老令の注釈書。なお、遊部事では、この後の「古記」引用に続き、同じく平安時代成立の「穴記」による解釈も併記している。これら養老令注釈書の成立年代等は、下記文献参照。井上光貞　1976「日本律令の成立とその注釈書」743～810頁　前掲註（4）文献所収
（8）以下、「日本書紀」は下記文献に拠る。坂本太郎ほか校注　1967『日本古典文学大系　日本書紀』上　岩波書店
（9）以下、「古事記」は下記文献に拠る。倉野憲司校注　1962『古事記　祝詞』岩波書店
（10）五来　重　1963「遊部考」『仏教文学研究』第1集　33から50頁
（11）田中久夫　1981「殯宮考」『東アジアにおける民俗と宗教』453～475頁　吉川弘文館
（12）岩田　勝　1992「取神離しと鎮凶癘魂」『神楽新考』71～148頁　名著出版
（13）前掲註（12）文献
（14）前掲註（11）文献
（15）前掲註（12）文献
（16）前掲註（12）文献
（17）折口信夫　1975「上代葬儀の精神」『折口信夫全集19』86～121頁　中央公論社（原論文は1934『神葬研究』第1輯）
（18）前掲註（12）文献
（19）前掲註（11）文献
（20）川西宏幸　1999「基層文化論」『古墳時代の比較考古学―日本考古学の未来像を求めて―』23～25頁　同成社

第Ⅲ章　喪葬から埋葬へ

(21) 吉川弘文館　1981『新訂増補国史大系　続日本後紀』
(22) 筆者も火化を受けた古墳の解釈に関して同趣旨を提示したほか、岩松保はより詳しくその背景を論じている。穂積裕昌　2005「三重の祭祀遺跡—伊勢神宮への道—」『水のまつりと古代史』316頁　大巧社、岩松保　2006「黄泉国への儀礼—骨を動かす行為—」『京都府埋蔵文化財論集』第5集　393〜410頁　（財）京都府埋蔵文化財調査研究センター
(23) 石原道博編訳　1951『新訂魏志倭人伝他3篇—中国正史日本伝（一）—』岩波書店
(24) 前掲註（8）及び（9）文献
(25) 晋　陳壽撰（宋　裴松之註）　1990版「三国志」65巻（魏書第三十烏丸鮮卑東夷傳）　中華出版局
(26) 陳寿（今鷹真・小南一郎訳）　1982『三国志』Ⅱ（世界古典文学全集24巻B）筑摩書房による当該部分の日本語訳
(27) 佐野大和　1956「古式古墳における副葬品の呪術的意義」『國學院雑誌』57-4
(28) 前掲註（20）文献
(29) 髙橋克壽　1998「墓域の護り」『日本の信仰遺跡』137〜156頁　奈良国立文化財研究所学報第57冊
(30) 春成秀爾　1976「古墳祭式の系譜」『歴史手帳』4-7　82〜90頁。このことに関して洞富雄は、大嘗祭の真床覆衾における先帝亡骸との同衾を想定する。洞富雄　1979「大嘗祭における寝具の秘儀」『天皇不執政の起源』93〜123頁　校倉書房（初出は1959『歴史読本　日本の秘密』所収）。なお、折口信夫は、「真床覆衾」について、昭和3年9月の講演録である「大嘗祭の本義」では「此は、日の皇子となられる御方が資格完成の為に、此御寝所に引き籠つて、深い御物忌みをなされる場所である。実に重大なる鎮魂の行事である。此処に設けられて居る衾は、魂が身體へ這入るまで、引き籠つて居る為のものである」（『折口信夫全集』第3巻中公文庫版195頁、4〜6行目）としたうえで、「或人は、此お寝床の事を、先帝の亡き御身體の形だといふが、其はよくない。死人を忌む古代信仰から見てもよろしくない」（同9〜10行目）とし、先帝との同衾を想定していない。ただし、昭和9年の「上代葬儀の精神」の段階では、「大嘗宮にお衾を設けて、つまり、寝間をお作り申し上げてあるといふことは、お崩れなされた天子の聖躬がそこにある形です。そこに鏡が置かれてあり、著物を置き、靴が置いてあるといふことは、つまり御祖先の神様のお骸がそこにあると見て居ると、かう思つて居ます」（『折口信夫全集』第20巻374頁14行目〜375頁1行目）とし、現実の先帝遺体との同衾までは書かないものの、昭和3年の段階に比べると明らかにその考え方を変化させてきている。洞富雄の考え方は、折口の昭和9年の言説（「上代葬儀の精神」）と調和性があり、この考え方をさらに推し進めたものといえる。春成を含む前方後円墳の後円部上における首長霊継承儀礼を説く考え方もこの延長線上にあることは明らかであろう。折口の言説に触れる場合は、どの段階の考えなのか、また同一テーマで前後に相矛盾する別の考え方を提示していないかなどの確認が必要である。
(31) 初期に提起された論として、下記文献をあげる。近藤義郎・春成秀爾　1967「埴輪の起源」『考古学研究』13巻3号
(32) 岡田精司　1999「古墳上の継承儀礼説について　祭祀研究の立場から」『国立歴史民俗博物館研究報告』第80集 235〜259頁　国立歴史民俗博物館
(33) 前掲註（20）文献
(34) 前掲註（32）文献
(35) 小林行雄　1949「黄泉戸喫」『考古学集刊』第2冊　1〜9頁
(36) 堀　一郎　1963「万葉集にあらわれた葬制と、他界観、霊魂観について」『宗教・習俗の生活規制』49〜84頁　未来社（初出は1953『万葉集大成』8　民俗篇　平凡社）、松尾光　2005「山部・山守部の職名淵源」『古代の豪族と社会』63〜114頁　笠間書院（原論文は2004「山部と山守部」『万葉古代学研究所年報』2号）
(37) 犬木　務　2002「円筒埴輪という装置—形態論・機能論からの検討—」『東アジアと日本の考古学Ⅱ墓制②』53〜80頁　同成社
(38) 伊達宗泰ほか　1977『メスリ山古墳』（奈良県史跡名勝天然記念物調査報告第35冊）奈良県立橿

原考古学研究所
(39) 穂積裕昌　2005「墳頂部方形区画と「東方外区」」『石山古墳』72～78頁（第24回三重県埋蔵文化財展図録）三重県埋蔵文化財センター
(40) 水野正好　1974「埴輪体系の把握」『古代史発掘』7　136～153頁　講談社
(41) 河上邦彦　1997「石製腕飾類と鏡の配置から見た呪術性」『古代の日本と渡来の文化』339～365頁　学生社
(42) 寺沢知子　2006「副葬品出土状況の類型」『大和の古墳』Ⅱ　67～79頁　人文書院
(43) 白石太一郎　2006「墓と他界観」『列島の古代史　ひと　もの　こと　7　信仰と世界観』166～199頁　岩波書店
(44) 大阪府駒ヶ谷宮山古墳など。北野耕平　1964『河内における古墳の調査』大阪大学文学部国史研究室研究報告第1冊
(45) 橋口達也　2004『護宝螺と直弧文・巴文』学生社
(46) 佐野大和　1992『呪術世界と考古学』国書刊行会
(47) これに関しては、前掲註（36）で詳述した。また、前掲註（3）の高橋文献も参照のこと。
(48) 前掲註（3）文献
(49) 福田哲也ほか　2005『三重県松阪市　史跡宝塚古墳』松阪市教育委員会
(50) 前掲註（12）文献
(51) 穂積裕昌　1999「初期人物埴輪群における男性埴輪の一様相―三重県三雲町中ノ庄古墳出土の男性人物埴輪の評価を中心に―」『研究紀要』第8号　83～88頁　三重県埋蔵文化財センター
(52) 車崎正彦　2004「人物埴輪・動物埴輪」『考古資料大観4　弥生・古墳時代』341-350頁　小学館
(53) 前掲註（3）文献
(54) 前掲註（37）文献
(55) 前掲註（1）文献
(56) 前掲註（17）文献
(57) 前掲註（12）文献

第Ⅳ章　喪葬と祭祀の統一的把握

第1節　古墳被葬者とカミ

　石製模造品は、祭祀（カミマツリ）で供されるとともに古墳の葬送にも供される物品で、鉄や木材などを素材とした実用品（主に農工具・鏡・剣）や本来硬質の石材で作られていた祭祀物品（勾玉などの玉類）を、滑石ないしはその類似石材に置き換えて製作されたものである。したがって、古墳時代前期に前代以来の貝輪を模して作られた腕輪形石製品や、鉄鏃や銅鏃などを石（主にいわゆる碧玉の硬質石材）に置き換えた石製鏃などは「石製品」として基本的に適応させない[1]。

　さて、石製模造品が祭祀と葬送という異なった局面で使用されていることに関しては、従来から特に古墳被葬者の基本的性格を巡って多くの議論が重ねられてきた。このことは、古墳被葬者の性格を、どのように認識していたのかという問題が、取りも直さず古墳時代の祭祀や葬送、喪葬観といった問題に帰結することによる。

　本節では、石製模造品との関係を中心に据えつつ、古墳被葬者と「カミ」との関係を改めて考えてみたい。なお、本問題は、関連する研究史が多岐に渡り、また複雑であるため、まずは私の視点による論点整理を中心に据えて検討を加えていく。

1. 学史と論点の整理

本稿の関心に従って、過去の研究史も踏まえつつ、問題に関する論点を整理しておこう。

（1）被葬者の位置づけと石製模造品

　石製模造品は、研究の初期には古墳から出土することをもって埋葬用の葬具として考えられた[2]。その後、古墳以外からの出土例を祭祀遺跡から出土する祭祀遺物とする認識が示され[3]、以降、石製模造品研究は古墳と祭祀遺跡の双方から追及されることとなった。

　1953年、森浩一は大阪府カトンボ山古墳の報告で石製模造品の出土傾向を整理し、子持勾玉・臼玉・勾玉・鏃形・双孔円板は主に祭祀遺跡で、石製刀子・鎌・斧等は主に古墳でみられることを指摘し、供献品の違いから祭祀対象の差異を考える研究の端緒を開いた[4]。小出義治は古墳時代中期における古墳出土の石製模造品が勾玉・臼玉・農工具中心、祭祀遺跡では勾玉・臼玉・剣形品が中心であるとし、この品目の差異をもとに葬送と神マツリの分離を主張した[5]。椙山林継も、古墳出土の石製模造品が刀子や農工具が中心、祭祀遺跡出土の石製模造品が剣形・有孔円板が中心として石製模造品にみる葬（古墳）と祭（祭祀遺跡）の分化を認め、小出の理解に同調した[6]。こうした見解は、古墳時代前期に遡る祭祀遺跡とされる福岡県沖ノ島の17号遺跡や奈良県石上禁足地からの出土品である鏡・鉄製武器・碧玉製腕輪形石製品が前半期古墳の副葬品と共通することをもって、死者を祀ることと神を祀ることが完全に分離しえない「葬・祭未分化」の祭祀段階[7]とされていたことに対応するものであった。

　これにたいして白石太一郎は、「古墳時代のひとびとが古墳の被葬者を即神と考えていたかど

うかは、単に副葬品と祭祀遺跡の供献遺物との一致のみから論証しえるほど簡単な問題ではなさそう」とされたうえで、石製模造品の編年研究から従来の研究が古墳と祭祀遺跡における組成差と考えていたものを時期差として捉え直した[8]。白石は、生前の首長の重要な職能として「農工具を使用する農耕儀礼の実修儀礼」があったとして前期古墳へ副葬された鉄製農工具に首長が儀礼に用いた祭器としての役割を認めた。そのうえで、滑石製の石製模造品製作は古墳副葬品たる農工具からはじまり、5世紀前半にいたって祭祀遺跡などへも供給されたことを指摘するとともに、「農工具の石製模造化はそうした農耕儀礼の司祭者としての権能が死後においても発揮されることを願ってなされ」、農工具同様「機織具も、さらに酒造具も神を祭る者の用いる祭器」だったため、死後の副葬に供されたとの認識を示した。そして、「神まつりの司祭者であった首長に対する葬送儀礼と、神に対するまつりは、古墳時代の初めから本来まったく別個のものであったろう」と結論付けた。

　同様の見解は、寺沢知子にも受け継がれた。寺沢は、古墳出土の石製模造品としての農工具を「前期古墳にみられた鉄製農工具による所作儀礼が凝縮・形骸化していく過程で鉄製模造品とともに出現」し、それが被葬者の死後の殯段階に生前執行していた所作儀礼を模して行う場合に使用されたと想定した[9]。寺沢のいう「所作儀礼」とは、「農耕を含めた生産の各段階で行われた労働に類似した行為」と規定しており[10]、祭祀行為の中で実際の労働行為を擬したものと捉えてよかろう。一方で寺沢は、群馬県白石稲荷山古墳西槨出土の例を引いて頭部付近出土の石製刀子や勾玉、剣形を「モガリ期間における鎮魂祭式使用」の祭具とし、また有孔円板などを「首長の意図のもとに共同体ではじめられていた石製模造品の祭祀具を、首長の在地での政治的機能を示すものとして副葬した」と捉え[11]、農工具を中心とした写実性豊かな一群、石製刀子を中心とした一群、有孔円板を中心とした一群それぞれに役割の差を認めた。

　ところで、寺沢が有孔円板を本来は共同体の祭具とするてんは、剣形の扱いなど細部に差異はあるものの、石製模造品を「葬」と「祭」に分けて把握した小出や椙山らの視点とも共通する。もっとも、寺沢の場合、石製模造品の種別差に祭祀の重層構造を認め、農工具を首長、有孔円板を共同体として有孔円板をより下位の祭祀具として解するところに特徴がある。

　近年では、篠原祐一[12]、清喜裕二[13]、北山峰生[14]、河野一隆[15]らが石製模造品の製作技術や型式学・編年研究を精力的に推し進めており、このうち河野は石製模造品を用いた儀礼についても触れて、「主に古墳で使用される刀子・斧・鎌・ヤリガンナ・鑿・杵・容器などと、主にそれ以外の儀礼で使用される子持勾玉・有孔円板・臼玉・剣形」として古墳と祭祀遺跡での「緩やかな使い分け」を再認している。そのうえで河野は、埋葬儀礼で使用された石製模造品は極めて属人性の強い祭具であったが、共同体の神マツリにも用いられるようになってから属人性が薄れ、祭祀対象に応じた機能分化が生じたと説いた。この視点は、亀井正道が遺跡毎に主たる土製模造品の組成が異なることに関して、「特定のものに比重をおくということは、明らかに選択の意志が働いていることを示すもの」であり、「祭る側によって神の性格づけが行われ始めたことを示している」とされたこと[16]にも相通じよう。

　一旦否定されたかにみえた古墳と祭祀遺跡における石製模造品の使い分け論であるが、白石の年代観の卓見を大筋で踏まえたうえで、新たな意味を見い出そうとしている。

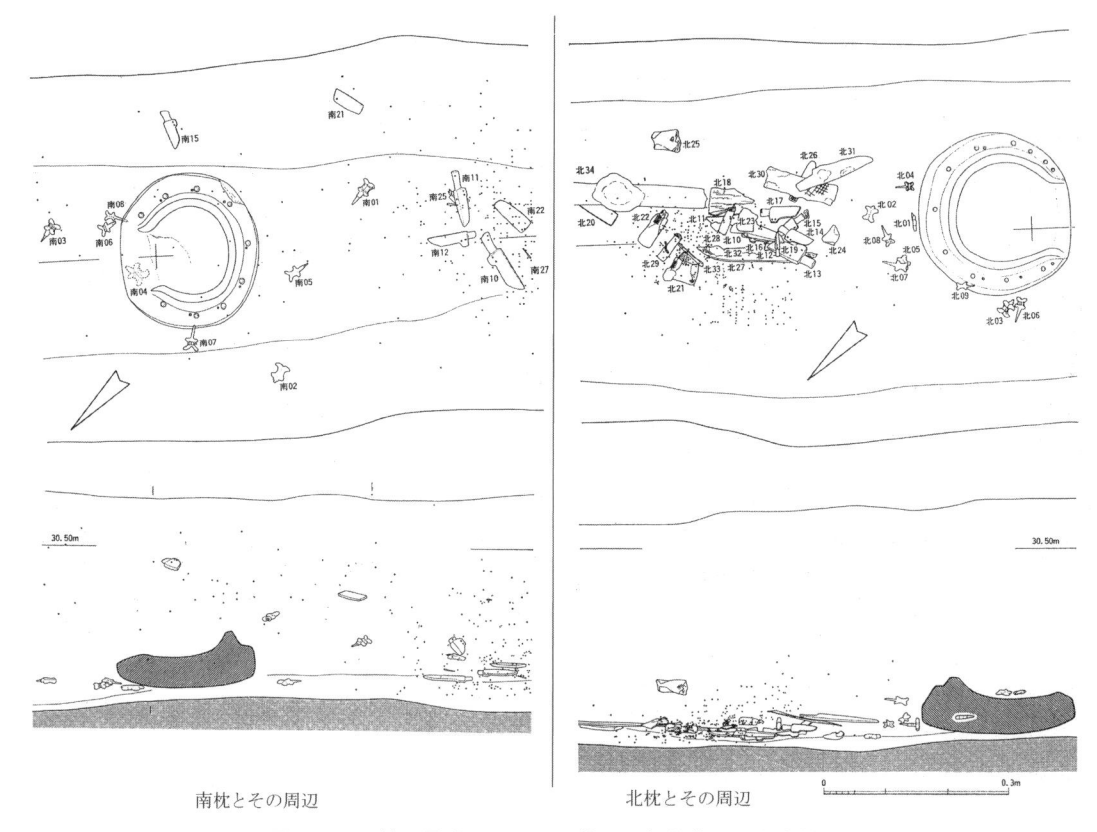

第Ⅳ章 喪葬と祭祀の統一的把握

　　　　　　　南枕とその周辺　　　　　　　　　　　北枕とその周辺

図127　石神2号墳における石枕と石製模造品の出土状況

（2）葬送における石製模造品の機能

　さて、石製模造品の存在形態から古墳や祭祀遺跡の本義に迫ろうとする場合、それが具体的にどのような局面で用いられたのかを追求することが重要となる。古墳出土の石製模造品の使用に関して初めて具体的な指摘を行ったのが千葉県石神2号墳の調査における沼澤豊であり、この見解は杉山晋作や前述の寺沢にも継承される。

　沼澤は、石神2号墳の同一木棺内の両端に据え置かれた2体合葬を示す2基の石枕（図127）と、それに伴う立花・石製模造品（石製刀子・石製鎌）に残された「ネズミ歯痕跡」の有無から、2人の被葬者間に埋葬時間差の存在を認識した。そして、本来石枕に立てられるべき立花が埋葬時には外されて置かれていたことから、これらが殯期間に何らかの呪的役割を担って利用されたが、埋葬時には樹立して使用する必要性が消滅し、埋葬に際しては取り外して埋納されたと解釈した[17]。

　これに対して杉山は、沼澤の視点を基本的に継承しつつも、立花・石製模造品には「ネズミ歯痕跡」の有無による2群がある一方、石枕は両方とも「ネズミ歯痕跡」を有することから、立花などは殯期間中に一旦除去された可能性を指摘した[18]。

　さらに杉山は、石製刀子の使途について述べた別稿[19]において、古墳埋葬時の石製刀子の出土状況を整理し、「集積という言葉で表現されるような埋納状態であるとすれば」多くが「死者の

持物としての副葬よりももう少し無意識的な埋納を想定することも可能」とし、「埋葬に際しての配列が重要な意味を持たない、つまり、本来の目的が埋葬とは直接の関わりをもたない、もう少し飛躍すれば、埋葬に先立つ儀礼において使用されたものが一種の廃棄という形で埋められた」として、石製刀子が主に殯においてその呪的役割を発揮する物品であることを説いた。そして、「葬送儀礼の中でも埋葬前を主とした鎮魂の儀式に用いられたと考えることによって、本来古墳からの出土でしかなかったものが古墳以外の遺跡からも出土するようになった意味を抵抗なく理解する」ことが可能とする重要な指摘を行っている。

　沼澤から杉山にいたる研究によって、石製模造品、特に石製刀子が古墳埋葬前の殯で使用されたとする見解は、寺沢や河野らによっても支持されるに至った[20]。

　杉山は、埋葬施設を埋めた後に石製刀子を使用した痕跡があることにも言及し、「被葬者の死が確定した後にも使用された可能性を認めるのであれば、それは揺魂ではなく鎮魂あるいは除魔の儀礼に用いられたものでなけれ

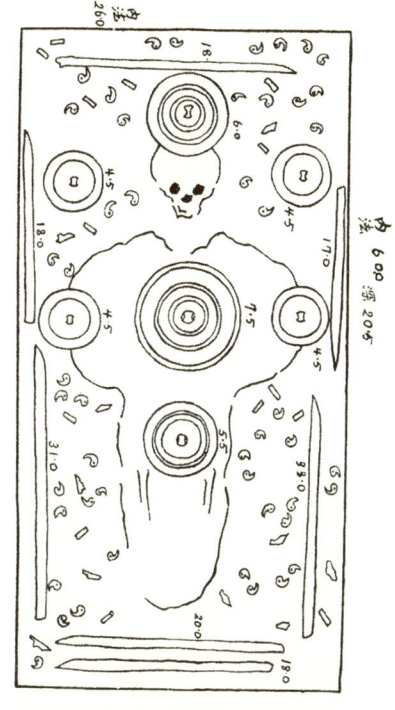

図128　久津川車塚古墳の石棺内遺物出土状況

ばならず」、「だからこそ、祭祀遺跡においても使用できるようになった」と石製模造品が祭祀遺跡から出土するようになる理由に対しても回答を準備し[21]、大きな研究史上の進展をもたらした。

　ただし、杉山による儀礼復元については、出土状況の詳細な分析に基づいているてんで周到な論理構成になっているが、古墳の副葬品配置において「集積」が重要な意味をもたないと言い切ってしまうことには疑問も残る。というのも、石製模造品同様、「集積」的出土状況を示すことがある物品に前期古墳における銅鏡や腕輪形石製品があるが、これらは一方で例えば奈良県島の山古墳前方部粘土槨の腕輪形石製品など明らかに埋葬のなかで明瞭な呪的意味をもって使用された例があり[22]、「集積」をもって呪的意味が失われたとは言い切れないからである。石製模造品も京都府久津川車塚古墳の石棺内に撒かれたような勾玉の例[23]などやはり呪的意味を含意したとも捉えられる（図128）。また、仮に石神2号墳に関する提言を是とするとしても、それをもって近畿地方を含むすべての事例に適応しうるかに関してはなお検討を要しよう。

　なお、石製模造品類（特に石製刀子）に呪的役割を認めるてんは、それらが使用された期間と場所の不一致を除けば、石製模造品を埋葬そのものに対して行われた鎮魂の呪具とする佐野大和の見解とも一脈通じる[24]。桜井秀雄も、祭祀遺跡の視点から石製模造品はカミへの奉献物ではなく祭具（この場合の「祭具」とは、依代を含めて祭祀で使用する物品という意のようである）とするが[25]、別稿においては呪具としての機能も指摘している[26]。

　このように、古墳出土の石製模造品をめぐっては、石製模造品の機能の発現が期待された場が、殯なのか埋葬の場なのか二者選択的に決定できるものかどうかはともかく、

①　墳被葬者への奉献品とする見解（小出・椙山）
②　カミマツリ実修者たる司祭の持ち物（祭具）とする見解（白石）
③　①を前提として、殯期間における「所作儀礼」の品とする見解（寺沢）
④　主に殯期間における鎮魂・除魔機能を重視する見解（沼澤・杉山）
⑤　埋葬そのものに際して行われた鎮魂の儀式で使用されたと考える見解（佐野）

などの考え方の相違が存在する。ただし、寺沢も石製刀子や勾玉・剣形に対して鎮魂祭式使用とされる場合があったり、また椙山も古墳における使用形態によっては呪具的な機能について言及されるなどその機能は一方向で収まるものではなく、重層する要素を併せもっているとみるのが実態に即していよう。「鎮魂・除魔」とする場合でも強制鎮圧によるものか、物品奉祭による和みによるものかなど、含意される効果発現の方向性を把握したうえで検討していく必要がある。

（3）古墳被葬者「カミ」・「祖霊」論

これまでは、主に石製模造品を媒介にして、その機能と古墳被葬者の性格を研究史上から論点整理をしてきたが、古墳被葬者の存在形態をめぐっては、上記とは別の観点で提出された仮説も存在する。

広瀬和雄は、前方後円墳とは何かを考えるなかで、「死した首長がカミと化して共同体を見守る」ため、遺骸を保護・密閉して邪悪なものの侵入を排除するための辟邪観念も強く持たせたうえで「首長の遺骸に外部からカミが憑依する儀礼」を執行し、それによって再生した亡き首長がカミとなって共同体を守護するとの共同幻想があったと主張した[27]。

また、車崎正彦は、前方後円墳は子宮のシンボルである壺の形を象徴し、「前方後円墳という壺の形に承継された母なる大地の胎児に回帰した死者は、やがて祖霊として再生する」と主張した[28]。ここにおいて副葬品は、「なんらかの呪力を死者の霊魂に賦与するもの」であったと位置づけ、たんに奉祭品に留まらない副葬品の呪的機能に言及する。ただし、ここでいう祖霊が何かに関しては、三品彰英の説[29]を引いて穀霊との関連を示したり、註で柳田国男の「死霊－精霊－祖霊－祖神」という浄化段階[30]を引用するもの、文中での明確な定義は乏しく、具体像が捉え難い。

いずれにせよ、両氏によると、首長の死後、古墳の埋葬や儀礼を通して、古墳被葬者がカミ（広瀬説）や「祖霊」（車崎説）に転換するものと捉えられていることに留意しておく必要がある。また、ここでいうカミや祖霊は、文脈から判断する限り、ともに共同体を守護する「幸魂」的なものとして認識されているらしいてんにも注意しておこう。

（4）石製模造品をめぐるその他の論点

上記で触れられなかった石製模造品をめぐる論点について簡単に触れておく。

まず、腕輪形石製品などの石製品と、主に滑石製の石製模造品との関係、それに石製模造品と模造元の鉄製農工具との関係をどのように捉えるかが問題となる。主には古墳副葬たる埋葬におけるあり方の異同に関する問題であるが、近年長野県石川条里遺跡など古墳以外の場での石製品の出土も注意されており[31]、「祭祀遺跡」でのあり方も重要となる（図129）。

また、石製模造品が神マツリにも供される物品であることは、同じような「模造品」系祭具である土製模造品・木製模造品、それに古墳からも出土する鉄製模造品（ミニチュア鉄製祭具）とも対比する必要がある。特に、古墳出土の土製品には、食物形土製品の出土例が増加してきているが、これは石製品など他の素材では模造化されない。また、古墳では出土しないが祭祀遺跡で出土する土製人形も、ほかの素材では基本的に造形されない。

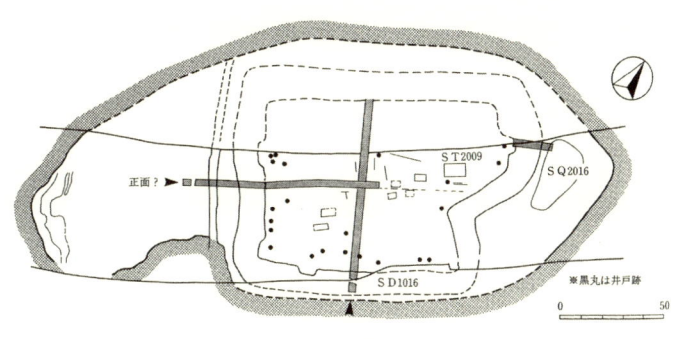

図129　石川条里遺跡の遺構配置

古墳出土の石製模造品のうち、農工具に関して関川尚功は養老軍防令記載の兵士の携行物に関する記載を引用して、祭具とする解釈以外に武器の範疇で考える視点を提起した[32]。この見解は、その後、田中晋作によって発展・継承され、埋葬施設の中で石製農工具と武器類の出土が調和的なことなども合わせて論及されている[33]。

（5）研究史からみた問題の所在

以上、縷々言及してきたように、古墳被葬者とカミ、あるいは石製模造品をどのように捉えるかについて学史を紐解きながら整理を試みてきた。論点が多岐にわたり、いささか議論が散漫になったが、本稿では以下の諸点を中心に検討したい。

　①　古墳時代祭祀遺跡の出現、特に前期における古墳の葬送儀礼（喪祭）との関係とカミ観念
　②　「葬と祭の分化」についての認識
　③　素材別の模造品の種類と消長、祭儀形態

2. 古墳時代祭祀遺跡の出現

（1）弥生時代から古墳時代初頭の祭祀

九州島か本州かはともかく、古墳時代初頭頃の列島を伝える「魏志倭人伝」では、朝鮮半島の諸地域などと比較して「祭」や「祀」といった用例がなく、少なくとも中国人の目には大陸的な天や地を祀る「祭」で表現しうるものはなかった可能性が森浩一により指摘されている[34]。「魏志倭人伝」が語る倭国で存在するものは、卑弥呼が行う「鬼道」と、人が死んだときに実施する儀礼（殯らしい様子が窺える）に関してである。

一方、弥生時代の祭器には、銅鐸をはじめとする青銅製祭器、木偶や鳥形木製品などの木製儀具、占いに関わる焼痕のある鹿肩甲骨の存在などが知られ、また弥生土器には農耕儀礼に関わると想定されている「鳥装の司祭者」や特殊な掘立柱建物などが描かれている例があり、これらが当時の祭儀を示すと考えられている[35]。しかし、青銅器は埋納遺構としては発見されるものの、具体的な祭儀場の特定には至らず、集落内の遺構の空白域をもって祭儀場の存在を想定する場合

はあっても具体的な祭場は依然不明である。ただし、卑弥呼の「鬼道」をどのように考えるのかなどの不確定要素は残るものの、弥生時代の祭祀は銅鐸や土器絵画などの資料が示唆する予祝儀礼を含む農耕儀礼を中心としたものと考えられており、その場合の祭祀対象は人格神的な観念が未成立の「地霊」などの射程範囲の大きい霊であったとする説[36]が有力である。

ところで、弥生時代末から古墳時代初頭の祭祀を考えるうえで避けて通れないのが奈良県桜井市纒向遺跡の特異な大形土坑とその出土遺物の内容[37]の検討から石野博信によって設定された「纒向型祭祀」[38]である。設定の基準となった纒向遺跡辻土壙4からは、土器の他に鍬・鋤・箕・籠・装飾高杯・竪杵・機織具・水鳥形・舟形・弧文円板などの木製品、焼木、稲籾などが出土しており、これらは「マツリ」の後、湧水層まで掘り抜いた穴に埋棄したとされる。出土遺物から復元された「マツリ」の内容は、「稲籾を脱穀し、炊飯し、盛り付け、儀礼ののち共食する過程」と「祭事に際して布を織る」行為が伴うとされた。そして、これら遺物組成が、「延喜式」の「大膳職式」や「新嘗祭」条に掲げられた用材品目に一致することや、「魏書」や「後漢書」にみえる高句麗の穀母神を祀る東盟祭の「大穴」に類似するとしたうえで、岡田精司が提唱した「ニイナメ・オスクニ」[39]に類似した儀礼が行われた可能性を指摘した。

炊飯して食する行為からは農耕儀礼的な性格が濃厚であるが、岡田のいう「ニヒナメ・オスクニ」儀礼は、大王が地方から上がってきた特産物を食することにより、支配の正統性を確認する服属儀礼としての性格があるとされるものである。「纒向型祭祀」を構成する土器に東海や北陸などからの搬入土器が多く含まれ[40]、また辻土壙4出土の装飾高杯も北陸からの搬入品である可能性が高い[41]ことなどを考えると、この指摘はあながち荒唐無稽なものではないが、一方で、その組成が古墳に供献される土製品や埴輪とも一定の対応関係をもつことは注意される。辻土壙4の出土遺物を例にすると、舟形・鳥形、加飾高坏はそれぞれ形象埴輪にあり、箕や籠、食品なども古墳墳頂や造出にしばしば供献されるものである。纒向型祭祀とされる土坑の確認位置は、ちょうど纒向古墳群とはさほど遠くない箇所に存在しており、これら土坑群は古墳での儀礼に関わって、その物品廃棄土坑として機能した可能性も考慮する必要がある。

(2) 古墳時代における祭祀の場の顕在化

これに対して、古墳時代は祭祀場の存在が次第に明瞭になる時代である。

奈良県石上禁足地は、布留川左岸の段丘上にあり、土饅頭形に造成した盛土の下に石室を構築し、内部に素環頭大刀や琴柱方石製品、玉類などを納めていた[42]。遺物の組成は、前期古墳の副葬品と共通するものであるが、置田雅昭は金銅製品を含むことからその成立年代を古墳時代中期前半に求めた[43]。「地中埋納型」ともいうべきこの祭祀形態は、石室内に物品を埋納するというてんで古墳埋葬とも調和性を示すが、弥生時代に行われた銅鐸などの青銅器埋納との共通性も注意される。

三重県伊賀市城之越遺跡では、4世紀後半段階の貼石を伴う大規模な造形を施した祭儀場とみられる遺構がある[44]。たんに遺構の空白地の存在をもって、これを祭祀実修の場として捉える類推はよく行われるが、城之越遺跡のような井泉から湧き出させた流水をあたかも「水垣」のように貼石溝へと導いて一定空間を囲繞し、貼石溝の合流点に立石を配した意匠には、たんなる空

閑地でない祭場固定化の意図を認めてよかろう（13頁図4参照）。類似の遺構は、古墳時代中期の奈良市南紀寺遺跡でも確認されており[45]、方形石組井泉、貼石溝、貼石護岸の池状施設、その内部の島状方形施設などが伴う大規模な造形は、特殊な儀礼空間として整備された状況を窺わせている（134頁図72参照）。

　このように、古墳時代前期〜中期にかけては、大規模な造形を伴う特殊な儀礼空間が成立しつつある状況が窺える[46]。このうち城之越遺跡では3基の井泉（うち2基が石組）が聖なる井泉として祭祀の対象となっていたと想定できるほか、立石が磐座の役割を担っていた可能性がある[47]。かつて井上光貞は、祭儀の確立の3要件のひとつに祭りの場の形成をあげ（ほかの2つは「神と霊魂の分離」と「神を祭るための物品の成立」）、福岡県沖ノ島の祭祀施設の状況から、祭りの場の形成は6世紀から七世紀の交におこったと説いた[48]。これは、4世紀後半に始まる沖ノ島祭祀が岩上祭祀の段階から岩陰、半岩陰・半露天を経て、露天（広場）に祭祀の場を移すが、このうち岩を離れて地上へ出た半岩陰・半露天の段階をもって祭りの場の形成を認めたことによる。しかし、長期にわたる沖ノ島祭祀を考えた場合、岩陰から露天へ至る変化は奉祭方法に関わる変化であり、磐座を依代と認め、「沖ノ島磐座」という特定の場で連綿と祭祀が続いたことこそ重視すべきであろう。

　このように考えると、祭祀の場の固定化は、古墳時代前期にその萌芽が認められると認めてよいのではなかろうか。一見固定化しているように見えないのは、その後に祭祀が継続せず、短期間で廃絶した祭祀場が多かったためと推定される。しかし、これは祭祀主宰者の没落など別の要因により祭祀が継続しなかったものも多かったと思われる。

　ただし、祭祀の場の固定化は、あらかじめ後の神社に相当するような「祭祀施設」がまず成立してそこに「カミ」が迎えられるというような、まず「施設ありき」ではない。古代史学者の榎村寛之が説くように、「祭祀遺物が（神社など）特定の空間で使われる、というより、祭祀遺物を使って一定の儀礼を行うことで、河を渡る所、用水の分岐点、峠の麓、邸宅の一角、大きな自然石の下、などの場所が祭の場となっていく」[49]と考えるべきであろう。そして、この場合の「カミ」とは、崇神紀の大物主命伝承などが明瞭に語るように、「モノ」による厄災が発生する「大いなる霊威」のことであり、多くの場合、「共同体の守護神」などの幸魂ではなかったと推定される[50]。祭祀の場の固定化とは、そうした不可視の「霊威」の存在が単発的に終わらず、同状況の改善がみられない場合において（海山が荒ぶることなどの自然的営みの場合、当然であるが）、それに対しての祭祀が継続される、そうしたなかで祀るための「方法論」としての様々な施設も整えられていくとみることができよう。

3. 「葬と祭の分化」に関する前提

　この問題には、結論以前に研究者間による問題の捉え方に関して、複雑な見解の錯綜がある。というのも、たとえ同じ用語を使用していても、論者によって意味する内容が異なれば、そこで交わされる議論は不毛のものになりかねない。

（1）古墳を「祭祀の場」と見做す見解に関して

　古墳、特に成立期の前方後円墳の埋葬に関わる儀礼が、死者（被葬者）に対する送りだけでなく、祭祀の場として考える意見がある。この場合、その「祭祀」には、

　　①　長霊や首長権の継承の場[51]
　　②　被葬者に共同体のカミを付着させる憑依儀礼[52]
　　③　天を祀る儀礼（郊祀儀礼）[53]

などの意見がある。このうち、①は岡田精司による周到な批判があり[54]、凶礼たる葬儀の場にカミを迎える儀礼はそぐわないとする視点は②・③にも適応しうる。

　また、①及び②を支える基本概念は、折口信夫が提唱した鎮魂（タマフリ）論[55]であり、先王の霊や外来のカミや祖霊などを死者や後継者に付ける（憑依させる）という考え方はこの鎮魂論に由来している。しかし、最近の古代史・民俗学の見解は総じてこれを否定する方向にあり[56]、私もこの見解により理を認めて埋葬における諸儀礼に関してタマフリ論に拠らない方向での解釈を提示している[57]。

　私自身の考えを述べると、上記①〜③のいずれの解釈を採っても、古墳の埋葬諸儀礼から埴輪樹立に至る全過程を整合的に説明できることは難しいと認識しており、古墳の埋葬儀礼はやはり葬礼そのものの意味のなかで理解すべきであると考えている。結果として、古墳の造営者（首長の後継者）が先王の葬儀を主催することによって後継の首長であることを内外に誇示することがあっても、それは結果であり、本質的には目的ではない[58]。

　このように理解した場合、残る可能性は、霊や外来魂の付着といったタマフリとは別に、人の死後、死者が「カミ」として認識されていたかという問題に帰結する。ここにおいて、この時代における「カミ」とはどのような存在であったのかが問われ、学史上の視点としての石製模造品の祭祀遺跡と古墳における使い分けが、葬祭分離との関わりで問題になるのである。

（2）「葬祭分化」に関する認識の差異

　先にみたように、白石は古墳被葬者を「カミ」とみるかどうかを祭祀遺跡奉祭品と古墳副葬品の種別差から判断することは簡単でないとする。そのうえで、古墳から出土する祭祀遺跡と共通する物品群を、生前に司祭であった被葬者の職能に由来すると捉える[59]。

　一方、井上光貞は葬儀と祭儀の分離に関して、「人を葬るべき古墳におさめるものと、神を祭る祭壇にたてまつるものが同じであることは、いちおう「葬祭未分化」の状態と名づけることができる」とされたうえで、「「葬祭未分化の状態」では、人の霊魂（spirits）であるのか神（deities）であるのかを問わず、同じやり方でそれを礼拝し、崇敬していた、これに反し、「葬祭分化」の状態にはいると、霊魂と神の区別が意識され、それぞれの領域で宗教儀礼（ritus）がおこってくる、すなわち葬儀と祭儀とが成立する」と指摘している[60]。井上の指摘は、6〜7世紀にかけての福岡県沖ノ島において、祭祀土器や金属製ミニチュアなどの祭祀専用品が成立し、古墳副葬品から独立化すると認識されたことによるが、この指摘を敷衍すると、石製模造品の古墳と祭祀遺跡での「使い分け」論も意味を持ちうることになる。

井上の指摘は、沖ノ島という祭祀遺跡の分析を通しての視点であったが、「葬祭分化」をめぐる重要な論点のひとつはあくまで古墳被葬者の位置づけに関する問いであった。もし、石製模造品を視点とした五世紀中葉、あるいは沖ノ島の分析に立脚した井上の説く6～7世紀に葬祭の分化を仮に認めるとした場合、それ以前の古墳で祀られる「カミ」と、祭祀遺跡で祀られる「カミ」の異同や同一性が問題とされる。

以下、これらのことに関して、古墳と祭祀遺跡それぞれで供される物品群のあり方を確認してみよう。

4. 古墳・祭祀遺跡における供献物品のあり方

(1) 本項における供献物品の類別

古墳や祭祀遺跡で供される物品を、本来の用途との関係性や素材から、本項では以下の3類に分別する。

A類 武器や農工具、食物など「実用品」のグループ
B類 当初から儀具として製作されたグループ（鏡、硬質素材の玉類、腕輪形など各種石製品類、儀杖など鹿角製品、装飾が付くなどする祭儀用土器など）
C類 AもしくはBをミニチュア化したり、別素材に置き換えて製作することなどによって、供献用の専用物品としたグループ（石製・木製・土製の模造品類）

このうち、B類とC類の分別は、ともに祭儀用の専用物品とするてんで同じなので曖昧さは否めないが、いわゆる模造品（C類）とそれ以外（B類）という割り切りで分けた。A類が供される場合、それらは埋葬ないしは祭祀の場で何らかの意味を付与された儀具としての役割も含意されたとみられる。B・C類は当初から祭祀ないしは葬送用の専用器物で、B類は祭儀用土器を除いてその多くが古墳からの出土である。

以下、古墳と祭祀遺跡・集落という使用場所によって、各種物品類の用い方がどのように異なるのかを確認し、それらが供される場の性格を考えるための前提としたい。

A類（実用品）の状況

主に古墳の副葬用として認められるが、祭祀遺跡でも供される場合がある。以下、簡単に確認しておきたい。

鉄製農工具 古墳時代の当初から、古墳副葬は顕著であり、遺跡数は少ないものの沖ノ島など祭祀遺跡でも供される[61]。中期以降も現況での確認例自体は少ないものの、しばしば祭祀遺跡においても出土する。

鉄製武器及び武具類 古墳副葬品は、種類の盛衰はあっても古墳時代を通して用いられる。祭祀遺跡では、沖ノ島や石上禁足地など前期の例では長身の武器も供されるが[62]、中期以降は鉄鏃など小形品が主体となる。盾などの有機質遺物は、古墳以外では遺存することが極めて稀なため状況把握が難しいが、確実に「祭祀遺構」に伴うと判断できる例は確認できない。ただし、溝などからの出土例は各地で増加しており、これらに祭祀等に供された後の廃棄品が含まれていた可能性は否定できない。

食物 遺存の関係から祭祀遺跡での状況は不明だが、古墳ではいくつか調査例がある。奈良県島の山古墳では、くびれ部から籠に入った菱の実が出土した[63]。また、中期中葉以降は横穴式石室墳を中心にしばしば須恵器に入った食品類の出土がみられるが、その圧倒的多数は貝類で、少量の魚類がこれに続く[64]。しかし、明瞭なかたちでのコメは少なくとも現時点では認められない（熟撰として調理された場合は残り難い）。

B類（模造品を除く儀具）の状況

鏡・腕輪形石製品・硬質玉類 古墳からの出土が圧倒的であるが、祭祀遺跡でも福岡県沖ノ島の「岩上祭祀」や、奈良県石上禁足地から出土しており、古墳と共通する物品が確認できる。腕輪形石製品は、石釧を中心に長野県石川条里遺跡など古墳以外からの出土例もあるが、多くは溝から破砕状態で出土するに留まる[65]。しかし、石川条里遺跡が殯の場との意見がある[66]など、喪葬との関連を示唆するものもあり、今後、当該遺構の位置づけを再検討する必要があろう。

儀杖 古墳では前代以来の鹿角製のほか、石製や鉄製が用いられ（特に石製が顕著）、古墳以外の遺跡では木製が用いられた。樋上昇は、古墳で用いられる石製品などは埋葬に際して永続的な素材に置き換わった後のもので、生活で用いられた本来の素材は木製だったとする[67]。縄文時代の鹿角製品に由来する極めて呪的な性格があるとされ[68]、埋葬（古墳）とそれ以外で素材を分けてはいるが同じ物品を共有していたことが窺われる。集落での使用も呪的儀礼に用いられたとすると、井上のいう「霊魂と神を同じやり方で礼拝」する状況[69]が看取される。なお、木製儀杖は塗漆される例が多く、また首長に関わる遺跡からの出土もあるが、三重県津市橋垣内遺跡など首長関連とは言いきれない遺跡での出土例もあり[70]、木製は石製や鹿角製などの儀杖副葬古墳の被葬者層よりは幅広い階層に受容された可能性がある。

C類（模造品）の状況

鉄製模造品 種類としては主に鉄斧や鋤鍬類、ヤリガンナなどの農工具を小型化させたものと、非常に薄手・小型の鉄鏃がある。法量的にどこまでが実用で、どこからがミニチュアとするのかあいまいなてんがあり、その境界の線引きには困難を伴うが[71]、実用鉄器をミニチュア化した非実用鉄器の存在を是認するてんでは一致している。模造品と呼ばずに「小型鉄製農工具」ないしは「ミニチュア農工具」と呼ばれることも多く、坂靖などサルポやタビなど朝鮮半島の小形鉄器に類似したものがあることから、渡来系の鍛冶工人集団との関わりを想定する意見もある[72]。古墳の埋葬施設においては、石製模造品と近い位置で出土することから両者の調和性がしばしば指摘されており[73]、これまでその出土は専ら古墳の副葬用として考えられてきた。しかし、近年、祭祀に供されたとみられる出土例が集落などでも確認されはじめ、改めて祭祀遺跡からの出土も注目されている。代表的な事例を具体的に確認しておこう。

奈良県五條市西河内堂田遺跡[74]では、竪穴住居廃絶後の窪みを利用して石敷きを施し、そこに土師器（一部韓式系土器含む）を立て並べた土器集積があり、その土器集積に混じるかたちで滑石製模造品（有孔円板・臼玉）と小形の鎌・小形鉄鏃などが出土している。ここを祭祀場そのものと捉えるのか撤下した祭器の埋納場と捉えるのかはともかく、これら遺物は中期後半の祭祀に供された遺物群と推定されている。

三重県名張市坂之上遺跡[75]でも、竪穴住居廃絶後の窪みを利用して大量の土器が埋棄された

土器集積があり、そのなかから薄手の鉄鋌が出土している。

愛媛県出作遺跡[76]では、初期須恵器も含めた土器集積（121頁図68参照）があり、そこに石製模造品（勾玉・臼玉・剣形・紡錘車形）や鉄製品（鍬鋤類・穂摘具・斧・刀子・鎌、鉄鋌）、ミニチュアの斧形と矛形、それに鍛造断片や鍛造未成品もあわせて出土している。鍛造剥片の存在は、先の坂の指摘とも合わせ渡来系との関わりを視示唆する。

以上のような土器集積は、古墳時代を通してみられ、古墳時代中期以降はここに石製模造品が伴う場合がしばしば見られるが、ここで用いられた鉄製模造品もこれらと同機能が付与されたとみられる。集落や祭祀遺跡などにおける鉄製遺物の残存は条件的に厳しい場合が多く、ミニチュア化された小型の遺物ということもあって遺存例はまださほど多くないが、古墳以外の場（祭祀遺跡など）でも供されたことは明らかであろう。

木製模造品　かつては「律令的祭祀」を代表する祭具として位置づけられてきたが[77]、近年、漸く古墳時代のものも類例が増え、古墳時代の木製模造品を体系的に捉える準備ができつつある。

確認できる木製模造品の種別には、刀・剣・鏃・鑓・戈などの武器、鍬・鋤・斧・ヤリガンナなどの農工具、刺突具に代表される漁具、舟、鳥や馬などの動物、陽物などがあり、模造品とはいえないがこれ以外に木製盾や各種容器類が祭祀に供された。なにぶん資料の残存状況の制約を受けるため、上記のセットがどの程度遺跡を越えて一般化していたのかは捉えがたいが、動物形や刀・鏃・鑓矛類といった長身の武器類（可塑性の問題で石製で製作するのは困難）などを除くと、石製模造品との組成の共通性も大きく、全体として古墳副葬品との調和性が大きい。なお、模造品を含む木製祭祀具の分類については、私見を第Ⅱ章第3節で述べた。

さて、木製模造品は、律令的祭祀では祓としての機能がまず想定され、またそれを主に担う人形も一般的存在だが、古墳時代では人形はほとんど確認できていない。武器形などは物品形式としては律令期にも受け継がれるものの、担っていた機能は異なっていた可能性が高い。武器形の場合、それを用いての「模擬戦」も想定されたが[78]、模擬戦の存在は証明されたものではない。筆者が関わった資料で、具体的な出土状況で興味深いものがあり、紹介しておく。

三重県津市六大A遺跡では、刀形と鑓形が土師器高坏や滑石製品とともに一括出土した状況（図130）や、土師器高坏に横櫛と横槌形が伴って出土した状況（図131）が確認されており、流路脇で奉祭されたか、別の場所で奉祭されたものが一括して遺棄された状態を示すものと思われる[79]。同じく六大A遺跡の流路脇に付設された石組みの井泉1では、滑石製勾玉と木製刀形がともに井泉底から一点ずつ出土しており、井泉に対する奉祭行為（この場合、カミへの奉祭品）ないしは記紀神話にみる「天安河誓約」説話に類似した誓約儀礼（ないしはその「所作儀礼」）が実修された可能性がある[80]ことは、第Ⅰ章第4節で詳述した。

つまり、木製模造品も、祓いだけでなく、他素材の模造品同様、カミを祀るための奉祭品や、儀礼で使用した祭具としての機能も存在していたと判断される。なお、佐藤達雄は、5～6世紀の刀形木製品の用途について、主たる機能は葬送儀礼における祭具としている[81]。

土製模造品　土製模造品が他の模造品類と異なる最大の特徴は、人を造形した人形模造品（以下、「人形」）を造形していることであろう。人形は、男女が不分明なものもあるが、性器表現などによる明瞭な男女の区別や、甲冑を着用した武人も存在する。1遺跡から、というより1ブ

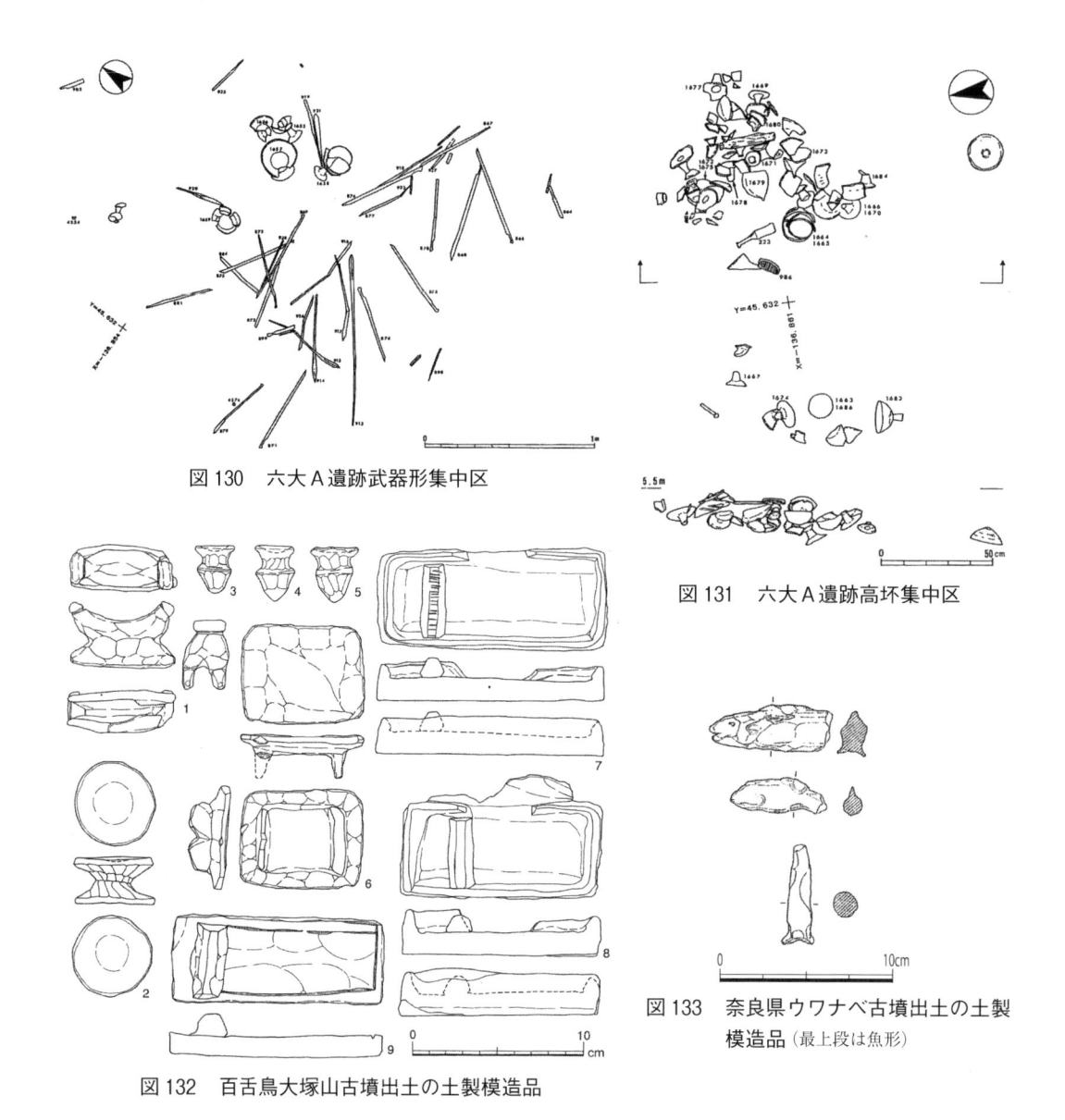

第Ⅳ章　喪葬と祭祀の統一的把握

図130　六大A遺跡武器形集中区

図131　六大A遺跡高坏集中区

図132　百舌鳥大塚山古墳出土の土製模造品

図133　奈良県ウワナベ古墳出土の土製模造品（最上段は魚形）

ロック（あるいはさらに狭い土製模造品出土の小単位）毎ですら大量の人形を含んでいる事例がある[82]ことは、これら人形自体が神を表現したものではなく、基本的にその場に据え置かれた「祀る人」（祭祀執行者）を表現した場合もあるとみてよかろう。

　人形以外に目を向けると、粘土という最も可塑性に富む素材を用いていることもあって種別が豊富で、素材としては木製・石製・金属製が確認できる儀杖については未だ確たる土製品をみないものの[83]、模造品で製作されるほぼすべての種別を網羅しているといってよかろう。

　なかでも、人形とは逆に、古墳に供献される特徴的な土製品として食物形土製品があり、笊形土製品が伴う。これらは、稀に墳頂部からの出土もあるが多くは造出から出土しており、兵庫県行者塚古墳では高坏などとセットで造出上に置かれた家形埴輪に供される状況を示している[84]。笊形土製品は、浅い皿状を呈して内外面に笊目を有するてんで、外面にしか笊目が付かず器形も

256

やや深めの「籠目土器」(基本的に集落から出土)とは異なる[85]。内側にも笊目をもつことは、土器製作上の要請によるものではなく、本品が繊維製の笊もしくは箕を原型とした土製品として製作されたことを示しており[86]、模造品の範疇で考えるのが妥当であろう。食物形土製品には、果物種子や魚(図133)、餅状塊などがある[87]。そして、実物ではないこれら土製品を古墳上に置くことは、これを実物の代わりとして仮託し、永続的な供献行為を行っていることを被葬者や外部から依り来る悪霊などに含意させる意味があったと推定される。

　なお、造出から笊形土製品も出土している大阪府百舌鳥大塚山古墳では、前方部頂の7号槨上から机(案)・椅子・枕付き寝台・壺・器台といったミニチュアの土製模造品が出土しており、これらは非常に精巧な作りで、家形埴輪に伴う調度品の可能性が指摘されている[88]。机・椅子・枕付き寝台といった土製品は、祭祀遺跡であまり用いられないものであり、通常の土製模造品の枠組みとは少し異なった系譜として位置づけるべきかもしれない(図132)。この百舌鳥大塚山古墳の例も含め、先の笊形模造品と「籠目土器」の古墳と古墳以外での使い分け、人形が主に祭祀遺跡でしか用いられないことなどは、古墳と祭祀遺跡でのあり方の差異を示すものであろう。しかし、それ以上に土製模造品をめぐる古墳と祭祀遺跡の差異は、前述の笊形土製品と食物型土製品が古墳上に供献されたことを除いて、土製模造品自体が古墳の副葬品としては用いられることがほとんどないことである。これは、石製模造品が古墳の埋葬施設内でも機能していることとは対照的である。

　土製模造品は、製作される種類も石製模造品より多く、古墳副葬品の品目ともかなりの部分で一致をみせる。このことは、石製模造品が古墳の副葬品体系の枠内にあって、他の素材の副葬品に交じってその体系の一部を担う存在であったのに対し、土製模造品は土製というその素材で作られた品目のみでほぼ古墳副葬品と同等の体系をもつものの、基本的に古墳の副葬品体系の枠外にあったことを示している。こうした差異が生じた背景には、ふたつの要因が想定される。ひとつは、古墳上の葬送儀礼に関与した集団と土製模造品奉祭集団には階層上の差異があり、土製模造品が古墳を築造した階層には属さない一般層よって主に使用されていた可能性[89]、もうひとつは土製模造品が金属や石製に比べて硬度のてんで劣り、永続的な使用効果が期待される古墳という場には適さず、祭祀のたびに奉祭物品を撤下することも多い祭祀遺跡用の物品として当初から成立していた可能性である。ただし、三輪山麓の奈良県山ノ神祭祀遺跡[90]などのように石製模造品と土製模造品が土器などとともに共存して大量に奉祭される場合は、可塑性の高い土製品の特徴を最大に利用して、相互補完し合って当該祭祀遺跡で使用する物品類の品目体系の一翼を担っており、この場合は土製模造品の使用階層も相対的に高かったと推察される。

(2) 古墳副葬・祭祀供献物品の共通性

　古墳と祭祀遺跡における古墳副葬品・祭祀遺跡奉祭品の異同に視点を置いて概観した。その結果、古墳時代前期では、従来の指摘どおり祭祀遺跡に古墳副葬品と共通する物品類が供される。ただし、その事例は極めて少数で、祭祀遺跡自体がかなり限定した存在であった状況が窺える。

　古墳時代中期以降、各種模造品類が普及するが、模造品類は素材によって古墳副葬と祭祀遺跡奉祭であり方の差異が認められた。刀子が古墳での使用が極めて顕著なことなど「緩やかな使い

第Ⅳ章　喪葬と祭祀の統一的把握

表5　素材別供献物品一覧

| | 鏡 | 農工具 ||| 武器 |||| 武具 || 鉄鋌 | 舟 | 玉類 | 織機 | 陽物 | 容器 | 箕・籠 | 食物 | 生き物 ||| 家 | 儀杖 |
		鍬鋤類	工具	刀子	鎌	刀	剣	弓	鏃	鉾	盾	靭	甲冑									人	鳥	動物		
石製模造品	○		○	○	○		○		○		△				○	○	△		○							
鉄製模造品			○	○	○									○												
木製模造品		○	○	○	○	○	○	○	○	○					○		○		○							○
土製模造品	○	○	○	○	○	○	○	○	○	○					○		○	○	○							
石製品							○								○											○
鉄製品		○	○	○	○	○	○	△	○	○	△		○	○												○
木・皮革製品	柄	柄	柄	柄	柄	柄	柄	○	柄	柄								○			○					
埴輪						○					○	○			○				○			○	○	○	○	○
備　考											鉄盾は石上神宝						石製模造品は白石稲荷山古墳									

分け」[91]はあるが古墳と祭祀遺跡で共通して使用される石製模造品、ほぼ古墳と祭祀遺跡で同じものが供される鉄製模造品、祭祀遺跡のみで供される木製模造品、古墳と祭祀遺跡では供される品目が異なる土製模造品である。

　古墳と祭祀遺跡で供される物品類は、素材は違っても品目の共通性は高かった（表5）。魚津知克は、古墳に副葬される鉄製漁具と平根鏃に関して、「古墳被葬者が狩猟と漁撈とを二元論的に掌握していたこと」を示すものとして[92]、古墳副葬品がもつ内在的意味を鮮やかに描き出したが、農耕を象徴する農具も含め、これら品目は祭祀遺跡では土製模造品もしくは木製模造品に置き換えられて類例がある。石製模造品には古墳と祭祀遺跡でより調和的な「使い分け」はあるものの、どちらかではまったく供されないというほどでもない。古墳だけを比べても、全長10ｍ前後の小規模古墳から300ｍを超える巨大古墳に至るまでその規模や「格」に応じて物品類の「使い分け」は当然あるし、むしろ一部古墳における極端な多量埋納の意味こそ別途考えねばならない。量や種類の多様性は、一方で所属階層の違いにも起因する。上位階層は、各種物品が確保可能であった一方、下位階層では調達しうる石製模造品の種類が限られ、それすら確保しえない場合は土製（もしくは木製）による代用もありえたと思われる。ただし、素材の違いが一概に階層の差を反映するものでもなく、また可塑性の問題とも関わって、食物形は基本的に土製品で造形されるなど、作る対象に応じた素材の使い分けも行われた。

　そして、これら物品類は、鉄素材の鉄鋌に淵源があると思われる鉄板なども含め、のちの律令祭祀で祭料として規定される物品群とも非常に共通性がある[93]。

5. カミマツリの成立と古墳被葬者

（1）古墳時代カミマツリの諸段階

　以上のように整理すると、古墳と祭祀遺跡での副葬・供献品のあり方は、素材の違いを問わず

に品目の種類を視点に置き換えればほとんど一致したものとして収斂される。

　かつて古墳時代中期における石製模造品の品目の差異によって葬送と祭祀（カミマツリ）の分離が主張されたが[94]、これは葬送とカミマツリの分離ではなく、カミマツリの顕在化こそをより評価すべきであった。というのも、沖ノ島など確実に前期に遡りうるもの、あるいは前期の遺物を確実に含む石上禁足地など石製模造品の成立以前に遡る可能性のある祭祀遺跡は存在するものの、明確に祭祀遺跡として確認できる磐座などの一般化は、石製模造品の普及とほぼ連動してくるからである。こうした喪葬・祭祀専用物品の成立は、祀る対象としての「カミ」観念の顕在化を前提とするものであろう。

　古墳時代前期は、天から山などの高い場所にカミが依ると観念されるような垂直降臨型の祭祀形態は一般的には未成立であったとみられる。そうした観念、あるいは祭祀形態は、福岡県沖ノ島における岩上祭祀や奈良県三輪山でのいわゆる「三輪山祭祀」の成立[95]などから、4世紀後半頃に漸くより上位の祭祀から成立していった可能性はある。

　ただし、これにしても、山あるいは磐座など相応の高さをもつものに対しての祭祀形態を、垂直降臨型の観念の成立と見做すにはなお慎重にならざるを得ない。「記紀」の崇神天皇段に記された一連の三輪山をめぐる大物主命説話、「常陸国風土記」行方郡条のいわゆる夜刀神説話、久慈郡条の「賀毗禮高峯」説話、「播磨国風土記」佐比丘の由来説話など、8世紀段階の説話におけるカミは「天孫降臨」のように降りてくるのでなく、最初から山に住まうと観念されているか、夜刀神説話や「賀毗禮高峯」説話のように当初は人里近いところにいたカミが、「人間界」から離されて山へ追いやられていく（封じ込められていく）過程として示されている。したがって、少なくともア・プリオリに磐座や「三輪山型祭祀」をカミの垂直降臨型を示すとは前提化できず、もう少し個々の状況を整理する必要がある。もちろん、古代祭祀には、地霊や大地、井水に対する信仰など様々な要素が関わり得るので一系列の方向だけで事足りるものでもない。

　このようにみてくると、古墳時代前期には前代以来の地霊や大地、井水などの精霊類（かつて「地的宗儀」[96]とされたもの）や、疫病や天災などを生じさせる凶癘な「モノ」に対しての働きかけに端を発してはじまった祭祀（いわゆる「カミマツリ」）は、前期後半頃に対象がより明確化してきて一部には固定化した祀りの場（沖ノ島・三輪山・城之越遺跡・石川条里遺跡・石上禁足地など、ただし石上禁足地はその成立を下らせる意見[97]あり）が成立、中期に入る頃にはその観念がより広く受け入れられていくなかで、専用の祭祀物品や祭祀施設（磐座など）も一般化していく、という経過を辿ると捉えられよう。

（2）古墳被葬者と「カミ」

　では、葬送と祭祀の場において、副葬あるいは奉祭する物品が共通することをどのように理解すべきであろうか。

　古墳から出土する物品類は、呪具（盾や一部の武器類、あるいは銅鏡や石製模造品など辟邪など呪的な意味をもって供せられた物品）、奉献品（被葬者への供献を目的とした物品）、葬具（当該葬儀に使用した物品）などに由来する。そして、これらは素材を替える場合もあったが、品目としては祭祀遺跡において奉祭品や祭具としても用いられた。

用いられた場が異なるにもかかわらず、物品そのものや品目種類としての一定の共通性は、古墳被葬者と祭祀の対象たる「カミ」の性格に、何らかの共通性を認めるのが妥当と考えるべきであろう。そして、このことは現代に生きる我々が通常思考する「神」に対してもつイメージと、当時の人間がもったイメージの乖離による部分が大きいように思われる[99]。

　つまり、学史においても確認したように、古墳被葬者を「カミ」ないしは「祖霊」として把握する考えの多くは、その「カミ」を共同体の守護神など「幸魂」的なものとして捉える方向にある[98]。しかし、死してすぐの被葬者は、記紀神話のイザナキの黄泉国訪問譚に端的に示されるように、基本的には生者に対して禍を及ぼすかもしれない「モノ」として認識されたと推定され[100]、古墳はそれを封じ込める装置として機能した[101]。

　一方、祭祀遺跡における「カミ」も、時間軸こそ死してすぐの被葬者と異なるものの、その性格は禍・厄災をもたらす「モノ神」としての性格があり[102]、ある種の祭祀遺跡の成立はそれを封じ込める過程と連動したものであったと思われる（これとは別に、前代以来の地霊や井水などを祀るタイプの祭祀遺跡がある）。おそらく、この種の祭祀では、祭祀の場が柵や溝、垣、植栽などで一定範囲が囲繞（結界）され、その内側で祀る行為が実修されたと推定される。この場合、古墳被葬者のように直近の死という事実に基づいたものではないため、大いなる霊威（モノ、オオモノ）の存在は何か災いが生じた際に初めて認識され、それに対して祀る行為の発動となる。

　「カミ」「神」を、「モノ」に転換させて把握することにより、祭祀遺跡の本義や、古墳被葬者とほぼ同じものが祭祀遺跡で供献された経緯がより明瞭になってくると思われる。そして、石製刀子など古墳においてより顕著に使用された物品類の評価も、同じ「モノ」であっても直近の死者と、そうではない祭祀遺跡における「モノ」「霊威」との時間軸の差のなかで、祀る所作の違いが古代人には存在したと推定される。

　ここにおいて、古墳と祭祀遺跡で、共通した物品類が用いられた理由が、整合性をもって理解できるものとなろう。

6. まとめ

　学史を辿りながら、古墳被葬者がどのような存在として認識されてきたのかを確認し、そのなかで祭祀遺跡における「カミ」の意味と、古墳、祭祀遺跡で供される物品類に関する整理を試みた。その結果、素材の違いこそあれ、呪具的機能、祭具的機能、奉祭品的機能それぞれ性格の差に由来する物品類の多くが古墳と祭祀遺跡で共通性が高いことを再確認した。これに連動して、かつて石製模造品の品目の差から提起された古墳時代中期における「葬祭の分化」論は、いわゆる「神マツリ」の広汎な成立としてこそ理解すべきことを指摘するとともに、祭祀遺跡固定化のプロセスを素描した。そして、古墳と祭祀遺跡において同じ品目の物品類が供されたことに関して、同時の観念として、古墳被葬者や祭祀遺跡における「カミ」は、両者が由来する時間軸は異なるものの、本来的な性格としては災禍をもたらす「モノ」的性格と認識されていたであろうことを示し、ここに古墳と祭祀遺跡における供献物品一致の本質的意味があると理解した。

　祭祀行為が列島に広がる契機としてのヤマト王権による祭祀統制や主導性、支配におけるイデ

オロギー装置として「祭祀」という手法を用いる意義が様々なかたちで示されてきた[103]。しかし、本稿で示したかったものは、そうした政治史的視点から一旦離れ、あくまで祭祀遺跡と古墳を統一的に捉えるためにその祭儀対象となった古墳被葬者と「カミ」に関する古代人の認識を把握することにある。古墳という墓の存在をもって時代区分名称としている古墳時代において、広汎かつ長期にわたって持続した古墳築造への労力投下を可能たらしめた意識形成を知るには、たんに政治的優位性を背景とした「ヤマト王権」からの儀礼や祭祀の統合・管理・規制・シンボル操作などといったいわば「上から目線」の理解では不十分であり、それら自体を支えた当時の基層的な観念自体をどう理解するかが求められる。これを解くための論点は、すでに学史のなかに多くが抽出されており、それら先学の思考と成果を再構成するかたちで本節を成した。本問題に関する先達・諸先生すべての学恩に感謝し、終わりとしたい。

註

（1）小林行雄　1959「せきせいもぞうひん」『図解　考古学辞典』549〜550頁　東京創元社
（2）高橋健自　1919「古墳発見石製模造器具の研究」『帝室博物館学報』第1冊（1972『日本考古学選集10　高橋健自集下』74〜117頁）
（3）後藤守一　1930「石製品」『考古学講座』第28巻1〜40頁・同29巻41〜168頁　雄山閣
（4）森　浩一　1953「遺物の考察」『堺市百舌鳥赤畑町カトンボ山古墳の研究』29〜36頁　古代学研究会
（5）小出義治　1966「祭祀」『日本考古学』Ⅴ　276〜314頁　河出書房新社
（6）椙山林継　1972「葬と祭の分化—石製模造品を中心として」『國學院大學日本文化研究所紀要』29号　1〜29頁
（7）小田富士雄　1979「沖ノ島祭祀遺跡の時代とその祭祀形態」『宗像沖ノ島』254〜266頁　宗像神社復興期成会
（8）白石太一郎　1985「神まつりと古墳の祭祀—古墳出土の石製模造品を中心として—」『国立歴史民俗博物館研究報告』第7集　79〜114頁　国立歴史民俗博物館
（9）寺沢知子　1990「石製模造品の出現」『古代』90　169〜187頁　早稲田大学考古学会
（10）寺沢知子　1979「鉄製農工具副葬の意義」『橿原考古学研究所論集』第4　347〜373頁　吉川弘文館
（11）前掲註（9）文献
（12）篠原祐一　1995「臼玉研究私論」『研究紀要』第3号　17〜49頁　財団法人栃木県文化振興事業団埋蔵文化財センターなど
（13）清喜裕二　1998「初期農工具形石製模造品の基礎的研究—大形石製刀子を中心として—」『古代』第105号　75〜100頁　早稲田大学考古学会など
（14）北山峰生　2002「石製模造品副葬の動向とその意義」『古代学研究』158　16〜36頁　古代学研究会
（15）河野一隆　2003「石製模造品の編年と儀礼の展開」『帝京大学山梨文化財研究所研究報告』第11集　15〜27頁など
（16）亀井正道　1985「浜松市坂上遺跡の土製模造品」『国立歴史民俗博物館研究報告』第7集　135〜167頁
（17）沼澤　豊　1977『東寺山石神遺跡』（財）千葉県文化財センターほか
（18）杉山晋作　1991「石枕・立花と死者の送り」『古代探叢』Ⅲ　355〜378頁　早稲田大学出版部
（19）杉山晋作　1985「石製刀子とその使途」『国立歴史民俗博物館研究報告』第7集　115〜133頁
（20）前掲註（9）及び（15）文献

(21) 前掲註（19）文献
(22) 西藤清秀ほか　1997『島の山古墳調査概要』奈良県立橿原考古学研究所編。なお、本問題に関しては、河上邦彦 1997「石製腕飾類と鏡の配置からみた呪術性」『古代の日本と渡来の文化』339～365頁　学生社を参照
(23) 梅原末治　1920『久津川古墳研究』水木十五堂
(24) 佐野大和　1956「古式古墳における副葬品の呪術的意義」『國學院雑誌』57-4
(25) 桜井秀雄　2002a「峠祭祀と石製模造品―石製模造品は「手向けの幣」なのか」『信濃』54-8　11～28頁
(26) 桜井秀雄　2002b「「祭具」と「呪具」―石製模造品の二つの性格―」『長野県の考古学』Ⅱ　205～221頁　長野県埋蔵文化財センター
(27) 広瀬和雄　2003『前方後円墳国家』角川選書
(28) 車崎正彦　2000「古墳祭祀と祖霊観念」『考古学研究』47-2　29～48頁　考古学研究会
(29) 三品彰英　1973『古代祭政と穀霊信仰』三品彰英著作集第五集　平凡社
(30) 柳田国男　1946『先祖の話』筑摩書房
(31) 臼居直之　1997『石川条里遺跡』(財)長野県埋蔵文化財センター 他
(32) 関川尚功　1987「畿内中期古墳出土の鉄製農工具について」『横田健一先生古稀記念文化史論叢』上
(33) 田中晋作　2008「古墳時代における軍事組織について」『古代武器研究』9　52～65頁
(34) 森　浩一　2001「倭人伝と「祭」の字」『関東学をひらく』227～230頁　朝日新聞社（初出はアサヒグラフ1999年10月29日号）
(35) 辰巳和弘　1992『埴輪と絵画の古代学』白水社など
(36) 三品彰英　1973「銅鐸小考」『古代祭政と穀霊信仰』（三品彰英著作集第5集）10～28頁　平凡社（初出は1968『朝鮮学報』第49輯）
(37) 以下、纒向遺跡の内容については、石野博信・関川尚功 1976『纒向』橿原考古学研究所編
(38) 石野博信　1976「三輪山麓の祭祀の系譜―大型土壙建物跡―」前掲註（37）文献　506～509頁所収。なお、これを「纒向型」と規定したのは石野博信 1990「王権と祭祀」『古墳時代史』39～65頁　雄山閣出版
(39) 岡田精司　1970「大化前代の服属儀礼と新嘗」『古代王権の祭祀と神話』13～57頁　塙書房（初出は1962『日本史研究』60・61）
(40) 関川尚功　1976「近畿地方の古式土師器」前掲註（37）文献　460～500頁所収
(41) 久田正弘・石川ゆずは　2005「白江梯川遺跡の木製高杯について―資料提示と問題提起―」『石川県埋蔵文化財情報』14　39～46頁　(財)石川県埋蔵文化財センター
(42) 以下、石上禁足地は下記文献に拠る。大場磐雄 1973「石上神宮」『神道考古学講座　第5巻祭祀遺跡特説』45～82頁　雄山閣
(43) 置田雅昭　1988「禁足地の成立」『大神と石上』77～106頁　筑摩書房
(44) 穂積裕昌ほか　1992『三重県上野市比土　城之越遺跡』三重県埋蔵文化財センター
(45) 森下浩行　1998「奈良市の南紀寺遺跡」『日本の信仰遺跡』27～32頁（奈良国立文化財研究所学報第57冊）
(46) 穂積裕昌　「古墳時代祭儀空間の成立」『研究紀要』15-1　1～14頁　三重県埋蔵文化財センター
(47) 鈴木敏弘　1997「神がみの世界と考古学」『季刊考古学』59　33～38頁　雄山閣出版、穂積裕昌 1999「井泉と誓約儀礼」『考古学に学ぶ―遺構と遺物―』（同志社大学考古学シリーズⅦ）487～498頁　同志社大学考古学研究室
(48) 井上光貞　1994「古代沖ノ島の祭祀」『日本古代の王権と祭祀』207～245頁　東京大学出版会
(49) 榎村寛之　2008『古代の都と神々』19～20頁　吉川弘文館
(50) 下記文献を代表として揚げる。益田勝実 1976「モノ神襲来―たたり神信仰とその変質―」『秘儀の島』179～209頁　筑摩書房（初出は1975『法政大学文学部紀要』20）

(51) 近藤義郎　1983『前方後円墳の時代』岩波書店など
(52) 前掲註（27）文献など
(53) 山尾幸久　1972『魏志倭人伝』講談社現代新書、近藤喬一　1988『三角縁神獣鏡』東京大学出版会。なお、山尾はこの見解を後に撤回されるが、未だ一定の影響力を有する。
(54) 岡田精司　1999「古墳上の継承儀礼説について　祭祀研究の立場から」『国立歴史民俗博物館研究報告』第80集　235〜259頁
(55) 折口信夫　1975「大嘗祭の本義」『折口信夫全集』第3巻　174〜240頁　中央公論社（初出は1928『國學院雑誌』3418・11）
(56) 岩田　勝　1992「神楽新考」名著出版を代表として揚げる。
(57) 穂積裕昌　2008「遊部伝承から読み解く埴輪の意義」『王権と武器と信仰』891〜900頁　同成社。なお、形象埴輪の意義に関しては、私見とは「タマフリ」解釈に違いはあるが既に若松良一が指摘している。若松良一　1992「再生の祀りと人物埴輪―埴輪群像は殯を再現している―」『東アジアの古代文化』72　139〜158頁
(58) 前掲註（57）穂積文献
(59) 前掲註（8）文献
(60) 前掲註（48）文献　229頁
(61) 以下、沖ノ島に関しては、宗像神社復興期成会　1958『沖ノ島』、同　1961『続沖ノ島』、同　1979『宗像沖ノ島』いずれも吉川弘文館
(62) 石上禁足地では素環頭大刀の出土がある。前掲註（42）文献参照。
(63) 川西町教育委員会『島の山古墳第10次発掘調査について』（インターネットPDF版）
(64) 中原　計　2005「古墳時代後期における葬送儀礼の系譜―須恵器内検出有機物の検討―」『井ノ内稲荷山古墳の研究』473〜498頁　大阪大学文学研究科考古学研究報告
(65) 北條芳隆　1994「石川条里遺跡と腕輪形石製品」『中部高地の考古学』Ⅳ　235〜253頁　長野県考古学会
(66) 前掲註（31）文献
(67) 樋上　昇　2006「儀杖の系譜」『考古学研究』第52巻第4号　32〜51頁　考古学研究会
(68) 中村五郎　1986「鹿角（わざつの）考―鹿角・杖・蓋・琴柱形石製品―」『福島考古』27　85〜110頁
(69) 前掲註（48）文献
(70) 穂積裕昌　2009「県道B地区（桜垣内地区）の調査」『橋垣内遺跡（A〜C地区）発掘調査報告　研究紀要第18-3号』7〜25頁　三重県埋蔵文化財センター
(71) 三木　弘　1986「古墳時代の鉄製雛形農工具について」『史学研究収録』11　1〜21頁
(72) 坂　靖　2005「小型鉄製農工具の系譜―ミニチュア農工具再考―」『考古學論攷』28（橿原考古学研究所紀要）1〜62頁　奈良県立橿原考古学研究所
(73) 例えば前掲註（8）文献にもすでにその旨の指摘がある
(74) 前坂尚志　2006「奈良県五條市・西河内堂田遺跡の発掘調査概要―大和西南部の古墳時代祭祀遺跡―」『博古研究』32　29〜33頁
(75) 穂積裕昌ほか　2007「名張市赤目　坂之上遺跡」『伊賀の考古資料2　研究紀要』第16-4号　三重県埋蔵文化財センター
(76) 相田則美ほか　1995『出作遺跡Ⅰ』松前町教育委員会
(77) 金子裕之　1980「古代の木製模造品」『研究論集Ⅵ』5〜28頁　奈良国立文化財研究所
(78) 中村友博　1977「弥生時代の武器形木製品」『考古学雑誌』6812
(79) 穂積裕昌　2002『六大A遺跡発掘調査報告』三重県埋蔵文化財センター
(80) 前掲註（46）文献
(81) 佐藤達雄　1993「刀形木製品―その形態と変遷―」『考古論集』471〜486頁　潮見浩先生退官記念論文集

(82) 竹内直文ほか　2003『東部土地区画整理事業地内埋蔵文化財発掘調査報告書』磐田市埋蔵文化財センター
(83) 静岡県明ヶ島遺跡では片側先端が二股（V字形）を呈した棒状品を「杖形土製品」と呼称している（最下層 A22 ブロック出土土製品など。前掲註（82）文献
(84) 森下章司・高橋克壽ほか　1997『行者塚古墳発掘調査概報』加古川市教育委員会
(85) 鐘方正樹・角南聰一郎　1997「籠目土器と笊形土製品」『奈良市埋蔵文化財調査センター紀要』1　1～15頁　奈良市埋蔵文化財センター
(86) 篠原浩恵　2003「爪形土製品神饌具考」『祭祀考古学』4　15～34頁　祭祀考古学会
(87) 前掲註（84）文献
(88) 森　浩一　2004「失われた時を求めて―百舌鳥大塚山古墳の調査を回顧して―」『堺市博物館報』22　1～19頁　堺市博物館
(89) 前掲註（16）文献など
(90) 寺沢　薫　1988「三輪山の祭祀遺跡とそのマツリ」『大神と石上』37～65頁　筑摩書房
(91) 前掲註（15）文献
(92) 魚津知克　2007「佐知佐知の祀り―前期・中期古墳における鉄製漁具副葬の意義―」『古墳時代の海人集団を再検討する』261～270頁　埋蔵文化財研究会・第56回埋蔵文化財研究集会実行委員会
(93) 西宮秀紀　2002「『延喜式』に見える祭料に関する一考察」『延喜式研究』19　81～142頁
(94) 前掲註（5）及び（6）文献
(95) 佐々木幹雄　1980「三輪山祭祀の歴史的背景」『古代探叢』415～431頁　早稲田大学出版会、和田萃　1985「三輪山祭祀の再検討」『国立歴史民俗博物館研究報告』第7集　323～340頁
(96) 前掲註（36）文献
(97) 前掲註（43）文献
(98) 前掲註（27）や（28）文献など
(99) 用例としては「神」（カミ）以外にも、「物」（モノ）や「霊」（レイ・タマ）、「神霊」（シンレイ）、「魂」（タマ・タマシイ）などが用いられるが、概説書等で記述の際に「神」「カミ」と記述あれることが多く、現代人の一般的な認識で用いる神概念が混同・誤用される温床となる。かかる意味では、キリスト教の「ゴッド」（創造主）に「神」を充てたため、日本の神道における諸神と同じような扱いになったりもする現代日本の状況とも相通じるものがある。
(100) 前掲註（56）岩田文献、斎藤英喜　1996『アマテラスの深みへ』新曜社など
(101) 前掲註（57）穂積文献で古墳被葬者に関する認識について述べた。
(102) 前掲註（50）及び（56）文献
(103) この分野の代表的な研究として、下記文献を挙げておく。福永伸哉　1999「古墳の出現と中央政権の儀礼管理」『考古学研究』第46巻第2号　53～72頁　考古学研究会

第2節　「祭祀遺跡」像の転換

　祭祀遺跡は、その対象物の差異（山・峠・島嶼・磐座・湖沼・池泉・川など）によって基本的な分類が行われてきた[1]。かかる意味では、祭祀遺跡の分析は、もっぱらその立地などから祭祀の対象物を仮設・認定したうえで、磐座や磐境などの遺構形態、出土する遺物の種別差などによる検討が加えられることが通例である。これらは、いわば資料が目的を規定してきた研究といえよう。
　ところが、「祭祀」という極めて観念的なものを扱っているにもかかわらず、その「マツル」（祭・奉・祀）ことの意味を遺跡のなかで深く追究されることは少なく、「祭祀」ということだけが結論として提示されることも多かった。「祭祀」のような観念的なテーマを扱う場合、たんに資料の集積だけでは明確な方向性がなかなか見えてこない。祭祀遺跡を考えるにあたっての最終的な目標のひとつは、その祭祀意図の把握にあり、立地や遺構形態、出土遺物の組成などから帰納される祭祀遺跡の類型把握なども、最終的にはその祭祀が何を目的として行われたのかという問いに従う。最終的にそれに対する答えに帰結しなければ、祭祀遺跡研究の本質へは迫り得ないであろう。
　本節では、従来、対象物の種類によって分けられてきた「祭祀遺跡」の分類に関して、文献史料との対比も行って「マツル」ことの意味を掘り下げ、現在我々が「祭祀遺跡」として認識している遺跡の成立契機を探ることによって祭祀遺跡の本源的な意味を探っていきたい。そのうえで、「祭祀遺跡」と一括されている遺跡の構造的な特質を明らかにしていきたい。

1. 本節における祭祀遺跡分析の視点

通常、祭祀を行った遺跡には、大別して以下のふたつの種類がある。
　① 行為を行うことに遺跡成立の契機であり、かつ遺跡存立の主たる目的がある遺跡
　② 遺跡存立の主たる目的は居住など他にあるが、その過程で「祭祀も行った」遺跡
とがある。このうち「祭祀遺跡」という場合、①を射程としていることはいうまでもない。この場合の祭祀行為とは、岡田精司の定義[2]を借りると、「神もしくは精霊に対し、祈願したり、慰めなだめたりするための、儀礼的な行為」をいう。問題は、実際の遺跡のうえで表出される遺構・遺物の特徴が、こうした儀礼的行為の差として読み取りうるかということころにある。
　こうした問題に接近するには、祭祀遺跡の構造把握や出土遺物の類型化といった純粋の考古学的手法に加えて、別のアプローチを準備することも適当である。そのアプローチのひとつには、例えば近代以降に西欧を中心に発達した社会・文化人類学などの研究を援用・敷衍する方法がある。潤色や史観などが入り込む余地のある「記紀」などの文献に安易に同調することを排し、物質資料がもつ意味を民族誌などから意味づけていく方法は、それはそれでひとつの見識である。ただし、本節においてはこの方法は用いない。
　本節では、逆に「記紀」などの文献に徹底して拘り、近代的思考を排して、少なくとも文献が

記載された時点(「記紀」や「風土記」は8世紀)での古代人の精神・思考の地平まで立ち戻り、その認識を介して数世紀前の考古資料の意味解明に繋げることを目標とする。すなわち、「記紀」や「風土記」などにみえる祭祀・儀礼関連記事からその時点(8世紀)における意味や本義を把握し、それをもとにして物質資料たる考古資料の解釈に繋げていく方向性である。

2. 古代文献にみる創祀の認識

「記紀」や「風土記」などには、伊勢神宮など現代まで祭祀が続く古社の創祀譚や、各地の祭祀がいかにして始まったのかを記す祭礼の起源譚がある。ここで描かれる説話には創祀の説明に関して共通する一定の法則があり、祭祀遺跡を検討するうえで前提となる古代の「祭祀」観念が端的に示されていると考える。本稿では、文献に現れた創祀の例をいくつか示してその契機とそこで行われる祭儀方法を確認し、祭祀遺跡を考えるための手懸かりとしたい。

まず、崇神紀から創祀の状況を確認しておこう。天照大神と大物主、それに倭大国魂の三神創祀の事情が詳述されている。原文が長く煩雑なため、関連部分を時系列に沿った要約で示す[3]。

[崇神五年] 国内に疫病多く、民の死亡、半ば以上。

[崇神六年] 引き続き百姓の流離するもの、反逆するものがあり、その勢いは[天皇の]徳では治まりきらず、そのため、朝夕、天神地祇に祈った。これより先、天照大神・倭大国魂の二神を天皇の居所内に並祭していたが、神の勢いを畏れて共住には不安があり、天照大神を豊鋤入姫に託して倭の笠縫邑に堅固な石のヒモロギを造って祀り、日本[倭]大国魂は淳名城入姫命に託して祀らせた。しかし、淳名城入姫命は[霊威の強さで]髪が落ちて体が痩せ祀ることができなかった。

[崇神七年春二月] 天皇は世の災いが朝廷に善政がないことによる神の咎ではないかと恐れた。そこで占いによって災いの起こる理由を極めるため天皇は神浅茅原に行幸し、80万の神々を招いて占いをしたところ、神は倭迹迹日百襲姫命に神懸りして「吾を敬い祭れば平らぐだろう」といった。天皇が神名を問うと、「倭国の境の内に居る神で、大物主神」と名乗ったので、このお告げに従って祀ったが、験がなかった。そこで天皇は、沐浴斎戒して殿内を清め、改めて夢の中での神の教えを請うた。すると夢に貴人が現れて大物主神と名乗り、国の治まらないのは自分の意による旨を告げ、わが子大田田根子に自分を祀らせたら[国は]平らぐであろうと告げた。

[同年八月] 倭迹速神浅茅原目妙姫・穂積臣遠祖大水口宿禰・伊勢麻績君が同じ夢[ひとりの貴人が大田田根子命をして大物主神を祀る祭主、市磯長尾市をして倭大国魂神を祀る祭主とすれば必ず天下は平らぐだろうと告げた夢]を見、それを天皇に申上した。そこで天皇は探し出した大田田根子と神浅茅原で会って大物主命の子と確認し、合わせて物部連の遠祖伊香色雄を神班物者にしようと占うと吉とでたが、他神も祭ろうとすると吉からずと出た。

[同年十一月] 伊香色雄に多くの平瓮を祭神の供物として作らせ、大田田根子をして大物主神を祭る祭主に、長尾市をして倭大国魂命を祀る祭主とした。他神も祭ろうと占うと吉と出、別に八十万の群神も祀った。天社・国社・神地・神戸を定めた。これによって疫病ははじ

めて収まり、国内はようやく鎮まった。

この後、豊鋤入姫によって倭笠縫邑で祀られていた天照大神を垂仁25年に至って倭姫命に託し、好き地を求めて東国へ送り出した結果、伊勢の五十鈴の川上に天照大神の降臨を果たすといういわゆる伊勢鎮座伝承へ続く。

次に、「風土記」における創祀認識を確認する。

文献1　「常陸国風土記」行方郡条[4]
　古老のいへらく、石村の玉穂の宮に大八洲馭しめしし天皇のみ世、人あり。箭括の氏の麻多智、郡より西の谷の葦原を截ひ、墾闢きて新に田に治りき。此の時、夜刀の神、相群れ引率て、悉盡に到来たり、左右に防障へて、耕田らしむることなし。俗いはく、蛇を謂ひて夜刀の神と為す。其の形は、蛇の身にして頭に角あり。引率て難を免るる時、見る人あらば、家門を破滅し、子孫継がず。凡て、此の郡の側の郊原に甚多に住めり。是に、麻多智、大いに怒の情を起こし、甲鎧を着被けて、自身仗を執り、打殺し駈逐らひき。乃ち、山口に至り、標の梲を境の堀に置て、夜刀の神に告げていひしく、「此より上は神の地と為すことを聽さむ。此より下は人の田と作すべし。今より後、吾、神の祝と爲りて、永代に敬ひ祭らむ。冀はくは、な祟りそ、な恨みそ」といひて、社を設けて、初めて祭りき、といへり。即ち、還、耕田一十町親餘を発して、麻多智の子孫、相承けて祭を致し、今に至るまで絶えず。其の後、難波の長柄の豊前の大宮に臨軒しめし天皇のみ世に至り、壬生連麿、初めて其の谷を占めて、池の堤を築かしめき。時に夜刀の神、池の邊の椎株に昇り集まり、時を経れども去らず。是に、麿、聲を擧げて大言びけらく、「此の池を修めしむるは、要は民を活かすにあり。何の神、誰の祇ぞ、風化に従わざる」といひて、即ち、役の民に令せていひけらく、「目に見る雑の物、魚虫の類は、憚り懼るることなく、随盡に打殺せ」と言ひ了はる應時、神しき蛇避け隱りき。謂はゆる其の池は、今、椎井の池と號く。池の回に椎株あり。清泉出づれば、井を取りて池に名づく。即ち、香島に向ふ陸の驛道なり。

文献2　「播磨国風土記」揖保郡条
　佐比岡　佐比と名づくる所以は、出雲の大神、神尾山に在しき。此の神、出雲の國人の此處を經過る者は、十人の中、五人を留め、五人の中、三人を留めき。故、出雲の國人等、佐比を作りて、此の岡に祭るに、遂に和ひ受けまさざりき。然る所以は、比古神先に來まし、比賣神後より來ましつ。ここに、男神、鎮まりえずして行き去りましぬ。この所以に女神怨み怒りますなり。然る後に、河内の國茨田の郡の枚方の里の漢人、來たりて、此の山の邊に居りて、敬ひ祭りて、僅に和し鎮むることを得たりき。此の神の在ししに因りて、名を神尾山といふ。又、佐比を作りて祭りし處を、即ち佐比岡と號く。

以上の文献の示す創祀の記事は、記述された内容が一定の歴史的事実を反映したものかどうかはともかく、少なくともそれが記述された8世紀段階の祭祀の始まりに関する認識を示すものとして、祭祀遺跡を考えるうえでも非常に示唆的である。

崇神紀の大物主神創祀伝承では、①国内に疫病が発生→②災いの原因が神の咎にあると判断→

③占いによって霊威を発動している神を特定→④占いによって霊威発動の神に対しての最適祭主を指定→⑤祭祀の開始（創祀）→国内鎮定、という一連の流れが確認できる[5]。さらに、天照大神を奉じた倭姫命による垂仁紀25年の伊勢神宮創祀記事（146頁文献１参照）を一連の流れに位置づければ、伊勢鎮座も文献の文脈上では天照大神の強大な霊威を避けるため、王権膝下の大和から伊勢の清浄な地へ移転を果たしたことになる。

　このように、祭祀遺跡で行う祭祀の本義が、カミ（モノ）による大いなる霊威の発動（その多くは負の側面）にあって、祭祀遺跡という限られた場に霊威を取り込んで押さえ、祭祀を行うことによってこれを和ませることにあるとすれば、それを行う地は領域の中心部というより、その霊威がたとえ発動されても領域中心よりできるだけ離れた地であるのが望ましいとする意識があったのではなかろうか。かといって、まつろわぬ勢力がうごめくまったくの領域外へ出すということもできない。そこで、伊勢鎮座に関しては、当時のヤマト王権の領域内で東に関しては最も遠く、異界との境界と認識できる地で、かつカミを和ませるにふさわしい清浄な地として選ばれたのが伊勢だったのではあるまいか[6]。伊勢神宮内宮の成立次第を述べる「日本書紀」垂仁25年のヤマトヒメによる伊勢鎮座伝承なかで語られる「則ち天照大神の始めて天より降ります処なり」という記述は、まさにここに至ってやっと「鎮まる」ことができたという意味で、こうした祭祀遺跡の本質を衝いたものといえるであろう。

　「風土記」の記事である文献１・２も、基本構成は大物主神や天照大神の鎮坐伝承と同様の構図である。文献１では悪神に相当する地のカミが霊威を震ったので、カミを山に移し、カミの住む山と人里との境界である山口に社を設けた。文献２では、神尾山にいた出雲大神（通る人を留め置くという意では悪神）を出雲の国人が佐比（鋤）を作って祀った後も収まりきらず、河内の漢人が山の辺で祭って初めて和み鎮したとする。文献２と同様の説話は、「風土記」に多い「交通妨害説話」とされる類型[7]を採るが、文献２では最終的に和させるのに渡来系（漢人）の力に拠ったとするところに特徴がある。

　なお、このことに関して私は、第Ⅱ章第１節でも詳述したように、出土遺物や遺構の存在形態から祭祀が行われたとみられる愛媛県出作遺跡[8]や三重県六大Ａ遺跡[9]で相当量の初期須恵器・韓式系土器など渡来系文物がみられることや、三輪山の祭祀において須恵器も多く用いられたとみられる状況[10]などから、カミを祀るための新たな物品としての須恵器の役割を積極的に評価し、新たな祭祀の導入者としての渡来系集団の役割も重視する。ただし、須恵器が完全に存在する時期でも、あえて須恵器を組成せずに旧来からの土師器のみを奉祭する事例も存在することは注意してよい。これら選択の背景を探ることを足がかりに、具体的な祭祀内容の検討に踏み込むことも可能であろう。

　いずれにせよ、「記紀」や「風土記」に現れた創祀譚は、文献の記述を追う限り、創祀の契機は豊饒を祈願するなどの現世利益的な目的ではなく、まずは天災や疫病等の発生が先にあり、次いでその厄災を引き起こした主体をカミ・神と考えてその固有名を占い等で特定し（風土記ではこの部分が欠落）、その後はじめてその神をなだめ、和ませるための祭祀行為が始まるという「定式」の存在を認めることができよう[11]。いわば、厄災が発生してからの対症療法的としての創祀である。古代における祭祀遺跡成立の契機のひとつは、こうしたカミ（＝厄災をもたらす主体とし

てのカミ、荒ぶる神）を鎮める杜としての存在にあるようだ。もちろん、各地の祭祀遺跡における主たる目的がすべて「祟りの鎮め」にあるというわけではなかろうが、少なくとも8世紀段階の「記紀」や「風土記」の作成・筆録者にはそのような基本認識があったとみられる。

このように考えると、祭祀遺跡とは、人里（集落）から外れた清浄な地―山や島、あるいは河畔など―にあって、カミ（あるいはもっとプリミティブなモノ・「大いなる霊威」・精霊の類）の怒りに対して磐座や高木、祠（この場合は人工物）、あるいは結界された空間などを設け、祭祀を加えることによって鎮める（和ませる）ことが第一義的に求められた施設と捉えられる。

3. 封じ込めの場

祭祀遺跡成立の契機のひとつとして、祟りをなすカミを杜に封じ込める、あるいは祭祀行為を懇ろに実修することによってカミの怒りを和ませ鎮めさせるという含意があるとすれば、それは遺跡や遺構の存在形態として何らかの特徴が認められるのであろうか。このことに関して、非常に興味深い説話が、「常陸国風土記」久慈郡条や、「伊勢国風土記」逸文[12]にある。以下、該当の箇所を検討のうえ、考古資料とも照応させてみよう。

文献3　「常陸国風土記」久慈郡条
東の大き山を、賀毗禮の高峯と謂ふ。即ち天つ神有す。名を立速男命と稱ふ。一名は速經和気命なり。本、天より降りて、即ち松澤の松の樹の八俣の上に坐しき。神の祟、甚だ嚴しく、人あり、向きて大小便を行ふ時は、災を示し、疾苦を致さしめれば、近く側に居る人、毎に甚く辛苦みて、状を具べて朝に請ひまをしき。片岡の大連を遣はして、敬い祭らしむるに、祈みてまをししく、「今、此處に坐せば、百姓近く家して、朝夕に穢臭はし。理、坐すべからず。宜、避り移りて、高山の浄き境に鎮まりますべし」とまをしき。是に、神、禱告を聽きて、遂に賀毗禮の峯に登りましき。其の社は、石を以ちて垣と為し、中に種屬甚多く、并、品の寶、弓・桙・釜・器の類、皆石と成りて存れり。

文献4　「伊勢国風土記」逸文
伊勢久（云）者、伊賀事（穴）志社坐神、出雲神子、出雲建子命、又名伊勢都彦神、又名天櫛玉命、此神、昔、石違（造）城坐於其地。於芝（是）、阿部志彦神来集（奪）不勝而還却。因以為名也云々。（「日本書紀私見聞」所収、括弧内は岩波古典文学大系本『風土記』による前字句の改訂）

文献3の「常陸国風土記」は、昔、久慈郡の松沢というところにいた立速日男命という神の祟りが非常にきびしく、近傍の人が非常に苦労したので、朝廷が片岡大連を遣わして祭らせ、神を高い山の清浄な場所である賀毗禮の峰に移した、というもので、さらに、そこに設けられた社は「石をもって垣を造り、なかには一族のものが非常に沢山いる。またいろいろな宝の品物・弓・桙・釜・容器の類が、みな石となって遺っている」という内容が語られている。この説話は、創祀の契機に関していうと前述の大物主神創祀伝承や文献1・文献2の理由と共通する。ここでは、石による垣が、神をその中に押し留めるための結界として使用されていたらしいことと、創祀の

269

契機が在地神の祟りを鎮めるためであったことに注目しておこう。

　一方、文献４は、室町時代初期の僧、道詳の手になる「日本書紀私見聞」が引く「伊勢国風土記」（逸文）の伊勢の国号の起源に関する記事である。当該部分の原文はやや意味が取りにくいが、吉野裕の訳[13]で当該部を示すと、「伊勢というのは、伊賀の安志の杜においでになる神は、出雲の神の子、出雲建子命、またの名は伊勢津彦の神、またの名は天の櫛玉命である。この神は、石をもって城を造ってここにおいでになった。ここに阿部志彦の神が来襲してきたけれども、勝つことができずに還り去った。それによって名とした。云云」となる。伊勢国号の起源記事である以上、この場合の伊賀は国名ではなく、地名としての伊賀、すなわち伊賀郡と見るべきであるが、この伊賀郡の「安志の杜」に拠った伊勢津彦の神がここに石で城を築いたとする注目すべき記事である。ここで伊勢津彦は出雲建子命の別名として出雲系であることが示されるが、伊勢津彦は「播磨国風土記」揖保郡条でも「伊勢都比古命」として出雲系の伊和大神の子とされる。

　この場合の「城」は、杜に築かれていることからも前述の「常陸国風土記」久慈郡条にみる「石の垣」と同じで、神の拠った場を示すものと思われる。ちなみに「常陸国風土記」には、他にも新治郡条で悪神が籠った「石城」が歌に読み込まれている。つまり、これらの「石の垣」や「石の城」は、カミ（この場合は「悪神」）を石の結界によって閉じ込めた杜ということになろうか。

　なお、「伊勢国風土記」逸文を引く「日本書紀私見聞」の該当部に関して荊木美行は、その引用方法などの検討から、本来の「伊勢国風土記」にあった記事を採録したものと考えて差し支えなかろうとしている[14]。ただし、その杜のある「安志」の「安」は原文では「事」であり、前掲の吉野裕による東洋文庫本など「穴」の誤記ではないかとされることもある。この場合、「穴志」とすれば三重県伊賀市柘植の式内穴志神社が有力となるが、久志本鉄也は守る側の伊勢津彦が伊賀郡に拠る神、攻め寄せる阿部志彦の神がその姓から北伊賀の阿拝郡に拠った勢力と解釈し、あくまで伊賀郡内での候補地を模索すべきとする[15]。旧の伊賀郡では、城之越遺跡をはじめ、沢代遺跡や楳ヶ森遺跡など古墳時代の貼石遺構をもつ遺跡が集中して存在する全国的にも特異な地域であり、本地域に「石をもって城を築く」記事が残ることは極めて注目すべきものである。

　このように、上記文献では、カミを閉じ込めたり、その地に坐しませることに調和的な物品として、「石の垣」が意識されていたことを示している。このことは、崇神六年紀で天照大神を倭笠縫邑に遷した際に「堅固な石のヒモロギ」を造って祀ったり、福岡県沖ノ島をはじめとする各地の祭祀遺跡が磐座の形態を採ることとも照応する。

　このことに関連して、三重県城之越遺跡[16]や奈良市南紀寺遺跡[17]など一部の祭儀関連と目される遺跡で大規模な貼石遺構が認められることは注目に値する。通常、古墳時代における貼石や石垣の使用は古墳の葺石や外護列石を除くと極めて少数で、古墳以外の施設では群馬県三ツ寺Ⅰ遺跡[18]など大首長クラスに関わる一部の首長居館の堀に設けられた石垣・貼石などにほぼ限られるからである。

　このうち城之越遺跡については、第Ⅰ章第１節で詳述したように、３ヶ所の井泉（うち２基が石組み）から湧き出た水を貼石溝へ導いて要所に石張りの突出部や方形壇、立石を配するという大規模な造成を伴った構造で、立石には磐座的な含意があったとみられる。貼石溝に囲まれた部分は周囲に石を巡らした土俵のような「広場」となって、流路へ降りるための階段を伴ってお

り、流路に下りることに関して禊場的な意味を含意していた可能性がある。広場の周囲には井泉から湧き出た水が絶え間なく流れ、石貼によって結界されたいわば「瑞垣」の空間として認識することが可能で、これら遺構の存在形態や出土遺物などから祭儀場として機能していたとみられる。城之越遺跡祭儀場の大溝最上部からは、「庭」と墨書された奈良時代の須恵器杯が出土しており、庭が「かつては神事・祭事を行う場所」であるとする松村明の解説[19]を敷衍すれば、前代にはここが聖地であったという意識が奈良時代にも残存し、ことによると祭祀も細々ではあっても継続していた可能性すら考えられる。

　一方、南紀寺遺跡は、調査区の制約上、全体形状は不明だが、給水源となる方形の石組井泉から湧き出た湧水が素掘り溝を介して大規模な貼石の池状部に引き込まれたもので、池状部内には島状の方形区画が伴う。現況での直線距離が全長約120mにも及ぶ非常に大規模なスケールをもち、城之越遺跡に比べると直線的で屈折を多用したプランに特徴がある。

　これら遺構は、貼石で囲まれた「広場」ないしは方形区画を伴っており、その性格にカミと何らかのかたちで交感する含意があった可能性が考えられる。しかも、貼石を伴うような祭儀場は、大規模な造成も伴っており、祭場としての固定化としても評価できる。一般的に常設社殿の成立以前は祭りの場が固定化しないとされ、かつて井上光貞は福岡県沖ノ島の調査成果[20]から祭場の固定化は6世紀から7世紀にかけてのことと考えた[21]。しかし、城之越遺跡や南紀寺遺跡などの所見も踏まえると、4世紀後半から5世紀頃には祭祀の場の固定化を認めうる遺跡が出現していると判断でき[22]、これは福岡県沖ノ島や大和三輪山で磐座祭祀が始まる時期[23]とも矛盾しない。磐座自体、常在ではなくてもカミが坐す磐が特定されていたとすると、祭場自体は固定化して認識されていたと評価しうるであろう。

　「風土記」の記事は、基本的には8世紀段階のいわば「歴史認識」を示すものであるが、考古資料の存在を介させることによって、同様の意識が古墳時代段階まで遡って存在した可能性が提起できるのである。

4. カミを祀る場と、儀礼の場

　さて、崇神紀の大物主神創祀伝承では、天皇が占いを行う場として「神浅茅原」と呼ばれる場所が二度にわたって登場する。あくまで「原」であることから露天の祭儀場を意味すると考えられる。つまり、ここでは神意を問うために神々を招いての占いは、室内ではなく、専ら露天の特別の場（祭儀場）を用いたという構成になっている。

　同様の場は、「古事記」仲哀段においてもみられる。仲哀天皇が筑紫訶志比宮にいた時、熊襲国を撃とうとして神意を求めた場としての「沙庭」がそれである。以下、関係部分を示して論点を確認していこう[24]。

文献5　「古事記」中つ巻　仲哀天皇
　　その大后息長帯日賣命は、当時神を帰せたまひき。故、天皇筑紫の訶志比宮に坐しまして、熊曾國を撃たむとしたまひし時、天皇御琴を控かして、建内宿禰大臣沙庭に居て、神の命を

請ひき。ここに大后神を帰せたまひて、言教へ覺し詔りたまひしく、「西の方に國有り。金銀を本として、目の炎耀く種種の珍しき寶、多にその國にあり。吾今その國を帰せたまはむ。」とのりたまひき。ここに天皇答えて白したまひしく、「高き地に登りて西の方を見れば、國土は見えず。ただ大海のみあり。」とのりたまひて、詐をさす神と謂ひて、御琴を押し退けて控きたまわず、黙して坐しき。ここにその神、大く忿りて詔りたまひしく、「凡そこの天の下は、汝の知らすべき國にあらず。汝は一道に向ひたまへ。」とのりたまひき。ここに建内宿禰大臣白しけらく、「恐し、我が天皇、なほその大御琴あそばせ。」とまをしき。ここに稍にその御琴を取り依せて、なまなまに控きましき。故、幾久もあらずて、御琴の音聞こえざりき。すなわち火を擧げて見れば、既に崩りたまひぬ。

　ここでの沙庭は、天皇が自ら琴を弾いて神霊を招き、大后息長帯日賣命（神功皇后）に神霊を憑かせる（いわゆる「神懸り」）ための場として存在している。したがって、「古事記」における沙庭は、神意を聞く場としての露天の庭が含意されていたとみられる。
　ただし、同じ場面を記した「日本書紀」神功皇后摂政前紀では、一連の神託のやり取りを行った場を橿日宮（「古事記」の訶志比宮に同じ）から赴いた小山田邑に造らせた「斎宮」としているだけであり、その場が斎宮内の露天の庭なのか、斎宮に附属する建物内であったかは判然としない。しかも、「沙庭」の用例は出てこず、代わりに中臣烏賊津使主が担った「審神者」を「古事記」に引き付けて「サニワ」と読ませ、場所を指していた用語を人間に振り替えているが、これに関しては異論もある[25]。
　「神もしくは精霊に対して、祈り、なだめる儀礼的行為」を祭祀とする岡田精司の定義[26]を敷衍すると、これら占い・神託を求めた場は、清浄に保ってカミの依り憑きを期した場ではあったものの、カミマツリそのものではなかったと認識してよかろう。もちろん、ひとつの遺跡で、両者が複合的に存在することもあり得るので一概には言えないが、少なくとも「記紀」文脈上では、大田田根子が大物主神を祭る場は神浅茅原とは別の場所であったと考えられる。
　つまり、遺跡の類型としてはどこまで意識されているかどうかはともかく、文献上からは儀礼空間の類型として、「祭祀の場」そのものと、「占い・神託の場」とが別個に存在したと想定される。
　では、翻って、発掘調査の場において、こうした「占い・神託の場」は認定可能なのであろうか。この認定が純粋に考古学的側面から提起されたわけでなく、あくまで文献の語りの中で祭祀の場とは少し違う空間として認識されたことを契機としている以上、もう一度文献の語りに立ち戻って検討する必要がある。このことに関して、先に示した崇神紀の神浅茅原や仲哀記の沙庭などの記事以外にも、古代文献にあらわれる神意の所在を問う占いや信託には、いわゆる「誓約」儀礼がある[27]。
　誓約は、「記紀」のみならず、「万葉集」や「日本霊異記」などにも出てくるもので、著名なものとしては「記紀」両方に記載のある天照大神とスサノヲによる天安川原における誓約や、敏達紀10年の蝦夷の首領綾糟らによる泊瀬川に入って三輪山に向かって行われた誓約などがある。誓約が立てられた場所は井泉脇や川、野のほか、垂仁が皇子ホムチワケの唖に関して曙立王に立て

させた誓約（垂仁紀）のように特に場所を特定しない例など様々であるが、特に井泉における誓約に関しては、三重県六大Ａ遺跡の石組井泉の出土状況からそれが誓約儀礼に関わっていた可能性を論じ[28]、第Ⅰ章第4節で改めて詳述した。

　六大Ａ遺跡は、全長100ｍ以上の大溝（開析谷）脇に井泉や貼石が営まれた遺跡で、出土遺物から特に5世紀以降は祭祀の痕跡も明瞭であった[29]。井泉は、弥生時代後期から飛鳥時代にかけて、14基ほど認められたが、ひとつの石組井泉の床面から木製刀形と勾玉が各1点ずつ出土している。大溝に付設された井泉とその出土遺物としての刀・玉という構成要素（河・井戸・刀剣・玉）は、記紀神話が語る天安河原の天真名井で行われたアマテラスとスサノヲによる誓約で使用された十拳（握）剣と八坂瓊之五百箇御統（勾玉）と一定の対応関係が考えられた。ちなみに『日本書紀』で誓約儀礼の語られる神代上第六段の異伝、一書の第二では、誓約を立てるために天真名井三処を掘ったことが記されており、ここでは井泉の役割のひとつに誓約を立てる目的があったことが読み取れる。

　このように、考古資料の示す状況の解釈に記紀神話を介在させることによって、その意味するところに一定の指針を与えてくれる。ただし、この場合に重要なことは、神話に記された内容と対応する考古資料が確認できたからといって神話の内容にも一定の真実性があると直截的に考えるのではなく、むしろ考え方の方向としてはこれと逆に考えるべきであろう。つまり、記紀神話などを敷衍することによって考古資料の解釈に一定の指針は得たが、六大Ａ遺跡をはじめとする誓約儀礼の存在を示唆する考古学的状況（他にも、城之越遺跡の井泉からは瓢箪が出土しているが、瓢箪は『日本書紀』仁徳段中でその浮沈を占うことによる誓約儀礼が二か所で述べられている）は、古墳時代に神意の所在を問う誓約儀礼が広く行われていた資料としてこそ評価し、記紀神話はむしろ古墳時代のそうした状況を下敷きにして語られるようになったと理解できるのではなかろうか[30]。

　このように考えてよければ、これまで「祭祀遺跡」として認識されている遺跡は、精霊やカミ（もしくは精霊やカミが坐すと観念された山や磐、川、井泉、海など）に対しての祭祀行為が行われた場合と、カミなどの存在を前提として清浄な場において実施された占いや誓約、神託など神意を問う儀礼を行う場合とを分別して理解するのがよいのではなかろうか。もちろん、それらが複合された場合や、祭祀や占い・誓約の前段階としての禊の場なども認定していく必要がある。

5. 祭祀遺跡における大型掘立柱建物の性格

　以上のように、「記紀」や「風土記」などとも対比しつつ、「祭祀」遺跡の構成要素を「神（カミ）マツリの場」と「占いや神託を受ける儀礼の場」などに整理して考えてきた。ここでは、山や杜、野外の露天の場（庭）、井泉など、オープン・スペースでの議論が中心であったし、このことは古代祭祀研究においても古墳期のカミマツリは庭上祭祀が基本とされていたこと[31]と照応していた。ところが、最近の調査事例の蓄積は、従来の祭祀遺跡研究ではあまり想定されていなかった大形の掘立柱建物を議論の一画に押し上げた。これは、大阪府和泉市池上曽根遺跡において大形刳抜井戸とセットで発見された棟持柱式大型掘立柱建物の性格が広瀬和雄らによって「弥生神

第Ⅳ章　喪葬と祭祀の統一的把握

殿」と位置づけられたことを嚆矢に議論が高まり、広瀬とそれに反論する岡田精司らの間で激しい議論の応酬があった。

広瀬は、伊勢神宮正殿の建築様式が棟持柱式であることにも関わって、集落における棟持柱式掘立柱建物の存在形態や、それが描かれた土器絵画の分析などから、弥生時代においても棟持柱式を採る建物が「神殿」としての機能をもっていたとされた[32]。

これに対して、古代祭祀研究の立場からそれに反論した岡田は、日本古代の祭祀はマツリの時だけ清浄な祭場（ニワ）に設けた臨時の施設に神を迎えるのが基本であり、常設社殿の成立は7世紀後半以降、一般化するのは平安時代に入ってのこととして、日本の古代祭祀に「神殿」の存在を考えるのは矛盾が大きく、否定せざるを得ないとされた[33]。いうまでもなく、この場合の「神殿」とはカミ・神の籠もる屋のことであるが、恒常的な常設社殿（神殿）をいつの段階から認めるのかは古代祭祀を考えるうえも非常に大きな問題となる。

両氏以外の研究者も巻き込んだこの大型掘立柱建物の性格をめぐる論争の中で注意すべきことは、問題を複雑にした要因が大きくふたつあると認識できることである。ひとつは、論者によって念頭に置く「神殿」の概念が一致しないままに議論が進められたことであり、もうひとつは「神・カミ」をどのように捉えるかの問題である。

このうち前者については、前述のように、神殿を本来の意味、すなわちカミや精霊の籠もる屋のこととして限定して用いる論者もいれば、祭殿など祭祀に関わる建物全般、例えば祭祀終了後の直会に使用したような建物も含めて用いる論者も存在した。議論の前提として、「神殿」についての共通理解がなければ、議論自体が成り立たない。このことについて広瀬は、弥生集落からしばしば出土する木偶（人形をした木製像）をクラ（高床建物）の中に置かれた神像と考えていることから[34]、神殿を「カミの籠もる屋」としての本来の意味で用いられていることがわかる。従って、広瀬の「神殿」が示す具体的なイメージについての認識は基本的に岡田らの考えと同じであり、だからこそその出現時期に関する岡田らとの考え方の差異が顕在化し、両者の激しい議論の応酬となったのである。なお、岡田は、池上曽根遺跡の性格に関して、神殿のみならず、祭儀に関わった建物としての「祭殿」とみる見方にも同調せず、共同体の会所的な性格を主に想定している[35]。池上曽根遺跡の調査にも関わった秋山浩三も、岡田同様、池上曽根遺跡の大型掘立柱建物の性格については「神殿」や「祭殿」などの祭儀的な性格よりも、より実用目的の機能を想定する[36]。

後者については、問題はもう少し複雑で、列島において「カミ」はいつから認識されてくるのかという問いに連動する。つまり、「カミ」の認識、存在がなければ、議論自体が成立しないのである。このことに関して広瀬は、民族学の岩田慶治により紹介された東南アジアの動植物に宿ると観念されるプリィミティブな精霊である「ピー」[37]を念頭に置きつつ、弥生集落から出土する木偶を「弥生のカミ」と考え[38]、弥生時代のカミを人間の像をもったいわゆる「人格神」的なものとしてイメージしていることがわかる。同様の考えは金関恕からも提出されており、金関は弥生時代集落から出土する人形像（木偶及び少数ではあるが石製）を祖霊像として祭られていたとする考えを提出している[39]。確かに、古代中国などでは、神仙界の神や神獣などカミに関する具体的な認識が既に形成されており、それと連動して列島にもそうした考えが早期に流入してい

た可能性も考えられる。しかし、人物の造形物としては縄文時代（一部弥生にも残存）には土偶があり、古墳時代後半には人物埴輪もあるが、それらはカミを造形したものだとは認識されていない。このことも敷衍すると、弥生の木偶についても、それをカミの造形と考えることは、現在もなお、ひとつの仮説段階に留まるものであろう。弥生段階では、中国由来の銅鏡などに鋳出された造形としての神像はあるものの、その思想まで含めてどこまで列島で受容したのかは、その流入時期も含めて現段階で議論の一致はみていないのが現状である[40]。

　筆者自身の考えを述べれば、上記で検討してきたように少なくとも古墳時代段階の祭祀形態は、岡田も述べるように[41]、山や水辺などの清浄な地に占地して、祭祀や祭儀の場を露天に設けたことが基本と考えており、古墳時代、ましてや弥生時代段階で「カミ」が籠もる屋としての神殿の存在は未成立だったのではないかと考えている。銅鐸の埋納行為が地霊への働きかけ[42]とすれば、霊的な存在自体は弥生段階でもイメージされていたと推測できるが、その精霊を造形として提示したり、ましてや季節を決めて集落を訪問する[43]ような「人間的」なカミの存在を弥生段階で想定する根拠は乏しい。

　しかし、一方で、大場磐雄らによって先鞭を付けられた祭祀に関わる考古学的知見[44]では想定していなかった大型掘立柱建物が、祭祀ないしは祭儀に関わった遺構と何らかの関連を示唆するかたちで発見されはじめたことも確かである。このことに関して筆者は、古墳時代に入って類例が増加する「四面庇付」大型掘立柱建物が、愛知県八王子遺跡、三重県城之越遺跡・古鬵通りB遺跡・六大A遺跡、群馬県三ツ寺I遺跡・新田東部工業団地遺跡（中溝・深町遺跡）などで井泉遺構とのセット関係で捉えられることを確認し、これら建物を神殿とはしないものの、地域的な広がりから何らかのかたちで祭祀・祭儀と関連した遺構として一般化していた可能性を指摘した[45]。

　具体的な様子を城之越遺跡で示すと、城之越遺跡の貼石祭儀場における中心的な場と目される「広場」には、一方向のみ溝で囲まれない開放部分がある（図136）。この部分を東側へ100m延長すると、広場開放部と主軸ラインを揃えるかたちで四面庇付大型掘立柱建物が存在し（図134）、城之越遺跡では祭儀場と大型建物が有機的な関連のもと、セットで存在したことが窺えた（図134）。城之越遺跡は、岡田も古墳時代段階の固定化された祭祀の場である社（ヤシロ）と評価されている遺跡であり[46]、ここに大型建物が祭儀遺構と有機的な関係で存在することは、祭祀施設に伴う建物遺構をどのように考えるのかといった、いわゆる「神殿論争」にも一定の論点を提出できると考える。

　このことに関しては、城之越遺跡を含む事例の多くがいわゆる「四面庇付」タイプの掘立柱建物と井泉とのセット関係であることにひとつの手掛かりがあると考える。井泉は、これ自体が後の律令時代の井泉神のようにカミが住む場として神聖視された可能性とは別に、沙庭、すなわち占いや神託による神意を問う場として機能していた可能性も考慮してよかろう。もちろん大規模造成が伴わなくても、井泉自体が誓約の場として記された記紀神話中の天真名井における「アマテラスとスサノヲによる誓約」の存在は、六大A遺跡の事例とを連動させて考えると、井泉が存在する空間自体に「清浄な空間として誓約が実修される場」としての含意があったと考えることが妥当である[47]。

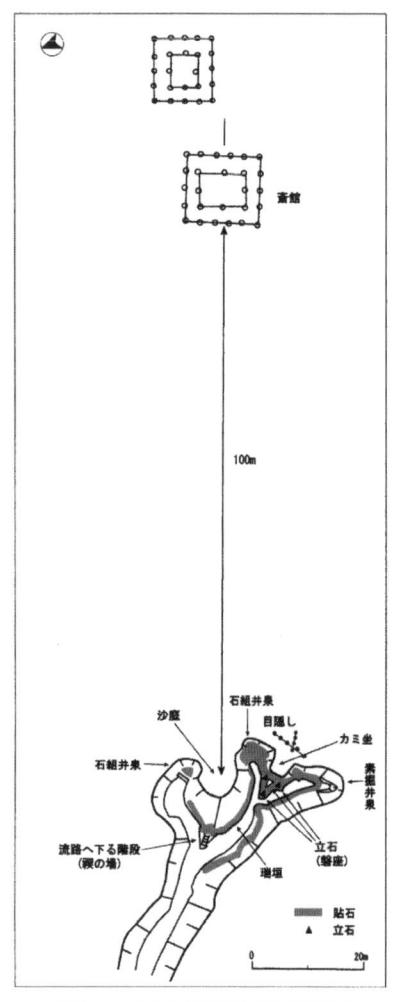

第Ⅳ章 喪葬と祭祀の統一的把握

図134 城之越遺跡の祭場構成

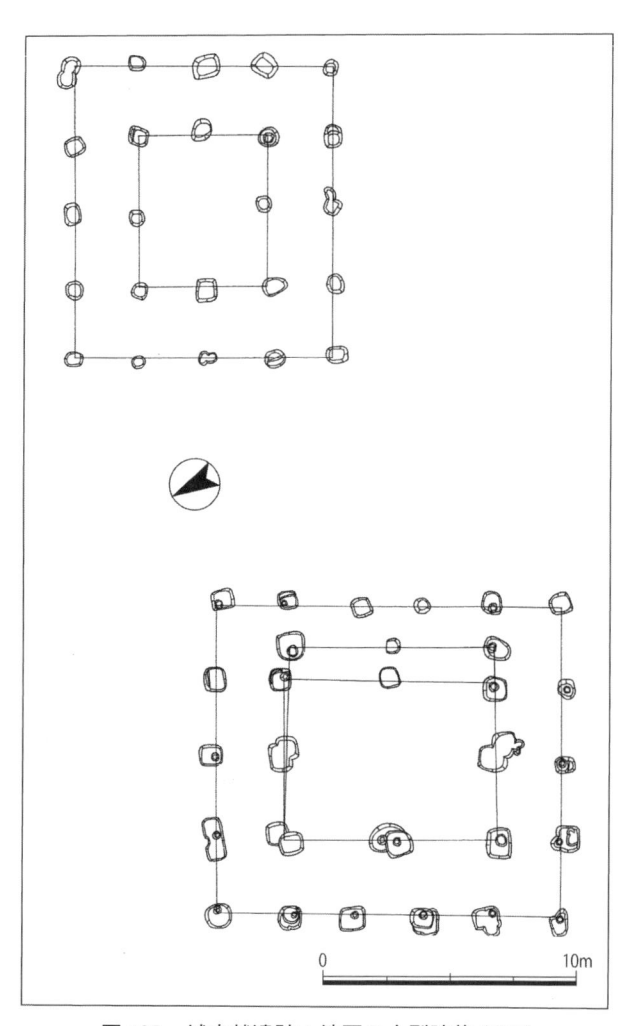

図135 城之越遺跡A地区の大型建物（斎館）

図136 城之越遺跡石敷祭儀場（広場開口部の先に大型建物）

そして、誓約などの神意を問う場面においては、崇神紀で確認したように、その身を潔斎することが前提条件として存在した。ここで必要となる施設が、占いや誓約などの前段階として行者の身を潔斎する施設、つまり斎館である[48]。ここに城之越遺跡など井泉とのセット関係を構成する大型建物の存在意義があるのではなかろうか。

崇神7年紀にあるような夢のなかで神の教えを請ういわゆる「ウケヒ寝」も、こうした施設で行うことを含意していたのであろう。さらに、身を潔斎することは、神マツリに臨む場面においても同様である。垂仁25年の倭姫命の伊勢鎮座伝承でも天照大神を祀るために五十鈴の川上に「斎宮」を立てたり、実質上の初代斎王とも目される大来皇女が伊勢神宮へ向かう前に泊瀬で斎宮に籠もったとされる（天武紀2年）ことは、まさに身を潔斎する建物の存在を支持するものであろう。

以上のことから、井泉に伴う大型建物（この場合、古墳期であれば回形の柱配置をもついわゆる「四面庇」タイプが中心）、あるいは祭祀遺跡と目される遺跡で確認できる大型建物は、占いや神託・誓約、あるいはカミマツリなどを実修するための前提となった、身の潔斎のための屋である斎館として考えるのが現時点では最も整合性のあるものと理解される。

6. まとめ

山や磐座、あるいは島というように、祭祀対象や祭祀場所を個別に切り取ってその祭祀についての検討を加えるのではなく、「記紀」等に現れた文献から祭祀や儀礼の意味を考察し、それを実際の考古資料を解釈していくうえでの方向性把握の指針とする試みをしてきた。史料が示す祭祀・儀礼に関わる認識は8世紀段階のものであるが、考古資料を介することによって、その考え方がさらに古墳時代段階までは遡るであろうことを推定した。これによって、実際の遺跡や遺構の意味の解明に新たな方向性を示すことができたと考える。

文献が示す一連の祭祀行為には、磐座などいわゆるカミが寄り付くと観念される場で実修される「カミマツリ」そのものと、カミや精霊などの存在を前提とした清浄な場で神託を聞く占いや誓約、禊、それに祭祀執行者（行者）自身による祭儀前の潔斎が復元され、それぞれ独立ないしは近接して個別の場を有していた。このうち、祭祀執行者が祭儀前に潔斎する場が斎館で、古墳時代の井泉とセット関係を構成するいわゆる「四面庇付」大型掘立柱建物がこれに相当する可能性を提起した。

祭祀遺跡の研究は、個別事例の蓄積から入り、そこから帰納的に主題を再構成するかたちで研究を進めてきた。今回は、文献資料から8世紀時点での祭祀認識の把握を入口として、いわば演繹的に祭祀遺跡の意味を考えた。「祭祀遺跡像の転換」とした所以である。

今回の検討によって大化前代（古墳時代）の祭祀の意味と、神殿成立へのプロセスをカミ観念の変遷と対応させてより明確化できたと考えるが、祭祀（いわゆる「カミマツリ」）が荒ぶる神を祭祀によって鎮め、封じ込めることにその意義があるとすると、時間軸の観念こそ異なるが、生者に災いを与える畏怖すべき存在という意味において、その性格は死者と連動する。ここに滑石製模造品類などがカミマツリと古墳の葬送用に共通して使用された本質的な意味があると考えて

第Ⅳ章　喪葬と祭祀の統一的把握

註

（1）大場磐雄　1943『神道考古学論攷』葦草書房、大場磐雄　1970『祭祀遺跡―神道考古学の基礎的研究』角川書店
（2）岡田精司　1992「神と神まつり」『古墳時代の研究』12　125頁　雄山閣出版
（3）以下、「日本書紀」の参照または引用は、下記文献に拠った。坂本太郎ほか校注　1967『日本古典文学大系　日本書紀』上　岩波書店
（4）以下、常陸及び播磨国「風土記」の参照または引用は、下記文献に拠った。秋本吉郎校注　1958『日本古典文学大系　風土記』岩波書店
（5）斎藤英喜　1996『アマテラスの深みへ』新曜社
（6）穂積裕昌　2005「三重の祭祀遺跡―伊勢神宮への道―」『水とまつりの古代史』295～322頁　大巧社
（7）金井清一　1968「風土記の交通妨害説話について」『日本文学』31　1～11頁　東京女子大学
（8）相田則美ほか　1993『出作遺跡Ⅰ』松前町教育委員会
（9）穂積裕昌ほか　2002『六大A遺跡発掘調査報告』三重県埋蔵文化財センター
（10）佐々木幹雄　1975「三輪と陶邑」『大神神社史』33～54頁　大神神社社務所
（11）前掲註（5）参照
（12）「伊勢国風土記」を引く「日本書紀私見聞」は下記文献を引用した。中世神道語彙研究会　2004『神道資料叢刊10　日本書紀私見聞』皇學館大学神道研究所
（13）吉野　裕　1968『風土記』東洋文庫145　平凡社
（14）荊木美行　1997『伊勢国風土記』をめぐる問題」『三重県史研究』13　15～29頁
（15）久志本鉄也　1990「雄略紀「伊勢朝日郎の乱」小考」『立命館文学』519　112～131頁
（16）穂積裕昌編　1992『三重県上野市比土　城之越遺跡』三重県埋蔵文化財センター
（17）森下浩行　1998「奈良市の南紀寺遺跡」『日本の信仰遺跡』(奈良国立文化財研究所学報第57冊) 27～32頁
（18）下城正ほか　1988『三ツ寺Ⅰ遺跡』(財) 群馬県埋蔵文化財事業団ほか
（19）松村　明　1988『大辞林』三省堂
（20）宗像神社復興期成会　1958『沖ノ島』、同　1961『続沖ノ島』、同　1979『宗像沖ノ島』　吉川弘文館
（21）井上光貞　1984『日本古代の王権と祭祀』229頁　東京大学出版会
（22）穂積裕昌　1994「古墳時代の湧水点祭祀について」『考古学と信仰』(同志社大学考古学シリーズⅥ) 185～200頁　同志社大学考古学研究室
（23）寺沢　薫　1988「三輪山の祭祀遺跡とそのマツリ」『大神と石上』37～65頁　筑摩書房
（24）以下、「古事記」は下記文献を参照した。倉野憲司校注　1958『日本古典文学大系　古事記　祝詞』岩波書店
（25）ただし、ここでの疑問は「審神者」を「サニワ」と訓することへの疑問である。
（26）前掲註（2）文献
（27）誓約に関しては、下記文献を参照。土橋寛　1989「ウケヒ考」『日本古代の呪禱と説話』54～77頁　塙書房（初出は上田正昭・南波浩編『日本古代論集』笠間書院　1980に所収）
（28）穂積裕昌　1999「井泉と誓約儀礼」『考古学を学ぶ』(同志社大学考古学シリーズⅦ) 487頁～498頁　同志社大学考古学研究室
（29）前掲註（9）文献
（30）このことについては、詳しくは本書第Ⅰ章第4節で検討を加えているので参照されたい。
（31）前掲註（2）文献

(32) 広瀬和雄　1998「クラから神殿へ」『先史日本の住居とその周辺』326～351頁　同成社、同1999「神殿論批判への反論」『考古学研究』第46巻第3号　1～5頁
(33) 岡田精司　1999「神社建築の源流―古代日本に神殿建築はあったか―」『考古学研究』第46巻第2号　36～51頁
(34) 前掲註（32）広瀬1998年文献343～354頁の部分
(35) 前掲註（33）文献
(36) 秋山浩三　1999「近畿における弥生「神殿」「都市」論の行方」『ヒストリア』163　1～28頁　大阪歴史学会
(37) 岩田慶治　1991「日本文化のふるさと」178～184頁　角川書店
(38) もう少し具体的に広瀬の言説をみると、春に銅鐸の音色に招かれたカミがクラ（高床建物）内に置かれた木偶に憑りつくことにより、クラは神殿に、木偶は神像に転化する、とイメージされている。前掲註（34）に同じ。
(39) 金関　恕　2004「大型建物と祭祀」『弥生の集落と宗教』54～64頁　学生社（初出は1997「弥生時代の大型建物と祭祀」『卑弥呼誕生』平成9年大阪府立弥生博物館秋季特別展図録に所収）
(40) このことは、下記の応答により象徴的に示されるとともに、論点が顕在化されている。西川寿勝2004「三角縁神獣鏡の伝来と神仙思想の流伝―大和岩雄氏の質問に答える―」『東アジアの古代文化』119号　148～161頁、大和岩雄　2004「「三角縁神獣鏡の伝来と神仙思想の流伝」を読む―西川寿勝氏の反論に応える―」同書162～174頁
(41) 前掲註（2）文献
(42) 三品彰英　1973「銅鐸小考」『古代祭政と穀霊信仰』（三品彰英著作集第5集）10～28頁　平凡社（初出は1968『朝鮮学報』第49輯）
(43) 折口信夫はこうしたカミを「マレビト」として考察した。折口信夫　1975「國文學の發生（第三稿）」『折口信夫全集』第1巻（中公文庫版）3～62頁（初出は1929『民族』第4巻第2号）
(44) 前掲註（1）文献
(45) 穂積裕昌　2002「井泉と大形建物」『八王子遺跡　考察編』111～123頁　愛知県埋蔵文化財センター
(46) 前掲註（28）文献
(47) 前掲註（2）文献
(48) 和田萃は、池上曽根遺跡の棟持柱式大型建物の性格について斎館の可能性を示唆している。和田萃　2001「「神殿」をめぐって」『大美和』100号84～85頁　大神神社

第3節　古墳時代「喪葬遺跡」という枠組み

1. 問題の所在

　死者を弔う葬送と、カミを祀る祭祀とは、別個のものとされる。
　岡田精司の定義によると、祭祀とは「神もしくは精霊に対し、祈願したり、慰めなだめたりするための、儀礼的な行為」[1]をいう。祭祀に従う遺跡、つまり祭祀行為を実修した遺跡が「祭祀遺跡」である。祭祀遺跡にはいくつかの種類があり、またその分類も論者によりいくつかの区分案が提唱されているが、一般的には祭祀対象となる遺構（磐座や井泉、神殿など）や自然物（山や川、海など）の種別毎に分類される。
　一方、死者を弔う葬送については、古墳時代の場合、当然のことながら葬所としての古墳は明瞭である。ところが、古墳以外で葬送に関わる遺跡となると、問題関心は一気に薄くなる。古墳との関わりが推定される遺跡であっても、あまり深く考えることなく「祭祀遺跡」に包含して扱ったり、ほとんど想定外のこととして何らの言及がないことも多い。日本考古学が「古墳時代」という墓を指標にした時代区分を採用している割には、それを支えた古墳以外の要素に対する関心が低いのが現状である。
　こうした古墳以外の喪葬関連遺跡への問題関心の薄さは、古墳時代研究の枠組みが政治史中心に行われ、古墳とその出土遺物を「ヤマト王権」「畿内政権」「中央政権」などとの関係に落とし込むことで多くが事足れりとしてきたことと、古墳以外に喪葬・葬送関係遺跡の枠組みがなく、認識の俎上に上がらなかったことが大きい。群馬県三ツ寺Ⅰ遺跡の発見と認識[2]がその後の「豪族居館」研究を牽引したように、研究の対象となるにはその足掛かりとなるイメージが共有されなくてはならない。
　「喪葬遺跡」という枠組みを提起する所以である。

2. 喪葬遺跡の範囲

　ここでいう「喪葬遺跡」とは、祭祀遺跡が「カミ」や「モノ」、「精霊」などを対象とした祭祀を主目的として形成された遺跡であるのに対して、「死者」や「葬所」（古墳）との関係で成立した遺跡で、具体的には下記遺跡が想定される。

　Ａ　死者や古墳に対して何らかの祈念行為に関わった喪葬遺跡
　　ａ　殯関連遺跡
　　　　古墳へ埋葬前の死者に対して弔いや様々な処置を行った遺跡
　　ｂ　古墳に対する祈念施設をもつ遺跡
　　　　埋葬後の古墳に対する祈念施設（いわゆる「追祭祀」・「墓前祭祀」等）をもつ遺跡
　Ｂ　直接的な祈念行為の場ではない喪葬遺跡

c　古墳造営集落
　　　古墳造営のためのキャンプ・サイト、埴輪・喪葬関係物品の製作集落
　　d　火葬遺跡
　　　遺体を火葬するための施設を有する遺跡。ただし、時期的には古墳後期以降が適応
　以下、この分類に沿って、喪葬遺跡の枠組みに包含されるべき遺跡・遺構を提示し、数多い遺跡・遺構のなかから喪葬遺跡を抽出していく論点を提示していくこととする。

3. 殯関連施設とその存在形態

　喪葬施設のうち殯で行われた行為の意義については、「死を確認する一連の儀式」と捉え[3]、古墳上に樹立される形象埴輪の評価に関わって、殯が終了して死が確定しているにも拘わらず、それを埋葬の場である古墳で改めて殯を表現する必要はないとする考えがある[4]。しかし、第Ⅳ章で詳述したように、筆者は、殯は死を確認する場ではなく、死亡直後の死者が正しく弔われないことにより遺体への凶癘魂の侵入を許し、死者霊が悪霊化することを防ぐ様々な処置・所作を行い、死者霊を冥界へ鎮送する場（隔幽顕境）として捉えられる。葬所たる古墳は、この殯所で行われた行為を受けて、一応安寧を得た遺体がその後も安寧に保たれ、永続的に凶癘魂の侵入を防いで死者霊が納まる場として存在したと考えている。この理解によれば、各種埴輪類も、悪霊たる凶癘魂を排除し（辟邪）、死者霊が暴れずに和んで安寧な状態で保たれることを期して行われた所作や儀礼を土製品に置き換えて古墳に持ち込み、永続的な被葬者霊の鎮魂を図る存在として捉えることになる。
　以下、第Ⅲ章第1節及び第2節で詳細に検討したように、殯施設に関して筆者は、文献に記載された殯関連記事を分析し、殯を実施した殯所がもつ特性を次のように把握した。
　・凶癘魂の依り憑きを排除する強力な辟邪意識を実現した施設として、柵・塀などによる厳重
　　な囲繞施設を伴って外部と隔絶されること
　・遺体を入れる喪屋が伴うこと
　・遺体を「浴」する行為が伴うことから、水との調和性があること
　現在知られている遺跡のなかで、上記特性に最も合致したものが、奈良県南郷大東遺跡[5]などで典型的にみられる「導水施設」であり、筆者は導水施設が古墳時代殯所のひとつの姿を示すと考えた（第Ⅲ章第1節・第2節）。
　このことに関連して、古墳に樹立される形象埴輪の囲形埴輪には、導水施設との構造上の共通性と、導水施設内に配された木槽樋をミニチュア化した土製品を伴うものがあることから、導水施設を原型として造形されたものを含むことが既に指摘されている[6]。筆者は、囲形埴輪の知見を敷衍することによって、導水施設のより細かい把握が可能となり、さらに「導水施設＝ある種の殯所」という等式が成り立つならば、導水施設型とは別タイプの囲形埴輪（湧水施設型、あるいはそれら水の要素を何ら伴わないもの）についても、殯所などの喪葬施設を示した可能性を考えている。
　囲形埴輪は、古墳墳頂部より出土することも稀にあるが、多くは造出や島状施設などの主墳丘

付設施設、それに前方後円墳の場合それら付設施設と主丘部たる後円部の間の谷部から出土する。この出土位置も、現実の遺跡である導水施設の実際の出土位置と対応していると考えられている[7]。

このことについて筆者も、導水施設が「水のマツリ」を実修した施設という考え方[8]は採らないが、導水施設の出土位置が現実の遺跡としての導水施設の存在形態を反映しているとみる考え方[9]自体は妥当なものと考えている。

一部の囲形埴輪が導水施設を原型とし、また囲形埴輪の古墳における出土位置も現実の導水施設の存在形態を反映したとすると、逆に古墳上における囲形埴輪とその出土位置の情報そのものが、現実の遺跡の存在形態の一端を示している可能性が浮上する。

ここでは、以上の仮説に基づき、古墳時代の殯所の存在形態をより明瞭に把握するため、古墳における囲形埴輪の出土位置とその存在形態、囲形埴輪自体がもつ特徴、家形埴輪とのセット関係の有無を指標として、その関係性を整理しておこう。

まず、古墳上に樹立される囲形埴輪は、水に関係する要素（導水もしくは湧水）の有無や覆屋の有無を指標に、以下の4型として捉える。

 a型　遮蔽施設＋覆屋（小型家）＋導水もしくは湧水施設（167頁図80・81の心合山古墳や宝塚1号墳など）
 b型　遮蔽施設＋単独の導水もしくは湧水施設（遮蔽施設内へ施設の露天設置）（167頁図84の狼塚古墳の他、石山古墳東方外区[10]など）
 c型　遮蔽施設＋小型家（水関連の土製品なし）（167頁図82の百舌鳥陵墓参考地など）
 d型　遮蔽施設（囲み部）のみで構成されるもの（167頁図83の車駕之古址古墳など）

このうちc型は、埴輪表現の問題として可視化できない部分の表現を省略したものが含まれる可能性も残るが、一応、発掘調査の結果、何らの水の要素が伴わなかった例に関しては、当初から伴っていないものとして扱う。同様に、d型については、埴輪の残存状態上の制約や発掘調査の精度の問題で土製品等が見落とされた可能性もあるが、一応、何らかの儀礼場の可能性もあり、現時点では報告時の所見に基づいて措定した。

次に、出土位置とその存在形態をみると、以下の2地点に類別される。

 1類　くびれ部の墳丘谷部や造出・島状施設の脇からの出土
 2類　造出上もしくは（出）島状施設上からの出土

このうち1類は、三重県宝塚1号墳（図137）[11]では谷部や出島状施の脇からも家形埴輪が伴うものの、奈良県赤土山古墳（図138）[12]・大阪府心合山古墳[13]・兵庫県行者塚古墳[14]など基本的にa型もしくはb型という水の要素を伴う囲形埴輪の単独出土が多い。一方、2類では、石山古墳東方外区のように、家形埴輪とc型もしくはd型という水の要素を伴わない囲形埴輪が同一場所でセット構成することを基本としていた可能性がある。つまり、囲形埴輪は、水の要素（導水もしくは湧水）を伴うものは谷部に、水の要素を伴わないものは造出等の付設施設上面に置かれることが通常であったといえよう。勿論、谷部単独出土の1類も、造出等の上面には行者塚古墳の西造出のように家形埴輪群が存在することが通例（食物形土製品が伴うこともある）であったと推定されるので、場所は離れていても、囲形埴輪は家形埴輪と基本的にセットを構成

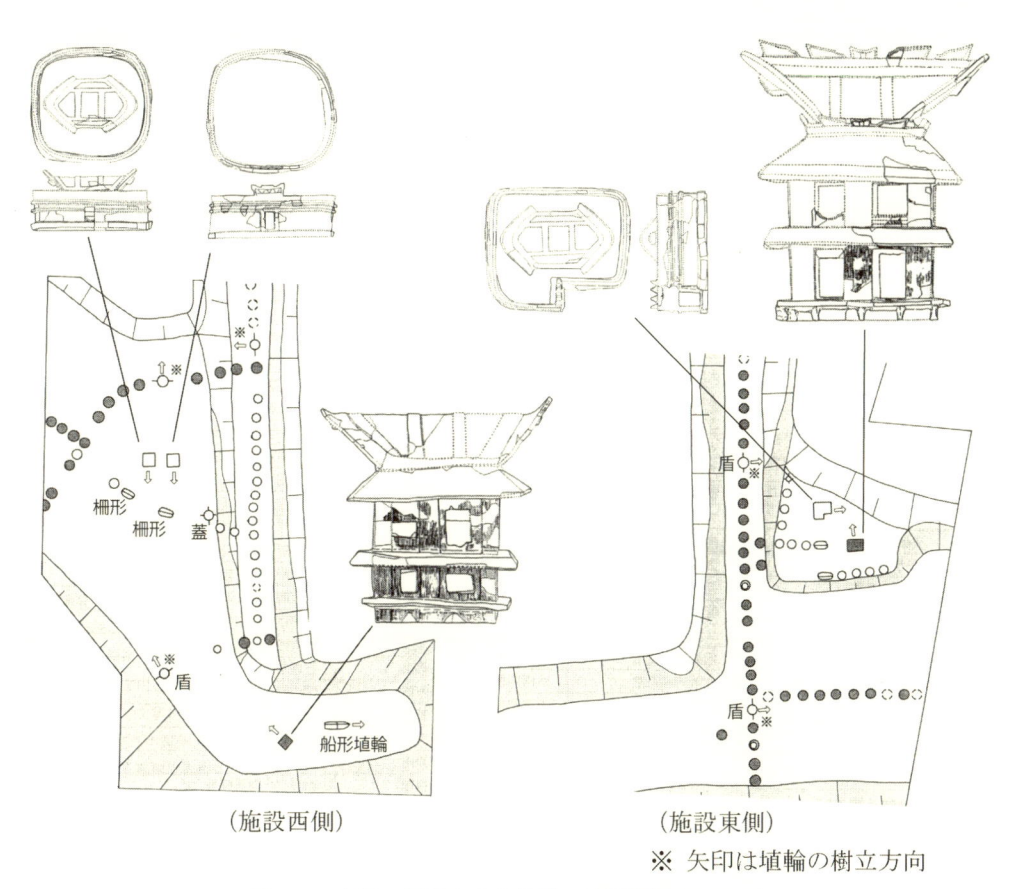

第3節 古墳時代「喪葬遺跡」という枠組み

図137 宝塚1号墳出島状施設の埴輪配置(縮尺不同)

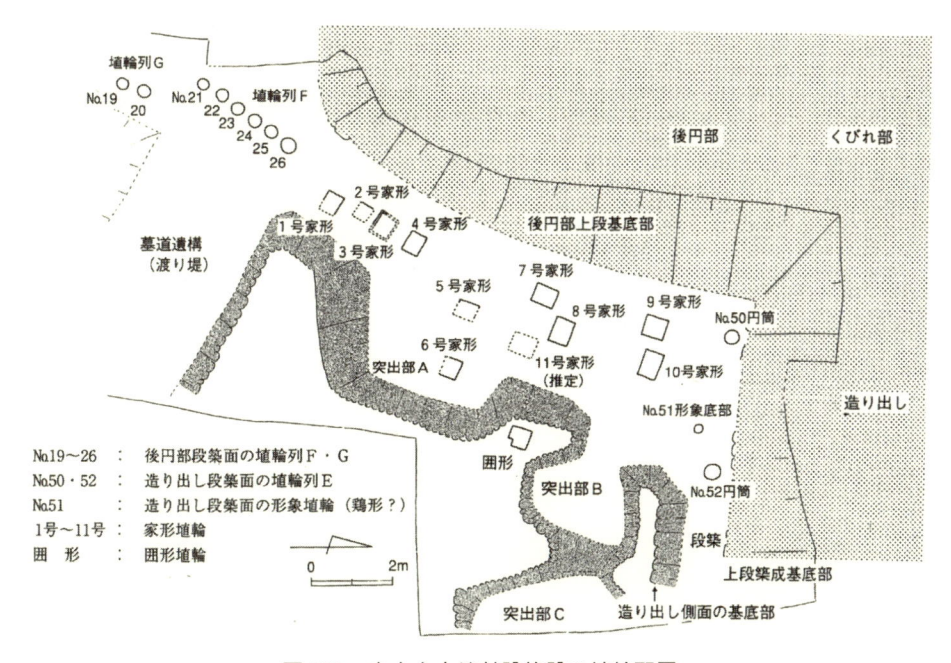

図138 赤土山古墳付設施設の埴輪配置

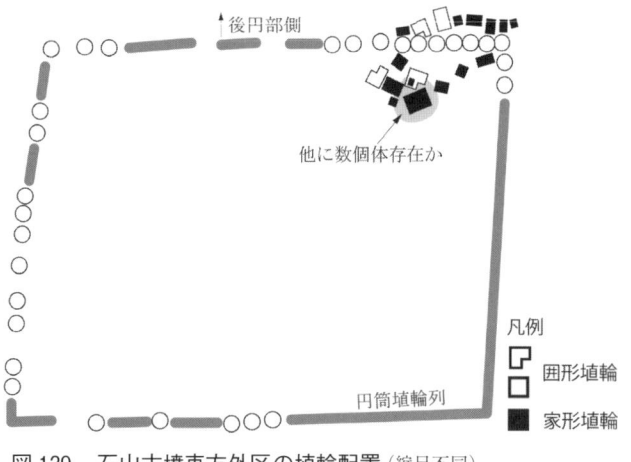

第Ⅳ章　喪葬と祭祀の統一的把握

図139　石山古墳東方外区の埴輪配置（縮尺不同）

凡例
□　囲形埴輪
■　家形埴輪
　　円筒埴輪列

他に数個体存在か
後円部側

写真13　今城塚古墳出土の片流れタイプの家形埴輪

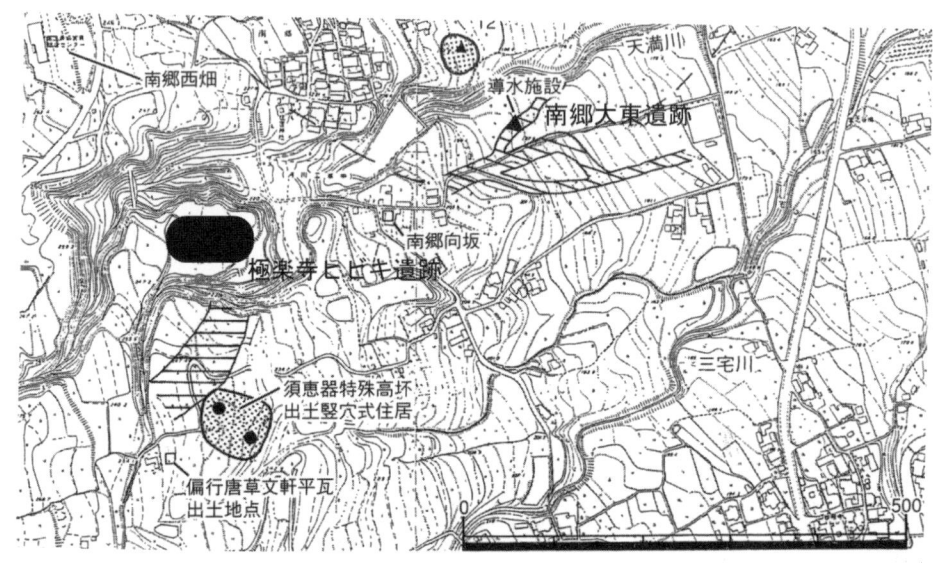

図140　極楽寺ヒビキ遺跡と南郷大東遺跡の位置関係

するとみてよい。
　以上の存在形態を改めてまとめると、以下のように整理できる。
　①　谷部での水要素を伴う囲形埴輪の単独出土
　②　谷部での水要素を伴う囲形埴輪の単独出土＋造出上等での家形埴輪群（＋食物形土製品）
　③　造出や（出）島状施設での家形埴輪＋水の要素を伴わない囲形埴輪
　④　造出や（出）島状施設、堤での家形埴輪群（囲形埴輪なし）
　現実の遺跡と照応すると、古墳の出島状施設との類似性が指摘される[15]奈良県極楽寺ヒビキ遺跡[16]と導水施設のある南郷大東遺跡[17]は同一谷筋の尾根上（極楽寺ヒビキ遺跡）と谷筋（南郷大東遺跡）に相当し（図140）、囲形埴輪と家形埴輪の存在形態（上記②）と一定の照応関係がある。
　また、大阪府今城塚古墳の堤における埴輪樹立区は柵形埴輪により１区から４区に区画されるが、これについて森田克行は全体で殯宮を表現したものと捉えた[18]。ここで森田は、１区出土の

284

片流れ形式の高床家（写真13）について、平面形が導水施設型の囲形埴輪に多い鉤形を呈することから、導水施設状の土製品こそ伴わないものの、これが導水施設型の囲形埴輪に由来する埴輪であり、その機能として殯宮における喪屋を想定した。今城塚古墳の埴輪樹立区は、方形区画が縦位に連結し、内部に家形埴輪を含む形象埴輪が配される形状をとる（187頁図106参照）。この存在形態は、囲形埴輪が存在しないため上記の④と照応する存在形態である。ただし、囲形埴輪が存在しないといっても、その存在が片流家に引き継がれていることを考えると、④は囲形埴輪が衰退した後の②・③を引き継いだ姿として捉えることができよう。

このことに関連して、所属時期は今城塚古墳よりも遡るが、奈良県秋津遺跡では垣によって囲繞された方形区画が縦位に連結する形状を採っており[19]、遺構の存在形態として今城塚古墳の埴輪樹立区のあり方と共通する部分が多い（210頁図112参照）。秋津遺跡の方形区画は鉤形を呈する平面形で、垣状遺構の存在からも囲形埴輪との調和性をもつものであり、このてんで時期が下るために囲形埴輪との調和性が低下した今城塚古墳埴輪樹立区とは異なるものの、全体としての配置状況は一定程度照応する事例として注目できる。

これら存在形態の差は、第Ⅳ章第2節で検討したように、造営主体の社会的地位等に応じた施設規模の差であるとともに、機能差としても考えられる。

すなわち、水の要素を含むものは短期の措置である「浴」行為を含む遺体処置（死後直後の遺体洗浄や、改葬のための洗骨等）のための施設、水の要素が欠落するものは埋葬まで遺体を保存した施設である。埋葬まで期間が短い場合は前者のみ、期間が開く場合は同一場所か場所を違えたのかはともかく、前者（遺体処理施設）と後者（遺体保存施設）が併存した可能性が高い。ともに凶癘魂等の依り憑きを排する仕様はなされていたと想定される。

4. 古墳に対する祈念施設

古墳築造後の古墳に対して祈念や守護に関わる行為があったとみられる事例がある。ここでは、以下の3類に分別し、整理する。

　　a類　埋葬行為終了後の古墳自体への祈念行為（古墳への「追祭祀」）
　　b類　古墳から独立した場で行われたとみられる祈念行為
　　c類　古墳近傍での古墳の管理・守護に関わるとみられる建物遺構の存在

以下、この分類に沿って、述べていこう。

a類：埋葬終了後の古墳自体への祈念行為

本来これは古墳本体の葬送儀礼に関わる問題であり、本稿で対象とする喪葬遺跡の枠組みには入らないが、喪葬から葬送に至る体系には組み込まれたものであり、後述のb類、すなわち古墳から独立した祈念施設との関連上、簡単に触れておきたい。

追葬が一般化する後期古墳、特に横穴式石室墳の場合は、「墓前祭祀」というかたちで墳丘や周溝、石室の羨道入口などで土器を配するなどの祈念行為が存在したことが、各地の横穴式石室の発掘調査から説かれている。しかし、追葬期間が続いている間は、これらが古墳の埋葬自体に伴う儀礼なのか、埋葬終了後の「追祭祀」に関わる遺物なのかを峻別することは容易ではない。

第Ⅳ章　喪葬と祭祀の統一的把握

図141　象鼻山古墳群の「上円下方壇」

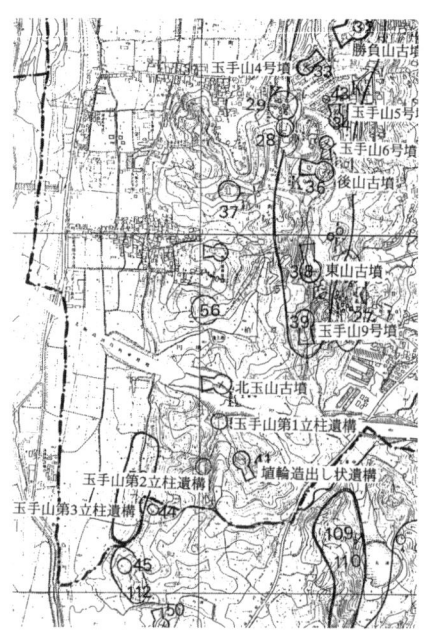

図142　玉手山古墳群と立柱遺構

　一方、追葬が一般化していない前中期古墳では、最終の埋葬が行われた後に、当該埋葬時期よりも新しい段階の土器が出土することがあり、「追祭祀」として扱われることが多い[20]。ただし、ここで供献される遺物は古墳時代中期末以降の須恵器（概ね高蔵23号窯式以降）であることが多く、また供献位置も周濠や外堤など主墳丘より外側からの出土例が中心である。供献遺物が須恵器ということは、「追祭祀」の実施時期が概ね古墳時代中期末以降であることを示していよう。このことは、前中期古墳の場合、埋葬後（複数主体がある場合は最終埋葬の後）の墳丘は基本的には不入の地として存在し、「追祭祀」といえど主墳丘内への立ち入りは基本的に行われなかったことを示すとみられる。

　中期と後期の間には、形象埴輪における囲形埴輪とその原型となった導水施設の衰退や、横穴式石室の一般化、各種の須恵器祭式の成立など埋葬諸儀礼の変化とそれに関わる埋葬観念の変革がある。前中期古墳に対しての須恵器等の遺物供献は、横穴式石室の普及をも促した後期以降に一般化する新たな埋葬観念と連動したものであった可能性がある。つまり、前中期古墳の場合、その築造当初は埋葬終了後の古墳に対して墳丘本体で行われる「追祭祀」は想定されておらず、中期末から後期にかけての横穴式石室や須恵器祭式の普及とともに一部の古墳で実施されるようになったと現状では整理しておきたい。

b類：独立祈念施設

　古墳の近傍において、埋葬が伴わない造成遺構の存在が指摘されている。

　古墳時代初頭の岐阜県象鼻山古墳群では、埋葬施設を伴わない「上円下方壇」があり（図141）、下壇の方形部が86.4m×70m、上壇の円形部径が17.5mとされ、象鼻山古墳群成立当初に遡る存在とされている[21]。報告書では、中国の伝統的な世界観を表現した天地壇の可能性を提起する意見[22]と、濃尾平野に展開する部族社会を統合するために意図的につくられた政治的かつ宗教的な儀式の場とする意見[23]が併記されているが、いずれの説を採ってもそれが古墳群中にあって、古墳本体からは独立した施設として形成されていることが重要である。勿論、古墳群中に存在する以上、その喪葬に関わった独立の祈念施設であった可能性も考えられる。

古墳時代前期後半では、大阪府玉手山古墳群の南側に設けられた立柱を伴う壇状の遺構がある（図142）。この存在を最初に注意した堅田直は、丘陵を溝で区画して円丘状ないしは方丘状に削り出し、その上面や付設されたテラス等に立柱列を伴うが埋葬施設が伴わず、一部に凝灰岩で竈を設け、土器を掛けて火で炊いた痕跡をもつことから祭祀跡と考え、「立柱の祭壇」と位置づけた[24]。ここで堅田は、その「祭祀」の性格について、古墳に対する喪葬という視点とともに、中国の壇の事例を敷衍して、天を祀る施設である天壇の可能性も併せて指摘している。

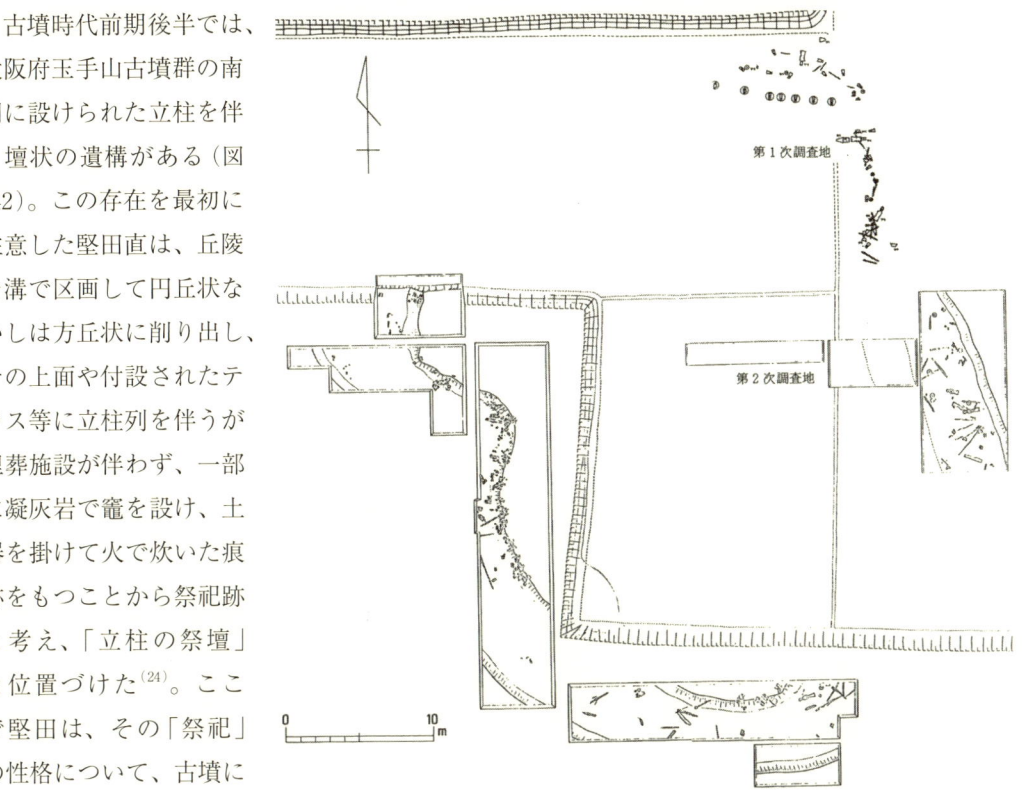

図143　石見遺跡の埴輪・木製立物出土状況

　このことに関して石野博信も、「一定区域に祭場を設け、立柱を樹立して行うまつり」を「壇場と立柱のまつり」と位置づけ、丘陵など高丘に設けられたものを「玉手山型」、低地部の水場に設けられた同施設を奈良県石見遺跡の事例を指標として「石見型」と把握した[25]。石野は、古墳時代前中期の段階では古墳被葬者が「カミ」と考えられていたとして、これらの性格を「墳墓祭祀」とし、「カミマツリ」の枠組みで把握する。これは、第一節で研究史を紐解いた古墳被葬者の性格をめぐる議論のなかで、葬祭の一致を説く井上光貞[26]や椙山林継[27]らの考えと共通する。本稿の枠組みにおいては、「喪葬遺跡」に包含しうるものとして位置づけられる。
　なお、石野が「石見型」と位置づけるに際して標識となった奈良県石見遺跡は、昭和5年と昭和41年に調査された遺跡で、長径40ｍ×短径30ｍの不整円形を呈した微高地を中心として、その周囲に幅6ｍ程の浅い堀状の凹みが伴い、その凹みから各種埴輪や須恵器、それに木製立物類が出土している（図143）[28]。ただし、近年は、奈良県内で石見遺跡と同種の埴輪・木製立物群を伴う削平古墳（墳丘が削平され周濠のみが残った古墳）の調査事例が増加し、石見遺跡も削平されて埋葬施設や墳丘が消滅した全長35ｍ以上の前方後円墳として評価する意見が有力である[29]。
　このように、現状ではまだ非常に乏しい事例ながら、古墳群の近傍ないしは群中に古墳とは別の存在形態を採る造成施設が存在することは是認されてよい。これらは、造成による壇形成を基本として、立柱を伴うものがあり[30]、その性格は葬所たる古墳に近接して存在することからも

古墳に対しての祈念行為を行った喪葬施設として位置づけができるのではないかと考えている。

さて、古墳近傍の立柱をめぐっては、実際の遺跡調査の視点から提起されたものとは別に、時期は7世紀の推古朝期に下るものの下記の文献記事[31]の存在が注意される。

文献1　「日本書紀」巻第二十二　推古天皇

　　［二十八年］冬十月に、砂礫を以て檜隈陵の上に葺く。則ち域外に土を積みて山を成す。仍りて氏毎に科せて、大柱を土の山の上に建てしむ。時に倭漢坂上直が樹てたる柱、勝れて太だ高し。故、時の人号けて、大柱直と曰ふ。

この記事は、推古28年（620）に「檜隈陵」の「域外」に土を盛り、大柱を建てたとする記事である。文中の「域外」は「めぐり」と訓読されるが[32]、この「域外」をどの範囲とみるのか問題になる。周濠を取り巻く外堤とみると古墳そのものの整備の一環であり、墳丘外に新たな土木工事を行って大柱を建てる場を造成したとみると、本節で問題としている喪葬遺跡の適応となる。この記事をめぐっては、記事中の「檜隈陵」をどのように捉えるのかに多くの問題関心が集中している。本稿の問題とも関係するので、関連記事を「日本書紀」から時系列で抽出し、確認しておく。

　欽明三十一年（570）　　蘇我稲目死去
　欽明三十二年（571）　　欽明天皇死去。河内古市での殯を経て、檜隈坂合陵へ埋葬
　敏達十四年（585）　　　敏達天皇死去
　用明二年（587）　　　　用明天皇死去。磐余池上陵へ埋葬（初葬）
　崇峻四年（591）　　　　敏達天皇を磯長陵（「延喜諸陵寮式」では「磯長中尾陵」）へ埋葬（死去6年後）
　推古元年（593）　　　　用明天皇を磯長陵（「延喜諸陵寮式」では「磯長原陵」、用明記では「磯長中陵」）
　　　　　　　　　　　　　へ改葬（死去6年後）
　推古二十年（612）　　　堅塩媛（欽明妃、推古母）を檜隈大陵へ改葬し、軽の衢で誄を奏上
　推古二十八年（620）　　檜隈陵に砂礫を敷き、域外に土を積み上げ山とし、大柱を建てる

欽明天皇の檜隈坂合陵（欽明陵）と推古20年の檜隈大陵を同じとみることはほぼ諸説は一致するが、問題は欽明陵（檜隈坂合陵・檜隈大陵）と檜隈陵の関係、及びそれぞれの陵墓と実際の古墳との比定関係にある。代表的な学説を挙げると、下記のように整理できる。

　A説　奈良県橿原市五条野丸山古墳＝欽明陵（檜隈坂合陵・檜隈大陵）[33]
　B説　奈良県橿原市五条野丸山古墳＝欽明陵（檜隈坂合陵・檜隈大陵）、奈良県明日香村平田梅山古墳＝檜隈陵[34]
　C説　奈良県明日香村平田梅山古墳（宮内庁治定の現欽明陵）＝欽明陵（檜隈坂合陵・檜隈大陵）
　　　　＝檜隈陵、五条野丸山古墳＝蘇我稲目墓[35]

文献1の評価との関係で各説を述べると、A説とC説は古墳の比定では対極にあるが、ともに欽明埋葬の51年後に、その近傍での立柱建立までを同じ古墳に関わった行為として把握する。

これに対してB説は、文献1の檜隈陵と欽明の檜隈坂合陵（＝檜隈大陵）を別の古墳と考える説である。そのうえでB説は、檜隈陵を平田梅山古墳と考え、その被葬者に堅塩媛（増田一裕説）

や文献未記載の「未完成の敏達初葬墓」(高橋照彦説) などを想定する。これは、五条野丸山古墳が奈良県最大、6世紀代に限れば列島最大の前方後円墳であり、「延喜式」諸陵寮にも前王の宣化陵の4倍もの兆域が記載されるなど「大陵」の表現により相応しいこと[36]、堅塩媛改葬に際しての誄を行った軽の地が五条野丸山古墳に北接すること[37]、さらに横穴式石室内に置かれた2基の家形石棺が宮内庁書陵部による調査の結果[38]、通常とは逆に本来先葬者の位置であるべき奥壁側が新しいことが判明し、これを堅塩媛改葬時の大掛かりな石室改変・整理を想定すると、五条野丸山古墳＝欽明陵とみることに一定の整合性があると考えられたこと[39]などによる。

ただし、B説に対しては、堅塩媛の墓を「陵」と呼ぶことへの批判[40]がある。「未完成の敏達初葬墓」についてもそれを示す文献記載がないことや、文献1の儀礼執行が敏達の磯長陵埋葬から17年も後のこととなることから、収まりが悪い。また、欽明陵と檜隈陵を別陵と考えた場合、「延喜式」諸陵寮[41]では吉備姫王の檜隈墓が「檜隈陵域内」にあるとするが、その場合の「檜隈陵」は被葬者記述がなく、このことは檜隈陵が檜隈坂合陵を略紀した表現とみることに一定の整合性がある。

なお、平田梅山古墳では、墳丘葺石が発掘調査で確認されるなど[42]文献2と考古学上の成果とが一定照応するのに対し、五条野丸山古墳ではそうした要素が未確認で、この限りにおいては欽明陵を平田梅山古墳と考えることに整合性がある。C説では、推古20年に実施された軽の衢での誄奏上は、五条野丸山古墳 (蘇我稲目墓) に葬られていた堅塩媛を平田梅山古墳 (＝欽明陵) へ改葬するに際しての出来事と解釈する考えが出されている[43]。

いずれにせよ、A～Cのどの説に拠るかによって、文献1における立柱建立の位置づけ自体も変わらざるをえない。被葬者比定論に比べ文献1に記載された立柱の意義などはあまり問題視されることは少ないが、域外の造成と立柱建立という記事自体は一定の事実を反映したものとして受け止められている。従って、7世紀においても、古墳に対する何らかの「追祭祀」が、少なくとも主墳丘の外側で執り行われていた事実自体は認めてもよかろう。考古学的な事象として確認できる事例、文献として記録された事例はともに乏しいものの、両者を照応して考えれば、何らかの祈念行為に関わる壇や立柱が喪葬施設として存在したことが窺われる。

c類：古墳近傍での古墳の管理・守護に関わるとみられる建物遺構の存在

古墳の近傍において、通常の集落遺跡とは異なって生活臭の乏しい住居跡が存在する場合がある。

古墳時代初頭の前方後方墳である滋賀県東近江市神郷亀塚古墳の西側に、古墳築造よりも下る5世紀後半の竪穴住居1基が発見された (図144)。高坏を中心とする生活臭の乏しい出土遺物組成とあわせ、調査者の植田文雄は神郷亀塚古墳の守護・管理にあたった墓守の可能性を指摘した[44]。

こうした事例がどこまで一般的な存在だった

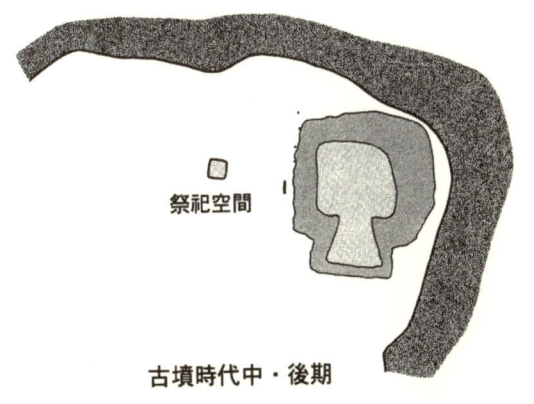

図144 神郷亀塚古墳と竪穴住居との位置関係

かは類例の増加を待つしかないが、松尾光は「大和王権成立のはやい時期から、大王家の威信がかかっている奥津城の周囲に駐屯しつつ、その管理・守護にあたる人たちが設定されていたはずである」と考え、文献3記載の律令制下の陵戸・守戸に相当する存在が、古墳時代に遡って存在していた可能性を指摘した[45]。このうえで松尾は、文献2の顕宗紀から、山部連の職掌に山陵の管理・守護があったことを示す起源説話として捉え、被葬者埋葬後の古墳の管理・守護を担当した集団の具体相についても言及している。

文献2　「日本書紀」巻第十五　顕宗天皇
　［元年］五月に、狭狭城山君韓帒宿禰、事、謀りて皇子押磐を殺しまつるに連りぬ。誅さるるに臨みて、叩頭みて言す詞極めて哀し。天皇、加戮さしめたまふに忍びずして、陵戸に充て、兼ねて山を守らしむ。籍帳を削り徐てて、山部連に隷けたまふ。

文献3　「日本書紀」巻第三十　持統天皇
　［五年十月条］詔して曰はく、「凡そ先皇の陵戸は、五戸より以上を置け。自余の王等の功有る者には三戸を置け。若し陵戸足らずは、百姓を以て充てよ。其の徭役免せ。三年に一たび替へよ」。とのたまふ。

文献4　「令集解」巻第四十　凡壱拾柒条[46]
　凡天皇陵。置陵戸令守。非陵戸令守者。十年一替。兆域内、不得葬域内。十年一替。兆域内。元得葬埋及耕牧樵採。

文献5　「延喜式」陵戸墓戸条
　凡そ山陵は陵戸五烟を置きて守らしめよ。有功の臣の墓は墓戸三烟を置け。其れ陵墓戸に非ずして、差点して守らしめんには、先ず陵戸に近き戸を取りて充てよ。

　文献2は、陵戸の管理を山部連が行っていた職掌の起源説話であるが、その「陵戸」は制度的な成立が律令体制下へ下る文言であり[47]、その限りにおいてはいわゆる潤色が認められる。また、文中の皇子押磐は「記紀」では皇位継承の有力候補でもあったが即位のない皇子へ対しての「陵」表記は不適であり、「延喜式」諸陵寮にも押磐陵や押磐墓の記載はない。
　文献3及び文献5では、山陵（皇陵）で陵戸5烟、墓で墓戸3烟と規定されているが、「延喜式」諸陵寮に記載された奈良時代までの56陵・30墓に伴う陵戸・守戸数（陵戸・守戸併記の場合は合算）を確認すると、以下のようになる。

無烟	1陵	10墓（うち7墓が陵内もしくは陵域内無戸）
1烟	4陵	7墓（「正丁五人」の淡路墓は1戸として換算[48]）
2烟	該当なし	5墓
3烟	5陵	7墓
4烟	4陵	該当なし
5烟	36陵	1墓（成相墓＝押坂彦人大兄墓）
6烟	2陵	該当なし
10烟毎年差充	1陵	該当なし

実際は皇陵でも陵戸の数が足りずに墓戸で補っても 5 烟に達しない場合もあり、山辺道上陵（崇神陵と景行陵）など 1 烟のものも 4 陵ある。ちなみに無烟は神代の日向三陵と倉梯岡陵（崇峻陵）、6 烟は山科陵（天智陵）と真弓岡陵（岡宮御宇天皇 = 草壁陵）で、10 烟「毎年差充」とある春日率川坂上陵（開化陵）は 10 戸が年毎に交代で守陵を担当した。これらの戸数は、墳長や兆域（墓域）の大きさと必ずしも一致せず、桃花鳥田丘上陵（綏靖陵）や畝傍山南繊沙溪上陵（懿徳陵）のように兆域が 1 町四方でも 5 烟がある一方、押坂内陵（舒明陵）のように兆域が東西 9 町・南北 6 町と広大でも 3 烟であったりする。墓では、兆域が広い高市皇子の三立岡墓や藤原不比等の多武岑墓も無守戸である。

　勿論これらは、「延喜式」が記された平安中期における陵墓守護の状況を反映したものであって、古墳時代を直接反映したものではない。しかし、時野谷滋は、文献 3 と文献 5 の照応性から文献 3 を飛鳥浄御原令に対応する式文とみて、令文と式文が存在する以上、諸陵式にみられるような先皇陵表が持統 5 年までには制定されたことと、「延喜諸陵寮式」の皇陵表の天武天皇陵まではこの先皇陵表を踏襲していることを指摘した[49]。近年では、先皇陵表の完成はもう少し下って元明朝の頃とする考えが北康宏により提出されているが[50]、平安中期の「延喜式」に記された陵墓管理の状況が、少なくとも奈良時代前半には遡り、その状況を踏襲したものであることは大方の共通理解といえよう。

　いずれにせよ、ひとつの陵墓に置かれた陵戸・守戸（陵守・墓守）は 5 烟以内が一般的であり、1 烟も存在する（墓では特に多い）ことは、陵墓以外の古墳の管理・守護を推定するうえでもひとつの参考になる。古墳の維持・管理、守護に関わる竪穴住居などの存在は、制度上の成立の前提として、古墳時代に遡って存在した可能性がある。神郷亀塚古墳西方の竪穴住居のような存在がこの萌芽形態を示すとすれば、今後、同様の視点から古墳周辺部も明確な問題意識をもった発掘調査を行っていく必要がある。

5. 古墳造営集落

　古墳、特に大型の前方後円墳の築造には多大の労力と人員を投下する必要があり、当然その築造や埴輪などの製作に関わった集団の生活址は当然予想される。この場合の集落形成は、古墳築造と一体のものであることから、直接的な祈念に関わるものではないものの、喪葬遺跡の枠組みで捉えることが可能である。合わせて、古墳で使用される各種の棺や埴輪、副葬品などの製作集落も、広い意味では喪葬に関連した遺跡であり、この枠組みの中で把握する。ただし、古墳副葬品の一部は古墳での使用だけに止まらず、一般集落や首長居館、祭祀遺跡などでも使用されるものがあり、「喪葬遺跡」の枠組みでは不十分な場合もある。しかし、古墳近傍において編成される各種の古墳副葬品の製作遺跡や埴輪製作址は、より直接的に喪葬での使用を前提としていたことが考えられる。かかる意味では、その性格は複合的かつ流動的性格を含むにせよ、喪葬との調和性が高い集落という位置づけが可能となる。勿論、この議論は当該地が消費地か生産・製作地かという枠組みとは視点が異なるものである。

　こうした古墳の造営にかかる集落の存在は、これまでも注意されてきた。例えば、堀田啓一は、

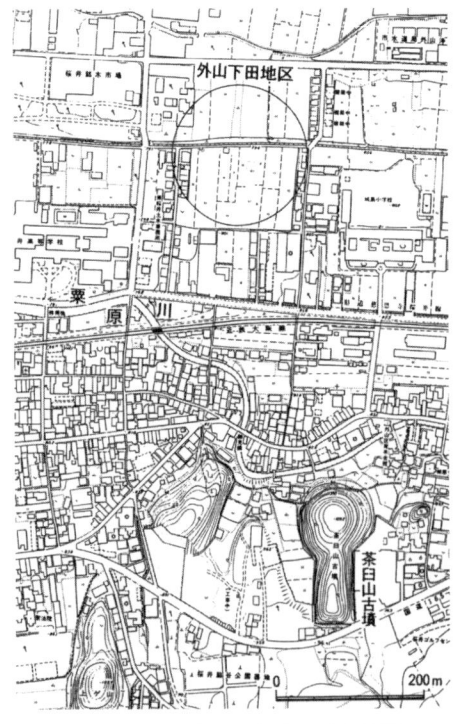

図 145　桜井茶臼山古墳と城島遺跡外山下田地区の位置関係

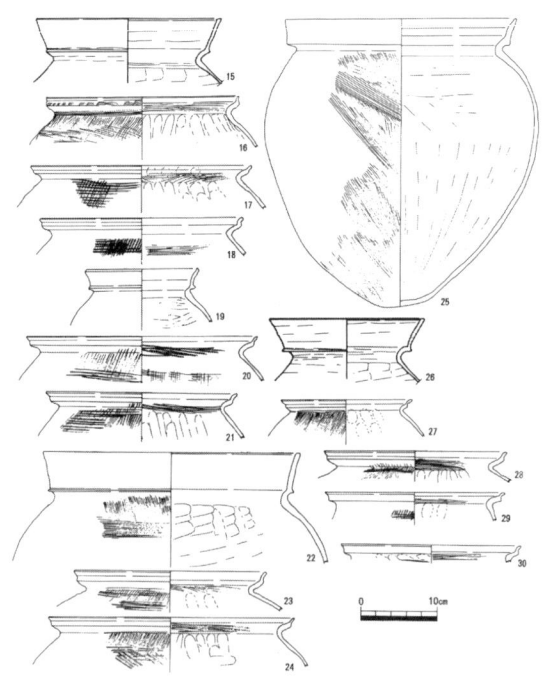

図 146　城島遺跡外山下田地区出土の大形甕類

　百舌鳥古墳群の造営に関わって、古墳群形成とともに土師遺跡や大仙中町遺跡、浅香山遺跡などが出現ないし急拡大することから百舌鳥古墳群の造墓に関わった集落とみるとともに、東海・関東から西部瀬戸内系の土器も出土することからこれら地域の人が造墓工人として掌握され、使役されたことを指摘した[51]。そのうえで堀田は、古墳群の東南部に位置する百舌鳥陵南遺跡が古墳群造営集団の工房に関わる集落遺跡、高田下遺跡・百舌鳥高田南遺跡が埴輪製作集団の集落遺跡、土師遺跡が埴輪製作集団を統括した百舌鳥土師氏の集落として位置づけた。
　こうした百舌鳥古墳群のような大型古墳群の内部及びその近傍に、古墳群造営に関わる工人の集落が営まれることは当然想定されうることであり、清水真一は、桜井市城島遺跡外山下田地区（図145）について、土木具として用いられる大量の木製農具や外来系土器の出土から、隣接する桜井茶臼山古墳の築造に関わるキャンプ・サイトの可能性を指摘し、出土した土器が示す地域性から東海・近江・山陰の集団の関与を指摘した[52]。筆者も、このことに関して、出土した木製土木具の主体が東海系曲柄鍬とナスビ形曲柄鍬であることから、城島遺跡外山下田地区に関与した「東海」集団（他地域系土器では「東海系」が最多）が、その両者をセットで用いる伊勢に由来する集団であった可能性を指摘した[53]。城島遺跡外山下田地区から出土する東海系のS字甕をはじめとした土器類（特に炊飯用の甕）は、通常の集落の竪穴住居から出土するものよりも概して大きく、大人数の共同炊飯的な様相を呈しており、このてんも古墳造営に関わる集落という想定を補強する（図146）。
　さらに、ヤマト王権の初期王都とされることの多い奈良県桜井市纒向遺跡についても、平成

第3節　古墳時代「喪葬遺跡」という枠組み

21年度までの調査で「居館域」とされる掘立柱建物群の発見はあったが具体的な生活空間は未把握である[54]。大量の外来系土器が出土することや[55]、域内に箸墓古墳を含む纒向古墳群、また北接して全長310mの渋谷向山古墳（現景行陵）を含む柳本古墳群が所在することも注意してよく、森浩一は纒向遺跡の性格について、纒向遺跡が箸墓と三輪山を対象とした祭祀を行うために計画的に出現した集落としての「陵邑」を想定する[56]。纒向遺跡の大きな特徴のひとつである他地域系土器の出土も、ここが「王都＝物資流通拠点」という一般論に還元するだけでなく、関与した造墓集団に関わって残されたという視点をもう少し評価すべきであろう。かかる意味においては、ヤマト東南部に「多様な地域性がこの地に新たな墳墓を築いた」とする赤塚次郎の見解[57]を踏まえれば、そこに各地の「オウ」が葬られたかどうかはともかく、当地の土器の地域性の一定程度は造墓集団がもたらした地域性と捉えるべきであろう。

このように、古墳や古墳群近傍において、その造営や埴輪製作などに関与した集落は比較的その認定が容易であり、ここにあげた以外にも各地で確認されている。古墳造営に関わる集落は、食糧生産に立脚した通有の集落とは異なった臨時的かつ編成的な性格の強いものであり、古墳という葬所の造営に従う遺跡として喪葬遺跡の枠組みで把握することが適当であろう。

6. 火葬遺跡

一般的に火葬は、仏教の影響によるとされ、700年に卒した僧道照によりはじまるとされるが[59]、仏教伝来とは別に、実際には6世紀後半頃から横穴系の墓室そのものを燃焼させて、結果として遺体を火葬する古墳が出始める[60]。これら事例での遺体の火化（＝火を用いて急速に骨化させること）は、仏教の影響とは別にいくつかの理由が従来からも指摘されているが、筆者自身は、列島内の遺体に対する意識（＝凶癘魂の遺体への取り憑きを極度に恐れること）がより強い集団において、その合理的な回避方法として悪霊（凶癘魂）が取り憑く依代（目標）となる死者の遺体自体を滅失させてしまおうとする意識と関係すると考えている。ただし、これらの事例は火葬場がそのまま墓室になるものであり、これらとは別に、単独の火葬遺跡の存在が問題となる。

こうした例が明瞭になるのは、古墳時代でも終末期以降であり、有名な天武・持統合葬陵では没年が後出する持統の骨が火葬骨となる。この例を含め、骨壺等に焼骨が入れられた事例はいずれも墓室自体が火葬場ではない搬入骨であり、葬所と火葬場は異なる場所であったことがわかる。つまり、時代的には下るものの、火葬施設をもつ遺跡も喪葬遺跡の枠組みで把握することが可能となる。現在、古墳時代後期から終末期にかけて遺体燃焼用の火葬施設をもつ確実な遺跡は未確認であるが、当然その存在が想定されるものであり、特に古墳近傍で火化を受けた痕跡のある遺構が存在する遺跡は、火葬遺跡の可能性も含めて注意する必要がある。

例えば、奈良県高取町の森カシ谷遺跡は、独立丘陵の頂部に床面に炭敷を伴う横穴状の土坑を設け、その周囲に柵かと考えられる柱列を二重に巡らせたものである（図147）。炭敷のある土坑と柵の存在から、狼煙場機能をもった、紀路を見下ろす飛鳥時代の砦跡の可能性が説かれている[61]。しかし、外周の柵は地形に合わせたのか円形であるが、最高所にある土坑を囲む柱列は遺構図をみる限り鉤形方形とも捉えられるものである。炭敷は火化を考慮したものなら火葬施設、

293

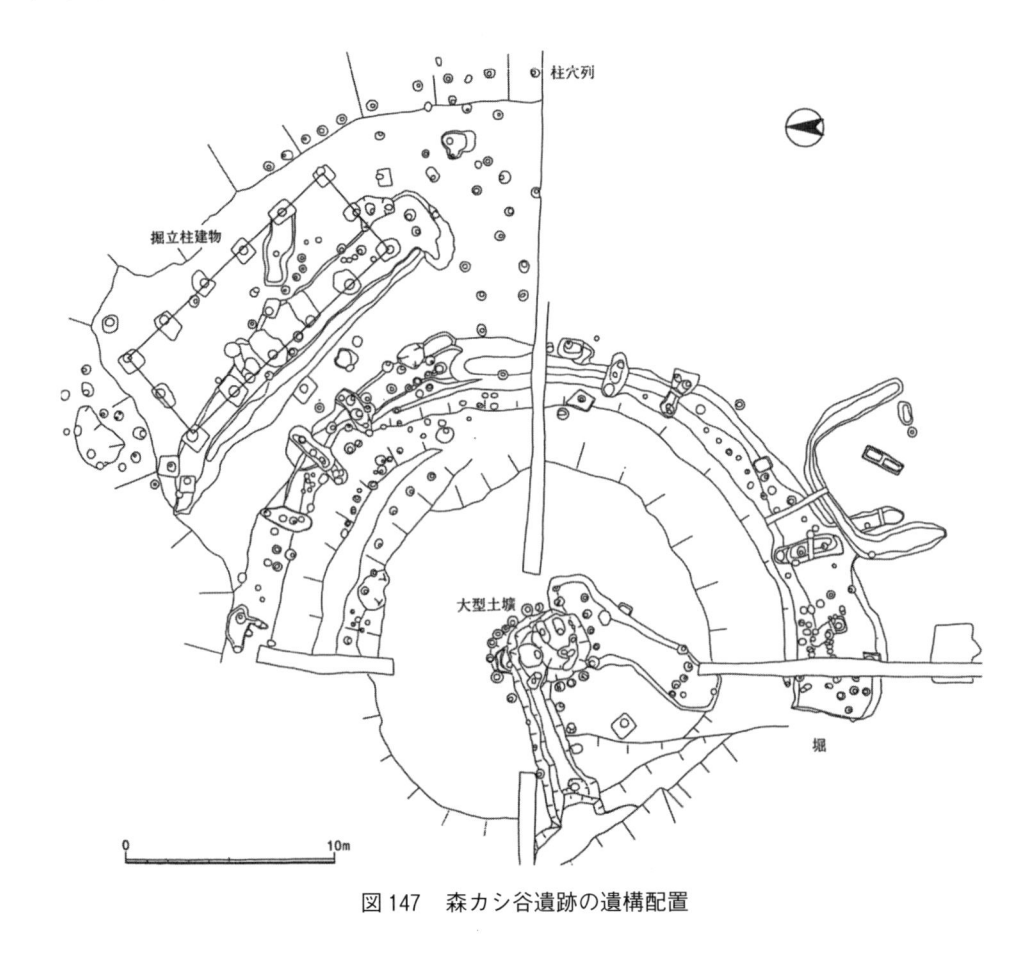

第Ⅳ章　喪葬と祭祀の統一的把握

図147　森カシ谷遺跡の遺構配置

排水溝との繋がりを重視すれば土坑内の乾燥を期した適応も想定され、喪葬遺跡としての検討も必要かと考えている。

7. 出土遺物からの敷衍

　前段まででは、遺跡の種別ごとに特徴の把握に努めたが、まだ遺跡調査レベルで注意を喚起する段階であり、今後に期する部分が大きい。
　一方、古墳時代遺跡を調査すると、本来古墳への埋葬において用いられる物品類が古墳以外の場所から出土することがある。これら遺物については、あまり積極的な評価がなされなかったり、「首長関連の遺跡」として一般論に還元するかたちで説明されることが多い。しかし、一定空間が外部と遮断される囲繞施設が伴い、なおかつ古墳へも副葬される物品が出土する場合には、当該遺跡が殯所を含む喪葬遺跡である可能性も一応疑っておく必要がある。ここでは、具体的な物品の例として、腕輪形石製品、巴形銅器、それに盾及び弧文板を取り上げ、その出土遺跡・遺構の性格を検討する。

（1）腕輪形石製品

　近年古墳以外からの出土例が増加している。高橋幸治は、生産遺跡を除く集落出土腕輪形石製品に関して、首長居館など物資の流通に関係する「物資流通拠点遺跡」からの出土が目立つと捉え、その出土意味を流通拠点であることに求めた[62]。しかし、この視点のみでは、腕輪形石製品出土の意味は王権との政治的関係と流通論だけに帰され、南海産の貝輪に由来する腕輪形石製品自体に内在する意義が欠落する。沖縄などでは家の柱や入口等に辟邪としてスイジガイなどを吊るす民俗事例や、貝の呪力を埋葬に導入した発掘事例があり[63]、また奈良県島の山古墳前方部埋葬における腕輪形石製品を粘土槨一面に貼り付けた出土事例（234頁図122参照）[64]は貝に由来する腕輪形石製品の辟邪性の意義が古墳時代の近畿でもなお生きていたことを如実に物語る。長野県石川条里遺跡の腕輪形石製品出土に関して北條芳隆は葬送儀礼との共通性を指摘したが[65]、腕輪形石製品使用の意味は貝製呪具に由来するその辟邪性にあると想定される。腕輪形石製品出土遺跡のうち、奈良県秋津遺跡・菅原東遺跡・壱部宮ノ前遺跡・下永東城遺跡・平等坊岩室遺跡、長野県石川条里遺跡などでは柵・塀や溝による方形や鉤形の囲繞施設も伴っている[66]。勿論すべてが喪葬遺跡というわけではないが、漠然と首長居館や「祭祀域」と考えるだけでなく、殯所としての可能性も考慮して検討する余地があろう。

（2）巴形銅器

　同様に、辟邪の具（呪具）としての役割が想定される巴形銅器も、古墳以外から出土する場合は喪葬関係の可能性を一応疑う必要がある。具体的な例として、岡山県谷尻遺跡の事例を挙げておきたい。谷尻遺跡では、幅1〜2mの溝によって周囲を囲繞された床面積140㎡にも及ぶ大型竪穴住居1棟があり、住居内から巴形銅器が出土している[67]。主屋とも目される囲繞されたこの大型竪穴住居の存在から古墳時代前期における首長居宅とみなされることもあるが[68]、五角形を呈した外周を画する溝に特殊な存在形態が窺われ、喪葬遺跡とすると遺体を保管した喪屋の可能性も想定される。

（3）盾・弧文板

　必ずしも喪葬遺跡に限定されず、首長居館や祭祀遺跡からの出土も想定されるが、これら遺物が出土した奈良県纒向遺跡巻野内地区[69]や南郷大東遺跡[70]、京都府浅後谷南遺跡[71]などでは導水施設が伴っており、導水施設を殯所とみると両者の調和性が窺われる[72]。

　つまり、囲繞施設を伴う遺跡から辟邪性のある遺物が出土する場合（土坑等への廃棄形態含）、その遺跡が喪葬に関係していた可能性も思慮される。これら遺物が古墳から出土する場合には、死者を悪霊から護り、凶癘魂の取り憑きによる死者の悪霊化を防ぐ意味があったが[73]、家の入口や門柱などにスイジガイを吊るして辟邪の具とした沖縄の民俗例[74]を参考にすると、喪葬遺跡では入口や囲繞施設に掲げた辟邪が期待され、使用後廃棄されたことが想定される。喪葬遺跡という枠組みを介することにより、これら遺物の出土意味もより明瞭となる。

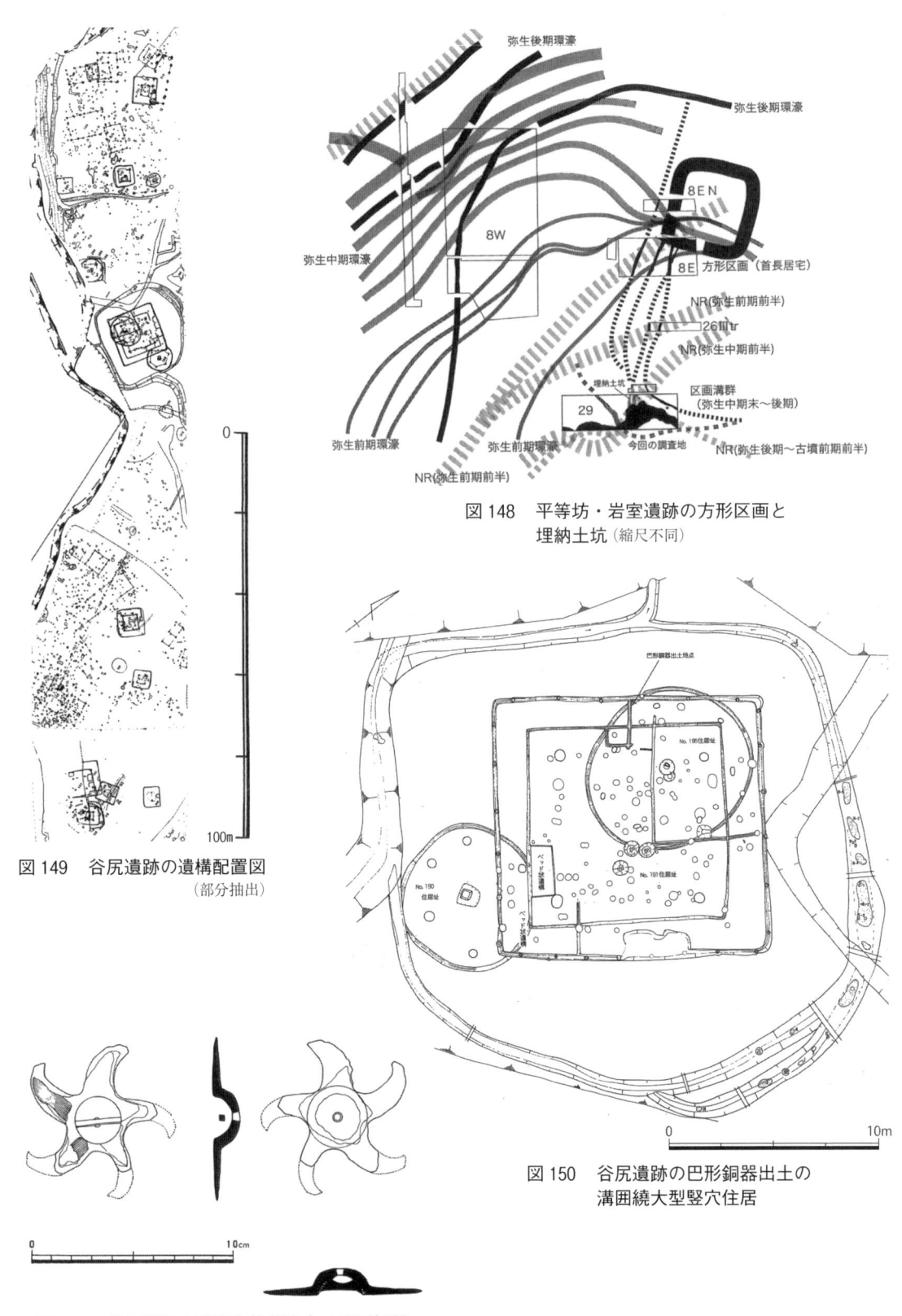

第Ⅳ章　喪葬と祭祀の統一的把握

図149　谷尻遺跡の遺構配置図（部分抽出）

図148　平等坊・岩室遺跡の方形区画と埋納土坑（縮尺不同）

図150　谷尻遺跡の巴形銅器出土の溝囲繞大型竪穴住居

図151　谷尻遺跡大型竪穴住居出土の巴形銅器

296

8. 殯所と葬所の論理

　古墳時代中期末を境として、導水施設とそれを原型とした囲形埴輪はともに衰退するが、今城塚古墳の片流れ高床家が導水施設型の囲形埴輪に由来するとされるように、導水施設としての要素（柵や塀などによる強固な囲繞空間と建物のセット）自体は6世紀以降にも受け継がれる。
　第Ⅲ章及び本節でも詳述したように、筆者は囲形埴輪に象徴された空間が、古墳時代における殯所のあり方と調和性が高いと考えている。しかし、殯そのものが古墳上で行われたと考えているわけではない。
　古墳上に樹立された形象埴輪、とりわけ人物埴輪群像の意味論において、殯の場を表現したとする説に対してしばしば持ち出される疑問が、被葬者を古墳に葬る段階にはすでに死は確定しているのに、なぜわざわざ「死を確定する場」である殯を表現しなくてはならないのかとする疑問である。しかし、これには二重の誤解が存在する。
　ひとつは、「殯＝死を確定させる場」と考えることによる殯という存在の本質に関わる誤解[75]、もうひとつは、仮託とはいえ、殯所そのものを古墳という葬所に持ち込んだということについての誤解である。ここには、人の死に始まり、喪と葬を貫く古墳時代の基層的な観念自体への認識の相違、具体的には古墳時代におけるヒトの死というものの存在の大きさに対しての軽視がある。
　第Ⅲ章を通して論じたように、古代人の死に対する意識、特に死後の遺体とそれを取り巻く「悪霊・邪霊」の類に対しての恐懼は、各種の文献がその説話・記事内容の違いを越えて等しく説くように、非常に大きかったと判断される。特に死亡直後は、「凶癘魂」に取り憑かれやすい不安定な状態（取り憑かれると死者霊自体が悪霊化する）であり、特に恐れられた。殯所とは、第一義的にはこうした死亡直後の遺体が置かれた不安定な状態のなかで、邪霊から遺体（死者霊）を護って安寧な状態とし、埋葬へと導く場として観念されたと推定される。
　すなわち、ここで求められた役割は、悪霊・邪霊（＝凶癘魂）の依り憑き排除、死者霊の悪霊化防止とその安寧なままでの封じ込めにあり、そのため、酒食供献等による死者霊の鎮魂（和魂化）が図られ、その前提として、遺体自体を清浄に保つことが求められた。「記紀」神話の黄泉の国で腐敗したイザナミの容姿の具体的な記述は、そうならないことを望む古代人の認識としてみるべきである。このための具体的な措置として、ここでは酒食供献・申辞（言語呪能）のほか、遺体洗浄・周衣・入棺・施朱・周棺などが行われた。
　葬所とは、埋葬後も死者（遺体）の安寧な状態が維持される場であり、死者霊は永続的に葬所たる古墳に鎮まってもらう必要があった。埋葬諸儀礼や石室や粘土槨の構築、排水溝の設置、副葬品の埋置などの多くはこの目的に従った。使用される埴輪の種類やその表現方法には時期による違いがあるが、その主たる目的は一貫している[76]。

　前期　「垣」としての円筒[77]と、依り来る邪霊としての凶癘魂を和ませ退散させるための飲
　　　　食を具現化した壺形や高杯形の埴輪の樹立[78]（「記紀」出雲神話の「ヤマタノオロチ」物
　　　　語がこの観念を象徴する）
　前期後半から中期　悪霊・邪霊の排除を具現化した武具系器財埴輪による墳頂部囲繞と、

死者霊の鎮魂を永続的に示すため囲形埴輪と家形埴輪で表現された象徴空間を造出・墳丘谷部で演出。酒食供献は食物形土製品と籠目土器により象徴化

中期末から後期 遊部が行う鎮魂の所作と邪霊圧伏を象徴化した人物埴輪群像、死者霊に捧げる供犠としての各種動物埴輪[79]、大形の須恵器等を用いた酒食供献などを造出や外堤の特定区画を舞台として象徴的に演出

　一見すると、前期と後期とでは埴輪樹立を推し進めた観念に変化があるようにもみえるが、その本質は悪霊・邪霊(凶癘魂)の排除と葬所における死者霊の永続的な鎮魂に従うものであることが理解されるのである。かかる意味においては、喪の段階で実施する殯を葬所たる古墳へも持ち込んだと現象面で理解するよりも、喪と葬には死者霊を正しく鎮魂させるという共通した観念が一貫してあり、喪ではそれを実際の行為として従事し、葬ではその状態での永続的安寧を維持するため、死者霊を鎮める各種行事を土製品に託して古墳上で演出し、古墳(被葬者)を護ったと理解できる。

9. まとめ

　カミ・神を祀る祭祀遺跡と対置しうるものとして、古墳時代には死者や古墳に関わる「喪葬遺跡」の存在を提起した。このことにより、墓の存在によって時代区分名称としている「古墳時代」の、本質的意義がより明瞭に把握可能となると認識している。そのうえで、喪葬遺跡を「祈念行為」に従うものとそれ以外に大別のうえ、「喪葬遺跡」という枠組みで包含しうる遺跡の事例を具体的に提起した。現時点では、あまり喪葬との関連で考えられた経緯がなかった遺跡も含むため、この枠組みを古墳時代研究のなかで実際に機能させるには、個々の遺跡だけを検討するのではなく、特に葬所たる古墳との関係において当該地域内の遺跡を評価し、その性格をひとつずつ特定していく作業が求められる。

　同様の視点は、辟邪性があると認識される物品類、例えば腕輪形石製品などが古墳以外の場所から出土することの意味についても、より積極的な評価を付与することが可能になると認識している。従来、こうした物品が古墳以外から出土する場合、「首長に関わる遺跡」という一般論化により説明されることが多かったが、「喪葬遺跡」という存在が一般性をもてば、その枠組みに包含したほうがより各種状況との整合性が高くなる事例も出てくると認識している。かかる意味においては、これまで、古墳本体以外では、喪葬との関係がほとんど追究されることすらなかったということができるだろう。

　喪葬遺跡という枠組みを介して、古墳時代におけるヒトの「死」に対する意識をより明確にしたと考えるが、このことは古墳築造から埴輪樹立にいたる観念とも一貫した整合性をもって通じるものである。

　そして、こうした現実の死から生じる危機的状況を回避する行為として示されるものが「喪葬」とするならば、直接的な起因が「死」ではない「大いなる霊威」として、現実世界を不安定な状態に陥れる存在と観念されたものが霊や魂、モノといった霊的存在であり、それを鎮める場が祭祀遺跡であった。かかる意味においては、喪葬の場と祭祀の場は、祈る対象こそ異なれども、とも

に祈念行為によって現実に対して危機をもたらす存在を鎮めようとすることにおいては、観念的な調和性をもつものである。つまり、カミと死者（古墳被葬者）は、ともに「大いなる霊威」をもたらす恐れのある存在として、その状態を和ませ、鎮めるべき対象であるということに共通性があった[80]。

この両者は、ともに現実世界に対置しうる存在であり、それが象徴的に表れた場が殯所であり（喪）、古墳であり（葬）、祭祀遺跡（祭）であったのである。古墳時代における信仰の役割の重要性は、「王権」との関係を考える視点とは別次元で、「死」との関係性を整理しておくべきであったのである。

註

（1）岡田精司　1992「古墳と神まつり」『古墳時代の研究』12　125頁　雄山閣出版
（2）下城正・女屋和志雄ほか　1988『三ツ寺Ⅰ遺跡』群馬県教育委員会ほか
（3）この考え方の理論的淵源は、折口信夫にある。折口信夫　1975「上代葬儀の精神」『折口信夫全集19』中央公論社 86～120頁（原論文は1934『神葬研究』第1輯）
（4）車崎正彦　2004「人物埴輪・動物埴輪」『考古資料大観4　弥生・古墳時代』341～350頁　小学館
（5）青柳泰介　2004『南郷遺跡群Ⅲ』奈良県立橿原考古学研究所
（6）青柳泰介　1999「囲形埴輪小考」『考古学に学ぶ』（同志社大学考古学シリーズⅦ）447～466頁　同志社大学考古学研究室
（7）洦斎　2001「「水の祭祀場を表した埴輪」についての覚書」『史跡心合山古墳発掘調査概要報告書』94～110頁　八尾市教育委員会など
（8）前掲註（6）・（7）文献のほか、上田睦　2007「狼塚古墳と導水施設型埴輪」『石川流域遺跡群発掘調査報告ⅩⅩⅡ』71～77頁　藤井寺市教育委員会事務局など。
（9）前掲註（6）～（8）文献のほか、多くの論者がこの考えを採用している。
（10）高橋克壽　2005「東方外区の埴輪」『石山古墳』68～71頁　三重県埋蔵文化財センター
（11）福田哲也ほか　2005『三重県松阪市　史跡宝塚古墳』松阪市教育委員会
（12）松本洋明　2003『史跡赤土山古墳第4次～第8次発掘調査概要報告書』天理市教育委員会
（13）洦斎・吉田野々ほか　2001『史跡心合山古墳発掘調査概要報告書』八尾市教育委員会
（14）森下章司・高橋克壽ほか　1993『行者塚古墳発掘調査概報』加古川市教育委員会
（15）高橋克壽　2006「埴輪―場から群像に迫る」『列島の古代史5』278～305頁　岩波書店
（16）北中恭裕・十文字健　2007『極楽寺ヒビキ遺跡』奈良県立橿原考古学研究所
（17）前掲註（5）文献
（18）森田克行　2003「今城塚古墳と埴輪祭祀」『東アジアの古代文化』72　57～82頁　大和書房
（19）奈良県立橿原考古学研究所　2010『京奈和自動車道御所道路池之内・篠地区　秋津遺跡―古墳時代前期の方形区画施設の調査―』（現地説明会資料）
（20）植田文雄　2004「古墳の追祭祀について」『神郷亀塚古墳』（能登川町埋蔵文化財調査報告書第55集）能登川町教育委員会・能登川町埋蔵文化財センター
（21）中島和哉編　2010『象鼻山古墳群発掘調査報告書―第1～4次発掘調査の成果―』養老町教育委員会
（22）宇野隆夫　2010「東アジアの天地思想と上円下方墳」前掲註（21）文献176～179頁所収
（23）赤塚次郎　2010「象鼻山古墳群が描く風景とその歴史的評価」前掲註（21）文献171～175頁所収
（24）堅田直　1997「立柱の祭壇」『王権祭祀と水』61～65頁　帝塚山考古学研究所。なお堅田は、玉手山古墳群の施設群のなかには立柱を伴う壇状遺構とは別に、「埴輪造出し状遺構」というべき円筒埴輪列を伴うものがあり（11号墳）、これも古墳とは別の祭壇遺構として捉えられるとする。

しかし、これについては、削平と地滑りによる崩落によって築造時の形状が失われたものとして、本来は径30m程の造出付き円墳であった可能性が提起されている。河内一浩　2005「玉手山古墳群の埴輪Ⅴ―総括『玉手山古墳群の埴輪』―」『玉手山古墳群の研究Ⅴ―総括編―』89～118頁　柏原市教育委員会

(25) 石野博信　1990「第二章　祭祀と王権」『古墳時代史』39～65頁　雄山閣出版
(26) 井上光貞　1994「古代沖ノ島の祭祀」『日本古代の王権と祭祀』207～245頁　東京大学出版会
(27) 椙山林継　1972「葬と祭の分化―石製模造品を中心として」『國學院大學日本文化研究所紀要』29号　1～29頁
(28) 末永雅雄　1935「磯城郡三宅村石見出土埴輪報告」『奈良県史蹟名勝天然記念物調査報告』13、森浩一・伊達宗泰・白石太一郎　1966「奈良県石見遺跡の調査概要」『日本考古学協会昭和41年度大会発表要旨』日本考古学協会
(29) 千賀　久　1988「付載　石見遺跡の概要」『奈良県考古資料目録　第15集』57～86頁　奈良県立橿原考古学研究所附属博物館。ただし、こうした最近の見解に対して、昭和41年調査（第2次調査）の担当者の一人であった森浩一は、こうした昨今の意見を踏まえつつも、石見遺跡の場合は蛇行する輪郭が現れるなど古墳を想起させる形状は出ておらず、墳丘残存部の痕跡はないとして、改めて祭場説を再説している。森浩一　2009『日本の深層文化』（ちくま新書）171頁　筑摩書房
(30) 立柱をめぐっては、植田文雄による専論がある。植田文雄　2008「墳墓の立柱祭祀」『王権と武器と信仰』881～890頁　同成社
(31) 以下、「日本書紀」の文献引用と概要抽出は、下記文献による。坂本太郎ほか校注　1967『日本古典文学大系　日本書紀』上　岩波書店
(32) 前掲註（31）文献の注解（黛弘道担当）など
(33) 森　浩一　1965『古墳の発掘』（中公新書）中央公論社。ここで森は、文献に関して、柱を建てたと表現しているのは寺院建立、とくに塔の心柱のこととし、軽寺との関係を示唆した。また具体的な古墳との比定はしていないが、前掲註（31）文献も、欽明陵＝檜隈坂合陵＝檜隈大陵＝檜隈陵の立場を採る（註解担当は欽明紀が関晃、推古紀が黛弘道）。なお、森はその後、五条野丸山古墳の石室調査の結果を受け、檜隈陵を欽明陵へ改葬して空墓となる前の元の堅塩媛墓（特定古墳への比定なし）という考えを示した。森浩一　1994「丸山古墳と陵墓問題　檜隈坂合陵から檜隈大陵へ」『倭人・クマソ・天皇』211～239頁　大巧社
(34) 増田一裕　1991「見瀬丸山古墳の被葬者―檜隈・身狭地域所在の大王墓級古墳を中心として―（下）」『古代学研究』125　1～19頁　古代学研究会、高橋照彦　2005「欽明陵と檜隈陵―大王陵最後の前方後円墳―」『待兼山考古学論集―都出比呂志先生退任記念―』731～754頁　大阪大学考古学研究室
(35) 竹田政敬　2001「五条野古墳群の形成とその被葬者についての臆説」『考古学論攷』第24冊　43～64頁　奈良県立橿原考古学研究所、小澤毅　2002「三道の設定と五条野丸山古墳」『文化財論叢』Ⅲ　99～118頁　奈良文化財研究所、辰巳和弘　2009「古代飛鳥人の空間観念」『聖樹と古代大和の王宮』177～231頁　中央公論新社など
(36) 前掲註（33）森　1965文献
(37) この論点も、すでに1965年の段階で森浩一により指摘されている。前掲註（33）文献参照。
(38) 福尾正彦　1994「畝傍陵墓参考地石室内現況調査報告」『書陵部紀要』第45号　宮内庁書陵部
(39) 前掲註（34）増田文献
(40) 小澤文献や辰巳文献が指摘するほか、和田萃も堅塩媛なら檜隈陵ではなく檜隈墓と表現されていなければならないとする。和田萃　1995「付論　見瀬丸山古墳をめぐる課題」『日本古代の儀礼と祭祀・信仰　上』309～320頁　塙書房
(41) 以下、「延喜諸陵寮式」にかかる文献参照は、下記文献による。虎尾俊哉編　2007『延喜式』中（訳注日本史料）　集英社。なお、諸陵寮式の補注は相曽貴志による。
(42) 徳田誠志・清喜裕二　1999「欽明天皇　檜隈坂合陵整備工事区域の調査」『書陵部紀要』第50号

　　　　100〜123頁　宮内庁書陵部
(43) 前掲註（35）辰巳文献など
(44) 植田文雄　2004「古墳至近の竪穴住居と柱列の意味」『神郷亀塚古墳』107〜110頁　能登川町教育委員会・能登川町埋蔵文化財センター
(45) 松尾　光　2004「山部と山守部」『万葉古代学研究所年報』2号　52〜80頁
(46) 以下、「令集解」の文献引用は、下記文献による。関晃ほか　1976『日本思想大系　律令』岩波書店
(47) 前掲註（37）文献において、高橋は兆域の規定が近江令に由来する可能性を指摘している。
(48) 前掲註（41）文献の淡路墓にかかる補注（1323頁）において、その旨の指摘がされている。
(49) 時野谷滋　1990「諸陵式の成立の過程と帝系譜」『飛鳥奈良時代の基礎的研究』91〜118頁　国書刊行会（初出は1961　中山久四郎編『神武天皇と日本の歴史』小川書店刊の前半部）
(50) 北　康宏　1996「律令国家陵墓制度の基礎的研究―『延喜諸陵寮式』の分析からみた」『史林』第79巻第4号　1〜45頁　史学研究会
(51) 堀田啓一　2000「百舌鳥古墳群と造墓集落について」『古代学研究』150　47〜52頁　古代学研究会
(52) 清水真一　1991『桜井市城島遺跡外山下田地区発掘調査報告書』桜井市教育委員会
(53) 穂積裕昌　2001「東海系土器のなかの伊勢の土器」『第9回春日井シンポジウム資料集』5〜15頁　春日井市教育委員会文化財課
(54) 橋本輝彦　2010「纒向遺跡における居館域の調査」『大美和』第118号　41〜45頁　大神神社
(55) 関川尚功　1976「畿内地方の古式土師器」『纒向』460〜500頁　奈良県立橿原考古学研究所編
(56) 森　浩一　1986「ヤマト古墳文化の成立」『日本の古代5　前方後円墳の世紀』225〜274頁　中央公論社
(57) 赤塚次郎　2000「オオヤマトの東海」『古代「おおやまと」を探る』185〜201頁　学生社
(58) 森本　徹　1997「古墳時代葬送儀礼専業集落についての覚書」『大阪文化財研究』第12号　11〜18頁　財団法人大阪府文化財調査研究センター
(59) 「続日本紀」文武天皇四年三月己未条に道照の卒伝があり、「天下の火葬此より始まれり」との文言を含む。青木和夫ほか校注　1989『新日本古典文学大系　続日本紀』1　岩波書店
(60) 鈴木敏則　1991「横穴式木室雑考」『三河考古』第4号　48〜74頁
(61) 木場幸弘　2003「砦状遺構と終末期古墳―奈良県森カシ谷遺跡」『季刊考古学』第84号　91〜92頁　雄山閣
(62) 髙橋幸治　2010「腕輪形石製品の流通―集落出土品を中心に―」『古代学研究』187　38〜45頁　古代学研究会
(63) 酒井卯作　1984「南島における貝の呪力と抱石葬」『南島研究』25　56〜71頁　南東研究会
(64) 河上邦彦・西藤清秀・入倉徳裕編　1997『島の山古墳調査概報』奈良県立橿原考古学研究所
(65) 北條芳隆　1994「石川条里遺跡と腕輪形石製品」『中部高地の考古学Ⅳ』235〜253頁　長野県考古学会
(66) 集落出土の腕輪形石製品とその出土遺構に関する情報は、下記文献を参照した。髙橋幸治　2010「集落関連遺跡出土の腕輪形・宝器類石製品集成表」『古代学研究』187　59〜65頁　古代学研究会
(67) 高畑知功・井上弘ほか　1976「谷尻遺跡」『中国縦貫自動車道建設に伴う発掘調査』6　岡山県文化財保護協会
(68) 近藤義郎　1983「部族の構成」『前方後円墳の時代』232〜233頁　岩波書店
(69) 萩原儀征　1987『纒向遺跡発掘調査概報』桜井市教育委員会
(70) 前掲註（5）文献
(71) 石崎義久・黒坪一樹ほか　2000「浅後谷南遺跡」『京都府遺跡調査概報』第93冊　（財）京都府埋蔵文化財調査研究センター

(72) 穂積裕昌　2004「いわゆる導水施設の性格について〜殯所としての可能性の提起〜」『古代学研究』166　1〜20頁　古代学研究会．
(73) 穂積裕昌　2007「封じ込める力―辟邪発現の方向とその意味―」『考古学に学ぶⅢ』（同志社大学考古学シリーズⅨ）　335〜348頁　同志社大学考古学研究室
(74) 前掲註（63）文献
(75) ここに折口信夫の殯観の影響が大きいことは第Ⅲ章第1節の註（58）で言及した。
(76) 穂積裕昌　2008「遊部伝承から読み解く埴輪の意義」『王権と武器と信仰』891〜900頁　同成社
(77) 犬木　務　2002「円筒埴輪という装置―形態論・機能論からの検討―」『東アジアと日本の考古学Ⅱ墓制②』53〜80頁　同成社
(78) 水野正好　1974「埴輪体系の把握」『古代史発掘』7　136〜153頁　講談社
(79) 動物埴輪と供犠の関係は若松良一により一貫して指摘されているが、ここでは下記の著作で代表しておく。若松良一　2007「形象埴輪祭祀の構造と機能―狩猟表現埴輪を中心として―」『第12回東北関東前方後円墳研究会　大会　《シンポジウム》埴輪の構造と機能　発表要旨資料』37〜56頁　東北・関東前方後円墳研究会
(80) 穂積裕昌　2008「古墳被葬者とカミ」『信濃』第60巻第4号　1〜23頁　信濃史学会

終章　まとめ
―古墳時代における喪葬と祭祀の位相―

　本書で示してきた内容を4つの主題のもとに取りまとめ、結語として提示したい。

1. 文献にみる喪葬・祭祀観念と考古資料の照応

　本書では、3世紀の「魏志倭人伝」、6～7世紀の「隋書倭国伝」などの中国側史料と、奈良時代成立の「日本書紀」、「古事記」、「風土記」、「万葉集」、それに平安時代成立の「続日本紀」、「令集解」、「三教指帰」などの国内文献を扱い、そこから喪葬や祭祀に関わる記事を抽出して検討を加えた。

　その結果、3世紀の「魏志倭人伝」から平安時代の国内資料に至るまで、文献に記された喪葬・祭祀観念は、悪霊・邪霊の類（＝凶癘魂）に対しての恐懼として示される古代人の死への認識が基本となっていることを確認した。ここにおいて死は、外部から迫り来る悪霊・邪霊に対しての防御措置だけでなく、悪霊が屍体に取り憑くことによる死者自体の悪霊化に対しての防御観念も併せて有していた。

　こうした人間の死によって生じる邪霊や死者自体の悪霊化に対する恐懼として示される認識に類似したものとして、古代にはカミ・モノに対しての強烈な恐懼意識が確認できる。「常陸国風土記」のいわゆる夜刀の神説話や、崇神紀にみえる天照大神・倭大国魂の同所併祭による霊威発動への恐れに始まって最終的に垂仁紀25年の天照大神の伊勢鎮坐に帰結する一連の物語は、モノ神としての認識が、古代のカミ観念の基層的な部分を構成していたことを示している。

　従来、死者に対しての措置である喪葬から埋葬に到る一連の諸手続き（喪葬・埋葬所作）と、カミに対しての祭祀・儀礼（神マツリ）はまったく交わることのない別個のものとして捉えることが多いが、霊的なものに対しての古代人（人間）の恐懼意識が発現し、それに対応する様々な所作が生じるというてんでは、両者は同じ位相にあるといってもよい。そこに存在する差異は、直近の死に対する所作（喪葬儀礼）や埋葬所作（葬送儀礼）の存在と、悪霊化することも含意する大いなる霊威（カミ・モノ）に対しての防御措置という時間観念の差異として捉えることが可能であろう。「記紀」にみられるカミに対しての認識（＝8世紀段階の認識）は、大いなる霊威を発動していたカミ・モノが「鎮」されることによって坐する状況としてしばしば語られている。これは、現実の所作の方法（扱い）として、古墳と祭祀遺跡（「祭祀遺跡」に包含されるうちの一部）の差はあるにせよ、死者の霊が鎮められ、悪霊・邪霊の依り憑きを防いで古墳という葬所に永久的に封印される状況と一定の照応関係にある。かかる意味においては、8世紀段階の認識を古墳時代に遡及させて考古資料のあり方を確認していくことは、方法論的な手続きとしても正当な方法のひとつとして認識している。

　そして、葬送儀礼も神（カミ）マツリも、悪霊やモノ神などが人間（生者の世界）へ悪い方向で

波及することを防ぐ現実の解決策として、古代においては極めて重要な存在であった。ここに、古代社会において、現実の方法論としての祭祀や葬送儀礼が、首長が主導する諸活動のなかでも重要視される契機に存在したものと考えられる。

こうした古代における死者やカミに対しての基本認識を念頭に置いた場合、古墳における埋葬諸儀礼や祭祀遺跡における様々な所作と、そこで用いられた物品類（古墳副葬品や祭祀遺跡における祭祀遺物など）という考古学的事実により示される諸状況も、なぜそれが措置されるに至ったかという本質的な部分でその意味がより明瞭になる。古墳と祭祀遺跡で共通する物品が供献されることも、悪霊や霊威をもつ存在に対して、鎮魂することによる和みを期するという同じ要請に基づく措置として捉えることが可能となる。

ただし、「祭祀遺跡」として包含される遺跡には、上記のような大いなる霊威の発動の封じ込めを担った種類の祭祀遺跡だけではなく、「神霊」の発動による豊饒などへの祈念を第一義的に期したタイプも存在する。従前より「祭祀遺跡」としてのみ一括されてきたため、こうした祭祀目的による差異が存在するという可能性をあまり考慮してこなかった傾向にあるが、今後は遺構や遺物の存在形態から、こういった側面に注意を向けていくことがより必要になると認識している。

2. 古墳時代祭祀遺跡の再編

厄災を及ぼすモノ神的存在の封じ込めとは別種の存在形態となる祭祀のひとつが、本書の第Ⅰ章で詳述した湧水点で実修された祭祀、すなわち湧水点祭祀である。この祭祀は、古墳時代に行われた祭祀のかなでも、古墳時代初頭から首長層による大規模な祭祀として実修されたものであり、首長祭祀の代表的な存在として位置づけることが可能である。そのうえで本書では、当該遺構やその出土遺物だけでなく、大型建物との関係にも注意を払い、湧水点祭祀の存在形態の体系的な把握と儀礼の復原に努めた。

この結果、湧水点における祭祀が、古墳時代首長が実施した祭祀の中でも最上位の祭祀であったことを具体的に明らかにするとともに、水に関わる祭儀全体の中で、湧水点祭祀とそれを支えた信仰の基層的観念についても考察を加えた。そして、本問題を糸口にして、古墳時代祭祀遺跡に伴う大型建物の機能として祭祀者の潔斎を行うための「斎殿」的機能が想定できることや、個々の遺跡を越えた出土祭祀遺物の共通性などから地域を越えた共通の祭式が存在した可能性を提起した。

さらに、直接の祭祀行為とはいえないものの、湧水点で実修された儀礼のひとつとして誓約儀礼が存在した可能性を、記紀神話記載のアマテラスとスサノヲによる誓約と考古学的事象との構造的共通性から指摘した。このことは、勿論記紀神話の実際の舞台が古墳時代にあったと主張するものではなく、古墳時代に儀礼として行われていたものが、後の記紀神話に取り込まれていく過程を示すものとして、考古資料の可能性を逆に提起しうるものと考えている。

考古資料の具体的なあり様から提起しうるこうした祭祀や儀礼行為の存在は、たんに湧水点や井泉のある場が清浄で神聖な空間だったという一般論に還元するだけではなく、その背後に「カ

ミ」といい得るかどうかはともかく、霊的なものの存在を前提とし、それに対する働きかけを想定することによって説明が可能となるものである。湧水点祭祀や井泉での儀礼的行為を支えた基層的なカミ観念は、上述の封じ込めるべき対象としての「モノ神」的な存在ではなく、弥生時代以来の地霊や大地の生命力に根ざした祭祀観念が基本であったと推定される。

この湧水点祭祀は、律令制下においても宮廷の井泉神や各地に存在する水分神・井泉神への奉祭・奉献として残るが、古墳時代において貼石の祭祀遺構の形成も含めて大規模に実修されたのは、前期から中期にかけてである。後期以降もこの形態の祭祀自体は残るが、祭祀遺跡の存在形態として大規模なものはみられなくなる。これは、同目的の祭祀が、より大規模化して後の水分神社的なものが新たに成立することにより遺構としての存在が分かりにくくなったことによる可能性もあるが、より本質的にはカミ観念の発達に伴って、地霊や大地に根ざした信仰に加え、山などの高所にカミが降臨する垂直降臨型のカミ観念が新たに成立してきたことと連動するものであろう。このタイプの祭祀遺構は磐座に代表されるもので、4世紀代の福岡県沖ノ島や大和大神神社における祭祀（いわゆる「三輪山祭祀」）にその初現形態がみられ、5世紀代に一般化する。奉祭物品として、滑石製模造品類との調和性が高い。

磐座などにカミの降臨を認め、それに対して祭祀を加えることは、磐座が祭祀対象としてカミの依代として扱われていることを意味する。これは、祭祀対象たる神霊の特定化を推し進め、人格神観念や鏡などの特定物品の依代化へ繋がっていく動きであり、「神霊の籠もる屋」としての神殿の成立もこの延長線上にあると理解される。

以上のようにカミ観念の形成過程を整理すると、祭祀遺跡の種類も、井泉や磐座、山といった祭祀の対象別に分類するのではなく、祭祀目的に応じた再編も可能となる。現時点での認識を極めて単純な図式として示すと、下記のように整理できるであろう。

　　　A類　地霊や大地などへの信仰に基づいた祭祀遺跡
　　　B類　垂直降臨型の信仰に基づいた祭祀遺跡
　　　C類　モノ神封じ込め型の祭祀遺跡

A類は湧水点祭祀などに代表されるもので、弥生時代以来の伝統をもち、庭上祭祀の形態を基本とする。河川や、より古くは蛇神など動物神などに対する祭祀とも照応するものであり、よりプリミティブなカミ観念に基づいた信仰であったと思われる。古墳時代前期から中期にかけてが、この祭祀観念に基づいた祭祀の最盛期であったとみられる。

B類は磐座などに代表されるもので、4世紀代にその萌芽がみられ、5世紀頃以降に一般化する。渡来系遺物の列島流入と連動した動きである可能性があり、その場合はこの観念は古くから天を祭る祭祀形態を有する大陸に淵源をもつことになる。

C類は「風土記」の交通妨害説話や、崇神紀・垂仁紀の記事などから類推されるものであり、封じ込めのための囲繞施設などを伴っている可能性が高い。擬人化された神の成立後は、神霊を依代に集約化させて神殿等に納め、通常は封印しておくことを基本とした。

B類とC類は、祀る対象を集約化して、それに対して祭祀を加えるというてんで共通する部分があり、考古学上の存在形態だけでは判断が難しい場合が多い。また、神殿の形成も、B類及びC類の祭祀観念が習合しながら推し進められたと捉えられる。

なお、磐座形態の祭祀遺跡であっても、例えばその立地が天白磐座遺跡のような水分の地を占めた場合、A類としての適応とみたほうがよい場合もあり、必ずしも遺構上の存在形態と、カミ観念が完全に合致するものでもない。こうした不確定要素は含むものの、古墳時代社会のなかに祭祀の意味を正しく位置づけていくうえでも、祭祀遺跡の機能に関するより深い認識が求められているのである。

3. 喪葬観念と殯所遺構の提示

　祭祀に従う遺跡、つまり祭祀の実修を主目的として形成された遺跡をわれわれは「祭祀遺跡」として把握している一方、死者を弔う葬送については、葬所としての古墳は明瞭だが、古墳以外の喪葬・葬送に関わる遺跡への関心は低く、古墳との関わりが推定される遺跡でも「祭祀遺跡」に包含されることも多い。墓の存在によって時代区分名称としている「古墳時代」にしては、それを支えた観念についての追究は乏しい。

　人の死から埋葬に至る間の喪の期間に行われた諸儀礼についての考古学的な追究、具体的には殯所遺構の同定にはじまる考古学的な追究は、これまで体系的にはあまり行われてこなかった分野である。本書においては、文献史学や民俗学、国文学の成果に学んで「令集解」所収の養老喪葬令親王一品条に「古記」引用として引かれた「遊部事」に着目し、それに関連して「倭人伝」にはじまる関連文献とも比較検討することにより、殯の本質的意義が人の死によってもたらされる悪霊・邪霊（＝凶癘魂）の依り憑きと、それに伴って生じる死者霊魂自体の悪霊化への恐懼から死者を護り、死者霊魂を「和ませる」ことにあることを確認した。また、文献記載のあり方を細かく比較することにより、殯儀礼には死の直後に行う短期措置と、遺体維持（死者霊魂が和むための期間）として行う長期措置の二者が存在した可能性を提起するとともに、古墳時代における殯儀礼の一般的存在を確認した。

　そのうえで、現在までに知られている遺構からその目的に適合する仕様をもった遺構として何が相応しいのかという視点で検討を加えた。その結果、古墳に樹立された形象埴輪である囲形埴輪と、その造形元となった「導水施設」遺構が遮蔽施設を伴い、邪霊を防ぐための様々な仕掛けが設けられるなど殯所としての諸条件に最も見合う遺構であるという結論を得るに至り、仮説として「導水施設＝殯所」説を提唱した。さらに、囲形埴輪には導水施設とは別種の湧水施設を造形化したものについても、導水施設とは別形態の殯所形態を示すものとして位置づけた。

　遊部事と同じ「養老喪葬令」にある京官三位條殯斂之事では、殯所にて屍体を「浴」することが記されている。このことから、殯所における行為として遺体の洗浄が含まれることが確認できる。殯所における遺体洗浄は、「儀礼」や「礼記」など古代中国の文献にも記されており、そこには井水の使用が記されているものもある。これらを敷衍すると、囲形埴輪へも造形された導水施設や湧水施設は、水に関わる祭祀の場と考えるよりも、死者を悪霊から保護し、埋葬に向けて遺体の洗浄なども行った施設として捉えることにこそ調和的である。以上が是認されるならば、導水や湧水といった水関連の施設を包含しないタイプの囲形埴輪（遮蔽施設＋水関連施設を内包しない家）についても、長期措置としての遺体保管を実修する施設など殯関係の施設を造形した可能性

が提起される。

　導水施設は、湧水点祭祀に関わる井泉と並んで、古墳時代を代表する水辺の祭祀施設、あるいは王権祭祀を実修した場と考えられることが多いが、湧水点祭祀に関わる遺跡が基本的に開放空間で営まれ、古代祭祀の基本的なあり方に合致しているのに対して、導水施設のように厳重に封鎖された空間で行われた行為は古代祭祀を実修した場とは考え難く、両者はその存在形態に大きな乖離がある。導水施設同様、囲形埴輪に造形された湧水施設についても、外周を囲繞された閉鎖空間内の施設であり、湧水点祭祀とは異なる場面を写したものとして捉えるべきであろう。

　囲形埴輪が殯所を埴輪として造形化されたものであるとすると、その古墳（特に囲形埴輪が樹立されることの多い造出周辺を中心とした付設施設）での存在形態は、現実の殯所における存在形態の多様性を示している可能性がある。単独存在のもの、複数個体存在するもの、別種の家とセットで存在するものなどである。かかる意味において、三重県石山古墳と宝塚１号墳、奈良県赤土山古墳、大阪府今城塚古墳などが示す状況は極めて重要な情報となりうる。

　そして、囲形埴輪の造形元となった施設を殯所と考えた場合、古墳上にそれが囲形埴輪として樹立された理由として、以下のことを考えた。すなわち、凶癘魂の依り憑きを防いで死者の霊を和ませるための囲形埴輪（＝殯所）を古墳の入口部である付設施設に樹立することにより、葬所たる古墳においても死者の霊を和ませる行為が永続的に継続していることを、悪霊・凶癘魂に知らしめ、その退散を求めるという目的に基づいての樹立である。そして、同じ方向の観念に基づいて、墳頂部における器財埴輪の樹立が行われ、また中期後半から後期には遊部が行った措置を古墳上で永続的に代行する存在として、人物埴輪の樹立が始まった。このように考えると、樹立される埴輪の種類が変わっても、そこを貫く観念的な部分には基本的な変化はなかったと考えられる。換言すれば、埴輪としての本質的意義は、葬所たる古墳において、被葬者の永続的な鎮魂という目的に従うことにあったと推定されるのである。

4. 古墳時代における喪葬・葬送・祭祀

　古墳への埋葬行為を含む喪葬から葬送にいたる諸儀礼は、文献との照応作業の結果に従えば、基本的には死者の霊を鎮魂し、凶癘魂の依り憑きを防いで被葬者自身の悪霊化を防ぐという観念に多くが基づいて処置され、それに伴う所作も行われたことが無理なく理解されることになる。これは、殯所の造営から、古墳の墳丘構築、墓室の形成から棺の搬入、副葬品の埋納、重い天井石や粘土による封印、さらに墳頂部への方形壇の設置から埴輪樹立までも覆う観念であり、古墳の第一義的な意味はそこにヤマト王権との関係などといった政治性の表出ではなく、葬所たる存在のなかにこそ本質的な意味を見出す必要がある。もちろん、副葬品の種類や墓室の型式などに表出される政治的関係の表示も、重要な研究素材であることは論を待たないが、それも葬所たる古墳の意味を踏まえたうえでの議論であるべきであろう。

　そして、悪霊化することを恐れる死者に対しての所作や意識は、時間軸の感覚こそ異なるものの、先に示した大いなる厄災をもたらす大いなる霊威（モノ）の発動を封じ込めるための祭祀遺跡（C類に分類したもの）におけるあり方とも重なる部分が多い。古墳被葬者を「カミ」と考える

のかどうかについてかつて議論があったが、この場合、古墳時代における「カミ」の実態をどう捉えるのかの前提をクリアしておかなければ、議論自体が意味をなさない。「カミ」をこのような恐ろしい存在として捉えることによって、古墳と祭祀遺跡における奉祭物品の共通性の議論が可能となる。悪霊や邪霊の依り憑きを排除し、祀る対象が悪霊化して厄災をもたらすことを防ぐという意味において、喪葬・葬送・祭祀は一連の同じ位相にあるということができる。そのなかの方法論や実際の所作、時間軸に対しての認識が異なっているに過ぎない。

　死者や「カミ」の悪霊化を防ぐための手段としての祭祀行為や埋葬諸儀礼は、当該の時代におくとより確実な方法での封じ込めを実現するための一種の「科学的方法論」ともいえるものであった。そのため、伝統的な方法の伝承（比自岐和気から遊部に至る殯所での所作など）とともに、大陸由来の新しい方法や物品による「鎮」機能の模索も求められた。5世紀頃に大陸より移入した技術により製作された初期須恵器も、古墳や祭祀系の遺跡での使用がしばしば確認されており、いわば「新しいカミ」の力への期待である。この流れに沿えば、仏教の移入も、大陸由来の新しいカミの列島導入として、古墳時代中期以来の流れにも照応する動きと評価することができよう。

　以上のように、殯所に関する仮説を介在させることによって、喪葬から葬送、祭祀に至る一連の流れが連動し、全体に共通する観念が抽出されるに至った。かかる意味では、祭祀実修を主目的として形成された遺跡を「祭祀遺跡」と呼ぶように、殯所に代表される喪葬関係の遺跡を「喪葬遺跡」として位置づけることが求められる。喪葬遺跡の枠組みには、他にも古墳埋葬後の古墳を守護する「墓守集落」や古墳築造のためのキャンプ・サイト、それに対象年代は古墳時代でも後期以降となるが遺体を燃やす火葬施設などが包含しうる。古墳時代の信仰体系を、「祭祀遺跡」と「喪葬遺跡」という両軸で把握し、その関係性を相関させなが把握していくことが、古墳という墓の存在を以て日本史上の時代区分としている「古墳時代」の特質をより明瞭にするためには不可欠となろう。

　古墳時代の研究は、政治史的な分析を中心に進められてきたが、その前提として、こうした観念的な研究を整理し、一定の共通理解のうえにたって、改めて政治その他の事象の追究に取り組んでいくことが必要と考えている。

5. おわりに

　現状の古墳時代研究は、喪葬・祭祀といった思考・観念に属する領域においても、それに関わる考古資料解釈の枠組みが「ヤマト王権」との関係解明など政治史的観点を中心に行われ、その枠組みから外れるテーマについては大方の関心が薄れていくという流れがある。こうした古墳以外への問題関心の低さは、古墳とその出土遺物を「ヤマト王権」「畿内政権」「中央政権」などといった政体との関係に落とし込むことで問題を完結させてきたことに象徴される。このため、個々の考古資料のもつ意味が多様であっても、現状では上記の問題意識に合致した一方向からの意味しか取り出されず、いわば資料の意味づけが画一化してしまう傾向にあった。従来の捉え方とは異なる方向から光を照射することによって、使う資料は同じであっても、その資料が本来もっていた別の価値を引き出す必要がある。

さらに、考古学視点から追究される祭祀研究は、考古学である限りは物質資料を素材とした実証の学問であろうと意図するあまり分類や編年などといった資料の基礎的操作に終始し、当該資料が担う祭祀観念の追究や儀礼の復原研究、祭祀体系全体の中での位置づけといった意識が弱かったように思われる。先学諸氏の努力により、こうした基礎研究は一定の成果が蓄積されつつある。

　以上の問題意識をもとに、本書においては古墳時代の喪葬・祭祀観念の把握・解明という観点から考古資料を再吟味し、個々の資料がもつ内在的意味のより深い把握を意図してきた。そのうえで、これまで対象別に個別研究されてきた祭祀遺構や祭祀遺物を、文献との照応性にも配慮しながら儀礼自体の意味や目的といった観点から再編成し、古墳時代の祭祀体系全体の中に位置づけるよう努めた。

図版・写真・表出典一覧

【図版】
図1　筆者作成
図2　上野市教育委員会　1998『城之越遺跡（第2次）発掘調査報告』8頁第5図から抽出
図3　上野市教育委員会　1998『城之越遺跡（第2次）発掘調査報告』48頁第73図を基に筆者作成
図4　上野市教育委員会　1998「付編　城之越遺跡保存整備に係る発掘調査」『城之越遺跡（第2次）発掘調査報告』(3)〜(4)第4図と三重県埋蔵文化財センター　1992『三重県上野市比土　城之越遺跡』17〜18頁第9図を合成のうえ作成
図5　三重県埋蔵文化財センター　2007『伊賀の考古資料1　研究紀要16-3』21頁第Ⅱ112図の229・230
図6　秋山浩三　1999「池上曽根遺跡の弥生時代井戸諸形態」『みずほ』第30号45頁図4
図7　桜井市教育委員会　1976『纒向』47頁図27
図8　三重県埋蔵文化財センター　2000『古糶通りB遺跡・古糶通りB古墳群発掘調査報告』14頁第9図
図9　同上書24頁第19図
図10　明石市教育委員会　1996『藤江別所遺跡』22頁第16図
図11　笹沢浩　1982「駒沢新町遺跡」『長野県史考古資料編主要遺跡（北・東信）』長野県史刊行会　419頁第2図
図12　群馬県教育委員会ほか　1988『三ツ寺Ⅰ遺跡』136頁第118図を一部改変
図13　新田町教育委員会ほか　2000『新田東部遺跡群Ⅱ〔第1分冊〕中溝・深町遺跡　中溝Ⅱ遺跡』176頁第174図を一部改変
図14　桜井市教育委員会　1987『纒向遺跡・纒向小学校地区第六次発掘調査資料』付図より抽出
図15　兵庫県教育委員会　1976「本位田遺跡」『中国縦貫自動車道建設に伴う埋蔵文化財調査報告』（佐用編）IX118第5図
図16　図4と同じ
図17　奈良市教育委員会　1995『奈良市埋蔵文化財調査概要報告書平成6年度』付図2
図18　奈良県立橿原考古学研究所　1993「阪原阪戸遺跡（阪原遺跡群第2次）発掘調査概報」『奈良県遺跡調査概要1992年度』図3
図19　（財）群馬県埋蔵文化財調査事業団ほか　1991「三室間ノ谷遺跡の調査」『上淵名 裏神谷遺跡　三室間ノ谷遺跡　一般国道17号上武道路改築工事に伴う埋蔵文化財発掘調査報告書』
184頁第177図
図20　桜井市教育委員　1989『奈良県桜井市 阿部丘陵遺跡群』93〜94頁挿図61
図21　木下正史　2003「古宮遺跡—小墾田宮推定地—の園地」『「古代庭園に関する調査研究」（平成14年度）報告書』123頁図3・図4
図22　安濃町遺跡調査会　2000『山添遺跡発掘調査報告』24頁図19
図23　愛知県埋蔵文化財センター　2001『八王子遺跡』80頁第41及び90頁図23
図24　三重県埋蔵文化財センター　2002『六大A遺跡発掘調査報告』39頁第21図を一部改変
図25　島根県教育委員会ほか　2000『三田谷Ⅰ遺跡(vol.2)』18頁図17及び33頁図42
図26　筆者作成
図27　（財）群馬県埋蔵文化財調査事業団ほか　1991「三室間ノ谷遺跡の調査」『上淵名 裏神谷遺跡　三室間ノ谷遺跡　一般国道17号上武道路改築工事に伴う埋蔵文化財発掘調査報告書』183頁第176図
図28　三重県埋蔵文化財センター　2000『古糶通りB遺跡・古糶通りB古墳群発掘調査報告』42頁第

29 図
- 図29　森下浩行　1998「奈良市の南紀寺遺跡」『日本の信仰遺跡』（奈良国立文化財研究所学報第57冊）28頁図1
- 図30　上野市教育委員会　1998『城之越遺跡（第2次）発掘調査報告』第73図を基に筆者作成
- 図31　引佐町教育委員会　1992『天白磐座遺跡』13頁図5
- 図32　引佐町教育委員会　1992『天白磐座遺跡』13頁図4
- 図33　田口一郎　1993「熊野堂遺跡」『古墳時代の祭祀　第Ⅱ分冊―東日本編Ⅱ―』東日本埋蔵文化財研究会262頁下図
- 図34　秋山浩三　1999「池上曽根遺跡中枢部における大形建物・井戸の変遷（上）」『みずほ』28　41頁図30
- 図35　山田隆一　2004「近畿―大型建物の変遷とその性格について―」『季刊考古学』第86号28頁より当該図面抽出
- 図36　名和町教育委員会　1999『茶畑山道遺跡』87頁挿図99及び153頁挿図149下段部
- 図37　田原本町教育委員会　2008『唐古・鍵遺跡―範囲確認調査―遺構・主要遺物編』684頁第385図及び693頁第391図
- 図38　同書537頁第290図より当該部を抽出
- 図39　愛知県埋蔵文化財センター　2001『八王子遺跡考察編』112頁第1図
- 図40　新田町教育委員会ほか　2000『新田東部遺跡群Ⅱ〔第一分冊〕中溝・深町遺跡　中溝Ⅱ遺跡』1198頁第1024図
- 図41　筆者作成
- 図42　三重県埋蔵文化財センター　1992『三重県上野市比土　城之越遺跡』129頁第192図
- 図43　新田町教育委員会ほか　2000『新田東部遺跡群Ⅱ〔第1分冊〕中溝・深町遺跡　中溝Ⅱ遺跡』112頁第116図
- 図44　群馬県教育委員会ほか　1988『三ツ寺Ⅰ遺跡』291頁第1図より当該部分抽出
- 図45　財団法人向日市埋蔵文化財センター　1997『向日市埋蔵文化財調査報告書』131頁第80図
- 図46　黒田龍二　2006「極楽寺ヒビキ遺跡大型掘立柱建物（建物1）の復元とその諸問題」『橿原考古学研究所紀要　考古學論攷』第29冊107頁図7を一部改変（奈良県立橿原考古学研究所）
- 図47　同上書99頁図2
- 図48　同上書104頁図515
- 図49　同上書原色図版
- 図50　青柳泰介　2003「大型四面庇付き掘立柱建物について」『考古学に学ぶⅡ』361頁図2（同志社大学考古学シリーズⅧ）
- 図51　桜井市教育委員　1989『奈良県桜井市　阿部丘陵遺跡群』115頁挿図79
- 図52　三重県埋蔵文化財センター　2002『六大A遺跡発掘調査報告』43頁第28図
- 図53　同上書44頁第29図を一部改変
- 図54　三重県埋蔵文化財センター　1992『三重県上野市比土　城之越遺跡』19頁第10図
- 図55　坪井洋文　1987「芋くらべ祭―滋賀県蒲生郡日野町中山―」『国立歴史民俗博物館研究報告』第15集235頁図5
- 図56　左；奈良県立橿原考古学研究所　2004『南郷遺跡群Ⅲ』30頁図16を一部改変、左；藤井寺市教育委員会事務局　2007「土師の里遺跡HJ97110区」『石川流域遺跡群発掘調査報告XXI』29頁図25
- 図57　筆者作成
- 図58　三重県埋蔵文化財センター　2002『六大A遺跡発掘調査報告』414頁第431図
- 図59　愛知県埋蔵文化財センター　2002『八王子遺跡』70頁図34
- 図60　辰巳和弘　1998「古墳時代首長祭儀の空間について」『古代学研究』141　37頁図1
- 図61　財団法人鳥取県教育文化財団　1983『長瀬高浜遺跡発掘調査報告書』275頁挿図316
- 図62　同上書280頁挿図321

図63　桜井市教育委員会　1976『纒向』54頁図30
図64　同上書297頁図136及び303頁図138
図65　埋蔵文化財天理教調査団　1991『発掘調査20年』4頁掲載図を基に筆者作成
図66　櫟本高塚遺跡発掘調査団　1989『櫟本高塚遺跡発掘調査報告』14頁挿図8
図67　三重県埋蔵文化財センター　1992『三重県上野市比土　城之越遺跡』24頁第14図
図68　松前町教育委員会　1993『出作遺跡』105頁図52
図69　三重県埋蔵文化財センター　2002『六大A遺跡発掘調査報告』334頁第356図・336頁第358図・338頁第360図より抽出作成
図70　名和町教育委員会　1999『茶畑山道遺跡』153頁挿図149下段を一部改変
図71　三重県埋蔵文化財センター　1992『三重県上野市比土　城之越遺跡』17~18頁第9図に加筆
図72　三重県埋蔵文化財センター　1992『三重県上野市比土　城之越遺跡』51頁第36図353
図73　広陵町教育委員会　2005『巣山古墳調査概要』47頁図18を一部改変
図74　森下浩行　1998「奈良市の南紀寺遺跡」『日本の信仰遺跡』(奈良国立文化財研究所学報第57冊)28頁図1
図75　穂積裕昌　2005「墳頂部方形区画と東方外区」『石山古墳』74頁155(三重県埋蔵文化財センター)
図76　同上書74頁155(三重県埋蔵文化財センター)74頁156より抽出
図77　同上
図78　穂積裕昌　2008「古墳時代木製祭祀具の変遷」『木・ひと・文化　出土木器研究会論集』230頁図2
図79　同上書231頁図3
図80　八尾市教育委員会　2001『史跡心合寺山古墳発掘調査概要報告書』63~64頁第29図
図81　松阪市教育委員会　2005『三重県松阪市　史跡宝塚古墳』94頁第66図・96頁第68図
図82　宮内庁書陵部　2010『書陵部紀要』第61号　77頁配置状況復元図
図83　和歌山市文化体育振興事業団　1993『車駕之古址古墳範囲確認調査概報』14頁図10
図84　藤井寺市教育委員会事務局　2007「土師の里遺跡HJ97110区」『石川流域遺跡群発掘調査報告ⅩⅩⅡ』23~24頁図21
図85　奈良県立橿原考古学研究所　2004『南郷遺跡群Ⅲ』25頁図13及び30頁図16を一部改変・加筆
図86　橋本輝彦・村上薫史　1998「纒向遺跡巻野内地区遺構群の特殊性と韓式系土器」『古代学研究』141　57頁図3
図87　大橋信弥　1997「滋賀・服部遺跡」『王権祭祀と水』帝塚山考古学研究所　52~53頁図3
図88　滋賀県立安土考古博物館　2010『導水施設と埴輪群像から見えてくるもの～古墳時代の王権とまつり』13頁第4図
図89　(財)京都府埋蔵文化財調査研究センター　2000「浅後谷南遺跡」『京都府遺跡調査概報』第93冊16頁第16図
図90　石川県立埋蔵文化財センター　1991『畝田遺跡』64頁Fig.57
図91　林部均ほか　2001「大柳生遺跡群第12次(大柳生宮ノ前・大柳生コビロ遺跡)発掘調査概報」『奈良県遺跡調査概報(2000年度)』奈良県立橿原考古学研究所　4頁図4
図92　狼塚古墳出土;藤井寺市教育委員会事務局　2007「土師の里遺跡HJ97110区」『石川流域遺跡群発掘調査報告ⅩⅩⅠ』58頁図52、野中宮山古墳出土;同書62頁図56、野毛大塚古墳出土;世田谷区教育委員会ほか『野毛大塚古墳』第1分冊本文編523頁第29図、月ノ輪古墳出土;月ノ輪古墳刊行会『月ノ輪古墳』92頁第39図、行者塚古墳東造出出土;奈良県立橿原考古学研究所附属博物館　2004『カミによる水のまつり』57頁98
図93　纒向遺跡巻野内地区出土の弧文板;桜井市教育委員会　1987『桜井市纒向遺跡(巻野内地区)発掘調査概要』所収図、畝田遺跡出土の儀杖・弧文板;石川県立埋蔵文化財センター　1991『畝田遺跡』135頁Fig.105、浅後谷南遺跡出土の盾;(財)京都府埋蔵文化財調査研究センター　2000「浅後谷南遺跡」『京都府遺跡調査概報』第93冊23頁第21図3、南郷大東遺跡出土の盾;奈良県立橿原考古学研究

図版・写真・表出典一覧

　　所　2004『南郷遺跡群Ⅲ』197頁図104、神並・西ノ辻遺跡出土の盾持ち人物埴輪：財団法人東大阪市文化財協会 2002『神並遺跡第四次発掘調査報告書（遺物編）』27頁59

図94　加古川市教育委員会　1997『行者塚古墳発掘調査概報』21頁図27を基に筆者作成
図95　群馬県教育委員会ほか　1988『三ツ寺Ⅰ遺跡』53頁第33図
図96　筆者作成
図97　筆者作成
図98　筆者作成
図99　筆者作成
図100　筆者作成
図101　筆者作成
図102　筆者作成
図103　三重県埋蔵文化財センター　2005『石山古墳』9頁10
図104　京都大学考古学研究室編　1993『紫金山古墳と石山古墳』128頁185
図105　三重県埋蔵文化財センター　2005『石山古墳』24頁30
図106　高槻市立しろあと歴史館　2004『発掘された埴輪群と今城塚古墳』9頁図2
図107　京都大学考古学研究室編　1993『紫金山古墳と石山古墳』90頁137-1及び90~91頁137-2を合成のうえ加筆
図108　八尾市教育委員会　2001『史跡心合寺山古墳発掘調査概要報告書』65頁下段右図
図109　福井市教育委員会　1960『足羽山の古墳』図版第35
図110　松阪市教育委員会　2005『三重県松阪市　史跡宝塚古墳』73頁第47図をもとに作成
図111　奈良県立橿原考古学研究所　2007『極楽寺ヒビキ遺跡』26頁図11
図112　奈良県立橿原考古学研究所　2011『御所市秋津遺跡現地説明会資料』
図113　京都大学考古学研究室編　1993『紫金山古墳と石山古墳』128頁185及び大阪府教育委員会 1953『河内黒姫山古墳の研究』図版第5をもとに作成
図114　東大寺山古墳研究会・天理大学・天理大学附属天理参考館　2010『東大寺山古墳の研究―初期ヤマト王権の対外交渉と地域間交流の考古学的研究―』84頁図54左側
図115　日本考古学協会　1954『和泉黄金塚古墳』PL.21を一部改変
図116　同書81頁第43図
図117　出雲考古学研究会　1987『石棺式石室の研究』54頁第32図（下の空古墳）、56頁第34図（伊賀見1号墳）、60頁第37図（鏡北廻古墳）
図118　奈良県立橿原考古学研究所　1977『メスリ山古墳』第115図
図119　京都大学文学部考古学研究室向日丘陵古墳群調査団　1971「京都向日丘陵の前期古墳群の調査」『史林』第54巻第6号　121頁挿図1をもとに作成
図120　三重県　2008『三重県史考古2』674頁図27
図121　日本考古学協会　1954『和泉黄金塚古墳』54頁第25図
図122　奈良県立橿原考古学研究所　1997『島の山古墳調査概報』12頁5
図123　大阪大学文学部国史研究室　『河内における古墳の調査』99頁第53図及び101頁第54図
図124　近江町教育委員会　1996『近江町埋蔵文化財調査集報2―狐塚遺跡発掘調査報告書―』17頁第10図
図125　津市教育委員会　2005『稲葉古墳群・鎌切古墳群発掘調査報告』21頁第22図・27頁第28図・36頁第37図より抽出作成
図126　群馬県教育委員会ほか　1986『荒砥北原遺跡　今井神社古墳群　荒砥青柳遺跡　昭和56年度県営圃場整備事業荒砥南部地区に係る埋蔵文化財発掘調査報告書』136~137頁第108図
図127　（財）千葉県文化財センター他　1977『東寺山石神遺跡』44頁第19図及び46頁第20図を一部改変
図128　梅原末治　1920『久津川古墳研究』所収図

図129　（財）長野県埋蔵文化財センター他　1997『石川条里遺跡』364頁第208図
図130　三重県埋蔵文化財センター　2002『六大A遺跡発掘調査報告』104頁第116図
図131　同上書105頁第117図
図132　森浩一　2004「失われた時を求めて―百舌鳥大塚山古墳の調査を回顧して―」『堺市博物館報』22　16頁第8図
図133　奈良国立文化財研究所　1974『平城宮発掘調査報告Ⅵ　平城京左京一条三坊の調査』ウワナベ古墳の遺物図版22～24の土製品
図134　筆者作成
図135　上野市教育委員会　1998『城之越遺跡（第2次）発掘調査報告』12頁第8図を一部改変
図136　上野市教育委員会　1998「付編　城之越遺跡保存整備に係る発掘調査」（『城之越遺跡（第2次）発掘調査報告』所収）第4図と三重県埋蔵文化財センター　1992『三重県上野市比土　城之越遺跡』第9図を合成のうえ作成
図137　松阪市教育委員会　2005『三重県松阪市　史跡宝塚古墳』94頁第66図・95頁第67図・96頁第68図・98頁第70図・113頁第78図を基に作成
図138　図105　三重県埋蔵文化財センター　2005『石山古墳』
図139　天理市教育委員会　2003『史跡赤土山古墳第4次～第8次発掘調査概要報告書』46頁図9
図140　奈良県立橿原考古学研究所　2004『南郷遺跡群Ⅲ』2頁図2を一部改変のうえ加筆
図141　養老町教育委員会　2010『象鼻山古墳群発掘調査報告書―第1～4次発掘調査の成果―』83頁第45図
図142　堅田直　1997「立柱の祭壇」『王権祭祀と水』帝塚山考古学研究所　63頁玉手山立柱遺構と埴輪造出し状遺構分布図
図143　奈良県立橿原考古学研究所附属博物館　1988『大和考古資料目録15　石見遺跡資料』85頁図6
図144　能登川町教育委員会ほか　2004『神郷亀塚古墳』119頁第69図から抽出
図145　桜井市教育委員会　1991『桜井市城島遺跡外山下田地区発掘調査報告書』1頁挿図1
図146　同上書11頁挿図7
図147　木場幸弘　2003「砦状遺構と終末期古墳―奈良県森カシ谷遺跡」『季刊考古学』第84号　92頁図2
図148　岡山県文化財保護協会　1976「谷尻遺跡」『中国縦貫自動車道建設に伴う発掘調査』6　154～155頁第3図から抽出
図149　岡山県文化財保護協会　1976「谷尻遺跡」『中国縦貫自動車道建設に伴う発掘調査』6　193～194頁第37図から抽出
図150　岡山県文化財保護協会　1976「谷尻遺跡」『中国縦貫自動車道建設に伴う発掘調査』6　192頁第42図
図151　青木勘時　2010「天理市平等坊・岩室遺跡の鍬形石出土土坑について」『古代学研究』187　67頁図3

【口絵・写真】
口絵1　三重県埋蔵文化財センター提供
口絵2　伊賀市教育委員会提供
口絵3　三重県埋蔵文化財センター提供
口絵4　太田市教育委員会提供
口絵5　奈良市教育委員会提供
口絵6　奈良県立橿原考古学研究所提供
口絵7　松阪市教育委員会提供
口絵8　藤井寺市教育委員会提供
口絵9　加古川市教育委員会提供

図版・写真・表出典一覧

写真1　三重県埋蔵文化財センター　2005『石山古墳』24頁28（資料所蔵：伊賀市教育委員会）
写真2　三重県埋蔵文化財センター　2005『石山古墳』24頁29
写真3　2000年9月1日筆者撮影
写真4　2000年9月1日筆者撮影
写真5　2000年9月1日筆者撮影
写真6　三重県埋蔵文化財センター　2005『石山古墳』34頁55（資料保管：京都大学文学部考古学研究室、撮影：杉本和樹）
写真7　奈良県立橿原考古学研究所附属博物館　2004『カミによる水のまつり』57頁98（資料所蔵：加古川市教育委員会）
写真8　三重県埋蔵文化財センター　2005『石山古墳』44頁92（資料保管：京都大学文学部考古学研究室、撮影：杉本和樹）
写真9　豊中市教育委員会　1990『御獅子塚古墳』6頁
写真10　同書13頁右図
写真11　亀井正道　1995『日本の美術346　人物・動物はにわ』（至文堂）18頁第31図（資料所蔵：大阪府立近つ飛鳥博物館）
写真12　同書18頁第32図（資料所蔵：大阪府立近つ飛鳥博物館）
写真13　高槻市立しろあと歴史館　2004『発掘された埴輪群と今城塚古墳』14頁8

【表】
表1　筆者作成（穂積裕昌　2008「伊賀の首長系譜の特質とその背景」『季刊考古学・別冊16　東海の古墳風景』62頁掲載表）
表2　筆者作成
表3　筆者作成
表4　筆者作成
表5　筆者作成（穂積裕昌　2008「古墳被葬者とカミ」『信濃』第60巻第4号16頁掲載図表）

初出論文との対応

　本論文は、新稿に加え、既出の論文に最新の資料を加えて論旨の充実を図る一方、原稿や図版を付加したり、また文章を適宜加除するなどして、全体が一体の論文となるよう再構成したものである。以下、初出との対応関係とその主要な変更点を示しておく。

序　章　問題の所在
　　（新稿）

第Ⅰ章　古墳時代首長と水の祭儀
　第1節　首長祭祀遺跡の検討―三重県城之越遺跡を素材として―
　　（新稿）
　第2節　古墳時代の「湧水点祭祀」
　　（旧稿は、「古墳時代の湧水点祭祀について」森浩一編『考古学と信仰』同志社大学考古学シリーズⅥ、1994年。基本的な論旨は踏襲しつつも、改題のうえ、最新の調査成果を補足し、本文・図版ともに内容を大幅に改訂。）
　第3節　井泉と大型建物
　　（「井泉と大形建物～八王子遺跡にみる井泉祭祀～」『八王子遺跡　考察編』愛知県埋蔵文化財センター、2000年を改題。基本的な論旨は踏襲しつつも、八王子遺跡だけに関わる内容を削除。最新の調査成果を補足し、建物構造の視点を追加するなど本文・図版ともに内容を大幅に補訂。）
　第4節　井泉と誓約儀礼―記紀誓約神話成立の背景―
　　（表題に同じ、森浩一・松藤和人編『考古学に学ぶ』同志社大学考古学シリーズⅦ、1999年。誓約に関わる文献史料の分析を充実させるとともに、民俗事例（芋比べ祭）との対比を加え、図版・写真を加えるなど内容を大幅に補訂。）
　第5節　井泉と導水施設
　　（「水にかかわる祭儀―井泉と導水施設―」寺沢薫編『考古資料大観10　弥生・古墳時代遺跡・遺構』小学館、2004年を改題。第Ⅲ章第1節と重複する記述・図版を削除のうえ、内容を補訂。）

第Ⅱ章　古墳時代儀礼空間の整備と祭祀遺物
　第1節　古墳時代祭祀遺跡の形成―カミ観念の変遷と祭祀遺跡の変貌―
　　（新稿）
　第2節　古墳時代の祭儀空間とニワ―列島における庭の形成―
　　（「古墳時代祭儀空間の成立―古墳時代の庭状遺構の評価を巡って―」『研究紀要』第15-1　三重県埋蔵文化財センター、2006年を改題。図版を加除したうえで内容を補訂。）
　第3節　古墳時代木製祭祀具の再編

（表題に同じ、『出土木器研究会論集　木・ひと・文化』出土木器研究会、2009年。第Ⅰ章第4節や第Ⅳ章第1節と重複する図版を削除のうえ、内容を一部補訂。）

第Ⅲ章　喪葬から埋葬へ

　第1節　「導水施設」の性格について─殯所としての可能性の提起─

　（「いわゆる導水施設の性格について─殯所としての可能性の提起─」『古代学研究』166　古代学研究会、2004年を改題。導水施設の機能推定をした部分の一部を削除するなど、内容を補訂のうえ、関連図版を追加。）

　第2節　古墳時代の殯所に関する予察

　（表題に同じ、松藤和人編『考古学は何を語れるか』同志社大学考古学シリーズⅩ、2010年。基本的な論旨は踏襲しつつも、文献資料・図版・表を加え、本文も大幅に加筆して内容を補訂。）

　第3節　封じ込める力─辟邪発現の方向とその意味─

　（表題に同じ、松藤和人編『考古学に学ぶⅢ』森浩一先生傘寿祈念献呈論集　同志社大学考古学シリーズⅨ、2007年。図版を追加し、写真を加え、内容を補訂。）

　第4節　遊部伝承から読み解く埴輪の意義

　（表題に同じ、『王権と武器と信仰』菅谷文則先生退任記念論文集　同成社、2008年。第1節と重複する文献引用を削除のうえ、図版・写真を加え、「烏丸伝」との対比を追加するなど内容を補訂。）

第Ⅳ章　喪葬と祭祀の統一的把握

　第1節　古墳被葬者とカミ

　（表題に同じ、『信濃』第60巻第4号　信濃史学会、2009年。図版を大幅に追加するも、本文はほぼ原論文を踏襲。一部補訂。）

　第2節　「祭祀遺跡」像の転換

　（「祭祀遺跡像の転換」『古代学研究』180、2008年を改題。図版を追加するも、本文はほぼ原論文を踏襲。一部補訂。）

　第3節　古墳時代「喪葬遺跡」という枠組み

　（表題に同じ、『林博通先生退任記念論集』滋賀県立大学、2011年。本文4・5・6・8と図版を新たに追加するとともに、全体を補訂。）

終　章　まとめ─古墳時代における喪葬と祭祀の位相─

　（新稿）

あ と が き

　本書は、2011年に同志社大学へ提出した学位請求論文「古墳時代の喪葬と祭祀の研究」を骨子としています。論文審査にあたっては、指導教官の松藤和人先生、副査の辰巳和弘先生ならびに門田誠一先生から有益なご指導と暖かい励ましを頂きました。厚く御礼申し上げます。

　小学校高学年の頃より歴史好きでした。その頃、現在まで続く伊賀中世城館調査会の会長で、当時上野市内（現伊賀市）の郵便局長をしておられた福井健二さんの著書『三重の城』に出会い、地元（旧三重県阿山郡島ヶ原村）にも戦国時代の城があったことを知り、大きな感動を覚えました。

　高校に入るとすぐ、その伊賀中世城館調査会に入会して伊賀や甲賀、大和東部の中世城館調査に参加するようになりました。会員には考古学に関心を持つ人も多く、山城調査中も「分布調査」「サヌカイト」「古墳」「新発見」といった言葉がいつも飛びかっていました。地元の古刹、観菩提寺正月堂のご本尊十一面観音立像が33年に一度のご開扉を迎えた日、調査会の先輩であった大花健生さんが遊びに来てくれ、一緒に村内の遺跡を回りました。

　高校1年の2学期から入部した地歴部でも、学生時代に考古学を学ばれていた顧問の長谷川博先生のご指導で、同じ地歴部員であった坂田孝彦さん（現近江八幡市文化観光課）と近くの須恵器窯へ現況確認調査に行くなど考古学「もどき」の活動を開始しました。発掘調査の現地説明会に参加するようになったのもこの頃で、歴史のなかでも発掘調査によって独自の歴史を立ち上げていく考古学の魅力にのめり込んでいきました。そんな頃、遺跡発掘のニュースや考古学・古代史の教養番組でしばしば登場されていたのが同志社大学の森浩一先生でした。

　大学は幸運にもその森先生が教授を務めておられた同志社大学へ入学を許され、本格的に考古学の勉強をはじめることができました。大学1回生の夏、同志社大学考古学研究室が行った長崎県多良見町（現諫早市）の伊木力遺跡が初めての本格的な発掘調査への参加でした。その調査を率いておられたのが今回の指導教官としてもご指導頂いた松藤和人先生で、他大学から参集した学生や当時としては画期的な自然環境分野の専門家が多く集う合宿方式の発掘現場は学際的でアカデミックな雰囲気に溢れ、刺激的で充実した日々でした。

　その後も大学で実施した兵庫県明石市の分布調査や和歌山県車駕之古址古墳の発掘調査に参加、鈴木重治先生のご指導を受けるとともに、当時大学院の坂靖さん（現在奈良県立橿原考古学研究所附属博物館）からは車駕之古址古墳出土の埴輪整理を通して埴輪に関する基礎的な知見を学びました。坂さんには、現在に至るまで変らぬご指導を頂いております。

　大学生時代は、大学主催の調査以外にも、地元三重県教育委員会が行う発掘調査や、先輩のツテなどを辿って、福岡県、奈良県、京都府などで発掘現場を経験し、充実した4年間でした。

　三重県では縄文早期土偶が出土した亀山市大鼻遺跡の調査で山田猛さん、九州で弥生遺跡を掘るという念願がかなった福岡県椎田バイパスの辻垣遺跡の調査で緒方泉さんと現在國學院大學の柳田康雄さん、これも念願だった奈良県での古墳発掘を経験した新庄町（現葛城市）の寺口千塚古墳群の調査で坂靖さん、京都府では加悦谷の国史跡作山古墳の調査で佐藤晃一さん、久美浜の

あとがき

橋爪遺跡の調査で細川康晴さんらのお世話になりました。また、発掘調査とは別に三重県内の縄文遺跡の整理をお手伝いすることになり、私と京都大学の千葉豊さん、大学同期の川崎保さん（現在長野県教育委員会）の3人で整理作業を開始しました。この時おふたりから縄文土器や縄文時代の基礎的な知識を得、遠い縄文時代の世界を垣間見ることができました。

現在の職場である三重県埋蔵文化財センターには、平成元年のセンター発足と同時に入りました。平成20年〜21年の2年間、埋蔵文化財・史跡の事務と民俗文化財の映像記録作成業務など貴重な業務を経験したほかは一貫して現場畑を歩き、この間に本書を著するうえでも大きな学問上の示唆を与えてくれた伊賀市城之越遺跡（平成3年）や津市六大A遺跡（平成6〜7年）の調査を担当する僥倖に恵まれました。この過程を通して、今回の審査でもお世話になった辰巳和弘先生からは古墳時代祭祀に関わる専門的なご指導を得るとともに、福岡県沖ノ島などへもご一緒できたことは、その後の研究に大きな財産となりました。また、調査のなかで和田萃先生の知遇を得たことも、古代祭祀を研究テーマにしつつあった自分にとって幸運でした。

職場では、発掘調査以外にも平成8年の「斎宮・国府・国分寺」展、平成9年の「三重の埴輪」展、平成17年の「石山古墳」展などの公開・普及業務にも関わることができました。これらを通して斎宮歴史博物館の榎村寛之さんから古代祭祀に関わるご指導・ご教示を得、また共に「石山古墳」展に携わった現在花園大学の高橋克壽さんからは、石山古墳やその埴輪に関する多くのご指導・ご教示を頂き、本書につながる多くの示唆を頂戴しました。

さて、平成3年の城之越遺跡の調査の際、地元の地域史を勉強する中で出会ったのが比自支和気・遊部に関わる記事でした。最初、変な文献があるなあと思った程度でしたが、勉強していくとこれが意外と奥が深く、この記事を入口として文献史学のみならず、民俗学や神話学、古代文学などへも関心を及ぼしていく端緒となりました。ここで得た問題意識は、本書第III章の底流を流れるとともに、論を構成する基本的視座ともなっています。この問題には、列島内だけでなく朝鮮半島や中国の事例参照が不可欠で、この過程で田阪仁さん、川崎保さんから多くのご教授を得、また門田誠一先生からは審査の場で多くのご指導を賜りました。

さて、祭祀遺跡や埴輪、木製品などを通して、古代祭祀や喪葬に関心を強めつつあった自分に、大きな学問上の刺激を与えてくれたのが古谷毅さんを中心とした柳井茶臼山古墳研究会と山口譲治さんを会長とした出土木器研究会、それに山田昌久さん率いる東京都立大学（現在首都大学東京）考古学研究室による岐阜県宮川村（現飛騨市）の民俗調査への参加でした。ここに参集した多くの研究者、仲間たちとの議論を通して、埴輪や木器のみならず古墳時代の喪葬や信仰についても認識を深めることができました。とりわけ出土木器研究会への参加を通して親しい知遇を得た樋上昇さんからは、多くの旅を通してお互いが有する学問上の興味・関心や疑問をぶつけ合い、問題意識を共有する研究パートナーとして、いつも新鮮な刺激を得ています。

そして、恩師、森浩一先生には、三重県への就職以降も、折に触れて来県頂いて直接ご指導を受けるとともに、平成12年からは先生をコーディネーターに愛知県春日井市で開催されていた春日井シンポジウムの講師としてしばしばお招き頂き、常に新しい研究課題と研究上の刺激を頂戴しました。それに少しでもお応えするべく勉強するなかで自分の問題意識も深められ、研究の枠も広がってきたように感じています。

先生との長いお付き合いのなかで、忘れられない言葉があります。自分の車で先生と県内の遺跡を回った時、先生がふと発せられた言葉でした。

「ホヅミ、学問は多数決とちゃうんや。多数決でええんやったらそんなん簡単なことや、多数決ちゃうから面白いんや……」

　この言葉を折に触れて噛み締めながら、先生の背中を追う日々だったように思います。

　今回、これまでの研究成果をまとめて博士論文として提出することを薦めて頂いた松藤和人先生に改めて御礼申し上げます。また、本書の出版に当たっては、松藤先生のご推薦を得て、雄山閣の羽佐田真一氏に編集の労をとって頂きました。そのほか、これまで様々なご指導とご教示、ご啓発を頂いた多くの方々に、心より感謝いたします。

　最後に、好きな道に進むことを応援してくれた両親と今は亡き祖父母、そして自分の研究活動を支え、叱咤激励とともに日々粘り強く付き合ってくれた妻・陽子に感謝し、あとがきとします。

2012年3月

穂積　裕昌

索　引

I　文献・条文等

【あ行】
遊部伝承　186, 189, 190, 225, 227, 229, 230, 231, 233, 235, 237, 238
出雲神話　202, 297
「伊勢国風土記」逸文　269, 270
「伊豫國風土記」逸文　49
「延喜式」　1, 26, 44, 115, 250, 289, 290, 291
「延喜式」臨時祭祈雨神祭条　44
「延喜式」陵戸墓戸条　290
「延喜諸陵寮式」「「延喜式」諸陵寮」1, 288～291, 300

【か行】
「記紀」　1, 25, 27, 29, 76, 77, 80, 82, 85, 86, 89, 90, 92, 93, 109, 117, 119, 129, 130, 139, 146, 180, 181, 186, 190, 204, 209, 227, 231, 232, 259, 265, 266, 268, 269, 272, 273, 277, 290, 297, 303
記紀神話　39, 82, 85, 86, 90, 100, 255, 260, 273, 275, 304
「魏志倭人伝」　110, 113, 180, 181, 200, 231, 232, 249, 303
儀礼　306
「今文孝經」　207
「孝經」　207
「皇大神宮儀式帳」　158
「後漢書」　52, 115, 250
「古記」　183～186, 191, 197, 202, 207, 208, 223, 226～230, 239, 306
「古語拾遺」　158, 159
「古事記」　2, 48, 76, 79, 84, 130, 131, 139, 140, 191, 198, 199, 201, 202, 208, 209, 212, 229, 230, 239, 271, 272, 278, 303
景行記　139
「古文孝經（経）」　207, 212, 213
「古文孝經」喪親章　207
「孝経」喪親章　207

【さ行】
『作庭記』　129
「三教指帰」　209, 303
「三国志」魏書　烏丸鮮卑東夷伝倭人条　200, 232
「三国志」「魏書」　115, 200
「三国志」魏書　烏丸鮮卑東夷伝　烏丸　232, 250
「続日本紀」　47, 180, 190, 204, 301, 303
「続日本後紀」　231
「新嘗祭」　115, 250
「隋書倭国伝」　2, 180, 183, 199～201, 204, 231, 303
垂仁紀　268, 273, 303, 305
「先代旧事本紀」　84, 85
喪葬令　186, 207, 208

【た行】
「大膳職式」　115, 250
「大宝令」　185, 202, 223, 227, 228
仲哀記 272

【な行】
「日本書紀」　1, 2, 47, 49, 52, 79, 80, 82～84, 86, 91, 100, 130, 131, 180, 182～184, 191, 192, 199, 201～204, 206, 208, 212, 229, 230, 239, 268, 272, 273, 278, 288, 290, 300, 303
「日本書紀私見聞」　269, 270, 278
崇神紀　156, 251, 266, 268, 271, 272, 277, 303, 305
「日本霊異記」　181, 272

【は行】
「播磨国風土記」　29, 259
「播磨国風土記」揖保郡条　29, 91, 120, 267, 270
「播磨国風土記」託賀郡法太里　235
「常陸国風土記」　27～29, 47, 51, 91, 259, 269, 270, 303
「常陸国風土記」行方郡条　28, 119, 259, 267
「常陸国風土記」久慈郡条　269, 270
敏達紀　272
「風土記」　25, 27, 28, 46, 52, 76, 92, 93, 119, 122, 266～269, 271, 273, 278, 303, 305
「豊後国風土記」　117
「抱朴子」登渉篇　222

【ま行】
「万葉集」　2, 139, 180, 199, 272, 303
『明治庭園記』　129

【や行】
ヤマトタケル東征伝承　47
養老改元の詔　47, 48
「養老喪葬令」凡壱拾柒条　290
「養老喪葬令」遊部事　184, 191, 193, 194, 202,

323

207, 223, 228, 232, 238, 306
「養老喪葬令」京官三位條殯斂之事　191, 207, 208, 238, 306
「養老令」　202, 207

【ら行】
「礼記」郊特牲篇　223
「礼記」喪大記篇　208
「礼記」檀弓（上）篇　208, 212
「礼記」坊記篇　207, 208

「令集解」　2, 180, 183, 184, 191, 193, 197, 199, 202～204, 207, 208, 212, 213, 223, 227, 228, 230, 290, 301, 303, 306
「令集解」養老喪葬令親王一品条　183, 193, 197, 202, 223, 227, 228, 232, 238, 306
「養老喪葬令」　306
「令集解」養老喪葬令　183, 191, 204
「令釈」　228

Ⅱ　人物・神名等

【あ行】
相曽貴志　300
青木和夫　52, 212, 301
青柳泰介　50, 65, 66, 74, 103, 104, 142, 162, 165, 166, 169, 171, 172, 174, 180, 195, 198, 213, 299
赤塚次郎　293, 299, 301
秋本吉郎　51, 52, 126, 278
秋山浩三　72, 73, 274, 279, 310, 311
曙立王　273
味耜高彦根神　183
遊部　183～186, 189～191, 193, 194, 197, 202, 207, 223, 225, 227～233, 235, 237～239, 298, 306～308
和田萃　52, 181～183, 196, 197, 206, 207, 212, 264, 279, 300
熱田貴保　51, 104
穴穂部皇子　182, 206
阿部志彦（の）神　269, 270
尼崎博正　129, 140
天津彦根命　80, 84
アマテラス［天照大神］　4, 79, 80, 84, 85, 100, 130, 132, 198, 266～268, 270, 272, 273, 275, 277, 303, 304
アメノウズメ　198
天忍穂耳尊　80
天（の）櫛玉命　269, 270
天忍骨尊　84
天穂日命　80, 84
天若日子［天稚彦・アメノワカヒコ］　139, 182, 183, 201, 202, 227, 232
綾糟　86, 272
新井喜久夫　197
阿良夫流爾斯母乃　28
安閑朝　181, 182
飯島哲也　23
飯塚卓二　51, 103

伊香色雄　266
伊賀高弘　104, 196
伊賀比自支和気［比自支和気］　184～186, 190, 228
活玉依姫　132
活津彦根命　80, 84
生目天皇　184～186, 228
池田保信　124
イザナギ　208, 227, 229～231
イザナミ　184, 192, 208, 230, 231, 297
石井香代子　162
石川隆郎　51
石川ゆずは　125, 161, 262
石崎義久　104, 196, 301
石野博信　25, 50～52, 74, 75, 92, 103～105, 114～116, 125, 156, 161, 164, 195, 250, 262, 287, 300
石原道博　124, 196, 212, 240
出雲大神　122, 268
出雲臣　80
出雲建子命［出雲神子］　269, 270,
泉森皎　212
伊勢都彦神［伊勢津彦の神・伊都都比古命］　269, 270
伊勢麻績君　266
市川隆之　212
市杵嶋姫命　84
市磯長尾市　266
伊藤雅文　105
稲原昭嘉　51, 90, 103
犬木務　240, 302
井上辰雄　51
井上太　23
井上光貞　3, 4, 7, 131, 142, 197, 226, 239, 251～254, 262, 271, 278, 287, 300
井上義光　141, 213
荊木美行　270, 278

伊吹のカミ　120
今江秀史　141
今尾文昭　104, 143, 166, 195, 198, 213
今鷹真　240
井守徳男　51, 103
入倉徳裕　301
岩崎茂　161
岩田勝　7, 186, 197, 230, 231, 237, 239, 263
伊和大神　270
岩松保　240
岩本崇　222, 224
植田文雄　289, 299〜301
上田正昭　91, 278
上田睦　50, 104, 142, 195, 198, 213, 299
上原真人　160
魚津知克　258, 264
宇垣匡雅　222, 225
宇佐晋一　225
牛川嘉幸　128, 141
臼居直之　160, 262
宇野隆夫　299
梅原末治　225, 262, 313
梅本康広　65, 74, 124
榎村寛之　5, 7, 251, 262
及川智早　197
大木紳一郎　51, 91, 103
大来皇女　277
凡川内直　80
大田田根子　131, 132, 266, 272
大足日子天皇　28, 91
大場磐雄　4〜7, 21, 24, 25, 49〜51, 53, 76, 90, 92, 103, 108, 109, 120, 124, 262, 275, 278
大橋信弥　50, 104, 195, 312
大平茂　7, 108, 124
大物主（大神）［オオモノヌシ］　132, 156, 251, 266, 268, 269, 271, 272
岡田荘司　7
岡田精司　3, 4, 7, 24, 25, 50, 52, 53, 73, 76, 77, 90〜92, 103, 111, 115, 124, 125, 142, 160, 233, 240, 250, 252, 262, 263, 265, 272, 274, 275, 278〜280, 299
岡林孝作　209, 213
置田雅昭　116, 125, 250, 262
息長帯日賣命　131, 271, 272
奥野実　51, 74, 103
小沢圭次郎　129, 141
小澤毅　300
押坂彦人大兄　290
押磐　290

小田富士雄　261
女屋和志雄　23, 51, 74, 103, 104, 299
小野木学　161
小野健吉　128, 141, 143
折口信夫　4, 6, 7, 52, 186, 197, 199, 211, 230, 238, 239, 240, 252, 263, 279, 299, 302

【か行】
鏡作部　117
鏡山猛　142
柿本人麻呂　139
カグツチ　184
笠臣の祖県守　83
炊屋姫　182, 206
加治伸行　213
片岡大連　269
堅田直　287, 299
金井清一　125, 278
金関恕　225, 274
鐘方正樹　264
金子裕之　161, 263
金原正明　52
金原正子　52
鎌田純一　91
亀井正道　24, 25, 50, 161, 227, 239, 245, 261
河上邦彦　118, 125, 128, 211, 214, 224, 235, 241, 262, 301
川上洋一　59, 73
河内一浩　300
河内人茨田連衫子　82
川西宏幸　213
河野一隆　196, 245, 247, 261
菅政友　125
堅塩媛　288, 289, 300
喜田貞吉　7
北中恭裕　23, 74, 124, 213, 299
北野耕平　241
北康宏　291, 301
北山峰生　245, 261
木下正史　51, 74, 310
木下亘　51, 103, 126, 196
吉備姫王　289
欽明天皇　183, 288
空海　209
久志本鉄也　270, 278
久保哲三　193, 198
熊野櫲樟日命　80, 84
倉野憲司　142, 212, 239, 278
栗原圭介　212
車崎正彦　4, 7, 241, 248, 262, 299

325

索　引

黒板勝美　197
黒川道祐　141
黒田龍二　66, 67, 74, 311
黒坪一樹　104, 196, 301
景行天皇　47, 49, 139
元正天皇　47, 48
顕宗天皇　290
小出義治　3, 7, 244, 245, 248, 261
孔安國　207, 212, 213
孝徳天皇　183, 202
神野志隆光　2, 7
光武帝　48
粉川昭平　52
小島瓔禮　162
後藤守一　74, 97, 104, 169, 196, 261
小浜成　140, 143
小林裕八　51
小林行雄　217, 225, 240, 261
木場幸弘　301
駒田利治　23, 161
小南一郎　240
小山田宏一　222, 225
五来重　198, 230, 239
近藤喬一　263
近藤義郎　7, 240, 263, 301

【さ行】

西藤清秀　162, 262, 301
斎藤英喜　264, 278
斉藤嘉彦　195
斉明天皇　49, 183
酒井卯作　125, 225, 301
境宏　23, 24
坂本和俊　85, 91
坂本太郎　52, 91, 142, 196, 212, 239, 278, 300
桜井秀雄　108, 124, 247, 262
狭狭城山君韓俗宿禰　290
佐々木幹雄　126, 264, 278
笹沢浩　51, 310
佐藤達雄　160, 255, 263
蕃神者　131, 272, 278
佐野大和　214, 224, 233, 240, 241, 247, 248, 262
三田敦司　142
下照姫（比賣）　201, 267
七田忠昭　124
持統天皇　52, 155, 183, 290, 293
篠原浩恵　264
篠原祐一　90, 108, 124, 245, 261
島田暁　225
清水潔　197

清水眞（真）一　23, 51, 74, 292, 301
下城正　23, 104, 278, 299
十文字健　299
聖徳太子　49
称徳天皇　190
舒明天皇　49, 183
白石太一郎　50, 105, 142, 235, 241, 244, 245, 248, 252, 261, 300
白川静　51, 103, 130, 142, 208, 213
神功皇后　49, 131, 272
新谷尚紀　197
神武天皇　130, 204
推古天皇　182, 183, 288
垂仁天皇　185, 186, 189〜191, 228, 272
末永雅雄　225, 300
椙山林継　3, 7, 25, 50, 92, 103, 244, 245, 248, 261, 287, 300
杉山晋作　246, 247, 248, 261
素戔嗚尊［スサノヲ］　79, 80, 84, 85, 100, 198, 272, 273, 275, 304
崇神天皇　131, 132, 259
崇峻　197, 288
鈴木一有　225
鈴木敏則　161, 301
鈴木敏弘　75, 108, 116, 118, 124, 125, 142, 262
鈴木元　126, 160
鈴木裕明　146, 157, 160, 161
角南聡一郎　264
清喜裕二　245, 261, 300
清家章　212
瀬川芳則　122, 126
関晃　197, 239, 300, 301
関和彦　51
関川尚功　51, 74, 161, 249, 262, 301
相田則美　125, 263, 278
蘇我氏　91
蘇我稲目　288, 289,
蘇我馬子　1

【た行】

高瀬要一　129
高橋克壽　104, 138, 143, 195, 197, 211〜214, 220, 222, 224, 225, 227, 233, 238〜240, 264, 299
高橋健自　161, 261
高橋幸治　295, 301
高橋照彦　289, 300
高畑知功　301
湍津姫命　84
田口一郎　52, 311
竹内照夫　213

竹内直文　161, 264
建内宿禰　130, 131, 271
竹内英昭　24
竹田政敬　300
高市皇子　139, 291
田心姫(命)　80, 84
太宰春台　212
田阪仁　213
多田一臣　196
舘邦典　197
立速男命　269
辰巳和弘　24〜26, 44, 46, 50, 51, 90, 92, 97, 103,
　　　　104, 111, 112, 124, 125, 128, 133, 139, 141,
　　　　169 196, 262, 300,
立平進　161, 198
伊達宗泰　240, 300
田中晋作　249, 262
田中哲雄　141, 142
田中久夫　230, 239
田中秀和　51
田中良之　209, 213
田辺芳昭　23
谷川健一　198
谷口徹　50, 103, 195
谷本鋭次　23, 161
千賀久　74, 225, 300
千種浩　124
仲哀天皇　49, 131, 271
陳寿[陳壽]　240
塚口義信　190, 198, 212
辻信広　73, 124, 142
辻村純代　212
土橋寛　80, 85, 87, 91, 278
都出比呂志　52, 300
圓目王[円目王]　184, 185, 190, 228, 229, 237
坪井洋文　87, 91, 311
出原恵三　26, 50
寺沢薫　23, 24, 125, 264, 278
寺沢知子　7, 52, 222, 225, 235, 241, 245〜248,
　　　　261
天武天皇　155, 181〜183, 192, 199, 203, 291
道詳　270
時野谷滋　291, 301
徳田誠志　74, 300
外山和夫　161
外山秀一　73
豊鋤入姫　266, 267
豊田祥三　23
虎尾俊哉　300

【な行】
中井正幸　212
中浦基之　22, 51, 74, 104, 141
中川明　161
中澤貞治　74
中島和哉　299
中田太造　181, 196
中臣烏賊津使主　131, 272
中臣氏　91
中西克宏　50, 104, 195
中原計　263
中村五郎　263
中村友博　263
南波浩　91, 278
西川寿勝　279
西谷正　225
西宮秀紀　264
仁徳天皇　82
淳名城入姫命　266
沼澤豊　246, 247, 248, 261
禰義　184〜186, 202, 228〜232, 237

【は行】
裴松之　240
羽明神　84
羽明玉　84
萩原儀征　195, 301
橋口達也　225, 241
橋爪朝子　160
土師連　80
橋本達也　217, 225
橋本輝彦　104, 195, 301, 312
橋本博文　52
長谷天皇　184, 185, 190, 197, 202, 228, 229, 237
土生田純之　116, 125
林大智　73
林部均　104, 196, 312
早瀬保太郎　197
速經和気命　269
春成秀爾　124, 160, 240
伴野幸一　73
坂靖　41, 52, 154, 158, 160, 161, 172, 176, 196,
　　　198, 212, 254, 255, 263
東村純子　153, 161
樋上昇　51, 74, 104, 124, 196, 254, 263, 319
久田正弘　125, 161, 262
比自支和気　184〜186, 189, 190, 191, 193, 202,
　　　　207, 228, 229, 231, 232, 237
菱田哲郎　222, 225
菱沼勇　52, 90

索　引

敏達天皇　86, 181, 182, 183, 206, 288
毗那良珠命［比奈良珠命］　28
卑弥呼　110, 200, 201, 249, 250
枚方の里の漢人　120, 122, 267
広瀬和雄　4, 7, 24, 52, 73, 110, 111, 124, 194, 198, 224, 248, 262, 273, 279
福尾正彦　300
福嶋正史　51, 74, 103, 124
福田さよ子　161
福田哲也　104, 142, 195, 213, 241, 299
福田典明　23
福永伸哉　222, 224, 225, 264
藤井利章　142
藤田和尊　23
藤田三郎　73
藤原不比等　291
船越重伸　104, 196
武烈　197
北條芳隆　263, 295, 301
細谷葵　58, 59, 73
穂積臣遠祖大水口宿禰　266
穂積裕昌　22〜24, 50〜52, 72〜75, 90, 91, 103, 104, 124〜126, 141〜143, 160, 161, 195, 196, 212, 213, 225, 239〜241, 262, 263, 278, 279, 301, 302
ホムチワケ　272
洞富雄　240
堀一郎　240
堀口捨身　142
堀大介　59, 73
堀田啓一　291, 292, 301

【ま行】

前川正秀　23
前坂尚志　263
前田敬彦　196
間壁葭子　212
増田一裕　288, 300
益田勝美　85, 86, 91, 262
松尾光　240, 290, 301
松田順一郎　50, 104, 195
松村明　130, 142, 271, 278
松本洋明　141, 196, 299
豆谷和之　73
黛弘道　300
丸山潔　142
三木弘　212, 263
身崎壽　211
三品彰英　6, 7, 22, 24, 44, 46, 52, 75, 116, 117, 120, 123〜125, 248, 262, 279

水野正好　7, 78, 90, 235, 241, 302
溝口睦子　125
水口昌也　23
渚斎　104, 142, 160, 165, 166, 169, 172, 176, 180, 195, 198, 212, 299
壬生連麿　267
美麻貴の天皇　28
宮坂宥勝　213
宮本長二郎　73, 225
三輪君逆　182, 206
向坂鋼二　25, 50, 161
武蔵人強頸　82
宗像三神　80
胸肩君　80
村上薫史　104, 195, 312
物部氏　85, 91
森川桜男　22, 23
森川常厚　23, 24
森浩一　7, 113, 118, 124, 125, 214, 218, 222, 224, 225, 244, 249, 261, 262, 264, 293, 300, 301
森下章司　104, 195, 212, 264, 299
森下浩行　23, 51, 74, 103, 141, 262, 278
森田克行　182, 189, 197, 198, 206, 212, 284, 299
森田悌　162
森本徹　310

【や行】

安井良三　211
夜刀（の）神　119, 120, 259, 267, 303,
柳田国男　248, 262
箭括の氏の麻多智　267
山内紀嗣　161
山尾幸久　263
山代直　80
山田猛　23, 24, 161, 198
ヤマタノオロチ　297
山田宗睦　84, 91
山田康弘　154, 161
山田隆一　73, 104, 311
倭大国魂神　266
日本武尊［倭健命・ヤマトタケル］　47, 48, 120, 139, 140
倭武天皇　28, 91
倭迹迹日百襲姫命［ヤマトトトヒモモソ姫］　131, 132, 266
倭迹速神浅茅原目妙姫　266
倭漢坂上直　288
倭姫命［ヤマトヒメ］　267, 268, 277
山部連　290
雄略（天皇）　185, 197, 228, 229

用明天皇　182, 206, 288
横田健一　197
吉田野々　104, 299
吉野裕　270, 278
吉水康夫　23, 161
吉村利男　23
米田敏幸　51, 103, 213
余比　184, 185, 186, 190, 202, 228, 229, 230, 231, 232, 237

泉津醜女　230, 231
【わ】
若狭徹　41, 52, 71, 75, 104, 142, 166, 196, 198,
若松良一　160, 196, 263, 302
和歌森太郎　196
渡瀬昌忠　211
渡邊照宏　213
渡辺昌宏　74, 225

III　遺跡・古社・古地名等

【あ行】
赤土山古墳　127, 136, 137, 138, 171, 196, 282, 283, 307
秋津遺跡　210, 211, 285, 295
浅香山遺跡　292
浅後谷南遺跡　97, 100, 169, 170, 172, 175, 176, 178, 179, 196, 295, 312
飛鳥苑池　128
飛鳥川上坐宇須多伎比賣命神社　46
飛鳥京　128
飛鳥浄御原宮　183, 199
飛鳥浄御原宮南庭　199
飛鳥古京エビノコ大殿　211
穴志神社　270
網野潟　178
網野銚子山古墳　178
荒尾南遺跡　126, 147, 149, 151, 152, 153, 154
淡路墓　290, 301
行燈山古墳　176
伊賀見1号墳　221, 313
池上曽根遺跡　30, 31, 34, 41, 51, 54～61, 71～73, 93, 94, 103, 110, 111, 273, 274, 279
息速別命墓　20
居醒の泉　48
石神2号墳　246, 247
石川条里遺跡　17, 108, 147, 151, 152, 158, 212, 248, 249, 254, 259, 295
石舞台古墳　1
石山古墳　10, 13, 20, 118, 136～138, 186～191, 197, 204, 209, 211, 215～218, 220, 221, 223, 224, 234, 235, 282, 284, 307
五十鈴の川　267, 277
和泉黄金塚古墳　217～219, 234
泉の森　29
伊勢遺跡　58
伊勢神宮　147, 266, 268, 274, 277
伊勢神宮内宮　268

石上禁足地　116, 244, 250, 253, 254, 259, 262, 263
櫟本高塚遺跡　113, 124, 312
壱部宮ノ前遺跡　295
稲葉古墳群　236
員弁神社　87
稲吉角田遺跡　111
伊場遺跡　151, 153
今井神社2号墳　236
今城塚古墳　182, 187, 189, 192, 198, 211, 284, 285, 297, 307
芋くらべ祭り　88, 89
伊予（の）石湯　49, 52
伊予温湯　49
入江内湖遺跡　150
石見遺跡　287, 300
磐余池上陵　288
上之宮遺跡　17, 37, 38, 41, 66, 69
上宮遺跡　30, 51, 74
宇田遺跡　150
畝田遺跡　101, 170, 175, 312
畝傍山南繊沙渓上陵　291
馬塚古墳　13, 20
楳ヶ森遺跡　17, 18, 20, 270
ウワナベ古墳　176, 256, 314
恵解山古墳　153
王塚古墳　20, 187, 190
狼塚古墳　25, 97, 98, 164, 167, 169, 170, 193, 195, 282, 312
大原野村　151
大神神社（三重県）　29
大神神社（奈良県）　118, 278, 279, 301, 305
大柳生宮ノ前遺跡　97, 169, 170, 172, 176, 196
大神社　29
岡田向遺跡　151, 153
沖ノ島　3, 17, 21, 85, 114, 118, 133, 156, 158, 244, 251～254, 259, 262, 270, 271, 305

索　引

押坂内陵　291
御獅子塚古墳　218, 219
小墾田宮推定地　69
小山田邑　272

【か行】
鏡北廻古墳　221, 313
柿田遺跡　149
香椎宮　131
橿原宮　130
訶志比宮　130, 271, 272
橿日宮　272
春日率川坂上陵　291
カトンボ山古墳　244
賀毗禮の高峯　269
上細井稲荷山古墳　153
神淺（浅）茅原　131, 132, 266, 271, 272
亀井遺跡　149
唐古・鍵遺跡　56〜59, 73
雁屋遺跡　56, 57, 60, 94
軽寺　300
軽の衢　288, 289
瓦谷遺跡　97, 169, 172, 176, 178, 196
顔戸南遺跡　150, 151
紀伊温湯　49
紀ノ湯　52
貴人塚古墳　20
北堀池遺跡　16, 18, 20, 151
北堀池遺跡　16, 19, 20, 150, 151
北谷遺跡　17
狐塚5号墳　236
宮跡庭園　127, 128
経ヶ峰古墳　166
行者塚古墳　97, 102, 164, 166, 171, 189, 191, 192, 193, 195, 204, 256, 282, 312
近代古墳　13, 19, 20
欽明陵　288〜300
公庄小谷古墳　178
楠葉東遺跡　122
久津川車塚古墳　223, 247
具同・中山遺跡　26
熊野堂遺跡　30, 41, 47, 94, 95
倉梯岡陵　291
黒姫山古墳　214, 215〜217, 223, 224
原之城遺跡　70
神並・西ノ辻遺跡　92, 97, 98, 100, 164, 168, 169, 171, 174〜176, 178, 179, 192, 195, 313
五ヶ山B2号　218
極楽寺ヒビキ遺跡　17, 66, 67, 70, 74, 113, 210, 211, 284

五色塚古墳　136
五条野丸山古墳　288〜300
巨勢山古墳群　176
古津賀遺跡　26
古富波古墳　178
コナベ古墳　176
駒ヶ谷宮山古墳　236, 241
駒沢新町遺跡　30, 32, 33, 51
米野遺跡　150

【さ行】
狭井神社　46
才良山1号墳　20
坂之上遺跡　254
阪原阪戸遺跡　30, 35, 36, 43, 51, 94, 100, 120, 173
酒船石遺跡　95
佐紀古墳群東群　176
桜井茶臼山古墳　292
沙庭　130〜132, 271, 272, 275
沢代遺跡　20, 270
三田谷Ⅰ遺跡　30, 39〜41, 51, 61, 94
心合寺山古墳　97, 98, 164〜167, 169, 170, 171, 189, 191, 193, 195, 204
城島遺跡　292
四条9号墳　152, 162
四条古墳　152, 162
四所水分神　44, 46
下の空古墳　221, 313
磯長中陵　288
磯長中尾陵　288
磯長原陵　288
磯長陵　288, 289
渋谷向山古墳　293
島の山古墳　234, 247, 254, 295
下長遺跡　150〜152
下永東城遺跡　295
車駕之古址古墳　167, 169, 282
出作遺跡　120, 121, 255, 268
城之越遺跡　10〜13, 15〜18, 20〜23, 25, 26, 30, 32, 34〜37, 42, 43, 46, 51, 54, 61, 63〜65, 67〜70, 72, 74, 81〜83, 85, 89, 91, 92, 94, 95, 99, 100, 114, 118〜120, 127〜129, 133〜138, 149, 150, 165, 166, 174, 196, 250, 251, 259, 270, 271, 273, 275〜277, 316
正法寺古墳　136
松林苑　128
白石稲荷山古墳　245
白浜温泉　49

神功皇后陵　231
神郷亀塚古墳　289, 291
神部遺跡　20
水晶塚古墳　152, 162
瑞龍寺山第2古墳群1号墳　151
菅原東遺跡　295
巣山古墳　95, 127, 129, 136〜138, 211
諏訪大社　147
成務天皇陵　231
千代・能美遺跡　58
象鼻山古墳群　286
蘇我稲目墓　288, 289

【た行】
大仙中町遺跡　292
高賀遺跡　20, 220
高崎天神山古墳　151
高瀬遺跡　19, 20
高田下遺跡　292
高塚山古墳　218
宝塚1号墳　99, 137, 138, 164, 166, 167, 171, 189, 193, 195, 210, 211, 237, 282, 283, 307
盾塚古墳　217
盾列陵　231
建鉾山遺跡　21
多度大社　87
多度山の美泉　47, 48
谷遺跡　150, 151
玉手山古墳群　286, 287, 299
谷尻遺跡　295, 296
茶畑山道遺跡　56〜60, 73, 110, 132, 134
桃花鳥田丘上陵　291
月ノ輪古墳　170, 312
津堂城山古墳　136, 138, 140, 143
椿井大塚山古墳　222
寺戸大塚古墳　234, 235
天智陵　291
天長山古墳　178
天白磐座遺跡　21, 25, 26, 44〜46, 50, 114, 306
天武・持統合葬陵　293
天武天皇陵　291
桃原墓　1
道後温泉　49, 52
東大寺山古墳　216, 218, 225, 313
多武峯墓　291
殿塚古墳　20
鳥見山　130
外山・鷺棚古墳群　178

【な行】
中海道遺跡　64, 65, 113

中筋遺跡　114
長瀬高浜遺跡　111〜113, 117
中出向遺跡　20
中溝・深町遺跡　30, 73, 94
名柄遺跡　17
成相墓　290
鳴神V遺跡　151
南郷大東遺跡　25, 68, 95, 97, 98, 100, 138, 164〜166, 168, 169, 171〜173, 175, 176, 180, 192, 195, 211, 213, 281, 284, 295, 312
南郷安田遺跡　64, 65, 70
丹生川上神社　46
西河内堂田遺跡　254
西ノ辻遺跡　25, 50, 92, 97, 98, 100, 104, 164, 168, 169, 171, 174, 176, 178, 179, 192, 195, 313
西法花寺古墳　20
ぬか塚古墳　20
野神山　87
野毛大塚古墳　170
野中宮山古墳　170, 312

【は行】
萩原遺跡群　62, 111
橋垣内遺跡　149, 254
土師遺跡　292
八王子遺跡　30, 39, 40, 43, 51, 54, 60〜63, 68〜70, 72, 74, 94, 100, 111〜113, 173, 275, 316
八幡ヶ谷古墳　219
服部遺跡　25, 92, 97, 98, 103, 164, 168, 169, 171, 176, 179, 195
花代遺跡　20
馬場西遺跡　20
蕃上山古墳　236
比自岐神社　10, 186, 197,
毘沙門塚古墳　20
比地神社　10
檜隈大陵　288, 300
檜隈坂合陵　288〜300
檜隈墓　289, 300
檜隈陵　288〜300
平等坊岩室遺跡　295
平田梅山古墳　288, 289
昼飯大塚古墳　204
藤江別所遺跡　30, 32, 33, 43, 51, 90, 93, 100
布留遺跡　17, 117, 152, 154
古市古墳群　215
古響通りB遺跡　30, 32, 34, 43, 51, 61, 62, 72, 74, 93, 94, 275
古殿遺跡　152
古宮遺跡　30, 37, 38, 43, 51, 69, 74

索　引

古宮土壇　69
不破行宮　47
平城京　127, 128, 143
宝石山古墳　209
保渡田八幡塚古墳　136
本位田遺跡　30, 34, 35, 41, 51, 94
【ま行】
纒向遺跡　30〜32, 34, 35, 41, 51, 62, 69, 75, 94, 98, 100, 114〜116, 152, 155〜158, 164, 172, 174〜176, 250, 262, 292, 293
纒向遺跡巻野内地区　97, 101, 168, 169, 171, 172, 176, 195, 295, 312
纒向石塚　152
纒向古墳群　115, 116, 157, 176, 250, 293
松野遺跡　113
真弓岡陵　291
茨田堤　82
水衛遺跡　97, 176, 178, 179
美園古墳　67, 221
三立岡墓　291
三ツ寺Ⅰ遺跡　16, 17, 18, 23, 30, 33, 34, 37, 41, 51, 52, 61, 63, 64, 66, 68, 70〜72, 74, 85, 94〜96, 99, 166, 176, 180, 270, 275, 280
南紀寺遺跡　17, 18, 30, 35, 36, 42, 43, 51, 69, 94, 95, 99, 127, 133〜135, 138, 251, 270, 271
御墓山古墳　178
美旗古墳群　10, 13, 20
三室間ノ谷遺跡　30, 37, 38, 42, 43, 47, 49, 51, 83, 85, 94, 95
三諸岳（山）　86, 87
宮川町西忍　153
明ヶ島5号墳　153
三輪山　21, 87, 118, 120, 123, 257, 259, 268, 271, 272, 293, 305
向山1号墳　136

妻木晩田遺跡　56
室宮山古墳［室大墓］　67, 176, 221
雌鹿塚遺跡　152
メスリ山古墳　233, 234
女良塚古墳　20
百舌鳥大塚山古墳　256, 257
百舌鳥古墳群　215, 292
百舌鳥高田南遺跡　292
百舌鳥陵墓参考地　68, 167, 282
百舌鳥陵南遺跡　292
本宿郷土遺跡　17
森カシ谷遺跡　293, 294
森寺遺跡　20
森脇遺跡　20
【や行】
八尾南遺跡　30, 41, 51, 93
山科陵　291
山添遺跡　30, 37, 38, 43
倭笠縫邑　267, 270
大和四所水分神　46
山ノ神祭祀遺跡　257
山ノ花遺跡　150, 152
山辺道上陵　291
由義宮　190
吉野ヶ里遺跡　110
黄泉国　208, 209, 227, 229〜231, 260
【ろ】
六大A遺跡　17, 30, 39, 43, 51, 61, 63, 68, 69, 74, 77, 78, 79, 82, 83, 85, 86, 89, 90, 94, 100, 120, 147, 149〜152, 155〜157, 173, 174, 255, 268, 273, 275
【わ】
わき塚1号墳　19, 20
脇本遺跡　17
和邇遺跡　65, 66, 70